JN261637

イスラーム主義と中東政治

レバノン・ヒズブッラーの抵抗と革命

Islamism and Politics in the Middle East

Resistance and Revolution of Lebanon's Hizb Allah

Kota Suechika

末近浩太【著】

名古屋大学出版会

イスラーム主義と中東政治　目　次

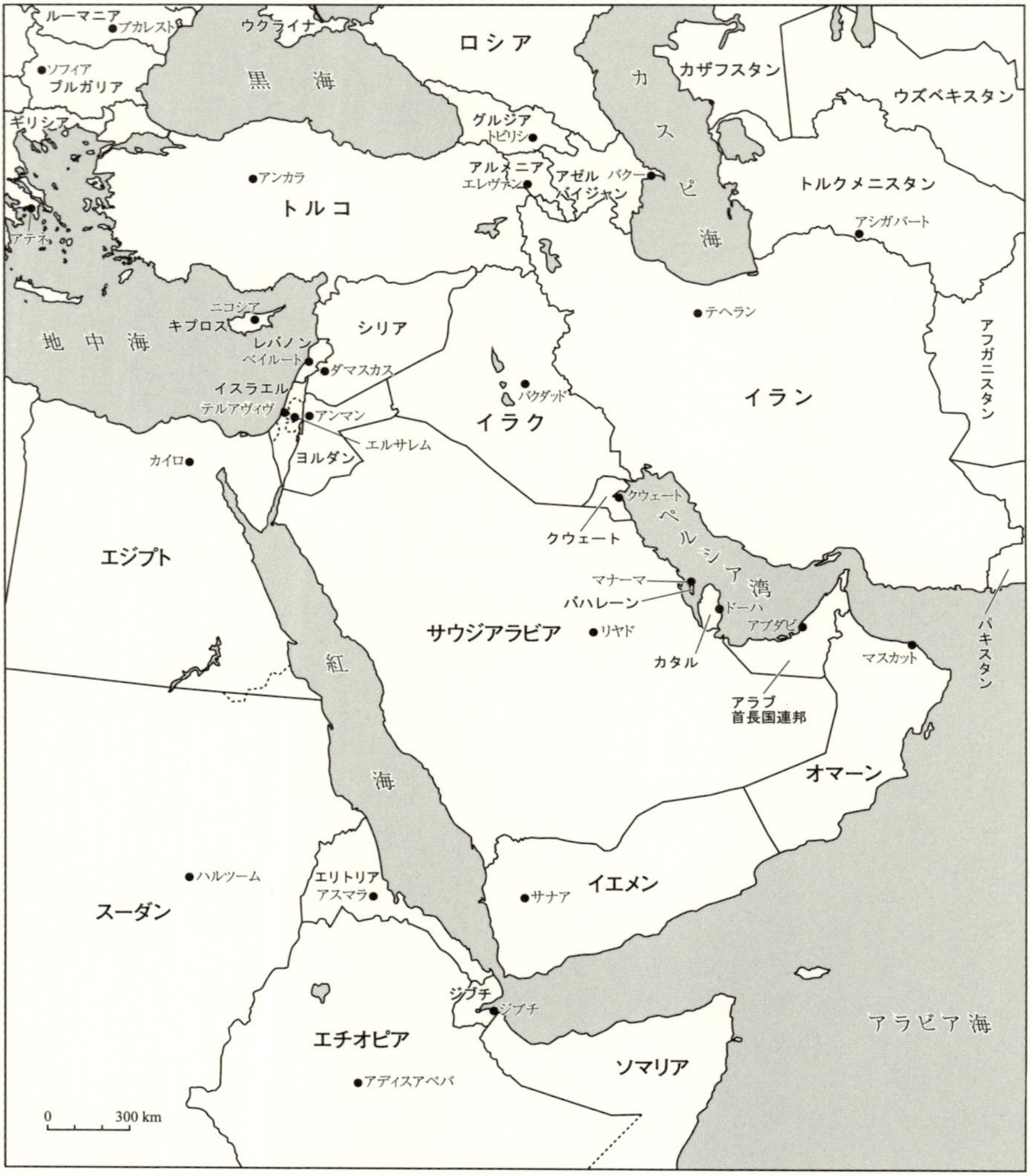
ルーマニア
ブカレスト
ウクライナ
ロシア
ソフィア
ブルガリア
黒海
カザフスタン
ウズベキスタン
カスピ海
ギリシア
グルジア
トビリシ
アルメニア
エレヴァン
アゼルバイジャン
バクー
アンカラ
トルコ
トルクメニスタン
アテネ
アシガバート
ニコシア
キプロス
テヘラン
地中海
シリア
レバノン
ベイルート
ダマスカス
バグダッド
アフガニスタン
イスラエル
テルアヴィヴ
アンマン
イラン
イラク
エルサレム
カイロ
ヨルダン
クウェート
ペルシア湾
エジプト
マナーマ
バハレーン
ドーハ
アブダビ
サウジアラビア
リヤド
マスカット
パキスタン
紅海
カタル
アラブ首長国連邦
オマーン
ハルツーム
エリトリア
アスマラ
イエメン
サナア
スーダン
ジブチ
アラビア海
エチオピア
ソマリア
アディスアベバ
0
300 km

地図 1　中東

ミーナー・フスン地区
ダール・ムライサ地区
マルファア地区
ムダウワル地区
ベイルート岬地区
ルマイル地区
ズカーク・ブラート地区
サイフィー地区
アシュラフィーヤ地区
ムサイトバ地区
バーシューラ地区
マズラア地区
ベイルート県（拡大図）
アースィー川
アッカール郡
ミンヤ郡
ミンヤ
ナフル・バーリド難民キャンプ
カスル
バッダーウィー難民キャンプ
トリポリ郡
北部県
ズガルター
ヘルメル
ヘルメル郡
クーラ郡
ズガルター郡
ディンニーヤ郡
カーア
アムユーン
バトルーン
ビシャッリー
ビシャッリー郡
バトルーン郡
ベカーア高原
アルサール
ジュバイル
ジュバイル郡
バアルベック郡
レバノン山地県
キスラワーン郡
ジューニエ
カスリーク
ガディール
クライアート
バアルベック
ドゥバイヤ難民キャンプ
ズーク・マスバハ
ジャリール(ワヴェル)難民キャンプ
ベイルート県
アイン・アラク
サブラー・シャティーラー難民キャンプ
ベイルート
マトン郡
ブルジュ・バラージナ難民キャンプ
バルマーナー
ザフレ郡
マール・イリヤース難民キャンプ
バアブダー郡
ザフレ
トゥファイル
バアブダー
ハンマーナー
シュトゥーラ
アレイ
ムダイリジュ
ダフル・バイダル
バル・イリヤース
アルムーン
アイン・ダーラ
ナーイマ
アレイ郡
ベカーア県
ダームール
アンジャル
ムフターラ
シューフ郡
西ベカーア郡
ルマイラ
アイン・ヒルワ難民キャンプ
フルワ
サイダー郡
ジェッズィーン郡
ラーシャイヤー郡
デイル・アシャーイル
ミヤ・ワ・ミヤ難民キャンプ
カファルクーク
ラーシャイヤー
アイン・カーナー
南部県
ザフラーニー郡
ナバティーヤ
ハースバイヤー郡
トゥール
ハースバイヤー
リーターニー川
ナバティーヤ郡
マルジャアユーン
ヒヤーム
シャブアー農場
バッス難民キャンプ
マルジャアユーン郡
スール
ガジャル
ブルジュ・シャマーリー難民キャンプ
アビル・カムハ
ラシーディーヤ難民キャンプ
フーニーン
カーナー
ビント・ジュベイル郡
ナバティーヤ県
スール郡
カダス
ビント・ジュベイル
ナビー・ユーシュア
タルビーハー
マールキーヤ
サルハ
IDF占領下ゴラン高原(1967年〜)
0 10 20 30 km
IDF占領地「安全保障地帯」(1978〜2000年)
UNIFIL展開地域

地図 2　レバノン共和国

凡例

本書における外国語（アラビア語）の固有名詞のカタカナ表記およびローマ字転写は、慣例（とりわけ地名）を除き、大塚・小杉・小松他編［2009：10–15］に従った。また人名、組織名などのローマ字転写は索引に一括して収録した。ただしアラビア語の定冠詞「アル＝」、「アッ＝」、「アン＝」は原則として省略した。

序　章　イスラーム主義が動かす中東政治

本書は、レバノンのシーア派イスラーム主義組織「ヒズブッラー」の知られざる実像を明らかにし、それを手がかりに現代の中東政治のダイナミクスを浮き彫りにしようとする試みである。

イスラーム主義組織についてのモノグラフであるという意味において、第一義的には地域研究の書である。だが、イスラーム主義がレバノン政治、中東政治、国際政治においてどのような意義を有し、また、どのようなインパクトを与えてきたのかを論究していくことから、比較政治学および国際政治学にまたがる書でもある。

イスラーム主義のフロントランナーとしてのヒズブッラー

ヒズブッラーとは、一九八〇年代初頭にレバノンで結成されたシーア派のイスラーム主義組織である。その名称は、「神の党（Ḥizb Allāh）こそ勝利する者である」（食卓章第五八節）というクルアーン（コーラン）の章句に由来する。マスメディアなどでは、一般的に英語読み（Hezbollah, Hizbullah, Hizballah）に倣い「ヒズボラ」と表記される場合もあるが、本書ではよりアラビア語の原音に近い「ヒズブッラー」を用いることとする。

ヒズブッラーは、一九八二年のレバノン戦争（イスラエルによるレバノン侵攻）の最中に、イスラエル軍に対する草の根のレジスタンスとして結成された。一九七九年にイスラエル革命を成就させたイランによって支援されていたことから、ヒズブッラーはイスラエルに対する「抵抗組織」であると同時に、レバノンにイランを範とするイスラーム国家の樹立を目指す「革命組織」でもあった。

「抵抗」と「革命」を掲げる彼らの闘争の対象は、レバノンに侵攻したイスラエル軍だけではなく、国内に駐留する全ての外国軍であった。爆薬を満載したトラックによる自爆攻撃——彼らが言うところの「殉教作戦」——を敢行することで、平和維持の名目で駐留していた米仏軍を退却させ、一九八五年には中東最強を誇るイスラエル軍を無条件撤退へと追い込んだ。二一世紀の今日において世界中に拡散した自爆攻撃を最初にイスラーム的に合理化し戦術として確立した組織が、このヒズブッラーであった。

ヒズブッラーは、レバノン内戦（一九七五〜九〇年）の最中の一九八〇年代を通して、強烈な革命イデオロギーと武装闘争路線、そしてイランからの軍事・政治・経済の面での支援を背景に急速に勢力を拡大し、レバノン国内最強の民兵組織へと成長していった。

ヒズブッラーの勢力拡大は、周辺諸国、広くは国際社会にも大きなインパクトを与えた。凄惨を極めた内戦とイスラエルによる度重なる軍事侵攻によってレバノンは「破綻国家」と化していたため、彼らの「抵抗」と「革命」は国境を越え、他のアラブ諸国やヨーロッパにまで及んだ。ヒズブッラーは、国内外で欧米人の誘拐・殺害や民間航空機のハイジャックなどのテロリズムなどを繰り返すことで、レバノン政治だけではなく、中東政治さらには国際政治を震撼させる強力なアクター（主体）となっていったのである。

こうして、欧米諸国からは最も危険な「イスラーム原理主義組織」であり「国際テロ組織」と見なされたヒズブッラーであったが、一九九〇年代に入るとその姿を大きく変えた。まず、一九九〇年のレバノン内戦の終結を契機に国外でのテロ活動の凍結を宣言し、レバノン国家の主権と領土を防衛する「国民的レジスタンス」となることを選んだ。さらには、合法政党としてポスト内戦期のレバノンの民主政治に参入し、一九九二年から二〇〇九年までの五回の国民議会選挙を通して安定した議席数を獲得してきた。冷戦後の国際社会においてイスラームと民主主義の関係が新たなアジェンダ（政策課題）として注目を集めるなか、西洋近代の産物である国民国家との関係を積極的に調整し、「イスラーム政党」として民主政治に参加することをいち早く成功させたイスラーム主義組織も、またヒズブッラーであった。

このように、ヒズブッラーの一九八〇年代初頭の結成から今日までの約三〇年間の歴史を振り返ってみると、自爆攻撃の「発明」、武装闘争路線の見直し、合法政党化の選択、国民国家との関係調整といった多くの重要な点において、彼らがイスラーム主義のフロントランナーであり続けてきたことに気づかされるのである。

にもかかわらず、彼らの実像は、それほど知られているとは言い難い。その一因は、もともと地下組織として結成されたことから、長年にわたって信頼できる情報へのアクセスが限られていたことにある。しかし、おそらくそれよりも重要な問題は、ヒズブッラーを「イスラーム原理主義組織」や「国際テロ組織」として安直に定義――あるいはラベリング――してきたことが、彼らの実像を見えにくくしてきたことであろう。例えば、ヒズブッラーはレバノンの貧困層への医療、福祉、教育などの支援活動を行っているが、その事実自体がマスメディアやアカデミア（学界）に氾濫する「原理主義」や「テロリズム」といったキーワードによってかき消されてしまうか、そうでなくとも「テロリスト」や「自爆犯」のリクルートのための「ばらまき」や「洗脳」として語られがちである。

二一世紀の今日、イスラーム主義は世界の風景の一部となった。二〇〇一年九月一一日の米国同時多発テロ事件、世界各地での「イスラーム」の名の下でのテロリズムや武装闘争、パレスチナやトルコ、インドネシアなどでのイスラーム政党の伸張、そして、二〇一一年の「アラブの春」と呼ばれたアラブ諸国の政変におけるイスラーム主義組織・運動の台頭。紛れもなく、イスラーム主義を掲げる組織は、今日の世界を動かすアクターになっている。

イスラーム史上初めて自爆攻撃を合理化した急進派としても、合法政党として民主政治への参加を成功させた穏健派としても、イスラーム主義のフロントランナーであり続けてきたヒズブッラーの実像に迫ることは、ヒズブッラー研究における空白を埋めるだけではなく、今日の世界においてイスラーム主義が織りなす多様で豊かな現実、そしてイスラーム主義を風景の一部とするこれからの世界のあり方を考えるための一つの道標となるだろう。

中東政治の結節点としてのヒズブッラー

ヒズブッラーは、今日のレバノン政治、中東政治、そして国際政治のダイナミズムを読み解く上での鍵となる存在でもある。

まず、レバノン政治を見てみよう。ヒズブッラーは、最大の支持基盤を持つ政党としてポスト内戦期の民主政治における「台風の目」であり、二〇一一年六月には自らが主導する連立政権を樹立することに成功した。また、政党活動と並行するかたちで、レバノン国軍に代わる「国民的レジスタンス」として、イスラエルによる「占領地」の解放を旗印に同国に対する武装闘争を続けており、近年では二〇〇六年夏にイスラエル軍との全面戦争を引き起こした。

次に、中東政治の文脈では、イスラエルとの恒常的な戦闘状態にあることから、ヒズブッラーは中東和平の行方を左右する重要なアクターであり続けてきた。ヒズブッラーが誕生してから今日までの約三〇年間は、エジプトとヨルダンがイスラエルと和平条約を結び、パレスチナ解放機構（ＰＬＯ）が同国との交渉のテーブルに着くなど、中東地域に和平への機運が徐々に広がっていった時期であった。しかし、ヒズブッラーはイスラエルとの対決姿勢を崩すことなく、その結果、レバノンとイスラエルとの間の国境地帯は「アラブ最後の戦線」と呼ばれている。イスラエルから見れば、ヒズブッラーはパレスチナのハマース（ハマス）とならぶ安全保障上の脅威となっている。

そのため、ヒズブッラーは、レバノンとイスラエルの二国間関係だけではなく、シリアを加えた東アラブ地域の三国間関係におけるキープレイヤーとなっている。シリアは、一九六七年の第三次中東戦争でイスラエルに占領されたゴラン高原の返還を悲願としており、イスラエルという共通の敵を持つヒズブッラーに対して結成以来様々な支援を行うだけではなく、一九九〇年から二〇〇五年にかけてはレバノンの実効支配を通してその言動を管理下に置くことで、イスラエルとの交渉における外交カードとして用いてきた。

さらに国際政治の文脈ではどうだろうか。ヒズブッラーは、一九八〇年代初頭の結成以来、イランからの支援を受けてきた。一九七九年のイスラーム革命の成功以降、反米・反イスラエルを掲げてきたイランにとって、ヒズブッラーはレバノンにおける革命の前衛であり、アラブ諸国に政治的な影響力を及ぼすための橋頭堡でもある。このようなイランとヒズブッラーの同盟関係は、イスラエルを中東における最大の同盟国とする米国の対中東政策にとって最大の脅威となっている。つまり、ヒズブッラーとイスラエルとの紛争は、イランと米国という域外の大国による代理戦争――本書では「三〇年戦争」と呼ぶ――としての性格をも有するのである。

そうだとすれば、ヒズブッラーの動向が、翻って、シリア、イラン、イスラエル、米国を主要なアクターとする国際政治を左右する面を持ち合わせていることにもなる。それを象徴するのが、二〇一一年からの「アラブの春」におけるヒズブッラーの蠢動であろう。ヒズブッラーは、三〇年来の中東における対イスラエル強硬派陣営、通称「レジスタンス枢軸」を堅守するべく、イランとともにシリアのバッシャール・アサド（以下B・アサド）政権への支持を表明し、同政権の退陣を迫る欧米諸国と激しく対立した。彼らは実際に戦闘員をシリア国内へと派遣し、同国における「アラブの春」の趨勢に直接関わった。

以上のような現実に鑑み、筆者はヒズブッラーを「中東政治の結節点」と呼んできた。それは、レバノン政治、中東政治、国際政治の様々なアクターの思惑が交差する点であり、また次々に新たな政治的な局面が生起する点である。言うまでもなく、「結節点」となり得るアジェンダやアクターはヒズブッラー以外にも無数に存在する。だが、それでもなお筆者がヒズブッラーを「結節点」として強調するのは、彼らの自律的・主体的な言動が世界を巻き込む現実の戦争と平和に即時的につながっているからである。その意味において、「結節点」としてのヒズブッラーの実態を把握することは、レバノン政治、中東政治、国際政治の重層的なダイナミズムを理解するための一視座を提示するだけでなく、国際社会の安定と秩序の構築のための手がかりを模索する作業にもなるだろう。

地域研究の実践例としてのヒズブッラー

このように、二一世紀における「イスラーム主義のフロントランナー」として、また、様々なアクターの思惑が交差する「中東政治の結節点」として、ヒズブッラーの存在感は増し続けている。その実像を明らかにするために、本書では、冒頭で述べたように、地域研究の手法を採用している。

地域研究は、各地域を専門にする地域研究者の一人一人の「思い入れ」が方法論の違いとなって現れるため、政治学や経済学といったディシプリン（学問体系）と同じように用いることは難しい（立本［2001：11-16］）。それでも、研究対象とする地域の様々な現実を一つ一つ積み上げ、その地域の固有性ないしは個別性を実証的かつ総合的に研究する方向性においては概ね合意がなされており、そこからおおよそ次の二つの特徴を導き出すことができよう。

第一に、既存の国民国家以上世界未満の「地域」を設定し、その全体像もしくは個別的局面を分析の対象とすること、第二に、政治学、経済学、社会学などの既存ディシプリンにまたがる学際的手法を用いることである。つまり、地域研究の特徴は、近代西洋に誕生・発展してきた国民国家とディシプリンをめぐるそれぞれの境界線を超克しようとする点にある。このことが、地域研究が非西洋世界の総合的理解のための手法として注目を集めてきた所以である。

では、なぜヒズブッラーの実像に迫っていくために地域研究が有効なのだろうか。その一つの理由は、先に触れたようなアカデミアにおける知の空白とマスメディアにおけるバイアスの問題にある。「イスラーム原理主義」、「国際テロ組織」、「過激派」といった言葉とイメージの拡散が、ヒズブッラーの姿を歪めてきたことは否めない。ヒズブッラーの実像を明らかにするには、まずはアラビア語資料（一次資料や現地メディア）や現地調査によるデータを積み上げ実証的に論じていくことが不可欠であろう。

だが、筆者がヒズブッラーの理解に地域研究が最適だと考える最大の理由は、ヒズブッラーそれ自体が地域研究的存在であること、つまりそれ自体が既存の国民国家とディシプリンにおけるそれぞれの境界線を越えるアプローチが必要な存在であることにある。

国民国家について言えば、ヒズブッラーは、紛れもなくレバノンという国民国家に誕生し、またそこを拠点とする組織であるが、革命的汎イスラーム主義に基づいた国家再編を標榜するだけではなく、自らの意思でイスラエルと「戦争」をし、またイランと「外交」を行うことができる自律的かつトランスナショナルな性格を持つ。言い換えれば、現行の国家を認識的にも構造的にも超克しようとするアクターなのである。

他方、既存のディシプリンとの関係については、ヒズブッラーがテロ組織、レジスタンス、政党、医療・福祉・教育NGOなどの多様な貌を持つ「統合型」のイスラーム主義組織であるため[1]、その「統合性」を捉えるためには学際的なアプローチが有効であると考えられる。それぞれの貌を分析する上で、国際政治学、安全保障論、比較政治学、社会学あるいは人類学など既存のディシプリンが力を発揮することに疑いはない。だが、そこで描かれた姿はあくまでも断片であり、「統合型」のイスラーム主義組織としてヒズブッラーの実態把握には不十分であろう。

むしろ、筆者はヒズブッラーを国民国家とディシプリンに断片化された知を呼び起こし再構成する可能性を秘めた存在、立本成文の言葉を借りれば、「科学知の新たな再編成を促す活性剤」（立本［2001：7］）だと考えている。言い換えれば、ヒズブッラーを地域研究することは、ヒズブッラーの実像だけではなく、地域の固有性や個別性、すなわちレバノンという国、中東という地域、そしてそれらを取り巻く国際政治の総合的理解に寄与するものだと考えている。この「地域研究する」という表現には、単に「地域を研究する」ことではなく、「地域研究の手法で地域を研究する」という意味と、そうした地域研究は特定のディシプリンやアプローチから演繹的に行われるものではなく、あくまでも実際の研究実践から帰納的に組み上げられていくものだという意味が込められている。

例えば、本書では、「国際テロ組織」としてのヒズブッラーとレバノン国家との関係の分析のために、国際政治学の議論を援用している。だが、それは国際政治学を用いて演繹的にヒズブッラーの言動やその意義の把握を目指すのではなく、反対にヒズブッラーの言動の実証研究を通して、現代の国際関係における基本単位である「国家」のあり方と「国家」の存在を前提に発展してきた国際政治学の理論に新たな視座を与えるかたちとなっている。これと同様に、政党としてのヒズブッラーに着目した場合は比較政治学、イデオロギーならば思想研究、メンバーや支持者のエスノロジーならば社会学や人類学といったかたちで、ヒズブッラーの多様な貌のなかのどれに光を当てるかによって、そこから生まれてくる様々なディシプリンへの示唆は異なってくるだろう。

イスラーム主義とは何か

ヒズブッラーは、マスメディアでは「イスラーム原理主義（Islamic fundamentalism）」と表現されることもある。だが、この「原理主義」という言葉は、いくつかの理由から中東・イスラーム地域研究の文脈では用いることが忌避されてきた分析概念である。中東人類学者の大塚和夫は、この用語の抱える問題点として、もともと原理主義（ファンダメンタリズム）という語が二〇世紀の米国におけるキリスト教福音主義者（エヴァンジェリスト）に由来すること、イスラーム教徒が聖典クルアーンの教えに従う者たちを意味するとすれば、全てのイスラーム教徒が「原理主義者」になってしまうこと、さらには他宗教を拒絶する偏狭な狂信性やテロリストを即座に想起させてしまうことなどを指摘した（大塚［2004：6–10］）。

ヒズブッラーのような政治組織を考える上で重要なのは、当事者が「イスラーム原理主義」であるかどうか、つまり、彼ら彼女らの信仰にとってイスラームという宗教がどのような意味を持つのかよりも、むしろ彼ら彼女らがイスラームを政治的なイデオロギーとして信奉し実践しているかどうかを見極めることであろう。その「イスラーム」が政治的なイデオロギーであれば、内面的な信仰ではなく現実の政治における何らかの目的や目標が含まれることになるため、こうした特徴を強調した概念として本書で用いる「イスラーム主義（Islamism）」の他に、「政治的イスラーム（political Islam）」や「イスラーム行動主義（Islamic activism）」などの使用も提唱されてきた。

では、イスラーム主義とは何か。中東政治学者ジェイムズ・ピスカトーリの定義によれば、「イスラーム主義者(Islamist)」とは、「自身がイスラーム的なアジェンダと見なしているものを実践するための政治的行動に従事するムスリム［イスラーム教徒］」であるとされる（Piscatori［2000：2］）。この「政治的行動」には、イスラーム政党への投票もあれば、テロリズムやクーデタなどの政治的暴力も含まれるが、これらに共通するのは彼ら彼女らが最終的にイスラーム国家の樹立——ないしは国家のイスラーム化——を目指している点であるとされる。

しかし、イスラームを政治的なイデオロギーとして掲げる全ての組織が国家権力を目指しているわけではないし、また、国家権力を目指している組織も政治活動だけを行っているわけではない。そのため、イスラーム国家の樹立を目指しているかどうかを基準にした場合、イスラーム主義の定義はかなり狭いものになり、その結果、イスラーム国家の樹立を公式に断念したり、あるいはそのための方法を変更するといった、長年にわたって世界各地のイスラーム主義が見せてきた様々な変化を論じる上で足かせとなりかねない。国家のイスラーム化を掲げずとも、世俗国家における連立与党としてイスラームの教えに基づく政治を（事実上）肯定しているトルコの公正発展党（ＡＫＰ）のような組織も、今日では珍しくないからである。

これらの問題を踏まえ、本書では、さしあたりイスラーム主義を次のように定義しておきたい。イスラーム主義とは、宗教としてのイスラームへの信仰を思想的基盤とし、公的領域におけるイスラーム的価値の実現を求める政治的なイデオロギーである。国家のイスラーム化は、その目標に含まれる場合もあれば含まれない場合もある。

近代以降、イスラーム世界においては——地球上の他の地域と同じように——宗教が社会全体を覆う独占的な地位を喪失し、その役割が私的領域に特化されていく過程、すなわち世俗化が進んだ。とりわけ西洋列強による植民地支配の苦難を経てイスラーム世界の各地に国民国家が誕生した結果、政治は公的領域に属するものとしてイスラームの教えと切り離そうとする動きが強まった。ただし、この場合の世俗化は、イスラームという宗教それ自体の衰退を意味するものではない。近代社会における公的領域は、「正義」や「公共善」の実現や私益を公益に変えていく回路を含む。ゆえに、たとえイスラームが第一義的に個人の信仰（西洋近代的な意味での宗教）と位置づけられたとしても、それは公的領域に常に介在する余地を有してきた（Sutton and Vertigans［2005：33–62］）。むしろ、だからこそ、イスラーム主義のような考え方を持った人びとが現れたと考えるべきであろう。すなわち、イスラーム主義者は、イスラームは信仰という「私的」な事柄であると同時に、歴史的に良き／善き社会や国家を築き運営してきた「公的」な原理であり制度として捉える。彼ら彼女らは、信仰や心の問題として私的領域に押しやられたイスラームを今一度公的領域に復権させることで、社会や国家をめぐる現代的な諸問題を解決できると考える。そのため、イスラーム主義は、紛れもなく近代の産物であり、同時代的な現象に他ならない[2]。

今日、イスラーム主義をめぐる議論は百家争鳴の様相を呈しており、そのためこのような定義はいささか乱暴に思われるかもしれない。だが、用語や定義をめぐる議論が錯綜し続けていること自体が、イスラーム主義の研究が未だ途上にあることの証である。ゆえに、今取り組むべきは、世界各地のイスラーム主義者・組織・運動の実態をつかみ、そこから得られた知見を積み上げながらイスラーム主義の用語や定義を鍛えていくことであろう。

イスラーム主義研究の泰斗オリヴィエ・ロワは、アルジェリアのイスラーム救国戦線（ＦＩＳ）を例に挙げ、イデオロギーとしてのイスラームを掲げた組織がイスラーム国家の樹立に失敗（あるいはそのように認識）したことで革命性と急進性を喪失し、その結果、国民国家の枠組みのなかで他の政治勢力と同じような「標準化（normalisation）」の道を歩まざる得なくなると論じた（Roy［1992］［1994］）。『政治的イスラームの失敗（*L'Echec de l'Islam politique*）』と題されたこのロワの著作は、イスラーム主義の衰退を予見するものとして大きな反響を呼び、各国で翻訳され、ベストセラーになった。

だが、同書のフランス語版原著が刊行された一九九二年以降のヒズブッラーは、レバノンにおける合法的なレジスタンスおよび政党として政治的な影響力を着実に拡大するなど、ある意味ではロワの議論とは真逆の道を歩んできた。言うまでもなく、イスラーム主義組織のなかには成功した急進派もあれば、失敗した穏健派もあり、また、急進派と穏健派との間を往還する柔軟でしたたかなものもある。その意味において、イスラーム主義の定義や成否を性急に断じるよりも、現代世界のイスラーム主義がどのような論理を有し、どのような活動を展開しているのか実証を積み重ね、その上で一般論や定義を鍛えていく方が有益であるように思われる。

レバノンとはどのような国か

ここで、ヒズブッラーを生んだレバノンという国について簡単に触れておこう。レバノンは、地中海の東岸に位置し、北と東はシリア、南はパレスチナ／イスラエルと接する、岐阜県の面積ほどしかない小国であり、アラビア語を母語とするアラブ諸国の一つである。しかし、その存在感は決して小さくはない。

レバノンは、イスラーム教徒が圧倒的多数を占める中東地域において非イスラーム教徒の住民を多く抱える数少ない国である。多様な宗教・宗派の権利を尊重するために一七（一九九〇年の憲法改正以降は一八）の公認宗派を設定し、その平和的・民主的な共存のために「宗派制度」と呼ばれる独自の政治体制を採用してきた。宗教、宗派、エスニシティに基づく少数派を国民統合の名の下に弾圧してきた多くの中東諸国――そのほとんどが権威主義体制――のなかで、レバノンは人間どうし差異を前提とする多元社会の実現に取り組んできた希有な国家である。事実、この多様性を基礎とした独自の「多極共存型民主主義（consociational democracy）」（アーレンド・レイプハルト）はレバノンに繁栄をもたらし、一九四五年の独立から三〇年もの間、中東における「近代化の優等生」と呼ばれた。

だが、宗派間の権力分有に基づく共存のシステムは、宗派の利権集団化という副産物を生んだ。近代化に伴う社会変容や国際情勢の変化によって宗派間のパワーバランスが崩れたとき、その副産物は内戦という劇的なかたちでレバノンに破壊と暴力の嵐をもたらした。つまり、レバノンは、中東における宗派・宗教の平和的・民主的な共存の壮大な実験場であり、その成功と失敗の両方を体現してきたのである。

レバノンでの利権集団化した宗派間の権力闘争は、米国、フランス、イスラエル、シリア、イラン、エジプト、サウジアラビアなどの国外アクターの介入を招いてきた。こうした介入は内戦の終結といった安定と秩序をもたらす反面、特定の国内アクターと癒着することによって対立を助長し、政治の不安定化を促進する場合もあった。例えば、イランはヒズブッラーへの支援を通してレバノンでの影響力の拡大に努めてきたが、こうした動きを牽制するために米国やイスラエルがヒズブッラーと敵対する国内アクターを陰に陽に支えている。つまり、レバノンの安定と不安定の両方が国際政治の動静に委ねられており、国内問題が国際問題化し、国際問題が国内問題化するいわば「メビウスの輪」のような状態が続いてきた。

国際問題のなかでも特にレバノンに影響を与えてきたのは、パレスチナ問題である。レバノンは、中東戦争で四度にわたってイスラエルと戦火を交えたことに加えて、一九七八年、一九八二年、一九九三年、一九九六年、二〇〇六年の五度に及ぶ同国による軍事侵攻を受けてきた。エジプト、ヨルダン、パレスチナが次々とイスラエルと和平に向かうなか、レバノンはいまだにイスラエルとの戦時体制にある。戦時下という点においては東の隣国シリアも同様であるが、シリアが一九七三年の第四次中東戦争以来イスラエルと「冷戦」状態にあるのに対して、レバノンは紛れもなく「熱戦」の最中にある。

このようにレバノンは、多宗教・多宗派共存の壮大な実験場として、国内問題と国際問題が地続きとなっている「メビウスの輪」として、さらにはパレスチナ問題の一部として、常に中東政治や国際政治の動静に密接に連動した国なのである。ヒズブッラーが「中東政治の結節点」となっていることは決して偶然ではなく、このような特徴を持つレバノンという国に誕生した組織であることが大きな意味を持っている。

三つの時代区分

したがって、次章以降で論じていくヒズブッラーの言動は、レバノン政治とそれを取り巻く中東政治と国際政治の情勢に大きく左右されることになる。その理解のための補助線として、ここではさしあたり比較政治学における政治体制の分類をもとに、レバノン政治の時代区分をしておきたい。

まず、フランスから独立した一九四三年から内戦が勃発した一九七五年までは、「多極共存型民主主義の時代」であった。宗派制度に基づく独自の民主政治が曲がりなりにも機能し、レバノンが近代化による平和と安定を享受した時代であった。「第一共和制」とも呼ばれる。

続く一九七五年から九〇年にかけては、「内戦の時代」であった。民兵組織が割拠し、レバノンの国家機能が完全に麻痺した時代である。この間、一九八二年にはイスラエル軍によるレバノン侵攻、すなわちレバノン戦争が起こっている。

内戦が終結した一九九〇年から二〇〇五年にかけては、「疑似権威主義の時代」である。民兵組織が停戦に合意し、宗派制度に基づく民主政治が再開したことから、内戦以前の「第一共和制」に対して「第二共和制」と呼ばれるが、実際には隣国シリアによる実効支配下に置かれ、国家の意思決定がシリア政府に大きく委ねられていた。形式的には民主主義的な議会制をとっていながら、一部の集団が独裁的な権力を行使していたという点においてこの時期のレバノン政治は権威主義に分類できよう。とはいえ、その独裁的な集団がシリアという国外のアクターであったことが、比較政治学的に見れば特異である。そのため、ここではひとまず「疑似権威主義」と名付けることとしたい(3)（詳細は第4章で論じる）。

このシリアによる実効支配は、二〇〇五年の民衆革命、通称「杉の木革命」によって終焉を迎えることになる。それから今日までの時期を「民主化の時代」と呼びたい。シリアの政治的影響力が後退したことでレバノン独自の多極共存型民主主義が再び花開いたものの、宗派間の平和的・民主的な共存がもたらされることはなかった。国内アクターは果てなき権力闘争を繰り返し、その結果、大統領、内閣、国民議会の全てが機能を麻痺させた。それだけではなく、長引く政治対立は武装した市民や民兵による武力衝突を引き起こし、内戦の再発すら囁かれるような事態になった。確かに、制度面に注目すれば、かつてレバノンに平和と繁栄をもたらした「多極共存型民主主義の時代」の宗派制度が再現されており、シュンペーター流の「手続き的民主主義」は保証されていると言える。しかし、国内アクターの言動がその「制度的装置」を機能不全に陥れ、国家としての意思決定が円滑に行えないだけではなく、社会に深刻な亀裂と不安を生み出しているのが実状である。これに鑑み、二〇〇五年からの時代を、民主主義への（再）「移行」とその「定着」の模索が行われている民主化の過渡期と位置づけたい（当然、その帰趨によっては民主化の失敗や「破綻国家」への逆行もあり得る）。

本書の構成

本書は三部構成となっている。各部は、ヒズブッラーが歩んできたレバノン政治の三つの時代区分、「内戦の時代」（一九七五〜九〇年）、「疑似権威主義の時代」（一九九〇〜二〇〇五年）、「民主化の時代」（二〇〇五年〜）に概ね対応している。以下、簡単に内容を紹介しておこう。

第Ⅰ部「国境を越える抵抗と革命」は、レバノンが内戦によって国民国家としての機能を失うなかで、トランスナショナルなアクターとして誕生・発展したヒズブッラーの姿を追う。第1章「抵抗と革命を結ぶもの」では、ヒズブッラー誕生の過程を近年入手が可能となった一次資料を用いながら明らかにしていく。第2章「抵抗と革命の思想」では、ヒズブッラーの掲げるイスラーム主義、特に殉教作戦の思想が、いかなる特徴を有しており、現代のイスラーム政治思想のなかでどのように位置づけられるのか、思想史研究の手法を用いて分析する。第3章「国境を越える内戦とテロリズム」では、ヒズブッラーのトランスナショナルな思想と活動が、内戦という特殊な状況にあったレバノン国家といかなる関係にあったのか、そして当時の冷戦構造においていかなる意味を持っていたのか、国際政治学の理論を補助線に論じる。

第Ⅱ部「多元社会のなかのイスラーム主義」では、一九九〇年に内戦が終結し、レバノンが一定の平和と安定を取り戻すなかで、ヒズブッラーがそれまでのトランスナショナルな性格を修正しながら新たな現実に適応していく様子と、翻ってそれがレバノン政治にもたらした変化を捉えていく。まず、第4章「「テロ組織」が政党になるとき」では、一九八〇年代に国内外でテロ活動を展開したヒズブッラーがなぜ合法政党への転身を図り、またレバノン政治の側がそれをなぜ受け入れることができたのかを、続く第5章「多極共存型民主主義におけるイスラーム政党」では、一九九〇年代を通してなぜヒズブッラーが政党として成功を収めることができたのかを、それぞれ比較政治学の手法で分析する。第6章「対イスラエル闘争と中東和平問題」では、安全保障論の視角からヒズブッラーの対イスラエル闘争に焦点を合わせ、それが中東和平とパレスチナ問題にいかなる影響を及ぼしてきたのかを論じる。第7章「抵抗社会の建設と社会サービス」では、ヒズブッラーのNGOとしての側面と草の根のメンバーおよび支持者の姿に光を当てる。福祉、医療、教育などの分野に広がるNGO活動とそれにたずさわる人びとの実態について、フィールドワークに基づくエスノグラフィーの手法を用いて論じる。

第III部「今日の中東政治の結節点」は、二〇〇五年の「民主化」とその後の国内外のアクター間の権力闘争によって混乱するレバノンにおいて、ヒズブッラーそれ自体の存在が政局となり、また国内政治の文脈を超えてグローバルな問題と化していく様を描き出していく。第8章「「新しい戦争」としての二〇〇六年レバノン紛争」では、二〇〇六年のヒズブッラーとイスラエルとの戦争がなぜ起こったのかを検討し、それが九・一一事件後の「イスラームの戦い」と「テロとの戦い」の二分法に特徴づけられた国際政治のなかでいかなる意味を持ったのかを検討する。第9章「「杉の木革命」による民主化とその停滞」では、再び比較政治学の手法を用いて、二〇〇五年以降の「民主化」がなぜ座礁し、レバノン国家を再び内戦再発の淵へと追いつめたのかという問いを、国内最大の野党としてのヒズブッラーの動静を手がかりに解いていく。第10章「「アラブの春」で変わる中東政治」では、二〇一一年の「アラブの春」によって流動化を始めた中東政治が「結節点」としてのヒズブッラーに何を突きつけ、翻って、彼らはそれにどのように対応したのかを論じる。そして、それを手がかりとして今日の中東政治の一つの見取り図を示してみたい。

そして、終章「イスラーム主義と中東政治の新時代」では、本書の議論を通して明らかになったことを「イスラーム主義のフロントランナー」、「中東政治の結節点」、「地域研究の実践例」の三つの視角から整理し、今後の研究の課題と展望を提示する。

本書の特徴

本書では、ヒズブッラーを地域研究の手法、すなわち彼らをトランスナショナルな存在として捉え、異なるディシプリンや研究手法――歴史研究、イスラーム思想史研究、国際政治学、比較政治学、安全保障論、人類学――を横断的に援用することで、その実像に迫ることを試みる。

ヒズブッラーについての研究は、これまで英語圏を中心にいくつか出されてきたが、そのほとんどが特定のディシプリンに特化した「個別領域型研究」であり、ヒズブッラーの多様な貌のいずれか一つないしは二つを明らかにしようとするものであった。テロリズムないし軍事研究としては Jaber［1997］, Ranstorp［1997］, Harik［2004］、政治学や国際政治学のアプローチとしては Charara and Domont［2006］, Pierre［2008］, Azani［2009］, Abboud and Muller［2012］、イスラーム政治思想の研究としては Saad-Ghorayeb［2002］, Abū al-Naṣr［2003］, Alagha［2006］［2011］, Qazzī［2009］［2013］が主要な研究である。また、人類学の手法でヒズブッラーを中心としたレバノンのシーア派系ＮＧＯによる開発やジェンダーの実態を描き出した労作 Deeb［2006］や Harb［2010］もある(4)。

これらのような「個別領域型研究」ではなく、ヒズブッラーの総合的理解を試みた「統合型研究」としては、Norton［2007］, Hamzeh［2004］, Avon and Khatchadourian［2010］［2012］が挙げられる。Norton［2007］と Avon and Khatchadourian［2010］［2012］は、ヒズブッラーの実態と歴史を簡潔に記した概説書であり、彼らの多様な姿を大づかみにするのに有益である。これらよりも詳細かつ深い分析を試みたのが Hamzeh［2004］であり、イスラーム社会における様々な「危機条件（crisis conditions）」に応答するかたちでヒズブッラーは行動し、その姿を変容させるという、「危機、革命、リーダーシップ、パーソナリティ、社会階層、政党の諸理論を組み合わせた多面的な概念上の枠組み」を提唱した（Hamzeh［2004：2-3］）。しかし、同書の分析の射程はヒズブッラーの結成から政党化に至った一九八〇年代半ばから九〇年代初頭までに限定されており、また、政治環境の変化にヒズブッラーがいかに対応したかという組織内部での政策決定のメカニズムの解明に終始している。

これらの先行研究に対して、本書は、次の三つの点において異なるものである。第一に、ヒズブッラーの実像をトランスナショナルな文脈のなかで明らかにする。第二に、複数のディシプリンを横断的に援用しながらヒズブッラーの多様な貌を相互の連関のなかで描き出すこと、つまり「統合型」のイスラーム主義組織としてのヒズブッラーの総合的理解を目指す。第三に、この第一と第二の作業、すなわちヒズブッラーを「地域研究の実践例」と位置づけることで、①現代世界におけるイスラーム主義のあり方とその役割を論究し（「イスラーム主義のフロントランナー」）、②レバノン政治、中東政治、国際政治の連関を描き出す（「中東政治の結節点」）。本書がヒズブッラーについての地域研究の書であると同時に比較政治学と国際政治学にまたがる書でもある、と冒頭で述べた理由はここにある。

最後に、資料について述べておきたい。本書では、主に次の二つの資料を用いている。第一に、ヒズブッラーおよびその関連団体が発行・発表するテクストである。具体的には、指導部や広報部門による声明文やプレスリリース、関連団体のリーフレット類、それからヒズブッラー最大の広報機関であるアル＝マナール・テレビ（公式ウェブページにおけるストリーミング放送およびテクスト媒体のニュース）を通して日々発せられる彼らの声である。第二に、現地調査で収集した情報である。具体的には、一九九五年夏から二〇一三年春の期間に断続的にヒズブッラー関係者への聞き取り調査を行った。主な調査地はレバノンであるが、ヒズブッラーに関係の深いシリアとイランにも足を運び、上述の声明文やリーフレット類の収集とともに、メンバーや支持者の声を拾い上げるように努めた。

第Ⅰ部　国境を越える抵抗と革命

——ヒズブッラーの誕生と発展

第1章　抵抗と革命を結ぶもの
――ヒズブッラーの誕生

はじめに――抵抗組織か、それとも革命組織か

抵抗組織か、それとも革命組織か。ヒズブッラーの「正体」をめぐる評価は、国際政治の力学に引き裂かれてきた。アラブ諸国やイスラーム諸国の多くは、ヒズブッラーをイスラエルに抵抗するレバノンの「国民的レジスタンス」と見なしてきた。これに対して、欧米諸国は、「テロ支援国家」であるイランによって支援される「国際テロ組織」という構図から、ヒズブッラーをレバノンにおけるイスラーム革命の「受け皿」であるとの立場を採ってきた。

このような認識の相違は、多くの問題群を含んでいる。例えば、「国際テロ組織」が、普遍宗教であるイスラームを掲げながら既存の国境線を自在に横断しグローバルな活動領域を確保しているのに対して、「国民的レジスタンス」は不可避的に国民国家の枠組みやナショナリズムに接続されることになる。そこには、イスラーム主義を掲げる組織が国民国家体制といかなる関係にあるのかという問いが横たわる。また、度重なるヒズブッラーとイスラエルとの衝突を考えるとき、その原因をイスラームという宗教や世界観に求めるのか、それともヒズブッラーを取り巻く現実の政治に注目するのか、説明の仕方にも相違が生まれることになろう。

いずれにしても、抵抗と革命の狭間で錯綜するヒズブッラー評価は、二〇〇一年九月一一日の米国同時多発テロ事件（以下九・一一事件）を機に顕在化した「テロとの戦い」と「イスラームの戦い」の二項対立的な言説構造によってイデオロギー論争の様相を呈し、混乱の度合いを深めた。実のところ、ヒズブッラー自体も、抵抗と革命をめぐるアイデンティティの揺らぎを経験してきた。それは、党旗に記された「レバノンにおけるイスラーム革命（al-Thawra al-Islāmīya fī Lubnān）」が一九九〇年代半ば以降に「レバノンにおけるイスラーム抵抗（al-Muqāwama al-Islāmīya fī Lubnān）」に置き換えられたことに端的に現れている。(1)

ヒズブッラーとは一体何者なのか。その「正体」をつかむため、本章では彼らがレバノンの地に誕生した時代まで遡り、近年徐々に公開され始めた彼ら自身による語り（一次資料）を紹介しながら、その誕生の過程と背景を明らかにしてみたい。言うまでもなく、彼ら自身の語りを無条件・無批判に史実として扱うことには留保がいる。そのため、一九七〇年代から八〇年代にかけてのレバノン、シリア、イラン、イスラエルを取り巻く政治環境についての二次資料に依拠しながら、彼らのテクストを当時のコンテクストのなかに慎重に位置づけながら論じていく。

詳しくは第2章で論じるが、抵抗と革命はヒズブッラーにとって不可分のイデオロギー的双柱であり、結成から今日まで立脚し続けてきた大原則である。したがって、ここですべき作業は、抵抗か革命かの二者択一をすることではなく、両者の関係を当時の政治環境の変化に照らし合わせながら丁寧に分析していくことであろう。ヒズブッラーの「正体」は、この作業のなかで像を結ぶことになる。(2)

1　トランスナショナルなアンブレラ組織

ヒズブッラーは、一九八二年から八五年にかけてのレバノン戦争の最中、北進してくるイスラエル国防軍

（Israel Defense Forces, IDF）に対する「抵抗（muqāwama, resistance）」を目的としたレジスタンスとして結成され、一九八五年二月一六日の「公開書簡（al-Risāla al-Maftūḥa）」の発表（第2章1）をもって初めてその存在が公表された。ヒズブッラーは、最初から明確な命令・組織体系を持った単一の組織として誕生したのではなく、イスラエルによる侵略と占領に抵抗するイスラーム主義者たちの「アンブレラ組織（umbrella organization、複数の組織・団体の傘となる組織）」として段階的に形成されていった（al-Kūrānī［1986：187］, Norton［1987：99–106］, Ranstorp［1997：30–40］, Hamzeh［2004：22–26］, Alagha［2006：26–36］）。

レバノンを襲った三つの危機

ヒズブッラーの組織が形成されていった一九八〇年代初頭のレバノンは、三つの危機に直面していた。

第一の危機は、一九七五年四月に始まったレバノン内戦であった。武装化した政党や民兵組織が割拠し、武力衝突だけではなく一般市民を標的とした誘拐、暗殺、虐殺なども相次いだ。レバノン内戦は、一九九〇年一〇月の終結までの一五年間に、一三万〜二五万名もの死者と、一〇〇万名を超える負傷者を生んだ凄惨な紛争であった。

第二の危機は、イスラエルによるレバノン南部地域への侵攻と占領であった。一九七〇年のヨルダンでの「黒い九月事件（ヨルダン正規軍によるパレスチナ人武装組織に対する掃討作戦）」以降、多くのパレスチナ人武装組織がヨルダンからレバノンへと流入した。特にパレスチナ解放機構（Munaẓẓama al-Taḥrīr al-Filasṭīnīya, Palestine Liberation Organization, PLO）は、同国南部に「国家内国家」とも呼ばれた実効支配地域を確立し、対イスラエル武装闘争の拠点とした。

ＰＬＯによるレバノン領内からの越境攻撃を受けて、イスラエルは、一九七八年三月にＰＬＯの軍事拠点の壊滅を目的とした「リーターニー川作戦（Operation Litani）」を発動し、ＩＤＦを南部地域へと侵攻させた。七日間の戦闘で、ＩＤＦの死者は三七名、一方パレスチナ人とレバノン人については一一〇〇名以上が命を失った。

イスラエルは、停戦後もレバノンからの無条件撤退を要求した国際連合安全保障理事会決議第四二五号（一九七八年三月一九日採択）を無視するかたちで、リーターニー川以南のレバノン領内に「安全保障地帯（security belt）」という名の占領地を設置した。そして、傀儡となる民兵組織「南レバノン軍（Jaysh Lubnān al-Janūbī, South Lebanon Army, SLA）」を創設し、占領地の実効支配を託した。安全保障地帯は、レバノンの総面積の約一一パーセントあまりを占め、住民の大半を占めたシーア派は戦火を避けるために国内外への移住を余儀なくされた（Hamizrachi [1988：163–182], Smit [2000：108–140]）。

これらの二つの危機による内憂外患とも呼ぶべき事態に追い打ちをかけたのが、第三の危機のレバノン戦争であった。一九八二年六月六日、イスラエルは、レバノン領内のＰＬＯ武装勢力の掃討を目的に、リーターニー川作戦を上回る大規模な軍事侵攻作戦である「ガリラヤの平和作戦（Operation Peace for Galilee）」を開始した。ＩＤＦは圧倒的な兵力でもって北進を続け、わずか一週間で首都ベイルートに到達、籠城するＰＬＯの戦闘部隊に対して陸海空から容赦ない攻撃を加えた。ＰＬＯは八月二一日に停戦に応じ、三〇日にはヤースィル・アラファート（アラファト）議長率いる指導部および主力部隊一万二〇〇〇人が海路チュニジアへと脱出した。作戦の目的が達成されたにもかかわらず、ＩＤＦはリーターニー川以北を含むレバノンへの駐留を続けた。ＰＬＯの戦闘部隊の撤退後は、残されたパレスチナ難民の保護と安全保障の確立のために、米仏伊英の部隊からなる多国籍軍がレバノン領内に展開した。

九名委員会の結成

ヒズブッラーの前身となったレジスタンスは、このような未曾有の危機のなかで結成された。ヒズブッラーの最高指導者であるハサン・ナスルッラー書記長（al-amīn al-ʻāmm、一九九二年就任）によれば、[3] レバノン戦争開戦直後の一九八二年七月、ベカーア高原のバアルベックにあるイマーム・マフディー・ムンタザル・ハウザ（Ḥawza al-Imām al-Mahdī al-Muntaẓar、シーア派の宗教学校）に参集した九名のイスラーム主義者によって結成されたレジスタンスが、ヒズブッラーの原型となったという。

> 三つのグループが、全ての者たちを糾合するための一つの勢力、一つの組織、一つの枠組みをつくることに合意した。もちろん、各グループがそれぞれ三名の同志を選出し、代表させた。つまり、全部で九名である。この九名が最初の諸問会議（Majlis al-Shūrā）を結成した。彼らは会合を開き、基本となる諸原則について合意をした。〔中略〕最大の課題は占領に対峙することであり、また、最後には敵を打ち破ることができる効果的、継続的、そして高い士気を持った抵抗を結成し開始することであった。これこそが、三つのグループが参集した最大の目的である。（NBN［2003］）

この九名によって組織化されたレジスタンスは、「九名委員会（Lajna al-Tis‘a）」と呼ばれた。そして、そのメンバーを三名ずつ輩出した三つのグループとは、①レバノン・イスラーム・ダアワ党（およびその下部組織であるムス

ハサン・ナスルッラー

出所）http://www.moqawama.org/

イマーム・マフディー・ムンタザル・ハウザ

注）中央のポートレートは，設立者のアッバース・ムーサウィー。
出所）筆者撮影（2009年6月）。

リム学生のためのレバノン連合)、②イスラーム・アマル運動、③レバノン・ムスリム・ウラマー連合であった[4](NBN［2003］, Muṣṭafā［2003：433］, Sankari［2005：198］, Qāsim［2010：37］)。

このアンブレラ組織としての九名委員会[5]の最大の特徴は、イラン・イスラーム革命への共鳴、特に革命の指導者ルーホッラー・ムーサヴィー・ホメイニーへの忠誠であった。同委員会が目指したのは、イスラエルによる侵攻と占領に対する抵抗だけではなく、レバノンにおけるイスラーム的統治の確立であった。具体的には、レバノンにおける統一された組織的なイスラーム運動の結成、イスラーム法(シャリーア、sharī'a)に基づく社会運営、「法学者の監督」論(第2章2)の実践が謳われた。つまり、同委員会にとって抵抗と革命は不可分のものであった[6]。そのため、彼らの闘争の矛先は、レバノンに侵攻したイスラエルだけではなく、イスラエルと同盟関係にあったレバノンのアミーン・ジュマイイル大統領や欧米諸国が派遣した多国籍軍にも向けられた(Faḍl Allāh［1994：33］, Muṣṭafā［2003：434-5］, Qāsim［2010：37-38］)。

ルーホッラー・ムーサヴィー・ホメイニー

出所)http://www.imam-khomeini.ir/

ここで注目すべきは、ホメイニーへの忠誠を共通項としながらも、九名委員会を構成した三つのグループが時間的にも空間的にも異なる背景を有して誕生・発展したものであったという事実である。具体的には、①のレバノン・イスラーム・ダアワ党が一九五〇年代のイラク、②のイスラーム・アマル運動が一九六〇年代から七〇年代にかけてのレバノン、③のレバノン・ムスリム・ウラマー連合が一九八〇年代初頭のイランにそれぞれルーツを持つ。ゆえにヒズブッラーの「正体」を見極めるためには、一九八二年のレバノンから時間と空間の両方について少し視野を広げる必要がある。

覚醒するシーア派

まず、第一のグループ、レバノン・イスラーム・ダアワ党のルーツである一九五〇年代のイラクを見てみよう。九名委員会のメンバー（後のヒズブッラーの幹部たち）の多くは、一九五〇年代から七〇年代にかけてイラク南部の都市ナジャフへの留学経験を持っていた。ナジャフはイランのコム、カルバラーやマシュハドとならぶシーア派イスラームの学問の中心地であり、イラク国内だけではなくイラク、イラン、レバノン、バハレーンといった中東各国からの多くの留学生を抱えていた。チブリー・マラートは、ナジャフを中心としたトランスナショナルな知的・人的ネットワークを、「シーア派インターナショナル（Shīʻī international）」と呼んでいる（Mallat［1993：45–46］）。

ちなみに、ホメイニーが独自の革命思想を紡ぎ出したのもこのナジャフであった。ホメイニーはこの街で一四年間の亡命生活を送ったが、一九六九年から七〇年にかけて行われた一連の講義は、後に『イスラーム統治体制――法学者の監督（*Hokūmat-e Eslāmī: Velayāt-e Faqīh*）』（邦訳はホメイニー［2003］に収録）として刊行され、イランにおけるイスラーム共和制樹立の思想的なバックボーンとなった。この時点で既にホメイニーがシーア派宗教界において名声を馳せていたことを考えれば、レバノンからの留学生がホメイニーの講義に参加し、あるいは参加せずともその思想に触れる機会があったことは想像に難くない。そうだとすれば、レバノンのシーア派はイラン革命以前からホメイニーの思想の影響を受けていたことになる[7]（Mallat［1988：3-9, 13］, Chalabi［2006：11-16］）。

イラクでは一九五八年に共和革命が起こり、世俗主義に立脚したアラブ・ナショナリスト政権が誕生していた。社会の世俗化が急速に進むなか、一九五七年にバーキル・サドルらによってイスラーム・ダアワ党というイスラーム主義組織が結成された。同党は、イスラーム法に基づいた統治と社会の運営、すなわちイスラーム国家の樹立の必要性を掲げた。そのため、世俗主義政権に対する反体制派としての性格を強め、アラブ社会主義バアス党（以下バアス党）政権との対立を深めていった。

イスラーム・ダアワ党の特徴は、政治組織でありながらイスラーム法学界と緊密な関係を築き、当時台頭してきたウラマー（ʿulamāʾ、法学者）の政治への積極的関与を是とする「革新派」の思想と連動していたことにあった（山尾［2006］）。そのため、留学生たちのなかには、学問を通してイスラーム国家の樹立と「革新派」の思想の薫陶を受けると同時に、同党の党員として実際に政治活動に身を投じる者も多数現れた。レバノンからの留学生も、同党の活動に接することでイスラーム主義組織の設立と運営のためのノウハウを学んだ[8]。

次に、第二のグループ、イスラーム・アマル運動のルーツである一九六〇年代から七〇年代のレバノンを見てみたい。レバノンのシーア派住民は、宗派別の人口比に応じて権力の配分を定める「宗派制度（al-ḥukm al-ṭāʾifī）」（第3章1）の下で、人口比相応の国会議席数や社会開発の機会を得られないという不遇な地位に置かれていた。こうしたいわば二級市民としての不満を募らせていた彼らの大規模な動員に成功したのが、イラン出身のウラマーであるムーサー・サドルらによって結成された「奪われた者たちの運動」であった。同運動はシーア派住民の待遇改善・権利拡大を求める社会運動として発展していった[9]。

ちなみに、この場合の「シーア派」とは、信仰としてのシーア派とは異なるニュアンスを持つ。それはレバノンの政治制度（宗派制度）によって定められた社会的地位に過ぎず（具体的には、身分証明書に「シーア派」と記される）、宗教としてのシーア派イスラームの信仰の有無とは関係ない。そのため、奪われた者たちの運動は、その活動理念をムーサー・サドルによるイスラーム法学に依拠していたものの、実際には宗教運動ではなく世俗的な権利拡大を目指す社会運動であった。

この奪われた者たちの運動からは、内戦勃発直後の一九七五年七月に軍事部門「アマル（Amal、レバノン抵抗大隊［Afwāj al-Muqāwama fī Lubnān］のアラビア語の頭文字をとったもので「希望」を意味する）」が誕生する（後にそれが同運動の正式名称――アマル運動――となった）[10]。アマル運動は、レバノンにおけるシーア派住民主体の政治組織の嚆矢であった。

第三のグループであるレバノン・ムスリム・ウラマー連合は、一九七九年にイスラーム革命を成功させたイランの「革命の輸出」戦略の一環としてレバノンに創設された組織であった。[11]詳細は後述するが、同連合は、シーア派とスンナ派の違いを超えた「イスラームの統一（al-waḥda al-Islāmīya）」の実現を掲げており、ホメイニーに共鳴したイスラーム主義者たちを宗派の別を問わず糾合していった。同連合が単独で一大勢力を形成するというよりは、イラクやレバノンで独自に誕生・発展したシーア派住民による政治組織や社会運動を結びつける役割を果たすことになる。

2　イラン・イスラーム革命からレバノン戦争へ

一九五〇年代のイラクに結成されたイスラーム・ダアワ党、一九六〇年代から七〇年代にかけてのレバノンで形成されたアマル運動、そして一九八〇年代初頭のイランによる「革命の輸出」戦略によって組織されたレバノン・ムスリム・ウラマー連合。時間、空間、イデオロギーを異にしながらも発展してきたこの三つのシーア派政治運動を邂逅させたのは、一九八〇年代初頭の中東政治を揺るがした二つの事件、イラン・イスラーム革命とレバノン戦争であった。

レバノン・イスラーム・ダアワ党

イラクでは、一九七九年のイラン・イスラーム革命の成功が、イスラーム・ダアワ党の活動に正負の両面で衝撃を与えた。正の面では、シーア派のイスラーム主義者たちの活動を鼓舞し、イスラームを掲げた政治変革の気運を盛り上げた。また、イラン革命政府は、「革命の輸出」戦略の一環として、同じシーア派のイスラーム・ダアワ党を支援した（同党の本部はテヘランに移された）。だが、革命の成功を追い風にしたダアワ党の勢力拡大は、サッダーム・フサイン大統領のバアス党政権によるシーア派宗教界に対する大弾圧という負の衝撃ももたらした。一九八〇年三月にはイスラーム・ダアワ党員および関係者を死刑とする法律が施行され、カリスマ的指導者バーキル・サドルを含む多くのメンバーが逮捕・処刑された。バーキルというカリスマを失った同党は、組織の求心力低下に直面した（Robins［1990：84-88］）。

さらに、一九八〇年九月二二日のイラク軍のイラン侵攻によって始まったイラン・イラク戦争が、この正負のコントラストをいっそう強めた。イスラーム・ダアワ党にとって、この戦争はイラン革命政府とともにイラクのバアス党政権を打倒するための好機となった一方で、それを恐れた政権側による激しい弾圧の嵐を呼んだからである（Jabar［2003：253-254］）。要するに、イラン・イスラーム革命とそれに続いたイラン・イラク戦争は、イラクにおいてバアス党政権とイスラーム・ダアワ党の対立、世俗主義とイスラーム主義の対立を激化させたのである。

このことが、結果的に遠く離れたレバノンの地にイスラーム主義組織を生み出すこととなった。ナジャフでイスラーム・ダアワ党に参加していたレバノン人留学生たちが、バアス党政権による弾圧を逃れ、あるいは国外追放処分を受け、次々に帰国していった。祖国に戻った彼らは、レバノン・イスラーム・ダアワ党（とその下部組織であるムスリム学生のためのレバノン連合）を結成した。これが、後に九名委員会を構成することになる第一のグループであった[12]。

イスラーム・アマル運動

イラン・イスラーム革命の成功は、イラクだけではなくレバノンのシーア派住民にも大きな衝撃を与えた。一九七〇年代のレバノンではシーア派住民の代弁者としてアマル運動が勢力を拡大していたが、このことは逆に言えば、この運動がシーア派住民の権利拡大を共通項としただけのいわば寄り合い所帯に過ぎなかったことを意味した。アマル運動は、イスラーム主義を含む多種多様な信条を持ったメンバーを受け入れ包摂することができた反面、メンバー構成の変化に対して敏感かつ脆弱であり、組織としての一体性の維持が大きな課題となっていた。

特にカリスマ的指導者であったムーサー・サドルがリビアで「謎の失踪」を遂げてから、この問題は――バーキルという「もう一人のサドル」を失ったイラクのイスラーム・ダアワ党と同様に――深刻化した（Norton［1987：74］, Ranstorp［1997：3］）。一九七八年四月、ムーサー・サドルは、リビアから飛行機でイタリアに向かう途中に行方不明となった。後継としてアマル運動の代表の座に就いたナビーフ・ビッリーは、ウラマーでも思想家でもなく、米国で学んだ弁護士であった。そのため、ビッリーの代表就任以降、アマル運動は、イスラームやシーア派に関わる目立った思想的展開を見せず、レバノンにおけるシーア派住民の利権拡大の実現に徹することで、世俗主義とナショナリズムの性格をいっそう強めていった[13]。

こうしたなかで起こった一九七九年のイランでのイスラーム革命は、アマル運動のメンバーの間に不和を生んだ。この革命に共感したメンバーや支持者たちが、指導部の世俗主義ないしはナショナリズムの方針を批判し始めたからであった[14]。イスラーム主義者たちはもはやアマル運動のなかに居場所を見出せず、やがて分派の形成を模索し始めた。

そして、アマル運動の分裂を決定づけたのが、一九八二年に勃発したレバノン戦争であった。ビッリー代表率いる指導部は、開戦から早い段階で外交を通したイスラエルとの停戦合意を目指す「救国委員会」に参加することを決定した[15]（Smit［2000：149］）。だが、寄り合い所帯としてのアマル運動のなかにはＩＤＦへの徹底抗戦を望む者も多く、とりわけホメイニー思想への共鳴者たちが続々と指導部に反旗を翻していった[16]。このとき、五〇〇名あまりのメンバーが運動から追放または離反したとされる。そして、彼らの一部がアマル運動の幹部を務めていたフサイン・ムーサウィーの指導の下で新たな組織を結成した。それが九名委員会の第二のグループ、イスラーム・アマル運動であった（Norton［1987：88］, Sankari［2005：197］）。

当時、世俗主義・ナショナリズムの傾向を強めていたアマル運動に対して、この分派は紛れもなくイスラーム主義者の組織であった。フサイン・ムーサウィーは、「我々の目的は、真実と公正の統治であるマフディー（mahdī、救世主）の統治をこの地上に打ち立てることであり、イランは我々の霊性の源であり、我々の権威である」と述べるなど、レバノンでイランを範とするイスラーム国家の樹立を訴えた（Markaz al-ʻArabī li-l-Maʻlūmāt, al-Safīr [2006b：vol. 3, 177-178]）。この新組織の結成に賛同した者たちの目には、アマル運動の指導部によるイスラエルとの停戦の選択は、政治的な妥協というだけではなく反イスラーム的な行為と映った[17]。彼らは組織名に「イスラーム」の語を冠することで、新組織がイスラーム的に正しい「真性」のアマル運動であることを示そうとしたのである。

そのため、イスラーム・アマル運動がイラン革命政府へと接近していくことは必然であった。事実、アマル運動本体から分派した直後の八月には、シリアのダマスカスで駐シリア・イラン大使アリー・アクバル・モフタシェミーとイスラーム・アマル運動のメンバーが会合を開き、政治的な立場と今後の方針についての共通認識の確認と、軍事面および資金面での支援が取り決められた[18]（Chehabi [2006：217], Markaz al-ʻArabī li-l-Maʻlūmāt, al-Safīr [2006a：vol. 3, 175-176]）。

レバノン・ムスリム・ウラマー連合

こうして、イランでのイスラーム革命の成功に刺激されたシーア派イスラーム主義者たちによって二つの組織――レバノン・イスラーム・ダアワ党とイスラーム・アマル運動――がレバノンの地に結成された。この両者を最終的に邂逅させ、ヒズブッラーの原型となった九名委員会の結成を導いたのが、レバノン戦争であった。

一九八二年六月一三日から七週間にわたって、首都ベイルートがＩＤＦに包囲・攻撃された。この未曾有の事態のなかで、レバノン・イスラーム・ダアワ党とイスラーム・アマル運動は、ホメイニー流の抵抗と革命の理念を掲げレジスタンスを開始した。イラン革命政府は、レバノン各地で勃興したレジスタンスからの支援要請を受けて[19]、イスラエルに対して徹底抗戦し、「革命の輸出」を準備するための新たな組織をＩＤＦ包囲下のベイルートに創設した（Sankari［2005：194］, Khājim［n. d.］）。それが、九名委員会を構成した第三のグループであるレバノン・ムスリム・ウラマー連合であった。

同連合の結成には、シーア派のズハイル・カンジュとスンナ派のマーヒル・ハンムードの二人のウラマーが指導力を発揮した（Shapira［1988：126］）。結成の理念は、第一に、イスラーム革命を成就させたイランを範とし、シーア派とスンナ派の違いを超えたイスラーム世界の統一を目指すこと、第二に、イスラエルによるレバノン侵攻を含む、イスラーム世界における全ての紛争と抑圧を排除することであった[20]（Khājim［n. d.］）。この組織は、イスラーム革命への支持とイスラエルの侵略に対する抵抗の意思を共有するウラマーたちを「緩やかに糾合したもの」であり、その実態はレバノンの各地域に形成されたグループの集合体であった（Faḍl Allāh［1998：91-92］, Sankari［2005：196］）。そうだとすれば、レバノン・ムスリム・ウラマー連合は、アンブレラ組織としての九名委員会の文字通り「アンブレラ」の役割を担ったと言える。「アンブレラ」の「傘」の部分がこの緩やかな組織構造であるとすれば、「柄」の部分がイラン革命政府による思想的および物理的な支援であったと喩えることもできよう。

こうして、レバノン戦争の戦火が拡大していくなか、イスラエルに対する徹底抗戦とイスラームへの強い信頼、言い換えれば、抵抗と革命の理念を共有するイスラーム主義者たちは、地域間・組織間の連携を深めていった。そして、それがレバノン・イスラーム・ダアワ党、イスラーム・アマル運動、レバノン・ムスリム・ウラマー連合の三つのグループによる九名委員会という新たな組織の誕生を導いたのである。

確かに、イランの革命政府は、ヒズブッラーの原型となった九名委員会の結成に精神面と物質面の両方において関与していた。しかし、ヒズブッラーが単純にイランによって創造されたとする見方は正鵠を射ていない。実際には、同委員会がレバノンとイランの二国間の関係ではなく、中東地域に広がるトランスナショナルなシーア派の知的・人的ネットワークを背景に生まれたのである。

3　イランによる「革命の輸出」

一九八二年七月に発足した九名委員会は、その後、いかにしてヒズブッラーへと発展していったのだろうか。ここではヒズブッラー指導部が自らその歴史を綴った書、『もう一つの選択――ヒズブッラーの歴史と立場（*al-Khiyār al-Ākhir: Ḥizb Allāh al-Sīra al-Dhātīya wa al-Mawqif*）』（Faḍl Allāh［1994］）を取り上げてみたい。[21]

暗躍する革命防衛隊

同書によれば、九名委員会は、一九八二年末に五名からなる「レバノン評議会（Shūrā Lubnān）」という名の新たな組織へと改編された。[22] これをもとに一九八四年にヒズブッラーの指導部（七名から構成）が立ち上げられたとされるが（Faḍl Allāh［1994：35］）、その背後には、イラン革命政府がレバノンに派遣した革命防衛隊の暗躍があった。

ナイーム・カースィム副書記長（nā'ib al-amīn al-'āmm、一九九一年就任）は、この一九八二年末に様々なグループが九名委員会に糾合していったと述べている。「党員資格についての大まかな綱領が起案され、ウラマーたちがイスラエルによる占領へ抵抗するための軍事訓練や行動に参加するようメンバーに説くことで、効果的な動員がなされた」が、その過程にはイラン革命政府の支援およびシリア政府の協力（第1章4）が不可欠であったことを認めている（Qāsim［2010：38-39］）。

事実、九名委員会は、一九八二年一〇月、テヘランへ使節団を派遣し、ホメイニーと面会、方針と組織の名称についての助言を仰いでいる。[23] レバノン評議会の名称と設置については、その翌日のイラン国防

ナイーム・カースィム

出所）http://www.moqawama.org/

最高評議会で決定されたものであり、隠密行動、集団的指導体制、段階的な組織形成を基本原則とした。レバノン戦争開戦直後の段階で、イラン革命政府は革命防衛隊の少なくとも八〇〇人をレバノンへ派遣し[24]、フサイン・ムーサウィー率いるイスラーム・アマル運動と、バアルベックのハウザの教師でありレバノン・ムスリム・ウラマー連合のメンバーであったアッバース・ムーサウィーをはじめとするイスラーム主義者約一八〇人に対する軍事訓練を始めていた[25]（Faḍl Allāh［1994：12-16］, Ranstorp［1997：33］, Chehabi［2006：217］, Qāsim［2010：104-105］）。

革命防衛隊は、レバノン南部地域やベイルート首都圏におけるＩＤＦとの直接的な戦闘には参加せず、ベカーア高原を拠点に――「革命の輸出」戦略の実働部隊である解放運動局が中心となって――イスラーム革命の思想に基づいた教育や訓練、宣伝を行った。そして、豊富な資金を駆使して訓練キャンプ、学校、診療所、病院を設置・運営し、革命支持者の動員と組織化に努めた（Ranstorp［1997：35-36］）。

イラン革命政府から見れば、内戦による政治的真空にあったレバノンは「革命の輸出」の試金石となる国であった[26]。ホメイニーは、自らの代理人をレバノンに送り、レバノン評議会の設置と運営を指揮したとされるが（al-Ḥusaynī［1986：19］, Chehabi［2006：218］）、このことが示す重要な点は、レバノン評議会がイラン革命政府――国会に当たるイスラーム諮問評議会――のレバノン支部として位置づけられていたことである。言い換えれば、九名委員会は、レバノン評議会へと改編されることで、イラン革命政府による「革命の輸出」戦略の一部に名実ともに組み込まれたのである（Faḍl Allāh［1994：33］）。

レバノン評議会は、一九八三年初頭に最初の会合を開催した。それからまもなく七つの専門機関（majlis、会議）が設けられ（文化、財務、政治、情報、軍事、社会、法）（al-Ḥusaynī［1986：19］, Norton［1987：102］）、最高意思決定機関の下に複数の様々な専門機関を有する後のヒズブッラーの組織構造の原型となった。

殉教作戦の開始

このような組織の改編と並行するかたちで、イスラーム主義者によるレジスタンスは拡大していった。九名委員会およびレバノン評議会指揮下のレジスタンスは、「レバノン・イスラーム抵抗（al-Muqāwama al-Islāmīya fī Lubnān、以下イスラーム抵抗）」と名付けられ、レバノン国内に駐留していたＩＤＦだけではなく、平和維持のために展開していた多国籍軍をも攻撃対象とした。軍事作戦の総数は、ＩＤＦとその傀儡民兵組織ＳＬＡに対するものだけで一九八二年には四〇件だったのが、八三年には二九六件、八四年には八一二件にも及んだとする統計もある（Iliyās ed.［2006a：vol. 2, 70］）。

レジスタンスは砲撃、狙撃、待ち伏せ攻撃、爆破などあらゆる方法を用いたが、この時期における軍事作戦の最大の特徴は、爆薬を満載したトラックによる特攻攻撃、すなわち「殉教作戦（al-ʻamalīyāt al-istishhādīya）」の採用であった。最初の殉教作戦は、一九八二年の一一月一一日、レバノン南部の都市スール（ティール）のＩＤＦ兵営に対して実行され、九〇名以上の犠牲者を出した。二度目の作戦は翌年四月にＩＤＦの車列に対して行われ、九名が死亡した（Smit［2000：166–171］）。

いずれの作戦についても、今日に至るまでいかなる組織からも実行声明は出されていない。しかし、九名委員会がレバノン評議会へと改編されていった一九八二年末を境にイスラーム主義者たちがＩＤＦ／ＳＬＡやレバノン国軍、多国籍軍との軍事衝突を繰り返すようになったことは、レバノンにおける同評議会の影響力や指導力を考える上で示唆的である。なぜならば、そこに単なるイスラエルに対する抵抗だけではなく、政権や外国勢力を打倒しようとするイスラーム革命の理念の痕跡を見ることができるからである。事実、この頃からイランを範とするイスラーム国家の樹立を叫ぶイスラーム主義者が次々に現れるようになった。[27]

こうして、レバノンにイスラーム革命の機運が広がるなか、一九八三年に入ると、四月一八日にはベイルートの米国大使館、一〇月二三日には多国籍軍として駐留していた米海兵隊と仏第一猟兵連隊が殉教作戦の標的となっ

表1-1　殉教作戦（1982年11月〜1984年9月）

日　付	実行組織／実行者	場　所	標　的	被　害	備　考
1982年11月11日	発表なし／アフマド・カスィール	スール	IDF兵営	死者90名以上	最初の殉教作戦。死者90名のうち，IDF兵士は74名。カスィールは，ダイル・カーヌーン・ナハル出身
1983年4月13日	発表なし／アリー・サフィーッディーン	スール郊外，ダイル・カーヌーン・アン・ナハル	IDF車列	死者6名，負傷者4名以上	
4月18日	イスラーム・ジハード	ラース・ベイルート	米国大使館	死者63名（レバノン人職員32名，米国人17名，来館者14名）	米国人死者14名のうち，8名がCIA職員
10月23日	イスラーム・ジハード／ジャアファル・タイヤール	ベイルート国際空港	米海兵隊兵営（多国籍軍）	死者241名，負傷者60名以上	死者241名のうち，海兵隊員200名，海軍兵士18名，陸軍兵士3名
〃	イスラーム・ジハード	ベイルート，ラムラ・バイダー地区	仏第1猟兵連隊兵営（多国籍軍）	死者58名，負傷者15名以上	
11月4日	〃	スール	IDF兵営（UNRWAビル）	死者60名以上，負傷者30名以上	死者60名のうち，IDF兵士29名，レバノン人とパレスチナ人の捕虜30名以上
1984年6月6日	発表なし／ビラール・ファハス（単独行動？）	スール郊外，ザーフラーニー・スール湾岸道路	IDF車列	負傷者9名	ファハスは，アマル運動メンバーであり，ビッリー代表の元護衛
9月20日	イスラーム・ジハード	東ベイルート，キリスト教徒実効支配地区	米国大使館別館	死者14名	死者14名のうち，米国人2名

出所）Wright［1986：69-110］，Faḍl Allāh［1998］，Smit［2000：166-171］，Musṭafā［2003］，Hamzeh［2004：81-84］，Iliyās ed.［2006a：vol. 2］などをもとに筆者作成。

た。この三つの作戦については、「イスラーム・ジハード」を名乗る組織が実行声明を発表したが、実態は不明であり、その実在すら疑問視された[28]。だが、攻撃の規模と殉教作戦という方法から、イラン革命政府とレバノンにおけるその支持者たち――九名委員会ないしはレバノン評議会――によるものであったことは、いわば公然の秘密と見られた[29]（Smit［2000：172］）。

いずれにしても、一九八二年末から八三年にかけての一連の殉教作戦が、イスラームの名の下に実行されたこと、実行者が全てシーア派であったこと、そして、IDFだけではなくレバノン国軍や多国籍軍までがターゲットに含まれたことを考慮すれば、ホメイニーに忠誠を誓ったイスラーム主義者たちの行動であったと考えるのが穏当であろう（表1-1）。その一つの証として、ヒズブッラーは一九八二年に最初の「殉教者（shahīd）」となった当時一九歳の青年アフマド・カスィールを英雄視し、作戦決行日である一一月一一日を「殉教者の日（Yawm al-Shuhadā'）」として毎年祝賀を催すことでその「功績」を讃えている。

多国籍軍とＩＤＦの撤退

レジスタンスによる武装闘争は、多国籍軍とＩＤＦを追い詰めていった。一九八四年二月の米海兵隊の撤収を皮切りに、三月末までに多国籍軍を構成した米仏伊の部隊は、レバノンからの段階的な退去を余儀なくされた。他方、ＩＤＦ／ＳＬＡは、自爆攻撃という前代未聞の攻撃への対応に追われ、殉教作戦開始から一九八四年までのわずか二年間で三日に一名が死亡するという厳しい戦況に置かれるようになった（Norton［2007：81］）。この作戦は、当初より「イスラエル兵の心理を動揺させるように企図され」ており（Hamzeh［2004：82］）、自死を厭わない正体不明の「見えない敵」との戦いはイスラエルの占領のコストを確実に増大させていった。

こうしたなか、一九八五年二月、イスラエル政府は、レバノン南部地域に設置した「安全保障地帯」までのＩＤＦの撤退を決定した。ＩＤＦがアラブ諸国から無条件撤退を実施したのはイスラエルの建国以来で初めてのことであり、この出来事はレバノン国内外でレジスタンスの勝利として広く受け止められた。イスラエルによるレバノン戦争は、ＰＬＯを一掃するという当初の目的は達成したものの、それに代わるより強力なレジスタンスを生み出すという皮肉な結果を生んだのである。

イスラエルとの心理戦に効果を発揮した隠密行動は、レジスタンスの基本原則であったが、同時に組織の生き残りの方法として念頭に置かれたものでもあった。この点について、前出のカースィム副書記長は、次のように述べている。「一九八五年〔の「公開書簡」の発表〕まで、ヒズブッラーは自立し自らを表現する単一の独立体ではなかった。我々は我々が誰なのか、我々が誰と関係を有しているのか知らぬままに活動していた。我々はまだ脆弱であり、ひとたび捕捉されたら打ち倒されていたことだろう」（Jaber［1997：62］）。

イラン革命防衛隊のエンブレム

党旗（1984〜90年代初頭）「レバノンにおけるイスラーム革命」

党旗（1990年代初頭〜）「レバノンにおけるイスラーム抵抗」

図1-1　イランの革命防衛隊のエンブレムとヒズブッラーの党旗

出所）ヒズブッラーの党旗は筆者所蔵，イラン革命防衛隊のエンブレムは公式ウェブサイト（http://www.sepahnews.com/）。

そうだとすれば、ヒズブッラーがその存在を公にした時点で、イスラエルによる攻撃に耐え得る強力な組織の形成が完了していたことを意味する。

ヒズブッラー指導部の出現

一九八四年六月一八日、ヒズブッラーの機関誌『アル＝アフド（*al-ʻAhd*）』（週刊）の準備号が無料配布され、「レバノンにおけるイスラーム革命」と記されたヒズブッラーの党旗――イランの革命防衛隊のエンブレムとデザインが酷似している――が登場した[30]（図1-1）。その図柄の脇には次のようなメッセージが記された。「イスラエルの存在を根絶するために結集することは、我々一人一人の義務である」[31]（Faḍl Allāh［1994：35］, Sankari［2005：198］, Alagha［2006：325］, ʻImād［2006：160］）。前出の『もう一つの選択』には、次のように記されている。

イスラーム主義者たち（al-Islāmīyūn）は、〔レバノン〕評議会に参加していった。それは「全てのムスリムにとっての権威として服従は義務であり、その決定は責務である」とする立場からであった。評議会（shūrā）の用語自体はイスラーム世界に浸透していたが、そのメンバーの名前は伏せられたままではあった。これと並行して、ヒズブッラー〔という組織〕の名称を生み出すスローガンが登場した。一九八四年五月、評議会は不変の名称の採用と全ての声明文に掲載される核となるスローガンを決定した。それこそが、「ヒズブッラー――レバノンにおけるイスラーム革命」であった。同じときに政治局（al-Maktab al-Siyāsī）が設立され、週刊の機関誌『アル＝アフド』の発行が決定された。（Faḍl Allāh［1994：35］）

そして一九八五年二月一六日、ヒズブッラーは、「公開書簡」の発表を通して、世界に向けてその存在を示し、自らの世界観と思想を初めて明らかにした。[32]それは、ヒズブッラーが名実ともにアンブレラ組織として完成したことを示すものであった。[33]カースィム副書記長は、「公開書簡」の発表に至った道のりを、次のように回想している。

二年半にわたったヒズブッラーの結成期間〔一九八二年六月のレバノン戦争の開始から一九八五年二月の「公開書簡」の発表までの期間〕は、イスラーム抵抗に代表される効果的なジハード作戦を完成させるのに十分なものであり、一九八五年にはイスラエルにレバノンからの部分的撤退を強いることになった。また、イスラームの信仰を解決とする見方と調和する政治的ビジョンを具体化するためにも十分な時間であった。（Qāsim［2010：155］）

表1-2と表1-3は、ヒズブッラーの結成に中心的な役割を果たした幹部の一覧であり、彼らの素顔を窺い知ることができる。その多くがシーア派のイスラーム法学を修めるためにナジャフやコムへの留学経験を有している。その一方で、彼らはいわゆる伝統的なウラマーや名望家の家系の出身ではなく、むしろ経済的な理由により――不遇な宗派であるシーア派として――レバノン国内での移住を余儀なくされた貧しい家庭の出身であった。ほとんどの幹部が一九五〇年代およびその前後の生まれであり、一九八〇年代初頭の当時ヒズブッラーは三〇歳前後の若手のウラマーたちによって指導されていたことが看取できる。

表 1-2　ヒズブッラーの結成メンバー

氏　名	生年・出身地	経　歴	ヒズブッラーでの役割	九名委員会[1]	レバノン評議会[2]	公開書簡[3]	備　考
アッバース・ムーサウィー	1952年・ナビー・シート（ベカーア県バアルベック郡）	1969～70年イスラーム研究学院（スール），1970～78年ナジャフ留学，1979年レバノンに帰国，バアルベックにイマーム・マフディー・ムンタザル・ハウザを開設，レバノン・ムスリム・ウラマー連合に参加，ヒズブッラーの結成の会合に参加	1983～85年治安部門部長，1985年末～88年4月レバノン・イスラーム抵抗司令官，1991年第二代書記長に選出（～1992年），1992年ザーフラーニー郡にてイスラエルにより暗殺	○（レバノン・ムスリム・ウラマー連合）		○	ナジャフではバーキル・サドルに師事
スブヒー・トゥファイリー	1948年・ブリータール（ベカーア県バアルベック郡）	1965年ナジャフ留学，イスラーム・ダアワ党に参加，1974年レバノンに帰国，1976年コム留学，反王政革命運動に参加，1978年レバノンに帰国，イラン革命の支援活動を牽引，1982年イランとイラクのイスラーム・ダアワ党組織の会合，ヒズブッラー結成の会合に参加，バアルベックを中心にアッバース・ムーサウィーとともに対イスラエル・レジスタンスを組織	1989年初代書記長に選出（～1991年），1996年ヒズブッラーの行き過ぎた穏健化に異義を唱え，ベカーア・ムスリム・ウラマー連合を結成，1997年ヒズブッラー指導部より離反，「飢える者たちの革命」を結成，レバノンの治安部隊との戦闘ののち，鎮圧される	○（レバノン・イスラーム・ダアワ党）	○	○	ナジャフではバーキル・サドルに師事，コムではカーズィム・ハーイリーに師事
ハサン・ナスルッラー	1960年・バーズーリーヤ（南部県スール郡）	父親は青果商，ベイルートで初等・中等教育，1974年バーズーリーヤに転居，スールで中等教育終了，1975年アマル運動に参加，バーズーリーヤ支部幹部に就任，1976年ナジャフ留学，1978年レバノンに帰国，バアルベックのイマーム・マフディー・ムンタザル・ハウザに入学，1979年アマル運動の政治局員，バアルベック地区政務担当者に任命，1982年レバノン戦争に伴いアマル運動を離脱，ヒズブッラーの結成に参加	1985年ヒズブッラーのベイルートおよび南部郊外地区担当，1986年コム留学，同年レバノンに帰国，1987年諮問会議メンバーに選出，1992年第三代書記長に選出			○	スールではムハンマド・マンスール・ガラーウィーに師事，ナジャフではバーキル・サドルに師事，バアルベックではアッバース・ムーサウィーに師事
フサイン・ムーサウィー	1943年・ナビー・シート（ベカーア県バアルベック郡）	ベイルート・アラブ大学卒（アラビア語学），アマル運動の結成に参加，初代副代表，執行部長，広報官に選出，1982年レバノン戦争に伴いアマル運動を離脱，イスラーム・アマル運動を結成，ヒズブッラーの結成会合に参加		○（イスラーム・アマル運動）	○		

（つづく）

氏　名	生年・出身地	経　歴	ヒズブッラーでの役割	九名委員会[1]	レバノン評議会[2]	公開書簡[3]	備　考
イブラーヒーム・アミーン・アッサイイド	1953年・ナビー・アイラー（ベカーア県ザフレ郡）	ナジャフ留学，コム留学，アマル運動のテヘラン代表，1983年ヒズブッラーに参加，1985年2月16日ヒズブッラーを代表して「公開書簡」を発表	初代広報官，1992年レバノン国民議会議員に選出（ベカーア県バアルベック＝ヘルメル選挙区），1996年再選，1995年と1998年議会活動会議議長に選出，2004年と2009年政治会議議長に選出		○	○	ナジャフではバーキル・サドルに師事
ナイーム・カースィム	1953年・カフル・フィーラー（南部県ナバティーヤ郡）	父親はタクシー運転手，ベイルートで初等・中等教育，独学でイスラームを学ぶ，1974年ムスリム学生のためのレバノン連合の活動に参加，1975年アマル運動結成に参加，文化部門の副担当，1977年レバノン大学教育学部フランス語学科卒，1978年アマル運動の中央委員会メンバーに選出，1982年以降ヒズブッラーの結成に参加するも，1989年まで指導部には入らず	1989年執行会議副議長，1991年副書記長に選出，パレスチナのインティファーダへの支援のためのアラブ人民委員会メンバー			○	
ラーギブ・ハルブ	1952年・ジブシート（南部県ナバティーヤ郡）	ジブシートで初等教育，ナバティーヤで中等教育，1969年ベイルートに転居，ムハンマド・フサイン・ファドルッラーのイスラーム法学学院入学，1970年ナジャフ留学2回，1974年レバノンに帰国，ジブシートのモスクのイマームに就任，1979年イランでの革命の支援活動を開始，1983年イスラエルにより拘留・釈放，イラン・イスラーム共和国憲法の起草に参加	1983年よりジブシートを拠点にレバノン・イスラーム抵抗を組織・指導，1984年2月16日自宅にてイスラエルにより暗殺（同じジブシート出身のアブドゥルカリーム・ウバイドが後継者に），1985年2月16日の命日にヒズブッラーによって「公開書簡」が発表される				ナジャフではバーキル・サドルに師事，ベイルートではムハンマド・フサイン・ファドルッラーに師事

注1）○は九名委員会のメンバーであったことを示す。残りの6名については不明。NBN［2003］，Shapira［1988 : 124］による。

2）○はレバノン評議会のメンバーであったことを示す。*al-Waṭan al-ʿArabī*, December 11, 1987の調査報道による。

3）○は1985年2月16日のラーギブ・ハルブ殉教1周年記念集会および「公開書簡」の発表に立ち会ったことを示す（*al-Safīr*, February 17, 1985）。その他の参加者（全員シャイフ［shaykh］の敬称が付く）は次の通り。サラーフッディーン・アルカダーン（ウラマー，イスラーム集団），アリー・カリーム（ウラマー，ヒズブッラーのレバノン南部地域司令部部長），アリー・サナーン，ムハンマド・ミクダード，ユースフ・スバイティー（ウラマー），リダー・マフディー，ハサーン・アブドゥッラー，ガーズィー・フナイナ，フサイン・ダルウィーシュ，フサイン・ガブリース，ハダル・マージド，アイマン・ハムダル，アリー・ハージム（ウラマー，レバノン・ムスリム・ウラマー連盟）。

出所）*al-ʿAhd*, *al-Intiqād*, *al-Nahār*, *al-Safīr*, *al-Sharq al-Awsaṭ*, *al-Waṭan al-ʿArabī*などの報道資料，al-Ḥusaynī［1986］，Mallat［1988］，Shapira［1988］，ʿImād［2006］，Markaz al-ʿArabī li-l-Maʿlūmāt, al-Safīr［2006b : vol. 3］，Sharāra［2007］，イスラーム統一運動ウェブサイト（http://www.altawhid.org/），ナイーム・カースィム副書記長ウェブサイト（http://www.naimkassem.org/），および筆者によるヒズブッラー広報事務所での聞き取り調査をもとに筆者作成。

表 1-3　ヒズブッラーの結成に関与したと見られる人物

氏　名	生年・出身地	経　歴	九名委員会[1]	レバノン評議会[2]	公開書簡[3]	備　考
ムハンマド・フサイン・ファドルッラー	1935 年・ナジャフ（イラク）	父親はレバノンのアイナーター出身のナジャフへの留学生，1957 年イスラーム・ダアワ党の結成に参加，盟友バーキル・サドルとともに文筆および政治活動，1965 年イジュティハードの資格取得，1966 年レバノンに帰国，イスラーム法学学院をはじめとする教育機関，および独自の福祉・医療活動を展開，1976 年『イスラームと力の論理』を刊行，クルアーンに基づく「ヒズブッラー」という概念および用法を紹介，1985 年ベイルート南部郊外で爆殺未遂		○		ヒズブッラーの「精神的指導者」と評されるが，指導部との直接的な関係は否定
ズハイル・カンジュ	生年不明・出身市町村不明（南部県ベカーア郡）	1982 年，サイダー出身のマーヒル・ハンムード（スンナ派）とともにレバノン・ムスリム・ウラマー連合を結成			○	
サイード・シャアバーン	1930年・バトルーン（北部県バトルーン郡）	シーア派の家系に生まれるが，スンナ派に改宗，トリポリでイスラーム学を修める，1953〜58 年カイロ・アズハル大学留学，その後モロッコ，イラクに留学し，1964 年レバノンに帰国，1950 年イスラーム集団（ムスリム同胞団のレバノン支部）の結成に参加，指導部メンバーに就任，1982 年ホメイニーへの共鳴から新組織イスラーム統一運動を創設・指導，1988 年 IDF に対するレジスタンスを組織，レバノン・イスラーム抵抗に参加，1998 年死去		○		ムスリム同胞団の急進派から思想的影響を受ける

注）表 1-2 に同じ。
出所）表 1-2 に同じ。

4　シリアの戦略地政学

周知の通り，イランとレバノンは国境を接していない。そのため，イラン革命政府によるレバノンへの「革命の輸出」，とりわけ革命防衛隊の派遣は，地理的に両国の間に位置するシリアの協力なくしては実現し得なかった。また，シリアは，一九七六年から平和維持を名目にレバノン内戦に介入しており，同国内で割拠する民兵組織のパワーバランスを左右する重要なアクターであった。ヒズブッラー誕生の過程を考える上で，このシリアの戦略地政学的な役割を見る必要がある。

レバノン介入の難しい舵取り

シリアによるレバノン内戦への介入は，内戦によって生じたレバノンにおける権力の真空を，敵対するイスラエルに先んじて埋め，自国の安全保障にとって有利となる政治環境の創出を目的とした。だが，次のようなジレンマを伴った。レバノンにおける親イスラエル政権の誕生はなんとしても阻止せねばならない。しかし逆に、レバノンに反イスラエルを掲げる急進的な政権が出現した場合は、レバノンだけではなくシリアを巻き込む大規模な軍事衝突を引き起こしかねない――。シリアは難しい舵取りを強いられた。

こうしたなかで発生したIDFによるレバノン侵攻は、シリアを窮地に追いやった。シリア軍はレバノンに侵攻したIDFの迎撃を試みたものの惨敗し、多くの防空施設や航空機を失った。

これを受けて、シリアのハーフィズ・アサド（以下H・アサド）大統領は、イランの力を用いることでイスラエルとの力の均衡を保とうとした。具体的には、イラン革命政府による革命防衛隊のレバノン派遣に直ちに合意し、開戦からわずか五日後の六月一一日にイランの第二七旅団先遣隊と国軍第五八レンジャー部隊が、空路、中継地であるダマスカスに到着した。ところが、シリアがレバノンへの入国を許したのは革命防衛隊の「文化部門」一五〇〇人――おそらくは解放運動局――だけであった（Chehabi [2006：216]）。ここには、シリアが抱える上記のジレンマが見て取れる。H・アサド大統領は、イスラエルとの対峙においてイランの「参戦」を歓迎したものの、それがイスラエルを過剰に刺激しないように細心の注意を払っていたのである（Ehteshami and Hinnebusch [1997：122–125]、Goodarzi [2009：75–77]）。

ハーフィズ・アサド

出所）http://www.presidentassad.net/

こうした難しい舵取りのなかで見出された妙案が、イラン革命政府の影響下にありながらも事実上はレバノン人の組織であるヒズブッラーの創設であった。イランの力を借りながらも、レバノンをイランの属国にさせないための妙案であった。

当時のシリアとヒズブッラーとの間の微妙な関係については、カースィム副書記長の回想からも窺える。

〔H・〕アサド大統領は〔革命防衛隊のレバノン派遣に〕同意し、その後、ヒズブッラーを結成する若者たちの訓練のために革命防衛隊がシリアを経由してレバノンへと送られた。それは、何よりも、イスラエルの占領に対する勇猛果敢なレジスタンスとしてであった。／ヒズブッラーとシリアとの関係は、当初は安全保障における協調にとどまるものであり、戦闘員の兵站を支援し、立ち現れる様々な諸問題に対応するものであったため、政治的な関係へと発展することはなかった。ヒズブッラーは、抵抗の実践と支援に取り組んでいたことから政治的関係の構築を重視してはいなかった。他方、シリアも、ヒズブッラーを政治的に何かを代表するものとしてではなく、あくまでもレジスタンスとして扱った。（Qāsim〔2010：414〕）

つまり、シリアは、ヒズブッラーの掲げる抵抗の理念は支持できても、レバノンを急進的な反イスラエル国家に変えようとする革命の理念は歓迎できなかったのである。事実、一九八二年から八四年にかけて、シリアは、アマル運動に対する積極的な支援を行い、イスラエルを過剰に刺激して紛争の拡大を招きかねないイランとヒズブッラー、さらにはＰＬＯを中心とするパレスチナ人武装勢力の活動を牽制ないしは抑制する役割を担わせた[34]。その象徴が、一九八四年二月のアマル運動による西ベイルート掌握であり、また、一九八五年から翌年にかけてのパレスチナ難民キャンプに対する包囲・攻撃であった（Deeb〔1988：697-698〕）。シリアにとってヒズブッラーとアマル運動は、それぞれ「イスラエルとの対峙」と「イスラエルの懐柔」を担う外交カードであったと言えよう。

イランとの同盟関係の確立

このように、一九八二年のレバノン戦争において、シリアとイランはヒズブッラーを共通の同盟者として共闘関係を築いていった。だが実際には、両国の関係緊密化の兆しは一九七〇年代末から見え始めていた。その背景には、一九七九年のイラン・イスラーム革命を発端とした中東諸国の勢力図の変遷があった。

第一に、革命の成功によってイランが親イスラエルから反イスラエルへと外交政策を転換させたことであった。一九七八年のキャンプ・デーヴィッド合意と翌年のエジプトとイスラエルの単独和平条約によって、アラブ諸国の対イスラエル戦線に綻びが生まれていた。こうしたなか、シリアは、エジプトに見切りをつけ、その代わりに新生イランを新たな同盟国に選ぶことで、対イスラエル戦線の維持に努めた。

第二に、イラン革命政府がイスラーム革命の飛び火を恐れる周辺諸国（特に湾岸アラブ諸国とイラク）との政治的緊張を高めたことであった。そして、その緊張は、一九八〇年のイラン・イラク戦争の勃発により衝突へと転じた。シリアは、それまでもイラクとの政治的な摩擦――バアス党の正統性・主導権争い、対イスラエル戦線における足並みの乱れ、シリアのレバノン内戦介入をめぐる見解の相違、ユーフラテス川の水資源をめぐる権利争いなど――を抱えていたことから、「敵の敵」であるイランを支持する姿勢を表明した（一九八二年春には実際にイラクに対する軍事攻撃を敢行した）（Agha and Khalidi［1995］, Ehteshami and Hinnebusch［1997：91–97］, Goodarzi［2009：54–57］）。

つまり、この時期のシリアとイランは、イスラエルとイラクの両国を共通の敵とする共同戦線の結成に踏み出していたのである。そして、この戦線は、一九八二年三月の通商協定および四月の軍事協定の締結を通して公式なものとなった。そのため、一九八二年六月に勃発したレバノン戦争においてシリアとイランが共闘するのは自然な成り行きであった。

ただし、上述のように、シリアは、レバノンがイラン型のイスラーム国家になることを望んでいなかった。事実、世俗主義とナショナリズムを掲げるシリアのバアス党政権は、一九七〇年代末からシリア・ムスリム同胞団を中心とした国内のイスラーム主義諸組織と激しく対立を続けていた（末近［2005c］）。つまり、シリアとイランとの間には埋め難いイデオロギー的な深い溝――世俗主義とイスラーム主義――があった。ヒズブッラーを軸にした両国の関係は、あくまでもプラグマティックな戦略的な同盟関係から始まったのである。

重要なのは、この同盟関係の出現が、次の三つの点からそれまでの中東政治の基本構図の一つを抜本的に変えるものであったことである。第一に、中東におけるイスラエルとそれを支援する米国に対抗する勢力の入れ替えである。その中心は、それまでのエジプトからイラン・シリアへとシフトした。第二に、これに伴う、アクターおよび紛争の性格の変化である。エジプトは、イスラエルと国境を接しており、国家の意思決定と正規軍による古典的な戦争を行ってきた。対して、イランは、イスラエルとの間に位置するシリアと戦略的な同盟を結びながらも、実質的にはイスラエルと直接戦火を交えることはなく、ヒズブッラーという非国家アクター（ないしは非正規軍）を通して対峙した。第三に、イスラエルと米国への対抗をめぐる思想的意味合いの変化、すなわちアラブ・ナショナリズムからイスラーム主義へのシフトである。一九七八年のキャンプ・デーヴィッド合意——アラブの盟主を自認していたエジプトの脱落——によってアラブ・ナショナリズムの凋落は決定的となり、その代わりに、翌一九七九年にイスラーム革命を成功させたイランの革命的汎イスラーム主義が、中東における対イスラエル・対米強硬姿勢を担うこととなった。

このような、ヒズブッラーを軸としたシリアとイランの戦略的同盟関係がイスラエルとその最大の支援国である米国のヘゲモニー（覇権）拡大を阻止しようとする構図は、それから今日までの三〇年以上にわたって中東政治の輪郭——本書で言うところの「三〇年戦争」——を象ってきた。その意味において、ヒズブッラーの誕生は、中東政治の新たな時代の幕開けを告げるものであった。

おわりに——抵抗と革命を結んだもの

本章では、研究上の空白となっていたヒズブッラーの誕生の過程について、近年徐々に入手できるようになってきた幹部たち自身による語りを参照しながら検討を試みてきた。

ヒズブッラーの原型となった九名委員会について、次の二つの事実が明らかになった。第一に、同委員会はレバノンにおけるレジスタンスとして発足したが、その背景にはトランスナショナルなシーア派のネットワークの存在があった。すなわち、同委員会を構成した三つのグループは、①レバノン・イスラーム・ダアワ党がイラク、②イスラーム・アマル運動がレバノン、③レバノン・ムスリム・ウラマー連合がイランというそれぞれ異なる出自を持ちながらも、長年にわたって相互に人的および思想的な交流を続けていたのである。第二に、これらの異なるグループを実際に邂逅させたのは、「シーア派インターナショナル」を通したホメイニー流のイスラーム革命思想への共鳴に加えて、一九七〇年代末から八〇年代初頭にかけての中東政治の変動――イラン・イスラーム革命、キャンプ・デーヴィッド合意、イラン・イラク戦争、レバノン戦争など――に伴うそれぞれの組織内および組織間の関係の変化であった。

イラン革命政府が九名委員会に対する直接的な関与を開始したのは、一九八二年の秋以降のことであった。「革命の輸出」の受け皿としてレバノン評議会が組織され、また、革命防衛隊の派遣を通じた物理的な支援が本格的に開始された。だが、ここにおいてもイランとシリアの同盟関係の確立という、一九七〇年代末から八〇年代初頭にかけての中東政治の一つの変動が大きな意味を持った。イランによる直接的支援とシリアの協力によって、レバノン評議会は初めてIDF／SLAおよび多国籍軍に対する武装闘争や殉教作戦を敢行することが可能となった。このレジスタンスの拡大と強化こそがアンブレラ組織としてのヒズブッラーの組織化の進展そのものであり、一九八五年二月の「公開書簡」の発表はその完了を高らかに宣言するものであった。

ヒズブッラーは、単なるレバノンの抵抗組織でもなければ、イランの革命組織でもない。それは、イラン、イラク、レバノンにまたがる歴史的なシーア派のネットワークを背景としながら、一九七〇年代末から八〇年代初頭にかけての中東政治の変動によって結びつけられた抵抗と革命から誕生したイスラーム主義組織であり、また、その誕生は中東政治の新時代の到来、「三〇年戦争」の始まりを告げるものであったと言えよう。

第2章　抵抗と革命の思想

――自爆攻撃を合理化する

はじめに――ヒズブッラー思想を腑分けする

本章では、ヒズブッラーの抵抗と革命の思想が、いかに形成され、どのような特徴を有するのかを論究する。第1章で論じたように、ヒズブッラーは、トランスナショナルなシーア派の知的・人的ネットワークを背景に、一九七〇年代末から八〇年代前半の中東政治の変動のなかで誕生したイスラーム主義組織であった。それは、イスラエルによる侵攻・占領に対するレジスタンスを担うと同時に、レバノンにイランを範としたイスラーム革命をもたらそうとするイスラーム主義者たちの「アンブレラ組織」として結成された。このいわば両義性が、ヒズブッラーの「正体」をめぐる認識上の混乱、すなわち彼らをレバノンの抵抗組織とイランの革命組織のどちらと見なすのかという論争――学問上だけではなく政策上の論争――を生んできた。

ヒズブッラーが一つの組織として誕生するためには、求心力となる独自の思想の存在が不可欠であった。しかし、その思想を論じる際にもまた同様に、彼らの「正体」をめぐる認識上の混乱の問題が横たわる。すなわち、レバノンとイランのいずれにルーツを求めるのか、また、抵抗組織なのか革命組織なのかといった二者択一的な見方が、ヒズブッラーの思想的なルーツや特徴を過度に単純化してしまう危険性を伴うのである。

これを回避するためには、ホメイニーのイスラーム革命思想からの影響、トランスナショナルなシーア派宗教界に見られた共通性、レバノンの地に根ざした独自性といった、ヒズブッラーの思想を形成した様々な要素を腑分けし、その上で相互の関係を見ていく必要があるだろう。

以下では、まず、一九八五年二月一六日に発表された「公開書簡」を手がかりに、ヒズブッラーの抵抗と革命の思想を概観する。次に、近現代イスラーム政治思想史を参照しながら、その思想の特徴を浮き彫りにしたい。そして、ヒズブッラーがイスラーム史上初めて戦術として確立した「殉教作戦」――トラック爆弾による自爆攻撃――が、どのような思想に支えられ、またその思想がどのように生み出されたのかを明らかにする。

1　「公開書簡」の思想

「公開書簡」とは何か

「公開書簡」は、正式には「ヒズブッラーからレバノンと世界の被抑圧者たちへ向けた公開書簡（al-Risāla al-Maftūḥa allatī wajjaha Ḥizb Allāh ilā al-Mustaḍʻafīn fī Lubnān wa al-ʻĀlam）」と言う[1]。全四八ページからなる同文書は、ヒズブッラーがその思想を初めて公式に表明したものであった。ヒズブッラーは、結成から新たな文書を策定した二〇〇九年末（終章）まで様々な政治声明や方針・政策を発表してきたが、「公開書簡」はそれらが立脚または参照すべき最も基本となる文書であった。言い換えれば、ヒズブッラーの言動は長らく「公開書簡」に記された思想的な枠組みのなかで調整されてきたのである。

「公開書簡」は、二七の章から構成されているが、一九八〇年代初頭当時の政治状況を反映した具体的な出来事に関する記述が目立つ。例えば、一九八二年九月のキリスト教マロン派民兵組織によるパレスチナ人虐殺事件[2]（サブラー・シャーティーラー難民キャンプ虐殺事件)、同月のバシール・ジュマイイル大統領暗殺事件、一九七八年九月のキャンプ・デーヴィッド合意に始まる一連の中東和平プロセスなどである。また、国際政治の観点からは、冷戦構造に関する言及も見られ、そこでは資本主義も共産主義も「人類に幸福をもたらすことに失敗」したとの見解が示される。「すべての悪の根源」としての米国への激しい批判だけではなく、ライバルであるソ連に対する牽制も盛り込まれている。「公開書簡」の内容は、明らかに一九八〇年代初頭の時代状況を強く反映しており、全体として見ても、具体的な政策や方法論よりも現状認識と課題設定に多くの記述が割かれている。[3]

四つの目的

「公開書簡」において、ヒズブッラーは、「レバノンにおける我々の目的」として次の四つを掲げている。①「レバノンからのイスラエルの完全排除」、②「レバノンからの米国とフランス、およびその同盟者の完全排除」、③「カターイブ〔キリスト教マロン派民兵組織レバノン・カターイブ党〕を公正な裁判にかけること」[4]、④「イスラーム的統治を遵守し、イスラーム的体制を選択することを呼びかけること」(Faḍl Allāh [1994 : 193–194])。

ヒズブッラーがもともとレバノン戦争時にイスラエルに対する抵抗を掲げたレジスタンスとして結成されたことを考慮すれば、第一の目的が「イスラエルの完全排除」となるのは道理であろう。しかし、彼らは、イスラエルの脅威をその根源から断ち切るためには、その背後にある抜本的な問題の解決が必要であると言う。すなわち、米国やフランスなどの西洋列強がイスラエルを支援してきた事実である。

そこで、第二の目的として、イスラエルとともにレバノンを「占領」している米国とフランスの撃退が掲げられる。ここには明確な反植民地主義の思想を読み取ることができる。だからこそ、レジスタンスは、イスラエル国防軍(ＩＤＦ)だけではなく、米国大使館や米仏などの多国籍軍をも標的にしたのである。逆の言い方をすれば、もし仮にヒズブッラーがレバノンに侵攻してきたＩＤＦに対する単なるレジスタンスであったならば、その標的はＩ

DFのみにとどまったことであろう。この反植民地主義の思想が、ヒズブッラーとレバノンの他の抵抗組織・運動との間に軍事戦略上の相違を生み、また、欧米諸国からテロリストとの誹りを受ける一因となった。

ヒズブッラーは、しかしながら、イスラエルと米仏をはじめとする外国勢力をレバノンから排除したとしても、それだけでは植民地主義に対する抵抗としては不十分であり、長年にわたって強大な力を蓄えてきた植民地主義の脅威を抜本的に払拭するためにはレバノンの政治体制自体の変革が不可欠であるとする。そのために、第三、第四の目的、すなわち当時のレバノン政府を主導していたキリスト教マロン派の政党カターイブを断罪し、イスラーム的体制を樹立することが掲げられる。カターイブの「罪状」とは、「シオニストとの連携」およびそれを通したレバノン国家の専制支配であるという。ヒズブッラーは、イスラエルと結託したマロン派による不正な政治的ヘゲモニーを破壊し、イスラーム法に則った公正な秩序の構築、すなわち革命によるイスラーム国家の樹立を目指したのである。

四つの目標

ここで強調しておくべきは、このヒズブッラーの抵抗と革命の思想がレバノン国内の権力闘争の文脈の内にとどまるものではなかったという点である。実際は、ヒズブッラーがもたらそうとする革命は、近代国家としてのレバノンの枠組み自体をも解体しようとするものであった。「公開書簡」は、イスラエルの脅威も植民地主義による抑圧もレバノンの内側で行われる抵抗だけではなく、現行の地域の政治秩序そのものを革命によって改編しない限り、完全に払拭することはできないと断言する。

したがって、上述の「レバノンにおける我々の目的」の四つは、それぞれがレバノンの国境線を越えていく。第一のイスラエルの侵略・占領に対するレジスタンスは、「シオニスト政体〔イスラエル〕」の破壊およびエルサレムを含む全パレスチナの解放へ、第二の米仏を筆頭とする西洋列強との闘争は、植民地主義と超大国の支配にあえぐ世界中の「被抑圧者たち」の解放へ、そして、第三と第四の公正なイスラーム的統治の実現は、世界規模のイスラーム的統治の実現へと、それぞれ接続されていく。つまり、「公開書簡」における四つの「目的」は、レバノン国家の枠組みを超えた先にある「目標」に向けた不可欠な第一歩と位置づけられていたのである（Faḍl Allāh［1994：201-202, 209-210］）。

このように、ヒズブッラーが掲げる抵抗と革命は、レバノン国家の体制変革だけではなく、植民地主義によって組み上げられた現行の世界秩序そのものの改編を目指すという、トランスナショナルな指向性を有するものであった。[5]

ヒズブッラーとは誰か

国境を越える抵抗と革命。このような「公開書簡」の思想には、ホメイニーによるイスラーム革命思想からの強い影響を看取できる。具体的には、イスラーム世界の統一と協力を目指す「汎イスラーム主義」と、「抑圧者」であるところの西洋列強による世界支配の打破を目指す「反植民地主義」の二つである。ホメイニーは、世界大のイスラーム革命の遂行こそがイスラーム世界の統一と「被抑圧者」の解放のための処方箋であると説いた。

ヒズブッラーは、「公開書簡」の「我々は何者か、我々のアイデンティティは何か」と題した項目において、自らを「世界大のイスラーム・ウンマの一部」とした上で、革命を成就させイスラーム的統治を確立したイランのホメイニーを「唯一の聡明で公正な指導部」と位置づけ、服従することを宣言している。

我々は、ヒズブッラーのウンマの息子たちである。我々は、自らを世界大のイスラーム・ウンマの一部であると見なしている。〔中略〕我々、すなわちアッラーがイランに与え給うた勝利の前衛であり、世界の中心的なイスラーム国家の新たな中核を確立したヒズブッラーのウンマの息子たちは、今日アーヤトッラー・ルーホッラー・

ムーサヴィー・ホメイニー師によって具現化された、唯一の聡明で公正な指導部の指示に従う者である。ホメイニー師は、ワリー・ファキーフ（al-walī al-faqīh、シーア派における最高位の法学者）であり、現在の指導的イマームで、ムスリム〔イスラーム教徒〕たちによる革命を引き起こし、彼らの偉大な再興をもたらした。（Faḍl Allāh［1994：187-188］）

ウンマ（umma）とは、一般に「イスラーム共同体」と訳されるが、イスラームでは信徒が単一の共同体をなしていると考える。クルアーンには「これは汝らのウンマ、単一のウンマである」（諸預言者章第九二節）と記されており、ウンマの単一性を信じることはイスラームの根本的な教義の一部をなす。[6] ヒズブッラーは、「ヒズブッラーのウンマの息子たち」という表現を通して、自らがウンマを構成する者たち（息子たち）、すなわちイスラーム教徒であることを示している。ヒズブッラー＝ヒズブ・アッラー（ḥizb allāh、神の党）とは、クルアーンの「神の党こそ勝利する者である」（食卓章第五八節）に由来し、本来はイスラーム教徒全体を意味するものである。

伝統的にムスリムがヒズブ（ḥizb、党）を結成することは、単一であるところのウンマの理念に対して否定的なニュアンスを持っていた。そのため、イスラーム教徒が政治組織や政党などを結成しようとする場合、常にウンマの普遍性と党派の特殊性のジレンマがつきまとう。この問題に対して、レバノンの法学者であり黎明期のヒズブッラーに参加したアリー・クーラーニーは、次のような答えを示している。曰く、すべてのイスラーム組織、運動、政党は、単一のヒズブ・アッラーの一部に過ぎない。では、なぜこれらの「一部」が結成される必要があるのか。それは、近代以降のイスラームの危機を打開するためには、個人ではなく指導部を有した集団的・組織的な行動が必要だからである（al-Kūrānī［1986：21-28］）。

つまり、ヒズブッラーは、ヒズブの用法における唯一の例外として肯定的な意味を持つヒズブ・アッラーを名乗ることによって、理念レベルにおける普遍性と特殊性のジレンマを解消し、党派性の是非をめぐる議論を凍結することに成功したと言える[7]（小杉［2006：560］）。

このようなヒズブッラーの汎イスラーム主義においては、レバノンという地はたまたま自らが拠点とするところの場に過ぎず、ましてや同国の政治制度に彼らを拘束する権限も正当性もない。ヒズブッラーは述べる。

レバノンにおける我々は、排他的に組織化された党派などでなければ、また、偏狭な政治的枠組みでもない。そうではなく、我々は、強固な思想的・政治的紐帯、すなわちイスラームによって世界のあらゆる地域のムスリムと固く結ばれたウンマなのである。（Faḍl Allāh［1994：188］）

ヒズブッラーがイランの革命防衛隊をレバノンへと招き入れ、イスラーム革命を「輸入」しようとした論理はここにある。そして、その革命の炎はレバノンだけにとどまらず、世界中のイスラーム教徒へと広がっていくものだと考えたのである。

被抑圧者たちのための世界戦線

「公開書簡」は、イスラーム教徒だけではなく、非イスラーム教徒を含む世界中の「被抑圧者たち」にも向けられたものであった。ここに、汎イスラーム主義と並ぶ、ヒズブッラー思想のもう一つの特徴である反植民地主義を看取できる。

ヒズブッラーは、自らを「ウンマの息子たち」と規定すると同時に、宗教や宗派とは関わりのない「被抑圧者たち」であることも強調している。その「抑圧」の根拠となる具体的な事件として、イスラエル建国による「パレスチナの地の強奪」、ＩＤＦによるベイルート包囲とサブラー・シャーティーラー難民キャンプ虐殺事件などが列挙される。加えて、ヒズブッラーはこれらの事件に対する米国や国際機関の無関心を論難し、仮に「世界の良心」というものがあったとしても、それは「強者の要求と傲慢な者の利益に応じて生じるものに過ぎない」と批判する。

つまり、「抑圧者」に立ち向かうためには、宗教の別に関わりなく、全ての「被抑圧者」が自ら立ち上がる他はないと呼びかけるのである（Faḍl Allāh［1994：190］）。

「公開書簡」において、今日の世界は「被抑圧者たち（mustaḍaʻfūn）」の陣営と、彼らを抑圧する「傲慢な者たち（mustakbirūn）」の陣営とに二分されており、「今や傲慢な世界の諸国による利権・勢力争い」の場と化し、「被抑圧諸国は紛争の軋轢点」となったとされる。そして、レバノンこそその主たる「軋轢点」に他ならない（Faḍl Allāh［1994：201］）。ヒズブッラーは、イランでのイスラーム革命を成功例として、「イスラームこそが侵略に抵抗する思想となり得る唯一の存在」としながらも、非イスラーム教徒をも含む「被抑圧者たちのための世界戦線」の結成を呼びかける。

我々は、諸国民に対し、戦列を一つにし、目標を定め、立ち上がるよう呼びかける。諸人民の意志を挫く束縛を断ち切り、諸国民を支配する傀儡政権を打倒するためである。／また、我々は、世界の被抑圧者たちに対し、あらゆる解放運動を含む被抑圧者たちのための世界戦線を結成する必要性を示す。戦線の目的は、様々な解放運動の有効性を担保し、敵の弱点に狙いを定めるための完全かつ包括的な連携を築くことである。／今日、世界のあらゆる植民地主義国家、植民地主義体制は被抑圧者たちに対する戦争のために結集している。被抑圧者たちは、世界の傲慢勢力の陰謀に対抗するために結集しなくてはならない。（Faḍl Allāh［1994：209］）

世界を「抑圧者」と「被抑圧者」の陣営に二分し、後者による国際的な連帯を説く発想は、ヒズブッラーが忠誠を誓ったホメイニーの政治思想に見られた大きな特徴であった。ホメイニーは、「被抑圧者たち」――アラビア語のムスタダフィーンと同じ語源のペルシア語のモスタズアフィーン（mostaẓʻafīn）――の表現を用いながら、「西〔資本主義〕でも東〔共産主義〕でもなく」という立場から、「被抑圧者たち」の解放がイスラーム革命の基本精神であると説いた。[8] イランにおいては、専制支配を確立したパフラヴィー朝のシャー（shāh、王、皇帝）こそが、「世界の傲慢勢力」、とりわけ「大悪魔」米国と結びついた「抑圧者」であった（Abrahamian［1993：13-39, 47-51］）。

「抑圧者」と「被抑圧者」。レバノンの文脈においてここで想起されるのは、ムーサー・サドルによる奪われた者たちの運動、後のアマル運動である。レバノンの宗派制度においてシーア派住民は政治・社会・経済的に不遇な立場に置かれ、彼らが集住する南部地域ではイスラエルの度重なる侵攻によって安全が脅かされていた。同運動も、シーア派住民を「奪われた者たち」と位置づけ、レバノンにおけるその待遇改善と地位上昇を訴えた。奪われた者たちの運動／アマル運動が掲げた「奪われた者たち」とヒズブッラーの「被抑圧者たち」のレトリックは大きく重なっていた。

奪われた者から被抑圧者へ

だが、両者は自らが抑圧されており、解放のためには自らが行動を起こさねばならないとする認識では一致するものの、自分たちがなぜ抑圧されており、誰が抑圧しているのかといった抑圧の原因や主体に対する捉え方を異にする。すなわち、奪われた者たちの運動／アマル運動が、レバノンの政治制度や社会状況に目を向けているのに対して、ヒズブッラーは、その背後にある「傲慢な者たち」による世界規模での抑圧の構造を見透かそうとする。これが汎イスラーム主義へと接続されたヒズブッラーの反植民地主義の特徴であった。

ヒズブッラーによる「被抑圧者たち」のフレーミング（framing、出来事の意味づけや世界観の提示）(9)は、シーア派住民を単なるレバノンにおける「二級市民」ではなく、世界規模での「被抑圧者たちのための世界戦線」の担い手へと昇華するものであった。言い換えれば、奪われた者たちの運動／アマル運動が、レバノンのシーア派住民としての自らの解放のみを目的としているのに対して、ヒズブッラーは、自らだけではなくレバノン国境の外側にいる他者――イスラエルの占領下にあるパレスチナ人やイスラーム教徒の同胞、さらには世界中の「被抑圧者たち」――の解放のために率先して立ち上がり行動する者たちとしての自負を見せたのである。

したがって、ヒズブッラーの闘争の相手は、宗教や民族の別ではなく、あくまでも抑圧者／被抑圧者の別によって決定される。「公開書簡」において敵として名指しで非難されているイスラエル、米仏両国、カターイブは、ユダヤ教やキリスト教というイスラーム以外の宗教を信奉していることが問題なのではなく、それらが「抑圧者」ないしは「傲慢な者たち」の陣営に属していることが原因であると見なされる。ゆえにイスラーム革命は、あくまでも「被抑圧者たち」の解放のための最良・最善の手段として位置づけられる。

事実、「公開書簡」では、「友人たちへ」と題した項目において、「我々はイスラームを信仰、体系、思想、法体系として信奉しているため、全ての者がこのイスラームの存在を認め、その法に従うことを強く求めたい」と述べられ、イスラームへの強烈な信奉が示される一方で、クルアーンの「宗教に無理強いは禁物」（牡牛章第二五六節）を根拠に、「力によるその適用は行わない」ことが強調されている。ヒズブッラーは、「被抑圧者たち」の陣営の「前衛」であり、「あなた方〔非ムスリムの「友人たち」〕はイスラームではない思想を奉じているが、このことは、上記の目的〔ヒズブッラーの四つの目的〕のために我々と協力することを妨げるものではない」とした上で、その実現に向けて「小事についての我々のいさかいを取り払い、広い対話の扉を開こうではないか」と述べることで、非イスラーム教徒に対しても広く「抑圧者」に対する共闘を呼びかけるのである[10]（Faḍl Allāh［1994：195］）。

2　「革命」によるイスラーム国家の樹立

革命権の思想の系譜

このように、「公開書簡」では、例えばエジプトのジハード団やイスラーム団のような[11]、一部の急進的なイスラーム主義組織が採用したようなイスラーム教徒／非イスラーム教徒の二分法は見られない。また、独善的なイスラーム観を押しつけ、それから逸脱する者を「棄教者」や「背教者」と断じるような偏狭な姿勢も見られない。しかし、ウンマのなかにも打倒すべき不義の体制が存在するという主張に関しては、近現代における他の多くのイスラーム主義組織と共にしている。いわゆる革命権の思想である。

前近代のイスラーム王朝において、革命がイスラーム法上容認されるケースは皆無であった。それは、神の意思に従って築き上げた秩序を転覆することは不敬の行為であるという見解が、イスラーム教徒の間で主流だったからである。しかし、近代以降、西洋諸列強による植民地支配や世俗国家の誕生など政治体制の脱イスラーム化が進んでいくなか、革命はイスラーム的統治体制の再興を目指す行動として正当化・理論化されるようになった。[12] その意味では、イスラームと革命の結合は極めて近代的な現象であり、イスラーム革命は、植民地支配や世俗国家に対峙する反近代的（反西洋的）な側面と、今日の国家の内部での権力闘争の手段として発展したという近代的な側面を兼ね備えていると言える（末近［2006a］）。

革命権を説いた思想家は、スンナ派にもシーア派にも現れた。しかし実際にイスラーム革命を成功させたのは、シーア派であった。他ならぬ一九七九年のイラン・イスラーム革命である。[13] 革命の指導者ホメイニーは、一九七〇年のナジャフでの一連の講義録『イスラーム統治体制――法学者の監督』において、イスラーム法を正しく執行する権限を持つ法学者による統治を目指すべく、革命の必要性を主に次の二つの理由から説いた。

第一に、抑圧や社会正義の欠如の原因は、西洋列強による植民地主義の拡大とそれに伴う社会の脱イスラーム化にある。第二に、そもそも正しいイスラーム的統治は初代イマーム（imām）[14] であるアリー・イブン・アビー・ターリブ（第四代正統カリフ）の死（六六一年）をもって途絶えており、その後生まれた世襲王朝についてはイスラーム的な正当性の観点からすべて不正である。イランのパフラヴィー朝が革命の対象となったのは、それが社会の西洋化と脱イスラーム化――「白色革命（Enghelāb-e Sefīd）」と呼ばれた――に奔走していたためだけではなく、その王政という枠組み自体が根本的に不正であると見なされたためであった（富田［2009］、Abrahamian［1993：

13-32, 54-59])。

ヒズブッラーが「公開書簡」で述べているレバノンの現体制に対する革命の必要性は、上記のホメイニー思想の二つの特徴と相似形を成している。ヒズブッラーは述べる。

> 我々は〔レバノンの〕現行の体制について、次の二つの基本的見解を有している。／①現行の体制は、世界的傲慢が造りだしたものであり、イスラームに敵対する政治的地図の一部となっている。／②現行の体制は、根本から不正であり、いかなる修正も無駄である。現行の体制は、根本から変革しなくてはならない。(Faḍl Allāh [1994：197])

①においては、ヒズブッラーの反植民地主義が色濃く出ており、ホメイニーの西洋列強に対する対決姿勢と政治原理としてのイスラームへの強い共感が示されている。

一方、②に関しては、「公開書簡」を通して見ても、世襲王朝が非イスラーム的であるとするホメイニーの見解に直接触れられてはいない。だが、それは両者の間の思想的な相違というよりも、むしろヒズブッラー体制変革の訴えがレバノン独自の政治状況を反映していたことの現れとして考えるべきであろう。

ヒズブッラーにとって、レバノンを蝕んでいたのは専制支配者ではなく、「政治的マロン主義(al-mārūnīya al-siyāsīya)」——マロン派キリスト教徒による国家権力の独占——であり、その主力政党・民兵組織であるカターイブであった。ヒズブッラーの革命の論理を支えたのは、レバノンが異教徒によって統治されているという認識などではない。それは、特定の宗派による他宗派に対する支配を助長し、固定化するような——換言すれば、「抑圧者」と「被抑圧者」の分断を生むような——宗派制度の存在であった。つまり、ヒズブッラーにとって、レバノンの宗派制度こそが打倒すべき「不義の体制」であった。

ヒズブッラーのイスラーム国家論

「不義の体制」であるところの宗派制度を解体した後に、ヒズブッラーはどのような政治体制の建設を目指しているのか。「公開書簡」は、「イスラーム的体制はすべての者にとって公正で高潔であり、我々の国々に新たに潜入しようとする植民地主義者の企てを拒むことができる唯一の体制である」（Faḍl Allāh［1994：194］）としているが、その「イスラーム的体制」がいかなる制度や組織に基づき、どのように建設されるのかについてはほとんど触れていない。つまり、ヒズブッラーの「公開書簡」では、革命によるイスラーム国家の樹立の必要性が謳われる一方で、いわゆるイスラーム国家論は展開されていないのである（Norton［2007：39］）。

とはいえ、いくつかのヒントはある。「公開書簡」では、ワリー・ファキーフであるホメイニーが主導し具現化した体制こそが「公正かつ聡明な単一の指導部」であると述べられている。そして、法学者による国家運営の妥当性を強調しており、「イスラーム的統治」のあり方について、イスラーム法の番人である法学者の主導によって国家および政治が運営されるべきであるとの見解が示されている。いわゆる、「法学者の統治」論と呼ばれる思想である。[15]

「法学者の統治」論は、二〇世紀の様々なシーア派法学者たち――イラクのムハンマド・シーラーズィーやサーディク・サドル、レバノンのムハンマド・フサイン・ファドルッラー――に共通して見られる政治思想であった。だが、現代シーア派の革命思想の理論化における功績を考慮すれば、イランのホメイニーとイラクのバーキル・サドル（第1章で論じたイスラーム・ダアワ党の創設者）が最重要であろう。ホメイニーもサドルも、革命を通じて「不義の体制」を打倒し、法学者が主導するイスラーム国家を樹立する必要があるとする点で一致していた。

しかしながら、同じ「法学者の統治」論であっても、両者の間には法学者による指導体制をめぐる見解の相違があった。サドルは、法学者が集団で組織化・制度化された国家運営を行うべきだとした。これに対して、ホメイニーは、統治における「監督権（wilāya）」を有した「公正な法学者」が個人で意思決定を行うべきとした。[16] このホメイニーに独特の「法学者の統治」論を、「法学者の監督」論と呼ぶ。

上述のようにホメイニーをワリー・ファキーフと仰いでいることからも分かるように、ヒズブッラーが想定するイスラーム国家はまさにその一人の最高位の法学者による「監督権」に依拠するものであり、ホメイニーの「法学者の監督」論が採用されている。事実、ヒズブッラーのナイーム・カースィム副書記長は、「ワリー・ファキーフに託された権威の大きさについては明白」であり、ワリー・ファキーフには、「イスラーム法の実践とイスラーム体制の防衛、そして、ウンマのすべての利益に関わる重要な政治的決定が委ねられて」おり、ウンマにおける「個人的な安全と財産の保障、そして個人的な名誉を守るべく、判断と実践を通して、戦争と平和の事柄についての決定権を有し、すべての事柄に責任を有する」と述べている（Qāsim［2010：85］）。

そうだとすれば、ヒズブッラーは、ワリー・ファキーフであるホメイニーに意思決定の全てを託していたのであろうか。この問題について、カースィム副書記長は、次のような見解を示している。曰く、ワリー・ファキーフを最高権威とするイスラーム法の実践義務に関しては議論の余地はないものの、そのための具体的な行動方針の決定についてはヒズブッラーに一定の裁量権がある。ヒズブッラーは、「ワリー・ファキーフによって導かれた指示と原則の全体の一部としての行動」であるところの「イスラームの実践」を追求することを大前提とするが、それと同時に、いやだからこそ、「具体的な個別の運営と監督の作業」、例えば「イスラームの実践の手順、日々の政治・社会・文化活動、イスラエルという占領者に対するジハードなど」に主体的に従事しなくてはならないとされた（Qāsim［2010：87-88］）。

さらに、カースィム副書記長によれば、これらの具体的な行動方針に関する意思決定は、特定の個人ではなく書記長を中心としたヒズブッラーの指導部内での協議によって行われる。「このような行動方針は、ワリー・ファキーフを正統性の源泉とする。こうして、様々な義務を果たすために必要な権威と承認を得るのである。ただし、その義務をめぐっては、党の指導者および協議にとって一定の余地があり、彼らの領域において何が適用可能で何が適切なのかを検討し、決定することができる」と言う（Qāsim［2010：87-88］）。

このように、ヒズブッラー指導部は、イランのワリー・ファキーフの見解に従いつつも、それに抵触しないかたちにおいて、それぞれ個別の条件下に相応しい行動を決めることが可能となるのである（Hamzeh［2004：34］）。

したがって、ヒズブッラーがレバノンの地で構想するイスラーム国家の姿については、イスラーム的統治の実現を目指していることだけは明確にされているものの、それが制度としていかなるかたちになるのか、どのようなかたちで実践されるのかといった点については、レバノンを取り巻く実際の政治環境に応じて柔軟に変化し得るということになる。逆の言い方をすれば、これまで多くの識者が指摘してきたような、ヒズブッラーがイラン型のイスラーム国家建設を目指すという見方は、ワリー・ファキーフであるホメイニーへの忠誠という観点から見れば一定の妥当性が認められるものの、こうしたヒズブッラー自体が有する裁量や柔軟性を看過する危険性を孕んでいる。

レバノンにおけるイスラーム革命

このように、「公開書簡」は、レバノンに樹立すべきイスラーム国家の青写真を示していない。むしろ「公開書簡」が示したのは、そのイスラーム国家のあるべき姿を決定するまでの手続きと方法、別の言い方をすれば、かつての党旗に記されたスローガンである「レバノンにおけるイスラーム革命」のプロセスであった。ヒズブッラー思想の独自性は、実はそのプロセス自体にあると言ってよい。

政治環境をめぐるイランとレバノンの決定的な違いは、イランの総人口の九〇パーセント以上がシーア派住民であるのに対して、レバノンは異なる宗派が共存する多元社会であるという点であろう。そのため、レバノンにおいてはイランで成功したような民衆革命によるイスラーム国家の樹立は現実的ではない。「公開書簡」を通して見ても、レバノンにおける他宗派、特にキリスト教徒への配慮が目立つことに気づく。

我々は確信している。我々は、イスラームの信条、制度、思想、統治を信奉する者である。そして、全ての者に対して、イスラームとその法による統治を理解するように呼びかける。また、個人、政治、社会のレベルでイスラームの教えに従うよう呼びかける。／我々が人民にレバノンにおける統治体制を自由に選択させた場合、イスラームに代わるものがあるとは考えられない。／このことから、我々は、人びとによる自由で直接的な選択に基づくイスラーム体制を信頼するよう呼びかけるのである。イスラーム体制は、一部の者が空想するような強制に基づく体制ではない。（Faḍl Allāh［1994：196］）

ヒズブッラーは、レバノンにはイスラーム革命のための条件が整っていないことを強く自覚しており、「呼びかけ」を通して人びとの意思を変え、その人々が主体的にイスラーム国家を築き上げていくように導くことが現実的な方法であると考えていた。その意味では、「公開書簡」自体がまさにその「呼びかけ」の嚆矢であり、レバノン的多宗派状況を踏まえた上で、あえて体系的なイスラーム国家論を提示しなかったのだと見ることもできる。

むろん、レバノンの他宗派、特にキリスト教徒からすれば、レバノン国家のイスラーム化は直ちに受け入れられるものではなかった。[17] 事実、ヒズブッラーの「呼びかけ」は、シーア派による国家掌握の宣言と受け取られ警戒された。

だが、ここで想起すべきは、当時のレバノンが未曾有の危機に直面していた事実である。内戦の勃発により多宗教・多宗派共存の原理は崩壊し、それに伴う国内の分裂はイスラエルの侵攻を招くことになった。ヒズブッラーによるイスラーム国家樹立の呼びかけは、混乱のなかでイスラームないしはシーア派による国家掌握と捉えるよりも、危機を打開するオルタナティブとして提起されたものと考える必要があるだろう（小杉［2006：429］）。

確かに、いかに他宗派に寛容であったとしても、イスラーム国家はムスリムのヘゲモニーを意味する。しかし、ヒズブッラーの側から見れば、この時点でレバノン国家を解体寸前にまで追い込んでいたのはキリスト教徒（マロン派）のヘゲモニーによる統治であった（al-Kūrānī［1986：179–181］）。危機の打開のためのラディカルなオルタナティブへの支持を「呼びかけ」続けることが，当時のレバノンの政治環境を反映したヒズブッラーによるイスラーム革命の実践に他ならなかったのである（このオルタナティブの提示による大衆動員の実態については，第3章2で論じることとする）。

3　力の行使を正当化するもの

ヒズブッラーとファドルッラー

これまで論じてきたように，ヒズブッラーは，レバノンの現行の体制に代わってイスラーム国家を打ち立てるべきであるとしながらも，力による実現は目指さず，同国における多種多様な宗派が意見を擦り合わせながら段階的に組み上げていくべきであるとした。彼らは，武力によるイスラームへの改宗やイスラーム国家の樹立を忌避した。

だが，忘れてはならないのは，ヒズブッラーは紛れもなく武装化した集団であり，何よりも抵抗と革命を不可分なものとして捉えていた事実である。イスラーム的統治を実現するためには，まず，武器を手にとり，イスラエル，米仏などの西洋列強，そしてそれらの傀儡であるところのカターイブの三つの敵と戦い，その脅威を払拭することを不可欠と考えていた。力の行使なしには体制の樹立はない。ゆえに，上述の「呼びかけ」による革命だけではなく，これらの敵に対する武力を用いた抵抗もまた同様に，レバノンの政治環境を反映したものであった。そうだとすれば，ヒズブッラーがイランのワリー・ファキーフを正統性の源泉としながらも，レバノンの政治環境に応じて具体的な行動指針を決定できるとする原則にも符合する。

ヒズブッラーのレバノンでの行動指針に大きな影響を与えたとされるのが、しばしば彼らの「精神的指導者（al-murshid al-rūḥī, spiritual leader）」と評されてきたムハンマド・フサイン・ファドルッラーであった。[18] レバノン人であるファドルッラーは、「マルジャア・タクリード（al-marjaʻa al-taqlīd、習従の源泉、模倣の鑑の意）」の称号を持つ最高位の法学者の一人として、同国の政治環境を反映した独自の政治思想を展開した。

ファドルッラーは、若き日にイラクのナジャフでシーア派イスラーム法学の研鑽を積んだ。そこで法学者の政治への積極的関与を是とする「革新派」の思想の薫陶を受け、盟友バーキル・サドルとともに社会の世俗化が急速に進むなかで法学者による政治組織の結成の必要性を説くことで、一九五七年のイスラーム・ダアワ党の結成に貢献した（Surūr [2004：17-50], Sankari [2005：44-54, 76]）。一九六五年にレバノンへ帰国した後は、イスラーム法に関する文筆活動や説教を行うかたわら、教育・社会福祉・医療に関わる様々な団体を運営するなど、レバノンのシーア派住民に対して絶大な影響力を誇った。[19] こうしたことから、ファドルッラーの言動は、特に地下組織であった黎明期におけるヒズブッラーの「正体」を知るための手がかりとして、研究者だけではなく欧米各国の政策決定者からの注目を集めた。[20]

ムハンマド・フサイン・ファドルッラー
出所）http://www.bayynat.org/

とはいえ、ファドルッラーもヒズブッラーも、互いの組織的なつながりについては繰り返し否定してきたため、真相は明らかではない。しかし、両者の関係をいくつかの事実を積み重ねながら推察することは許されるだろう。

第一に、ファドルッラーとイスラーム・ダアワ党とのつながりである。ヒズブッラーの原型となった九名委員会を構成した三つのグループの一つが、イスラーム・ダアワ党のレバノン支部であった[21]（第1章1）。第二に、黎明期のヒズブッラーの指導部を形成した幹部たちの多くが、ナジャフへの留学およびイスラーム・ダアワ党への参加の経験を持っていたことである。そのうちの何人かは、実際にファドルッラーに直接師事していた。[22] 第三に、ファドルッラーが、ヒズブッラー指導部の形成過程に関与していたことである。指導部の原型となったレバノン評議会の五名のメンバーにその名を連ねていたと報じられている（*al-Waṭan al-ʻArabī*, December 11, 1987）。また、一九八二年にレバノン戦争が始まると、ファドルッラーは、イスラエルによる侵略およびその背後にある西洋列強の植民地主義に対するレジスタンスの組織化に奔走し、一九八三年以降の殉教作戦については、慎重な言い回しながらも、法学者として擁護する姿勢を見せた（後述）（Surūr［2004：73–83］, Sankari［2005：193–196, 205–208］）。

このように、ファドルッラーは、黎明期のヒズブッラーの組織を支えたか、あるいは仮に別個の存在であったとしても、思想面でも行動面でも歩調を合わせていた事実は指摘できる（末近［2010b］）。

監督権と法学権威をめぐる見解の違い

ただし、一九八五年の「公開書簡」の発表によって、ヒズブッラーとファドルッラーの思想面での相違が明らかになったことにも触れておかねばならない。端的に言えば、両者はイスラーム的統治における「監督権」と「法学権威（marjaʻīya）」の関係についての認識を異にしていた。それはどういうことか。

ファドルッラーは、レバノンのシーア派法学者のなかでも、イランでのイスラーム革命の成功を最も賞賛し、革命政府によるレバノンにおけるレジスタンスへの支援に積極的な者の一人であった（Surūr［2004：107–108］, Sankari［2005：176–181］）。ナジャフで学んだファドルッラーもまた、ホメイニーと同様に「法学者の統治」論の唱道者であり、イスラーム的統治の樹立を訴える革命論者であった。

しかし、ホメイニーがイスラーム的統治の条件である「監督権」を「法学権威」である一人のワリー・ファキーフが有すると説いたのに対して、ファドルッラーは「監督権」と「法学権威」の峻別の必要性を訴えた。

ファドルッラーによれば、「監督権」の有効性はあくまでも特定の領域内あるいは国家内に限定されるものであり、「法学権威」は国境を越えるシーア派イスラームの信徒全般に関わるという。つまり、特定の地域における「監督権」については個人が担うことができても、複数の広大な地域をカバーする「法学権威」を特定の個人に依拠させることは不可能だと見なされたのである（Badry［2001］）。

ファドルッラーは、公正なイスラーム国家の運営のためには「監督権」と「法学権威」の役割を区別した上で、両者の相互補完的な関係が必要であると説いた。[23]「監督権」は、個別の法学者が特定の領域や国家を対象とするものであり、他方、「法学権威」は、イスラーム世界各地の法学者たちによる協議がつくりあげる汎イスラーム主義的な制度として導き出されるべきだとされる。その意味において、ファドルッラーは、「監督権」と「法学権威」の両者を一人の個人に集約することを説いたホメイニーよりも、「監督権」は各地の法学者が個別に担うとしても、「法学権威」は集団からなる制度として構築されるべきであるとしたバーキル・サドルの足跡を辿ったと言える（Aziz［2001：212］）。そのため、ファドルッラーは、ヒズブッラーがレバノンの地から遠く離れたイランのワリー・ファキーフ、すなわちホメイニーというたった一人の法学者に追従することに難色を示した。

一方、ヒズブッラーの場合、先に論じたように、「法学権威」と「監督権」の明確な区別はない。「法学権威」が国境にとらわれるものではないと考える点では、ホメイニーおよびファドルッラーと同様である。しかし、「法学権威」であるワリー・ファキーフが「監督権」をも有する存在であると考えている点において、ヒズブッラーの思想はファドルッラーではなくホメイニーに近いということになる。事実、ヒズブッラーの歴代書記長は、イランのワリー・ファキーフのレバノンにおける代理人（ワキール、waqīl）の地位にあり、ホメイニーやその後継者であるアリー・ホセイニー・ハーメネイーを追従する者たちから宗教税を徴収する権利を有している。[24]

『イスラームと力の論理』

このように、ヒズブッラーとファドルッラーは、樹立すべき政治体制については見解の相違を抱えていた。もし仮にレバノンでイスラーム革命が成就するようなことがあれば、この相違が両者の関係に大きな問題を生んだかもしれない。しかし、内戦とイスラエルの侵攻による政治的暴力の嵐が吹き荒れる一九八〇年代のレバノンにおいて喫緊の課題となったのは、イスラーム的統治の内実よりもそこに至る道筋、すなわち抵抗と革命の方法であった。この点をめぐっては、ヒズブッラーとファドルッラーは紛れもなく思想的な一致を見せた。

既に論じたように、ヒズブッラーはイスラーム国家の樹立のためにはレジスタンスによる闘争の貫徹が不可欠であるとした。このことは、逆から見れば、武器を取る闘争も常にイスラーム的な文脈において語られ、正当化される必要があったことを意味する。このヒズブッラーのレジスタンスを独自の革命的汎イスラーム主義への道筋のなかに位置づける役割、言い換えれば、抵抗と革命の二つを理論的に接続する役割を担ったのがファドルッラーであった。

特に、その著書『イスラームと力の論理（*Islām wa Manṭiq al-Quwwa*）』（Faḍl Allāh［1987］）は、ヒズブッラーの結成自体の理論的根拠となった書と見られてきた。同書は、イラン・イスラーム革命以前の一九七六年に書かれたものであり、バーキル・サドルやホメイニーによる「法学者の統治」論がトランスナショナルなシーア派宗教界を席巻するなか、それをレバノン的政治状況に引きつけて提示したものであったと言える。レバノン的政治状況とは、宗派制度の失敗によって引き起こされたレバノン内戦と終わりの見えないイスラエルとの紛争であり、『イスラームと力の論理』はそこから紡ぎ出されたいわばレバノン版の「法学者の統治」論であった。[25]

同書によれば、レバノンで戦乱が絶えないのは「抑圧者」による「不正と圧政の状況」のためである（抑圧者／被抑圧者の二分法は、ムーサー・サドルやホメイニー、そしてヒズブッラーの「公開書簡」の思想と通底する）。ファドルッラーは、歴史とはそもそも強力で傲慢な「抑圧者」と弱者である「被抑圧者」によってつくられてきたものであり、常に前者が不正や不正義を生んできたと言う。そして、クルアーンの解釈を通して、抑圧、植民地主義、帝国主義、シオニズムをイスラームにとっての悪と断罪し、その悪に抵抗することをイスラームにおける「革命的義務」であると強調する。その際、弱さや諦観から不正と圧政に従属することは許されず、力を行使してでも抵抗しなくてはならず、むしろ、その力は弱さや諦観を払拭することによってのみ得ることができると説いた[26]（ファドルッラー［1991：13–29］、Faḍl Allāh［1987：49–62］）。

ただし、ファドルッラーは暴力を無条件に肯定したわけではない。「イスラームは第一義的に平和的方法を優先する」と繰り返し強調している（ファドルッラー［1991：115］、Faḍl Allāh［1987：238］）。むしろ、このような平和的方法だけで「革命的義務」が果たせないときは暴力の行使もやむを得ないとしたのが、ファドルッラーの議論における新しい創見であった[27]。

> 平和的方法は、運動の場が暴力による対応を強いるような激しい挑戦に晒されていないならば、妥当な道となる。また、暴力は、苦痛に満ちた対決が展開される闘争が課題である場合には、もっとも適切な方法となる。これは、すべての実際的経験に当てはまる実践的な現実の論理である。（ファドルッラー［1991：137］、Faḍl Allāh［1987：256］）

圧倒的な劣勢という特定の状況においては暴力の行使もやむなしとする見解は、イスラエルとその傀儡勢力（カターイブや南レバノン軍［ＳＬＡ］）およびそれを支援する植民地主義勢力に抵抗すべきとする、「公開書簡」で提示されたヒズブッラーの理念と通底しており、それを理論的に支える役割を果たしたと考えられる[28]。

殉教作戦とは何か

ヒズブッラーによる力の行使に見られた最大の特徴が、爆薬を満載したトラックで敵地に特攻するという殉教作戦であった。最初の作戦は、一九八二年一一月一一日、レバノン南部の都市スールのＩＤＦ兵営に対して実行され、九〇名以上の犠牲者を出した[29]。

世界はこれに震撼した。作戦の異常性と「イスラーム原理主義」の狂信性が強調され、実行犯の動機や心理状態を解明しようとする研究までが出された（Schbley［1989］, Kramer［1990］［1991］）。だが、こうして大衆の耳目を集めた事実自体が、殉教作戦というものが当時において新しい現象であったことを示唆している。思想史的に見ても、自己犠牲や殉教についてはシーア派のイスラーム思想で繰り返し取り上げられてきたテーマであるものの、殉教作戦という用語や概念が出現したのはこのときが初めてであった。少なくとも、イスラームの名の下に自爆という手法を実行に移した組織は皆無であり、戦術としての殉教作戦を最初に編み出したのはヒズブッラーであった。

伝統的なイスラーム法学では、自殺のみならず自殺的な戦闘行為も禁じられてきた。その理由は、クルアーンに「またあなた方自身を、殺し〔たり害し〕てはならない」（婦人章第二九節）と書かれているからである（Cook［2007：ch. 3, 31–44］）。しかし、ヒズブッラーは、次のような価値の転倒を見せる。イスラーム革命はイスラームの敵に対する抵抗が不可欠であるため、たとえそれが絶望的なものであっても、抵抗の営為のなかで命を落とすことは決してアッラーの意に背くものではない。そのため、トラック爆弾は自殺の道具などではなく、レジスタンスのための「弱者の武器」であり、また、その死者は背教者などではなく、アッラーにその命を捧げた殉教者となる（小杉［1998：194］、Saad-Ghorayeb［2002：127–133］, Alagha［2006：137–141］）。

アッラーに背く行為からアッラーのための行為への転倒。こうした考え方は比較的新しく、特にスンナ派を中心に近年ようやく体系化・理論化されるようになった（Cook［2007：149–153］）。そして周知の通り、ムスリムによる殉教作戦は、アフガニスタンやイラクだけではなく、欧州や米国においても見られるようになり、グローバルな広がりを見せている。

ただし、九・一一事件に象徴される近年の殉教作戦がなかば自己目的化——死による自己の信仰の確認——となっているのに対して、ヒズブッラーのそれはあくまでもレジスタンスの手段であり、彼らの目的は抵抗そのものではなくその先の革命の成就にある。むろん、アル＝カーイダらによる脱領域的で無差別な殉教作戦——自爆テロと呼ぶべきか――も、イスラーム世界の防衛を掲げ、イスラームの敵に対する抵抗の名の下で遂行されてきた。しかし、ヒズブッラーが自らの生が根ざした土地であるレバノンで行うのと、アル゠カーイダが自らの出身地から何千キロも離れた場所で行うのでは、同じ抵抗、同じ殉教作戦でも正当性や必然性の解釈の余地に違いがあるだろう。

このような違いは、殉教作戦の論理をめぐる彼らの主観的な思想よりも、軍事的な合理性という客観的な条件に注目すると、いっそう明らかになる。むしろ、軍事的な合理性こそがヒズブッラーの殉教作戦を特徴づける重要な要素であった。

殉教作戦の論理を支えたのは、イスラエルによるレバノン侵攻と占領やＩＤＦとレジスタンスとの間の圧倒的な戦力格差という、一九八〇年代初頭のレバノンを取り巻く政治的現実であった。こうした劣勢のなかで「やむを得ず」考案された手段が殉教作戦であった。トラック爆弾による自爆攻撃は、もはや数ある手段のなかの一つに過ぎない（逆に言えば、仮に最新兵器や重火器といった他の手段が選択できるのであれば、トラック爆弾の採用には軍事的にもイスラーム法的にも議論の余地が生じたことであろう）。その証左として、ヒズブッラー指導部は死を自己目的化するような無謀な作戦を忌避し、確実な効果が期待できる場合のみにおいて殉教作戦を実行してきたと表明してきた。実際、二〇〇〇年五月の「南部解放」――ＩＤＦのレバノン南部地域からの撤退――以降は殉教作戦を事実上凍結している（Saad-Ghorayeb［2002：133］）。

自爆攻撃の合理化

ファドルッラーの『イスラームと力の論理』は、このヒズブッラーによる殉教作戦の論理に二つの観点から思想的な根拠を与えるものであった。弱者の諦観の払拭が抵抗のための強い意志の創出を、また、「実際的経験に当てはまる実践的な現実の論理」の採用が新たな戦術としての殉教作戦の導入を、それぞれ合理化する役割を果たしたのである。

ファドルッラーは、殉教作戦によって命を落とすことは、自殺ではなく戦死であり、不名誉ではなく名誉であると説く。そして、「自爆」を奨励するものではないと留意した上で、「ムスリムたちが、あなたが銃を手に闘争するのと同様に、生きる爆弾となり闘争すると信じている。銃を手にすることと、自爆することとの間に何ら相違はない」（Fadlallah〔1986：10–11〕）という見解を示した。「意図した死」と「意図せざる（結果としての）死」との間には解釈をめぐる広いグレーゾーンが存在するのである。

むろん、ファドルッラー自身が、ヒズブッラーの殉教作戦を立案し、指令したわけではないだろう。また、イスラーム教徒は自殺を悪徳と見なしており、殉教作戦には違和感や反感を持つ者も少なくなかった。しかし、いや、だからこそ、イスラームが自殺を禁じていることを熟知している高位の法学者であるファドルッラーによる殉教作戦に対する支持表明は大きな影響力を持った。[30]

ヒズブッラーのカースィム副書記長も、殉教作戦についてファドルッラーと同様の論理を辿る。曰く、殉教とは「自己犠牲〔の精神〕の究極的表明」であり、「失望、絶望、挫折、敗北の表れ」であるところの自殺と峻別しなくてはならない。その上で、外交のような平和的方法が機能せず、圧倒的な暴力に曝されたとき、あらゆる手段を講じる必要がある。そんなとき殉教作戦は、「勢力の不均衡における甚大な格差を埋め」るものであり、「最低限の流血で敵を打ち倒す」ための「義務」となる。ヒズブッラーの殉教作戦は、こうして合理化されてきたのである（Qāsim〔2010：74–79〕）。

トラック爆弾による自爆攻撃という方法は、その軍事的な合理性ゆえにイデオロギーを異にする他の組織によっても次々に採用されていった。[31] だが、ヒズブッラーによるそれがあくまでもイスラーム革命の文脈に位置づけられていたことを、あらためて強調しておきたい。殉教作戦は、イスラーム教徒特有の内面的な信仰世界のなかで生まれたものというよりは、圧倒的な暴力に曝されるという現実世界において編み出された自己犠牲を伴う「弱者の武器」をイスラーム的に解釈・正当化したものであった。この困難とも言える大胆な価値の転倒を可能にしたのは、殉教作戦の地平にイスラーム革命という大義があったからに他ならない。要するに、トラック爆弾による特攻という自殺的行為は、革命とそれを成就するための抵抗の文脈に位置づけられることで初めて殉教へと昇華することができたのである。その意味において、殉教作戦は、一九八〇年代初頭のレバノンという特定の時空間において抵抗と革命が結びつくことで初めて起こり得た、イスラーム政治思想におけるイノベーションであったと言えよう。

おわりに――抵抗と革命が結ばれたとき

本章では、ヒズブッラーの思想の形成過程と特徴について論じてきた。その思想は、彼らの「正体」についての認識の違い――レバノンの抵抗組織か、イランの革命組織か――によって大きく見え方が変わる。すなわち、前者を重視する場合には、イランの革命思想の影響が過小評価され、他方、後者にとらわれた場合は彼らの思想のレバノン的特徴が捨象される危険性がある。だが、実際には、ヒズブッラーの思想はレバノンに根ざした独自の思想的発展とイラン・イスラーム革命およびホメイニーの影響を両輪に形成されたものであった。

「公開書簡」によって明らかにされたヒズブッラーの思想には、汎イスラーム主義と反植民地主義という二つの大きな特徴があった。それらは、ヒズブッラーは、奪われた者たちの運動／アマル運動やファドルッラーによって唱えられた抑圧者／被抑圧者の二分法を受け継ぎつつも、紛れもなくワリー・ファキーフと仰ぐホメイニーの革命的汎イスラーム主義の影響を強く受けていた。

しかし、「公開書簡」は、ホメイニー思想と軌を一にしながらも、レバノンにおける抵抗と革命の実践に関しては独自の見解を提示した。すなわち、ヒズブッラーにはレバノンの政治的現実に応じた政策決定上の裁量権があるとされた。

ヒズブッラーにとって抵抗すべき「抑圧者」は、王制期イランのシャーのような専制君主ではなく、レバノン独自の宗派制度とマロン派キリスト教徒のヘゲモニーであった。また、革命を通して樹立されるべきイスラーム的統治については、多宗派社会のレバノンでは民衆革命を通してではなく、住民が協議を重ねながら実現しなくてはならない。ヒズブッラーによる「革命」の実践とは、さしあたりイスラーム教徒と非イスラーム教徒の両者にこれらのことを訴えていくものであった。

だが、戦乱の続くレバノン的状況においては、侵略者や占領者の撃退がイスラーム的統治の実現のための不可欠な一歩であった。そのために必要な実質的な力の行使の正当化を担ったのがファドルッラーであった。ファドルッラーによる「力の論理」は、「被抑圧者」や弱者が力を取り戻すためには諦観を払拭することが必要であるとし、その上で、もし敵対者による暴力に曝され、平和的な方法を通した抵抗や革命が困難な場合、物理的な暴力を用いることもやむを得ないと説いた。

一九八二年にイスラーム史上初めて登場したトラック爆弾による殉教作戦は、ファドルッラーのこのようなイスラーム法解釈なくして確立されることはなかったであろう。そして、この全く新しい抵抗の方法はそれ自体が目的ではなく、あくまでもバーキル・サドル、ホメイニー、ファドルッラーらが説いたイスラーム革命の大義のなかで合理化されたものであった。その意味において、殉教作戦はイスラーム革命のレバノン的実践の産物であり、一九八〇年代初頭のレバノンという時空間で生まれたのは決して偶然ではなかったのである。

第3章　国境を越える内戦とテロリズム

――イスラーム主義に震撼する冷戦構造

はじめに――国際政治における「内戦国家」

ヒズブッラーは、レバノン内戦期の一九八〇年代を通して、国内外に政治的な影響力を行使し得る、強力なイスラーム主義組織となっていった。国内では、シーア派コミュニティを中心に着々と支持者を獲得し続け、内戦末期までに最強の民兵組織の一つになった。国外では、二大援助国であるシリアとイランとの関係を強化する一方で、彼らが仇敵と見なす米国やフランスなどの欧米諸国と激しく対立した。ヒズブッラーは、内戦への軍事介入を行ったイスラエル、米国、フランスの部隊に対する武装闘争だけではなく、国内外での誘拐やハイジャックといったテロリズムを通して、冷戦下の国際政治を震撼させた。総じて言えば、一九八〇年代のヒズブッラーは、内戦を戦う民兵組織の一つであると同時に、独自の「外交」を展開し得るトランスナショナルなアクターとなっていった。

本章は、一九八〇年代のヒズブッラーが、いかにして急速に勢力を拡大し、国内外に対して政治的な影響力を行使し得る強力なアクターになることができたのか、という問いに答えることを目的とする。

ヒズブッラーのトランスナショナルな指向性については、その源泉を第2章で論じたような彼らの革命的汎イスラーム主義の思想に求められることも多い。だが、こうしたテクスト――イデオロギーや思想――の分析だけでは彼らの活動が実際に国境を越えていった原因を説明するには不十分である。主権国家を単位とする現代の国際社会においては、いかなるアクターであっても自由に国境を横断するような政治実践は容易ではないからである。ゆえに、ヒズブッラーの勢力拡大およびトランスナショナルな活動を可能ならしめた要因を明らかにするためには、テクストだけではなくコンテクスト、すなわち彼らが拠点としていたレバノンという国家とそれを取り巻く地域／国際システムの連関を検討しなくてはならない。

この作業を進めていく上で、次の二つの理論的な問題を踏まえておく必要がある。

第一に、分析単位としての国家をめぐる国際政治学（国際関係論）のアポリアである。これまで多くの国際政治学者が指摘してきたように、国際政治学における国家は、「自国内部を有効に統治しており、統治された分裂のない組織体であり、国民が国家としての自己同一性（アイデンティティ）を保持している主体として「存在」していると想定」されることで、その多様性や内実をめぐる議論が看過されがちであった(1)（小林・遠藤［2000：5］）。そのため、レバノンのような非西洋における国家を西洋の――西洋中心的、画一的、規範的な――それと同一視して論じることには一定の留保が必要であろう。

第二に、内戦に陥った国家をどのように捉えるかという問題である。一九八〇年代のレバノンは単なる非西洋の国家ではなく、内戦によって「国家性（statehood）」――主権的正統性、国家機構、国民統合――を喪失した「破綻国家（collapsed state）」（Zartman［1995］）であった。国際政治学や政治学において、内戦もまた同様に規範的な国家像からの逸脱と見なされ、分析の対象外とされる傾向があった。社会学者アンソニー・ギデンズが、内戦を「分裂を誘う「国内」の武装闘争」として定義した場合、近代以降の「すべての階級分断社会において、非常に長い間にわたり特徴的に見出すことができ」ると論じたように（ギデンズ［1999：143］、Giddens［1985：121］）、現代世界において内戦は権力をめぐる「普遍的な政治現象」であるにもかかわらず、二〇世紀を通して内戦に関する政治学的分析は等閑視されてきたのである（加藤［2000：vi］）。

つまり、一九八〇年代のヒズブッラーの急成長を理解するためには、「内戦国家」――内戦状態にある非西洋国家――としてのレバノン国家のあり方自体を検討しなくてはならない。そこで、本章では、現代世界における「国家」の実相と内戦という政治状況を動態的に結びつけるための新たな視角として、シリアを中心とした東アラブ諸国の政治秩序の史的展開を論じた拙論（末近［2005c］）に基づき、「国家変容（state transformation）」という概念を設定してみたい。

国家変容とは、領域や主権をめぐる国内のコンセンサスの上に統治機構（制度としての国家）を立ち上げようとする「国家建設（state building）」（Tilly［1975］）と、主に植民地からの独立時に見られたような国境線や主権者（政体としての国家）の決定を主とする原初的な「国家形成（state formation）」の両者を含む概念であり、一度成立した国家による統治機構（制度）の再整備だけではなく、領域や主権、国民の再定義もが同時並行的に進んでいくプロセスのことを指す。(2)

これに従えば、内戦は、それまでの国家がいったん崩壊する国家変容の結果であると同時に、新たな国家が立ち上がる過程としても捉えられる。国家変容には、統治機構の再構築だけではなく、正統性や主権、領域の再定義のモメント（契機）も含まれるため、新たに立ち上がる国家は、国際政治学が前提としてきたような領域主権国家／国民国家となる場合もあれば、理論上はその条件を必ずしも満たさないような「国家」となる場合もあり得る。後に詳述するように、事実、レバノン内戦は単なる既存の国家内での権力闘争ではなく、国外アクターをも巻き込んだ紛争であり、何よりもレバノン国家の領域や主権、アイデンティティそのものを争点とした思想と思想の衝突であった。

国際政治学者ムハンマド・アイユーブは、国際政治学が前提としてきた国家、とりわけ非西洋の国家のあり方を、紛争と安全保障の観点から問い直してきた。(3) アイユーブは、まず、第三世界の国際政治を分析するためには、国家の誕生と発展をめぐる歴史的経験の違いに注目するべきだと主張する。(4) そして、それらを踏まえた上で、第三世界諸国の政治的動態は、地域的な国家間の勢力均衡や地域紛争の自律性と連動していること（地域的文脈）、さらには、近代西洋起源の国際システムの一部であること、西洋との関係が不均等であること、西洋からの軍事的・政治的・経済的援助に依存する傾向があること（国際的文脈）を織り込むことで、初めて明らかになると説いた[5]（Ayoob［1995］［1998］）。

本章では、内戦を国家変容のモメントと捉え、アイユーブが論じたような非西洋の国家としての歴史的経験、そして、紛争と秩序をめぐる地域的・国際的文脈を織り込むことで、「内戦国家」としてのレバノンの実態を論じる。そして、この作業を通して、なぜヒズブッラーが国内外に多大な影響力を行使できるようなアクターに成長できたのかを考えてみたい。

1　宗派制度の光と影

宗派制度とは何か

レバノンは、一九四三年の独立以来、一七（一九九〇年の憲法改正以降は一八に拡大）の公認「宗派（ṭā'ifa）」を設定し、そのバランスの上に国内体制を維持してきた。これが、「宗派制度」と呼ばれる仕組みである。独立時にマロン派キリスト教徒とスンナ派イスラーム教徒――ビシャーラ・フーリー大統領とリヤード・スルフ首相――との間で交わされた不文律「国民協約（al-Mīthāq al-Waṭanī）」を根拠に、政治的ポストや公職を宗派別の人口比に応じて配分する権力分有制度であった[6]。他のアラブ諸国が、共和革命や権威主義、軍部や官僚機構の肥大化を経験するなかで、こうした多元主義を採用したレバノンは、（主に欧米の）政治学者から中東地域におけるリベラルな民主国家の優等生と評された。

表 3-1　公認 18 宗派と国会議席数

	宗　派　名	議席数（1960-92）	議席数（1992-）
キリスト教諸派	マロン派	30	34
	ギリシア正教	11	14
	ギリシア・カトリック	6	8
	アルメニア正教	4	5
	アルメニア・カトリック	1	1
	プロテスタント	1	1
	マイノリティ（アッシリア正教，カルディア正教，ラテン教会，シリア教会，シリア・カトリック，コプト教会［1990 年の憲法改正で 18 番目の宗派に公認］，ユダヤ教）	1	1
	小　　計	54	64
イスラーム諸派	スンナ派	20	27
	シーア派	19	27
	ドゥルーズ派	6	8
	イスマーイール派	0	0
	アラウィー派	0	2
	小　　計	45	64
	合　　計	99	128

出所）筆者作成。

　レバノンは議会制民主主義を採用したため、国民議会の議席も人口比に基づき各宗派に割り当てられた。その配分はフランスの委任統治下の一九三二年に行われたセンサス（人口調査）に依拠し、一九九〇年に改正されるまでキリスト教各派とイスラーム教各派の議席数の配分は、六：五とされた[7]（表3-1）。元首職などの重要な政治的ポストに関しては、大統領はマロン派、首相はスンナ派、国民議会議長はシーア派出身者が就任する慣例が生まれたが、実質的な権力という点から言えば、大統領と首相に比べると国会議長職はいわば名誉職に過ぎない。そのため、独立後レバノンの政治は、マロン派の大統領とスンナ派の首相が主導権を行使する「二頭政治」と表現された。

　こうしたキリスト教徒の相対的優位は、レバノンがポストコロニアル国家であることの証であった。イスラーム教徒が人口の大多数を占める旧オスマン帝国領――今日の中東地域の大部分――において、キリスト教徒がヘゲモニーを握ることができたのは、西洋列強によってキリスト教徒が人口の上で多数派となるように領域が画定されたためであった。一九三二年のセンサスによれば、総人口においてマロン派が二八・八パーセント、スンナ派が二二・四パーセント、シーア派が一九・六パーセントであり、キリスト教徒であるマロン派が多数派となっている。中東地域において非イスラーム教徒がヘゲモニーを握るように創出された国家という点で、レバノンはイスラエルと「双子」の存在であると言える（小杉［1998：172-176］）。

ここで注意すべきは、この宗派制度が前提とする「宗派」とは、国家の領域を超える本来的な宗派――特定の教義や信仰対象を共にする信徒の集団――とは異なる点である。レバノンにおける「宗派」とは、このような普遍的な意味での宗派がレバノン国家の枠組みによって措定され、国内における権力分有の単位ないしは利権集団として制度化された特殊な意味での「宗派」である。したがって、「宗派」間の争点となるのは、それぞれの信仰や宗教信条ではなく、あくまでも公職の配分や社会開発の機会といった世俗的な事項となる。そこでは、西洋近代教育を受け、世俗的な思考を持った人でさえ、いずれかの「宗派」への帰属という社会的ステータスから逃れることはできない（小杉［1987：327-338］）。

その結果、信仰を私的領域に限定することができない一方で、その実践を公的領域に反映させる回路が不在であるという屈折した状況が現れる。つまり、「宗派」が社会の基本構成単位となっているという観点から見れば、レバノン政治において宗教は重要な要素であるが、その「宗派」はあくまでも社会的ステータスに過ぎないために、実践レベルでのレバノン政治の宗教性は希薄なのである。

レバノン政治を織りなす縦糸と横糸

レバノンの議会制民主主義において、利権集団化した宗派の動員を担うのは政党ではなく、宗派性と地域性を

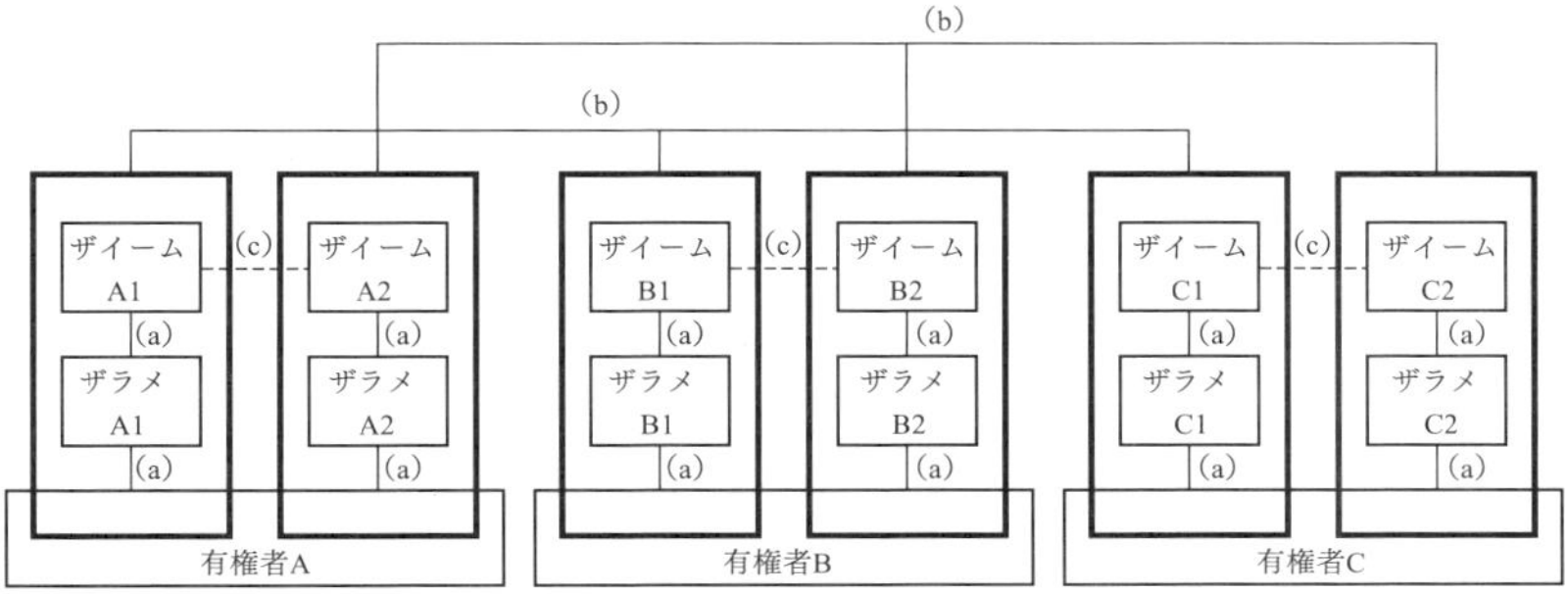

図 3-1　レバノンの政治の垂直関係・水平関係

注）A，B，C は宗派（ないしは地域）を表す。(a) は垂直関係（クライエンティリズム）：①利権の配分，動員，②ザイームの支持。(b) は水平関係（「連携ポリティクス」）：①政策協調，②動員などを通じた同盟者の支援。(c) は宗派・地域に割り当てられたポストをめぐる対立。
出所）末近［2008：24］。

軸とするパトロン・クライエント関係に立脚する「ザイーム（zaʿīm）」と呼ばれる伝統的名望家が中心であった。ザイームは議員や閣僚になることによって、「ザラメ（zalame、シリア・レバノン方言で「子飼い」の意）」と呼ばれるクライエントたちに対して国家利権の誘導を行い、その見返りとして、クライエントたちに選挙時の投票をはじめとする政治的忠誠を要求した。いわゆる、垂直的なクライエンティリズムである[8]。

しかしながら、レバノンの多宗派状況においては、自分が帰属する宗派のみに支持基盤を持つだけでは実質的な政治力を持ち得ない。なぜならば、ザイームたちの政治は、国家利権のパイを分け合う宗派横断的な同盟関係が基本となっているためである（Khalaf [1987：121-145]）。第5章1で詳述するように、レバノンの選挙制度では、政治家は自分の帰属宗派以外からの得票が必要なため、水平的な同盟関係は特に選挙戦や国民議会での会派（ブロック、bloc, kutla）形成において重要な意味を持った。その結果、国会はザイーム出身の議員たちによって独占されることになり、「ザイームたちのサロン」に過ぎないとの冷ややかな声が聞かれたが、ザイーム間の同盟関係が宗派別に分節化されたレバノン社会に一定の政治的統合性を与えていたのもまた事実であった（Gordon [1983：77-102]）。筆者はこうした水平関係を、ザイームによる「連携ポリティクス」

と呼んできた（末近［2002：184-185］［2006d：57］）。

このクライエンティリズム（垂直関係）と連携ポリティクス（水平関係）が、それぞれ縦糸と横糸としてレバノン政治を織りなしてきた（図3-1）。こうした名望家主導の政治においては、議会における政党出身者は全体の三割前後にとどまり、政党の影響力は限定的なものであった。(9) 一九六〇年代から七〇年代にかけて、レバノンは中東で最も民主化と近代化の進んだ国の一つと見なされた一方で、その統治機構においては組織の近代化が遅々として進まず、名望家政治がその形態を徐々に変化させながらも継続していたのである。

連携ポリティクスの破綻と内戦の勃発

一九七五年四月の内戦の勃発は、それまでレバノン国家の政治的統合性を維持してきたザイームたちの連携ポリティクス（水平関係）の破綻を意味した。破綻の主な原因は、宗派間格差の拡大による一部のザイームのクライエンティリズムの機能不全にあった。利権集団化した宗派間の社会的格差は、その是正を訴えるための政治的機会さえも分配されていたため、次第に構造化していった。こうして蓄積されていった構造的な矛盾が、一九六〇年代末のパレスチナ解放機構（ＰＬＯ）のレバノンへの移駐による宗派間のパワーバランスの動揺を引き金にして、内戦の勃発というかたちで噴出したのである（Abul-Husn［1998：53-72］）。

比較的早い段階からザイームのクライエンティリズム（垂直関係）が機能不全を見せ始めたのが、マロン派とスンナ派による「二頭政治」の狭間で不遇な立場に置かれていたシーア派のコミュニティであった。シーア派はキリスト教諸派に比べて高い出生率を持ち、一九七〇年代半ばには総人口の三割を超えるレバノン最大の宗派集団となっていた。にもかかわらず、人口増加は議席数や政治的ポストの配分といった権力分有の見直しに勘案されることはなかった。そのためシーア派が多く住む地区では、国民議会の議員も上級の行政職も人口比に対して少なく、開発や教育の面でも低開発が放置された。(10)

そのため、シーア派コミュニティのなかからザイームによる政治主導の見直しを求める動きが生じたことは道理であった。それは、一九五〇年代から六〇年代にかけては宗派間格差を固定化する宗派制度を解体しようとするものとして立ち現れたが、シーア派コミュニティを代表するような政党が不在であったため、シーア派住民の多くはシリア民族社会党やレバノン共産党などの宗派横断的なイデオロギーを掲げる政党に吸収されていった。

こうしたなか、シーア派住民の不満を代弁する勢力として出現したのが、一九六〇年代後半にムーサー・サドルらによって結成された奪われた者たちの運動、後のアマル運動であった。同運動は国家利権の不平等分配を構造的に是正することを訴え、シーア派住民からの熱烈な支持を集めた（第1章1）。

宗派間の権力分有を試みたレバノンの宗派制度は、その硬直性から社会の変化を十分に反映することができず、一九七〇年代までに様々な挑戦に曝されることになった。シーア派コミュニティにおける政治的動員の広がりは、宗派制度の限界と揺らぎを象徴する出来事であったと言えよう。

2　国家変容としてのレバノン内戦

民兵組織の勃興と内戦エリート

内戦の勃発によって、レバノン政治は合議による権力分有から武力による権力闘争の時代へと突入した。議会制民主主義の停止（内戦前の一九七二年選出の第一三期国民議会が自らの任期を繰り返し延長するという異常な事態が続いた）と政府の事実上の不在は、国家利権のパイを分け合いクライエントへの利権誘導を行っていたザイームの地位を完全に切り崩すこととなり、その結果、それまでのクライエンティリズムによる「上からの動員」は機能不全に陥った（Hamzeh［2001：174］）。

武力による権力闘争の時代においては、無数の民兵組織が現れ、クライエンティリズムや既得権益の擁護に依存しない高いイデオロギー性を備えた「下からの動員」によって勢力を拡大していった。例えば、マロン派コミュニティでは、PLOが築きつつあった「国家内国家」に対する危機感から、武力をもってしても「キリスト教レバノン（キリスト教徒のヘゲモニーの下でのレバノン）」を死守すべきとする組織が、伝統的なザイームに代わって支持基盤を広げていった。また、抵抗と革命を掲げて結成されたヒズブッラーは、まさにイデオロギーによる「下からの動員」の拡大というレバノン政治の新局面を象徴する存在であった。

内戦が始まった一九七五年の前後には、旧来からの政党も次々に武装化を推し進めた。そのパターンは次の三つに分類できる。第一のパターンは、進歩社会主義党のように自己防衛のために党の外部に独立した軍事部門を設立する場合。第二のパターンは、党組織自体が武装化し民兵組織となる場合であり、レバノン・カターイブ党によるマロン派民兵組織連合レバノン軍団の結成に象徴される。第三のパターンは、設立された軍事部門に、党組織が吸収される場合である。アマル運動や独立ナースィル主義者運動（通称ムラービトゥーン）がこれに当てはまる（小杉［1987］）。

いずれにしても、内戦期に勃興した民兵組織の指導者は、武力による権力闘争を勝ち抜くことで「内戦エリート」として台頭し、伝統的なザイームに代わる新たな政治エリートとして政治的影響力を強めていった（Corm［1994：215–230］）。その代表的な一人が、アマル運動のナビーフ・ビッリー代表であった。ビッリー代表は、内戦中のラシード・カラーミー内閣（一九八四年四月～八九年一一月）で電力水資源相兼法務相として初入閣を果たしている（Nir［2011：55–57］）。

このように、内戦の勃発は、伝統的なザイームによる「上からの動員」を麻痺させ、その代わりに「下からの動員」の拡大という政治組織の近代化を後押しする結果をもたらした（Picard［1993：24–28］）。つまり、内戦による民主政治の停止が大衆政治の深化を推進するという皮肉を生んだのである。

イスラーム主義の台頭

イデオロギーに依拠した「下からの動員」を進める民兵組織のなかで、独自の革命的汎イスラーム主義を掲げることで異彩を放っていたのがヒズブッラーであった。前述のように、シーア派コミュニティでは既にアマル運動が活動を始めていたが、後発のヒズブッラーがそれを凌駕するのに多くの時間を要しなかった。

第1章で見たように、ヒズブッラーの結成メンバーの多くが、アマル運動から離脱した者たちであった。両組織の違いは、前者がシーア派の利権配分の拡大といった現行のレバノン国家の制度内での改革を目指し、イスラエルの存在を是認するのに対して、後者はイスラーム的価値観に従って植民地体制以降に成立した枠組みそのものを革命によって再編しようとした点にあった（小杉［1991：62-67］）。

言い換えれば、ヒズブッラーは、レバノンの宗派制度において利権集団化した「宗派」を国家の枠組みにとらわれない本来的な意味での宗派に昇華させたイデオロギーを持って誕生したのである。そのため、ヒズブッラーの登場は、内戦下において民兵組織を中心にイデオロギー的動員が拡大していたこと、そして、普遍宗教としてのイスラームがイデオロギー的動員の成否に大きな意味を持ち始めたことを示唆するものであった。

内戦期のレバノンにおいてこうしたイスラーム主義のイデオロギーが影響力を拡大した背景には、次の二つの出来事があったと考えられる。

第一に、内戦前期（一九七〇年代後半）の中心的アクターであったレバノン国民運動（al-Ḥaraka al-Waṭanīya al-Lubnānīya, Lebanese National Movement, LNM）に代表される左派・世俗主義勢力の凋落である。この時期には、一九七八年のキャンプ・デーヴィッド合意が象徴するように、社会主義やアラブ・ナショナリズムがレバノンの政治体制の変革はもとより、パレスチナ問題を中心とした中東の諸問題を解決するための思想的武器になり得ないことが明らかになってきていた。そして、レバノンにおいてそれを決定づけたのが、一九八二年のレバノン戦争であった。イスラエル国防軍（ＩＤＦ）の侵攻に対して、ＰＬＯとＬＮＭの合同軍は無残にも敗退した。内戦と戦争によって国家解体の危機に瀕したレバノンにおいて、それまでのナショナリズムや社会主義の諸派は無力さを露呈させ、その結果、オルタナティブとしての宗教に基づくイデオロギーを掲げる新たな勢力が勃興したのである。

第二の出来事は、一九七九年二月のイラン・イスラーム革命である。イランでの革命の成功は、体制を変革させるためのイスラーム主義のイデオロギーの有効性を国内外に印象づけた。さらに、革命政府が採用した「革命の輸出」戦略は中東諸国のイスラーム化を促進するものと見られたが、とりわけアラブ諸国有数のシーア派コミュニティを持つレバノンにおいて強い現実味を持って受け止められた。さらに、ＩＤＦの管理下でキリスト教マロン派民兵組織によって引き起こされたサブラー・シャーティーラー・パレスチナ難民キャンプ虐殺事件（一九八二年九月）やレバノン南部地域の都市ナバティーヤでのＩＤＦによる弾圧（一九八三年一〇月）が[11]、シーア派住民の間に反イスラエル感情を喚起すると同時に、アイデンティティの拠り所としてのイスラームの再評価を促す結果をもたらした（Norton［2007：66］, Blanford［2011：56-60］）。

このように、ヒズブッラーは、戦乱によって国家のみならず地域の枠組みが大きく動揺するなかで、失墜していくアラブ・ナショナリズムや社会主義などに対するオルタナティブを提示する存在として誕生した。そして、イスラーム主義による動員によって急速に成長し、レバノン内戦後期（一九八〇年代）における最強の民兵組織の一つとなっていったのである。

国家構想の衝突

イデオロギー的動員の拡大による大衆政治の深化は、皮肉にもレバノンという国家の存立基盤を切り崩すという副作用をもたらした。すなわち、この地における「国家」とは何かという根本的な認識が多様化・分極化することで、独善的な国家観どうしの果てしない衝突が続いたのである。その結果、内戦の終結をめぐるシナリオが絶望的なまでに錯綜し、レバノン内戦は「戦争の世紀」と言われた二〇世紀において最も長く続いた紛争の一つとなった。つまり、レバノン内戦は、中央政府の争奪戦であると同時に、国家変容の暴力的な発現でもあった[12]。

そもそもレバノンは、国家としてのアイデンティティに曖昧さを残したまま独立した歴史を持つ。一九四三年のフランスからの独立時に結ばれた国民協約には、レバノンが近代的な意味での独立した主権国家であることを前提とした上で、①「アラブの顔（wajuh 'Arabī）」を持つが、西洋との文化的・精神的関係を保持する、②独立を損なわない限りにおいて、アラブ諸国との協力を推進する、との文言が盛り込まれた。

この一見矛盾する二つの規定は、国民協約をかわしたマロン派とスンナ派の妥協の産物であることを如実に表している。すなわち、レバノンが近代的な国民国家であることを謳いながらも、マロン派が持つ西洋キリスト教世界への憧憬と、スンナ派に見られるアラブの同胞意識や強い親近感の両方が盛り込まれたのである。逆の言い方をすれば、レバノン国家のアイデンティティは、マロン派のキリスト教徒にとっての祖国でもなければ、スンナ派が考えるアラブ世界の一部でもないという、「二重の否定」によって定義されたことになる（Ziadeh［2006：115–116］）。結果的にレバノンは、国民国家としての自己完結性を担保するはずが、実際には外部への自己同一化の契機を含んだことで脆弱で不安定なアイデンティティを持つ国家となった。

このような誕生の背景を考える際に忘れてはならないのが、前述のようなレバノン国家のポストコロニアル性である。そもそも「レバノン（Lubnān）」とは、歴史的にレバノン山地の山間部を中心とした地域を指す地理概念・名称であった。これにベイルートを含む湾岸部を人工的に接続してキリスト教徒が多数派を占める国家として創出されたのが今日のレバノンであり、これを「大レバノン（Lubnān al-Kabīr, Grand Liban）」と呼ぶ。対して、山間部を中心としたかつての歴史的レバノンは、大レバノンと区別するために「小レバノン（Lubnān al-Ṣaghīr, Petit Liban）」と呼ばれることもある。

一九世紀末まで小レバノンは、山間部におけるマロン派とドゥルーズ派の共生に基づく自治区であった。第一次世界大戦後のフランスによる委任統治期に、この小レバノンにスンナ派やシーア派が集住する地中海沿岸部やベカーア高原などが接続されることで大レバノン――今日のレバノン――が誕生し、そこに暮らす全ての人びとを均一的な国民と見なすことで「レバノン人（Lubnānīyūn）」が創出されたのである。その結果、小レバノンにおける多宗教・多宗派共生の伝統は損なわれ、一七もの宗派がひしめく、また、全ての宗派が「少数派」となる政治空間がこの地に生み出されたのである（Firro［2006a］［2006b］［2009］, Traboulsi［2007：75-87］, Najem［2012：7-11］）。

このようなポストコロニアル状況を考えれば、レバノンにおける内戦が中央政府の争奪戦ではなく、既存のレバノン国家の枠組みそのものを揺るがす国家構想どうしの衝突となったことは不思議ではない。表3-2は、レバノン国家のあり方をめぐる様々なイデオロギーがどのような宗派に共有されるのか、その傾向をまとめたものである（簡便化のために主要五宗派に限定している）。内戦中に活躍した民兵組織のほとんどが、国民国家としてのレバノンの枠組みを所与のものとして捉えていなかった。「レバノン」は、山間部の小レバノンに限定されたキリスト教国家とされたり（Helmick［1988：306-323］）、世界大のイスラーム共同体（ウンマ）の一部と位置づけられたりと、ミクロとマクロの双方に向かう解体のベクトルに引き裂かれることになった。分極化した無数の国家構想は内戦終結のシナリオを多様化させ、国内アクター間の思想的な妥協点の模索をいっそう困難にした[13]。

ただし、ここで留意しておくべきは、これらの国家構想は必ずしもそれぞれが帰属する宗教・宗派独自の世界観を反映した「宗教イデオロギー」と同義ではない、という点である。なぜならば、先述のように宗派制度を採用したレバノンにおいて、宗派は利権集団化していたからである。正確に言えば、いかなる国家構想も信仰から完全に自由ではない、というのが実態であろう。ヒズブッラーのように宗教を前面に押し出した組織――イスラーム主義組織――はもちろんのこと、世俗主義を掲げる組織ですらも動員のターゲッティングを効率的に進めるためには自分の帰属する「宗派」の信仰や世界観との整合性を担保する必要があった。むしろ、内戦が長期化するにつれて、世俗的なイデオロギーが宗教色を帯びたり、本来宗派横断的な性格を持っていたイデオロギーが徐々に特定の宗派の専有物となる現象も見られた。例えば、進歩社会主義党は事実上のドゥルーズ派の政党となり、レバノン共産党

表 3-2　内戦期レバノンにおける主要5宗派のイデオロギー

宗　派	特　徴	イデオロギー的傾向	レバノン国家の領域とアイデンティティ	主な政党・民兵組織	備　考
マロン派	・東方典礼カトリック ・精神的首都＝ローマ，文化的首都＝パリ	レバノン・ナショナリズム（フェニキア主義）	・大レバノンを単位としたマロン派＝キリスト教のヘゲモニー下の国家	・レバノン・カターイブ党 ・レバノン軍団	
		修正フェニキア主義	・小レバノン（山間地）を切り取るかたちの「真正」マロン派＝キリスト教国家	・レバノン・カターイブ党（1975～76年頃）	
ギリシア正教	・東方正教会 ・カトリックへの対抗心	アラブ・ナショナリズム	・統一あるいは連邦アラブ国家の一部 ・世俗主義に立脚	・レバノン国民運動（LNM） ・アラブ社会主義バアス党	・1950～60年代に影響力拡大 ・パレスチナ人との連帯
		シリア・ナショナリズム（大シリア主義）	・統一大シリア国家（歴史的シリア，イラク，クウェート，キプロスを含む）の一部 ・世俗主義に立脚	・シリア民族社会党	
スンナ派	・イスラームの「主流派」 ・アラブ諸国の言語的・宗教的マジョリティ	アラブ・ナショナリズム（ナースィル［ナセル］主義）	・統一あるいは連邦アラブ国家の一部 ・イスラーム的属性を否定せず	・レバノン国民運動（LNM） ・アラブ社会主義バアス党 ・独立ナースィル主義者運動	・1950～60年代に影響力拡大 ・パレスチナ人との連帯
		汎イスラーム主義	・世界的イスラーム国家の一部 ・イスラーム法に基づく体制	・レバノン・イスラーム集団	・1970～80年代に影響力拡大
シーア派	・イスラームの分派 ・最大の「非主流派」 ・イランやイラクとの歴史的なネットワーク ・レバノンの宗派制度下では最も不遇	アラブ・ナショナリズム	・統一あるいは連邦アラブ国家の一部 ・イスラーム的属性を否定せず	・レバノン国民運動 ・アラブ社会主義バアス党	・1950～60年代に影響力拡大
		共産主義	・大レバノンを単位とする，世界的な共産主義体制の一部 ・世俗主義に立脚	・レバノン共産党 ・レバノン共産主義行動組織	・1950～60年代に影響力拡大
		イスラーム的レバノン・ナショナリズム	・大レバノンを単位とする，イスラーム的公正に立脚した国家	・奪われた者たちの運動 ・アマル運動	・1960～70年代に影響力拡大
		革命的汎イスラーム主義	・世界的イスラーム国家の一部 ・レバノン・イスラーム共和国	・ヒズブッラー ・イスラーム・アマル運動 ・レバノン・ムスリム・ウラマー連合	・1980年代に影響力拡大 ・イスラエルの破壊を目指す
ドゥルーズ派	・イスラームの分派 ・「異端的」・秘教的 ・シリアとレバノンに集住	レバノン・ナショナリズム	・大レバノンを単位とする，社会主義に立脚した脱階級・脱宗派主義の国家 ・世俗主義に立脚	・進歩社会主義党	

出所）筆者作成。

の党員はそのほとんどがシーア派に占められるようになった。

いずれにしても、内戦期のレバノンにおいて、イデオロギーに依拠した「下からの動員」の拡大は、伝統的な名望家政治を解体することで政治の近代化をもたらしたものの、レバノンの脆弱で不安定なアイデンティティを激しく揺さぶり、国家の枠組みそのものの解体の危機を生み出した。革命的汎イスラーム主義を掲げるヒズブッラーの登場は、まさにこうしたレバノン政治の変容を象徴するものであった。

3　国境を越えるテロリズム

ヒズブッラー・ライン

内戦期のレバノンで繰り広げられたのは、民兵組織どうしの戦闘だけではなかった。[14] 宗派、イデオロギー、国籍を異にする市民に対する誘拐、監禁、拷問、暗殺、殺戮などのあらゆる政治的暴力が蔓延し、さらにそれらはレバノンの国境を越えて中東政治や国際政治に深刻な影響を与えた。

ヒズブッラーは、紛れもなくレバノン内戦を戦った民兵組織の一つであったが、暴力の矛先が国内よりも国外のアクターに向けられていた点において、他の民兵組織とは性格を異にしていた。実際の行動としては、①レバノン国内における外国人（欧米人）の誘拐および彼らを人質とした交渉と、②レバノン国外での爆弾テロやハイジャックといったテロリズム、の二つに大別できる。いずれについても、「公開書簡」に記された汎イスラーム主義と反植民地主義の実践と捉えることができよう。

ただし、ヒズブッラーは、自ら信奉するイデオロギーの実現に狂奔し現実の政治とは無関係に行動していたわけではない。[15] むしろ彼らは、国内、地域、そして国際政治のダイナミズムを敏感に察知し、慎重にアジェンダ設定をしていた（Ehteshami and Hinnebusch［1997：127］）。表3-3と表3-4は、それぞれ内戦中にヒズブッラーが関与したと考えられている誘拐およびテロ事件について、主なものを時系列順に並べたものである。ヒズブッラー指導部は、組織としてこれらの事件への関与を否定しており、実際に実行声明を発表したのは、第1章で触れたイスラーム・アマル運動やイスラーム・ジハードに加えて、「地上における被抑圧者の組織」、「革命的正義組織」、「アラブ・中東の政治犯との団結のための協会（Comité de soutien avec les prisonniers politiques et arabes et du Moyen-Orient, CSPPA）」などを名乗る実態のつかめない諸組織であった。

だが、第一に、ヒズブッラーが、イラン・イスラーム革命に共鳴したイスラーム主義者の諸組織を糾合した「アンブレラ組織」であったこと、第二に、これらの組織によって表明された政治要求がヒズブッラーとその同盟者――例えばイラン革命政府やイラクのイスラーム・ダアワ党――の利益と合致するものであったことから、多くの事件にヒズブッラーの幹部やメンバーが何らかのかたちで関与していたと考えるのが自然であろう。事実、ヒズブッラー指導部は、誘拐を宗教的・倫理的に問題があるとしながらも、敵対する勢力との圧倒的な力の差がある場合には自衛手段として容認するとの立場を示していた（Saad-Ghorayeb［2002：95-100］）。

したがって、ここでは誘拐やテロ事件の実行者がヒズブッラーのメンバーであったかどうかを問うよりも、むしろヒズブッラーを中心としたグループ――イラン・イスラーム革命に触発された「自発的な緩やかなネットワーク」である「ヒズブッラー・ライン（Khaṭṭ Ḥizb Allāh）」（Louër［2008：204-205］）――がいかなる活動を行っていたのか、その実態を浮き彫りにしていく。[16]

イマード・ムグニーヤ

だがその前に、イマード・ムグニーヤの名に触れておきたい。ムグニーヤは、一九八三年四月のベイルートの米国大使館、同年一〇月の米海兵隊と仏第一猟兵連隊の駐屯地への殉教作戦（第1章3）の指揮官として、また、レ

表 3-3　「ヒズブッラー・ライン」が関与したと見られる主な誘拐事件（1982〜89 年）

年	月	実行グループ	被害者氏名	国籍	職業・地位	帰　結
1982 年	7 月	イスラーム・アマル運動	デイヴィッド・ドッジ	米国	AUB 学長	1983 年 7 月解放
1984 年	2 月	未発表	フランク・レジアー クリスチャン・ジュベ	〃 仏国	AUB 教員 技術者	1984 年 4 月脱出 1984 年 4 月解放
	3 月	〃	ジェレミー・レヴィン ウィリアム・バックレイ	米国 〃	CNN 支局長 CIA 局員	1985 年 2 月脱出 殺害
	5 月	イスラーム・ジハード	ベンジャミン・ウィアー	〃	長老派司祭	1985 年 9 月解放
	12 月	イスラーム・アマル運動	ピーター・キルバーン	英国	AUB 教員	殺害
1985 年	1 月	未発表	エリック・ウェアリ	スイス	外交官	1985 年 1 月解放
	〃	イスラーム・ジハード	ローレンス・ジェンコ	米国	カトリック宣教師	1986 年 7 月解放
	3 月	未発表	ジェフリー・ナッシュ ブライアン・レヴィック	英国 〃	技術者 〃	1985 年 3 月解放 〃
	〃	イスラーム・ジハード	テリー・アンダーソン	米国	AP 通信記者	1991 年 12 月解放
	〃	未発表	ジル・スィドニー・ペロル	仏国	外交官	1985 年 4 月解放
	5 月	〃	ジャン＝ポール・カウフマン ミシェル・スーラ	〃 〃	ジャーナリスト 社会学者	1988 年 5 月解放 殺害
	6 月	イスラーム・ジハード	デイヴィッド・ジェイコブセン トーマス・サザーランド	米国 〃	AUB 病院職員 AUB 教員	1986 年 11 月解放 1991 年 11 月解放
	〃	地上における被抑圧者の組織	ロバート・ステイサム他（TWA847 便ハイジャック事件）	〃	米海軍兵士	殺害（ステイサムのみ）
1986 年	3 月	革命的正義組織	マルセル・クドリー他 4 名	仏国	アンテーヌ 2（TV）	1990 年 11 月解放
	4 月	イスラーム・ジハード	ジョン・マッカーシー ブライアン・キーナン	英国 アイルランド	ジャーナリスト 作家	1991 年 8 月解放 1990 年 8 月解放
	5 月	未発表	カミーユ・ソンタグ	仏国	年金生活者	1990 年 11 月解放
	9 月	〃	フランク・リード ジョゼフ・スィスィピオ	米国 〃	インターナショナル校校長 AUB 職員	1990 年 4 月解放 1991 年 10 月解放
	10 月	〃	エドワード・トレイシー	〃	作家	1991 年 8 月解放
1987 年	1 月	〃	ロジェ・オーク	仏国	ジャーナリスト	1987 年 11 月解放
	〃	〃	ルドルフ・コルデス アルフレッド・シュミット	西独 〃	ビジネスマン 〃	1988 年 9 月解放 1987 年 9 月解放
	〃	パレスチナ解放のためのイスラーム・ジハード	アラン・スティーン ジェスィ・ターナー ロバート・ポルヒル ミサール・イシュワール・シング	米国 〃 〃 インド	AUB 教員 〃 〃 〃	1991 年 12 月解放 1991 年 10 月解放 1990 年 4 月解放 1989 年 10 月解放
	〃	未発表	テリー・ワイト	米国	人道活動家，作家	1991 年 11 月解放
	6 月	自由な人びとの防衛のための組織	チャールズ・グラス	〃	ABC 特派員	1987 年 8 月解放
1988 年	2 月	信徒たちの抵抗組織	ウィリアム・ヒギンズ	〃	海兵隊大佐	殺害
1989 年	5 月	武装闘争の細胞	ジャック・マン	英国	MEA パイロット	1991 年 9 月解放

出所）バーグマン［2012］, Wright［1986］, Bigo［1991］, Coughlin［1992］, Ranstorp［1997］, Fisk［2001］, Kushner［2003］, Norton［2007］, Bergman［2009］および *al-Ḥayāt, Los Angeles Times, Le Monde, The New York Times, al-Shirā'* など各種報道資料をもとに筆者作成。

表3-4　「ヒズブッラー・ライン」が関与したと見られる主なテロ事件（1982〜89年）

年	月	事件名	場所	概要
1983年	12月	在クウェート米仏両国大使館爆破事件	クウェート	両国の大使館を含む計6カ所を爆破。死者6名（うち1名が実行犯），負傷者8名。逮捕された容疑者25名のうち，テヘランを拠点とするイスラーム・ダアワ党員のイラク人の他，イスラーム・アマル運動の指導者フサイン・ムーサウィーの親族を含む3名がレバノン人
1984年	4月	スペイン・レストラン爆破事件	トレホン（マドリード郊外）	マドリード郊外トレホンの米空軍基地近くのレストランを爆破。米軍関係者18名が死亡，83名が負傷。イスラーム・ジハードが実行声明
	12月	クウェート航空機221便ハイジャック事件	テヘラン（最終目的地）	クウェート発カラチ行きの便をハイジャック。1983年12月のクウェートでの連続爆破事件の容疑者であるイスラーム・ダアワ党員の釈放を要求。クウェート政府は拒否。乗客のうち4名（うち2名が米国人）を殺害。イマード・ムグニーヤの指揮と見られる
	〃	在イタリア米国大使館爆破未遂事件	チューリッヒ	チューリッヒ空港で，ヒズブッラーのメンバーとされるフサイン・タラートが爆発物所持の容疑で逮捕。ローマの米国大使館の爆破計画を自供
1985年	5月	クウェート首長暗殺未遂事件	クウェート	クウェート首長ジャービル・アフマド・ジャービル・サバーハの護衛車への「殉教作戦」。護衛2名が死亡。イスラーム・ジハードが実行声明，クウェートに収監中のダアワ党員の釈放を要求。クウェート政府は釈放要求を拒否
	6月	TWA847便ハイジャック事件	ベイルート（最終目的地）	カイロ発，アテネ，ローマ経由，ロンドン行きの便をハイジャック。乗客乗員153名のうち，米国海軍兵士ロバート・ステイサムを殺害。イスラーム・ジハードが実行声明，イスラエルに収監されている766名のレバノン人の解放，IDFのレバノンからの撤退，クウェートに収監中のイスラーム・ダアワ党員の釈放を要求。イマード・ムグニーヤの指揮と見られる。イスラエル政府は753名のレバノン人を釈放
1986年	2月	パリ連続爆破事件	パリ	3日，シャンゼリゼ通りの一部を爆破（8名が負傷），エッフェル塔を爆破未遂，カルチェ・ラタンの一部を爆破（4名が負傷）。4，5，17，20日にも観光地，鉄道駅，商店などを爆破。アラブ・中東の政治収容者との団結協会（CSPPA）が実行声明。CSPPAはフランスにおけるヒズブッラーの「細胞」と見られ，後に34名のフランス在住のレバノン人が逮捕
	9月	〃	〃	8日，市庁舎内の郵便局を爆破（1名が死亡，16名が負傷）。12，14，15，17日にも商店，飲食店，警察署，路上などを爆破。アラブ・中東の政治犯との団結協会（CSPPA）が実行声明。フランスで収監されているメンバーの釈放とイラン・イラク戦争におけるイラクへの軍事支援の停止を要求。仏政府は拒否
1987年	1月	逮捕	ミラノ	レバノン人のバシール・フドゥールがヒズブッラー関係者としてイタリア警察によって逮捕
	〃	〃（2名）	フランクフルト	レバノン人のムハンマド・アリー・ハマーディーとアッバース・ハマーディーの兄弟がドイツ警察によって逮捕。兄アリーはTWA847便ハイジャックの実行犯の1人
1988年	4月	クウェート航空422便ハイジャック事件	アルジェ（最終目的地）	バンコク発クウェート行きの便をハイジャック。乗客111名のうち，2名のクウェート人を殺害。実行グループは6〜7名のシーア派レバノン人とされたが逃走。ダアワ党員の釈放を要求するものの，クウェート政府は拒否

出所）表3-3に同じ。

バノン国内での欧米人の拉致・監禁・殺害および一九八五年六月のＴＷＡ八四七便ハイジャック事件の主犯（米国連邦捜査局［Federal Bureau of Investigation, FBI］によって指名手配）として、米国やイスラエルなどの西側諸国が最も危険視した国際テロリストの一人であった[17]。さらに、西側の捜査当局は、アルゼンチンのブエノスアイレスのイスラエル大使館爆破事件（一九九二年三月、死者二九名、負傷者二四二名）およびアルゼンチン＝イスラエル交流協会（Asociación Mutual Israelita Argentina, AMIA）爆破事件（一九九四年七月、死者八五名、負傷者三〇〇名以上）の容疑者としてもムグニーヤの名を挙げており[18]、諮問評議会メンバー、「治安責任者」、「防衛大臣」、「対外工作担当」などとも呼ばれ、ヒズブッラーのメンバーであることは既成事実として語られてきた[19]（例えばバーグマン［2012：93–109］、*Ha'aretz*, February 13, 2008, Bergman［2009：63–75］, Pedahzur［2009：90–92］）。カリスマ的な人気を誇るハサン・ナスルッラー書記長が台頭した一九九〇年代半ばまで、ムグニーヤこそが世界で最も有名なヒズブッラーであったと言っても過言ではないだろう。

しかしながら、実際にはその素顔はほとんど知られていない。写真も野戦服を着たものが数枚流通しているだけである。筆者の調査の限りにおいて、ヒズブッラー指導部がムグニーヤを公式に組織のメンバーとして認めたことはなく、刊行物や声明においてもその名が幹部のリストのなかに現れたこともない。組織内での役割はおろか、ムグニーヤとヒズブッラーの関係を客観的に証明することは難しい。

だが、少なくとも、ヒズブッラーにとって、ムグニーヤが紛れもなく重要な人物であったことは確認できる。ムグニーヤは、ブエノスアイレスの事件以降はほとんどその名を耳にすることがなかったが、二〇〇八年二月一二日にダマスカスで何者かによって仕掛けられた車載爆弾によって暗殺された[20]。その際、ヒズブッラー指導部は、ムグニーヤを「偉大なるジハードの指導者（al-qā'id al-jihād al-kabīr）」と呼び、イスラエルに対する闘争において大きな功績を残した人物として讃えた。暗殺から二日後の二月一四日には、ベイルート南部郊外で大規模な葬儀集会が開かれ、ナスルッラー書記長は、約三〇分間にわたる追悼演説において、ムグニーヤは「自らの闘争、努力、行動、生涯の全てを全能なるアッラーのための秘めたる慈善に費やした指導者たちの一人」であり、また、イスラエルによって暗殺されたイスラーム抵抗の南部地域司令官ラーギブ・ハルブや第二代書記長アッバース・ムーサウィーに連なる偉大なレジスタンスの殉教者の一人であると、最大限の賛辞を送っている（Qanāt al-Manār, February 14, 2008)。

ただし重要なのは、この演説においてナスルッラー書記長がムグニーヤの具体的な「戦果」について全く触れていない点である。他の殉教者たちと同様に、「イスラエル、米国、そして彼らの背後に立つ者たちによる野望と攻撃から我々のウンマ、聖地、尊厳を護ろうとした」と、抽象的な語りに終始している。また、二〇一一年に刊行されたムグニーヤの追悼論集『イマード・ムグニーヤ――隠密の男（*'Imād Mughunīya : Rajl al-Asrār*)』においても、関与した作戦や事件について触れられていない（Hammūd ed. [2011]）。

このように、一方で抵抗の軍事的・政治的功績を讃えながら、他方では具体的な成果について全く言及しないのは不自然な印象を受ける。「隠密の男」は、ヒズブッラー、少なくともヒズブッラー・ラインの一人として、一九八〇年代から九〇年代にかけての軍事作戦やテロ活動に深く関わっていたと考える方が合理的であろう（だが後述のように、西側の捜査当局がムグニーヤを容疑者と断定した数々の事件について、ヒズブッラー指導部は関与を一切否定している)[21]。

爆弾テロ・誘拐・ハイジャック

では、ヒズブッラー・ラインの動きを見てみよう。表3-3からは、ヒズブッラー・ラインが関与したとされる欧米人の誘拐事件が特定の時期に集中して起こっていることが分かる。スウェーデンのテロ対策専門家マグナス・ランストープは、これらの時期を区分し、それぞれにヒズブッラーによる異なるアジェンダ設定があったことを指摘している。以下、ランストープのフェイズ（時期区分）とそれぞれのアジェンダを瞥見してみたい（Ranstorp

[1997：86–109])。

第一フェイズは、一九八二年七月から八四年二月であり、ＩＤＦによるレバノン侵攻（レバノン戦争）を受けて、ヒズブッラーが段階的に形成されていった時期である。ヒズブッラーは、イスラエルと米国の介入に対する抵抗をアジェンダとし、米国大使館への殉教作戦（一九八三年八月）を実行すると同時に、欧米人の誘拐・監禁という新たな戦術を編み出した。最初の標的となったのは、ベイルート・アメリカン大学（American University of Beirut, AUB）のデイヴィッド・ドッジ学長（米国籍）であった。この事件は、マロン派民兵組織レバノン軍団によるイラン外交官四名の拉致監禁（うち一名を殺害）に対する報復であったと見られており、イラン革命政府とヒズブッラーが共通の利害関係にあることを裏付けるものであった。

第二フェイズは、一九八四年二月から翌年一月までの一年間であり、この時期のアジェンダは、クウェートに収監されているイスラーム・ダアワ党メンバーの解放であった。一九八三年一二月に起きたクウェートの米国とフランスの両国大使館爆破事件の際に、テヘランを拠点とするイスラーム・ダアワ党のメンバー一七名（うち三名がレバノン人）が容疑者としてクウェート当局によって逮捕された。ヒズブッラーは、彼らを解放するために、クウェート航空二二一便のハイジャック（一九八四年一二月）などクウェート政府を直接の標的とすると同時に、米国人やフランス人の誘拐を通して米仏両国にクウェート政府に圧力をかけさせるという二正面作戦を展開した。(22)

第三フェイズは、一九八五年三月から六月にかけてであり、ＩＤＦが安全保障地帯を除くレバノン領内からの無条件撤退を進めた時期であった。ヒズブッラーは、レバノンに残存する「植民地主義者の勢力」の駆逐を掲げ、米国人やフランス人を次々に誘拐した。イスラエルとその同盟者と見なされた米仏両国に対する反転攻勢は、ＴＷＡ八四七便ハイジャック事件（一九八五年六月）をもって頂点を迎え、乗客を人質にした交渉を通してイスラエルに収監されていた七五三名のレバノン人の解放に成功した。

第四フェイズは、一九八六年二月から五月の期間であり、主な標的はフランスであった。ヒズブッラーは、同国で収監されているCSPPAのメンバーの解放を求め、ベイルートでフランス人テレビクルーらを誘拐し交渉の材料とした。フランスを拠点とするシーア派の政治組織であるCSPPAは、イラン・イラク戦争におけるフランスによるイラクへの軍事支援を中止させるためにパリ市内で連続爆弾テロ事件（二月）を起こし、メンバーが逮捕されていた。ヒズブッラーは、誘拐戦術によってフランス政府に圧力をかけることで、イラクと戦うイランを後方支援しようとしたのである。

第五フェイズは、一九八六年九月から一〇月にかけての二カ月間である。ヒズブッラーがこの時期に実行した拉致監禁は、「イラン・コントラ事件」（後述）と関連したものであったと推測されている。三名の米国人が次々と誘拐されたが、その目的は、米国と取引をしたイラン革命政府に対する抗議とも、取引に際して解放された人質に代わる新たな人質の「補充」であったとも言われた。

第六フェイズは、一九八七年一月から八八年一月までの時期である。ヒズブッラーのこの時期のアジェンダは、欧州各国で逮捕・拘留されているメンバーの解放である。例えば、フランクフルトでTWA八四七便ハイジャック実行者の一人ムハンマド・アリー・ハマーディーが逮捕された翌日、ベイルートでは西ドイツ国籍のビジネスマン二人が拉致されている。また、イスラエルに収監中の四〇〇名のパレスチナ人とレバノン人の解放を求め、米国人の誘拐をエスカレートさせた。

第七フェイズは、一九八八年二月から八九年一月のレバノン内戦末期にあたる時期である。この時期のヒズブッラーの誘拐戦術は、それまでの国際政治の文脈ではなく、国内の権力闘争、特にライバルであったアマル運動との抗争の文脈で実行された。一九八八年二月には、南部の街スールにあるアマル運動の本部を訪問したウィリアム・ヒギンズ米海兵隊大佐を誘拐した。米国政府は国連を通してヒギンズの解放を求めたが、ヒズブッラー幹部のフサイン・ムーサウィーはこれを拒否し、まもなくヒギンズを殺害した。この事件は、アマル運動のレバノン南部における実効支配と治安維持の能力、そして国際社会における信用を貶める結果をもたらした。

「外交」のマルチチャンネル化

レバノン国内における誘拐事件は、第七フェイズ以降、内戦終結後も頻発し、完全に収束したのは一九九一年の末であった（第4章2）。局面に応じてアジェンダと標的を変えてきたヒズブッラーによる一連の誘拐戦術は、レバノン国家の枠組みを超えて外国政府と直接的に対峙するものであった。誘拐やハイジャックといったテロリズムに手を染めることで多くのメンバーが国外で逮捕・拘留・収監されたが、彼らの解放を求めてまた別のメンバーが再び誘拐やハイジャックを実行するという、政治的暴力の悪循環を生むこととなった。

ただし、誘拐戦術自体はヒズブッラーだけが採用していたわけではなく、他の民兵組織や政治勢力も用いていたことを強調しておきたい。レバノン軍団によるイラン外交官四名の拉致・殺害事件がその典型であり、また、一九八九年七月にはＩＤＦの特殊部隊がレバノン南部地域でイスラーム抵抗の司令官アブドゥルカリーム・ウバイドを拉致している（Pedahzur［2009：85］）。要するに、誘拐や拉致監禁は、内戦における典型的な「アート・オブ・ウォー（art of war、兵法）」であり、レバノン政府の治安維持能力と司法制度の麻痺を象徴するものであった。

いずれにしても、ヒズブッラーが外国政府との間の暴力の連鎖に陥ったことは、レバノン政府が誘拐事件を阻止するための治安維持能力や現実に起こってしまった誘拐事件を裁く司法制度を喪失していただけではなく、国内で起こった誘拐事件をめぐる対外的な交渉窓口となるべき外交機能をも失っていた事実を浮き彫りにした。もちろん、レバノン政府が対内主権の象徴としての地位を失っていたとしても、対外主権の実行主体であることには変わりはなく、国際法上の外交権限については保持し続けていた（その意味においてこの時期のレバノンはロバート・ジャクソンの言うところの「疑似国家（quasi-state）」に分類できよう）[23]。しかし現実には、外国政府もレバノン政府ではなく民兵組織と直接的に「外交」のチャンネルを開く傾向があり、その結果、本来政府が担うべき国際法上の外交が意味を失っていった。

こうした「外交」のマルチチャンネル化（多元化）――あるいはマルチレイヤー化（多層化）――が進んだ背景に

は、前述のレバノン国家の脆弱で不安定なアイデンティティがあったことを指摘できよう。レバノン政府の対外関係も国内統治と同様に宗派制度に基づく宗派間の妥協の産物であったため、およそ一貫した外交というものが存在したことがなかったと指摘されている（Najem［2005］［2012：100–102］, Salloukh［2008］）。内戦期において、国外アクターが政府ではなく共通の利害関係を見出したそれぞれの民兵組織と結びついたのは必然であった。

このように、内戦期の一九八〇年代は、ヒズブッラーによる国境を越えるテロリズムの嵐が吹き荒れた時期であった。その原動力となったのが、彼らが掲げた革命的汎イスラーム主義とそれに基づくイラン革命政府やイラクのイスラーム・ダアワ党との利益の共有であったことに疑いの余地はない。だが、実際にそれを可能にしたのは、内戦に伴う対内主権の喪失と「外交」のマルチチャンネル化というレバノン国家の変容であった。

4　大シリア地域システム

大シリア地域システムとは何か

内戦がレバノン国家の統治機構だけではなくアイデンティティや枠組みを再編する契機、すなわち本書で言うところの国家変容の過程であったとすれば、それは、もはや一国家の内部での問題ではなく、シリアとイスラエルといった隣接する国家に対しても存在論的な問いを突きつける地域全体の問題であった。レバノン国家の存在自体がコロニアルな産物としてのある種の脆弱性を抱えているのだとすれば、国境を接するシリアとイスラエルも、程度の違いはあるにせよ、同じ困難を抱えていることになる。

筆者は、こうした東アラブ地域のポストコロニアル国家群が抱え続けてきた脆弱性を「未完の物語としてのシリア分割」と呼んできた（末近［2005c］）。すなわち、オスマン帝国の崩壊（一九二二年）後の「大シリア（Sūrīya al-Kubrā）（ないしは「シャームの国々（Bilād al-Shām）」、「自然的シリア（Sūrīya al-Ṭabayʿīya）」、今日のシリア、レバノン、ヨルダン、パレスチナ／イスラエル、トルコとイラクの一部を含む、緩やかな境界認識に基づく地域のこと）における西洋列強による国民国家群の創出は、地域再編の完了を意味するものではなく、この地に暮らす人びとによる新たな政治秩序の模索の始まりであった。「未完の物語」とは、創出された国民国家群が未完成であることを示唆しているのではなく、彼ら彼女らがこの地にいかなる国家を完成させるのかをめぐり様々な国家構想を紡ぎ出し、互いに拮抗と調和を繰り返してきた状態を指す。それを象徴するのが、「大シリア」の地で今日まで続いてきたパレスチナ問題であろう。

こうした考え方に基づき、分極化した国家構想がパレスチナ／イスラエル、シリア、レバノンなどの国民国家の枠組みを超えて反発したり共鳴し合いながら織りなす地域（無）秩序を、「大シリア地域システム」と名付けることとしたい。今日の「大シリア」を構成する国民国家群はアラブ諸国のなかで最も「国家の殻」が柔らかく、その柔らかさこそが「大シリア」を一つの地域として措定してきたのである。例えば、後述するように、イスラエルのユダヤ国家としてのアイデンティティは常に揺らぎ、それに伴い領土をめぐる国内の見解は必ずしも一様ではない。その結果、ガザ地区やヨルダン川西岸地区は時代によって帰属も支配者も変化してきた。

ヘゲモニー争いの場としてのレバノン

レバノンを取り巻く地域政治の基本構図をつくってきたのは、一九四八年以来のシリアとイスラエルとの戦時状態である。レバノンは地政学的に両国にとっての安全保障上の要衝であり、支配権をめぐってゼロサムゲームが展開されてきた。このことは、逆に、平時においてはレバノンが両国間の「緩衝国家（buffer state）」の役割を果たしてきたことを意味する。レバノンは、内戦による混乱の結果、シリアとイスラエルとの間のヘゲモニー争いの草刈り場と化した（Azani［2009：185］）。

レバノンの支配をめぐるシリアとイスラエルのパワーバランスに注目した場合、内戦の一五年間（一九七五〜九〇年）は、およそ五年ごとに三つの時期に区分できる。一九七五年から八〇年の最初の五年はシリア、八一年から八五年はイスラエル、八六年から九〇年には再びシリアがそれぞれ支配権を掌握した。レバノン戦争時の一九八二年には、レバノン領内で両国の部隊が直接交戦し、シリア軍は壊滅的な敗北を喫している[24]。

だが、レバノン支配をめぐる両国間の競合の実態を理解するには、軍事力というハードパワーに基づくパワーポリティクスの観点だけでは不十分である。いくら破綻国家と化したとはいえ、レバノン国家の自律性と主体性を看過しないためにも、次の二つの観点が必要であろう。

第一に、レバノン内戦を戦う国内アクターが、敵対する勢力を圧倒するために、シリアやイスラエルの力を用いたことである。例えば、イスラエルによるレバノン侵攻時に結成されたヒズブッラーはシリア（とイラン）に支援されており、また、ヒズブッラーの登場と快進撃はそれまでマロン派優位であった内戦の構図を逆転させるだけではなく、IDFを撤退に導くことでシリアによるレバノン支配権の奪還をもたらした。

第二に、こうした国内外のアクター間の結合が、内戦における国家構想の衝突と連動していたことである。すなわち、国内と国外のアクターを結びつけたのは、パワーポリティクスの原理だけではなく、レバノン国家のあり方をめぐるイデオロギー上の親和性であった。例えば、一九七〇年代末のLNMとPLOの共闘関係に見られたように、レバノン国内のアラブ・ナショナリストたちはパレスチナ人に対して同じアラブ人としての共感を抱く傾向が強かった。その意味では、一九七〇年代後半のPLOのレバノンへの移駐は、単に宗派間のパワーバランスを動揺させただけではなく、PLOとの連帯の是非を争点とするレバノン国家のアイデンティティを揺るがす問題でもあったのである。

要するに、シリアとイスラエルの両国は、レバノン国内のアクターとイデオロギー的な共鳴を通して連帯することで、国家構想の衝突としての内戦に「参戦」していたことになる。介入する側であるシリアとイスラエルは、レバノンの国外に位置していたにもかかわらず、内戦が既存の国家の枠組みを解体するモメントを含んでいたことからその一部に取り込まれていたのである。

シリアによるレバノンの「アラブ化」

こうして内戦に伴うレバノンの国家変容に関与せざるを得なくなったシリアは、同国の「アラブ化」を試みた。例えば、一九七六年にレバノン内戦収束のためにシリアが起草した「憲法文書（al-Wathīqa al-Dustūrī）」においては、レバノンを「主権的なアラブ国家」とする文言が盛り込まれた[25]。また、一九八六年の停戦案および政治改革案「三者合意（Mashrūʿ al-Ittifāq al-Thalāthī）」でも、同国がアラブの不可分の一部であることが強調された[26]（Abul-Husn［1998：99–101］）。

シリアにはアラブにこだわる理由があった。シリアの外交戦略の基本方針は、中東政治学者レイモンド・ヒンネブッシュによれば、合理的選択に基づくリアリズム——特にイスラエルとの勢力均衡——にありながらも、バアス党の党是でありシリアの国是でもあるアラブ・ナショナリズムによって正当化されてきた独自の国家形成のプロセスが強く作用しているという（Hinnebusch［2002：159］）。一九四三年に人工的なポストコロニアル国家として船出したシリアの歴代政権は、その存立基盤の脆弱性を補うためにアラブ・ナショナリズムに依存してきた。アラブ・ナショナリズムの旗手を自認するシリアは、イスラエルとの戦いは「アラブの大義」であるパレスチナ解放の一環として、他方、レバノン内戦への介入はイスラエルの脅威からアラブ人の同胞であるパレスチナ人とレバノン人を保護するための政策として正当化した（Suechika［2011］）。そのため、レバノン国内の同盟者の選定も、常にアラブ・ナショナリズムとの整合性に配慮しながら慎重に行われる必要があった。

ただし、シリアは、アラブ・ナショナリズムを掲げる政治勢力だけではなく、状況によっては一見すると思想的に相容れない組織や団体とも協力関係を構築する場合もあった。ヒズブッラーがその代表例に他ならない。イランを範とする革命的汎イスラーム主義を掲げるヒズブッラーと、世俗主義を基本とするアラブ・ナショナリズムを党是とするシリアのバアス党政権との間には、思想的に大きな開きがある。だが、対レバノン政策に限って見れば、イスラエルや西洋列強の影響力を武力によって払拭しようとするヒズブッラーは、アラブ・ナショナリズムの理念に合致する組織として扱われた[27]。

事実、ヒズブッラーによるレジスタンスが拡大した結果、レバノンにおけるイスラエルや米国、フランスの影響力は後退し、一九八四年に米国とレバノンのアミーン・ジュマイイル大統領によって起案されたイスラエルとレバノンの平和条約「五月一七日合意（Ittifāq 17 Ayyār）」（通称「レーガン・プラン」）は白紙に戻された[28]（Salem［1995：99-128］, Harris［2006：188］）。これを機に、シリアはレバノンにおける支配権を回復していった。

イスラエルと「キリスト教レバノン」

一方、イスラエルは、シリアやPLOが陰に陽に画策するレバノンの「アラブ化」や「パレスチナ化」を阻止し、独立当初より一定の友好関係にあったマロン派主導の「キリスト教レバノン」の樹立を目指した。一九八二年のレバノン戦争はまさにその象徴的な出来事であった。

戦争の目的は、第一に、レバノン領内に拠点を築きつつあったPLOの戦闘部隊と軍事拠点を攻撃し、自国への越境攻撃を停止させること、第二に、レバノンに展開するシリア軍を撤退させ、同国における戦略的優位を確立すること、第三に、レバノンに親イスラエルの新政権を誕生させることであった（Rabinovich［1985：121-122］）。第一と第二の目的が物理的な安全保障の確立にあったのに対して、第三の目的はレバノンにおける国家構想の競合状態への介入であったと言える。イスラエルは、「キリスト教レバノン」を樹立し、イスラーム教徒が圧倒的な多数を占める中東において同国と「少数派同盟（minority alliance）」を形成しようとしたのである（Eisenberg［2010：67-71］, Kaufman［2010：37］）。

イスラエルは、国家安全保障を至上命題とする「ポストホロコースト国家」であると同時に、シリア（およびレバノン）と同様、常に脆弱な存立基盤を強化する必要に迫られてきたポストコロニアル国家でもあった。この「ユダヤ人国家」の内実は、実際のところ国家のアイデンティティだけではなく、「ユダヤ人」の定義すら曖昧さを残すものであった。例えば、ヨルダン川西岸地区も領土の一部に含む（あるいはそれ以上の土地も含む）とする「大イスラエル主義」に見られるように、国家の領域についても様々な思想的な立場が存在する[29]（早尾［2008］、臼杵［2009］）。その意味では、イスラエルも大シリア地域システムを構成する一部分に他ならない。

イスラエルによる「キリスト教レバノン」樹立と和平条約締結の試みは、バシール・ジュマイイル率いるレバノン軍団との同盟関係を通して実行された。イスラエルの強大な軍事力を味方につけたジュマイイルは、ベイルートがIDFに包囲攻撃されている最中の一九八二年七月に次期大統領候補に立候補し、翌年八月にわずか六五人の国会議員（定数九九）による投票で大統領に選出された。

しかし、次の二つの事件によって、イスラエルによる「キリスト教レバノン」の試みは頓挫した。

第一に、就任からわずか三日後にバシールが暗殺されたことである[30]（暗殺への報復として、レバノン・カターイブ党の民兵たちはIDF管理下のサブラー・シャーティーラー難民キャンプにおいてパレスチナ難民を虐殺した）。その結果、イスラエルは、レバノンにおける最大の同盟者を失っただけでなく、米国主導で起案されていたレバノンとイスラエルの和平条約である五月一七日合意の締結に至ることもできなかった。

第二に、ヒズブッラーの出現である。繰り返し論じてきたように、ヒズブッラーはイスラエルへの抵抗を掲げたレジスタンスであると同時に、レバノンにイスラーム革命をもたらそうとする組織であった。その意味において、イスラエルは軍事的な抵抗だけではなく、「キリスト教レバノン」の試みへの激しい攻撃に直面することになった。こうして、イスラエルによるレバノン内戦への介入は行き詰まり、一九八五年六月までにIDFは同国からの無条件撤退を余儀なくされた[31]。

このように、大シリア地域システムが抱えるポストコロニアル状況のなかで、内戦によって引き起こされたレバノンの国家変容は、隣国のシリアとパレスチナ／イスラエルを巻き込んでいった。両国による内戦への介入は、レバノンをめぐる覇権争いの側面を有していたものの、同時に「アラブ化」や「キリスト教レバノン」の実現を掲げて国家構想の競合状態に参入することで、地域秩序自体の再編を試みるものであったと言えよう。

5　冷戦下の国際システム

イラン革命政府にとってのレバノン

国家変容としてのレバノン内戦は、大シリア地域システムを超えて、さらに冷戦下の国際システムをも巻き込んでいった。様々な国際アクターがレバノンで繰り広げられた国家構想の競合状態に参入し、翻って、ヒズブッラーに代表される国内アクターがテロリズムや独自の「外交」を通して国際政治のアリーナで存在感を見せた。

国際アクターのなかでも最も強い影響力を持ったのが、イランと米国であった。一九七九年二月のイラン・イスラーム革命とその後のテヘランの米国大使館占拠事件（一九八〇年一一月～八一年一月）によって両国の外交関係は断絶していた。

だが、ここで注目すべきは、イランと米国がそれぞれ別の敵との戦争をしていた事実である。すなわち、イランはイラクと、米国はソ連と、それぞれ戦争状態にあった。この二つの戦争——イラン・イラク戦争と東西冷戦——の戦局は、イランと米国の両国の政策を通してヒズブッラーの活動に影響し、また、ヒズブッラーの活動がそれぞれの戦局に影響を与えた。

イランにとって、レバノンはアラブ諸国における有力な「革命の輸出」先であり、その試金石となる国家であった。イラン革命政府は、イスラエルが目論む「キリスト教レバノン」に対して、「レバノン・イスラーム共和国」の樹立を目指していた。ヒズブッラーへの支援を通してレバノンの「イスラーム化」を目指すと同時に、シリアとの戦略的な同盟関係を強化することでイスラエルの動きを牽制したのである。

ヒズブッラーは、レバノンにおけるイランのプレゼンスを担保する存在であり、一九八七年末の推計で年間九〇〇〇万ドルもの資金がイランから供与されていたとも報じられた（*The Jerusalem Post*, November 13, 1987）。ヒズブッラーによるテロリズムは、彼らが敵と見なす米国やフランスに直接打撃を与えるためだけではなく、イラン・イラク戦争においてイラクを支援する――軍事支援だけではなく核開発の支援も行う――米国やフランスに代表される欧米諸国に政治的な圧力をかける役割を果たした。

例えば、第二フェイズにおけるクウェートの米仏両国の大使館爆破事件や、第四フェイズにおけるパリでの連続爆破事件は、いずれも米仏によるイラク支援に対する抗議の意図があったと見られている。その意味では、イランが「革命の輸出」を通して国家変容としてのレバノン内戦に「参戦」していたのと同様に、ヒズブッラーは、欧米諸国を標的にした政治的暴力を通してイラン・イラク戦争を戦うアクターの一つとなっていたと言えよう。

米国の対中東政策におけるレバノン

他方、米国も独自の論理でレバノンへの介入を進めた。冷戦期の米国の対中東政策は、①湾岸諸国からの原油の安定的供給の確保、②ソ連とその同盟国の封じ込め、③イスラエルの安全保障、を三つの柱としていた。レバノンへの介入については、特に②③の文脈で理解することができる。ソ連の支援を受けたＰＬＯやシリア軍が次々にレバノンへと流入したことを受けて、米国は、イスラエルのレバノン侵攻を容認し、侵攻後は平和維持の名目で英国、フランス、イタリアなどとともに多国籍軍を展開し、レバノン政治における主導権の確保を目指した。そして、マロン派によるヘゲモニー強化――「キリスト教レバノン」の樹立――を後押しすることで、レバノンを中東地域における有力な同盟国の一つに改変しようとした。レバノンとイスラエルの和平条約である五月一七日合意の起案はその象徴であった（Harris [2006：176-178]）。

一九八三年から翌八四年にかけて、米国は、海軍第六艦隊を地中海に展開し、暗殺されたバシールの弟であるアミーン・ジュマイイル大統領とマロン派民兵組織レバノン軍団を後方支援した。ベイルート沖に停泊する米国海軍の戦艦ニュージャージーからは、シリア軍やその同盟者であった進歩社会主義党の民兵組織の拠点に対する艦砲射撃を行った。米国もまた、レバノン内戦を戦ったアクターの一つであったのである。

しかし、これまで論じてきたように、米国は、ヒズブッラーによる政治的暴力の標的となり、一九八三年の大使館と海兵隊駐屯地に対する殉教作戦に加えて、民間人を狙った拉致監禁・殺害によって大きな損害を受けた。一九八〇年代を通して、レバノン国内で二九五名ものアメリカ人が殺害、一八名以上が誘拐（うち三名が殺害）されている（Azani [2009：208]）。その結果、一九八四年二月、米国は、多国籍軍からの海兵隊の離脱・撤退を決定し、レバノン内戦から手を引くことを余儀なくされた[32]。

「弱者の武器」であった殉教作戦は、レバノンの地において米国との軍事的な非対称関係を無効化するほどの衝撃を与えた。他方、誘拐戦術は、米国との非国家アクター対超大国という政治的な非対称関係を補う役割を果たした。「拉致作戦はイスラエルとアメリカの攻撃に対処するために我々が有する唯一の方法である」というフサイン・ムーサウィーの言葉に象徴されるように、ヒズブッラーは誘拐戦術が西側の政策決定者に与える力を十分に理解していたのである（Azani [2009：208]）。こうして米国は、レバノンにおいて、そしてイスラーム主義者に対して徐々に主導権を失っていった[33]。

イラン・コントラ事件

米国のこうした手詰まり状態を象徴したのが、一九八六年のイラン・コントラ事件であった。米国政府は敵対するイランに兵器を秘密裏に売却しており、さらにその売却代金がニカラグアの反共ゲリラ「コントラ」の支援に流用されていた――。この事実が発覚したスキャンダルである。[34]

米国によるこうしたいびつな対外政策を生む発端となったのが、他ならぬヒズブッラーによる米国人誘拐事件であった。米国は、人質解放のためにヒズブッラーの支援国であるイランに接触し、解放の見返りとしてTOW (Tube-launched, Optically-tracked, Wire-guided) 対戦車ミサイルやHAWK (Homing All the Way Killer) 地対空ミサイルなどの兵器を同国に秘密裏に売却した（イランとは国交断絶していたため、こうした兵器の通商は違法行為であった）。その売却利益の一部、約三八〇万ドルがコントラに渡ったとされる。この取引によって、ローレンス・ジェンコとデイヴィッド・ジェイコブセンら少なくとも二人の米国人の人質が解放された（*The New York Times*, November 19, 1987、バーグマン [2012：158–185]、Bergman [2009：110–130]）。

このスキャンダルは、イランへの兵器売却およびコントラへの資金援助を任されていたのがイスラエルであった事実が明らかになることで、いっそう深刻なものとなった。イスラエルは「反イラク」および「反共」の立場から、当初、イラン革命政府への支援を単独で行っていたが、やがて米国の代理人としての役割を担うようになった。イスラエルの安全保障にとって、一九八〇年代初頭の段階において核開発を進めていたイラクはイラン以上の脅威と見なされていたからである。それを象徴したのが、一九八一年六月のイスラエル空軍機によるイラク中部に建設中であったオシラク原子炉（一九八二年七月稼働を予定していた）に対する奇襲攻撃であった。一方、イランにとってもイラクの核開発は脅威であった。核兵器はイラン・イラク戦争の帰趨を決定しかねない。そのため、イスラエルとイランは対イラク政策において「敵の敵は味方」の論理に従い接近していったのである。[35]

このように、ヒズブッラーによる拉致監禁やハイジャックといったテロリズムは、米国とイランの対立関係のみならず、東西冷戦およびイラン・イラク戦争の文脈で実行され、人質解放をめぐる政治的圧力（あるいは独自の「外交」による圧力）、兵器や資金の移動、さらにはスキャンダルとしてそれぞれの戦局を左右するような影響力を見せた。内戦によって破綻国家となったレバノンにおいて、ヒズブッラーによる欧米人の誘拐戦術に対して米国を中心とした西側諸国は無力であった。対話を確立するための中央政府が事実上不在であったことから、米国は「危機の状況における地域プレイヤーの間のブローカーとして、このシステムにおいて周縁的な役割を担うに過ぎなかった」のである（Azani［2009：209］）。

おわりに――震撼する冷戦構造

冒頭の問いに戻ろう。一九八〇年代にヒズブッラーは、なぜ、いかにして、国内外に影響力を行使し得る強力なアクターに成長することができたのか。本章では、まず、内戦を国際政治学の分析単位である規範的な国家の不在としてではなく国家変容のモメントとして捉え直し、アイユーブの非西洋諸国の国際関係と安全保障をめぐる分析枠組みを参照しながら、「内戦国家」としてのレバノンの特徴とその地域／国際システムとの連関を論じた。

独立後のレバノンは、宗派制度という独自の権力分有に基づく名望家政治と、国家としての脆弱なアイデンティティを特徴とした。一九七五年に始まった内戦はこの両者の崩壊を意味した。宗派制度の破綻はイデオロギー的動員を推し進める新興勢力（民兵組織）を台頭させ、分極化した国家構想どうしの衝突は国家のアイデンティティを崩壊させた。革命的汎イスラーム主義という強烈なイデオロギーを掲げたヒズブッラーの登場は、このようなレバノンの国家変容を象徴するものであった。

国家性を喪失し名実ともに破綻国家と化したレバノンを拠点に、ヒズブッラーは、同国に介入したイスラエルや米仏の部隊と戦火を交える一方で、国内外での誘拐戦術やハイジャックなどのテロリズムを実行した。そこで彼らが戦っていたのは国家構想の衝突としてのレバノン内戦だけではなく、それと連動した大シリアの秩序再編をめぐる闘争（シリアとイスラエルの対立）、そして、イスラーム主義という「第三の勢力」の台頭によって現れた新たな国際政治の対立構造（イランと米国との対立およびイラン・イラク戦争）であった。要するに、ヒズブッラーはレバノン国家、大シリア地域システム、国際システム（冷戦）が密接に連関する新たな政治環境の一部として台頭していったのである。

しかしこのことは、一九八〇年代のヒズブッラーが様々なアクターにとっての政治的な駒であったことを必ずしも意味するものではない。本章の議論から得られるのは、むしろ次の二つのような逆からの視点である。

第一に、ヒズブッラーによる越境的な政治的暴力の行使が示したのは、「内戦国家」としてのレバノンが――例えば、レバノンでの誘拐事件がイラン・コントラ事件という東西冷戦の戦局を左右するような事件へとつながっていたように――地域システムや国際システムを揺るがすような存在であったという点である。アイユーブが指摘したように、冷戦下では国際政治を超大国間のパワーゲームとして論じる（ネオ）リアリズムが涵養されてきたことから、非西洋の「国家」の内実が看過された上に、大国の従属的存在として見なされる傾向が強かった。だが、「内戦国家」としてのレバノンが地域／国際システムを揺るがした事実はこうした従来のリアリズム的国際政治観に一石を投じるものであり、その中心的な役割を担ったのがヒズブッラーであったと言えよう。

第二に、このような一九八〇年代のレバノンとヒズブッラーの事例が、東西冷戦構造のなかで理論化されてきた（ネオ）リアリズムの見直しを迫るものであるならば、それは、冷戦とはいかなる時代であったのか、そして冷戦はなぜ終わったのか、冷戦史そのものの再検討を促す契機をも孕んでいる。これまでの冷戦史研究においては、中東地域もイスラーム主義もあくまでも東西冷戦構造の枠組みのなかで論じられるべき副次的・従属的なものであった。[36]レバノンとヒズブッラーの事例は、こうした東西冷戦構造という大伽藍に中東地域を対置させた上で主客を固定化する従来の見方に対して、新たな知見を提供するものであろう。

確かに、イスラーム主義については、東西両陣営のいずれにも属さない「第三勢力」であったと評価する論者もいる。フレッド・ハリデーやオッド・A・ウェスタッドなどがその代表格であるが、彼らは総じてイスラーム主義の台頭の分析をイラン＝米国関係とアフガニスタン＝ソ連関係の二つに収斂させる傾向にある[37]（ハリデー［1991］、ウェスタッド［2010］、Halliday［1989］、Westad［2007］）。イランとアフガニスタンが米ソの両超大国を苦しめたのは事実であるが、彼らの分析はあくまでも国家を単位とするリアリズム的国際政治観が前提となっているように思われる。

本章では、内戦が単なる国内の武力による権力闘争ではなく国家変容の様相を見せたレバノン、そしてその「内戦国家」を拠点として独自の「外交」や国境を越えるテロリズムを展開した非国家アクターとしてのヒズブッラーの姿を論じてきた。そこで明らかになったのは、中東とイスラーム主義が東西冷戦構造を揺るがす存在であったことだけではなく、その力学が多重的・多層的な構造を有し、国際政治における国家の能力と正統性に挑戦し続けていた事実であったと言えよう。

第II部　多元社会のなかのイスラーム主義

——レバノン化するヒズブッラー

第4章　「テロ組織」が政党になるとき

――ヒズブッラーのレバノン化

はじめに――「テロ組織」は政党になれるか

第Ⅰ部で見てきたように、一九八〇年代を通してヒズブッラーは、イスラエル国防軍（ＩＤＦ）とその傀儡民兵組織南レバノン軍（ＳＬＡ）や多国籍軍に対する闘争の他に、国内外での誘拐戦術やハイジャックなどのテロリズムを行ったことから、国際社会から「イスラーム原理主義」の「国際テロ組織」と見なされた。こうして「武闘派」として知られるようになったヒズブッラーであったが、しかしながら、内戦終結後の一九九〇年代に入ると一転してレバノンの政党となることを選択し、国民議会選挙および議会政治において大きな力を獲得していく。

このヒズブッラーの「転向」は、レバノンの国内外で驚きと疑問をもって受け止められた。体制の転覆を目指す革命組織が、なぜ体制の一部になることを選んだのか。そのことによって支持者を失わなかったのか、組織は分裂しなかったのか。他方、レバノンの政治体制に注目した場合、国家の枠組みの改編すら唱道する強烈な革命イデオロギーを掲げる組織を、なぜ合法的な政党として受け入れたのか。他の政党はこれをどのように受け止めたのか――。

一般論として、暴力を用いて政治的目的を達成しようとする「テロ組織」[1]が平和的な民主政治を通した政治要求の実現を目指す政党へと変容するためには、組織内部の動態という「内的条件」と政治環境の変化といった「外的条件」の両方の相互補完的な関係が実現することが条件となる（Weinberg, Pedahzur and Perliger［2009：75–78］）。つまり、「テロ組織」が暴力を放棄し、組織の支持者や古参幹部を説得し、民主政治に参入するためには、たとえ指導部にその意思があっても公的な政治空間の側がそれを受け入れる姿勢や準備がなければ実現しない[2]。また、内戦後の平和構築と民主化の観点から見れば、「テロ組織」や民兵組織を政党として受け入れるための準備こそが、彼らの暴力の放棄と民主政治への参入を促進し、民主的な政治を整備・運営していくための不可欠の土台となる（Kovacs［2008］）。

しかし、ヒズブッラーのケースが特異なのは、彼らが武装解除を拒否しながらも合法政党化した点である。ヒズブッラーの軍事部門レバノン・イスラーム抵抗（以下イスラーム抵抗）は、レバノン国軍と同等、あるいはそれ以上の軍事力を有していると言われている。

そうだとすれば、次のような疑問が浮かび上がる。なぜヒズブッラーは他の民兵組織に対する軍事的優位にもかかわらずあえて政党化の道を選んだのか。また、なぜ彼らは武装解除に応じなかったにもかかわらず、ポスト内戦期のレバノンの新体制に受け入れられたのか。本章では、これらのパズルを解いてみたい。

結論を先取りすれば、これらのパズルを解く鍵はシリアにある。ポスト内戦期のレバノンは、一九九〇年から二〇〇五年までの一五年にわたってシリアによる実効支配下に置かれた。そのため、ヒズブッラーの「武装政党」としての特異性も、シリアの対レバノン政策の判断がもたらしたものと見ることができる（Harik［2004：43–52］）。

だが、これだけでは説明として不十分である。その理由は二つある。

第一に、革命的汎イスラーム主義を掲げレバノンの体制の転覆を目指していた組織が、合法政党化の道を選び、シリアの実効支配下に入ることを余儀なくされてもなお支持者の喪失や組織の分裂に直面せず、むしろ反対に政党として一定の成功を収めた要因を説明していないからである。

第二に、ヒズブッラーを「武装政党」とするシリアの政策判断が、両者の関係のみに基づいて下されたわけではないからである。ヒズブッラーを取り巻く政治環境は、レバノンとシリアだけではなく、イラン、イスラエル、米国などの思惑が絡み合った複雑なものであった。

したがって、本章では、ヒズブッラーの政党化について、次の二つの観点から少し視野を広げながら論じてみたい。第一に、シリアによるレバノン実効支配という「外的条件」だけではなく、組織としての主体的な営みである「内的条件」との相互作用に着目すること、第二に、ヒズブッラーが元来トランスナショナルな性格を有する組織であったことから、「外的条件」を国内政治だけではなく、地域（中東）および国際政治のレベルにまで拡張して分析することである。

1　内戦の終結と第二共和制の成立

レバノン内戦は、一九八九年一〇月の「国民和解憲章（Wathīqa al-Wifāq al-Waṭanī al-Lubnānī）」によって終結へと導かれ、一九九一年末までに民兵組織間の戦闘は停止した（イスラエル占領下の「安全保障地帯」でのＳＬＡとレジスタンスとの戦闘は除く）。国民和解憲章は、内戦前の一九七二年四月の第一三期国民議会選挙で選出された議員たちの「生き残り」がサウジアラビアの保養地ターイフに集められ合意したものであることから、一般に「ターイフ合意（Ittifāq al-Ṭā'if）」と呼ばれる(3)（Wathīqa al-Wifāq al-Waṭanī al-Lubnānī [1989], Hanf [1993：567-606]）。レバノンでは、独立から内戦が勃発した一九七五年までを「第一共和制」とし、内戦終結後の一九九〇年以降は「第二共和制」または「ターイフ体制」と言う。

民兵組織の武装解除

ターイフ合意は、「〔発効後〕六カ月以内に、全てのレバノン系および非レバノン系民兵は解体を宣言し、その武器をレバノン国家に引き渡す」と規定し、民兵組織の無条件かつ即時の武装解除を定めた。ウマル・カラーミー首相の国民和解政府（一九九〇年一二月～九二年五月）は、一九九一年三月二八日、全ての民兵組織に対して武装解除を要請し、国民議会では内戦中の政治的暴力・犯罪に関する恩赦法が可決された。多くの民兵組織がこれに応じ、一部は国軍に編入された(4)。

こうして民兵組織が次々に武装解除に応じ政党へと「転向」していくなか、ヒズブッラーは、合法政党への道を選びつつも、武装解除に関しては拒否する姿勢を示した。イスラエルに対するレジスタンスとして誕生した彼らにとって、武装解除は自らの存在意義の否定と同義であったためである。事実、レバノン南部の「安全保障地帯」では、ＩＤＦとＳＬＡによる占領が継続していた。

結局、ヒズブッラーの武装解除は免除されることになった。ターイフ合意において、レジスタンスの継続は、「イスラエルの占領からレバノン全土を解放するため……必要なあらゆる措置を講じることが……主権を回復する上で求められる」という文言によって正当化された。ヒズブッラーの軍事部門イスラーム抵抗やパレスチナ人組織(5)はその他の民兵組織と区別され、イスラエルの脅威からレバノン国家を防衛する名目で武器の保有を認められた。こうして、ヒズブッラーは軍事部門を有する「武装政党」となったのである。

「テロ組織」が政党へと変容を遂げる場合、暴力を完全に放棄し、選挙戦を勝ち抜くことに専念するパターンと、政治部門を創設し、武器を保持しながら、議会政治の手続きを通して自らの暴力行使の合法化を試みるパターンの二つがある（Weinberg, Pedahzur and Perliger［2009：75］）。ヒズブッラーは後者のパターンであろう。だが、ここで留意すべきは、彼らが保持し続ける武器の矛先は、レバノン国内の政治勢力や政党に向けられるものではなく、あくまでもレバノン南部地域を占領し続けるイスラエルに向けられたものとして正当化されたことである。

宗派制度の修正

ターイフ合意は、自らが帰属する宗派によるヘゲモニーの確立を目指す思考・行動の様式、すなわち「宗派主義(ṭā'ifīya, sectarianism)」を内戦の主因と見なし、「政治的宗派主義の廃止は国民的・基本的目標である」と明示することで、レバノンに世俗的でリベラルな民主政治を確立することを謳っている。だが、宗派主義はレバノンの多元社会に深く根付いたものであるため、まずは宗派制度自体の廃止を段階的に行うべきとされ、しばらくは廃止に向けての様々な修正を繰り返し行う「移行期」とされた。

「移行期」の修正において最重要とされたのが、宗派間の利権配分の再調整であった。内戦前の第一共和制は、国民議会におけるキリスト教徒の政治的優位と大統領（マロン派）への権力集中を特徴としていた。国民議会の議席はキリスト教徒六に対してイスラーム教徒五の割合で配分されていたが、ターイフ合意はこれを五：五の等比に修正した[6]。また、それまで強力であった大統領の権限を縮小し、首相、国民議会議長、内閣の権限を拡大させることによって、諸宗派の間の政治的役割の見直しが行われた[7]。これらの規定は一九九〇年九月二一日の憲法改正で修正条項として明文化された。その結果、キリスト教徒とイスラーム教徒の等比に基づく権力分有と、大統領、首相、国民議会議長が権力行使を相互承認・監視し合う「三頭政治（トロイカ）」を二つの柱とする新体制が確立した[8]（青山・末近［2009：19–20］）。

このようなターイフ合意に基づく脱宗派主義への動きは、理念レベルで見ればこれまで政治や社会の問題が宗派間の問題として現れてきたような構造を見直すべく、公的領域から宗教を排除し、個人の内面に収めようとする世俗化の方向性を持つものと言えよう。しかし、第二共和制の確立も「体制自体の変化でなく、体制内の変化」(el-Husseini［2004：241］）と評されるように、宗派制度に起因する構造的問題が未解決のまま放置されたのが実情であった。つまり、第二共和制は、宗派間の権力分有の微調整の上に成立したに過ぎなかったのである[9]（末近［2006d：58］）。

パクス・シリアーナの出現

このように、レバノンでは内戦終結後も民兵組織の「武装解除・動員解除・社会復帰（disarmament, demobilization, reintegration, DDR）」は限定的なものにとどまり、また、内戦を引き起こす原因となった宗派制度も修正が加えられながらも存続した（Ofeish［1999：97-116］）。にもかかわらず、一九九〇年代のレバノンがまがりなりにも平和を維持できたのは、民兵組織の武装解除が完遂されたからではなく、ましてや修正された宗派制度が「公正」なかたちで機能したためでもなかった。実際には、「パクス・シリアーナ（Pax Syriana、シリアの支配下での平和）」と呼ばれる状況が生まれたためであった。それはどういうことか。

シリアによる実効支配は、ターイフ合意によって保証された。シリアは、一九七六年五月以来、内戦の沈静化を名目に断続的にレバノンに軍を進駐させてきた。ターイフ合意は、シリアのこうした「努力」と「貢献」に配慮し、「レバノンの主権を拡大するため、シリア軍は……レバノン軍を支援する。その期間は……〔ターイフ合意発効後〕二年以内とする。……レバノンとシリアの間には、血縁、歴史、そして同胞としての共通の利害によって力を与えられている特別な関係が存在する」との文言を盛り込むことで、シリア軍の大規模展開を正当化した。

むろん、レバノン国内にはシリア軍の展開に反発する勢力も存在した。特にミシェル・アウン元国軍司令官は、「解放戦争（Harb al-Taḥrīr）」（一九八九年三月～九〇年一〇月）を掲げ、レバノンに進駐していたシリア軍と激しい戦闘を繰り返した。シリアは、一九九〇年一〇月にこれを敗退させると、「レバノン・シリア同胞協力協調条約（一九九一年五月二二日締結）」をはじめとする一連の条約・合意の調印を通して、ターイフ合意の文言を二国間の合意として整備していった。こうして、シリアにとってレバノンとの「特別な関係」は、実効支配を事実上承認する「特権的な関係（privileged relations）」（Harris［1997：280］）へと変わった。

さらに、シリアは、レバノン・シリア同胞協力協調条約を根拠として、シリア軍の撤退期限を「二年以内」としたターイフ合意の規定を反故にし、兵士約四万人とムハーバラート（mukhābarāt、諜報機関、治安維持警察、武装治安組織の総称）の駐留を既成事実化した（Rabil［2001：30］［2003：130–131］）。その上で、防衛安全保障合意（一九九一年九月一日締結）に依拠してレバノンの政治・社会生活を監視・統括し、実効支配に対する不満を抑えていった。シリアによる治安維持活動には、シリア軍・ムハーバラートだけでなく、指揮下にあったレバノンの各治安組織（総合情報総局、内務治安軍総局、共和国護衛旅団、軍情報局、国家治安総局）も当たった（青山・末近［2009：20–22］）。

こうした軍事的プレゼンスだけではなく、撤退後の実効支配の継続を見越すかたちで、シリアは、一九九三年から九四年にかけてレバノンとの経済関係の緊密化を図るべく、経済、農業、物流、労働、観光などの様々な分野における協力の合意を取りつけていった[10]。このうち労働合意は、復興事業で安価な労働力を必要としていたレバノンの労働市場へのシリア人労働者（および不法就労者）の流入を促し、その数は一九九〇年代半ばには一〇〇万人を超えたと報じられた[11]（*al-Nahār*, July 24, 1995）。さらにこの動きと並行して、一九九四年にレバノンで帰化条例が発せられると、約三〇万人に及ぶシリア人がレバノン国籍を取得した（Gambill and Abou Aoun［2000］, Rabil［2001：29］, Chalcraft［2009］）。

こうして、レバノンはシリアの「準植民地（quasi-colony）」（Rabil［2001：23］）と化した。「ターイフ合意とそれに続く他の協定は、レバノンに体系的なシリアの支配を到来させることとなった。それは、内戦へとつながった政治的緊張の実質的な和解ではなく、一時的な安定をもたらしたのであった」（el-Husseini［2012：xxi］）。要するに、レバノンの平和はあくまでもシリアによる実効支配と引き替えによるものだったのである。

2　逆風に立たされる抵抗と革命

レバノン国内における全ての戦闘が終結した一九九〇年末から九一年にかけては、中東政治と国際政治においても大きな転換点となった時期であった。ヒズブッラーにとって、このマルチレベルの政治的変化の風は順風ではなく、組織の存在すら脅かす逆風として訪れた。順番に見てみよう。

国内レベル――内戦の終結と第二共和制の成立

一九九〇年代初頭、ヒズブッラーは、レバノンの国内政治において二つの問題に直面した。

第一に、レバノン内戦の終結である。ヒズブッラーは、内戦下の一九八〇年代を通して、イデオロギーに基づく草の根の動員、イランやシリアとのトランスナショナルなネットワーク、そしてそれらに支えられた武力によって影響力を拡大するなど、「民兵組織の型に完全に適合」していた（Chartouni-Dubbary［1996：59］）。それゆえに、戦闘の完全停止とそれに伴う政府機能の回復は、彼らがもはやそれまでのような利益を享受できなくなったことを意味した。

第二に、第二共和制がヒズブッラーの主たる支持基盤であるシーア派住民にとって相対的に不利な構造を有したことである。ターイフ合意における最大の「敗者」はシーア派であった。マロン派は、レバノン国家の独立以来の特権について譲歩するかたち――例えば、国会議席数配分の減少や大統領権限の縮小――となったものの、最高権力者である大統領のポストは引き続き確保した。スンナ派が有する首相ポストは、マロン派の大統領権限の縮小に伴い発言力を相対的に高めることとなった。しかし、シーア派は、国民議会議長といういわば名誉職を継続して確保するにとどまり、内戦終結時点でレバノン最大の人口を擁する宗派となっていたにもかかわらず、国民議会においてスンナ派と同じ二七議席しか配分されなかった。第二共和制における新たな権力分有において、シーア派は、人口比に対して不相応な地位に甘んじ、政治的にマロン派やスンナ派の後塵を拝することになったのである。[12]

これらの問題に直面したヒズブッラーは、ターイフ合意の履行に激しく反発した。ヒズブッラー指導部は、「人民は、サウジの豪華な餌で胃袋を満たすような連中など取り合わないだろう……遅かれ早かれ、その議員たちは自らの背信のつけを払うことになるだろう」と述べ、ターイフ合意を調印した一九七二年選出の第一三期国民議会議員と仲介役のサウジアラビアを非難した（ただし、同じく仲介役を務めたシリアには言及しなかった。ヒズブッラーの援助国であったことへの配慮であろう）（Ṣawt al-Mustaḍʻafīn, October 24, 1989）。

地域レベル——中東和平の進展

レバノン内戦の終結から時を経ずして、ヒズブッラーはその対イスラエル強硬姿勢までもが逆風に曝されることになった。一九九一年一〇月三〇日にマドリードで始まった中東和平国際会議（以下マドリード会議）に伴い、レバノン国内外で和平への機運が高まったためである。ウマル・カラーミー内閣（一九九〇年一二月〜九二年五月）は同会議への参加を表明し、イスラエルとの闘争を掲げるヒズブッラーは国内外で孤立の色を深めた。[13]

ヒズブッラー指導部は、マドリード会議が開催されると直ちにイスラエルとの和平につながるあらゆる交渉に対する反対を表明した。アッバース・ムーサウィー書記長は、「我々が切望する和平とは、イスラエルの消滅、パレスチナの解放、そして、全てのユダヤ人の退去から生まれるものである」とし、和平会議を阻止するために「軍事的、政治的、そして人民による行動を拡大する」と述べた（*MEI*, November 8, 1991）。実際、ベイルートではヒズブッラー支持者を中心とした抗議デモが行われ、一方、レバノン南部地域ではイスラーム抵抗がＩＤＦに対する攻撃を敢行した。

だが、和平への機運が陰ることはなかった。マドリード会議の閉会後も和平交渉は二国間交渉のかたちで継続され、一九九三年九月にはイスラエルとPLOとの間で「暫定自治に関する原則宣言」(通称オスロ合意)が、翌一九九四年一〇月にはイスラエルとヨルダンとの間で和平条約が調印された。

こうした動きに対して、ヒズブッラーは、オスロ合意の調印後直ちにベイルート南部郊外で抗議デモを行い、イスラエルとの和平に反対すると同時にイスラエルと戦い続ける自らの存在意義のアピールを試みた。しかし、デモの鎮圧に当たったレバノン国軍と銃撃戦となり、九名の死者と三〇名以上の負傷者を出した。ヒズブッラー指導部は、この事件を「虐殺」としてレバノン政府を激しく非難したが、以後、レバノン国軍との衝突を回避するようになり、平和と民主主義を基調とする「ターイフ合意以降の新しいレバノンの現実」を受け入れることを余儀なくされた(Zisser [1997 : 101])。

国際レベル(1)――シリア外交の「ルックウエスト転回」

一九九〇年代初頭は、冷戦の終結とソ連の崩壊によって国際政治の勢力図が大きく書き換えられた時期でもあった。ヒズブッラーもこの変動と決して無縁ではなく、とりわけシリアとイランの両支援国による外交政策の見直しが組織の言動に変化を強いることとなった。

冷戦中、シリアの最大の軍事援助国はソ連であった。ソ連は、中東における米国の同盟国であるイスラエルを牽制するために長年にわたって周辺のアラブ諸国を支援していた。しかし、一九八〇年代後半のペレストロイカを契機に対米外交を軟化させ始めると、戦略的価値の低下したシリアへの軍事援助を徐々に削減していった(14)。

これを受けて、シリアのハーフィズ・アサド(以下H・アサド)大統領は、立ち現れつつあった米国を中心とした新たな国際秩序のなかで自国にとって有利な政治環境をいち早く整えるべく、西側諸国への接近を決断した。一九九〇年八月に勃発したイラクによるクウェート侵攻・併合、いわゆる湾岸危機の最中、H・アサド大統領はジェイムズ・ベイカー米国務長官に対して、米国がイラク攻撃に踏み切る場合に軍事的な支援を行うことを約束した。

そのいわば見返りとして、シリアは、平和維持の名目で、内戦下のレバノンへの大規模軍事展開を是認された。同年一〇月、シリア軍は、レバノンへの侵攻を開始し、まもなくイスラエル占領下の南部地域を除く国土のほとんどを制圧した。

このようなシリア外交の「ルックウエスト転回」――東側諸国から西側諸国へのシフト――は、同国にレバノンの実効支配だけではなく、「国際秩序への復帰」、とりわけ米国との関係改善をもたらした（Picard［1993：38］）。シリアがマドリード会議への参加を決断した背景にも、こうした中東和平に積極的な西側諸国との関係改善の意図があったと見られる（Rabinovich［1998：36–43］）。

西側諸国への接近を進めるシリアにとって、反米・反イスラエルを掲げるイスラーム主義組織であるヒズブッラーは矛盾を抱えた存在となった。レバノンを実効支配するということは、世界を震撼させた「国際テロ組織」であるヒズブッラーへの対処が必然的に含まれることになる。しかし、シリアにとって、その解体はいくつかの理由から現実的な選択ではなかった。第一に、ヒズブッラーの強大な軍事力と広い支持基盤を考慮すれば、物理的な暴力による対峙はシリア軍に多大なコストを強いると同時に、レバノンにおける最大宗派であるシーア派の間に無用な反シリア感情を抱かせる危険性があった。第二に、ヒズブッラーの支援国であるイランとの関係悪化の懸念があった。第三に、シリアと戦争状態にあるイスラエルに軍事的および政治的なアドバンテージを与える恐れがあった。

シリアは、むしろヒズブッラーをマドリード会議以降没交渉に陥っていたイスラエルとレバノン、イスラエルとシリアの二国間交渉を進めるための有力な外交カードとして確保しておく必要があった。レジスタンスの支援と規制――いわばスイッチのオンとオフ――を交互に使い分けることで、イスラエルから譲歩を引き出すことが可能となったのである[15]（Harris［1997：313］, Rabinovich［1998：43–53］）。

したがって、ヒズブッラーをめぐるシリアの最大の関心は、組織の解体ではなく、その言動をいかに管理・制御するかにあったと言えよう。この時期のシリアの対ヒズブッラー政策は、次の三つに集約される。

第一に、ヒズブッラーの「部分的」武装解除である。先に述べたように、ターイフ合意においてヒズブッラーの軍事部門イスラーム抵抗は武装解除を免除されたが、実際に免除されたのはイスラエルと直接対峙するレバノン南部地域の戦闘部隊のみであり、ベカーア高原をはじめとする他の地域の部隊については武装解除が敢行された（Ṣawt Lubnān, July 29, 1992）。

第二に、レバノンの国内政治勢力への支援を通したヒズブッラーの影響力の牽制である。シリアは、ヒズブッラーに対するカウンターバランスとしてシリア民族社会党やアラブ社会主義バアス党、アマル運動を軍事的に支援した（Ehteshami and Hinnebusch［1997：135–137］）。

第三に、ヒズブッラー指導部に欧米人に対する「誘拐戦術」の放棄を迫ることである。その結果、一九八〇年代に繰り返し実行された同戦術は、一九九一年一二月に最後の人質テリー・アンダーソン（AP通信記者、一九八五年三月誘拐）の解放をもって放棄された（Ranstorp［1997：103–108］）。

こうして、ヒズブッラーの言動を巧みに管理・制御することで、シリアは、「国際秩序への復帰」を達成すると同時に、イスラエルとの和平交渉における有力な外交カードを手元に置くことに成功したと言える。反対にヒズブッラーは、革命的汎イスラーム主義を掲げる組織としての「自律性と民衆の支持の幾ばくかを失うことになった」（Picard［1993：85］）。

国際レベル（2）――イラン外交の穏健化

一九七九年にイスラーム革命を成功させたイランは、米ソ両国を「悪魔」と非難し、「西でも東でもない」独自の急進的な外交路線を採用し、ルーホッラー・ムーサヴィー・ホメイニーの指導の下で「革命の輸出」を進めてきた。だが、一九九〇年代の初頭までにイランもシリアと同様に外交政策の見直しを迫られ、また、そのことがヒズブッラーに多大な影響を及ぼした。

イラン外交の変化は、主に次の三つの出来事を背景とした。

第一に、一九八八年八月のイラン・イラク戦争の停戦である。イラン政府による国連安保理決議第五九八号（一九八八年七月二〇日採択）――無条件停戦決議案――の受け入れは、「軍事的能力の低下、士気の喪失、そして革命の熱狂の著しい衰退の複合」を国内外に示すことになった（Ehteshami［1995：145］）。

第二に、一九八九年六月のホメイニーの死去である。その後継者争いに勝利したのは、それまでの「革命の輸出」の路線から距離を置く「現実主義者」のグループであった（Ehteshami［1995：ch. 1, 2］）。

第三に、冷戦の終結である。米国を唯一の超大国とする「新世界秩序（new world order）」において、イラン外交の関心はパレスチナから地政学的により重要なアラビア半島と中央アジアへと移り、それに伴い対イスラエル闘争の最前線と位置づけられてきたレバノンは存在感を弱めた（Ehteshami［1995：152-159］）。

これらの出来事は、ヒズブッラーに大きな衝撃を与えた。第一に、イランからの資金援助が大幅に削減された（*Ha'aretz*, April 27, 1994, Hamzeh［1993：328］）。第二に、革命防衛隊のほぼ全隊約二〇〇〇人がベカーア高原から撤収した（*MEI*, October 25, 1991）。第三に、第四代大統領に就任したアリー・アクバル・ハーシェミー・ラフサンジャーニーがヒズブッラーをあくまでも「レバノンの組織」であると繰り返し強調したことで、イラン国民の間で組織への関心や共感が薄れていった（Hooglund［1995：91-93］, Kfoury［1997：136］）。

総じて見れば、ラフサンジャーニー大統領による新外交は、「〔革命の輸出に奔走した〕以前よりも国家らしい作法」（*MEI*, June 12, 1992）と評され、一九九二年のレバノンの第一四期国民議会選挙の直前にはレバノンの第二共和制を正式に承認した。これは、宗派制度によるレバノンの政治体制の打倒を目指してきたヒズブッラーの革命理念を事実上否定するものであった[16]（*The Lebanon Report*, July 1992）。

3　ヒズブッラーのレバノン化

一九八〇年代末から九〇年代初頭にかけての国内・地域・国際の各レベルにおける政治環境の激変と、それに伴い吹きつける政治的な逆風のなか、ヒズブッラー指導部は、それまでのような革命的汎イスラーム主義を掲げた言動が制限されることになった。そこで、指導部が組織の生き残りを賭けて打ち出したのが、研究者やマスメディアから「レバノン化（Lebanonization）」と呼ばれた新戦略であった。

この「レバノン化」については確立した定義はないが、主に合法政党化の文脈で用いられることが多い（Hamzeh［1993］, Kfoury［1997］, Zisser［1997］, Ranstorp［1998］）。ここでは、レバノンの現体制の存在を承認し、その政治制度にコミットするという「制度化（institutionalization）」と、かつてのようなトランスナショナルな活動を自制し、国内での活動に特化するという「ローカル化（localization）」の二つの意味を有するものとして用いることとする。

政党内競合

組織の生き残りを賭けた新戦略が打ち出されるまでに、ヒズブッラー指導部内では激しい議論が交わされた。一九八九年六月のホメイニーの死去を受け、指導部は直ちにテヘランで第一回の党大会（同年一〇月）を開催し、組織の今後の方針を議論した。(17) 幹部たちは、改革派と保守派の二つに分かれた。改革派は、西側諸国との一定程度の和解を模索し、他の民兵組織と同様に政党としてレバノンの議会政治に参入することを是とする立場であった。一方、保守派は、従来通り反イスラエル、反西洋のイデオロギーを前面に押し出し、レバノンにおけるイスラーム国家の樹立を目指した(18)（Hamzeh［1993：323-324］）。

両者の競合は、改革派の勝利で終わった。その結果、最高指導者である書記長（および副書記長）のポストが新設され、当時改革派の首魁であったスブヒー・トゥファイリーが初代書記長に選出された。一九九一年五月に開催された第二回党大会でも、同じく改革派に属していたアッバース・ムーサウィーが第二代書記長に選出された。両者とも穏健な現実主義路線を掲げており、政党化の推進や「誘拐戦術」の放棄の必要性を説いていたとされる（Hamzeh［1993：324］, Ranstorp［1997：74］）。

ヒズブッラーの組織内でこのような政策の転換を求める声が強まった背景には、前述のようなヒズブッラーを取り巻く国内・地域・国際レベルでの政治環境の激変があったが、なかでもイラン革命政府内の権力闘争が大きな意味を持った。ラフサンジャーニーが大統領の座に就いたことで、ヒズブッラーもその穏健な新外交に歩調を合わせる必要が生じたのである。トゥファイリーとムーサウィーの新旧両書記長も、イラン革命政府内ではラフサンジャーニーに近い関係にあった（Hamzeh［1993：323］）。その後、改革派を牽引した第二代書記長ムーサウィーは一九九二年二月にイスラエルによって暗殺されたが、この時点でヒズブッラー指導部内において組織の改革は既定路線となっており、後継に指名されたハサン・ナスルッラー第三代書記長も改革派の方針を踏襲した。

こうした流れのなかで、一九九二年八月から九月にかけて実施されたレバノンの第一四期国民議会選挙に際して、ついにヒズブッラーは政党として出馬する方針を正式に打ち出した[19]（Ṣawt al-Mustaḍ'afīn, July 29, 1992）。ラフサンジャーニー大統領は、レバノンの第二共和制を正式に承認し、ナスルッラー書記長による国政参加の方針を支持した（Kfoury［1997：140］）。

特筆すべきは、このようなヒズブッラーの政党化が、組織の近代化と同時並行的に進められた点である。一九八九年に第一回の党大会が開催されるまで、ヒズブッラーの意思決定はホメイニーを頂点とする宗教的な権威を柱とする「見えざる組織構造」によってなされており、広報担当者以外が政治の表舞台に姿を見せることは皆無であった。だが、第一回の党大会において大規模な組織改編がなされ、「諮問会議」を集団的な最高意思決定機関とするヒエラルキー型の命令体系が構築された[20]（第7章1）（Hamzeh［1993：325-328］, Ranstorp［1997：68］）。

ヒズブッラーの政党化の文脈において、この組織改編の意義は二つある。

第一に、組織の内外に対して意思決定の過程を一定程度可視化したことである。支持者の意見をくみ取り、民主的に政策を練り上げていく政党としての制度設計が進んだ。

第二に、政治に関わる案件を扱う「政治会議（al-Majlis al-Siyāsī）」が新設され、民兵組織としての軍事活動と政党としての政治活動が制度的に区別されたことである。一九九五年七月の第四回党大会では、国民議会に提出する法案の作成や審議、会派の形成・運営に特化した「議会活動会議（Majlis al-ʻAmal al-Niyābī）」が新設され、政党としてのさらなる組織整備が進められた（*The Lebanon Report*, Fall 1995）。

選挙綱領の発表——第一四期国民議会選挙（一九九二年）

一般論として、政治組織が政策上の大きな方針転換を試みる際、指導部内の様々な意見の調整だけではなく、支持者たちを合理的な説明を通して納得させる必要がある。政党化の方針について言えば、それ自体が目的ではなく、選挙で勝利を収め、議会で一定のパフォーマンスを見せなくてはならず、また、選挙が繰り返される限りそれを持続しなくてはならない。ゆえに、選挙綱領は、党の内外に対して十分に説得的かつ「選挙で勝てるもの」となる必要があり、したがって、策定には多大な時間と労力を要することとなる。とりわけ、イデオロギー性の強い「プログラム政党」としての性格を持つ場合は、選挙綱領の決定過程での「政党内競合」が熾烈となる傾向が強い（岡沢［1988：41–42, 113–114］）。

これに鑑みれば、一九八〇年代にイデオロギー的動員を通して勢力拡大してきたヒズブッラーにとって、政党化に伴う選挙綱領の作成が困難を極めたのは道理であった。現行の体制下での議会政治への参加が、体制自体の打倒を目指す革命思想と矛盾したからである[21]（Alagha［2006：151–155］, Qāsim［2010：337–343］）。

だが、最終的に指導部が一九九二年七月に発表した「ヒズブッラー選挙綱領（al-Barnāmaj al-Intikhābī li-Ḥizb

Allāh)」は、この矛盾を論理的に解消する巧みなものであった[22]（Faḍl Allāh［1994：214-222］, Alagha［2006：247-253］）。

綱領は、まず、ヒズブッラーがイスラーム主義組織であることとレバノンの政党であることとの間に矛盾がないことを強調する。序文において、ヒズブッラーがイスラームの教えに忠実な者たちであり、国民議会選挙への参加も「イスラーム的計画（al-mashrūʿ al-Islāmī）」を完遂するための手段であると宣言されている。しかしその一方で、綱領自体は「全ての抑圧されたレバノン人」に向けられており、「レバノンの情勢悪化、国際領域における変化とその〔レバノン〕国内への衝撃、そして、我々の人民の土地、権利、尊厳に対して企てられている陰謀に立ち向かう必要性をめぐる深い洞察」に基づき作成されたと述べられる。

綱領は、続いて、ヒズブッラーの革命的汎イスラーム主義と現行の政治体制への参加との間にも矛盾がないとの見解を示している。政党化の目的は、「①シオニストによる占領、および抑圧者による支配への従属からのレバノンの解放、②政治的宗派主義の廃絶」の二つであるとされ、いずれについても、一九八五年二月に発表された「公開書簡」の内容と相違はなく、イスラエルの破壊とレバノンにおけるイスラーム国家の樹立という革命的汎イスラーム主義の理念に矛盾するものではない。確かに、表4-1に示した綱領の要点を見ると、ヒズブッラーは第二共和制の破壊よりも、現行の制度の改革を重視していたことが読み取れる。

綱領の内容の新規性は、むしろこれらの二つの目的のための新たな戦略が提示された点にあった。すなわち、①レバノン領土の解放闘争の重視と②第二共和制への参加は、それぞれイスラエルの破壊とレバノンにおけるイスラーム国家の樹立という「公開書簡」に示された二つの理念を段階論的に解釈したもの、言い換えれば、革命的汎イスラーム主義の理念をさしあたりレバノンにおいて実現するための戦略として打ち出されたものと捉えられる。つまり、ヒズブッラーによる政党化の決断は、革命的汎イスラーム主義の実践における戦略・戦術レベルの操作の域を出るものではなかったのである。

表 4-1 「ヒズブッラー選挙綱領」（1992 年 7 月）の 7 つの要点

番号	内　容	概　　要
1	レジスタンス	国家および社会による支援，「抵抗社会」の整備，国軍との連携，南部地域の安全保障地帯の解放，シオニスト主導の和平プロセスへの反対
2	政治的宗派主義の廃絶	文化，政治，安全保障，社会，開発のあらゆる分野における宗派主義の廃絶
3	選挙法	全国区制の導入と投票権者の 18 歳までの引き下げ
4	政治および報道の自由	宗教における信仰と実践の自由，政治活動の自由，報道の自由の尊重
5	国　籍	宗派主義や縁故主義ではなく，実力主義による近代的な帰化法の執行，南部地域の「七村」の住人およびワーディ・ハーリド（シリア・レバノン国境未確定地域）のアラブ人に対する国籍の保証
6	難　民	全ての難民の帰還の保障，「安全保障地帯」問題の解決，難民が生活する地域の開発
7	行政・社会・教育問題	①行政レベル：公務員人事における宗派主義の廃絶，実力主義の採用，行政の効率化 ②開発レベル：国内生産者の保護，低開発地域の開発，雇用の創出，畜産業・手工業の振興，農業指導・開発，地域間開発格差の是正 ③教育・文化レベル：公教育の強化，レバノンにおける大学の発展，大学での研究支援，レバノン，アラブ，イスラームの各文化に配慮した教科書の作成，宗教教育の強化・保護，教員待遇の改善 ④社会レベル：社会保障の拡大およびそのための機関の整備，病院数の増加

出所）Faḍl Allāh［1994：214–222］をもとに筆者作成。

したがって，指導部内で繰り広げられた論争は，政党化それ自体の是非よりも，その戦略・戦術としての実効性と妥当性をめぐって繰り広げられた。具体的な争点は，宗派制度に基づくレバノンの現体制を打倒し，イスラーム法による公正な統治を確立するまでの道のりにおいて，一時的にでも第二共和制という実定法（制定法）による統治を是認し，政党として参加することが有効かつ妥当かどうかという問題に集中した。

この問題について，幹部たちは長い議論の末，「禁止事項であっても，必要であれば許可される場合がある」というイスラーム法解釈の一原則を採用することで一応の合意に達した[23]。状況次第では「利益（al-masāliḥ）」や善行を追求することよりも「悪徳（al-mafāsid）」を退けることが優先されるとするイスラーム法の原則に依拠し，イスラエルによるレバノン領土の占領と宗派制度による「不義の体制」といった悪徳を退けることが何よりも優先されるべきであり，政党化はそのための最善の戦略・戦術であるとの解釈がなされたのである[24]（Qāsim［2010：338-340］）。

選挙戦と議会政治

第一四期国民議会選挙の結果、ヒズブッラーは全一二八議席（うちシーア派に割り当てられた二七）中八議席を獲得した（表4-2）。これに加えて、無所属の同盟候補が四名当選し、合計一二議席をヒズブッラー系議員が占めることとなった。ヒズブッラーは、政党として初めての選挙で一定のパフォーマンスを示すことに成功したと言える。

この成功の背景には、巧みな選挙戦略があった。

第一に、指導部主導で組織的に選挙戦に対処したことであった。約六〇〇名のメンバーによる選挙本部を設立し、山間部を中心とした地方の選挙区において投票所までの無料送迎や食事、宿泊所を提供した。また、軍事部門イスラーム抵抗の戦闘員たちによる投票所の「警備」や、各投票所の状況をリアルタイムで統括する情報ネットワークの整備が行われた（Hamzeh［1993：332-333］，Kfoury［1997：140］）。

第二に、「象徴操作」の徹底であった。例えば、一部の候補者は、肩書きを宗教的な「シャイフ（shaykh、長老、年輩者）」からより世俗的な「ドクター」などに改めることで、シーア派イスラーム教徒以外の有権者の支持を集めるように努めた。また、女性メンバーたちが集団でベールを着用することで、投票所を訪れる篤信的な有権者に対してヒズブッラー候補者への投票誘導を促した（Norton and Schwedler［1994：55］，Kfoury［1997：140］）。

第三に、諮問会議がヒズブッラー候補者への投票を「イスラーム法的義務（al-taklīf al-sharʿī）」としたことであった。これは、イランの最高指導者アリー・ハーメネイーによる法学上の判断に裏付けされた。

第四に、どの選挙区で、どの立候補者を、何人出馬させるかといった選挙戦略において、他の政党との利害調整や談合を巧みに進めたことであった。宗派制度を採用したレバノンの選挙制度では、自宗派だけではなく他宗派か

表 4-2　第14期国民議会選挙におけるヒズブッラー候補者・当選者

氏　名	生年	出　身	選挙区	経　歴	党内役職	備　考
イブラーヒーム・アミーン・アッサイイド	1953年	ナビー・イーラー（ザハレ近郊）	ベカーア県バアルベック＝ヘルメル郡	初等教育をバアブダー，中等教育をザハレで修める。その後，ナジャフ（イラク，バーキル・サドルに師事），コム（イラン）に留学し，1974年にイスラーム法学者免許を取得。教員を務めた後，1978年にはアマル運動の設立にたずさわり，テヘラン代表としてイランに駐在する。1980年代初頭にヒズブッラーに合流，設立メンバーの1人となる	1985年の「公開書簡」を起草・発表。1989年初代副書記長に選出。1995年および1998年議会活動会議議長に選出。2001年，2004年，2009年には政治会議議長に選出	1996年再選
アリー・ファドル・アンマール	1956年	ブルジュ・バラージナ（ベイルート南部郊外）	レバノン山地県第4区バアブダー郡	初等教育をベイルート南部郊外（ヌール学院），中等教育をブルジュ・バラージナ（ベイルート南部郊外，フサイン・アリー・ナースィル中学校）で修める。その後は宗教教育の道に進み，ムハンマド・マフディー・シャムスッディーン，ムーサー・サドル，ムハンマド・フサイン・ファドルッラーに師事する。1975年奪われた者たちの運動に参加，1978年のムーサー・サドルの失踪後はアマル運動の指導部メンバーとなる。1982年頃にヒズブッラーに合流する		1996年，2000年，2005年，2009年再選
アリー・ハサン・ターハー	1949年	ヘルメル	ベカーア県バアルベック＝ヘルメル郡	初等教育をブルジュ・バラージナ（ベイルート南部郊外），中等教育をヘルメルとザハレで修める。レバノン大学文学部で学ぶかたわら，ハウザでシーア派宗教教育を受ける。その後は教員として普通教育および宗教教育に従事する		
イブラーヒーム・スライマーン・バヤーン	1948年	バアルベック	〃	初等および中等教育をバアルベックで修める。ザハレの専門学校を経て（1967年），1975年レバノン大学でフランス語の学位を取得する。1975年にレバノン大学でフランス語の学位取得，1980年パリ第4大学（ソルボンヌ）でフランス語の修士号取得。1978年フランス語の教師となり，1983〜2003年にはレバノン大学教員（フランス語）を務める		1996年，2000年，2005年再選
ムハンマド・アブドゥルムトリブ・フナイシュ	1953年	マアルーブ（スール郊外）	南部県・ナバティーヤ県スール郡	初等教育をシャーハ（レバノン南部地域），中等教育をブルジュ・バラージナ（ベイルート南部郊外）で修める。レバノン大学で政治学の学位を取得	1991年政治局局長に選出	1996年，2000年，2005年，2009年再選。電力水資源大臣（2005年7月〜08年8月），労働大臣（2008年8月〜09年12月），行政改革担当国家大臣（2009年12月〜）

（つづく）

氏　名	生年	出　身	選挙区	経　歴	党内役職	備　考
ムハンマド・ブルジャーウィー	1959年	ベイルート	ベイルート県	幼少からベイルートで宗教諸学を学ぶ。1970年代後半には廃品回収業を営む。1983年イスラーム抵抗に参加，翌年イスラーム抵抗支援協会の設立メンバーの1人になる。イランに留学し，人材育成に関する資格を取得する。イスラーム福祉支援協会（イムダード協会），アル＝マナール・テレビ，イマーム・ホメイニー文化センターなどの設立にたずさわる		1996年落選，2000年，2005年再選
ムハンマド・ラアド	1955年	〃	南部県・ナバティーヤ県ナバティーヤ郡	初等・中等教育をベイルートで修める。1974年教職の専門学校を卒業した後，1980年レバノン大学で哲学の学位取得。普通学校の教員となる。ムスリム学生のためのレバノン連合およびヒズブッラーの結成にたずさわる	機関誌『アル＝アフド』編集長を務めた後，1993年に諮問会議メンバーに選出。1995年および1998年に政治会議議長に選出。2009年には議会活動会議議長に選出。「抵抗への忠誠ブロック」会長（1992年～）	1996年，2000年，2005年，2009年再選
ムハンマド・ハサン・ヤーギー	1958年	バアルベック	ベカーア県バアルベック＝ヘルメル郡	初等・中等教育をバアルベックで修める。レバノン大学法政学部を卒業後は，ベカーア高原地域で教員を務める。1973年ベカーア・イスラーム福祉協会に従事し，1975年ムーサー・サドルの奪われた者たちの運動に加わる。アマル運動の設立にたずさわり，ヒズブッラーに合流する。	1989年および1991年執行会議議長に選出。中央委員会メンバー	1996年，2000年，2005年再選

出所）Markaz al-ʻArabī li-l-Maʻlūmāt, al-Safīr［2006b : vol. 3］, Ḍāhir and Ghannīm［2007］をもとに筆者作成。

らの得票なしでは議席を得ることはできない。ヒズブッラーは，「勝てる選挙区」では他党に譲歩し，逆に「勝てそうもない選挙区」では他党から譲歩を引き出し，結果的に両者において一定の議席を獲得することに成功した。

選挙後，ヒズブッラーは，国民議会において一五議席を超える独自の会派「抵抗への忠誠ブロック（Kutla al-Wafāʼ li-l-Muqāwama）」を形成し，最大野党としての地位を築くことに成功した。現行の宗派制度の解体を目指すヒズブッラーにとっては，政府を批判する側である野党の地位にあり続けることが重要であった。野党としての基本方針は，選挙綱領の理念と目的に依拠した法案を次々に提出し，第二共和制を揺さぶるというものであり，具体的には，宗派制度の廃止，国民議会によるイスラーム抵抗への支援の正式認可，内戦で壊滅的被害を受けたベイルート中心部の再開発の公平化、パレスチナ難民の保護などであった。いずれの法案も可決に至ることはなかったものの、こうしてヒズブッラーは合法政党としての地位と国内外からの認知を獲得し、議会政治という新たな戦略・戦術を通して自らの革命的汎イスラーム主義の実現に努めたのである[25]。

4　権力の二元的構造の下での政党

ヒズブッラーは、党内での慎重な意見調整や巧みな選挙戦略を通して、内戦終結後初の国民議会選挙で成功を収めた。しかし、本章の冒頭で述べたように、「テロ組織」が政党に転じようとするとき、公的な政治空間の側がそれを受け入れる姿勢や準備を欠いていれば実現しない。第二共和制は、いかにしてヒズブッラーを政党として承認し、受け入れたのであろうか。

政党の認可と不認可

第二共和制において、政党の認可はオスマン帝国統治期の一九〇九年八月三日に施行された法律第一〇八〇三号（団体法、Qānūn al-Jamʿīyāt）に基づいて行われた。この団体法は、フランスの結社法（一九〇一年七月一日制定）に依拠して策定されたものであり、政党だけでなく社会団体や文化団体にも適用され、またその規制はきわめて緩い。つまり、「レバノンでは、いかなる団体であっても政党としての公認を受けられ、また公認の有無にかかわらず政党として活動できる」のである（青山［2010：137］）。

したがって、政党化の道を選ぶことができたのはヒズブッラーだけではなく、内戦中に勃興した民兵組織であるアマル運動、イスラーム慈善計画協会（通称アフバーシュ）、カターイブ改革運動、ワアド党、レバノン軍団などもまた同様であった[26]（el-Khazen［2003］）。内戦終結直後のレバノンでは、政党が乱立する一方で突出した政党もなかったことから、政治学者ジョヴァンニ・サルトーリの言うところの「最終的にはそれぞれの政党が単なる「ラベル」の意味しか持たぬ状況」である、「原子化多党制（atomized pluralism）」の様相を呈していたと言える（サルトーリ［2000：219, 470］）。

政党が「ラベル」の意味しか持たないとすれば、第二共和制において政党活動の成否を分けるのは、あらゆる団体や組織が受けられる政党公認ではなく、むしろ団体法による認可の取り消し、この場合においてはすなわち非合法化であった。ヒズブッラーが軍事部門を有しながらも政党として認められた一方で、認可が取り消され一切の活動が禁止され、非合法化された政党もあった。その代表例が、レバノン軍団であった。

レバノン軍団は、一九七六年にマロン派が主導した政治同盟レバノン戦線の民兵組織として結成され、内戦終結後の一九九三年に政党公認を受けた。しかし、一九九四年二月末に起こった教会爆破事件（九名が死亡）の容疑で認可を取り消され、四月には党首であるサミール・ジャアジャア執行委員会議長（一九八六年にレバノン軍団司令官に就任）が逮捕され禁固一〇年の刑を受けた。レバノン軍団は、「民兵であることを隠蔽した政党」であり「軍事兵器と爆発物を所有している」と断罪され、政府による治安維持活動の対象として処分されたのである（Abdelnour［2004］, Aubin-Boltanski［2012］）。

レバノン軍団は、教会爆破事件の容疑および武器所持の両方の罪状について否認した。実際、内戦終結時にターイフ合意が定める武装解除を一時的に拒否したものの、最終的には無条件で応じている（Hanf［1993：615］）。そのため、レバノン軍団が解党処分を受けることになった原因は武器の保持（の容疑）ではなく、レバノンを実効支配していたシリアに対する批判的な姿勢、例えば、一九九二年の第一四期国民議会選挙のボイコットや街頭での抗議デモであったと囁かれた（el-Khazen［2003：612］）（後に、二〇〇五年のシリア軍のレバノン撤退直後に同党が合法化された事実は示唆的である）。真相はともかくとして、レバノン軍団のケースは、第二共和制において政党活動の可否についてもレバノンを実効支配していたシリアの意向が強く反映していたことを窺わせる。

権力の二元的構造とは何か

政党の公認・非公認（非合法化）といったレバノンの国内政治の問題に対して、シリアはどのように関与していたのか。そこには、筆者らが「権力の二元的構造」と呼ぶシリアによるレバノン実効支配のメカニズムがあった[27]（青山・末近［2009：23-26］）。

「権力の二元的構造」は、「目に見える権力」と「隠された権力」という二つの権力から構成され、それぞれの担い手を「名目的権力装置」と「真の権力装置」と呼ぶことができる。「名目的権力装置」とは、レバノン国家の統治機構を構成する大統領（府）、内閣（首相、閣僚）、国民議会（議長、議員）などの公的制度であった。

しかし、これらの公的制度はシリアの実効支配という現実を隠蔽するものとしての色彩が強く、実際の政治過程の帰趨を左右したのはシリアであった。レバノン政府の意思決定の多くは、シリアの大統領、すなわちH・アサドおよびその後継者であるバッシャール・アサド（B・アサド）の二人の大統領と、彼らに「レバノン・ファイル（al-milaff al-Lubnānī、対レバノン政策）」を任された政府・軍幹部という「真の権力装置」によって非公的に主導された。シリアによるこの「隠された権力」は、レバノンという主権国家の領域と制度的・法的枠組みとの両方を超越するかたちで行使された。

このような権力の行使を支えたのが、前述のようなシリア軍・ムハーバラートのレバノン駐留（治安維持活動）やシリア人労働者の流入によるレバノンの「準植民地」化であった。しかし同時に、ポスト内戦期のレバノンが政治的な求心力を欠き、政党間・宗派間の権力分有が不調に終わったことから、シリアがパワーブローカーとしての役割を果たした。事実、「隠された権力」が典型的に行使されたのは、政党などのレバノンの国内のアクターによる合従連衡が最も活発に展開された大統領や首相・内閣の人事、そして国民議会選挙であった。

例えば、大統領人事においては、一九九五年末、シリアはレバノンに対して憲法第四九条（一九二九年五月八日修正条項）に「現大統領の任期を唯一例外的に、一九九八年一一月二三日までの三年間延長する」という文言の追加を促すことで、親シリアのイリヤース・ヒラーウィー大統領の任期（一九八九年一一月〜九八年一一月）を延長させた[28]。一方、国民議会選挙においては、シリアは、実効支配や第二共和制に異議を唱える政党や政治家の勢力伸張を阻止するため、選挙区改編（ゲリマンダリング、gerrymandering）、候補者の選定、そして候補者による選挙同盟の結成などに干渉した[29]（青山・末近［2009：25］）。

しかし、「権力の二元的構造」を一方的なシリアによるレバノンの抑圧と捉えるべきではないだろう。むしろ、シリアによる実効支配という第二共和制の新たな政治環境において、レバノンの様々な政党や政治家がシリアとの関係を利用することで、自らの政治的発言力や影響力を拡大しようとしてきた事実も看過できない。そこでは、上述のレバノン軍団のようにシリアの実効支配への批判を通して支持基盤の強化を試みる場合もあったが、実際に政治を主導できたのはシリアとの関係を強化し、「隠された権力」へのアクセスが可能となった政党・政治家であった。シリアは、ポスト内戦期の不安定な国家における政党間・宗派間の利害関係を調整する役割を果たしていたのである。

シリアの天井——第一五期国民議会選挙（一九九六年）

その権力が「隠された権力」であるゆえに、第二共和制におけるシリアの影響力を正確に測定することは難しい。だが確実に言えるのは、レバノン国内の政治家や政党にとってシリアに背を向けることが政治的なリスクを伴うということであった。これは、明確に反シリア姿勢を打ち出したレバノン軍団だけではなく、結成以来シリアとの関係を維持してきたヒズブッラーもまた同様であった。

むしろ、ヒズブッラーは、結成以来シリアの庇護下にありながら、最大の野党連合を主導する政党として、その

表 4-3　「ヒズブッラー選挙綱領」（1996年）の7つの要点

番号	内　容	概　　要
1	占領への抵抗	イスラエルによる占領地の完全なる解放・主権回復・安全保障の確立，抵抗の諸活動に伴うレバノン市民の保護，レバノンにおける全ての宗派による団結，国家によるレジスタンス戦闘員・イスラエルによる収監者・殉教者の家族への支援，国家によるイスラエルとの関係正常化の阻止
2	平等の実現と公正な国家の確立	政治的宗派主義の廃絶，公正で均整のとれた選挙制度の実現，特定の個人や政党によって独占されていない実効性を伴う政治的諸機関の確立，行政分権化の原則の適用
3	経　済	国家による総合的な人間開発を最優先とする経済政策の適用，開発計画の再編と産業・農業・畜産・漁業分野への支援，公共部門の活性化と市民（とりわけシオニストによる占領に対峙する地域の住民）に対する義務の遂行
4	教育と組合	公立学校の充実・改革，近代的な教育制度の整備，レバノン大学の質向上，労働運動・組合制度の充実
5	社会と保険	国家建設における青年層への必要な支援，女性の社会的な地位向上，家族の絆の維持・強化，避難民の帰化・帰還，公共医療機関の整備，社会福祉のための基金の拡充，刑務所の改革，公的資源と環境の保護のための基盤および法の整備，住宅問題の解決
6	公的自由の保護	信仰・集会・政治活動・宗教儀礼・報道などの自由の保証
7	外　交	レバノン・シリア関係の維持・強化，米国の圧力への対峙，レバノン人国外居住者との関係強化，アラブ・イスラーム諸国との均整のとれた関係構築

出所）Ḥizb Allāh［1996］をもとに筆者作成。

シリアの息のかかった政権与党に対峙しなくてはならない難しい立場に置かれることになった。一九九〇年代におけるH・アサド政権の「レバノン・ファイル」の許容限界はレバノン国内で「シリアの天井（al-saqf al-Sūrī）」と呼ばれたが、ヒズブッラーがこれをあらためて目の当たりにしたのが、一九九六年八月から九月にかけて実施された第一五期国民議会選挙であった。

一九九六年選挙では、ヒズブッラーは前回よりも詳細かつ包括的な選挙綱領を準備して選挙戦に臨んだ（Ḥizb Allāh［1996］, Alagha［2006：254-260］）（表4-3）。選挙公約は占領地の解放や宗派主義の廃絶など前回選挙を踏襲したものであったが、「ヒズブッラーのレバノン化」の進展を示唆する特筆すべき点として、次の二つが指摘できる。

第一に、レバノンの「主権」についての言及が現れたことである。一九九二年の選挙綱領においては、「主権」の語は一度も登場しなかった。この新たな選挙綱領においては、「我々は、占領された土地が完全に解放され国家主権が回復するまで、また、占領地の人びとが解放され、強欲なシオニストによるあらゆる直接的・間接的プレゼンスとは無縁の自由で尊厳ある然るべき生活を保障され得るまで、抵抗の強力かつ効率的な継続を行う」と述べられた（Ḥizb Allāh［1996：2］）。

第二に、レバノン政府の外交についての方針が盛り込まれたことであった。とりわけ、レバノンとシリアの関係強化と対米強硬姿勢の維持の必要性が強調された。

これら二つの点は、一九八〇年代に独自のトランスナショナルなネットワーク――とりわけシリアおよびイランとの独自の「外交」――を駆使し勢力を拡大してきた従来の路線をいったん棚上げにして、本来的な意味での主権国家間の外交を尊重することを明確に打ち出したことを示していた。つまり、主権国家としてのレバノンと第二共和制の正当性をあらためて承認し、政府に外交権を託すという意味で、一九九六年選挙においては「ヒズブッラーのレバノン化」がさらなる進展を見せたと言えるのである。そのため、一九九六年選挙では選挙戦の段階から政党としてのヒズブッラーの勢力伸長が予想された。

ところが、選挙結果は、当初の予想に反してシーア派議席が七議席、シーア派以外の立候補者の当選も二議席（スンナ派とマロン派）にとどまった[30]（Hamzeh［2004：113］）。その背景には、選挙区改編や候補者リスト作成への介入を通した、シリアによる強い選挙介入があった。とりわけ、選挙戦においては、同じシーア派を支持基盤とするライバル政党であるアマル運動との折衝が難航し、最終的にはシリア政府が仲介することで候補者、選挙区、リストについてヒズブッラーが譲歩をするかたちで合意がなされた。ヒズブッラーの「敗北」は、国民議会選挙がシリアによるレバノン支配のため確固たる装置となったことを示唆する出来事であった（Usher［1997：59-60］）。

シリアがヒズブッラーの「敗北」を導いた理由は二つある。第一に、一九九〇年代初頭以降の西側諸国との関係改善およびイスラエルとの和平交渉の文脈において、革命的汎イスラーム主義を掲げるヒズブッラーの言動を牽制することで自らの「誠意」を示す必要があった。第二に、最大野党を率いるヒズブッラーの勢力伸長を抑制することで、傀儡の政権与党による意思決定を円滑に進められるようにしておく必要があった（Usher［1997：59-60］）。結果として、一九九六年の選挙以降、ヒズブッラーは、合法政党として第二共和制における確固たる地位を築く一方で、「シリアの天井」の下で政治的なフリーハンドを失い、シリア政府の対レバノン政策に歩調を合わすことを余儀なくされるようになった[31]。

だが、その後一九九〇年代末までにシリアとイスラエルとの和平交渉が不調に終わると、ヒズブッラーは、シリアに対して消極的な関係維持（公然の秘密）ではなく、イスラエルを共通の敵とする積極的な戦略的パートナーシップ（公然の事実）を強化し、イデオロギー的な共鳴要素を欠いた「愛なき結婚」（*al-Nahār*, April 5, 2001）――世俗主義とイスラーム主義の相違――にもかかわらずお互いの蜜月ぶりをアピールするようになっていった。こうして、ヒズブッラーは、レバノン実効支配やイデオロギー的相違といった問題をいったん棚上げにし、イスラエルや米国との対峙の文脈でシリアとの共闘関係を強化していったのである。これについては第6章で詳述する。

おわりに――「武装政党」の誕生

本章では、ヒズブッラーの政党化がなぜ成功したのか、その要因を「内的条件」と「外的条件」の両面から検討してきた。ヒズブッラーが第二共和制において軍事部門を有する「武装政党」としての特権的地位を得ることができたのは、レバノンを実効支配下に置いたシリアの政策判断によるところが大きい。しかし、国内・地域・国際のそれぞれのレベルにおける政治環境の変化が複合的に作用することで、彼らの政党化は初めて可能となった。

一九八〇年代末から九〇年代初頭にかけての政治環境の変化は、トランスナショナルなネットワークと物理的な暴力を梃子に勢力を急拡大してきたヒズブッラーにとって逆風となった。国内レベルにおいては内戦の終結、地域レベルでは中東和平プロセスの進展が、ヒズブッラーのイスラーム革命思想と対イスラエル強硬姿勢を脅かした結果、合法的・平和的に政策実現を目指す新たな方法論を模索する必要性を突きつけた。また、国際レベルの変化では、シリアとイランの二つの支援国が、冷戦の終焉に伴い西側諸国との緊張緩和に乗り出したことがあった。両国にとって、冷戦後に立ち現れつつあった新たな世界秩序に適応していくためには、ヒズブッラーを外交カードとして保持しつつも、合法的・平和的路線を採用させる必要があったのである。

　こうした状況下で、ヒズブッラー指導部は、レバノンの合法政党への道を模索し始めた。組織内ではこれを党是である革命的汎イスラーム主義からの逸脱と批判する声が上がり、幹部たちは政党化の推進を目指す改革派とそれに反対する保守派に二分された。

　政党内競合は、長い議論の末、従来の路線の段階論的解釈を導き出すことで収束した。すなわち、①イスラエルの破壊と②イスラーム国家の樹立という「公開書簡」の理念を達成するために、ヒズブッラーは、レバノンの合法政党としての立場から、①イスラエルの占領からのレバノン領土の解放と②政治的宗派主義の撤廃、を目指すことが謳われた。政策目標が汎イスラーム主義からレバノンの国内政治へと重心を移したという「ローカル化」と、その政策目標を実現するための手段が非合法から合法へと転じた「制度化」という二つの意味において、「ヒズブッラーのレバノン化」が進んだのである。

　この「ヒズブッラーのレバノン化」は、シリアとイランの両国の政治的な支援によって進められた。シリアは、イスラエルの占領下の南部地域の解放闘争を担うレジスタンスとして、ターイフ合意の文言を根拠にヒズブッラーの武装解除を免除した。軍事部門イスラーム抵抗がイスラエルの破壊を理念に掲げるヒズブッラーの存在意義の不可分な一部であるとすれば、これを保持したままで政党化できたことは組織の求心力低下を回避する上で好都合であった（逆に言えば、武装解除を伴う「純粋な政党」への転身は政党内競合をより熾烈なものにしたであろう）。他方、イランは、ヒズブッラーが従うべきワリー・ファキーフであるハーメネイーの法学裁定を通して、彼らの政党化をイスラーム法の見地から正当化し、組織の分裂を生みつつあった政党内競合を収束させることに寄与したのである。

ヒズブッラーというトランスナショナルな「テロ組織」が特定のレバノンの合法政党へとなるには、複雑に絡み合う「内的条件」と「外的条件」の両者が整備される必要があった。これらの条件は、おそらくヒズブッラーに特有なものであり、またその整備も多くの分岐点を経ながら達成されたものであった。しかし、このことは、「テロ組織」や「イスラーム原理主義組織」と目されていたイスラーム主義組織であっても、環境次第では民主政治に主体的に参入できるという可能性を表している。二〇一一年の「アラブの春」以降、中東諸国で徐々に民主化が進んでいるが、イスラーム主義組織の政治参加はその成否を左右する重要な課題である。「イスラーム主義のフロントランナー」としてのヒズブッラーの経験は、他のイスラーム主義組織や政策決定者にも参照され得るものであろう。

第5章　多極共存型民主主義におけるイスラーム政党
――民主主義・宗教・ナショナリズム

はじめに――イスラームと民主主義の接点を探る

内戦後のレバノンの第二共和制においては、ヒズブッラーだけではなく他の多くの民兵組織が合法政党化の道を選んだ。だが、前章で見たように、ヒズブッラーは、シリアによる実効支配下で「武装政党」としての特権を享受すると同時に、イスラーム主義組織としての理念を変えることなく政党となった点において異彩を放っていた。

ヒズブッラーのような政党は、一般的に「イスラーム政党」と呼ばれる。イスラーム政党とは、小杉泰の定義に依拠すれば、「「イスラームに思想的基盤を置く政治イデオロギー」に立脚する政党」であり、①政党と自己規定する政治組織であること、②何らかのかたちで公然と「政治へのイスラームの適用」を実現すべき目標として掲げていることを特徴とする（小杉［2001：238-239, 241］）。

イスラーム政党の概念は、冷戦終結後の中東政治、広くは国際政治において注目されてきた重要な問題であるイスラームと民主主義との関係を考える上で示唆に富む。冷戦終結後唯一の超大国となった米国を発信源とするリベラル・デモクラシーと新自由主義経済が世界を席巻し、東欧や南米などの諸国が次々に民主化と経済の自由化を遂げていくなか――グローバル化が進むなか――で、中東・イスラーム諸国だけが例外的にこの波に抗う存在として扱われてきたからである。サミュエル・ハンチントンの「文明の衝突」論を取り上げるまでもなく（Huntington［1993］）、中東・イスラーム諸国における民主化が進まなかったのは、イスラームという宗教ないしはそれに基づく独特の政治文化が原因であるとの議論も頻繁になされてきた[1]。

確かに、一部の急進的なイスラーム主義者たちが民主主義を唾棄すべき西洋文明の一部として拒絶してきたことは事実である。だが他方で、中東諸国のリベラル派の論者からは民主主義とイスラームの接点を探る試みや、そもそもイスラームの教えに民主主義の原理や要素が内包されているといった議論がなされてきたのも事実である。

今日、イスラームと民主主義の関係をめぐる議論は、民主主義を思想と制度のいずれと見なすかという問題をも孕むことで、百家争鳴の様相を呈している。そもそも西洋においても「西洋民主主義に対する解釈がいくつも存在し、しかもその解釈が変化している」のが実情であり、容易に結論が出るものではなく、また結論を急ぐことは現実の政治を混乱させるだけだろう[2]（エスポズィト／ボル［2000：26］, Esposito and Voll［1996：18］）。

さらに言えば、アラブ各国でイスラーム政党が実際に台頭した二〇一一年の「アラブの春」を契機に、イスラームと民主主義との関係は思想よりも実践の問題になったと言える。オリヴィエ・ロワは、「イスラーム主義者にとって、彼らの正当性を維持するための唯一の方法は選挙を通すことである。彼らの独自の政治文化は未だに民主的ではないかもしれないが、それでも彼らは今新たな政治的な風景に規定されており、自らを再定義するように迫られている……イスラームと民主主義をめぐる論争は、かつて鳥が先か卵が先かの問題であった……今日では、イスラームの民主主義との親和性についての問いは、神学上の諸問題ではなく、むしろ急速に変化する政治的変化のなかで信徒たちが自らの信仰を再構成する具体的な方法に集中している」と評している（Roy［2012：13–14］）。

以上のことから、本章の目的は、民主主義とイスラームの関係をめぐる思想的な議論に介入し、性急に何らかの結論を導き出すことではなく、むしろ、ヒズブッラーを事例にイスラーム政党の政治実践に着目することで、イスラームと民主主義との関係がレバノンを舞台とする現実の政治においてどのように展開されているのか、また、どのように展開することが可能なのかを論究することにある。

言うまでもなく、民主主義とイスラームとの関係をめぐっては、イスラーム政党ないしはイスラーム主義組織ごとに思想的な違いがあるし、地域や国によって政治体制や他の政党との関係といった政治環境も異なる。むしろ、こうした違いや多様性こそが、民主主義とイスラームとの関係をめぐる活発な議論を生み出している。だとすれば、イスラーム政党としてのヒズブッラーの政治実践を探ることは、翻って、民主主義とイスラームとの関係をめぐる思想的な示唆をも含むはずである。

ヒズブッラーは、一九八五年の「公開書簡」において、レバノンにおける宗派制度こそが権力の偏在を生む原因であると論難し、そのオルタナティブとしてイスラーム的統治の実現を政治目標に掲げた。それは一部の者の暴力や専制ではなく、あくまでも大衆の総意によって樹立・運営されるべきであるとする、西洋的なリベラル・デモクラシーとは異なる独自の「民主」思想であった（第2章2）。そして、政治実践においては、第4章で見たように、レバノンの宗派制度の廃絶を訴え、政党として議会政治に参入することでそれを内部から換骨奪胎していく戦略を採用した[3]（第4章）。つまり、ヒズブッラーにとって、合法政党化はレバノンにおける現行の民主政治へのコミットメントというよりも、むしろ大衆の意思を通してレバノンの政治体制を内部から「民主」的にイスラーム化するための手段であったのである。

このようなヒズブッラー独自の「民主」政治の思想と活動は、どのように評価されるべきなのであろうか。本章では、まず、レバノンの宗派制度とそれに基づく多極共存型民主主義の仕組みを瞥見する。次に、政党としてのヒズブッラーの動員力とそのメカニズムについて、二〇〇〇年に実施された第一六期国民議会選挙を事例に明らかにする。そして最後に、ヒズブッラーが第二共和制レバノンの民主主義と国民統合にいかなる影響を与えているのかについて論究する。

1　第二共和制の議会政治と選挙制度

宗派主義と宗派制度のアンビバレンス

ターイフ合意とそれに基づき改正された憲法は、第二共和制をレバノン内戦勃発の原因となった宗派主義の廃絶に向けての「移行期」と定めたものの、実際の政治制度改革、すなわち宗派制度の撤廃は遅々として進まなかった（Ofeish［1999］）。ザイームとザラメとの間のクライエンティリズム（垂直関係）と「連携ポリティクス」（水平関係）をそれぞれ縦糸と横糸とするレバノン政治の伝統は内戦後にそのまま受け継がれたのである（第3章1）。

ただし、第二共和制の議会政治の実相においては、内戦以前の第一共和制と異なる点もある。それは、内戦中に次々に結成された民兵組織が政党化し、合法的な政治過程に参画するようになったことである。民兵組織の指導者は「内戦エリート」として、「下からの動員」によって生み出された強力な支持基盤を背景に政府のポストを獲得した。例えば、アマル運動のナビーフ・ビッリー代表は、シーア派に割り当てられた国会議長職のポストにまで上り詰め、またレバノン軍団のサミール・ジャアジャア執行委員会議長は、一九九四年五月に教会爆破事件の容疑で逮捕されるまでマロン派コミュニティの代表的な政治家の一人であった。第二共和制の国民議会は、旧来のザイームと政党指導者の他に、このような合法政党化した民兵組織の幹部やメンバーが議席を獲得するようになった点を特徴とする。

このことから、しかしながら、レバノン政治が伝統的な名望家政治から近代的な政党政治へ移行したのだと結論することはできない。なぜならば、こうした政党化した民兵組織もまた、かつてのザイームと同様に、独自のイデオロギーによる「下からの動員」を駆使しながらも、結局のところは宗派と地域に立脚した新たなクライエンティリズム――新たなザイーム＝ザラメ関係――を築いたためである。内戦エリートの多くは、国家利権分配の新たな

表 5-1　各政党の議員の出身宗派（2000 年第 16 期国民議会選挙後）

政党＼宗派	総議席数	イスラーム				キリスト教						
		スンナ派	シーア派	ドゥルーズ派	アラウィー派	マロン派	ギリシア正教	ギリシア・カトリック	アルメニア正教	アルメニア・カトリック	プロテスタント	マイノリティ
ヒズブッラー	9		9									
アマル運動	7		7									
進歩社会主義党	5	1		4								
シリア民族社会党	4					1	2	1				
アラブ社会主義バアス党	3	1	1		1							
アラブ社会主義連合	1	1										
アラブ解放党	1	1										
ナースィル人民機構	1	1										
カターイブ改革運動	1					1						
レバノン・カターイブ党	1					1						
キリスト民主党	1					1						
ラームガヴァーン党	1									1		
アルメニア社会民主ハンチャク党	1								1			
ターシュナーク党	1								1			
合　計	37											

出所）青山編［2007：100-109］，Ashtī［2004：269-271］をもとに筆者作成。

チャンネルとしての「ネオ・ザイーム」と化したのである（末近［2002：193］）。前出のアマル運動のビッリー代表は、国会議長のポストに就くことによってシーア派コミュニティ内の特定の集団（運動の支持者）への利権誘導のチャンネルと化した（Harik［1996：51］，Hamzeh［2001：174-175］）。

このようにレバノンでは、イデオロギー的動員を行う政党すら宗派の別に基づいた政治実践のパターンに絡め取られる傾向がある。例えば、本章が取り上げる二〇〇〇年の第一六期国民議会選挙においても、各政党の議員の出身はいずれかの宗派に偏る傾向が見て取れる（表5-1）。第二共和制においては、旧来のザイーム層に加えて、進歩社会主義党（ドゥルーズ派系）、アマル運動（シーア派系）、レバノン軍団（マロン派系、一九九四～二〇〇五年非合法化）、ヒズブッラー（シーア派系）が主要なアクターとなった。また、スンナ派のラフィーク・ハリーリー（以下R・ハリーリー）元首相は、疑似政党とも呼べる強力な政治連合を組織し、支持基盤を拡大した（この連合は、後にムスタクバル潮流として正式に政党となった）。

要するに、宗派制度の廃止に向けた「移行期」である第二共和制においては、宗派別の権力分有の不公平を是正することが掲げられたものの、宗派制度とそれに立脚した伝統的な議会政治のあり方自体は存続したことになる。むしろ、新旧の政治勢力が、ターイフ合意の基本原則である宗派主義の廃絶に合意しその施行を要求しながらも、内戦後も存続する宗派制度を事実上容認していたのが実情であった。換言すれば、特定の宗派がヘゲモニーを確立しようとする宗派主義を非難しつつも既存の宗派制度は容認するという、「宗派」に対するアンビバレントなコンセンサスの上に第二共和制は成立したのだと言えよう。

流動的な選挙制度

ターイフ合意で定められている宗派制度の撤廃へ向けた「移行期」においては、選挙制度も変更・修正が繰り返されてきた。レバノンの選挙制度の特徴は、①宗派別国会議席数の割り当てと②選挙区の設定方法の二つであるが、第二共和制ではそれぞれについてたびたび見直しがなされてきた。

まず、前述のように（第4章1）、宗派別国会議席数の配分が一九九〇年の憲法改正で見直され、キリスト教徒とイスラーム教徒の議席数が、それまでの六：五から五：五の等比となった。このことは、大統領の権限縮小と相まって、レバノン独立以来のキリスト教徒のヘゲモニーの終焉を意味した。一九三二年を最後にセンサスが実施されていないため、この議席配分比率は必ずしも宗派別人口の推移を反映した公正なものとは言えないが（すなわち非キリスト教徒の数は総人口の半数を大幅に上回っている）、原則的には比例代表制の体裁が採られ続けた。

次に、選挙区制については、レバノンでは宗派別の人口分布に応じて、選挙区ごとに議員の宗派が定められてき

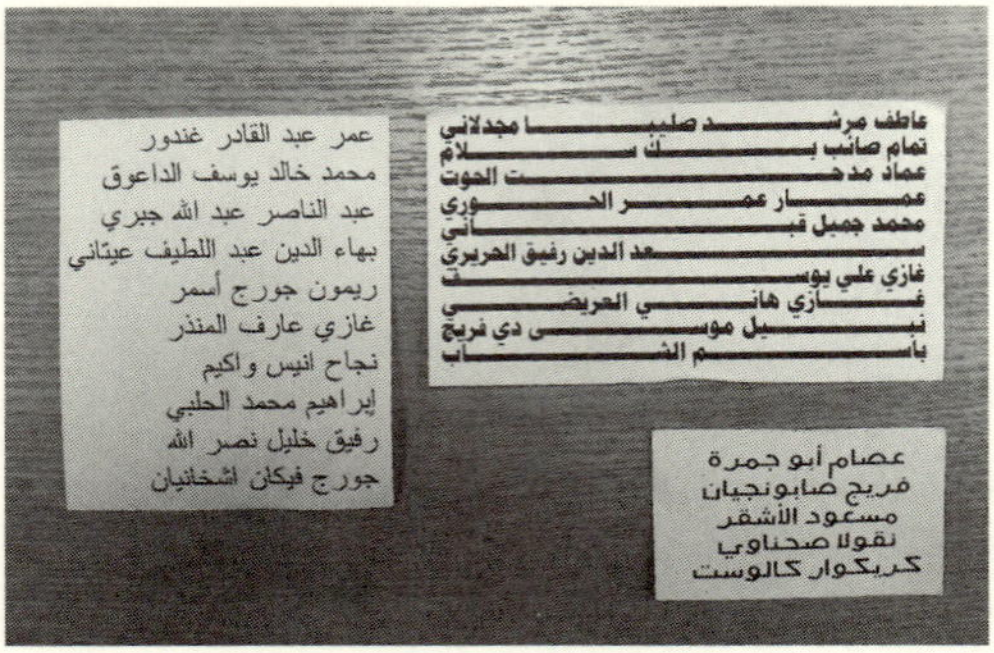

国民議会選挙の際に配布されるリスト（2009年第18期国民議会選挙）

注）右上段はベイルート県第3区の「ムスタクバル」リスト，右下段はベイルート県第1区の「変化改革」リスト，左はベイルート県第3区の「ベイルート国民決定」リスト
出所）筆者撮影（2009年6月）。

た。複数の宗派の議席がある選挙区では、投票者は各宗派についてその議席数分の投票権を持っている。ただし、被選挙権に関しては、その選挙区の議席に割り当てられた宗派の出身者のみが立候補できる（自分の宗派に議席がない選挙区では立候補できない）。例えば、二〇〇〇年の第一六期国民議会選挙におけるベイルート県第一区の議席数は六で、宗派別の割り当てはスンナ派二、マロン派一、ギリシア・カトリック一、ギリシア正教一、プロテスタント一となっており、投票者は全部で六票投ずることとなる。つまり、立候補者は自分の帰属宗派以外の宗派からの票を必要とするルールとなっている。

そのため、選挙の際、立候補者や政党は、選挙区ごとに宗派横断的な連合を組織し、各宗派の議席数を網羅した「リスト（lā'iḥa）」への投票を呼びかけることになる。投票者の視点から見ると、リストには自分たちが属する選挙区においてどの宗派から誰が議席を確保するのか一目で確認できる利便性がある。各宗派の立候補者についてそれぞれ吟味しながら投票することを「アラカルト」に喩えるならば、リストはそれぞれの組み合わせが提案された「セットメニュー」ということになる（リストは選挙戦において公表されるが、投票日当日に投票所の前でも配布されることが多い）（安武［2011：103］）。

しかし、この選挙区制にはいくつかの問題が指摘されてきた。まず、実際の選挙戦は候補者の宗派を単位として行われるため、議席数配分に応じて一票の価値が異なってくる。ベイルート県第一区では、定数二のスンナ派と定数一のギリシア・カトリックに投ずる票は等価ではなく、スンナ派の次点候補がギリシア・カトリックの当選者より得票数が多いということが起こる。次に、特定の選挙区において自分の宗派に議席が割り当てられていない場合は、被選挙権がないと同時に、自分の宗派の出身議員を選ぶ権利もない。前出のベイルート県第一区の例で言えば、シーア派住民には立候補する議席がないのみならず、自分の宗派の代表となる議員を選出する権利も持たないのである。見方を変えれば、シーア派は自分たちに好都合な他宗派候補に投票するため、その宗派の当選者が自分の宗派ではなくシーア派の利害を代表するような現象が起こり得る。このことは、特定宗派の代表者はその宗派の人間がなるべきであるという宗派制度の原則と矛盾する。

したがって、住民の一定程度の宗派別の棲み分けが見られるレバノンの状況では、選挙区の線引きと宗派別の議席配分が選挙の結果を大きく左右する。そのため、第二共和制では、宗派間の公平性を担保するための「配慮」のみならず、レバノンを事実上支配するシリアの圧力によって、たびたび選挙区の変更がなされてきた（第4章4）。一九九二年選挙においては五つの「県（muḥāfaẓa）」（ベイルート、レバノン山地、北部、ベカーア、南部・ナバティーヤ）を単位としていたが、一九九六年にはレバノン山地県選挙区を六つの「郡（qaḍā）」に分割した。二〇〇〇年には、各県は複数の選挙区に分割（一四選挙区）され、その多くが郡単位、またいくつかは郡を切り取るかたちとなった（表5-2、表5-3）。全体として見れば、選挙区の細分化が進行したと言える。これに対して、国内からは選挙区の線引きが特定のエリート――特に親シリア派の候補者――にだけ有利になるように行われているとの批判もなされた。

いずれにしても、重要な点は、宗派制度に立脚したレバノンの選挙制度が、選挙区の設定・変更・修正によって政治勢力のパワーバランスを容易に操作できる構造を有しており、実際にシリアの主導でそれが行われてきたことであろう。こうした選挙区改編に加え、連携ポリティクスの趨勢次第で選挙結果が大きく左右されることを考えると、内戦期の民兵組織がかつての名望家に代わって新たな政党としてイデオロギーを駆使した「下からの動員」を潜在的に拡大させてはいるものの、それらが勢力に比例した議席数を獲得できるとは限らない。つまり、この宗派

表 5-2　第 14・15 期国民議会選挙（1992 年，1996 年）における選挙区および宗派・地域別の議席配分

選挙区		定数	イスラーム				キリスト教						
			スンナ派	シーア派	ドゥルーズ派	アラウィー派	マロン派	ギリシア正教	ギリシア・カトリック	アルメニア正教	アルメニア・カトリック	プロテスタント	マイノリティ
ベイルート県		19	6	2	1		1	2	1	3	1	1	1
レバノン山地県第 1 区	ジュバイル郡	3		1			2						
第 2 区	キスラワーン郡	5					5						
第 3 区	マトン郡	8					4	2	1	1			
第 4 区	バアブダー郡	6		2	1		3						
第 5 区	アレイ郡	5			2		2	1					
第 6 区	シューフ郡	8	2		2		3		1				
北部県	アッカール郡	7	3			1	1	2					
	ディンニーヤ郡（現ミンヤ郡を含む）	3	3										
	ビシャッリー郡	2					2						
	トリポリ郡	8	5			1	1	1					
	ズガルター郡	3					3						
	バトルーン郡	2					2						
	クーラ郡	3						3					
南部県・ナバティーヤ県	サイダー郡	2	2										
	ザフラーニー郡（サイダー周辺村）	3		2					1				
	スール郡	4		4									
	ビント・ジュバイル郡	3		3									
	マルジャアユーン＝ハースバイヤー郡	5	1	2	1			1					
	ナバティーヤ郡	3		3									
	ジャッズィーン郡	3					2		1				
ベカーア県	バアルベック＝ヘルメル郡	10	2	6			1		1				
	ザフレ郡	7	1	1			1	1	2	1			
	西ベカーア＝ラーシャイヤー郡	6	2	1	1		1	1					
総計		128	27	27	8	2	34	14	8	5	1	1	1
			64				64						

出所）青山編［2007：94］。

表 5-3　第16・17期国民議会選挙（2000年，2005年）における選挙区および宗派・地域別の議席配分

<table>
<tr><th rowspan="3">選挙区</th><th rowspan="3">郡（地区）</th><th rowspan="3" colspan="2">定数</th><th colspan="8">イスラーム</th><th colspan="14">キリスト教</th></tr>
<tr><th colspan="2">スンナ派</th><th colspan="2">シーア派</th><th colspan="2">ドゥルーズ派</th><th colspan="2">アラウィー派</th><th colspan="2">マロン派</th><th colspan="2">ギリシア正教</th><th colspan="2">ギリシア・カトリック</th><th colspan="2">アルメニア正教</th><th colspan="2">アルメニア・カトリック</th><th colspan="2">プロテスタント</th><th colspan="2">マイノリティ</th></tr>
<tr></tr>
<tr><td>ベイルート県第1区</td><td>アシュラフィーヤ地区，マズラア地区，サイフィー地区</td><td colspan="2">6</td><td colspan="2">2</td><td colspan="2"></td><td colspan="2"></td><td colspan="2"></td><td colspan="2">1</td><td colspan="2">1</td><td colspan="2">1</td><td colspan="2"></td><td colspan="2"></td><td colspan="2">1</td><td colspan="2"></td></tr>
<tr><td>〃　第2区</td><td>バーシューラ地区，ルマイル地区，ムサイトバ地区</td><td colspan="2">6</td><td colspan="2">2</td><td colspan="2">1</td><td colspan="2"></td><td colspan="2"></td><td colspan="2"></td><td colspan="2">1</td><td colspan="2"></td><td colspan="2">1</td><td colspan="2"></td><td colspan="2"></td><td colspan="2">1</td></tr>
<tr><td>〃　第3区</td><td>ベイルート岬，ダール・ムライサ地区，ミーナー・フスン地区，マルファア地区，ズカーク・ブラート地区，ムダウワル地区</td><td colspan="2">7</td><td colspan="2">2</td><td colspan="2">1</td><td colspan="2">1</td><td colspan="2"></td><td colspan="2"></td><td colspan="2"></td><td colspan="2"></td><td colspan="2">2</td><td colspan="2">1</td><td colspan="2"></td><td colspan="2"></td></tr>
<tr><td rowspan="2">レバノン山地県第1区</td><td>ジュバイル郡</td><td rowspan="2">8</td><td>3</td><td colspan="2" rowspan="2"></td><td rowspan="2">1</td><td>1</td><td colspan="2" rowspan="2"></td><td colspan="2" rowspan="2"></td><td rowspan="2">7</td><td>2</td><td colspan="2" rowspan="2"></td><td colspan="2" rowspan="2"></td><td colspan="2" rowspan="2"></td><td colspan="2" rowspan="2"></td><td colspan="2" rowspan="2"></td><td colspan="2" rowspan="2"></td></tr>
<tr><td>キスラワーン郡</td><td>5</td><td></td><td>5</td></tr>
<tr><td>〃　第2区</td><td>マトン郡</td><td colspan="2">8</td><td colspan="2"></td><td colspan="2"></td><td colspan="2"></td><td colspan="2"></td><td colspan="2">4</td><td colspan="2">2</td><td colspan="2">1</td><td colspan="2">1</td><td colspan="2"></td><td colspan="2"></td><td colspan="2"></td></tr>
<tr><td rowspan="2">〃　第3区</td><td>バアブダー郡</td><td rowspan="2">11</td><td>6</td><td colspan="2" rowspan="2"></td><td rowspan="2">2</td><td>2</td><td rowspan="2">3</td><td>1</td><td colspan="2" rowspan="2"></td><td rowspan="2">5</td><td>3</td><td rowspan="2">1</td><td></td><td colspan="2" rowspan="2"></td><td colspan="2" rowspan="2"></td><td colspan="2" rowspan="2"></td><td colspan="2" rowspan="2"></td><td colspan="2" rowspan="2"></td></tr>
<tr><td>アレイ郡</td><td>5</td><td></td><td>2</td><td>2</td><td>1</td></tr>
<tr><td>〃　第4区</td><td>シューフ郡</td><td colspan="2">8</td><td colspan="2">2</td><td colspan="2"></td><td colspan="2">2</td><td colspan="2"></td><td colspan="2">3</td><td colspan="2"></td><td colspan="2">1</td><td colspan="2"></td><td colspan="2"></td><td colspan="2"></td><td colspan="2"></td></tr>
<tr><td rowspan="3">北部県第1区</td><td>アッカール郡</td><td rowspan="3">11</td><td>7</td><td rowspan="3">5</td><td>3</td><td colspan="2" rowspan="3"></td><td colspan="2" rowspan="3"></td><td rowspan="3">1</td><td>1</td><td rowspan="3">3</td><td>1</td><td rowspan="3">2</td><td>2</td><td colspan="2" rowspan="3"></td><td colspan="2" rowspan="3"></td><td colspan="2" rowspan="3"></td><td colspan="2" rowspan="3"></td><td colspan="2" rowspan="3"></td></tr>
<tr><td>ディンニーヤ郡</td><td>2</td><td>2</td><td></td><td></td><td></td></tr>
<tr><td>ビシャッリー郡</td><td>2</td><td></td><td></td><td>2</td><td></td></tr>
<tr><td rowspan="5">〃　第2区</td><td>トリポリ郡</td><td rowspan="5">17</td><td>8</td><td rowspan="5">6</td><td>5</td><td colspan="2" rowspan="5"></td><td colspan="2" rowspan="5"></td><td rowspan="5">1</td><td>1</td><td rowspan="5">6</td><td>1</td><td rowspan="5">4</td><td>1</td><td colspan="2" rowspan="5"></td><td colspan="2" rowspan="5"></td><td colspan="2" rowspan="5"></td><td colspan="2" rowspan="5"></td><td colspan="2" rowspan="5"></td></tr>
<tr><td>ミンヤ郡</td><td>1</td><td>1</td><td></td><td></td><td></td></tr>
<tr><td>ズガルター郡</td><td>3</td><td></td><td></td><td>3</td><td></td></tr>
<tr><td>バトルーン郡</td><td>2</td><td></td><td></td><td>2</td><td></td></tr>
<tr><td>クーラ郡</td><td>3</td><td></td><td></td><td></td><td>3</td></tr>
<tr><td rowspan="4">南部県・ナバティーヤ県第1区</td><td>サイダー郡</td><td rowspan="4">12</td><td>2</td><td rowspan="4">2</td><td>2</td><td rowspan="4">9</td><td></td><td colspan="2" rowspan="4"></td><td colspan="2" rowspan="4"></td><td colspan="2" rowspan="4"></td><td colspan="2" rowspan="4"></td><td rowspan="4">1</td><td></td><td colspan="2" rowspan="4"></td><td colspan="2" rowspan="4"></td><td colspan="2" rowspan="4"></td><td colspan="2" rowspan="4"></td></tr>
<tr><td>ザフラーニー郡</td><td>3</td><td></td><td>2</td><td>1</td></tr>
<tr><td>スール郡</td><td>4</td><td></td><td>4</td><td></td></tr>
<tr><td>ビント・ジュバイル郡</td><td>3</td><td></td><td>3</td><td></td></tr>
</table>

（つづく）

<table>
<tr><th rowspan="2">選挙区</th><th rowspan="2">郡（地区）</th><th rowspan="2" colspan="2">定数</th><th colspan="7">イスラーム</th><th colspan="10">キリスト教</th></tr>
<tr><th colspan="2">スンナ派</th><th colspan="2">シーア派</th><th colspan="2">ドゥルーズ派</th><th>アラウィー派</th><th colspan="2">マロン派</th><th colspan="2">ギリシア正教</th><th colspan="2">ギリシア・カトリック</th><th>アルメニア正教</th><th>アルメニア・カトリック</th><th>プロテスタント</th><th>マイノリティ</th></tr>
<tr><td rowspan="3">南部県・ナバティーヤ県第2区</td><td>マルジャアユーン＝ハースバイヤー郡</td><td rowspan="3">11</td><td>5</td><td rowspan="3">1</td><td>1</td><td rowspan="3">5</td><td>2</td><td rowspan="3">1</td><td>1</td><td rowspan="3"></td><td rowspan="3">2</td><td></td><td rowspan="3">1</td><td>1</td><td rowspan="3">1</td><td></td><td rowspan="3"></td><td rowspan="3"></td><td rowspan="3"></td><td rowspan="3"></td></tr>
<tr><td>ナバティーヤ郡</td><td>3</td><td></td><td>3</td><td></td><td></td><td></td><td></td></tr>
<tr><td>ジャッズィーン郡</td><td>3</td><td></td><td></td><td></td><td>2</td><td></td><td>1</td></tr>
<tr><td>ベカーア県第1区</td><td>バアルベック＝ヘルメル郡</td><td colspan="2">10</td><td colspan="2">2</td><td colspan="2">6</td><td colspan="2"></td><td></td><td colspan="2">1</td><td colspan="2"></td><td colspan="2">1</td><td></td><td></td><td></td><td></td></tr>
<tr><td>〃　第2区</td><td>ザフレ郡</td><td colspan="2">7</td><td colspan="2">1</td><td colspan="2">1</td><td colspan="2"></td><td></td><td colspan="2">1</td><td colspan="2">1</td><td colspan="2">2</td><td>1</td><td></td><td></td><td></td></tr>
<tr><td>〃　第3区</td><td>西ベカーア＝ラーシャイヤー郡</td><td colspan="2">6</td><td colspan="2">2</td><td colspan="2">1</td><td colspan="2">1</td><td></td><td colspan="2">1</td><td colspan="2">1</td><td colspan="2"></td><td></td><td></td><td></td><td></td></tr>
<tr><td colspan="2" rowspan="2">総　計</td><td colspan="2" rowspan="2">128</td><td colspan="2">27</td><td colspan="2">27</td><td colspan="2">8</td><td>2</td><td colspan="2">34</td><td colspan="2">14</td><td colspan="2">8</td><td>5</td><td>1</td><td>1</td><td>1</td></tr>
<tr><td colspan="7">64</td><td colspan="10">64</td></tr>
</table>

出所）青山編［2007：96］。

制度に立脚した選挙制度においては、単純に獲得議席数で政党の影響力を測ることは難しいのである。

宗派別議席数配分の見直しや選挙区の変更を繰り返し行っても、レバノンの選挙制度の抱える根本的な問題が即座に解決されることはなく、したがって、宗派制度の廃絶に向けた「移行期」においては、次善の策として国会議席数配分や選挙区の変更や修正が続けられた。

2　宗派制度へのコミットメント

イスラーム政党としてのヒズブッラー

宗派主義を非難しつつも宗派制度を事実上容認した第二共和制において、内戦以前のクライエンティリズム（垂直関係）と連携ポリティクス（水平関係）が形態を変化させながらも存続していることは、先に見た通りである。こうしたなか、合法政党となったヒズブッラーは、支持基盤であるシーア派コミュニティの期待と要求に応えると同時に、国民議会の選挙戦や会派形成においては他宗派や他政党との協調を推し進めていった。ヒズブッラーの政治実践は新旧ザイーム——伝統的名望家と政党指導者となった内戦エリート――のそれと違いはなく、その意味では、第二共和制の議会政治に主体的に適応しようとする姿勢を見せたと言える。宗派制度の廃絶が掲げられているとはいえ、それが事実上存続している第二共和制においては、新旧ザイームはもちろんのこと、政党もいずれかの宗派を主な支持基盤にせざるを得ず、その宗派への利権誘導が必要だからである。

ヒズブッラーが掲げるイスラエルの占領に対する抵抗も宗派制度の廃絶も、誰よりもシーア派の政治的要求を反映したものであり、また、それらが実現した場合に最も大きな利益を得るのがシーア派であった。レバノンの南部地域の住民の大半はシーア派が占めており、イスラエルとの紛争の解決は彼らのコミュニティに平和と安定をもたらすことになる。また、宗派制度の廃止は現在のシーア派の不遇な地位を根本的に見直す契機となる。さらには、その後の政治体制が、ターイフ合意の掲げる世俗的でリベラルな民主主義を実現したとしても、あるいはヒズブッラーが理想とするイスラーム的統治となっても、今や国内最大の宗派となっているシーア派は多数派として政治的影響力を拡大することが約束されているのである。

ヒズブッラーは、黎明期の一九八二年頃から、病院や学校の設置・運営、道路などのインフラの整備、テレビや新聞による情報発信など、独自の複合的な医療・福祉・教育活動も展開してきた。内戦後もレバノン国内の政治的・社会的・経済的格差は一向に改善されなかったため、こうした草の根の活動は第二共和制への幻滅感を抱いた人びとの支持を集めた。これらの活動の対象（供与者および受益者）に宗派的制約はないが、しかしながら、実際に展開されているのは、低開発にとどまるレバノン南部地域やベイルート南部郊外などのシーア派が集住する地区が中心である[4]。そのため、正確なデータは存在しないものの、これらの活動がシーア派コミュニティ内でのヒズブッラーの支持基盤強化につながっていると考えられる（ただし、人びとがヒズブッラーを支持する理由をこれらの活動のみに還元するべきではなく、また、「支持」の内実も一様ではない。この問題については、第7章で詳論する）。

このように、ヒズブッラーは、宗派制度の廃絶を掲げながらも、実際にはそれに矛盾しないような言動を通して

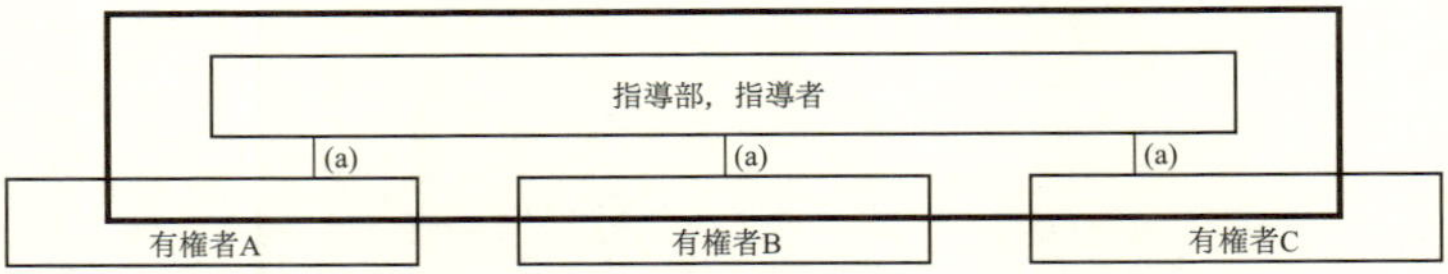

図 5-1　宗派横断的動員を行う政党

注）A，B，C は宗派（ないしは地域）を表す。(a)はイデオロギー，指導者のカリスマや資金力に基づく有権者の動員。イデオロギー，指導者のカリスマや資金力に対する有権者の党（指導部，指導者）への支持。
出所）末近［2008：26］。

シーア派の利権を代弁する政党——とりわけシーア派のイスラーム政党——としての役割を果たそうとしたのである。

近代組織政党としてのヒズブッラー

しかし、ヒズブッラーの政治実践をより注意深く見てみると、シーア派イスラーム政党として振る舞いつつも、伝統的なザイームとも内戦後に政党化した民兵組織とも異なる、宗派や地域の「縦割り」を超えた宗派横断的な動員を進めてきたことに気がつく。宗派を異にする新旧ザイームが、連携ポリティクスを通して支持者をいわば交換することで、自分の帰属宗派以外からの得票数を網羅的に確保してきたのに対して、ヒズブッラーは、シーア派だけではなく他宗派の有権者への訴求力を強めることで、直接的に自らへの投票を促してきたのである。その結果、新旧ザイームは、選挙時の議席確保のためには宗派横断的な支持基盤を持つヒズブッラーとの関係調整を優先的に考慮せざるを得なくなった。

別言すれば、新旧ザイームは、依然として動員を特定の選挙区・地域・宗派に根ざした垂直的なクライエンティリズムに依拠していたため、政党の形式をとったとしても、それは各地域社会における名望家を中心に個人的忠誠心を契機とした「名望家政党」としての色彩が強いものとなった。これに対して、ヒズブッラーの政治実践は、選挙区・地域・宗派を横断するかたちで大衆を動員するための機構を整備し、有権者・支持者の組織化に腐心したことから、「近代組織政党」を目指すものであった（図5-1）。シーア派コミュニティだけではなく、他宗派の有権者にも訴求力を発揮するような政策、例えば、後述のようなナショナリズムの称揚や社会サービスの拡充を進めることで、宗派の別を超えた幅広い支持者の獲得に成功した。

周知の通り、マックス・ウェーバーによる「名望家政党」と「近代組織政党」の分類は、社会の支配体制の変化の観点に基づくものであり、後者の登場は「社会や政治の運営の担い手の交代」を示唆するものであった（ウェーバー［1992：52-83］、吉野［2000：43］）。そうだとすれば、近代組織政党としてのヒズブッラーの台頭は、議会制民主主義が採用されながらも長年にわたって名望家政治が継続してきたレバノン政治に変化の兆しをもたらすものであったと評価できよう。

以下では、特に二〇〇〇年八月下旬から九月初旬にかけて実施された第一六期国民議会選挙の結果の分析を通して、こうしたヒズブッラーの政治実践と、それがもたらした第二共和制の多極共存型民主主義における変化を捉えてみたい。

3　宗派横断的動員の強化

第一六期国民議会選挙（二〇〇〇年）

ヒズブッラーは、一九九二年の第一四期国民議会選挙において一二八議席中（うちシーア派に配分された二七議席中）八議席を獲得、さらにマロン派とシーア派の同盟候補がそれぞれ二議席ずつ当選し、最大の単独野党を形成するに至った。また、四年後の一九九六年の第一五期国民議会選挙では、七議席と同盟候補二議席の計九議席を獲得した。同選挙では、イスラーム主義勢力の過度の伸長を恐れたシリアが、選挙区の変更やリストの操作を通してヒズブッラー議員の数を抑えたとされており（第4章4）、獲得議席数からヒズブッラーの潜在的な支持基盤を測ることは難しい。しかし、ヒズブッラーの動員力は、獲得議席数よりも、選挙結果をより詳細に検証することによって明らかになる。

二〇〇〇年の第一六期国民議会選挙は、投票の前の選挙戦の段階において再びシリアの「選挙介入」――選挙区改編、候補者の選定、そして候補者の連携ポリティクスなどへの干渉――が行われ、投票前から結果は「一九九二年、一九九六年の［結果の］丸写しになるであろう」などと冷ややかな声が聞かれた（*al-Nahār*, July 18, 2000）。しかし、実際の結果はR・ハリーリー元首相率いる政治同盟の圧勝で、シリアが支持する現職のサリーム・フッス首相は議席を失い、シリアによる実効支配を批判する候補が多数当選するという事態となった。敗れたフッス陣営は「史上最悪の金権選挙」との非難の声を上げたが[5]（*MEI*, September 15, 2000）、しかしながら、これが事実だとすれば、二〇〇〇年選挙が従来のザイーム主導の名望家政治ではなく、組織力、資金力、宣伝力が勝敗を左右する近代的な政党政治の様相を見せたのだと考えることもできる。また、シリアによる「選挙介入」が期待通りに働かなかった背景には、一九九九年末から顕在化し始めたレバノン国内での反シリア感情の高まりもあった（青山・末近［2009：42-44］）。

ヒズブッラーは、一一人の候補者を出馬させ、全員が当選を果たした。そのうちシーア派の候補は九名で（残りの二名はスンナ派とマロン派）、アマル運動の候補（全員がシーア派）九名と合わせると、シーア派に割り当てられた二七の議席の三分の二までが両党によって占められていることになる。内戦による中断の前に最後に行われた一九七二年の第一三期国民議会選挙において、シーア派出身の政党所属議員が五名にとどまっていたことを考えると、シーア派コミュニティ内でのイデオロギーによる「下からの動員」は大幅に拡大しており、逆にそれまで議席を独占してきた伝統的なザイームたちの多くが支持者を減らしていたことが分かる。シーア派ザイームの名門アスアド家が歴任してきた国会議長職をアマル運動のビッリー代表に奪われ、また、アスアド家の候補が一九九六年、二〇〇〇年選挙と続けて落選したことは、こうしたザイームの凋落を象徴する出来事であった。

例えば、一九九三年にシーア派住民が集住する地区（ベイルート郊外、ベカーア高原、南部地域）で行われた聞き取り調査では、回答者の六九パーセントがいずれかの政党を支持しているという結果が出ている。その内訳は、政党支持者全体を一〇〇としたとき、アマル運動三一パーセント、ヒズブッラー四一パーセント、シリア民族社会党一六パーセント、その他一二パーセントであった（Harik [1996 : 51]）。

ただし、獲得議席数の差はわずか二議席ではあるが、得票数においてヒズブッラーがアマル運動を圧倒していたことに注意しなくてはならない。レバノン南部県・ナバティィーヤ県（第一区と第二区の合同、定数はそれぞれ一二と一一）では、ヒズブッラーは単独で選挙を戦うよりも連合を組織することを選び、アマル運動が主導する「抵抗と開発（al-Muqāwama wa al-Tanmīya）」リストへ参加した。[6]「抵抗と開発」リストは、同県の定数二三に割り当てられた全ての宗派の候補を網羅するものであった。他に五つのリストが選挙戦を戦ったが、同リストは圧倒的な強さで勝利し、二三議席全てを獲得する結果となった。

注目すべきは、リスト内での候補間の得票数の違いである。ヒズブッラーは五人の候補を出馬させたが、全員が得票数上位六位までに入っている。リストのリーダーであるビッリーは次点の七位となっており、また、ヒズブッラー候補とアマル候補の得票数は最大で約三万六〇〇〇票もの開きがある（表5-4）。この両党の候補者の得票数の差は、リストではなくそれぞれの候補者に投ずる票によって生み出される。つまり、ヒズブッラーのみを支持する人々がアマル運動単独の支持者を上回っていることを示していた。

この差を生み出した要因について、アマル運動側はキリスト教徒やスンナ派の住民が「抵抗と開発」リストではなくヒズブッラー候補だけを選んで投票したとの見方を示した（*MEI*, September 15, 2000）。筆者の調査では明確な数字が得られなかったが、南部地域でのキリスト教徒の投票率がシーア派に比べて低いと見られているため、たとえ彼ら彼女らがヒズブッラー候補だけを選んで投票したとしても、それがこれほどの差を生むものか疑問が残る。

しかしながら、このアマル運動の説明は、ヒズブッラーが積極的に宗派横断的な連携ポリティクスを展開し、シーア派以外の宗派からの票を集めていることを考えると、一定の説得力がある。例えば、南部県・ナバティィーヤ

表 5-4　第 16 期国民議会選挙・南部県（定数 23）選挙結果

順位	候補者名	議席宗派	所属政党	リスト	選挙区	得票数
1	ムスタファー・サアド	スンナ派	無所属	抵抗と開発	サイダー郡	211,775
2	ムハンマド・ラアド	シーア派	ヒズブッラー	〃	ナバティーヤ郡	201,901
3	ムハンマド・フナイシュ	〃	〃	〃	ビント・ジュバイル郡	200,840
4	アブドゥッラー・カスィール	〃	〃	〃	スール郡	196,056
5	ジョージ・ナジュム	マロン派	〃	〃	ジャッズィーン郡	192,402
6	ナズィーフ・マンスール	シーア派	〃	〃	マルジャアユーン＝ハースバイヤー郡	187,860
7	ナビーフ・ビッリー	〃	アマル運動	〃	ザフラーニー郡	183,450
8	バヒーヤ・ハリーリー	スンナ派	無所属	〃	サイダー郡	182,314
9	アリー・ウサイラーン	シーア派	〃	〃	ザフラーニー郡	176,831
10	ムハンマド・ユースフ・バイドゥーン	〃	アマル運動	〃	スール郡	176,555
11	ミシェル・ムーサー	ギリシア・カトリック	無所属	〃	ザフラーニー郡	175,815
12	アリー・ユースフ・ハリール	シーア派	〃	〃	スール郡	175,155
13	アイユーブ・フマイド	〃	アマル運動	〃	ビント・ジュバイル郡	174,190
14	アブドゥッラティーフ・ザイン	〃	無所属	〃	ナバティーヤ郡	173,891
15	アンワル・ハリール	ドゥルーズ派	〃	〃	マルジャアユーン＝ハースバイヤー郡	170,866
16	サミール・アーザール	マロン派	〃	〃	ジャッズィーン郡	170,633
17	ヤースィーン・ジャービル	シーア派	アマル運動	〃	ナバティーヤ郡	170,012
18	アリー・フライス	〃	〃	〃	スール郡	166,871
19	アリー・バッズィー	〃	無所属	〃	ビント・ジュバイル郡	166,796
20	カースィム・ハーシム	スンナ派	〃	〃	マルジャアユーン＝ハースバイヤー郡	166,555
21	アントゥワーン・フーリー	ギリシア・カトリック	〃	〃	ジャッズィーン郡	165,960
22	アリー・ハサン・ハリール	シーア派	アマル運動	〃	マルジャアユーン＝ハースバイヤー郡	165,278
23	アスアド・ハルダーン	ギリシア正教	シリア民族社会党	〃	〃	161,959
24	リヤード・アスアド	シーア派	無所属		ザフラーニー郡	50,212
25	ハビーブ・サーディク	〃	〃		マルジャアユーン＝ハースバイヤー郡	44,964
26	イルヤース・アブー・ラズク	ギリシア正教	〃		〃	42,156
27	カーミル・アスアド	シーア派	〃		〃	37,534
28	ナディーム・サーリム	ギリシア・カトリック	〃		ジャッズィーン郡	36,739
29	フィリップ・フーリー	〃	〃		ザフラーニー郡	30,439
30	サアドゥッラー・マズルアーニー	シーア派	レバノン共産党		ビント・ジュバイル郡	27,499
	（31〜74 位は省略）					
75	クロード・アーズーリー	マロン派	無所属		ジャッズィーン郡	1,029

注）第 1 区（ザフラーニー郡，サイダー郡，スール郡，ビント・ジュバイル郡）（12 議席：シーア派 9，スンナ派 2，ギリシア・カトリック 1）。第 2 区（マルジャアユーン＝ハースバイヤー郡，ナバティーヤ郡，ジャッズィーン郡）（11 議席：シーア派 5，スンナ派 1，ドゥルーズ派 1，マロン派 2，ギリシア正教 1，ギリシア・カトリック 1）。定数 23 のため 24 位以下は落選。

出所）LebVote（http://www.lebvote.com/），青山編［2007：104-109］，Information International［2009：103-128］などをもとに筆者作成。

県第二区のマルジャアユーン＝ハースバイヤー郡では、進歩社会主義党のワリード・ジュンブラート党首（ドゥルーズ派）が、自党の支持者に対して、（リストを用いないのならば）シーア派議席の枠についてはヒズブッラーに投票するように呼びかけた(7)。

二〇〇〇年選挙の結果が示したのは、ヒズブッラーが第二共和制における連携ポリティクスに積極的に参加することで新旧ザイームとの間の利害調整に努めていただけではなく、宗派や地域の別を超えた広範な支持層を獲得しつつあった事実である。そのため、新旧ザイームにとって、ヒズブッラーとの関係は選挙の勝敗を大きく左右する要素となった。

結果的にヒズブッラーは、宗派や地域の別を超えた有権者による直接的な得票と、連合を組織した新旧ザイームによって呼びかけたそれぞれの支持者からの間接的な得票の両者を享受した。ここには、イスラーム主義を掲げるイスラーム政党であるヒズブッラーが、世俗主義とナショナリズムを掲げてきたアマル運動よりも宗派横断的な動員に成功していたという、奇妙な現象を見ることができるのである。

抵抗と革命による動員

ヒズブッラーは、いかにしてこのような近代組織政党としての動員力を得たのであろうか。

第I部で論じたように、ヒズブッラーは、内戦中にイデオロギーによる「下からの動員」によって誕生・発展してきたため、もともと名望家政治とは距離を置いた近代的な組織的な動員方法を採用していたと言える。しかし、そのイデオロギーはホメイニー流の革命的汎イスラーム主義を基調としており、イスラーム教徒、とりわけシーア派には強い訴求力を持つ反面、キリスト教徒や他宗派には受け入れ難いものである。だとすれば、シーア派以外の有権者はヒズブッラーの何を支持したのであろうか。

一九九二年の第一四期国民議会選挙において、ハサン・ナスルッラー書記長は、組織の結成理念である抵抗と革命を根拠に、イスラエルの占領下にあったレバノン南部地域の解放と宗派制度の廃絶を議会政治への参加の目的であるとした。四年後の一九九六年選挙においてはより体系的な選挙プログラムが提示されたが、その冒頭においてもこの二つが最重要課題であると示された（第4章2・4）。

第4章1で見たように、ヒズブッラーは、内戦終結時にターイフ合意で定められた民兵組織の武装解除を免除され、レバノンの「国民的レジスタンス」としての特権を得ることで武装化の継続に成功した。軍事部門レバノン・イスラーム抵抗（以下イスラーム抵抗）は、いわば国軍の代理として南部を占領するＩＤＦとの戦闘を繰り返したが、一九九七年一一月には「イスラエルの占領に対するレバノン抵抗大隊（Sarāyā al-Lubnānīya li-Muqāwama al-Iḥtilāl al-Isrā'īlī）」として正式に合法化された（Ḥizb Allāh [1997b], Sarāyā al-Lubnānīya li-Muqāwama al-Iḥtilāl al-Isrā'īlī [1997]）。

レジスタンスによる解放闘争の結果、二〇〇〇年選挙の直前の五月末、イスラエル軍はついに二二年間の占領を終えレバノン南部地域の大部分からの無条件撤退を完了した。この出来事は「南部解放（Taḥrīr al-Janūb）」と呼ばれ、ヒズブッラーが主導してきたレジスタンスによる「歴史的勝利」であると国内外で受け止められた。イスラエルによる度重なる侵略と占領を経験してきたレバノンにおいて、この「南部解放」は宗派の違いを超えたレバノン国民全体にとっての国民的出来事として祝福された。つまり、ヒズブッラーは、「南部解放」によってシーア派のみならず他の宗派の政治的要求をも代弁したことになり、その結果、シーア派コミュニティはもちろんのこと、宗派の別を超えた宗派横断的な支持を集めることとなった。二〇〇〇年選挙においては、解放された南部地域以外の選挙区でも多くのヒズブッラー候補が得票率順の上位を占めていたことから、地域的な観点からもその支持基盤の広さを看取できる[8]。

その一方で、政党としてのヒズブッラーは、ターイフ合意と修正憲法に謳われた宗派制度の廃絶を強く訴えることで、第二共和制における国内コンセンサスの形成を主導するアクターであることをアピールした。結成時からの革命理念に基づき、最大の単独野党として無所属議員らと国民議会における「抵抗への忠誠ブロック」を結成し、宗派制度の廃絶やレジスタンスへの支援、さらには政界からの汚職の追放などを強く訴えることで、政府に対する監視役としての立場を強調した。ナスルッラー書記長がその圧倒的な人気にもかかわらず政府のポストに就かない理由も、アマル運動のビッリー代表のように「ネオ・ザイーム」化しない――特定の宗派や地域への利権誘導を重視する政党指導者にはならない――ためだけではなく、こうした野党勢力としての性格を維持し、革命理念に抵触しないようにするためであるとも考えられる。このような最大野党としての活発な活動も、特定宗派に限定されない、宗派横断的な動員を可能とした要因であろう。

第二共和制の主体的構成要素

宗派制度廃止へ向けての「移行期」とはいえ、それに立脚した議会政治に一時的にでも参加することの是非をめぐっては、ヒズブッラー指導部のなかでも議論を呼んだ。それが最も劇的なかたちで現れたのが、一九九七年七月、スブヒー・トゥファイリー元書記長を中心としたグループが「ヒズブッラーのレバノン化」の見直しを求め、「飢える者たちの革命（Thawra al-Jiyāʿ）」を掲げて蜂起した事件である。

トゥファイリー元書記長は、ヒズブッラーが第二共和制へのコミットメントを深めるなか、本来の党是である「被抑圧者」の救済が置き去りにされつつあると考えていた。とりわけ、自身が拠点とするバアルベックとその周辺地域の農業従事者たちが安価なシリア産の農産物の流入により経済的に苦しんでいることを問題視し、第二共和制においてシリアによるレバノンの実効支配を是とする立場をとってきたヒズブッラー指導部に対して不満を強めていた。この反主流派による蜂起に対して、ナスルッラー書記長はバアルベックに軍事部門を派遣し、銃撃戦の末にそれを鎮圧した(9)（*al-Safīr*, August 22, 1997, Daher［2008］, Avon and Khatchadourian［2010：58–59］［2012：43–44］）。

こうした状況を受けて、当事者だけでなく研究者の間でも、革命組織として誕生したヒズブッラーの政党化の実態や第二共和制における位相をめぐる活発な議論がなされたが、それらは次の三つに大別できる。

第一の議論は、政党化は戦略レベルでの方針転換に過ぎず、確かにプラグマティックな政策判断がなされるようになったものの、依然として革命的汎イスラーム主義のイデオロギーには大きな変化はないとする立場である(Chartouni-Dubarry［1996］, Trendle［1996］, Ranstorp［1998］)。

第二は、政党化は組織の本質をも変えるものであり、ヒズブッラーは「穏健化」した、あるいはしていかざるを得ないとする議論である（Hamzeh［1993］, Kfoury［1997］, Zisser［1997］, Norton［1998］［1999］)。

第三の議論は、ヒズブッラーがイデオロギーのレベルから根本的に穏健化していると指摘しながら、むしろ体制側が革命組織である彼らを取り込むように変容していると強調する立場である（Ehteshami and Hinnebusch［1997：116–155］)。

これらの議論の多くに共通するのは、第二共和制の議会政治いわば外部にヒズブッラーを位置づけた上で、両者の間——さらには民主主義とイスラームとの間——の拮抗ないし調和を論じている点であろう。そして、ヒズブッラーが内戦後の政治的現実とイデオロギー的な理想との狭間で組織の存在意義が大きく動揺していることを指摘し、その結果、いずれは弱体化あるいは解体するであろうといった予測までなされた。こうした議論は、一九九〇年代初頭のヒズブッラーによる第二共和制への軟着陸に対する一つの説明として有効であった。また、一貫してターイフ合意に基づく政治改革に反発するなど、実際にヒズブッラー自体にも体制に対して自ら距離を置こうとする姿勢が認められた。

しかし、既に見てきたように、ヒズブッラーは、実践レベルでは、クライエンティリズムと新旧ザイームの連携ポリティクスによって織りなされる第二共和制のレバノン政治の構図にコミットしている。むしろ、垂直関係・水平関係の両方を射程に入れた巧みな組織的動員を通してシーア派のみならず他宗派でも支持基盤を拡大しているという点から言えば、第二共和制の中心的アクターとなっており、他の政党や名望家にとってヒズブッラーとの関係は無視できないものとなっていった。その意味では、宗派主義を非難しつつも宗派制度の存続を容認するという

「宗派」に対するアンビバレントなコンセンサスが第二共和制の特徴であるのならば、抵抗組織・革命組織として誕生したヒズブッラーも、第二共和制の外部に位置づけられるような「他者」ではなく、その主体的な構成要素であったと言えよう。

ヒズブッラーの近代組織政党としての動員は、シーア派と他宗派――垂直方向と水平方向――の両方への支持基盤の強化・拡大を射程に入れたものであった。二〇〇〇年選挙で大勝したハリーリー連合のリスト「誉れのベイルート（Bayrūt al-Karāma）」も、組織化された政党ではないが、内戦後の経済復興を主要なイデオロギーとする「疑似政党」として幅広い支持を集めることに成功した。ヒズブッラーやハリーリー連合など新興の政党の躍進は、宗派制度と名望家政治が事実上継続してきた第二共和制における政治の近代化、さらにはリベラルな民主主義の萌芽とも受け取れよう[10]。以下では、この点についてもう少し詳しく論じてみよう。

4　アドホックなネイション

政党政治の拡大

第二共和制におけるイスラーム政党および近代組織政党としてのヒズブッラーの台頭は、レバノンの多極共存型民主主義にいかなる影響を与えたのであろうか。

ヒズブッラーの台頭は、何よりも、ザイームによる名望家政治の後退と政党政治の拡大を象徴するものであった。第二共和制において、伝統的なザイームが封建領主のようなかたちで特定の地域および宗派内での支持基盤を有するにとどまっていたのに対して、政党――この場合は近代組織政党――は「下からの動員」を駆使し、支持者を全国および他宗派に広げることを目指した。実際の選挙戦においては、地域や宗派を超えた幅広い得票が勝敗を

表 5-5　国民議会議員における政党出身者

会　期	7	8	9	10	11	12	13	14	15	16	17	18
選挙実施年	1951	1953	1957	1960	1964	1968	1972	1992	1996	2000	2005	2009
定　数	77	44	66	99				128				
政党議席数	10	8～10	12	27～28	22	31	31	37	35	42	83	106
割合（%）	12.98	18.18～22.72	18.18	27.27～28.28	22.22	31.31	31.31	28.90	27.34	32.81	64.84	82.81

出所）青山編［2007：98-113］, Tachau［1994：301］, al-Khāzin［2002：79］, Sa'd ed.［2005］, Information International［2009］, ELECTIONSLB. com（http://www.electionslb.com/）をもとに筆者作成。

分けるため、結果的に伝統的な名望家であるザイーム（ないしは名望家政党）よりも、地域や宗派にとらわれないイデオロギーによる訴求力を持つ政党が勝利することになった。

選挙制度の修正や変更がたびたび行われているものの、総体として見れば、地域と宗派に根ざした名望家が凋落を見せ、政党がレバノン政治の主役に躍り出るという現象は進行している。例えば、一九五一年の国民議会（定数七七）において、政党出身者は一〇名（一二・九八パーセント）であったが、一九九二年には二八・九パーセント、二〇〇〇年選挙では三二・八一パーセント、二〇〇五年には六四・八四パーセントとなっている（表5-5）。

政党のなかには、アマル運動のように、指導者がネオ・ザイームと化し、特定の地域や宗派への利権誘導を重視することで結果的に名望家政党となるものもあったが（Nir［2011：91-152］）、ヒズブッラーは、対イスラエル闘争や宗派制度の撤廃――すなわち抵抗と革命――を、本来の革命的汎イスラーム主義の文脈で語るのではなく、むしろレバノン国民全体の利益および第二共和制における国民的コンセンサスとして強調すること、別の言い方をすれば、地域性や宗派性にとらわれないアジェンダとして再設定することで、国民的な政党としての性格を獲得しようとした。

こうしたヒズブッラーの戦略が示唆するのは、政党のなかでも、地域や宗派の制約を超え「全国政党（national party）」あるいは「包括政党（catch-all party）」となることができたものだけが、第二共和制の議会政治において有利な立場を築くことができたということである。

動員ツールとしてのネイション

しかし、レバノンの宗派制度においては、イデオロギー的動員を行う政党すら宗派制度の枠組みに絡め取られる傾向がある。どれほどリベラルな思考の持ち主であっても、自分が属する「宗派」（制度化・利権集団化された宗派）からは逃れられず、またそこからの支持なしでは政治家になることすらできない。そのため、先に論じたように、各政党の当選議員はその政党が基盤を置く宗派の出身者がほとんどを占めるのが実状である。つまり、イデオロギー的動員には、所属宗派を最優先に扱うことと他宗派のなかに支持者を獲得することとの間に根源的なジレンマが存在するのである。それは、イスラーム政党と近代組織政党との間のジレンマでもある。

とりわけヒズブッラーの抵抗と革命の思想はシーア派に対する訴求力が非常に強いため、それを修正したり取り下げたりすることが他宗派からの共感や支持をより多く得るための条件である一方で、実際にそれを行った場合にはシーア派コミュニティ内部の古くからの熱烈な支持者を失う危険が伴う。したがって、イデオロギー的動員の際には、自らが帰属する宗派の信仰ないしはそれに基づくイデオロギーと矛盾しないかたちで他宗派にアピールする必要が生じる。

これを可能にするための最も効果的な手段が、ナショナリズムであった。事実、第二共和制においては、新旧ザイームや政党を問わず、あらゆる政治勢力が国民国家としての「レバノン」を称揚するようになった。第二共和制では、ほとんど全ての政治勢力が内戦期のような世界観闘争（第3章2）を駆動するのではなく、「レバノン」を共通項に交渉を通した具体的な政策実現を目指す現実的な政治姿勢を打ち出すようになった。そして、ヒズブッラーに代表されるような、既存の国家の枠組みを解体する志向を有した革命的イデオロギーを通して動員を行ってきた政治勢力でさえ、宗教的・宗派的なレトリックを前面に押し出すことを控えるようになった。

ナショナリスティックな言説と実践

内戦中に革命的汎イスラーム主義という最も急進的なイデオロギーを掲げていたヒズブッラーが、レバノンの合法政党となることを選択し、軍事部門をレバノンの「国民的レジスタンス」に変容させたこと、つまり「ヒズブッラーのレバノン化」（第4章）を進めたことは、こうした現象を確認するための一つのメルクマール（指標）となる。

内戦後、ヒズブッラー指導部は「国益」「領土解放」「主権防衛」「挙国一致」といったレトリックを多用するようになり、一九九〇年代後半からは党旗とともにレバノン国旗を積極的に掲げることで、[11] シーア派コミュニティだけではなく、レバノン国民の利益を代弁する政党として自らをアピールしてきた。内戦を戦った民兵組織のなかで、革命的汎イスラーム主義からレバノン国家の枠組みを最も否定していたヒズブッラーが、第二共和制においては最もナショナリスティックな政党の一つとなったのである（Saad-Ghorayeb [2002: 84]）。

ナスルッラー書記長は、ヒズブッラーが合法政党として初めて選挙に出馬した一九九二年の段階で、レバノンにおけるイスラーム共和国の樹立を一時凍結することを表明した。確かにヒズブッラーは、篤信的なイスラーム教徒として、イスラームこそが政治的諸問題を解決するための最適な原理であると強調してきたが、それは他の政党がそれぞれ独自のイデオロギーを掲げていること、例えば共産党がマルクス主義を掲げているのと同じ論理であるとされる。その上で、ナスルッラー書記長は、「宗派主義的制度は不正かつ腐敗しているため、レバノン人の意思を反映し、正義、安全、平和、平等を保障する異なる制度と入れ替える必要がある」と述べ、あくまでもレバノン政治がレバノン国民による、レバノン国民のためのものであることを強調した（*al-Waṭan al-ʿArabī*, September 11, 1992）。

だが、ヒズブッラーにとっての最大の動員ツールは、こうしたナショナリスティックな思想や言説よりも、むしろ現実におけるナショナリスティックな政治実践、すなわちレバノン南部地域を占領するイスラエル国防軍（ＩＤ

F）と南レバノン軍（ＳＬＡ）に対する独自の武装闘争であろう。ヒズブッラーは、イスラーム抵抗による武装闘争を「国民的大義・目標・義務」（Saad-Ghorayeb［2002：84］）と再定義することで、国軍に代わる国家主権と安全保障の守護者としての自己をアピールすると同時に、「武装政党」としての特権的地位をめぐる、他の政治勢力からの警戒感や批判の緩和に努めた。

イスラーム抵抗を中心に結成・合法化された「イスラエルの占領に対するレバノン抵抗大隊」は、宗派や地域を問わずレバノンの全ての政治勢力に開かれ、進歩社会主義党やアマル運動などがこれに協力することを約束した。実際には、命を賭して国民・国家に奉仕するヒズブッラーの国民に対する影響力が、競合する他の政治勢力にとって看過できるものではなく、選挙での勝利や議会での発言力拡大のために「勝ち馬に乗る」必要が生じたというのが現実であろう。

ヒズブッラーとならび、第二共和制においてナショナルな動員の成功を収めたのが、前出のスンナ派のＲ・ハリーリー元首相の企業体と彼を中心とした政治同盟であった。Ｒ・ハリーリー元首相は、一九七〇年代から八〇年代にかけてサウジアラビアにおいて建設業を中心に巨万の富を築き、[12]内戦で荒廃したレバノンに多額の援助を行った。内戦中には、瓦礫の撤去、湾港の修復、大学の建設、道路などのインフラの整備、福祉団体・基金（ハリーリー財団）の設立などに従事した（Iskandar［2006：43-71］）。Ｒ・ハリーリー元首相自身は名望家の出身ではないが、サウジアラビア王室と密接な関係を築き、豊富な資金力とグローバルなビジネスネットワークを駆使することで、宗派性と地域性にとらわれていたザイームから政治的主導権を奪った。内戦終結後の一九九二年には首相に選出され、一九九四年にはベイルート中心部の復興事業のための建設会社「ソリデール」を設立するなど、公人として政治の面から、そして私人として経済の面から、レバノンの国土復興と国民救済に取り組んだ（Baumman［2012a］）。

こうして、Ｒ・ハリーリー元首相が主導する政治勢力——後のムスタクバル潮流（第９章）——は、戦後復興というナショナルなアジェンダを設定して取り組むことで、第二共和制においてヒズブッラーとならぶ、宗派横断的な動員力を持つ強力な政党となっていった（Nizameddin［2006］, Cammett and Issar［2010：382］, ICG［2010a］）。

レバノン・ナショナリズムの萌芽？

では、政党の台頭と「レバノン」の称揚は、第二共和制レバノンの民主政治の安定化と国民統合を促進したのだろうか。

一五年間にもわたった内戦が「共通の歴史」として、レバノン人としての意識の涵養に貢献したとする識者は多い（Salibi［1988］, Hanf［1993］）。だが、内戦が終結したのは、「レバノン」をめぐる分極化した国家構想が何らかのかたちで合意や妥協をしたためでもなければ、特定の国家構想がヘゲモニーを確立したからでもなく、むしろ軍事力を背景にしたシリアによる実効支配の確立に依るところが大きかった。つまり、内戦の終結それ自体が、勝者も敗者もない、政治勢力間のイデオロギー闘争のいわば飽和点であった（Reinkowski［1997：508］）。

内戦が終結したことによって、レバノンは破綻国家の奈落から脱し、国民国家としての枠組みのなかで復興への道を歩み始めたが、そこで称揚された「レバノン」は政治勢力間の共通のビジョンに基づくものというよりは、むしろこの枠組みの内で展開される権力闘争を勝ち抜くための手段——宗派横断的な動員ツール——としての性格を帯びたものであった。

むろん、このような手段としてのネイション称揚が不健全なナショナリズムであると断じることはできない。レバノンに限らず、どこの国家においてもナショナリストが必ずしもそれ自体を目的としてネイションを称揚しているとは限らないからである。

この第二共和制における「レバノン」の「つかみどころのなさ」については、研究者の間でも見解が分かれた。レバノンの政治史を専門にするハンナ・ズィアーデは、こうした状況を「ネイションの勃興、ステイトの衰退

（rise of nation, decline of state）」と表現し、ナショナルな感情が政治勢力の間に共有されるようになった一方で、シリアに代表される国外勢力の干渉・介入により「主権が制限されている」ことから、統治機構として見た場合のステイト（国家）は後退していると論じている（Ziadeh［2006：158–159］）。反対にテオドール・ハンフは、内戦の終結によって国家機構が再生したものの、二〇〇二年の国内での聞き取り調査（九八三名を対象）の結果から、宗派意識は先鋭化し続けており、結果的にナショナルな意識が未成熟のままであることを指摘している（これをハンフは「懐疑的なネイション（sceptical nation）」と表現している）（Hanf［2003：197–228］）。

実際のところは、第二共和制において、「レバノン」というネイションを定義する「レバノン・ナショナリズム」をめぐる見解の一致がないままに、言い換えれば、国籍という法的条項以外の道徳や規範、歴史観、国家構想が拡散したままに、「レバノン人」という言葉と感覚だけが独り歩きし、それが漠然と共有されつつあるというのが実情であろう（Reinkowski［1997：508, 511–513］, Haugbolle［2010］, Volk［2010］）。前出のハンフの調査でも、第一義的なアイデンティティを宗教に置く回答者が五パーセント未満（イスラーム教徒五パーセント、キリスト教徒四パーセント）であるのに対して、「レバノン人」と答える回答者が全体の四一パーセントを占めるという結果が出ている（Hanf［2003：210］）。少なくとも、一五年間の内戦を経てなお「レバノンとは何か、レバノン国家はどうあるべきか」という問いに対する一致した答えがないなか——国家構想の分極化が継続するなか——、様々な政治勢力による「レバノン」の称揚は第二共和制の主権・領域・国民の尊重と「レバノン人」の浸透というかたちで最低限の国民統合に寄与していたと考えることができよう（Kerr［2005：187］）。

形態を変えつつも宗派制度と名望家政治が復活することになった第二共和制レバノンにおいて、ヒズブッラーは合法政党の道を選んだ。そして、クライエンティリズムに基づくシーア派コミュニティへの利権誘導と宗派横断的な連携ポリティクスとを同時並行的に追求することで、国民議会選挙を勝ち抜き、宗派の別を超えた広い支持基盤を築くことに成功した。このことは、内戦の原因となった宗派主義への批判と宗派制度の事実上の容認という、「宗派」をめぐるアンビバレントなコンセンサスに特徴づけられる第二共和制の政治環境に合致するものであった。

おわりに——イスラーム主義が支える民主政治と国民統合

第二共和制においては、他の政党も多かれ少なかれ自らの所属宗派を超えた支持基盤の拡大に努めてきたが、ほとんど全ての政党に共通したのが、宗派を問わない訴求力を持つ「レバノン」を掲げる戦略であった。そのなかでヒズブッラーが特に成功を収めることができたのは、国民的なアジェンダであったレバノン南部地域でのイスラエルによる占領に対する闘争を担っていたからである。イスラーム政党としてのヒズブッラーの政治戦略の最大の特徴は、イスラーム主義に基づく抵抗と革命の思想を保持しながらも、その政治実践においては「レバノン・ナショナリズム」の発動——レバノン国家に奉仕する「国民的レジスタンス」および野党としての言動——を通して、あらゆる宗派に属する国民からの支持の獲得を目指した点にあった。興味深いことに、かつて反西洋・反近代の「イスラーム原理主義」の前衛と捉えられたヒズブッラーが、レバノンにおいて最大の近代組織政党として成功を収めたのである。

このようなイスラーム政党としてのヒズブッラーのパフォーマンスを見ると、少なくとも第二共和制レバノンにおける実践レベルでイスラームと民主主義の対立など見当たらない。むしろヒズブッラーの成功は、長らく名望家が主導してきたレバノンの多極共存型民主主義の近代化とリベラル化、そして国民統合の強化をもたらしたと言えよう。

しかし、第二共和制における宗派制度の存続も「レバノン」（ネイション）の顕在化もアドホックなものに過ぎず、長期的な視点から見ればレバノンの民主政治の安定を必ずしも約束するものでなかったことには留意する必要がある。国内を見渡しても利権集団としての宗派への帰属意識は残存し、レバノン社会の分節化は解消に向かったとは言い難い。事実、二〇〇〇年代に入ると「レバノン」を掲げる新旧ザイームや政党が、その「レバノン」をめぐる果てなき権力闘争に明け暮れるようになる。ヒズブッラーは、後の章で見るように、いわば「台風の目」として、レバノンの安定と不安定のいずれにも寄与する、言い換えれば、第二共和制の帰趨を左右するような強力な政治勢力になっていくのである。

第6章　対イスラエル闘争と中東和平問題

――紛争はなぜ終わらないのか

はじめに――紛争はなぜ終わらないのか

本章の主題は、一九九〇年代以降のヒズブッラーによる対イスラエル闘争の変容と、レバノンを中心とした隣接する諸国間の安全保障、とりわけ中東和平問題に対する影響である。

この第II部で論じてきたように、ヒズブッラーは、レバノン内戦の終結と第二共和制の成立に際して合法政党となることを選んだ一方で、武装解除については一貫して拒否し、「国民的レジスタンス」を自負することで独自の対イスラエル闘争を続けてきた。こうして、「武装政党」という特異な存在となったヒズブッラーは、レバノンを中心とした地域――とりわけ、イスラエル、パレスチナ、シリアの近隣諸国――の安全保障と外交関係に大きな影響を及ぼしてきた。

アラブ諸国とイスラエルとの戦争、いわゆる中東戦争は、一九七三年の第四次を最後に今日まで起こっていない。この約四〇年の間には、エジプトとヨルダンの両国がイスラエルとの単独和平条約に調印するなど、国家間戦争の蓋然性は低下したと言える。また、パレスチナ解放機構（ＰＬＯ）は、一九九三年のオスロ合意を経て、イスラエルとの平和的共存の道を選んだ。

こうしてアラブ諸国の間にイスラエルとの和平の機運が高まっていったなかで、未だに戦時体制を崩していないのがシリアとレバノンである。なかでもシリアが一九七三年以降イスラエルとの直接的な軍事衝突を回避してきたのに対して、レバノンは一九七八年、一九八二年、一九九三年、一九九六年、そして最近では二〇〇六年と五度にわたりイスラエルの軍事侵攻を経験してきた。シリアがイスラエルとの「冷戦」状態にあるとするならば、レバノンはまさに「熱戦」の最中にあり、その意味では「アラブ最後の戦線」であると言える。

だが、このレバノン戦線が中東和平にとって重大な意味を持つのは、それがただ「熱い」からだけではない。むしろ、それがレバノンとイスラエルの国境地帯を舞台にした紛争であると同時に、隣国のシリアとパレスチナを巻き込んだ地域的な安全保障と外交関係の力学が作用してきたからである。このことがレバノン戦線の解決に向けての法的・制度的な取り組みを鈍らせ、結果的に紛争を長期化させてきたことは否めない。

こうした問題をあらためて浮き彫りにしたのが、二〇〇〇年五月の「南部解放」であった。三〇年以上にわたる紛争の歴史において、イスラエル国防軍（ＩＤＦ）のレバノン南部地域からの無条件撤退は、レバノンとイスラエルの紛争の終息を期待させるものであった。一九八二年のレバノン戦争の際にレジスタンスとして結成されたヒズブッラーにとって、イスラエルによる占領の終焉は戦う理由の喪失を意味したからである。事実、ハサン・ナスルッラー書記長も、「南部解放」の直前の段階で、ヒズブッラーがレバノン南部地域を実効支配する意図がないとの見解を示し、国境警備の任務を政府に委ねることを示唆していた（*al-Nahār*, March 10, 2000）。

ところが紛争は終わらなかった。ヒズブッラーの革命的汎イスラーム主義に従えば、「南部解放」はイスラエル国家の破壊という究極的目標の第一段階に過ぎず、それが達成された際には第二段階としてイスラエルへの越境攻撃による「最終決戦」が訪れることになる。だが、実際に訪れたのは両者による生存を賭けた全面戦争などではなく、国境線を挟んだ局所的な「低強度紛争（low-intensity conflict, LIC）」であった。

なぜ紛争は終わることなく、またイスラエルとの全面戦争に発展することもなく、新たなかたちで継続されたのか。本章では、まず、レバノンとイスラエルの紛争の原因と史的展開を再検討し、その上で二〇〇〇年の「南部解放」前後のヒズブッラーと近隣諸国、とりわけシリアの思惑を明らかにすることで、この問いに答えてみたい。

1　紛争の基本構図

レバノンとイスラエルの紛争は、一九四八年五月のイスラエル建国とそれに伴う第一次中東戦争を契機とし、以来、両国は恒常的な戦争状態にある。だが、今日のヒズブッラーとイスラエルとの衝突については、一九七〇年代末のイスラエルによるレバノン南部地域への侵攻および占領、通称「南レバノン問題」を出発点に考えていく必要がある（Nasrallah［1992］）。この紛争の構図は「非対称戦争（asymmetric war）」と「代理戦争（proxy war）」の二つを特徴とし、それぞれ一九八〇年代と一九九〇年代に顕在化した。以下、順番に論じてみたい。

紛争はなぜ始まったのか

一九七〇年代、ＰＬＯを中心とするパレスチナ人武装組織は、イスラエルと国境を接するレバノン南部地域に拠点を築き、そこから同国への越境攻撃を行っていた。これに対してイスラエルは、一九七八年三月、パレスチナ人武装組織の掃討を目的とする「リーターニー作戦」を発動し、ＩＤＦをレバノン領内へと侵攻させた(1)。国連安保理は、直ちにこのイスラエルによる行動を非難し、ＩＤＦのレバノン領内からの無条件撤退とレバノンの領土・主権・独立回復を要求する決議第四二五号を採択した。そして、国連レバノン暫定軍（United Nations Interim Force in Lebanon, UNIFIL）、五〇〇〇～七〇〇〇人、任期は六カ月または一年更新）を南部地域の国境地帯に展開させ、同決議の履行と停戦の監視の任務に当たらせた（Murphy［2007］）。

だが、この国連安保理による措置は、紛争の抜本的な解決にはならず、むしろイスラエルによるレバノン領土の占領という新たな問題を生んだ。イスラエルは、南部地域に「安全保障地帯」と呼ばれる実効支配地域を設け、パレスチナ人武装組織による越境攻撃に備える緩衝地帯としたのである。むろん、IDFが同地域に展開し続けた場合、安保理決議第四二五号が要求する無条件撤退に抵触する。そこで、イスラエルは、元レバノン国軍将校のサアド・ハッダードを司令官とする民兵組織南レバノン軍（SLA）と同盟を結び、IDFと合同で「安全保障地帯」の実効支配およびパレスチナ人武装組織の掃討作戦を行った。こうして、レバノン領内にイスラエルによる事実上の占領地が出現した（Hamizrachi［1988：163–182］, Smit［2000：108–140］）。その結果、レバノンとイスラエルの紛争は、この「安全保障地帯」を舞台に占領者に対する被占領者による解放闘争の様相を呈し、二〇〇〇年五月の「南部解放」まで二二年間にわたって続くことになった。

以上のように、この紛争は、パレスチナ人による対イスラエル武装闘争がレバノンへと波及するかたちで始まったものの、イスラエルが「安全保障地帯」という名の占領地を設置したことで、レバノン人によるレバノン領土の解放闘争へとその性格を変えた。一口にレバノンとイスラエルの紛争と言っても、第一次中東戦争以来の国家間の紛争――パレスチナ問題の一環――でありながら、そのなかで紛争の争点やアクターが移り変わってきたことに注目しなくてはならない。

非対称戦争の構図

この紛争の特徴の一つは、国家対非国家アクターによる非対称戦争(2)にあった。「南レバノン問題」の発生からIDF／SLAと戦火を交えてきたのは、レバノン国軍ではなく、一九八二年のレバノン戦争時にレジスタンスとして結成されたヒズブッラーであった。外国勢力からのレバノン国土の防衛が彼らの第一義的な目的であり、侵略者と戦い続けることがまた彼らの存在意義であった。

レバノン・イスラーム抵抗が使用していた地下トンネル

注）ムリーター・レバノンのレジスタンス観光史跡における野外展示物。
出所）筆者撮影（2010年10月）。

なぜ非対称戦争の構図となったのか。それは、一九八二年のレバノン戦争時、レバノンは内戦によって国家機能が麻痺しており、他国の侵略から自国を防衛するという、主権国家の基本的な役割であるところの安全保障体制を喪失していたからである。具体的には、次の三つの状態を指摘できる。

第一に、内戦により国軍の部隊が分裂または崩壊しており、防衛戦力が残されていなかったこと[3]、第二に、国家を正式に代表する政府が事実上不在となっており、外交を通した紛争解決ができなかったことである。加えて、第三として挙げられるのは、ＳＬＡに代表される国内の一部のキリスト教徒勢力がイスラエルと同盟関係を結び、ＩＤＦの侵攻を「歓迎」したことである。彼らは、ＩＤＦの力を利用することで、内戦で敵対する勢力を圧倒しようとした。こうしたことから、イスラエル側から見れば、レバノン侵攻の軍事と政治の両面におけるコストは相当低下していたと言える。

内戦で荒廃したレバノンの国土がＩＤＦの侵攻によってさらなる破壊に曝されていくなか、国連は米仏伊を中心とした多国籍軍を平和維持のために派遣し事態の鎮静化に努めた。しかし、多国籍軍は、内戦はおろかＩＤＦの侵攻も止めることができず、その結果、レバノンの住民に残された国土防衛のための実質的な手段はゲリラ戦術（guerrilla warfare strategy, GWS）のみとなったのである[4]。

ヒズブッラーの軍事部門レバノン・イスラーム抵抗（以下イスラーム抵抗）は、起伏に富んだ南部地域の丘陵地帯を——森や渓谷、塹壕、地下トンネルを駆使して——縦横無尽に移動し、ＩＤＦ／ＳＬＡに対して一撃離脱を基本とするゲリラ攻撃を繰り返した。そこで用いられた戦術は、潜伏や離散からの奇襲、時限式・遠隔式の路傍爆弾、迫撃砲や移動式ロケット兵器・ミサイルによる断続的攻撃などであった。さらに、「弱者の武器」としてトラック爆弾による自爆攻撃（「殉教作戦」）が編み出され、IDF／SLAの兵士を苦しめた。

むろん、これらのゲリラ戦術では、西側諸国の最新鋭の戦車やヘリコプターで武装した正規軍であるIDFとSLAの合同軍を物理的に破壊し、降伏させるには不十分である。だが、非対称戦争を専門にするアイヴァン・アレグィン＝トフトによれば、低強度紛争におけるゲリラ戦術が企図するのは、あらゆる手段を講じて敵対する相手にコストを課すことであり、そのコストの増大を通してその相手の社会に厭戦機運を広め、最終的に軍事行動を停止に追い込むことである。そのコストとは、兵士の命や健康、精神状態はもちろんのこと、軍事費やインフラ、時間などの経済的コスト、それから政権の支持率や国際社会における立場などの政治的コストも含む（Arreguín-Toft [2005：23-47]）。

このようなゲリラ戦術が生み出した恒常的な戦闘状態は、確実にイスラエルのレバノン占領のコストを増大させていった。やがて戦場の兵士の間だけでなくイスラエル国内でも厭戦機運が広がっていき、その結果、一九八五年、ついにイスラエルはIDFを首都ベイルート周辺から「安全保障地帯」まで撤退させることを決定した。その後も南部地域に「安全保障地帯」という名の占領地が残存したものの、アラブ諸国においてIDFが無条件で軍事的に撤退したのはこれが初めてのことであった。

こうして、一九八五年以後、レバノン南部の「安全保障地帯」とその周辺一帯を戦場に、ヒズブッラーがIDFおよびその傀儡民兵組織SLAと戦火を交えるという非対称戦の構図が生まれた。

代理戦争の構図

レバノンとイスラエルの紛争のもう一つの特徴は代理戦争の構図である。一九九〇年の内戦の終結によるレバノン国家の再生は、イスラエルとヒズブッラーの紛争を、国家対非国家アクターによる非対称戦争から、「イスラエルに支援されたＳＬＡ」と「レバノンに認可されたヒズブッラー」とが対峙する非国家アクターによる国家間の代理戦争へと変えていった。

内戦の終結に伴いレバノンが主権と国家機能を回復（特に国軍再編による防衛戦力の回復）した後も、ＩＤＦ／ＳＬＡによるヒズブッラー掃討を名目としたレバノン領内への侵攻は断続的に続き、一九九三年には「アカウンタビリティー作戦（Operation Accountability）」、一九九六年には「怒りの葡萄作戦（Operation Grapes of Wrath）」が実施された[5]。

レバノンが、内戦の奈落から舞い戻り、主権国家として再生したにもかかわらず、なぜヒズブッラーとイスラエルとの戦闘は続いたのか。それは、ヒズブッラーがレバノン国家の安全保障の正式な担い手として法的・制度的に整備されたからである。

その背景には、第一に、内戦を終結に導いたターイフ合意に従いレバノン国内の全ての民兵組織が武装解除の対象となったものの、ヒズブッラーだけはイスラエルによる占領に対するレジスタンスとして除外されたことがあった。先述のように、この決定の背景には、一九九〇年から二〇〇五年までレバノンを実効支配していたシリアが、イスラエルとのゴラン高原返還交渉を有利に進めるための外交カードとしてヒズブッラーの戦力を維持させた事情があった（第4章4）。つまり、イスラエルにとって、ヒズブッラーは国家安全保障上の脅威であり、そのため攻撃の対象にしたのは道理であった。

第二に、内戦終結後再編された国軍は「安全保障地帯」を解放する力も、ＩＤＦの侵攻を阻止する力も有していなかった点である[6]。ＵＮＩＦＩＬもまた、武力衝突を抑止する力はおろか、一旦始まってしまった戦闘を停止させる力も有していなかった。

結果的に見れば、ヒズブッラーは、南部地域でＩＤＦ／ＳＬＡに対して自由に軍事行動ができる環境に置かれることになった。度重なるＩＤＦによるレバノン侵攻も、ヒズブッラーの軍事部門を無力化するには至らず、むしろ、時間の経過と実戦経験の積み重ねとともにヒズブッラー側の練度が上がることで、両者の軍事面での格差は縮まっていった。[7] 一九九〇年代末の推計で、イスラーム抵抗の戦闘員数は、三〇〇人から五〇〇人程度、それに約三〇〇〇人の「予備役」が加わっていたとされる。これに対して、ＩＤＦは、レバノン領内に約一五〇〇人の兵士を展開させていた（Cordesman［1999：30, 78, 81］）。

中央政府が暴力装置（および暴力の正当な行使権）を独占するという近代国家の原則からすれば、非国家アクターが国防を独自の軍事行動によって担うというのは異常な事態と言えるかもしれない。しかしより重要な点は、この異常事態を生み出したのは、二二年間にもわたった「安全保障地帯」の存在というまた別の異常事態であったことである。「安全保障地帯」は、イスラエルが安保理決議第四二五号に抵触しないようにレバノン人の民兵組織ＳＬＡに実効支配を委ねるという「妙案」であった。特に一九八五年の「安全保障地帯」からの無条件撤退を境に、ＩＤＦは後方支援（兵站、偵察、国境警備など）に作戦の重点を移し、前線での主たる戦闘をＳＬＡに担わせるという分業化を進めていた。

このイスラエルによる「妙案」は、レバノン政府から見れば外交問題と内政問題の中間に位置する対処の難しい問題であった。そのため、ヒズブッラーという非国家アクターに問題の解決を委ねることがオプションとして現実味を持った。こうして、「イスラエルに支援されたＳＬＡ」と「レバノンに認可されたヒズブッラー」とが対峙する、非国家アクターによる国家間の代理戦争の構図が生まれたのである。[8]

安全保障のジレンマによる「恐怖の均衡」

二〇〇〇年のイスラエルによる「安全保障地帯」の放棄には、このような終わりの見えない代理戦争の構図を改変する意図があった。[9] すなわち、レバノンから占領地を消滅させることで、ヒズブッラーのレジスタンスとしての存在意義と「武装政党」としての特権を奪い、他方でレバノン政府に安全保障の権限を集中させ、ヒズブッラーを

表 6-1　レバノン・イスラーム抵抗による軍事作戦の数（1985～2004 年）

期　間	軍事作戦の数
1985～89 年	100
1990～95 年	1,030
1996～2000 年	4,928
2001～04 年	16
合　計	6,074

出所）Hamzeh［2004：89］.

はじめとする民兵組織の管理および国境線の監視をさせようとしたのである。言い換えれば、イスラエルはレバノンに対して、ＳＬＡを解体する代わりにヒズブッラーへの支援を停止させようと試みたことになる。

ところが、このイスラエルの意図は裏切られた。「安全保障地帯」消滅後の南部地域は国軍が展開するのではなく、ヒズブッラーが実効支配することになったからである。そして後述のように、ヒズブッラーは、レバノン政府とヒズブッラーの両者が残存していると主張する「占領地」の解放を掲げ、国境線周辺でＩＤＦと小競り合いを始めた。イスラエルがＳＬＡという手駒を失った一方、レバノンがそれまで通りヒズブッラーを前線に配置し続けた結果、紛争の構図は代理戦争から再び非対称戦争へと変容した。

ただし、この時期の紛争の形態について注目すべきは、ヒズブッラーが新たな戦術を導入することで、この非対称性――軍事的な劣勢――を克服しようとした点である。表 6-1 が示すように、「安全保障地帯」が消滅した二〇〇〇年以降、イスラーム抵抗による軍事作戦は著しく減少している。しかし、これは紛争が収束に向かったことを意味するものではなく、むしろ、「安全保障のジレンマ（security dilemma）」――相互不信が引き起こす軍拡競争――によって新たに生じた戦略的均衡が、ヒズブッラーとＩＤＦの衝突のエスカレーションを抑止したというのが実情であった。

ヒズブッラーは、イスラエル国土の大半を攻撃射程に収めるロケット兵器やミサイルを配備することで、国境線での小競り合いや解放闘争に対するＩＤＦによる大規模な反撃を抑止しようとした。他方、イスラエルの側も、ヒズブッラーがこれらの兵器を使用することによって自国の領内に戦火が及ぶことを懸念し、レジスタンスとの小競り合いや限定的・形式的な解放闘争に対する過剰反応を自制した。ナスルッラー書記長は、低強度紛争が続くなかでのこのような戦略的均衡を「恐怖の均衡（mīzān al-ruʻb）」と呼び、それがレバノンに一定の平和をもたらしているとの見解を示すことで、ヒズブッラーの軍備増強を正当化した（Qanāt al-Manār, August 21, 2004、Blanford［2004］）。

2 「対テロ戦争」を生き抜く言説戦略

一九九〇年代、ヒズブッラーは、専守防衛の「国民的レジスタンス」となることで自らの武装を正当化し、またロケット兵器やミサイルの配備を通してイスラエルとの戦略的均衡を維持することに成功した。ところが、二〇〇〇年代に入ると、「ヒズブッラーのレバノン化」の戦略――レバノン国内に限定した「武装政党」としての政治・軍事活動の推進――を支えてきた条件が、レバノンの国内政治、中東政治、国際政治のそれぞれのレベルから徐々に崩れ始めた。一九九〇年代初頭の政治環境の激変をヒズブッラーにとっての「第一の逆風」であったとするならば（第4章2）、二〇〇〇年代初頭の情勢はそれに匹敵する「第二の逆風」とも呼べる大きな危機であった。

国内・域内政治のレベルにおいては、二〇〇〇年五月の「南部解放」が、ヒズブッラーのレジスタンスの大義を大きく揺るがした。他方、国際政治のレベルにおいては、二〇〇一年の九・一一事件を契機に、イスラーム主義組織に対する国際社会の締めつけが進んだ。とりわけ、米国のジョージ・W・ブッシュ大統領が発動した「対テロ戦争」は、既に「国際テロ組織」に指定されていたヒズブッラーにとって軍事的および政治的な脅威をもたらした。

彼らは、どのようにこの「第二の逆風」を乗り越えようとしたのだろうか。

九・一一事件後の対米姿勢

九・一一事件後、「テロリズム対リベラル・デモクラシー」や「イスラーム対西洋」といった二項対立的世界観が立ち現れるなかで、ヒズブッラー指導部は政治的立場を鮮明にすることが急務となった。

二〇〇四年七月に提出された米国の九・一一事件独立調査委員会の最終報告では、アル＝カーイダとヒズブッラーとのつながりが指摘された。そこでは、「米国政府によるさらなる調査が必要」であり、「イランもしくはヒズブッラーが後の九・一一事件となる攻撃計画を関知していた確証はない」ものの、「アル＝カーイダのメンバーはヒズブッラーの助言と訓練を受けている」と記された（National Commission on Terrorist Attacks upon the United States［2004：240–241］）。

レバノンで大使館と海兵隊に対する自爆攻撃を受けた一九八三年以来、ヒズブッラーを「国際テロ組織」と見なしてきた米国政府にとって、九・一一事件は彼らを攻撃する格好の口実となった。二〇〇二年九月五日、リチャード・アーミテージ米国務副長官は、ヒズブッラーが「テロリストのAチーム」（アル＝カーイダはBチーム）であり、「彼らは［一九九七年より作成されている米国国務省の「国際テロ組織」］リストに載っており、間違いなく彼らの番がやってくる」と述べ、軍事攻撃の実施の可能性をほのめかした（Reuters, September 6, 2002）。

このような逆風のなか、九・一一事件後の早い段階（二〇〇一年九月一六日）で、ナスルッラー書記長は、ブッシュ政権による「対テロ戦争」を牽制する声明を発表した。そこでは、九・一一事件は許し難い「虐殺」であり米国はその被害者とされたものの、同時に「シオニストが日々犯している殺戮と破壊」がそれに匹敵する行為として非難された。ヒズブッラーは、事件を「テロリズム」と断罪しつつも、パレスチナ問題へとリンク（関連付け）させることで、自らが敵と見なすシオニストも「テロリスト」であると主張したのである（青山［2002：72–73］）。さらに、同月末の演説では、米国は「自身がテロリズムを実行し、また世界で最も危険なテロリスト国家を支援している」と述べ（Qanāt al-Manār, September 28, 2001）、イスラエルのみならず米国までもが「テロリスト」の一味であるとの見解を示した。

こうした言説においては、ヒズブッラーこそがシオニストと米国という「テロリスト」に対する「対テロ戦争」

を遂行する主体ということになる。つまり、ヒズブッラーは、ブッシュ政権が掲げる「対テロ戦争」をレジスタンスの大義を正当化するための道具へと転換することで、対イスラエル闘争と反米姿勢を継続しながらも、米国主導の「対テロ戦争」の標的となることを回避しようとしたのである。

この独自の「対テロ戦争」の論理を盾に、ヒズブッラーは、九・一一事件からわずか二カ月後の二〇〇一年一一月に国境地帯のＩＤＦの前哨に対する砲撃を再開した。これを受けて、ブッシュ大統領は、事件後初めて公式にヒズブッラーを「世界的展開（global reach）」を伴う「国際テロ組織」として名指しで非難した（*The Jerusalem Post*, October 24, 2001）。しかし、ナスルッラー書記長は、「我々は〔米国の「国際テロ組織」リストに挙げられていること を〕ずっと誇りにしており、これまでの言動を一度も後悔したことはない。なぜならば、我々は責務を全うし、我々の権利だと思うことを行っているだけだからだ」（Qanāt al-Jazīra, February 14, 2002）と述べ、ヒズブッラーの対米強硬姿勢に変更はないとの立場を示した。

総じて見れば、九・一一事件を機に、ヒズブッラーにとって対米関係がこれまで以上に難しい問題となったのは事実であった。ヒズブッラー指導部は、強硬派のブッシュ政権を刺激しないように、慎重に言葉を選び緻密に計算しながら独自の「対テロ戦争」――占領者に対する抵抗――の論理を展開した。繰り返しウサーマ・ビン・ラーディンとアル＝カーイダを「テロリスト」として非難し、米国やイスラエルが指摘するような過激派との関係を否定した。また、欧米人そのものが敵ではなく、あくまでも問題はシオニストとその支援者たちであると強調した。[10]

イラク戦争・占領統治をめぐる言説

こうしたヒズブッラー指導部の慎重な姿勢は、二〇〇三年のイラク戦争および占領統治をめぐる言説にも見られた。

ヒズブッラーにとって、米国主導によるイラク攻撃計画はアラブとイスラーム世界に対する侵略であり、その反植民地主義と汎イスラーム主義の文脈において非難されるべき行為であった。ヒズブッラー指導部は、これを「クウェートとイラクの人びとをサッダーム・フサイン政権から防衛するためではなく、米国とイスラエルのこの地域内での権益と勢力を拡大するものである」（ナスルッラー書記長）と批判した（*al-Safīr*, February 8, 2003）。国連安保理についても、「米国を筆頭とする大国の利益のため」（ナイーム・カースィム副書記長）のものに過ぎないとの立場を採り、イラクに対する軍事行動を事実上容認した決議第一四四一号（二〇〇二年一一月八日採択）を「アラブ人を服従させることが目的である屈辱的なもの」と非難し、あくまでもイラク攻撃には反対する構えを見せた（Qanāt al-Manār, November 11, 2002）。

注意すべきは、これらの「反戦」発言はサッダーム・フサイン大統領のアラブ社会主義バアス党（以下バアス党）政権に対する支持を意味するものではなかったという点である。ヒズブッラーは、「反戦」を訴えつつも、同時にバアス党政権を独裁者・抑圧者として激しく批判することで、イラクの同盟者と見なされ攻撃の対象に加えられることを回避しようとした。そもそも、ヒズブッラーは、バアス党政権下で弾圧を受けてきたイラクのシーア派住民に対してシンパシーを持っており、国内反体制派組織であるイスラーム・ダアワ党やイラク・イスラーム最高革命評議会（Majlis al-Aʻlā li-l-Thawra al-Islāmīya fī al-ʻIrāq, Supreme Council for the Islamic Revolution in Iraq, SCIRI）との強いつながりがあった。つまり、仇敵であるフサイン大統領を擁護する理由などなかったのである。

二〇〇三年に入りイラク攻撃が秒読み段階になると、ナスルッラー書記長は、イラク人と全てのイスラーム教徒に対して米英の侵略に対する徹底抗戦を訴えた（三月の開戦直前の演説では殉教作戦の実行を呼びかけている）（Bazzī ed. [2004：vol. 1, 139–159]）。しかしその一方で、「［イラクの］反体制派が下す決断に関与するつもりはない」（カースィム副書記長）とし（*al-Safīr*, March 27, 2003）、ヒズブッラーが組織としてイラクのレジスタンスに直接参加することを見送る立場も示した。ここでも、米国を批判しながらも直接の対峙は望まないとする、ヒズブッラー指導部のメッセージが読み取れる。

ブッシュ大統領によって「主要な戦闘の終結」が宣言された五月以降も、ナスルッラー書記長は、米英軍を「占領軍」と非難し続け、占領者に対する抵抗を「自然の権利」と位置づけた上で、イラク国内で頻発したゲリラ攻撃を賞賛した。

ただし、イラク人を狙った攻撃は「テロリズム」に過ぎず、それを実行する「テロリスト」に対しては、「未だに中世を生きている狂信的で偏狭な集団であり、知性も心性も倫理もイスラームへの信仰心もなく、勝手にイスラームを唱道する者たちである」と辛辣な批判を浴びせた（Qanāt al-Manār, March 2, 2004）。

また、ナスルッラー書記長は、ブッシュ米大統領が口にした「十字軍」という言葉が「イラク戦争に反対する多くのキリスト教徒を傷つける表現」であると批判した上で、「米国とシオニストの計画に対するムスリムとキリスト教徒の大規模で確かな連帯」を訴えた（Qanāt al-Manār, March 21, 2003）。十字軍の語を頻繁に使用するビン・ラーディンやアル＝カーイダとの差別化を図り、「国際テロ組織」としてのイメージを払拭することで、「対テロ戦争」時代の二項対立的世界観を乗り越えようとしたのである。

このように、ヒズブッラーのイラク戦争・占領をめぐる一連の批判には、イラクのフサイン政権とアル＝カーイダを徹底的に他者化する言説を織り交ぜることで米国による過剰な反応を回避しようとする意図が見て取れる。

テロリズムと抵抗を分かつもの

「テロリズム」と「抵抗」を分かつ境界線について、ナスルッラー書記長は、二〇〇三年五月、イスラエルに矛先を向ける者を全て「テロリスト」と規定するような米国主導の恣意的な「テロリズム」定義が国際的に拡大していることを批判した上で、次のように語っている。「この問題に関して最重要となるのは、まず占領というものであり……〔占領に対して〕武器を使用して戦うことは合法的かつ正当な抵抗である。それは決してテロリズムではない」（*al-ʻArabī*, May 25, 2003）。つまり、両者の境界線は占領の有無にあり、そこで引き合いに出されるのがパレスチナの占領者イスラエルであり、またイラク占領を続ける米国であった。そして、双方に対し強硬姿勢をとり続ける自らを「抵抗」の担い手として正当化したのである[11]。

占領者とその支援者を「テロリスト」と位置づけ、それらに対する「抵抗」こそがあるべき「対テロ戦争」とするレトリックは、イラク戦争の前後にレバノンのみならずアラブ諸国の世論に広がった反イスラエル・反米感情を代弁する役割を果たした。事実、同様の「テロリズム」と「抵抗」の峻別は、アラブ連盟やイスラーム諸国会議機構（Munaẓẓama al-Mu'tamar al-Islāmī, Organization of the Islamic Conference, OIC）も公式に採用した。これらを背景に、単独行動主義に狂奔する米国に公然と「ノー」を突きつけ、忘れられつつあったパレスチナ解放の大義を実践する「有言実行」のレジスタンスとして、ヒズブッラーはアラブ諸国を中心に広範な支持を得ることになった。こうしたヒズブッラーの戦略は、アラブ諸国に広がる「イラクよりもまずはパレスチナの解決を」という心情をも計算に入れたものであったと考えられる。

しかし言うまでもなく、米国からすれば、ヒズブッラーによる「テロリズム」と「抵抗」の峻別に基づく独自の「対テロ戦争」の論理は承認し難いものであった。そもそも、このような「テロリズム」対「抵抗」論争は、特に目新しいものでもなく、平行線を辿ることが約束されていた（Harik［2004：163-175］）。むしろ、ヒズブッラーの言説が巧みで説得的であればあるほど、異なる二つの「対テロ戦争」の間の亀裂を深める結果をもたらしたと言えよう。

3　対イスラエル闘争の新局面

これまで見てきたように、ヒズブッラーは独自の「対テロ戦争」――「テロリスト」である占領者に対する抵抗

——のレトリックを用いることで、国際レベルにおける「第二の逆風」、すなわち九・一一事件後のイメージの悪化と米国を中心とした国際社会からの圧力を乗り越えようとし、レバノン国内外で一定の支持を集めることに成功した。

だが、ヒズブッラーにとってより深刻な逆風は、国際レベルよりもむしろ国内および地域レベルにあった。二〇〇〇年五月のイスラエル軍のレバノン南部からの無条件撤退によって、「国民的レジスタンス」としての正当性が切り崩されたからである。占領地がなければ解放闘争は成り立たない。

イスラエル国家の破壊という理念に従えば、ヒズブッラーは、「南部解放」の後にはイスラエルとの全面対決を迎えることになる。だが一方で、アリエル・シャロン内閣（二〇〇一年三月～二〇〇六年四月）が米国に追従するかたちで「対テロ戦争」の名の下に強硬姿勢を見せつつあるなか、甚大な損害を被る恐れのある全面戦争は現実的な選択肢ではなかった。ヒズブッラーは、自らの存在意義である対イスラエル闘争において大きなジレンマを抱えたのである。

このジレンマを打開するために、ヒズブッラーは新たな戦略を打ち出した。それは、レバノン領内からイスラエルに越境することなく、それでいてイスラエルと戦火を交えることを可能とする巧みな戦略であった。具体的には、①七村とシャブアー農場の解放闘争、②アクサー・インティファーダへの支援、③情報戦略と捕虜交換、の三つの戦線での戦いである（末近［2005a：23-28］）。以下、順番に見ていこう。

七村とシャブアー農場

ナスルッラー書記長は、ＩＤＦの撤退完了の翌日である二〇〇〇年五月二六日に行った「勝利祭典（Mihrajān al-Intiṣār）」での演説において、「イスラエルの挑戦に対して、新たな方法をもって対応する」と述べ、「南部解放」後も対イスラエル闘争を継続していくことを明らかにした。その上で、新たに取り組むべき問題として、①レバノ

レバノン・イスラエル国境線

注）フェンスの左側がイスラエル，右側がレバノン。フェンスにはヒズブッラーの党旗が掲げられている。
出所）筆者撮影（2002年8月）。

ン領土の完全解放、②レバノンの制空権と水資源の防衛、③イスラエル国内に収監されている一九名のヒズブッラーのメンバーと捕虜の返還、の三点を挙げた[12]（Bazzī ed.［2004：vol. 1, 71-82］）。

武力紛争の継続という観点から見れば、特に重要なのは①であろう。ヒズブッラーは、「南部解放」後もイスラエルが国連安保理決議第四二五号に定められた「ブルーライン（イスラエル・レバノン間の停戦ライン、実質的国境）」を多くの箇所にわたって侵犯していると非難した。その箇所こそが、第一の戦線、七村とシャブアー農場であった。

七村とは、西から順にタルビーハー、サルハ、マールキーヤ、ナビー・ユーシュア、カダス、フーニーン、アビル・カムハの七つの村を指す。国際連盟の委任統治期（一九二二〜四八年）の一九二四年四月に七村は英国委任統治下のパレスチナに併合されたとするイスラエル側の主張に対し、レバノン政府とヒズブッラーは、一九四八年に国内へと流入した七村からの難民に国籍を与えたことを根拠にそれらがレバノン領であるとの立場を採っている（Hallāq［1999：16-17］）。

一方、シャブアー農場は、イスラエル占領下ゴラン高原の北端に位置する面積約二五平方キロのなかに大小一四の農場を持つ地域である。ヒズブッラーとレバノン政府の公式見解（一九九九年一二月発表）では、一九二三年と一九四九年の英仏による二度の「シリア分割」においてシャブアー農場がシリアの領土となったことは確認できるが、一九五一年にシリアからレバノンに「口頭合意」で移譲されたこととなっている（Muṣṭafā［2003：575-579］， al-Khatīb [2002]）。

ヒズブッラーの武装闘争は、主にこのシャブアー農場で継続された。イスラーム抵抗は、銃撃、狙撃、ロケット弾攻撃、国境警備兵の拘束などの手段を用いた断続的なゲリラ攻撃を行った[13]。しかし、住民がほとんどいないシャブアー農場に対する攻撃は、イスラエル国家の破壊という目標のための行為というよりは、レジスタンスによる名目的な解放闘争としての意味合いが強かった[14]。

ここで注目すべきは、シャブアー農場での武装闘争が二〇〇〇年九月末に始まったパレスチナでのアクサー・インティファーダ（民衆蜂起）に連動していた点である。例えば、二〇〇二年三月のＩＤＦによる自治区への大侵攻、「守りの盾作戦（Operation Defensive Shield）」の最中に、イスラーム抵抗は、「南部解放」以後初めてとなる迫撃砲による攻撃を行った。また、ハマースの精神的指導者アフマド・ヤースィーンの暗殺（二〇〇四年三月二二日）を受けて、同日中にＩＤＦの前哨六カ所への大規模な砲撃を敢行した。

カースィム副書記長は、イスラーム抵抗による作戦について、「攻撃・征服するという古典的な戦争戦略ではなく」、「特定の状況下における特定の目標」に対する一撃離脱であるとし、イスラエルとの決戦を望むものではないとした。そして、「昨今の我々の作戦は、パレスチナ情勢に呼応したものであり、イスラエルに対する警告であると同時に、我々とパレスチナ人との紐帯を示すものである」とした（Qanāt-al-Manār, April 17, 2002）。つまり、シャブアー農場をめぐる解放闘争は、イスラエルによるパレスチナ自治区侵攻・

シャブアー農場遠景

出所）筆者撮影（2007年8月）。

占領に対する警告と牽制の効果を狙うものであった。

このように、レバノン領土の解放闘争をパレスチナの大義にリンクさせることで、ヒズブッラーは、レジスタンスとしての存在意義の喪失を阻止すると同時に、イスラエルとの決戦を先送りすることを正当化したのである。

アクサー・インティファーダ

第二の戦線は、パレスチナ占領地でのアクサー・インティファーダへの直接的な支援であった。イスラエル政府の発表を中心に整理してみると、支援は主に三つの活動を通して行われた。

第一に、ヨルダン川西岸・ガザ地区のパレスチナ人武装勢力のリクルートおよび訓練である。イスラエル当局は、二〇〇一年以降、ヒズブッラーに支援・訓練を受けたとされるパレスチナ人活動家をたびたび逮捕ないし殺害してきた。例えば、二〇〇一年二月にイスラエル軍のヘリコプター攻撃によって殺害されたマスウード・イヤードは、もともとパレスチナ自治政府の治安部門のメンバーであったが、レバノンでヒズブッラーの訓練を受けた後、ガザでのアクサー・インティファーダにおいて砲撃・爆破などの軍事活動を指揮していた人物であると報じられた[15] (*The Jerusalem Post*, July 5, 2001)。

第二に、武器を中心とした物資の援助である。アクサー・インティファーダ開始から三年間で、少なくとも三度にわたり自治区への海からの大規模な武器密輸が摘発された。その代表例が、イラン製のロケット兵器やミサイルを満載した船舶カリンA号がイスラエル当局によって拿捕された事件であった[16]。また、「南部解放」後の国境線、特に「ブルーライン」に分断されたガジャル村を介した陸路での武器密輸もたびたび摘発された。

第三に、イスラエル国内での「スパイ網」の拡充である。アラブ系市民の協力者の間にネットワークを拡大し、同国の軍事情報をヒズブッラーおよび自治区のパレスチナ人活動家に提供させた[17]。

イスラエルでは、ヒズブッラーによるアクサー・インティファーダへの関与は自明視され、「西岸におけるパレスチナ人の軍事作戦のうち、七五パーセントの背後にヒズブッラーがいる」とのイスラエル政府高官の言も伝えられた（Blanford［2004］）。ヒズブッラー指導部は、当初関与について肯定も否定もしなかったが、ほどなくしてインティファーダ支援の事実を認めた。二〇〇二年二月、ナスルッラー書記長は、「今日のパレスチナにおけるインティファーダは我々の戦線であり、その支持は我々の責務であり、宿命である……そのため、我々は言葉だけではなく実践をもって、インティファーダを支援しなくてはならない」と述べた（Qanāt al-Manār, February 1, 2002）。事実、インティファーダにおいては、かつてヒズブッラーがレバノン南部地域で展開したゲリラ戦術、例えば時限式・遠隔式の路傍爆弾や待ち伏せ攻撃などがパレスチナ人によっても採用されたことが確認されている。(18)

情報戦略と捕虜交換

第三の戦線は、情報戦と捕虜交換を通した政治的駆け引きである。ヒズブッラーの情報戦略の中心を占めるのが、自らが運営する「アル＝マナール・テレビ（Qanāt al-Manār）」である。アル＝マナール・テレビは、一九九一年に「レジスタンスの放送局（Qanāt al-Muqāwama）」としてベイルートに設立された。当初は一日四時間程度の放送を行うローカル局であったが、二〇〇〇年六月以降は二四時間の衛星放送を開始し、現在ではイスラエルを含む中東のみならず欧米でも視聴が可能となっている。(19)

ヒズブッラーは、アル＝マナール・テレビを組織の広報窓口としてのみならず、「シオニストという敵に対する心理戦」の武器と位置づけていた。「南部解放」を契機に、それまでの「レジスタンスの放送局」というスローガンを「アラブ人とムスリムのための放送局（Qanāt al-ʻArab wa al-Muslimīn）」へと変更し、大幅に放送内容を拡充させた。その特徴は、①抵抗の呼びかけ、②アラビア語のみならずヘブライ語番組（一九九六年〜）と英語番組（二〇〇一年〜）を通したイスラエルに対する示威、③独自のテレビ局を持たないパレスチナ人諸組織への広報機会の提供であった。アル＝マナール・テレビは、パレスチナやイラクでの惨状の映像を繰り返し放送することで、占領

ヒズブッラーのメディア戦略

注）筆者所蔵のCD，DVD，コンピュータゲーム，キーリングなど。
出所）筆者撮影（2007年12月）。

者・「抑圧者」としてのイスラエルと米国の脅威を強調し、アラブ人やイスラーム教徒に闘争を呼びかけた[20]。

ちなみに、ヒズブッラーがアル＝マナール・テレビを含むマスメディアに登場し、組織の見解を積極的かつ主体的に発信するようになったのは、一九九二年にナスルッラーが書記長に選出されて以降のことである。ヒズブッラーのメディア戦略は一九九〇年代に質・量ともに急速に発展した。テレビやラジオ、ウェブサイトを通してイスラエルに対する抵抗への呼びかけ、レジスタンスの勇敢さ、殉教の尊さ、そして「南部解放」をはじめとするヒズブッラーの歴史的な「偉業」などを繰り返し放送するだけではなく（Jorisch［2004］, Harb［2011］）、そうしたヒズブッラー特有の価値観や歴史観を盛り込んだ書籍、CD、DVD、コンピュータゲーム、ポスター、ポストカード、小物（ステッカー、キーリング、Tシャツやキャップなど）を次々に配布・販売してきた。こうして、ヒズブッラーのシーア派イスラーム主義のイデオロギーは、レバノン国内外の公的領域に滲出することでいわば「ブランド」として確立し、組織の生き残りのための一助として機能してきた（Khatib［2012：36-71］）。

二〇〇四年一月二四日、アル＝マナール・テレビは、ヒズブッラーがドイツ政府と国際赤十字社の仲介によりイスラエル政府との捕虜交換に合意したことを報じた。五日後、スパイ容疑でレバノン当局に拘束されたIDFのエルハナン・タネンバウム大佐と二〇〇〇年一〇月のシャブアー農場での戦闘で死亡した兵士三名の遺体——実際には生死は隠されていた——の返還と引き替えに、イスラエル国内に収監されている二三名のメンバーが解放され、五九名の殉教者（イスラエルとの紛争において命を落とした者たち）の遺体がヒズブッラー側に引き渡された[21]（*al-Safīr*, January 24, 25, 30, 31, February 1, 2004）。

注目すべきは、この交換合意において、ヨルダン川西岸地区の収容所に収監されていた四〇〇名のパレスチナ人活動家と二二名のアラブ人活動家（シリア人五名、モロッコ人三名、スーダン人三名、リビア人一名など）までもが解放されたことである。[22] ナスルッラー書記長は、「〔彼らが解放された〕この「自由の日（Yawm al-Ḥurr）」は……レバノン、パレスチナ、シリア、アラブ、イスラーム世界の勇敢な闘争の戦士たちのための記念日である」とし、これをヒズブッラーによる長年の対イスラエル闘争の成果として強調した。その上で、「ヒズブッラーは変わっておらず、今後も変わらず」、「さらなる信念と確信、さらなる決意をもって、この抵抗の道を歩むのである」と述べ、引き続きイスラエル人の拘束と捕虜交換による対イスラエル闘争を継続する決意を見せた（これが後の二〇〇六年のレバノン紛争の遠因となった。詳しくは第8章を参照）（Bazzī ed.［2004：vol. 2, 113–122］）。

この時点で、捕虜交換は、ヒズブッラーにとって軍事力に勝るイスラエルに政治的な打撃を与える有力な――ないしは唯一の――戦術となっていた。それは、兵士の士気を維持するために捕虜と戦死者の祖国への帰還を重んじるイスラエルという国家の性格を知り尽くした戦術であった。ヒズブッラーは、一九九六年七月にドイツ赤十字社を仲介者として初めてイスラエル政府との捕虜交換に合意し、二名のイスラエル兵士（一九八六年二月に拉致）の遺体および一七名のＳＬＡ協力者と四五名のレバノン人収監者との交換を行ったが、その際には、イスラエルを交渉相手と認めることがパレスチナ解放の大義に反するとの批判もあった。しかし、二〇〇四年一月の捕虜交換においては、レバノン人だけではなくパレスチナ人とその他のアラブ人活動家の解放を果たしたことで、こうした批判は影を潜め、むしろパレスチナの大義の積極的実践としてレバノン国内外から喝采を浴びた。[23]

レバノン領内で拘束したイスラエル人と引き替えに、イスラエル国内に収監されているパレスチナ人活動家を解放させる――。この捕虜交換戦術においても、七村とシャブアー農場のケースと同様に、レバノン国内における解放闘争とパレスチナの大義とのリンクが見て取れる。こうして、ヒズブッラーは、大規模な軍事報復の危険を伴うイスラエルへの越境攻撃を敢行することなく、実質的に組織の最終目標であるイスラエル国家の破壊のための実践を継続することに成功したのである。

4　中東和平問題のなかのヒズブッラー

ヒズブッラーは、「対テロ戦争」の論理を逆手にとるかたちで対イスラエル闘争を継続し、イスラエルとの全面戦争を回避しながらも確実に戦果を得られる巧みな戦略・戦術操作を行うことで、対イスラエル強硬派の急先鋒およびレバノン国家のレジスタンスとしての存在意義の刷新に一定の成功を収めた。

だが、このことは、レバノンとイスラエルの国境線で繰り広げられてきた紛争の継続を意味し、「南部解放」によって高まった和平への機運を霧散させる結果をもたらした。むしろ、ヒズブッラーによるインティファーダ支援が拡大することで、両国の紛争は単なる二国間の問題ではなく、パレスチナ問題と密接に絡みついたいっそう複雑な問題となったと言える。そのため、ヒズブッラーの影響力の拡大は、長年にわたって中東和平交渉の仲介とイスラエルの安全保障に従事してきた米国にとっても看過できない問題となった。

こうしたなかブッシュ政権が選んだのは、ヒズブッラーに対する軍事攻撃ではなく、その支援国であり、またレバノンを実効支配しているシリアへの外交圧力であった（Byman［2003］）。米国は、シリアへの外交攻勢を強めることで、ヒズブッラーの力を削ぎ、レバノンを実効支配の軛から解放し、シリア、レバノン、イスラエルの間の和平交渉を進展させせようとした。

シリア＝イスラエル関係

シリアにとって、ヒズブッラーはイスラエルとの和平交渉における有力な外交カードであった（第4章2）。そのため、ヒズブッラーの言動はシリア政府の意向に少なからぬ影響を受けることとなったが、裏を返せば、イスラエルとの関係においてシリアもまたヒズブッラーに依存していたことになる。両者は、イスラエルと米国を共通の敵とする戦略的パートナーシップの関係にあった。

一九七三年の第四次中東戦争以降のシリアとイスラエルとの「冷戦」状態のなかで、ヒズブッラーの対イスラエル闘争は、国家間戦争を予防するいわば安全弁の役割を果たしていたと考えることができる。シリアは、レバノン南部地域を舞台とした低強度紛争が続く限りにおいてイスラエルとの全面戦争を避けることができた（逆に言えば、実際にある程度の戦闘がなければヒズブッラーは外交カードになり得ない）。他方、ヒズブッラーは、シリアによるレジスタンスへの直接支援のみならず、シリア経由でのイランからの間接支援を享受することで対イスラエル闘争の継続と拡大が可能となった。

ヒズブッラーとシリアとの関係緊密化は二〇〇〇年以降急速に進んだが、その契機となったのが同年のバッシャール・アサド（B・アサド）の大統領就任であった[24]。B・アサド大統領は、「レバノン・ファイル（対レバノン政策）」を担当していた大統領就任前の段階で、ヒズブッラーの対イスラエル闘争を激賞し、シリア政府が組織を合法的なレジスタンスと認識していることをあらためて強調した（*al-Safīr*, January 28, 2000）。こうした立場は「南部解放」および大統領就任の後も一貫しており、二〇〇〇年六月一二日付の汎アラブ紙『アッ＝シャルク・アル＝アウサト（*al-Sharq al-Awsaṭ*）』のインタビューでは、次のように述べている。

バッシャール・アサド

出所）http://www.presidentassad.net/

ヒズブッラーはレジスタンスの最前線にいる。同時に、レバノンの政党であり、レバノン国会に議員を擁している。……［イスラエル軍の］撤退は、一つの問題、すなわちイスラエルによるレバノン占領の問題の解決に過ぎず、レバノンに対するイスラエルの恒常的脅威を打ち消したことにはならない。なぜならば、アラブ・イスラエル紛争が次なる基本的な諸段階を進めていくことに失敗しているからである……（*al-Sharq al-Awsat*, June 12, 2000）。

このようなシリアによるヒズブッラー支援には、イスラエルとの関係において交渉の主導権を握る狙いがあったと考えられるが、具体的には、以下の三つが挙げられよう。

第一に、一九九〇年代半ば、「先代」のハーフィズ・アサド（以下H・アサド）前大統領は、イスラエルの労働党政権との和平交渉においてゴラン高原からの即時撤退の確約を得たと言われている。しかし、その後の交渉は、ベンヤミン・ネタニヤフ首相率いるリクード政権の発足を契機とする、中東和平プロセスの座礁（一九九六年六月）、キャンプ・デーヴィッドII（二〇〇〇年七月）とアクサー・インティファーダの勃発（二〇〇〇年九月）、シャロン政権の成立（二〇〇一年二月）を経て、完全に頓挫した。ヒズブッラーは、このような膠着状態を打開するための有効な外交カードであった。シリアは、レジスタンスの生殺与奪の権を握ることで、中東和平プロセスのいわばキャスティングボートを握る国家として存在感を高めた。

第二に、シャブアー農場の解放闘争は、イスラエルにとっての安全保障上のアドバンテージとなる二国間交渉を牽制し、シリアとレバノンに分断された和平トラックを一体化させる役割を果たすものであった。同農場の領有権をめぐるレバノン・シリアとイスラエルの双方の見解の相違は、レバノン南部地域からの撤退によって進められるはずであったイスラエル側の「レバノン・ファースト」のシナリオ——レバノンとシリアそれぞれとの和平トラックを分断することで一対一の外交交渉に持ち込む戦略——を頓挫させた。シリアは、あくまでもシリアとレバノンが足並みをそろえて交渉に臨むこと、すなわちB・アサド大統領の言うところの「公正かつ包括的和平（al-salām al-ʿādil wa al-shāmil）」に固執した[25]。

第三に、ヒズブッラーへの支援と「公正かつ包括的和平」の追求は、シリアの国是でありバアス党の党是であるアラブ・ナショナリズムとそれに基づくパレスチナ解放の大義の実践を既成事実化する役割を果たした。その結果、シリアはイスラエルと直接戦火を交えることなく、アラブ世界における「前線国家」としての面目と姿勢を保ったまま交渉に臨むことができた。このことは、バアス党政権の権威主義体制を支えるイデオロギー装置へと形骸化してしまったアラブ・ナショナリズムの正当性を回復し、国民統合を強化する役割も果たした。実際に、「南部解放」を果たした有言実行のヒズブッラーの人気は高まりを見せ、バアス党政権はそれに乗じるかたちとなった。

両刃の剣

とはいえ、このようなヒズブッラーとの戦略的パートナーシップは、シリアにとって両刃の剣であった。外交カードとしてのヒズブッラーそれ自体がイスラエルや米国との緊張を高めたからである。

例えば、シャブアー農場でのヒズブッラーによる軍事行動への報復として、二〇〇一年四月一六日にはイスラエル空軍がレバノン領内にあるシリア空軍のレーダー施設を破壊した。その結果、シリアは、軍事的損害を受けただけではなく、イスラエルとの戦闘状態のエスカレートを恐れるレバノン国民から実効支配への激しい非難を浴びることとなった[26]。また、テロリストとその庇護者を区別しない「対テロ戦争」の原則を掲げる米国からしてみれば、「国際テロ組織」であるヒズブッラーとシリアとの関係緊密化は、シリアに対する軍事攻撃の口実となるものであった。事実、二〇〇二年半ば頃からイラク攻撃を間近に控えた米政権内においてシリアの体制転換を求める声が上がるようになった（青山・末近［2009：64］）。

「対テロ戦争」の名の下に強まっていったイスラエルと米国の圧力を回避するため、B・アサド大統領は、ヒズブッラーが目指しているのはあくまでもレバノン領土の解放であり、イスラエルの破壊やシリア・イスラエル和平交渉を破綻させる意図はないと述べたが（*al-Nahār*, May 25, 2003）、おそらくはこれがシリア政府の「本音」であった。ヒズブッラーが外交カードたり得るには、その言動が米国やイスラエルの許容範囲でなくてはならないからである。

他方、イスラエル国家の破壊を大義とするヒズブッラーにとっては、陰に陽にシリアが進めようとしていた和平交渉は到底受け入れられないというのが「本音」であった。しかし、ヒズブッラーはこの問題については静観の姿勢を保った。それは、シリアがイスラエルとの「冷戦」ないしは没交渉を続ける限りヒズブッラーの対イスラエル闘争を必要としていることを十分に理解しているからであった。両者の関係は、あくまでも戦略的なパートナーシップであった。

シリア＝レバノン関係

一方、レバノンの国内政治の文脈においても、二〇〇〇年以降、ヒズブッラーとシリアの関係緊密化が目立つようになった。老獪な政治家として恐れられたH・アサド前大統領の死去と「南部解放」に伴うシリア軍駐留の正当性の低下から、シリアは、この頃からレバノン国内での反シリア感情の高まりに直面するようになった。実効支配下でタブー視されてきたシリアに対する批判が公然と行われるようになり、二〇〇〇年の第一六期国民議会選挙では反シリア候補が少なからず当選した（第5章2）。

反シリア派としては、ミシェル・アウン元国軍司令官率いる自由国民潮流やマロン派のナスルッラーフ・ブトルース・スファイル総大司教が、全ての外国勢力の完全撤退を定めたターイフ合意の遵守と国連安保理決議第五二〇号（一九八二年九月一七日採択）の履行を求めて大規模な街頭デモを開催した。こうした動きを受けて、シリアは、二〇〇〇年一一月から〇三年七月にかけて五度にわたりレバノン駐留軍の「再展開」——事実上の段階的撤退——を行い、その規模を最大約三万五〇〇〇～四万人から二万五〇〇〇人まで縮小させた[27]。

ヒズブッラーは、一九九〇年代中頃まではシリアとの関係を「公然の秘密」としていたが、レバノン国内での反シリア感情の高まりを受けて、シリア軍駐留への支持をより明確に打ち出すようになった[28]。ヒズブッラーの親シリア姿勢は、レバノンの政党のなかで際立っていた。二〇〇〇年以降は、宗派の別にかかわらず多くの政治家がシリア＝レバノン関係の見直しに言及し始めたが[29]、そのなかであくまでもシリア擁護の姿勢を貫いた。

一方、外国からの圧力に対しても、ヒズブッラーはシリア擁護の姿勢を崩さなかった。例えば、イラク戦争の最中にシリアへの軍事攻撃が噂され始めたとき、いち早く他のアラブ人やムスリムとともにこれに徹底抗戦する構えを見せた（二〇〇三年四月二二日）（Bazzī ed.［2004 : vol. 1, 185–186］）。つまり、レバノン国内のみならず国外の反シリア勢力をも牽制する役割を担ったのである。

大統領再選問題

親シリア勢力として奮闘するヒズブッラーを支えたのが、レバノンのエミール・ラッフード大統領であった[30]。国内外で「ダマスカス〔シリア政府〕の操り人形」としばしば揶揄された同大統領は、レバノンにおけるヒズブッラーの最大の庇護者であった。イラク戦争終結後の二〇〇三年五月三日、コリン・パウエル米国務長官は、シリア政府に外交圧力をかける一方で、「ヒズブッラーのテロ活動が世界各地で継続していることへの懸念」をレバノン政府に伝えたが、これに対してラッフード大統領はヒズブッラーはあくまでも「合法的な政党」であると反論した（al-Safīr, May 4, 2003）。

二〇〇四年に入ると、ヒズブッラーの国内での立場を左右するこのラッフード大統領の再選問題が浮上した。レバノンの憲法では大統領任期は六年で、再選は認められていない。一一月の任期切れが近づくなか、大統領の再選もしくは任期延長をめぐる憲法改正の準備がシリアによって進められた。結局、二〇〇四年八月二八日に大統領任期を特例で三年間延長することを認める憲法改正法案が閣議決定、九月三日には国会を通過し、ラッフード大統領の続投が決まった。レバノン国内の政治家や政党の多くがこれをシリアによる内政干渉とする非難の声を上げたが、ヒズブッラーは一貫して同大統領の再選・任期延長に賛意を示した。

こうしたシリアによるレバノンの大統領再選への介入を受けて、国連の安全保障理事会は、米仏両国が起草した決議第一五五九号を採択した（二〇〇四年九月二日）。これは、レバノンの主権の保護と内政干渉の排除を求めるものであり、特定の国名が挙げられてはいないものの、事実上のシリア非難決議であることは明らかであった。ヒズブッラー指導部は、シリアのレバノン実効支配を擁護する立場から、直ちに決議第一五五九号をシリアに外交圧力をかけるための「理由ではなく名目に過ぎない」と批判し、ラッフード大統領の任期延長は「過渡期の不安定なレバノン政治を維持するためには必要な選択」とする見解を示した（*al-Safīr*, September 18, 2004）。ヒズブッラーは、国内で高まっていた反シリア感情だけでなく、シリアに対する国際的圧力の矢面にも立った。

しかしながら、ヒズブッラーは自己犠牲の精神でもってシリアを擁護したわけではない。実際には、この安保理決議第一五五九号には、「レバノン系および非レバノン系の全ての民兵組織の解体と武装解除の要求」という項目が盛り込まれていたからである。これがヒズブッラーを標的としたものであることは明白であり、指導部はシリアの実効支配非難の項目よりも深刻かつ直接の脅威と受け止めた。ナスルッラー書記長は、レジスタンスの武装解除はイスラエルに益するものであり、安保理はイスラエルの要求に屈したのだと批判することで、この項目を一蹴した（Qanāt al-Manār, September 4, 2004）。シリアは、ヒズブッラーの対イスラエル闘争を擁護する立場から、レジスタンスをレバノン国家の正規の安全保障体制に編入し、武装解除の対象となる民兵組織ではなく国軍の一部とする案を提示することで、決議が要求するヒズブッラーの武装解除を回避しようとした[31]（*al-Safīr*, September 3, 2004）。

このように、二〇〇〇年代以降ヒズブッラーとシリアとの関係緊密化が進んだが、それはシリア、レバノン、イスラエルの三国が抱える中東和平問題のなかでの戦略的なパートナーシップを基調としていた。一方、中東和平問題の解決に向けた米国のイニシャティブは、国連安保理決議第一五五九号に象徴されたように「対テロ戦争」の論理を梃子にヒズブッラーとシリアに対する政治的な包囲網を狭めていくことを特徴とした。だが、結果として見れば、この試みは、ヒズブッラーとシリアの態度硬化を招き、両者の戦略的パートナーシップの強化をもたらすことで、シリア・レバノン両国とイスラエルとの間の亀裂を深め、中東和平の実現は遠のいたと言えよう。こうした状況下で、ヒズブッラーは、「南部解放」以降もレジスタンスとしての存在意義を失うことなく、実際に武装闘争の継続が可能となったのである。

おわりに――終わらない紛争、遠のく和平

レバノンとイスラエルの紛争は、なぜ始まり、なぜ終わらないのか。本章では、ヒズブッラーの対イスラエル闘争の変容と、レバノンを中心とした隣接する諸国間の安全保障に対する影響を論じることで、この問いに答えた。それは、以下のようにまとめることができる。

この紛争は、一九四八年五月のイスラエル国家の独立を契機としたパレスチナ問題の一環として始まった。レバノンは、当初、アラブ諸国の一翼としてイスラエルと国家間戦争を戦ったが、一九七〇年代に入るとＰＬＯを中心としたパレスチナ人武装組織の流入と内戦の勃発によって、暴力装置の独占という主権国家としての機能を失ったその結果、ＩＤＦによる侵攻を許し、「安全保障地帯」という名の占領地を抱えることになった（「南レバノン問題」）。こうして、紛争の構図は、国家間戦争から「安全保障地帯」を舞台とした占領者対被占領者の解放闘争へと変わった。

この新たな紛争の構図は、レバノンの国家機能が麻痺していた内戦中は非対称戦（イスラエルとヒズブッラーの戦い）のかたちをとったが、内戦終結後の一九九〇年代は代理戦争（イスラエルが支援するＳＬＡとレバノン・シリアが支援するヒズブッラーの戦い）の性格を強めた。

このように構図を変えながらも継続した紛争に終止符が打たれることが期待されたのが、二〇〇〇年のイスラエルによる「安全保障地帯」の放棄とＩＤＦの無条件撤退の決断であった。それが、占領者対被占領者の構図を無効化するだけではなく、イスラエルとレバノンがそれぞれＳＬＡとヒズブッラーという代理戦争の手駒を手放すことにつながると考えられたからであった。

だが、紛争は続いた。二〇〇〇年の「南部解放」は、ヒズブッラーにとって両義的なものとして受け止められた。レジスタンスの到達点であったと同時に、レジスタンスの大義を揺るがす出来事だったからである。そのため、国内と地域の両レベルにおいて、彼らは大きなジレンマを抱えることになった。すなわち、自らが掲げてきた革命的汎イスラーム主義に従えば、イスラエルとの全面戦争へと踏み切ることになる。しかし、イスラエル領内への越境攻撃を行えば、専守防衛のレバノンの「国民的レジスタンス」としての地位を失うだけではなく、中東最強の軍隊であるＩＤＦによる大規模な反撃を受けることで組織の存亡が危うくなる。一方、国際レベルでは、二〇〇一年の九・一一事件を契機に米国主導の「対テロ戦争」が発動されたことで、米国やイスラエルに武力行使の口実を与えかねない不用意な軍事作戦を慎む必要が生じた。ヒズブッラーは、国内・地域・国際の三つのレベルにおいて、「第二の逆風」とも呼ぶべき、一九九〇年代初頭以来の大きな政治的な困難に直面したのである。

しかし、ヒズブッラーは、イスラエルの破壊という目標を取り下げることなく、その理念に抵触しないかたちの新戦略を打ち出すことで、この「第二の逆風」を乗り越えることに成功した。言説レベルにおいては、「占領者＝テロリストに対する抵抗」という独自の「対テロ戦争」の論理を打ち出すことで、強硬派のブッシュ政権との関係調整に努めた。そして、これを盾にレバノン領内でのレジスタンス――七村とシャブアー農場の解放闘争、パレスチナ武装勢力への支援、情報戦略と捕虜交換――をパレスチナ解放の大義にリンクさせることで、対イスラエル強硬派およびレバノンの「国民的レジスタンス」としての存在意義を刷新し、対イスラエル闘争を事実上継続させることを可能とした。

約言すれば、一九九〇年代初頭の「第一の逆風」への対応が、「ヒズブッラーのレバノン化」の敢行であったとすれば、二〇〇〇年以降の「第二の逆風」においては、この「ヒズブッラーのレバノン化」、すなわち合法政党・「国民的レジスタンス」であることをアピールし、実質的な武装闘争の場をレバノン領内に限定する戦略をさらに徹底することで、「国際テロ組織」としての批判やイスラエルとの全面衝突を回避しようとした。その結果、紛争は、代理戦争から再び非対称戦へと構図を変えつつ、継続することになったのである。

このようなヒズブッラーのプラグマティズムを支えたのが、シリアとの戦略的パートナーシップであった。イスラエルを共通の敵とする共闘関係は、ヒズブッラーにレバノン国内での政治的地位の強化と対イスラエル闘争の継続を可能にさせた。他方、シリアにとっても、ヒズブッラーはイスラエルとの和平交渉とレバノンの実効支配において不可欠の存在となっていた。二〇〇〇年以降の政治環境の変化、とりわけ「対テロ戦争」の発動は、双方を政治的な劣勢に追い込むと同時に、戦略的パートナーシップのいっそうの強化に寄与したと言えよう。

二〇〇〇年の「南部解放」後もヒズブッラーが対イスラエル闘争を続けたことは、レバノンとイスラエルの紛争の解決が遠のいたことを意味した。だが、この紛争の継続はヒズブッラーのイデオロギーや両国の二国間関係だけに帰するものではない。それはゴラン高原の返還をめぐるシリアとイスラエルの和平交渉、さらには実効支配をめぐるシリアとレバノンの関係と連動しており、ヒズブッラーは常にその渦中にあった。ヒズブッラーの解体や武装解除は、紛争収束のための必要条件であるかもしれない。だが、それは地域に平和と安定をもたらすための十分条件にはなり得ないのである。

第7章　抵抗社会の建設と社会サービス

――サバルタン・ヒズブッラーの日常実践

はじめに――サバルタン・ヒズブッラー

本章の主題は、ヒズブッラーがレバノン国内で展開する「社会サービス（al-khidmāt al-ijtimāʿīya, social services）」（Qāsim［2010：127-131］）とそれに関わる人びとの日常実践である(1)。

ヒズブッラーは、レバノンのレジスタンスと合法政党としての活動の他に、一九八〇年代初頭の結成以来、草の根の社会サービスを幅広く展開してきた。ヒズブッラーは、主にシーア派住民が集住する三つの地域、①ベイルート南部郊外、②ベカーア高原、③レバノン南部地域を中心に、内戦や戦争の負傷者や遺族への支援、障がい者や低所得者に対する福祉・教育・医療の提供、さらには農村開発や農業指導、土木整備などまでも行ってきた。

これらの社会サービスに対する評価は、観察者の立場によって大きく異なる。別言すれば、ヒズブッラーは、なぜ、何のために、社会サービスを展開しているのかという問いに対する答えは定まっていない。その原因は、第二共和制のヒズブッラーが対イスラエル闘争のための武装組織であると同時にレバノンにおける合法政党であることから、その動機を軍事と政治のいずれかに求める二者択一的な見方がなされてきたことにある。

すなわち、例えば、ヒズブッラーが武装組織であることを強調した場合、社会サービスは、レジスタンスの軍事作戦をめぐる住民の不満（例えば、イスラエルによる報復攻撃や付帯被害について）を解消し、戦闘員――あるいは「テロリスト」――をリクルートするための装置と見なされてきた（Jaber［1997］, Chambanis［2010］）。したがって、外部からの政治的・軍事的圧力によって社会サービスに停滞をもたらすことができれば、ヒズブッラーの支持基盤を縮減し、最終的には彼らの政治的暴力を減少させられるといった見方が、欧米のテロ対策専門家の間では共有されている[2]（Flanigan［2006］［2008］）。

他方、ヒズブッラーを合法政党と見た場合には、社会サービスは、「集票マシン」として分析されがちである。政治社会学者のジュディス・P・ハーリクは、「中東における他のイスラーム運動とは違い、神の党［ヒズブッラー］は福祉活動をレバノンの多元的体制への挑戦のための手段ではなく、レバノンの誠実な政党としての正当性を強調し高める手段として用いている」と言う（Harik［2004：81］）。

むろん、ヒズブッラーによる広範で活発な社会サービスがもたらす結果に着目すれば、いずれの見方にも一定の妥当性を認めることはできよう[3]。とりわけ、殉教者とその家族に対する手厚いケアが、戦時には、戦闘員のリクルートだけではなく軍事作戦に対する住民の不満を解消し、また、選挙時には、有権者にとってのヒズブッラーへの一票を投ずる動機付けの一つ――シーア派住民に対するクライエンティリズム（第5章3）――となってきたと考えられる。社会サービスが、シーア派コミュニティを中心にヒズブッラー支持者の拡大に寄与してきたと考えるのは自然であろう。

だが、これらの研究には共通する二つの問題がある。

第一の問題は、いずれの見方もヒズブッラーにとっての社会サービスの意味を説明し切れていない点である。つまり、ヒズブッラーを本質的に武装組織と捉えるか、それとも合法政党と捉えるかという「結論先にありき」の議論であり、観察者の立場がヒズブッラーそれ自体の動機付けを決めてしまうことになっている。このような「結論先にありき」の議論は、ヒズブッラーが地下組織であり正確な情報の入手が困難であったことから長らく正当化されてきた。だが、地下組織として活動していた一九八〇年代ならばともかく、合法政党として一定の情報公開をしている現在において、こうした本質主義的な評価は問題視せざるを得ない[4]（Harb and Leenders［2005：179-183］）。

第二の問題、そしておそらくより大きな問題は、現実にヒズブッラーの社会サービスに関わる人びとのエージェンシー（agency、主体的関与[5]）が等閑視されていることであろう。彼ら彼女らは、ヒズブッラー指導部によって軍事あるいは政治によって動員される「従順な身体」を持つ者たちとして、指導部と支持者、エリートと非エリート、といった単線的な関係のなかで主客を固定化して語られがちである[6]。言うまでもなく、観察者による軍事と政治の二者択一的な言説に対して、ヒズブッラー指導部は、公式声明や出版物を通して意義を唱えることが可能であり、実際に社会サービスがヒズブッラーにとっていかなる意味を持つのか繰り返し表明してきた。そして、そうした指導部の語りには、社会サービスに関わる人びとの意図や心情を代弁する側面もあるだろう。しかし、それでもなお、社会サービスに関わる人びとは、指導部によって優先的に表象され、エージェンシーを奪われた客体にとどまることに変わりはない。観察者による「結論先にありき」の語りに対するヒズブッラー指導部の対抗言説も、また、抵抗や革命といったキーワードが散りばめられたイデオロギーによって「被抑圧者」としての人びとの声を均一的なものとして表象する。つまり、彼ら彼女らは軍事と政治、観察者と指導部の狭間でサバルタン（subaltern、経済・政治・文化・ジェンダー・階級などの差異による抑圧によって従属的な地位にある人びと）と化してきたのである。

本章では、ヒズブッラーによる社会サービスとそれに関わる人びとの実態を明らかにするために、次の二つの作業を進めていく。

第一に、ヒズブッラーという組織にとって社会サービスがいかなる意味を持ち、いかなる動機に基づいて展開されてきたのかという問いを設定し、①組織体系・命令体系のなかでの位置づけ、②指導部が発してきた言説、特に「抵抗社会（mujtamaʻ al-muqāwama）」と呼ばれる指導部と支持者が一丸となって相互協力体制の構築を目指す論理、の二つの分析を通してこれに答えてみたい。

第二に、これを踏まえた上で、社会サービスに関与する人びとが軍事・政治・社会の領域に広がるヒズブッラーの思想と活動に対してどのように関与しているのか、そして、その関与がどのような変化を社会にもたらしているのか、主に一九九九年から二〇一二年まで筆者が断続的に行ってきたフィールドワークのデータをもとにエスノグラフィーの手法を用いながら論じる。フィールドワークは、後述するヒズブッラー系列のＮＧＯの幹部へのインタビューの他、ベイルート南部郊外における住民への聞き取り調査（のべ約一二〇件）による。

ここで強調しておきたいのは、人びとを「従順な身体」として捉えてきた従来の議論に対して、本章は「抗う身体」をすくい取り、それこそが「事実」であると反論することを意図していない、という点である。本章が目指すのは、むしろこうした主客を固定化した単線的な関係を換骨奪胎することであり、両者の間の流動的かつ重層的な関係を浮き彫りにすることである。(7)

1　ヒズブッラーの組織構造

社会サービスは、ヒズブッラーという組織のなかでどのような位置を占め、どのような役割を果たしているのだろうか。まず、その組織構造とそれを支える理念を概観することで、ヒズブッラー指導部にとっての社会サービスの意義を明らかにしてみたい。

最高意思決定機関としての諮問会議

ヒズブッラーの最高意思決定機関は、書記長を中心とした「諮問会議」である。そのメンバーは原則七名であ

表 7-1　ヒズブッラーの歴代書記長

	氏　名（敬称）	在任期間	備　考
初　代	スブヒー・トゥファイリー（シャイフ）	1989〜91 年	1998 年，独自の運動「飢える者たちの革命」を宣言し，指導部に離反
第二代	アッバース・ムーサウィー（サイイド）	1991〜92 年	1992 年，イスラエル国防軍（IDF）により暗殺
第三代	ハサン・ナスルッラー（サイイド）	1992 年〜現在	1992 年初選出，1993 年，1995 年，1998 年，2001 年，2004 年，2009 年再選。現在 6 期目

出所）筆者作成。

表 7-2　第 8 期諮問会議（2009 年 11 月選出）のメンバー

役　職	氏　名	敬　称	備　考
書記長	ハサン・ナスルッラー	サイイド	ナジャフ留学（1976〜78 年）
副書記長	ナイーム・カースィム	シャイフ	レバノン大学教育学部フランス語学科卒業（1977 年）
政治会議議長	イブラヒーム・アミーン・アッサイイド	サイイド	ナジャフとコムへの留学経験あり
議会活動会議議長	ムハンマド・ラアド	ハーッジ	レバノン大学文学部哲学科卒業（1980 年）
執行会議議長	ハーシム・サフィーッディーン	サイイド	
司法会議議長	ムハンマド・ヤズバク	シャイフ	
ジハード会議議長	ハサン・ナスルッラー（書記長兼任）	サイイド	
書記長補佐官	フサイン・ハリール	ハーッジ	

出所）*al-Intiqād*, November 19, 2009，レバノン・イスラーム抵抗（ヒズブッラー）ウェブサイト（http://www.moqawama.org/，2009 年 11 月 20 日閲覧）をもとに筆者作成。

り、レバノン各地から選出されたメンバー約二〇〇人によって構成される「中央委員会（al-Majlis al-Markazī）」のなかから選任される（任期は三年間、再任規定はなし）。書記長は、七名のメンバー間の互選によって決められる（任期は三年間）。諮問会議は、レバノン全土に裾野を広げているヒズブッラー組織の文字通り頂点に位置する（表7-1、表7-2）。

諮問会議の七名の内訳については、書記長、副書記長の他に、残りの五名はヒズブッラーの活動の各部門を司る五つの「会議（majlis）」と呼ばれる部門の長をそれぞれ務める。すなわち、「政治会議（al-Majlis al-Siyāsī）」、「議会活動会議（Majlis al-'Amal al-Niyābī）」、「執行会議（al-Majlis al-Tanfīdhī）」、「司法会議（al-Majlis al-Shar'ī）」、「ジハード会議（al-Majlis al-Jihādī）」の五つである。本章の関心である社会サービスについては、執行会議が管轄しており、そのために八つの下位部門（後述）が設置されている（図7-1）。

先に他の会議について見ておこう。政治会議は組織としてのヒズブッラーの政策や行動方針を、議会活動

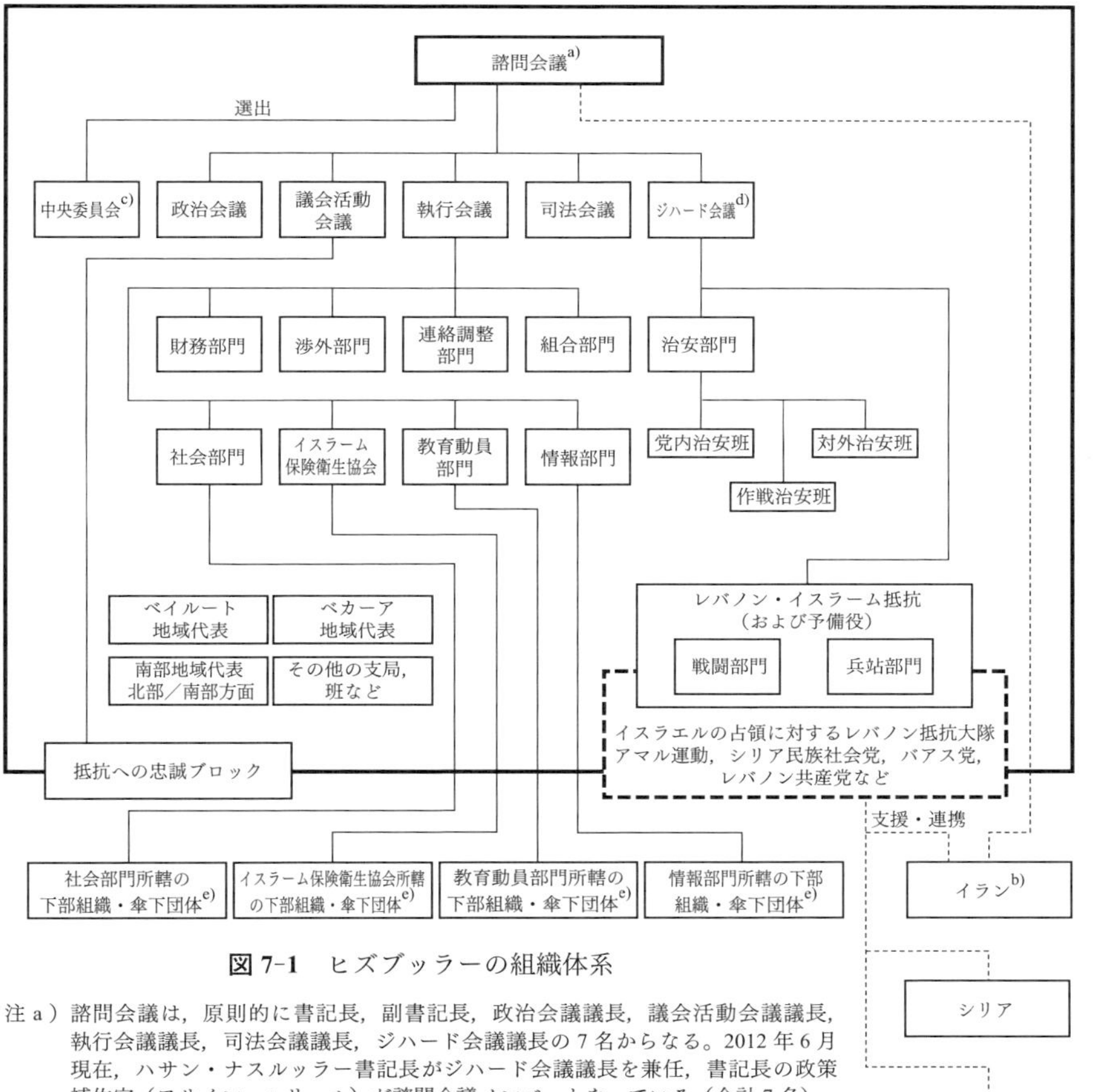

図 7-1　ヒズブッラーの組織体系

注 a）諮問会議は，原則的に書記長，副書記長，政治会議議長，議会活動会議議長，執行会議議長，司法会議議長，ジハード会議議長の7名からなる。2012年6月現在，ハサン・ナスルッラー書記長がジハード会議議長を兼任，書記長の政策補佐官（フサイン・ハリール）が諮問会議メンバーとなっている（合計7名）。

b）Intelligence and Terrorism Information Center ［2003］ は諮問会議がイラン人顧問2名を含む計9名から構成されていると断じているが，ヒズブッラーは否定している。

c）中央委員会は約200人の党員から構成される。ベイルート地域，ベカーア地域，南部地域の3つの地域に分かれる。

d）Intelligence and Terrorism Information Center ［2003］ はイマード・ムグニーヤがジハード会議議長を務めてきたと指摘しているが，近年彼の党内外での活動は確認されていない。ムグニーヤは2008年2月13日にダマスカス市内で暗殺された。

e）執行会議部局所轄の下部組織・傘下団体の詳細は表7-3を参照。

出所）*al-Diyār*, September 6, 2006, *al-Safīr*, September 28, 2006, NNA, December 21, 2006, Abū al-Naṣr ［2003 : 135-155］, Intelligence and Terrorism Information Center ［2003］, Hamzeh ［2004 : 44-79］, Qassem ［2005 : 59-79］, Abisaab ［2006 : 231-254］, al-Markaz al-Thaqāfī al-Lubnānī ［2006 : vol. 12］, Gambill ［2008］, Qāsim ［2010 : 93-131］ などの各種資料および聞き取り調査をもとに筆者作成。

会議はレバノンの国民議会での政党活動や法案作成をそれぞれ司る。司法会議は、イスラーム法についての事柄について調査・審議する部門であり、例えば、シーア派住民の関わる係争における仲裁にたずさわる（Hamzeh [1997]）。ジハード会議は、ヒズブッラーの軍事部門の命令系統のトップにあり、対外工作や諜報を担当する治安部門（党内治安班、対外治安班、作戦治安班）と南部地域でのレジスタンスを担うレバノン・イスラーム抵抗（以下イスラーム抵抗）を擁す(8)。

諮問会議のメンバーを含むヒズブッラーの幹部たちには、「サイイド（sayyid）」、「シャイフ（shaykh）」、「ハーッジ（hājjī）」の三つのいずれかの敬称が用いられることが多い。サイイドとは預言者ムハンマドの直系子孫を表す敬称である。シャイフは本来的には長老や賢人を意味する語であるが、必ずしも年長者を意味するのではなく、一般的には豊富な知識を有する者、とりわけイスラーム諸学を修めた人物に対する敬称として用いられる。ハーッジはイスラームの五行六信の一つであるマッカ（メッカ）巡礼を果たした人物に付される敬称であり、知識の多寡よりもむしろ信仰の篤さに対する敬意の現れである。つまり、それぞれ血筋、知識、信仰の違いはあるものの、三つの敬称はともにイスラームの価値観に基づくものであり、ヒズブッラーの指導体制の正当性がイスラームによって担保されていることを示している(9)。

ヒズブッラーの具体的な政策立案について、組織内でどのように意思決定がなされており、最高意思決定機関である諮問会議での議論がどれほどの重さを持つのかは明らかではないが、筆者の聞き取り調査によれば、各会議を司る（書記長と副書記長を除いた）五名の議長の裁量は小さくないようである。しかし、組織図自体はトップダウン型のかたちをしているものの、結成から三〇年間が経ち巨大化したヒズブッラー組織の様々な政策を諮問会議の七名だけで決定しているとは考えにくい。だとすれば、諮問会議は、組織としての理念やグランドデザインを打ち出す役割を担い、各部門（会議）の間の意見の調整や相互の連携をはかるための内閣のような存在として考えるのが穏当であろう。実際、書記長や副書記長の公の発言が各部門の具体的な政策の中身にまで及ぶことはほとんどない。[10]

メンバーシップとピラミッド型組織モデル

ヒズブッラーは、自らを「ウンマの息子たち」、「世界大のイスラーム・ウンマの一部」であるとし、全てのイスラーム教徒がヒズブッラーの一員たり得るという普遍主義的な立場を採ってきた（Faḍl Allāh［1994：187–188］）。だが、実際には活動拠点も領域もレバノン国内に限定した、明確な指導部を有した組織であり、イスラーム世界の各地に見られる無数のイスラーム主義組織・運動の一つに過ぎない。この普遍性と特殊性のジレンマについて、「ヒズブッラー（クルアーンに記されるイスラーム教徒一般を指す言葉）」と名乗ることで、理論的には解消されてきた（第2章1）。

だが現実には、組織である限りメンバーと非メンバーとの間の境界線の設定は不可避である。むしろ、ヒズブッラーのように組織構造の体系化・制度化が進んでいればいるほど、この境界線は際だつことになる。本章の関心である社会サービスに引きつけて言えば、このことからは、誰が提供者であり、また、誰を受益者と捉えるべきなのかという問題が浮かび上がる。

ナイーム・カースィム副書記長の著書『ヒズブッラー――その方針・実践・未来（*Ḥizb Allāh: al-Manhaj, al-Tajriba, al-Mustaqbal*）』によれば（Qāsim［2010］、初版は二〇〇二年）、このようなウンマ的な普遍性と組織としての特殊性との間の現実の実践におけるジレンマを克服するために採用されたのが、「ピラミッド型組織モデル（al-shakl al-tanẓīmī al-haramī）」と呼ばれる組織構造である。

> 党［ヒズブッラー］の組織構造における危険な内在的要素とは、メンバーの規模を限定すること、つまり「他者」を排除してしまうことである。この組織［ヒズブッラー］の規模や能力がいかなるものであろうとも、政党

というものは地位と機能の観点から限定されたものとなる。〔中略〕他方、ウンマあるいは政体の概念は、忠誠や義務、参加への心構えがいかなるものであろうとも、全ての者たちを承認するという基礎の上に成り立っている。〔中略〕その結果、党の組織的形式として、ピラミッド型組織モデルが採用された。上記の二つの命題が抱える不都合を排除するための指針に従い、設計されたのである。(11)（Qāsim［2010：93–94］）

この組織構造において、ヒズブッラーのメンバーとは、「党の掲げる目標を完全に受け入れ、党の組織としての指示方針に従い、党が遂行する諸機能のために定められた期限に賛同し……個人としての宗教の信仰、実践とジハードの証を有する者」とされる。ただし、「資格を示すものは提供されず」「、「集会、活動、ヒズブッラーのあらゆる事柄に参加する全ての者たちは、党のイデオロギーを支持する者たちと同様に、ヒズブッラーの支持者と見なされた」とも述べられる。つまり、ヒズブッラーのメンバーになるには、思想的・イデオロギー的なコミットメントがなくとも、組織の目標を引き受け、集会などに参加するという行動上のコミットメントが十分条件ということになる（Qāsim［2010：94–95］）。

このように誰もがヒズブッラーの「メンバー」たり得るということを前提に、ヒズブッラーは、レバノン国内における住民の居住状況（人口分布）に応じてリクルート担当者を配置し、絶えず組織の目標や指示方針を広め、集会や種々の活動への参加を呼びかけてきた。そして、下部組織を通してヒズブッラーの掲げる目標のための様々な実践の場を提供することで、人びとを諮問会議を頂点としたピラミッド型の組織構造の一部として組み込んできたのである。

具体的には、①文化的および社会的側面からのリクルートを支援するための女性団体の設立、②青少年の人材獲得・発掘のためのボーイ／ガールスカウトの組織、③教育、文化、医療、メディア、農業、建設などの諸領域における独立運営の諸組織の設立、④学生や高校および大学教員を対象とした文化的側面からの人材獲得活動、⑤職能、組合、専門性などに特徴づけられる様々な協会や団体への参加、⑥法学者、宗教的な諸協会・組織との間の継続的な協力、などを行うことで、住民にとっては「仮に党への直接参加の規則が適用困難であったとしても、幅広い選択が可能となる」ように設計されている（Qāsim［2010：94–95］）。このようなリクルートの形式においては、組織の内と外に固定的な境界線はなく、あるのは両者の間のダイナミックな関係だけである。

ただし、誰もがヒズブッラーの「メンバー」たり得るとしても、彼ら彼女らはひとえにヒズブッラーが掲げる目標、すなわち「抵抗（muqāwama, resistance）」に従事する者だと見なされる点が重要である。

諸個人は、それぞれに割り当てられた党の諸機能を遵守し従うことが求められた。そのなかでも最重要なものは抵抗であった。理念の効果的な実践と党の様々な部門との間の協調を推進するために不可欠な諸機能というものがあるが、これらをめぐる責務と権威を割り当てることと同様に、適材適所に基づく枠組みを築くことは、党が重要視してきたことであった。（Qāsim［2010：94–95］）

その抵抗とは、必ずしもイスラエルとの戦闘に従事する戦闘員になることを意味せず、「軍事および文化的訓練、戦闘、福祉活動、もしくは党が指定するより一般的な活動」であるとされる。これは、イスラエルとの武装闘争における銃後を担うという意味もあるが、むしろ後述のようにヒズブッラーが抵抗すべき相手はイスラエルだけではなく、不正や悪徳、独裁や貧困であると語ることで、抵抗の意味自体が誰でも、いつでも、簡単に参加できるようなものへと拡張されていることに注意しなくてはならない。抵抗は、内実には多様性と差異を残しながらも、ピラミッド型の組織構造におけるヒズブッラーのあらゆる「メンバー」たちを包摂するキーワードとなっているのである。

ヒズブッラー系列とヒズブッラー系

ヒズブッラーの理念や目標に賛同し、その達成のための営為にたずさわる者たちは皆ヒズブッラーのメンバーであるならば、社会サービスに関与する人びとの裾野はおろか、社会サービスの定義すら際限なく拡張してしまうことになる。しかし、ここでは現実に存在する組織構造に目を向けることで、客観的に「ヒズブッラーによる社会サービス」を定義してみたい。

上述のように、ヒズブッラーの社会サービスは、諮問会議の下に位置する執行会議が管轄する（図7-1）。執行会議は活動領域に従って、①社会部門、②イスラーム保健衛生協会、③教育動員部門、④情報部門、⑤財務部門、⑥渉外部門、⑦連絡調整部門、⑧組合部門（労働組合、通商組合、農業組合、学部協会、技術者組合連合、学生協会、弁護士／医師連合）の八つの下位部門を擁しているが、社会サービスを運営しているのは①から④までである。これらの四部門の所轄組織・団体をヒズブッラーによって運営されているものと見なし、ここでは「ヒズブッラー系列」と名付けたい[12]。

表7-3は、その執行会議四部門が管轄する社会サービスの一覧である。①社会部門は、インフラ整備や福祉事業などの社会開発を担当しており、規模的には最も大きい部門でもある。②イスラーム保健衛生協会は、主に医療を担当する部門であり、各種病院や診療所の運営の他に、住民に対する環境や健康に関する指導を行っている。③教育動員部門は、イスラームの教えに依拠した教育・研究の充実および文化振興を目的としており、具体的には各種学校（小・中・高等学校、専門学校）や文化センターの運営を担っている。④情報部門は、広報を専門とする部門であり、ヒズブッラーの思想と活動を国内外に広く紹介する役割を果たしている。具体的には、衛星テレビ局とラジオ局の運営や各種新聞・雑誌の刊行を行っている。こうして見てみると、ヒズブッラーの社会サービスが社会のあらゆる領域をカバーしようとしているものであることがわかる。

このような「ヒズブッラー系列」に対して、執行会議各部門の所轄ではなく、ヒズブッラーの理念や目標に従

表7-3　ヒズブッラー執行会議各部門所轄の下部組織・傘下団体

(1) 社会部門

種別[1)]	組織・団体名	場　所	設立年	概　　要
開発	建設ジハード協会（ジハード・ビナー協会）	ベイルート南部郊外	1988年	ヒズブッラー最大の開発組織。イランの同名組織のレバノン支部。レバノン政府により公式認可（内務省管轄）。活動は，①病院，学校，診療所などの建設・運営，②生活用水の供給，③戦災孤児や負傷者のための住宅開発，④農村開発・農業支援，⑤電力供給，⑥孤児や貧困層のための教育施設の建設・運営，⑦有事の際の避難所の提供。ベカーア地域および南部地域においては，低金利融資や独自の社会保障制度も運営。資金は，①会員会費，②政府の援助，③募金・寄付金，④NGOおよび国際機関から調達。ベイルート南部郊外（ハーラ・フライク）の本部の他，ベイルート市内，バアルベックのラース・アイン（ベカーア県），トゥール（ナバティーヤ県）に支部を持つ。ベカーア県には農業支援センターや畜産専門施設を設置し，また，地場産業支援も行う。2006年夏のレバノン紛争後は，戦災復興を専門とする部門「ワアド」（本部ベイルート南部郊外）を開設（2007年5月），建築家ハサン・ジシーが総監督に就任。2007年2月，米国国務省より「国際テロ組織」に指定
福祉	イスラーム福祉支援協会（イムダード協会）	〃	1987年	ヒズブッラー最大の福祉組織。イランの「イマーム・ホメイニー支援委員会」（1978年設立）のレバノン支部。1994年の大統領令5829号により正式認可。活動は，①経済援助，②寄付，③保健衛生管理，④教育とレクリエーション（中学校4校，総合学院1校，職業専門学校1校，キャンプ施設1カ所），⑤社会保障，⑥孤児の支援，⑦安全保障・危機管理，⑧収入増進プログラム（マイクロクレジット，自立支援プログラム），⑨寄付金集めの9つの領域にわたる。レバノン国内に支部を9カ所，学校を5カ所，障がい児支援施設2カ所を持つ。出版部「イムダード書店」を有し，主に子供向けの出版事業を行っている。資金は，サダカ（制度喜捨，専用箱をレバノン全土に設置），里親制度，一般寄付から調達
	殉教者協会	〃	1982年	1982年のレバノン戦争の際，ホメイニーの意向により設立。イランの同名組織のレバノン支部。1989年2月にレバノン政府により正式認可（内務省管轄）。目的は，①殉教についての正しいイスラーム理解の浸透，②殉教者の遺族に対する総合的なケア，③社会的相互扶助の精神の拡大。活動は，社会・衛生的ケアと文化・教育的ケアの2部門から構成される。1998年より「殉教者学院」（小学校）をレバノン各地で開校しているほか，次の4つの病院を運営する。 ①「偉大なる預言者病院」（ベイルート南部郊外） 　1988年，イランの同名団体の出資により開院。主に殉教者の遺族や負傷者を対象としてきたが，「抵抗および被抑圧者たちの社会」に広く開かれる。レバノン保健省の五つ星機関に認定 ②「偉大なる預言者専門病院」（ベイルート南部郊外） 　2009年8月，開院。医療看護技術専門学校「偉大なる預言者学院」（1989年開校）を併設。偉大なる預言者モスクとの複合施設を形成する ③「ダール・ヒクマ病院」（バアルベック） 　1986年開院の「イマーム・ホメイニー病院」から改称 ④「殉教者シャイフ・ラーギブ・ハルブ病院」（トゥール［ナバティーヤ県］） 　2003年に開院

（つづく）

種別	組織・団体名	場　所	設立年	概　　要
福祉	負傷者協会	ベイルート南部郊外	1989年	1992年の大統領令2900号により正式認可。内戦およびイスラエルとの戦闘により負傷したレジスタンスの兵士および市民のリハビリテーションや社会復帰，経済援助を行う。活動は，①レバノン内外の負傷者の治療・看護，②後遺障がい者へのケア，③リハビリテーション支援，④社会復帰支援。リハビリテーション，娯楽，訓練指導を目的とした総合施設として，ナバティーヤ（南部県）に「ファルドゥース複合施設」，シャーハ（南部県）に「ジュワイヤー・ケアセンター」を設置。その他，リハビリテーションセンターとして，「負傷者の家学院」をベイルート南部郊外，バアルベック，南部地域の3カ所に，診療所をベイルート南部郊外に2カ所設置
経済支援・基金	無利子無期限融資協会	〃	1982年	1982年のレバノン戦争の際，ホメイニーの意向により設立。1987年にレバノン政府より正式認可（内務省管轄）。イスラーム的「相互扶助（takāful）」の理念に基づき，被抑圧者のための無利子無期限融資（マイクロクレジット），物資の援助，相互扶助の精神の拡大を目的とする。融資件数は，年間約6万件（2008年）。融資の種類は，①一般個人向け（1組15名以上），②村落向け（同村出身の1組15名以上，上限1,500ドル），③社会的相互扶助（家族，隣人，共同経営者などによるグループ，上限1,500ドル）。資金は，フムス（シーア派の五分の一税）および個人および企業などからの献金から調達。事務所は，ベイルート南部郊外に8カ所，ベカーア県に3カ所，南部県に6カ所に開設されている

(2) イスラーム保健衛生協会

種別	組織・団体名	場　所	設立年	概　　要
	イスラーム保健衛生協会	ベイルート南部郊外	1984年	レバノン戦争中に生まれた草の根の救急医療活動を母体に，様々なグループの「アンブレラ組織」として結成。レバノン政府により正式認可。目的は，①健康・医療サービスの提供，②環境や健康に関わる問題への取り組み，③健康増進プログラムの推進，④環境と健康に関わる啓蒙，⑤イスラームの信仰に従った医療・健康体制の構築。活動は，①学校児童の健康管理，②予防接種，③健康教育，④講義・講演，⑤健康に関わるキャンペーンと研究・調査など。ベイルート南部郊外，ナバティーヤ（南部県），バアルベック（ベカーア県）に事務所を持つ
病院	殉教者サラーフ・ガンドゥール病院	ビント・ジュバイル（南部県ビント・ジュバイル郡）	2000年	総合病院。2000年の「南部解放」後にイスラエルおよび南レバノン軍（SLA）から接収。2001年末までにイラン政府とレバノン保健省の支援によって設備や人員などの医療体制が整備された。1日の患者数250人程度（2009年）
	バトゥール病院	ヘルメル（ベカーア県ヘルメル郡）	不明	総合病院。月間患者数1,150名（2009年）
	南部病院	ナバティーヤ（ナバティーヤ県ナバティーヤ郡）	〃	総合病院
	西ベカーア病院	スフムル（ベカーア県西ベカーア郡）	1993年	総合病院。4,000平方メートルの敷地
診療所	——	南部県，ベカーア県，北部県，レバノン山地県	1983年～	「イマーム・サーディク診療所」（ザフレ［ベカーア県］），「イマーム・ホメイニー診療所」（スール［南部県］）など，南部県に6カ所，ベカーア県に6カ所，北部県1カ所，レバノン山地県に2カ所の合計15カ所

（つづく）

種別	組織・団体名	場　所	設立年	概　　要
移動診療所	——	南部県，ベカーア県	1986年〜	2000年の「南部解放」後に9カ所に拡充。南部県の59の街と村を巡回。救急対応および慢性的疾病患者の診察・治療を行う。他の医療施設の拡充に伴い，現在は2カ所に縮減
医療センター	——	ベイルート南部郊外，南部県，ベカーア県	1987年〜	「ダール・ハウラー」（ベイルート南部郊外，1987年開院，婦人科・小児科），「南部医療センター」（ナバティーヤ［南部県］）など，ベイルート南部郊外に4カ所，南部県に5カ所，ベカーア県に4カ所の合計13カ所
歯科医院	——	〃	〃	「グバイリー医院」（ベイルート南部郊外，1987年開院），「ハーラ・フライク医院」（ベイルート南部郊外，1987年開院）など，ベイルート県に6カ所，南部県に9カ所，ベカーア県に6カ所の合計21カ所
市民防衛センター（自警団）	——	ベイルート市内，ベイルート南部郊外，南部県，ベカーア県	1984年〜	1982年のレバノン戦争の際，自発的に活動開始。イスラエルとの戦闘による負傷者の救護・運搬や救急医療を行う。1984年4月にベイルート南部郊外に本部が開設。活動は，①医療（救急医療，負傷者の運搬，遺体の運搬，災害時の救援，輸血，火災への対応），②環境（害虫駆除，予防接種，健康増進教育の推進，「世界エルサレムの日」などの行事の準備・運営，ボーイ／ガールスカウトなどのための行事の準備・運営，援助機関との関係調整），③啓発活動（地雷に関する知識の普及）。また，これらの活動のための指導者と専門家の育成も行う。ベイルート市内に1カ所，ベイルート南部郊外1カ所，南部県に7カ所，ベカーア県に3カ所の合計12カ所

(3) 教育動員部門

種別	組織・団体名	場　所	設立年	概　　要
教育基金	イスラーム養成教育協会	ベイルート南部郊外	1991年	各学校およびハウザの設置・運営のための資金調達。目的は，①イスラーム教育と専門教育の橋渡しの推進，②信仰と市民意識の両者を備えた人間の育成，③学校・教育機関の設置・運営。総生徒数5,340人（1998年）
小・中等学校	イマーム・マフディー・イスラーム学院連合	ベイルート南部郊外，南部県，ベカーア県	1993年〜	イスラーム養成教育協会が運営する学校。1993年にベイルート南部郊外に本校が開校。ベイルート南部郊外に2カ所，南部県に7カ所，ベカーア県に4カ所の合計13校。イスラーム学を中心に諸学問を教える。1日3時間，週4日もしくは5日制もしくは1日2時間，週2日制。イランのコムに支部を有する（1993年開校）。「イマーム・マフディー・スカウト」の組織も持つ。2004年に「啓示教育アカデミー」が統合され，殉教者の孤児を中心に約1,850人の男女が学ぶ。ベイルート南部郊外に高等学校を建設中
	ムスタファー学院	〃	1984年〜	1974年に設立された「イスラーム宗教教育協会」の学校。同協会の目的は，レバノンにおけるシーア派宗教教育の推進であり，ナイーム・カースィム副書記長が設立者の1人。イラン政府からの資金援助を受ける。イランへの留学の斡旋，ボーイスカウト組織も有する。高めの学費設定によりエリートの育成に力を入れる。1995年より機関紙『預言者の諸世代』を発行。ベイルート南部郊外の本校など，合計6校。総生徒数8,091人（2002年）
関連教育機関	イマーム・アッバース・ムーサウィー学院	バアルベック（ベカーア県バアルベック郡）	不明	中学校
	殉教者シャイフ・ラーギブ・ハルブ学院	不明	〃	不明

（つづく）

種別	組織・団体名	場　所	設立年	概　　要
ハウザ	至高なる預言者高等学院	ベイルート南部郊外	1984年	シーア派イスラーム法学の専門学院。16〜35歳までの60人以上の生徒・学生が在籍。カリキュラムは4レベルから構成，①初級I，②初級II，③上級（4年間），④応用研究（10〜15年間）。②においてマルジャアを選択。⑤に進学するにはイランのコムやイラクのナジャフなどへの留学が事実上必要。学費は原則自己負担だが，イスラーム養成教育協会の各奨学金やムハンマド・フサイン・ファドルッラーの諸機関（マバッラート福祉協会）からの援助もあり。運営は6〜7名の高位の法学者が行うが，イランのアリー・ホセイニー・ハーメネイーの代理人（ワキールであるヒズブッラー書記長）の指導も入る
	サイイダ・ザハラー・シャリーア・イスラーム研究高等学院	〃	1985年	至高なる預言者学院の女子部。男子部の隣に設置。目的は，①イスラーム的知の習得を通したムスリマの自立支援，②女性の知識層に対するイランの革命的イスラームの浸透。既婚女性のための夜間授業を実施，また，約20人の学生につき3人の託児担当者を配置
	イマーム・マフディー・ムンタザル学院	バアルベック（ベカーア県バアルベック郡）	1979年	アッバース・ムーサウィー（第二代書記長）により開校
	サイイダ・ザハラー・シャリーア・イスラーム研究高等学院	〃	不明	イマーム・マフディー・ムンタザル学院の女子部
	ハウザ（名称不明）	アイン・カーナー（ナバティーヤ県ナバティーヤ郡）？	〃	男子部
	ハウザ（名称不明）	〃	〃	女子部
研究機関	研究資料相談センター	ベイルート南部郊外	1988年	①思想・政治研究部門，②開発研究部門，③資料部門，④総合関係広報部門，⑤行政財政問題部門からなる。5万件以上の論文のデータベース，300種以上の報告書を所蔵。社会，経済，開発などに関する有識者会議を組織・運営。出版局を有しており，広報資料や年鑑などの公式刊行物を発行。ただし，年鑑は1995年度版からは「中央広報部門」が発行
PR機関	レバノン芸術協会	〃	2004年	ウェブサイトや横断幕，看板，ポスターなどの制作
関連団体	イマーム・ホメイニー文化センター	ベイルート南部郊外他	1991年	本部はベイルート南部郊外（2002年開設）。レバノン国内の各地に支部を展開。①イスラーム的知と知識の浸透，②ホメイニーの思想的・活動的遺産の実現のための教育，③イスラーム的遺産の再評価，④様々な文化団体・協会の連携強化，⑤抵抗の支援，抵抗文化の浸透を目的とする。①図書資料部門，②出版翻訳部門，③広報部門，④情報・アーカイブ部門，⑤展示部門，⑥文化活動部門からなる

(4) 情報部門

種別	組織・団体名	場　所	設立年	概　　要
テレビ局	アル＝マナール・チャンネル	ベイルート南部郊外	1991年	ヒズブッラーの主軸となる広報機関。近年では重要な声明などは同局から発表される。1996年7月に正式認可。2000年6月からは24時間の衛星放送を開始，中東全域および南・東南アジアでも視聴可能。2004年よりアメリカ，フランス，スペイン各国にて放送禁止。英語番組，ヘブライ語番組もあり。スローガンは「レジスタンスの放送局」，「アラブ人とムスリムの放送局」。インターネットのストリーミング放送もあり。「アル＝マナール出版」（ベイルート南部郊外）を持ち，書籍の他に番組のDVDやCDの製作・販売も行う

（つづく）

種別	組織・団体名	場　所	設立年	概　要
ラジオ局	アン＝ヌール放送	ベイルート南部郊外	1988年	1999年9月に正式認可。目的は，宗教倫理と道徳に普及，レバノン人アイデンティティの強化，レバノンの多宗派共存と主権の強化，エンタテイメントによる生活の充実化，社会問題に対する警鐘など。1999年からインターネットのストリーミング放送もあり
	アル＝イーマーン放送	〃	1987年	1992年に放送休止？
	イスラーム（の声）放送	南部県	不明	不明
	被抑圧者の声	ベカーア県	1986年	未認可。バアルベック
新聞・雑誌	『アル＝アフド』	ベイルート南部郊外	1984年	ヒズブッラーが直接出版していた週刊の機関誌。「レバノンにおけるイスラーム革命の声」がスローガン。1992年に『アル＝インティカード』に統合
	『アル＝インティカード／アル＝アフド』	〃	1992年	週刊の新聞。1984年出版開始の『アル＝インティカード』を1992年にリニューアル，『アル＝アフド』と統合，同紙を綴じ込みで刊行。出版社は「ドゥハー社」。2009年からは電子化され，インターネット上のオンライン公開のみ
関連出版物	『アル＝ビラード』	ベイルート市内	1990年	週刊誌。出版は「イスラーム統一出版」。レバノン・ムスリム・ウラマー連合系
	『アル＝ムンタラク』	〃	不明	隔月刊誌。出版は「ムスリム学生のためのレバノン連合」。ムハンマド・フサイン・ファドルッラーおよびイスラーム・ダアワ党系。現在は廃刊？
	『バキーヤトゥッラー』	ベイルート南部郊外	1998年	アラビア語と英語による週刊誌。イラン文化センター発行。イラン政府系
	『アッ＝サビール』	ベイルート市内	不明	未認可？

(5) その他[2)]

種別	組織・団体名	場　所	設立年	概　要
基金	イスラーム抵抗支援協会	ベイルート南部郊外	1990年	レバノン・イスラーム抵抗およびヒズブッラー自体の運営資金の確保を目的とし，3つの委員会から構成される。①総合対外関係委員会，②情報委員会，③経済委員会。寄付者は下記の使途を選択できる。①月決めの寄付金の徴集，②自宅や子供のための募金箱の配布，③店頭や企業での「岩のドーム」のレプリカ（募金箱）の設置，④ムジャーヒディーンの支援，⑤ムジャーヒディーンの装備費用，⑥ロケット兵器の購入費用，⑦弾薬の購入費用，⑧その他の付帯費用など。ベイルート，南部地域，ベカーア地域，北部地域に事務所。ダマスカス郊外のサイイダ・ザイナブなど，国外にも事務所あり。米国務省により2006年8月に「国際テロ組織」に指定
企業	レバノン・コミュニケーション・グループ	〃	1997年	1997年にヒズブッラーが55パーセントの資本を掌握。アル＝マナール・テレビとアン＝ヌール放送を運営。社長はアル＝マナールの局長が兼任
〃	サンライト社	〃	不明	ゲームソフト「特殊部隊」などのコンピュータ・ソフトの制作
〃	ドゥハー社	〃	〃	『アル＝インティカード』などの出版

（つづく）

種別	組織・団体名	場　所	設立年	概　　要
博物館	ムリーター・レバノンのレジスタンス観光史跡	ジャルジューア（ナバティーヤ県ナバティーヤ郡）	2010 年	2000 年の「南部解放」まで使用されていたレバノン・イスラーム抵抗の軍事拠点に築かれたレジスタンスに関する屋外博物館。6 万平方メートルの敷地に塹壕や兵器等が展示されている。「ムジャーヒディーンが暮らした場所を保存し，イスラエルに対するイスラーム抵抗の独自の経験を人びとに伝えること」を目的とし，2010 年 5 月 25 日，「南部解放」10 周年を記念して開館
	その他，各種企業	——	——	IT 会社，出版社など

注 1）「種別」は筆者による分類に基づく。
2）「その他」は所轄が不明な組織・団体。
出所）Harik［1994］［2004：81-94］, Rosiny［1999］, Abū al-Naṣr［2003：135-155］, Hamzeh［2004：49-66］, Fawaz［2005：234-252］, Qassem［2005：79-86］, Abisaab［2006：231-254］, Deeb［2006］, al-Markaz al-Thaqāfī al-Lubnānī［2006：vol. 12］, Khashan［2007：13-14］, Shaey-Eisenlohr［2008：60-76］, Flanigan and Abdel-Samad［2009］, Jawad［2009］, Avon and Khatchadourian［2010：87］［2012：67］, Harb and Fawz［2010］, Qāsim［2010：127-131］, Harb［2010］, Thomas［2012：84-102］, Mu'assasa al-Shahīd［n. d.］など各種資料，*The Daily Star*, *al-Intiqād*, *al-Mustaqbal*, *al-Nahār*, *al-Safīr* など各種報道資料，各種広報資料・ウェブページおよび複数回の聞き取り調査（1999 年 7 月～2011 年 2 月）をもとに筆者作成。

い、あるいは賛同し、その達成のために自発的に活動をしている組織・団体を「ヒズブッラー系」として区別することができよう。例えば、ヒズブッラーを賛美する書籍を主力商品としている出版社や、ヒズブッラーによる開発事業の下請けを積極的に引き受ける工務店などが挙げられる。

誤解を恐れずに言えば、「ヒズブッラー系列」が諮問会議を頂点とするトップダウン的な命令体系のなかにあるのに対して、「ヒズブッラー系」は自発的に組織の理念や活動に賛同・参画するボトムアップを基調としている。ただし、「ヒズブッラー系」の組織・団体は、ヒズブッラー組織との関係は良くも悪くも流動的であり、資金などの援助を受けることで実態が「ヒズブッラー系列」に近づくこともあれば、逆に「ヒズブッラー系」としての活動を後退させていく場合もある[13]。

2　ヒズブッラー系列ＮＧＯの諸相

ヒズブッラー系列のＮＧＯは、レバノンにおける他のＮＧＯに対してどのような特徴を有し、また、どのような戦略に基づいて運営されているのだろうか。ここでは、レバノンにおけるその社会的、政治的、法的、経済的な位置づけを概観した上で、これらを踏まえた上で打ち出されてきた「抵抗社会」と呼ばれるヒズブッラー系列NGOの独自の論理と実践を見てみたい。

レバノンにおけるNGO

ヒズブッラーは、独自の社会サービスを一九八二年の結成直後に開始し、内戦期を通して、主にシーア派が集住する地域において、麻痺した政府による行政の空白を埋める役割を果たしてきた。一九九〇年の内戦終結以降も、これらのサービスを提供する組織・団体は、レバノン政府によって公認されたNGOとして活動を継続し、年々その規模を拡大している。

一五年間にわたった内戦と度重なるイスラエルによる軍事侵攻は、レバノンに政治的な混乱だけではなく社会経済的な破壊をもたらした。内戦での死者は最低でも六万五〇〇〇名と推計され、これに加えて多くの国民が戦火を逃れて国内外への移住を余儀なくされた。正確な数字は存在しないものの、内戦末期の一九八七年までにGDPは三分の一に落ち込み、インフレーションは四〇〇パーセントにも達したと言われる。失業率は跳ね上がり、国民一人当たりの年間所得は一〇〇〇ドルを割り込んだ（Khalidi-Beyhum［1999：39, 45］, al-Markaz al-Istishārī li-l-Dirāsāt wa al-Tawthīq［1999］, Jawad［2009：75–76］）。

内戦終結後も南部地域は二〇〇〇年までイスラエル国防軍（IDF）と南レバノン軍（SLA）の占領下に置かれ、一九九三年、一九九六年、二〇〇六年と三度にわたってIDFによる大規模な軍事侵攻に曝されるなど、政治的な不安定がレバノンの戦後復興を妨げてきた。また、二〇〇五年以降は、国内の政治勢力間の激しい対立によって国家機能（特に立法と行政）が麻痺状態に陥っており（第9章）、レバノンの経済発展に暗い影を落としている。例えば、国家予算は前年度のものを踏襲するという異常事態が何年も続いており、社会保障や地域開発のために必要な予算配分が適切に行われているとは言い難い。

このような行政の空白を埋めてきたのが、非政府のアクターが提供する社会サービスであった。具体的には、①

国連開発計画（United Nations Development Program, UNDP）などの国際機関に加えて、②国内外のＮＧＯ、③パレスチナ難民に対する支援団体、である。

なかでも特に強い影響力を有しているのが、宗派性や地域性に依拠した国内のＮＧＯである。今日では全国の学校、病院、診療所の約半数がＮＧＯによって運営されている[14]。ＮＧＯの活動については、オスマン帝国統治期の一九〇九年八月三日に施行された法律第一〇八〇三号（団体法）（第４章４）によって保証されており、レバノン国内外からの資金調達の自由や税制上の優遇措置が適用されている（Karam［2006：43-44］, Sharaiha and Ibrahim［2008］）。

これまでも繰り返し論じてきたように、宗派制度によって宗派が利権集団化したレバノンでは、それぞれの宗派集団のなかで伝統的名望家（ザイーム）や政党指導者などのエリートが、クライエンティリズムを駆使して政治的影響力を維持・拡大してきた。特に内戦中に勃興した民兵組織が、拠点地域を実効支配するために数々の組織・団体を設立した。これらが提供する社会サービスは、内戦終結後も継続し、支持者の囲い込みのための集票マシンとして大きな力を有してきた[15]（Harik［1994］, Jawad［2009：122］, Baylouny［2010：60-72］）。

例えば、マロン派民兵組織レバノン軍団は、一九七六年に「人民委員会」を設立し、ベイルートのキリスト教徒地区を中心に路上清掃やゴミ処理、食料と医薬品の供給、治安維持、法律相談などを開始した（Harik［1994：15-16］）。ドゥルーズ派の進歩社会主義党も類似の活動を行っており、激しい内戦の最中にシューフ山地マトン地区を中心に負傷者の救助と治療や避難所の提供を行った。両者ともに社会サービスの提供を通して特定の地区や住民に対する実効支配を確立することとなった[16]。スンナ派では、内戦中の一九七九年にラフィーク・ハリーリー（以下Ｒ・ハリーリー）元首相によって設立された「ハリーリー財団」が、瓦礫の撤去、湾港の修復、大学の建設、道路などのインフラ整備、基金の設立などに従事した（Iskandar［2006：43-71］, Cammett and Issar［2010：400-401］）。

ヒズブッラーの支持基盤であるシーア派コミュニティにおいては、法学者のムハンマド・フサイン・ファドルッラーによって一九七八年に設立された「マバッラート福祉協会」がよく知られている。同協会は、レバノン国内外からの寄付金やフムス（khums、五分の一税）と呼ばれるシーア派独自の宗教税によって資金を確保し、孤児院や病院、学校、宗教施設、マスメディアなどを運営している。[17]

ヒズブッラー系列ＮＧＯの特徴

ヒズブッラー系列ＮＧＯの特徴を考える上で、まず、その活動の中心となっているシーア派コミュニティを取り巻く環境についていくつか指摘しておくべき点がある。

第一に、シーア派コミュニティがレバノンの宗派制度において人口に対して不相応な利益分配にしか与れず、また、シーア派が集住する地域（ベカーア高原、レバノン南部地域、ベイルート南部郊外）が低開発に置かれてきたことである。

第二に、ベカーア高原と南部地域の農村においては、低開発に加えてイスラエルとの紛争による社会経済環境の悪化によって、一九六〇年代以降シーア派住民の多くが都市部、とりわけベイルート南部郊外へと大量移住したことである。その結果、地域社会における伝統的名望家によるクライエンティリズムが崩壊し、移住先ではそれに代わる新たなセーフティネットの整備が急務になった。

第三に、こうした移住によって新たに出現した「シーア派ゲットー」が、都市計画から排除されることで、結果的にインフラの未整備や人口過密に喘ぐ事実上のスラムとなったことである。

これらのことから歴史的に見て、シーア派コミュニティではＮＧＯによる社会サービスが他の宗派／地域以上に渇望されており、その役割と意義は大きかったと見ることができる。こうしたことからも、広範で活発な社会サービスがヒズブッラーの政治的な支持基盤の拡大に寄与したことは間違いないだろう。

シーア派コミュニティで社会サービスを提供してきたのは、ヒズブッラー系列ＮＧＯだけではなく、マバッラー

偉大なる預言者病院（ダーヒヤ）

出所）筆者撮影（2012年8月）。

ト福祉協会やアマル運動も同様であった。一九八〇年代後半、アマル運動は、実効支配していたベイルート南部郊外において社会サービスを十分に提供できていなかったが、一九九〇年代以降はヒズブッラーと連携して生活水準の向上とで、各種のNGOを整備することや活動の効率化に取り組んでいる（Harik［1994：22］, Fawaz［2005：236］）。

だが、ヒズブッラー系列NGOがアマル運動などの他のシーア派NGOと決定的に異なるのは、イランからの豊富な資金援助を享受してきたことである（Harik［2006］, Harb［2010：90-96］）。例えば、一九八二年から八六年の間、西側諸国の情報筋では、イランから毎月三〇〇万ドルから一〇〇〇万ドルの資金援助があったとの見方もある（*The Washington Post*, June 9, 1989）。また、一九八八年には、イランの「殉教者財団」が内戦および対イスラエル武装闘争で負傷した兵士と一般市民の治療費のそれぞれ一〇〇パーセントと七〇パーセントを負担し、ベイルート南部郊外の総合病院「偉大なる預言者病院」の建設費用を支出したと報じられた（*Ha'aretz*, June 3, 1988, *al-Nahār*, October 31, 1988）。

ただし、今日では引き続きイランからの支援を受けているものの、ヒズブッラーの資金の大半はレバノン国内で調達しているようである（Fawaz［2005：237-238］, Alagha［2011：53-54］）。国内での資金調達には二つの方法がある。一つは、シーア派ムスリムの宗教的義務であるフムスやザカート（zakāt、自由喜捨）、サダカ（sadaqa、制度喜捨）であり、とりわけヒズブッラーの歴代書記長は、組織のワリー・ファキーフであるイランの最高指導者アリー・ホセイニー・ハーメネイーの代理人（ワキール）としての立場からこれらを徴集する権限を持つ。もう一つは、宗派や地域を問わない国内からの募金や富裕層からの寄付、さらにはアラブ・イスラーム諸国のドナーからの資金提供である。

資金調達の方法については、ヒズブッラー系列NGOが独自に働きかけるケースもあれば、ヒズブッラー指導部が調達した資金を各NGOに分配するケースもある。そのため、各NGOは、ヒズブッラー指導部に対して一定程度の自律性を確保する一方、諮問会議を頂点とする指導部はヒズブッラーとしての一般的な方向性を定める役割を担っていると見られる。例えば、二〇〇六年のレバノン紛争の戦後復興のような大規模なプロジェクトについては、ヒズブッラー指導部がグランドデザインを打ち出し、医療、福祉、教育、インフラ整備など様々な活動領域の間での緊密な連携を図ることで、包括的かつ効率的にプロジェクトを進めることが可能になっている(18)（Fawaz [2005：237–238]）。

抵抗社会の論理と実践

このようにヒズブッラー系列NGOの強みは、イランからの豊富な資金力とヒズブッラーという巨大組織のなかでの相互協力体制にあると言ってよい。興味深いのは、その相互協力体制が、二〇〇〇年代初頭から資金や制度といった組織の面だけではなく、言説の面からも強化されてきた事実である。それが、「抵抗社会」と呼ばれる論理である。

これらのNGOに共通するのは、シーア派イスラームに依拠した宗教的義務や倫理・道徳の称揚やイラン・イスラーム革命への共感に加えて、先に述べた抵抗のスローガンである。今日、抵抗は意味が拡張され、イスラエルや植民地主義に象徴される「抑圧者」から自分たちの「生（hayā, life）」を守り抜くための「被抑圧者」による闘争だけではなく、不正や悪徳、独裁や貧困といった諸問題を解決し、より良い／善い――物質的かつ精神的に充足し得る――生を獲得するための方法論として提示されている。

ヒズブッラー指導部は、一九九〇年代の前半からこの「抵抗社会」のスローガンを掲げてきたが（例えば Jihād al-Bināʾ［1993］）、特に二〇〇〇年以降、その支持者への浸透と理論化に特に力を入れてきた。それは、二〇〇〇年五月のレバノン南部地域からのＩＤＦ／ＳＬＡの撤退によって占領に対する抵抗の名の下での団結が綻び、組織の理念や目標の共有感が弱まる恐れがあったためである。指導部にとって、イスラエルに対するレジスタンスとしての存在意義を改め、メンバーや支持者の一体感を強化することは、喫緊の課題となっていた。

抵抗とは、言うまでもなく、まず何よりもヒズブッラーが脅威と見なしているイスラエルに対する不屈の軍事的抵抗を意味する。しかし、やがてイスラーム信仰の揺らぎや悪しき誘惑に対する抵抗、さらには不正、汚職、腐敗、独裁などに対する抵抗にまでその意味が拡張され、個人の内面から社会や政治に至るあらゆる領域をカバーするものへと変容していった。そして、それらの抵抗の実践の先にあるのは、不正や腐敗が一掃されたより良い社会であり、また、戦闘員だけではなく非戦闘員もが一丸となって「抑圧者」に立ち向かう強い社会である[19]。

こうして、ヒズブッラーは、イスラエルに対する武装闘争を抵抗の基本的な柱としながらも、国内の政敵との権力闘争、そして、医療・福祉・教育などを含む全ての活動を「抵抗社会」建設のための営為と位置づけるようになった。例えば、二〇〇六年夏のレバノン紛争においては、実際にヒズブッラー系列ＮＧＯがＩＤＦの軍事侵攻による火災の鎮火や瓦礫の撤去、負傷者の救助・搬送を担い、さらには戦後の復興事業を請け負うなど、イスラーム抵抗による武装闘争を陰に陽に支えてきた。そこには、銃を手に前線で戦う者と銃後を担う者との間の強い団結が生まれ、医師や看護師は医療行為、教師は教育、技術者は建設や開発を通して抵抗に従事する姿が見られた。その結果、ヒズブッラーの武装闘争と社会サービスは、抵抗の名の下に完全に地続きとなったと言える[20]。シーア派住民やヒズブッラーの支持者たちは、様々な抵抗を実践することで、「抵抗社会」の一員であることを自覚し、イスラエルの脅威や社会の不公正や政治腐敗などに立ち向かう者としての誇りと自信を得ることができるのである[21]（Fawaz［1998：61–65］［2005：250］, Harb and Leenders［2005：189–190］, Catusse and Alagha［2008］）。

このように、「抵抗社会」の論理は、個人の生き方や社会のあり方についての規範や価値観へと変貌していくことで、戦闘員と非戦闘員、メンバーと非メンバー、エリートと非エリートの違いを無効化し、それらを超えた強固な団結力と一体感を生み出すことに寄与するのである。

3　ベイルート南部郊外における社会サービス

ヒズブッラーの「抵抗社会」は、具体的にどのように建設されようとしているのか。ここでは、ベイルート南部郊外のヒズブッラー実効支配地域、通称「ダーヒヤ（al-Ḍāḥiya）」における社会サービスとそれにたずさわる住民たちの姿に光を当ててみたい。

ダーヒヤ概観

ダーヒヤとは、アラビア語で「郊外」を意味する一般名詞である。だが、レバノンにおいてはスティグマ化（烙印を押されること）され、実質的な固有名詞となっている。ダーヒヤは、その外側に住む者たちにとっては「シーア派」、「貧困」、「無法」、「低開発」、「ヒズブッラー」などの言葉によってネガティブなイメージを想起させる。郊外といっても、特にベイルートの南部に広がる約一六平方キロメートルの地域のことを指し、都心からベイルート国際空港へ続く幹線道路を挟んだ反対側（西側）にはサブラー・シャーティーラー難民キャンプ（パレスチナ難民キャンプ）がある。

ダーヒヤの歴史は浅く、二〇世紀後半の急速な近代化によって崩壊したレバノン南部地域やベカーア高原の農村共同体から移住してきた比較的貧しいシーア派が中心となって形成されてきた。[22] 人口について言えば、推計で一九

ダーヒヤの街並み

出所）筆者撮影（2007年8月）。

六九年の一四万人から一九九三年には五二万六〇〇〇人に激増しており、レバノンの総人口の実に六分の一を占めるまでになった[23]（うち、先住者が一四パーセント、移住者が八六パーセント［移住者の出身地域は南部地域五三パーセント、ベカーア高原二一パーセント、レバノン山地一〇パーセント］）。経済状況については、一九九九年の平均世帯収入は四三〇ドルであり、全国平均の二九七〇ドルから大きな開きがあった（Fawaz［1998：13–14, 20］, Deeb［2006：173］）。

地方の農村からダーヒヤへのシーア派の移住が進む一方で、一九七五年に勃発した内戦によってレバノン政府の行政機能が麻痺したことで、ダーヒヤの開発は完全に停止した。さらに、一九八四年のアマル運動とレバノン国軍との衝突、そして一九八八年から九〇年にかけてのミシェル・アウン元国軍司令官の「解放戦争」によって、ガス、電力、水道、道路などのインフラが徹底的に破壊された。にもかかわらず、ダーヒヤにはＩＤＦによる度重なるレバノン侵攻によって地方を追われたシーア派が次々に流入した。

したがって、ダーヒヤの住民の多くは、近代化による農村共同体の崩壊と内戦やＩＤＦの侵攻による暴力と破壊の記憶を共有し、移住先の「新天地」でいかに安全で豊かな生を送り、そして失われた尊厳と社会的紐帯を取り戻すことができるかが重要な問題となる。彼ら彼女らは、軍事と政治に翻弄されてきた人びとであり、新たに現出した都市社会に生きることを強いられた人びとである。

筆者がこのダーヒヤに初めて足を踏み入れたのは、一九九九年八月のことであった。洒落たカフェやブティックが軒を連ねる西ベイルートの繁華街ハムラー地区や再開発の進むダウンタウンとは全く違った、混沌とした風景、空気、音があった――ところ狭しと林立するアパート群、アラビア文字だけの看板、年代物の車がはき出す排気ガスとけたたましいクラクションの音、老朽化した路面から立ち上る砂煙、野菜や肉や魚の入り交じった匂い、青果商や露天商の威勢のよい声。

しかし、このダーヒヤを何よりも特徴づけていたのは、ベイルートの中心部と比べて軍事と政治、そして宗教の濃密な空気が充満していたことであった。街のいたるところにあしらわれたホメイニーの像、イランの国旗、シーア派の初代イマームのアリー（六〇〇?～六六一年）や第三代のフサイン（六二六～六八〇年）といったシーア派の宗教画、ヒズブッラーやアマル運動の党旗や指導者のポスター、殉教者たちの写真、イスラエルの打倒を掲げる横断幕などの様々なアイコンが、そこがヒズブッラーの実効支配地域である事実を可視化していた。

イスラーム福祉支援協会と建設ジハード協会

ダーヒヤにはヒズブッラーの本部があり、林立するアパート群の随所に幹部たちが居を構えている。これらの建物の前には、黒色の軍服を纏ったヒズブッラーの治安要員が人びとの往来に目を光らせ、「敵」や「抑圧者」の攻撃に備えている。これもダーヒヤの風景の一部であり、住民にとっては日常の一部である。

ヒズブッラー系列NGOの本部も全てこのダーヒヤを拠点としてきた。なかでも存在感を見せていたのが、社会部門に属する最大規模の二つのNGO、「イスラーム福祉支援協会」と「建設ジハード協会」である。この二つのNGOの活動はレバノン全土で展開されているが、ダーヒヤにおいて特に可視的であり、同地区の風景にアクセントを与えている。

イスラーム福祉支援協会は、イランの「イマーム・ホメイニー支援委員会」（一九七八年設立）のレバノン支部として、一九八七年に設立された福祉と教育を専門にするNGOである。その活動は、貧困層・孤児・障がい者への

建設ジハード協会の復興支援事務所（ダーヒヤ）

出所）筆者撮影（2006 年 12 月）。

イスラーム福祉支援協会の募金箱（ダーヒヤ）

出所）筆者撮影（2009 年 2 月）。

建設ジハード協会による道路整備（レバノン南部地域）

出所）筆者撮影（2007 年 8 月）。

経済支援や自立支援、保健衛生管理、年金などの社会保障、特殊学校の運営などの多岐にわたる。同協会の活動のなかで頻繁に目にするのが、街の随所に設置された募金箱と少年少女たちによる募金活動である。募金箱は、イラン国内に無数に存在する募金箱と同じデザインで、ダーヒヤの中心部では数十メートルおきに設置されている。少年少女たちは、同協会のシンボルカラーである青の制服に身を包み、ダーヒヤ内のみならず、募金箱の設置されていないダーヒヤの外やレバノン各地の大きな街道沿いなどで募金活動に取り組んでいる[24]。

他方、建設ジハード協会は、ヒズブッラー最大の開発ＮＧＯである。イスラーム福祉支援協会と同様に、同協会も元来はイランの同名団体のレバノン支部として一九八八年に設立され、医療機関の整備・運営、水や電力の供給、ゴミ収集や清掃業務、住宅開発、道路整備、農村開発・農業支援、マイクロクレジットや独自の社会保障を通した貧困層への支援などを行っている（Jihād al-Binā'［1993］［1994］［1996］［1997］）。ダーヒヤでの活動について言えば、度重なる戦災によって破壊されたインフラ、例えば給水施設や水道網、発電所と送電網の整備や生活ゴミの撤去や路上での清掃作業が目立つ[25]。これらの建設ジハード協会による活動はダーヒヤの日常の一部である。同協会が運営するプロジェクトの現場には大きなエンブレムが掲げられ、作業員たちはそのエンブレムがあしらわれた制服（主に黄色い帽子と黄色いベスト）に身を包んでいた。

このようなダーヒヤの風景は、しかしながら、二〇〇六年レバノン紛争によって一変した。のべ数千回にも上るＩＤＦによる空爆によって、ヒズブッラーの本部や幹部が住むアパートだけではなく、ヒズブッラー系列のＮＧＯは空爆の標的になり徹底的に破壊された。社会サービスは一時停止を余儀なくされた。

だが、こうして破壊されたダーヒヤの戦後復興を担ったのも、ヒズブッラー系列のＮＧＯであった。特に、インフラ整備を担ってきた建設ジハード協会が復興事業の先陣を切った。同協会が戦後の復興事業のために二〇〇七年五月（「南部解放」の七周年）に設置した独立部門が、「ワアド（Wa'd、約束の意）」である。

ワアドによる戦後復興事業

ワアドは、ヒズブッラーによる戦後復興のための各種の土木・建設工事の一式を取りまとめる、いわば日本におけるゼネコンのような組織として設置された。その名称は、二〇〇六年レバノン紛争におけるヒズブッラー側の軍

ワアドによる戦後復興事業（ダーヒヤ）

出所）筆者撮影（2007年8月）。

事作戦名「ワアド・サーディク（Waʻd al-Ṣādiq、確かな約束）」に由来する（第8章1）。

ワアドは、損壊した建物の修復や再建工事だけではなく、デザインやコンセプトの決定、コンサルティング、プロジェクト・マネジメント、資金調達、建設業者の選定、法務処理など、復興事業に関わるあらゆる業務を統括する。このワアドの設立を通して、ヒズブッラーは戦後復興事業の効率化を進めてきた。ワアドのプロジェクトは、破壊されたビル群の再生にとどまらず、道路や橋の建設、さらには駐車場、歩道、公園などの整備も含むものとなっており、その意味ではダーヒヤの街づくりそのものを射程に入れている。このことは、「かつてよりも美しく（ajmal min mā kānat）」というスローガンに現れている。

ワアドの総監督は、建築家や都市計画専門家からなる評議会から選出された建築家ハサン・ジシーである[26]。ジシーは、ワアドの目的を次のように述べる。

この地域は徹底的に破壊されてしまいました。そう、ヒロシマみたいに。復興は大変です。しかし、だからこそ、以前よりも美しい、以前よりもよい街にしたいと思っています。このことが、イスラエル軍の攻撃の被害にあった住民たちに誇りを与えるのです。（筆者によるインタビュー、二〇一一年二月二六日）

だが、街全体をつくり直すとすれば、相当数の作業員や大型・小型の重機が必要である。しばしば「国家内国家」と呼ばれるほどの力を持つヒズブッラーでも、これらを単独で用意するのは容易なことではない。そこでワアドは、ヒズブッラーの支持層やシーア派に限定せず、外国企業や他宗派に対しても幅広く工事の入札を呼びかけることで、実際の工事を請け負う建設会社を十分に確保することに可能にしたという。ヒズブッラーや建設ジハード協会とは名目上は独立したかたちでワアドを設置した理由はここにある。ジシーは述べる。

> ワアドの事業は、シーア派だけではなく、全ての宗派のためのものです。私たちは、コンサルタントとしての役割を担っています。建設会社と契約を結び、実際の工事をするのは彼らです。これらの建設会社は、シーア派の会社だけではありません。もちろんマロン派やスンナ派、ドゥルーズ派の会社も入っていますし、ワアドの事務局もシーア派のスタッフだけではありません。地元の建設会社に声をかけ、プロジェクトの準備をしていきました。（筆者によるインタビュー、二〇一一年二月二六日）

ワアド総監督ハサン・ジシー

出所）筆者撮影（2011年2月）。

では、これほどの大規模プロジェクトを運営するための資金はどこから調達しているのか。ワアドには多くの国々の個人やＮＧＯから多くの義援金、そして技術者や資材が寄せられてきた。例えば、クウェート・アラブ経済開発ファンドは、一五〇〇万ドルを投じてベイルート国際空港近くのビル一二棟を再建した。こうした義援金や支援金の受付窓口となることも、ワアドの重要な役割の一つである。

このように、ワアドには、ダーヒヤといういわば「ヒズブッラーの街」の復興を目的としながらも、ヒズブッラーの支持層やシーア派を囲い込むような宗派的・党派的な色を薄めることで、国内外からの幅広い支援と参加を獲得しようとする戦略が見て取れる。そして、実際の復興事業の進捗を見る限り、この戦略は十分な成果をあげてきたと言えよう。

ワアドのプロジェクトも、他のヒズブッラー系列ＮＧＯと同様に、「抵抗社会」の建設のための営為として打ち出されている。専従スタッフたちにとって、ワアドでの仕事は、街を破壊したイスラエルの脅威だけではなく、あらゆる悪や不正に対する抵抗の実践に他ならず、「かつてよりも美しく」社会を造り替える活動を通して自らの尊厳と他者との連帯性を確認する契機でもある。

専従スタッフの一人ＳＨは、レバノン国際大学（Lebanese International University, LIU）のビジネススクールを卒業し、二〇〇七年からワアドの本部事務局に務めている。レバノン戦争の最中の一九八〇年代前半に南部地域からダーヒヤに移住してきた家庭の出身である。彼は、自分の仕事を抵抗であるとの自負を見せる。

私たちの目標は、二〇〇六年の七月戦争〔レバノン紛争〕で家を失った人たちが少しでも早く元の家に戻り、元の生活に戻るのを実現することです。これは、抵抗の一つの方法です。抵抗は軍事のみではありません。抵抗社会とは、軍事だけから建設されるものではありません。……もともと私はヒズブッラーの〔武装〕抵抗にたずさわりたいと思っていました。しかし、私には軍隊の経験がありませんでした。ですから復興事業による抵抗を選んだのです。不屈の精神で逆境から立ち上がることも抵抗ですし、何かを創造することも抵抗です。いや、イスラエルの脅威の前に立ち続けるだけで抵抗になるのです。イスラエルの脅威だけではなく、あらゆる悪や抑圧に対して抵抗したいのです。（筆者によるインタビュー、二〇一一年二月二六日）

さらに、「抵抗社会」については、次のような水槽と魚のアナロジー（類比）で語る。

抵抗社会は人から生まれるものです。これまで三〇年にわたって、私たちが少しずつ築き上げてきたのです。……抵抗社会と抵抗運動、そして我々は、水槽と魚の関係に似ています。イスラエルは爆弾で水槽を破壊し、魚である我々を干上がらせようとします。抵抗運動は、それを阻止するために、やってくるイスラエル軍と戦います。水槽が壊され、中の水が漏れだしたとしても、我々がその穴を塞ぎます。それだけではなく、日々の仕事が水槽をより丈夫なものにします。そして、土木事業だけではなく、建設ジハード協会による他の様々な活動、例えば、環境保護や産業の振興によって社会はどんどん良くなる。つまり水を浄化することで、魚である我々が住みやすい水槽となるのです。（筆者によるインタビュー、二〇一一年二月二六日）

これらの言葉には、抵抗の実践が、単にイスラエルに対する武装闘争やインフラの物理的な再建だけではなく、より良い／善い社会の建設にまで及んでいることが看取できる。そしてそうした社会、すなわち「抵抗社会」の建設にたずさわる自らの存在意義を反芻する姿が見え隠れする。その意味において、このＳＨは、ワアドの専従スタッフの一人として「抵抗社会」の論理を忠実に体現していると言えよう。(27)

レバノンをフィールドとする人類学者モナー・ファワーズは、ヒズブッラー系列ＮＧＯは、様々な活動を通して「名声のイメージ（prestigious image）」、「任務の感覚（sense of mission）」、「言語（language）」によるフレーミングを行い、社会サービスの提供者に誇りとアイデンティティを与えてきたという。そして、「イスラームと抵抗を用いることで、かつてはただ貧困でありがちな都市の郊外で、南部やベカーア高原からベイルートにやってきた避難民たちにとっての最初の足がかりでしかなかった空間において文化とアイデンティティを創出した」と述べている（Fawaz［1998：61-66］）。レジスタンスの戦闘員としてＩＤＦと戦い、命を落とし、殉教者として祀られなくとも、専従スタッフたちは、ワアドの仕事を通して「抵抗社会」の担い手としての自負を抱き、ダーヒヤという都市社会において尊厳と誇りを獲得しようとするのである。

このようにヒズブッラーは、組織構造の面においては、ピラミッド型組織モデルを採用することで人びとに様々な参加と実践の場を提供し、理念の面では、「抵抗社会」の論理の浸透を通して彼らの間に尊厳と共同性を生み出してきた。

だが、ダーヒヤの住民の多くは、巧みなリクルートやエリートが主導する「軍事」や「政治」の論理に無批判に回収される「従順な身体」を有した無垢な存在ではない。ヒズブッラーを支える「メンバー」でありながらも、新たに現出した都市社会のなかで自らの生存の保障とより良き／善き生を追求しようとしているのである。

4　抵抗と革命を飼い慣らす

以下では、再びダーヒヤに暮らす人びとに注目し、ヒズブッラー指導部の意図と、それをはぐらかしながら生きる人びととの間の流動的で重層的な関係を描き出してみたい。そして、その関係がダーヒヤにいかなる変化をもたらしているのかについて論じよう。

道具主義者の流儀

都市貧困層とイスラーム主義組織・運動の支持層とを同一視する見方、すなわち貧困が人びとをイスラーム主義へと向かわせるとする見方は根強い。しかし、中東政治学・社会学を専門にするアーセフ・バヤートは、こうした見方には客観的な根拠がなく、イスラーム主義組織・運動の伸張を過度に恐れるマスメディアやアカデミアが生み出した幻想に過ぎないと喝破する（Bayat［2009：181］）。経済学者のアラン・クルーガーとイトカ・マレツコヴァによる「殉教作戦」で死亡したヒズブッラー戦闘員についての統計分析においても、レバノン人全体の平均と比較して教育水準においては高く、貧困層に占める割合においては低い、という結果が出ている(28)（Krueger and Malečková［2003］）。

先に述べたように、ダーヒヤの住民の関心は、イスラエルの軍事的脅威を取り除き、レバノンの宗派制度と政府による怠慢な行政を主な原因とする低開発を脱することである。彼らはイスラーム主義組織であるヒズブッラーの働きかけに応答しながらも、他方では自らの生存の保障とより良き／善き生のためにそれと交渉し、好機を窺っている。つまり、「イスラーム主義者が都市貧困層をプラグマティックな意味で扱うのとまさに同様に、都市の草の根〔の人びと〕は翻って道具主義者の流儀でイスラーム主義者に接近した」のだと言えよう（Bayat［2009：180］）。

良き／善き生のための日常実践

以下では、筆者が行った三人の住民へのインタビュー（二〇〇六年二月、〇七年八月）を事例に見てみたい。

①ＡＭ（三〇代男性）

ダーヒヤでイスラーム学の研鑽を積んでいるＡＭは、イランのコムに留学経験を持ち、額に「礼拝ダコ」を持つほど篤信的な人物である。政治的には無党派を自認し、ヒズブッラーもアマル運動も支持していないと言う。

ヒズブッラーの社会サービスで働いている人たちは、とても正直で、約束を守り、信仰に篤いです。それらの活動が地区〔ダーヒヤ〕の人びとをヒズブッラー支持へと向かわせていることは間違いありません。しかし、私自身はそれらにたずさわっていませんし、私の家族や友人にもたずさわる者はいません。感覚としては、社会サービスのスタッフたちは、その多くがボランティアだと思いますが、常に自分たちの隣にいるような気がしますし、私たちのニーズをよく理解してくれていると思います。彼らの活動は、安全で良い生活を営む上でとても重要です。彼らはとても迅速で、助かります。

ＡＭは、ヒズブッラーによる社会サービスを歓迎しているが、それは必ずしもイスラームの道徳や倫理の実践の観点からではなく、むしろ自分が住む地域の安全で快適な生活をもたらすものとしての評価からである。確かに、「信仰に篤い」と述べるなど、ヒズブッラーの宗教的側面に一定の理解を示しているものの、軍事的・政治的な活動からは距離を置いている。実際、政治の話題となると、ヒズブッラー率いる政党連合「三月八日勢力」の非妥協的な姿勢がレバノン政治を麻痺させているとの苦言を口にした。

②ＨＪ（四〇代男性）

ＡＭが見せたようなヒズブッラーに対するアンビバレントな姿勢は、ヒズブッラー系列ＮＧＯで働く者たちにも看取できる。ＨＪは、建設ジハード協会による建設事業に従事する作業員の一人である。彼は、二〇〇六年のレバノン紛争の後に同協会のプロジェクトに参加するようになったという。

自分は建設会社の社員だよ。家族は〔レバノン〕南部〔地域〕出身だ。ヒズブッラーはバアルベックの奴らだろ。イランとウラマーたちの党だな。これ〔黄色い建設ジハード協会の帽子〕をかぶっているのは、建設ジハード協会がカネが良く、支払いも早いからだよ。〔レバノン〕政府は何もしていない。それに、何にしても、自分たちの街を再生して、イスラエル人どもに見せてやらなきゃならないからな。抵抗だよ。

ＨＪは、イラン＝外国、ウラマー＝エリートという認識を示し、家族がバアルベックではなく南部地域の一般家庭の出身である事実を強調することで、自分がヒズブッラーと同一視されることを避けようとしているように見える。また、建設ジハード協会での仕事は、建設会社の社員としての下請け業務であり生業に過ぎないという。その仕事のやりがいは、ヒズブッラーの働きかけに対する応答というよりは、自分たちの街であるダーヒヤの再生にある。抵抗という言葉を使うことで、表面上はヒズブッラーが唱道する「抵抗社会」のイデオロギーにコミットしているように見せつつも、実際は地域社会への貢献をめぐる誇りや充足感を自己の内面において反芻する態度が見え隠れする。

③ＨＨ（一〇代男性）

ＨＨは、ハサン・ナスルッラー書記長の演説集会に自ら参加するような、ヒズブッラー支持者の一人である。家族はやはり一九八〇年代にバアルベックからダーヒヤに移住してきたという。彼は、二〇〇六年の書記長の演説集会（後述）において、その一言一句、一挙手一投足に熱烈な声援を送っていた。しかし、彼は、書記長が紡ぎ出すイデオロギーを理解し、その上で支持や応援をするという合理的な選択を必ずしもしているわけではない。書記長による「宗派主義」批判に関して、筆者はＨＨにレバノンの公認宗派について訊ねたことがあるが、彼は「敵」であるマロン派やドゥルーズ派に加えて、同じイスラーム教徒であるスンナ派についてては多言するものの、そもそも公認宗派の数や宗派制度の仕組みについてはほとんど知らないと語った。彼にとって「宗派主義」は自分に災いをもたらす恐れのある「何か」に過ぎない。彼がナスルッラー書記長の演説で熱狂していたのは、むしろイスラエルとの闘争のくだりであり、家族を故郷バアルベックから追い出した仇敵への罵倒の言葉である。

にもかかわらず、ＨＨ自身は、レジスタンスの戦闘員になることは望んでおらず、また、政党としての支持にも「抵抗社会」への参加にも積極的ではなく、実際にはコンピュータのプログラマーとして成功することを夢見ている。彼にとって、ヒズブッラーやナスルッラー書記長は腐敗した政治とイスラエルの軍事的脅威から自分の生活と夢を守ってくれる「他者」であり、それに自らを同一化したりはしない。

これらのケースにおいてヒズブッラーに対する姿勢は三者三様であるが、それぞれに共通するのは、彼らがヒズブッラー指導部の掲げる抵抗と革命に身も心も捧げるような従順な存在ではない、という点である。言い換えれば、イスラエルとの戦闘を引き受ける戦闘員でもなければ、国家権力の掌握のためにヒズブッラーを政治的に支援する野党支持者でもない。彼らは、指導部のイデオロギーに真正面から応えているのではなく、自分たちの関心であるダーヒヤの安全や生活、さらには将来のためにヒズブッラーによる「抵抗社会」の論理と実践を受け入れ、また自らの良き／善き生に資する場合を探った上でそれに参加するという姿勢を見せるのである。そこには、ヒズブッラーの幹部（エリート）のような首尾一貫した思想や戦略はなく、それぞれが自らの状況に応じてそれらをはぐらかしながら生きていく住民たちの生活戦術が見て取れる。

このようなダーヒヤの住民たちのあり方については、前出のバヤートによる議論が参考になる。バヤートによれば、中東諸国の「都市サバルタン（urban subaltern）」たちが従事するのは、「抗議の政治ではなく救済の政治」であり、自らの生のための必要性から生じる「個別の直接的行動による目先の成果のための闘争」であるとする。だが、それは、日和見的な生活戦術などではなく、より長い目で見た「自身の運命を好転させるための生涯にわたる過程」における闘争に他ならない。そのために、「都市サバルタン」たちは、「公共財やエリート集団の権力や財産に対する個人主義的な静かなる侵食」を日々着々と行っているのである。そして、こうした個人による生活戦術の実践が、結果として政治性を帯び、ストリート（都市の公共空間）を「彼らと権威との間の競合の場」にし、アトム化した個人を結びつけ共同性や連帯性を生み出すのである（Bayat［2009：59-64］）。

5　抑圧者／被抑圧者のアイデンティティ・ポリティクス

しかし、このようなかたちの個人と社会のエンパワーメントは、強烈なアイデンティティ・ポリティクスの拡散と表裏一体であった。それはどういうことか。

抽象化される「抑圧者」

イスラエルやレバノン政府に対する批判的立場は、ダーヒヤの住民たちが熟考の末に主体的に選び取った思想やイデオロギーというよりは、自らが辿ってきた苦難の経験が「抑圧者」に対する抵抗という単純化された言説に回収されることで構築されてきたものである。

前出のワアドの事務局で働く人びとが紡ぎ出す言説のなかで特に特徴的なのが、レバノン政府に対する厳しい批判であった。彼らは「抵抗社会」の建設の障害となっているのはイスラエルによる軍事攻撃だけではなく、戦後復興事業におけるレバノン政府の怠慢であるといった不満や批判をよく口にした。前出のSHは、次のように言った。

レバノン政府は、全壊した建物一棟あたり四万六〇〇〇ドルの供与を約束しました。たったの四万六〇〇〇ドルです。しかも、政府はそれを一度にではなく、二万三〇〇〇ドルずつ二度に分けて支払うことを主張しました。要するに、政府はこの地域を助けたくないのでしょう。（筆者によるインタビュー、二〇一一年二月二六日）

こうした批判は、二〇〇五年以降レバノンの議会政治における野党として政府与党と激しく対立してきたヒズブッラーの政治的立場と合致する。ダーヒヤの住民二〇〇名を対象としたある社会調査では、回答した全員（二〇〇名）が政府よりもワアドを支持すると答えている（Jichi［2009：65］）。政府批判を共通項に、専従スタッフたちは自らをヒズブッラーと同一化する契機を得ていると言える。

観察者の視点から見れば、もし、住民たちが本当にダーヒヤの安全と繁栄を願うのならば、ヒズブッラーによる挑発的な言説、軍備増強、さらには存在自体がイスラエルによる軍事攻撃やレバノン政府との関係悪化の原因ではないのかと疑念を持つのが合理的であろう。しかし、筆者の耳に政党としてのヒズブッラーの非妥協的な政治姿勢についての批判が聞こえてくることはあっても、「抑圧者」に対する抵抗の是非を問題にするような声は一切入ってこなかった。イスラエルやレバノン政府という「抑圧者」は所与の存在であり、その圧倒的な自明性の前に、「抑圧者」がなぜ抑圧的であるのか、「抑圧者」は本当に抑圧的であるのか、「抑圧者」がどのような人びとなのかといった問いに想像力が及ぶことは少ない。SHは、次のようにも語った。

空からやってくるイスラエル軍に対しては、なす術もありません。しかし、怖くはありません。アッラーへの強い信仰があるからです。イスラエルが破壊を通じて人びとに恐怖を植え付けようとしていることは明らかです。ダーヒヤの人びとはそのことを知っています。なぜならば、皆、ここ［ダーヒヤ］に軍事施設が存在しないことを知っているからです。イスラエルがここを狙うのは、我々の心をくじくためです。したがって、イスラエルがここを破壊したり、我々を怖がらせることに対して、我々が屈することはないのです。正義は抑圧者ではなく、こちら側にあるのです。ここに留まり続けることが、抵抗社会の建設そのものなのです。アッラーはいつも善き者の味方です。（筆者によるインタビュー、二〇一一年二月二六日）

この発言からは、イスラエルが本質的に「抑圧者」であり、そのためイスラエルの行動はあたかも天災のように常に不条理であるという認識が窺える。そして、「被抑圧者」であるところの自分たちの正義はイスラエルという絶対悪の存在によって証明されるという、激しいアイデンティティ・ポリティクスの駆動を見て取れる。むろん、これまで五度にわたってイスラエルの大規模軍事侵攻を受けてきたレバノン人にとって、イスラエルは大いなる脅威に他ならず、なぜイスラエルが自国を侵略するのかという問いに対する合理的な判断は霞みがちとなるのも道理であろう。

しかし、重要なのは、このような激しいアイデンティティ・ポリティクス――「抑圧者」に対する「被抑圧者」による抵抗――を駆動させる言説が、「抵抗社会」の論理とともにヒズブッラーの各メディア（アル＝マナール・テレビやアン＝ヌール放送［Idhā'a al-Nūr］など）や後述のような書記長の演説や幹部たちの語りによってレバノン国内外で強化・再生産されてきた事実である（Firmo-Fontan［2004］, Jorisch［2004］, Harb［2010：152-166］［2011］）。こうした語りが日々繰り返されることで、ダーヒヤの住民にとっての「抑圧者」は抽象化が進んでいるように思われる。そうだとすれば、レバノン人、特に繰り返しイスラエルによる直接の攻撃に曝されてきたダーヒヤの住民が、「抑圧者」の存在を前提とする言説に共鳴することは想像に難くない。

二〇〇六年アーシューラー

アイデンティティ・ポリティクスの駆動と「抑圧者」の抽象化の同時並行は、ヒズブッラーがしばしば開催してきたナスルッラー書記長の演説集会の実態に着目することでよりいっそう明らかになる。同書記長は、ヒズブッラーの本部があるダーヒヤにおいて、しばしば大規模な演説集会を行ってきた。二〇〇〇年代前半までに、集会にはダーヒヤの内外から五〇万人以上の群衆が詰め掛けるまでになった。バスマラ（basmala）[29]で静かに幕を開ける書記長の演説は、徐々に熱を帯びていき、終盤には雷のように言葉が次々とたたみ掛けられる。格調高いフスハー（正則アラビア語）を基本とするが、随所にレバノンのアーンミーヤ（方言）が散りばめられる。そして、イスラエルやシオニスト、国内の政敵に対する罵倒や政敵に対する批判といった「お決まり」の話題になると、聴衆はナスルッラーの言葉に「合の手」——例えば「ラッバイカ・ヤー・フサイン（labbayka yā Ḥusayn,「フサイン様、あなたとともに」）——を入れ、会場は一体となる[30]（末近［2007：154］）。ナスルッラー書記長の演説集会は、ヒズブッラーによるアイデンティティ・ポリティクスの一大スペクタクルなのである。

以下では、筆者が参加した二〇〇六年二月九日のアーシューラー（ʻĀshūrāʼ、イスラーム暦ムハッラム月一〇日に催されるシーア派の宗教行事）におけるナスルッラー書記長の演説集会を取り上げてみたい。アーシューラーとは、イスラーム暦六一年（西暦六八〇年）のこの日、スンナ派のウマイヤ朝第二代カリフ・ヤズィードの軍勢との戦いに敗れ殺害された、シーア派の第三代イマームのフサイン（預言者ムハンマドの孫であり初代イマーム・アリーの次男）を殉教者として追悼する行事である。一般的に、シーア派信徒たちはこの「カルバラーの悲劇」を題材にした詩や演劇や身体に痛みを伴う儀礼を行うことで、フサインの受難を追体験する。ヒズブッラーにとっては、支持基盤であるシーア派信徒たちの一体感を高め、また「被抑圧者」であるところの自分たちとフサインを重ね合わせることができる好機である。

この日は、時折日射しがあったものの、朝から冷たい雨が降っていた。ダーヒヤでは交通規制が行われ、モスクや集会所では詩の朗誦や演劇によって「カルバラーの悲劇」が再現され、殉教者フサインの追悼行事が行われていた。ダーヒヤの目抜き通りである「殉教者ハーディー・ナスルッラー通り」——一九九七年にイスラエルとの紛争で戦死したナスルッラー書記長の長男ハーディーにちなむ——には、ヒズブッラー系列NGO、アマル運動、マバッラート福祉協会など様々な組織や団体のスタッフたちがボランティアで群衆の誘導を行い、その群衆の間を男たちがフサインの痛みを共有するために自らの身体を打ちつけながら行進した。[31]

注目すべきは、緻密な交通規制とフェンスやロープによる道路封鎖によって、誘導された群衆も行進の男たちも全員がダーヒヤのアパート群に囲まれた書記長の演説会場へと向かうように順路が決められていたことである（図7-2）。つまり、ダーヒヤの住民たちにとって、アーシューラーという伝統的な宗教行事への参加は、ヒズブッラーという特定の政治組織・団体による政治集会への参加とほぼ同義となっており、思想やイデオロギーといった内面よりも身体を通してヒズブッラーの「メンバー」になる機会——あるいはなってしまう機会——である。演説集会の会場であるスポーツ競技場には次々に人びとが集まり——女性の参加者も多く、演壇に向かって右側に女性用の席が設けられていた——、当日の主催者発表によれば五〇万人もの人びとが参集したという。演説集会の会場では、参加者たちによる「抑圧者」に対する非難や罵倒、その打倒を叫ぶシュプレヒコールが響き渡っていた。

ナスルッラー書記長の演説は通常三〇分から一時間程度であり、この二〇〇六年のアーシューラー演説も約四五分間（午前一一時三〇分から午後一二時一五分）であった。演説において書記長は、まず、カルバラーの殉教者フサインと預言者ムハンマドを讃え、彼らの残した言葉（教え）の重みと大切さを説くなど、アーシューラーに相応しい宗教的な話題を取り上げた。[32]しかし、こうした宗教的な語りは演説の冒頭と最後だけであり、実質的には内容のほとんどが政治の話題であった。そこでは、カルバラーの悲劇を繰り返してはならないといった宗教的な観点から、今日のレバノンを「抑圧者」から守る必要性が説かれた。

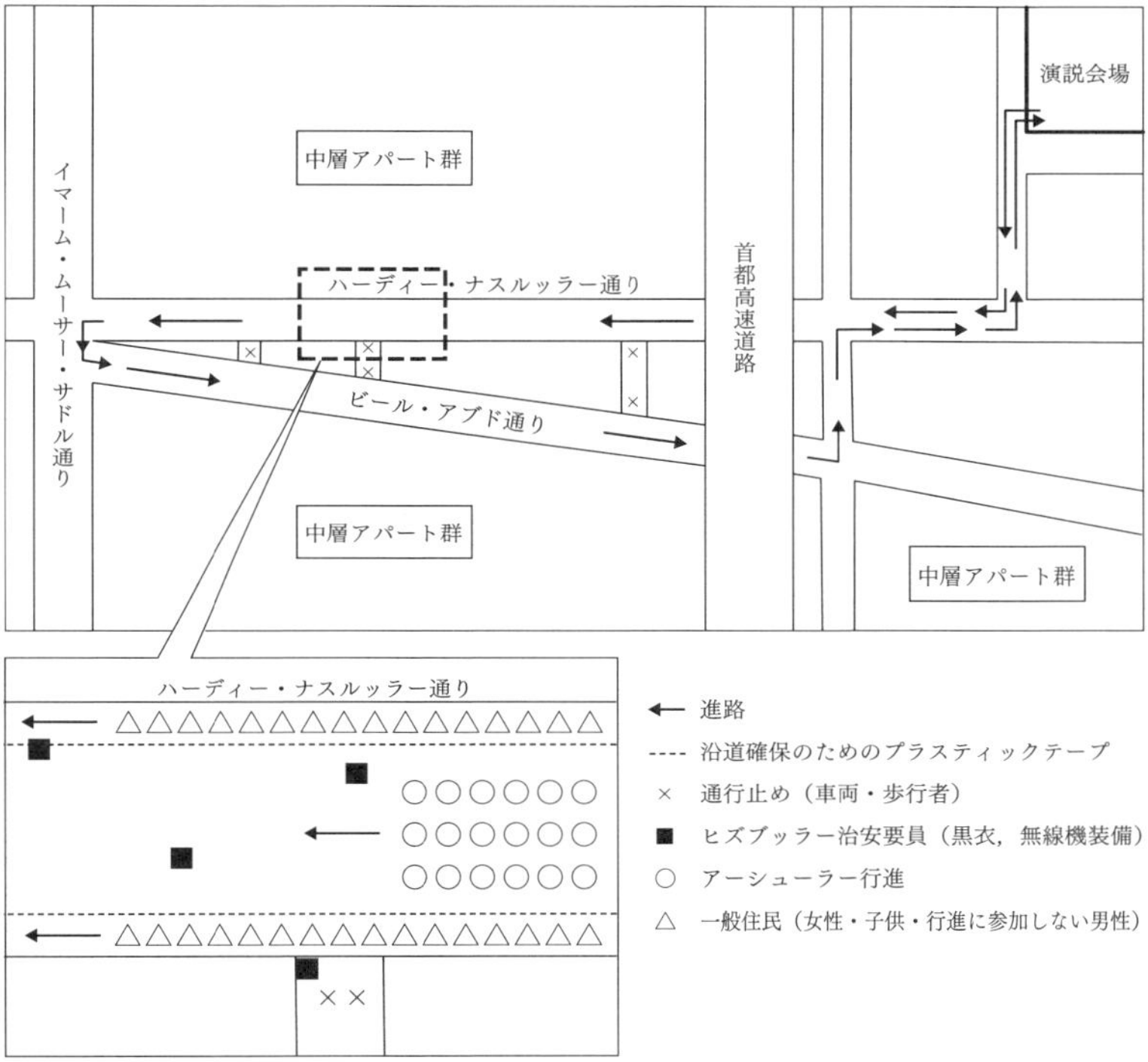

図 7-2　2006 年ダーヒヤにおけるアーシューラー

出所）筆者作成。

2006 年アーシューラーの行進（ダーヒヤ）

出所）筆者撮影（2006 年 2 月）。

預言者の言葉を守ることは世界のどこにいても継続すべきである。黙れ、コンドリーザ・ライス〔米国国務長官〕と〔ジョージ・W・〕ブッシュ、そして全ての抑圧者たちよ。我々は容赦などしない、沈黙することのない、無関心などではないウンマである。（傍点筆者）

ナスルッラー書記長は、自分がフサインやムハンマドの言葉を忠実に実践する者であるとアピールする一方で、ヒズブッラーと政治的に対立している米国が「抑圧者」の陣営の一部であり、したがって宗教上の「敵」でもあることを強調する。同様にイスラエルやシオニストも「敵」として吊し上げ、「イスラエルの攻撃とイスラエルの脅威に立ち向かいレバノンを防衛すること」はシーア派イスラームの歴史の観点から「アッラーとの約束であり契約」であると断言する。さらに、政党連合「三月一四日勢力（Quwā al-14 Ādhār）」が主導するレバノン政府については、直接その名に言及はせずとも、「この国を運営している者は、政治的緊張や宗派主義を増長させている者に他ならない」と厳しく非難した。

「抑圧者」に対する「被抑圧者」による抵抗の論理は、もともとレジスタンスとして結成されたヒズブッラーの思想の中核である。演説では、米国にしても、イスラエルにしても、政府与党にしても、フサインとムハンマドの言葉に反するという漠然とした宗教上の理由から「抑圧者」とされ、激しい罵倒の言葉が浴びせられた。その結果、それらが「抑圧者」であるというイメージだけが増幅され、現実世界における対立や紛争の原因やそれがもたらす結果についての想像力を縮減させる。むしろ、具体的で客観的な実態が隠蔽されることで、「被抑圧者」のイメージだけが膨張し、逆説的に「被抑圧者」の存在感や脅威認識にリアリティを与えているようにも見える。[33]

筆者が、演説集会の参加者たちと「抑圧者」について言葉を交わしたところ、「イスラエル」や「シオニスト」とともに「シャロン」（イスラエル元首相）の名前をよく耳にした。「イスラエルの首相がシャロンからオルメルトに代わったが、どう思うか」と訊ねたところ[34]、「オルメルトとは誰か」と反対に聞き返されることも少なくなく、また、「三月一四日勢力」については、その主導的な政党であるムスタクバル潮流よりも、レバノン・カターイブ党やレバノン軍団の名前が挙がることが多かった。シャロン、カターイブ、レバノン軍団も、一九八〇年代初頭の結成時にヒズブッラーが公言していた闘争の相手である。演説集会の参加者たちはまるで内戦当時の「敵」認識を引きずっているかのようであり、ナスルッラー書記長に自らを重ね合わせ、「抑圧者」に対する抵抗を訴えながらも、「抑圧者」の実態に関する知識を欠いている。

むろん、ヒズブッラー指導部――あるいはエリートたち――は、「敵」をつぶさに研究しており、その実態や変化を体系的に理解しているだろう。しかし、集会の参加者たちは、必ずしも首尾一貫したイデオロギーを掲げ、高い政治意識を持って「敵」に向き合っているわけではない。そこにあるのは、指導部が紡ぎ出す言説を媒介にして抽象化され徹底的に他者化された「イスラエル」や「シオニスト」であり、宗派主義による支配に狂奔する「カターイブ」、「レバノン軍団」、「三月一四日勢力」なのである。

ヒズブッラー指導部によって抽象化された「抑圧者」をめぐる言説は、ダーヒヤの住民たちの良き／善き生のための日常実践を、抑圧者と被抑圧者、敵と味方、他者と自分といった単純なアイデンティティ・ポリティクスに回収していく。そして、「抑圧者」に対する抵抗がダーヒヤにおいてより良き／善き生を実現するための必要条件であるかのように受容されることで、彼ら彼女らはヒズブッラーの「メンバー」や支持者として動員されていくのである。

おわりに――軍事と政治の狭間に生きる

筆者がともにした集会の参加者たちは、ナスルッラー書記長の演説が終わるやいなや、それぞれが家路についた。演説中は「抑圧者」を罵倒するシュプレヒコールを叫び、書記長とともにその打倒を誓っていた彼ら彼女らは、再び自身の日常へと戻っていった。ヒズブッラー系列NGOによる献血所にもサダカの支払所にも施しを求めるホームレスにも関心を払うことなく、ただその前を素通りしていった。前出のHHは、「通っているIT専門学校の試験のことで頭がいっぱいだ」と筆者に言った。彼ら彼女らは、ヒズブッラーへの支持の表明を通して再帰的に自らの自信や尊厳、そして住民どうしの共同性を獲得しようとする一方で、それが直ちにイスラエルとのレジスタンスにも政治権力をめぐる闘争にもつながることはない。彼ら彼女らは軍事と政治の狭間——あるいはヒズブッラーのイデオロギーである抵抗と革命の狭間——で、自らの生を第一に考えながら生きている[35]。

本章では、ヒズブッラーの社会サービスの組織および理念と、それらに関わる人びとと社会の変化の実態を明らかにしてきた。従来の研究は、社会サービスを戦闘員のリクルート装置ないしは集票マシンと捉えた上で、彼ら彼女らをこうした軍事と政治に動員される従順な客体として語り、そのエージェンシーを等閑視してきた。だが、一次資料の解析とエスノグラフィーの手法による調査から明らかになったのは、ヒズブッラー指導部とサバルタン化した「メンバー」との間には複線的、重層的、流動的な関係が存在している事実であった。それは、以下のようにまとめることができる。

ヒズブッラーの指導部は、諮問会議を最高意思決定機関とする「ピラミッド型の組織モデル」を築き上げ、「誰もがヒズブッラーたり得る」という普遍主義を掲げることで、現実には幹部や実働部隊がいながらもアドホックに「メンバー」を取り込んできた。「メンバー」の条件は、思想的・イデオロギー的な傾倒ではなく、様々な活動に参加するという行動上のコミットメントであるとされる。社会サービスは、そうした「メンバー」を生み出す「関与の場」に他ならない。そして、「抵抗社会」の論理の浸透を通して、「メンバー」に組織における立場や役割の違い——とりわけ前線の戦闘員と銃後の非戦闘員との違い——を超えた、一体感と尊厳や生きがいを与えようとしてきた。ヒズブッラーは、いわば軍事・政治・社会の一体化を進めることで、対イスラエル闘争と国内の権力闘争を有利に運び、組織の団結と支持基盤の強化を目指してきたと言えよう。

これに対して、ダーヒヤの住民たちにとって社会サービスへの参加は、「抵抗社会」の個人の生き方や社会のあり方についての規範や世界観の獲得であると同時に、立場や役割の違いを無効化し、それを超えた強固な団結力を地域にもたらす契機であった。彼ら彼女らは、ヒズブッラーへの支持を表明し、「メンバー」となること、ないしは「メンバー」と見なされることを引き受けながら再帰的に自らの自信や尊厳、そして住民どうしの共同性と都市社会の活性化を獲得しようとするものの、それが直ちに戦闘員や野党支持者への扉を開くこともなく、指導部が主導する軍事と政治の狭間で自らの生を第一に考えながら暮らしている。住民たちは、「抑圧者」であるイスラエルと政府与党の脅威に曝されながら――あるいは曝されていると認識しながら――、指導部が主導する軍事と政治に関わる様々な働きかけを飼い慣らし、あるときには「メンバー」としてそれに熱狂し、またあるときには指導部と自らを引き離しながら、矛盾を孕んだ日常実践の重なりのなかで良き／善き生を求め続けているのである。

ヒズブッラーの社会サービスとそれに関与する人びとの実態がこれまで過度に単純化されて語られてきた背景には、ヒズブッラーを武装組織ないしは合法政党のいずれかとする二者択一的な見方の他に、説明変数としてマジックワード化した「イスラーム」の語があることも指摘できよう。すなわち、イスラーム主義組織とその支持者との間には、「イスラーム」という非信徒の観察者から見れば非合理的でありながら強力な媒介がある、という認識である。

だが、こうした認識は文化本質主義の誹りを免れない。なぜならば、もし仮にヒズブッラー指導部と支持者の関係を単に「イスラーム」だけで説明できるのだとすれば、パレスチナのハマースやエジプトのムスリム同胞団といった類似の社会サービスを展開する組織との相違を捨象することになり、イスラーム主義組織が有する多様性の把握を妨げかねないからである。

二〇一一年の「アラブの春」以降、各地でイスラーム主義組織の伸張が見られ、また、欧米の政策担当者を中心に過剰とも受け取れる不信感や警戒感が広がった。こうした状況のなかで、本章で見てきたような社会サービスをめぐる組織と支持者との間の流動的かつ重層的な関係を浮き彫りにすることは、欧米を中心としたアカデミアやマスメディアによって単純化された「イスラーム脅威論」を乗り越え、中東政治におけるイスラーム主義組織の役割を正確に捉え直すための不可欠な作業であろう。

第III部　今日の中東政治の結節点
——ヒズブッラー化するレバノン

第8章　「新しい戦争」としての二〇〇六年レバノン紛争

――均衡はなぜ崩れたのか

はじめに――崩壊した「恐怖の均衡」

本章の主題は、二〇〇六年夏に起きたイスラエルとヒズブッラーとの戦争、通称レバノン紛争である。イスラエル国防軍（IDF）によるレバノン領内への侵攻は、一九九三年と一九九六年にも起きていたが、陸海空の三軍を動員しレバノン全土を攻撃対象とした二〇〇六年の作戦は、これらを凌駕する規模のものであった。そのため、一九八二年のレバノン戦争――ヒズブッラーの結成のきっかけとなった戦争――とのアナロジー（類比）で、「第二次レバノン戦争」と呼ばれることもある（レバノンでは「三三日戦争（33-Day War）」や「三四日戦争（34-Day War）」、「七月戦争（Ḥarb Tammūz）」とも呼ばれる）。

いずれと呼ぶにせよ、この紛争は、レバノンとイスラエルの両国に甚大な被害をもたらした。三四日間の戦闘で、レバノン側で死者一一八九名（うちヒズブッラーなどの戦闘員は約五〇〇名）、負傷者四三九九名、避難民九七万四一八四名、破壊された家屋一万五〇〇〇戸[1]、他方、イスラエル側も死者一六三名（うちＩＤＦ兵士は一一九名）を出した[2]。

第6章で論じたように、レバノンとイスラエルの紛争は、二〇〇〇年の「南部解放」を契機として、ヒズブッラーの軍事部門レバノン・イスラーム抵抗（以下イスラーム抵抗）とＩＤＦとの間の国境地帯での散発的な小競り合いへと縮小した。レバノン政府が領有権を主張する――すなわちイスラエルによる占領が継続しているとされる――シャブアー農場という無人地帯を舞台に、ヒズブッラーは名目的な解放闘争――路傍爆弾、ＩＤＦ兵士の捕捉、銃撃、狙撃、砲撃など――を実行し、応戦するイスラエルもまた軍事行動を局所的・限定的なものとした。要するに、両者の間には、全面戦争を回避するために自制を効かせるという「暗黙のルール」が共有されていた。

こうした「暗黙のルール」を担保していたのは、安全保障のジレンマであった。二〇〇〇年以降、イスラエルとヒズブッラーは、国家対非国家アクターの「非対称戦争」の構図にある。中東最強の軍事力を持つＩＤＦに対して、ヒズブッラーは、イスラエル領の深奥まで射程に収めるロケット兵器やミサイルを配備することで戦略的均衡を維持しようとした。ハサン・ナスルッラー書記長は、これを「恐怖の均衡」と呼んだ。

だとすれば、両者の全面戦争へと発展した二〇〇六年レバノン紛争では、なぜこの「恐怖の均衡」が崩れたのであろうか。その均衡の崩壊は、なぜ一九八二年以来の全面戦争へと発展したのであろうか。そして、それは、イスラエルとレバノンの安全保障と中東和平問題に、どのような影響をもたらしたのであろうか。本章ではこれらの問いに答えてみたい。

1　二〇〇六年レバノン紛争――均衡はなぜ崩れたのか

「確かな約束」と「方向転換」

二〇〇六年七月一二日、イスラーム抵抗の戦闘員が、南部の「ブルーライン（イスラエル・レバノン間の停戦ライン、実質的国境）」付近でＩＤＦの装甲車両を攻撃し、兵士三名を殺害、二名を捕捉した。ナスルッラー書記長は、それからまもなくアル＝マナール・テレビの特別番組に出演し、イスラエルに対し捕虜交換の交渉を迫った。

全世界は、我々の拘留者たちとの交換を導くための非直接的な交渉を通してのみ、拘束された二名のイスラエル兵を取り戻すことができる……。これが、イスラエルに収監され苦しんでいる一万名ものレバノン人、パレスチナ人、アラブ人に光明を与える唯一の方法……彼らを解放できる唯一の方法なのだ。[3]（*al-Safir*, July 13, 2006）

イスラエルのエフード・オルメルト首相は、ヒズブッラーの行動を「主権国家に対する戦争行為」と非難し、この捕虜交換の交渉要求を一蹴した。そして日付が変わる前には拉致兵士奪還のための軍事作戦を発動し、レバノン全土を標的とする大規模な空爆を開始した（*Ha'aretz*, July 12, 2006）。こうして、「恐怖の均衡」は崩壊した。

レバノン紛争の新規性、つまり全面戦争への発展の主因は、ヒズブッラーよりもむしろイスラエルの行動に求めることができる。

ヒズブッラーは、二〇〇六年初頭から兵士捕捉作戦の実行を示唆してきた。[4] 七月の兵士捕捉作戦は「確かな約束」という作戦名が付けられたが、このことはそれが明確な目標と着実な準備によるものであったことを示唆している。二〇〇〇年以降、兵士の捕捉と捕虜交換は、ヒズブッラーの直接的な対イスラエル闘争において残された唯一の現実的な選択肢であり、また、過去に大きな効果を生み出した方法であった。実際、「確かな約束」とは、イスラエル国内に収監されていた政治犯や捕虜を解放する約束であった。

しかし、イスラエルとしては、事実上のヒズブッラーの「勝利」として受け取られた二〇〇四年の捕虜交換（第6章3）のような失敗を繰り返すことはできなかった。また、二〇〇〇年五月のレバノン南部地域からの無条件撤退も、ヒズブッラーの国境地帯への南下を招いただけで、実効性を伴う安全保障の確立にはつながらなかったという事情もあった。事実、ナスルッラー書記長は、イスラエル領内への越境攻撃の意思をたびたび見せており、紛争勃発の直前の二〇〇六年五月二三日には、「我々は一万二〇〇〇発のロケットで占領下パレスチナ〔イスラエル」北部全域を攻撃できる……。占領下パレスチナ全土が我々のミサイルの射程圏内にあるのだ」と述べている（*al-Nahār*, May 24, 2006）。

　イスラエルによる安全保障政策の見直しは、二〇〇六年のレバノン侵攻の作戦名が「方向転換作戦（Operation Change of Direction）」と名付けられたことに象徴されている。作戦の目標は、ＩＤＦによると、「拉致された二名のイスラエル軍兵士の帰還」に加え、「レバノンからのイスラエル領へのテロ攻撃の排除」とされた(5)。イスラエルは、二〇〇六年六月二五日に起きたガザでのパレスチナ武装組織連合軍による兵士拉致事件の際に、軍事力による捕虜の奪還を目指し、軍事施設だけではなく社会インフラに打撃を加えることで敵対勢力と支持基盤の両方を壊滅させる政策を採用していた（ICG［2006：20］）。要するに、ヒズブッラーがイスラエルとの「暗黙のルール」を逸脱しないかたちでの「確かな約束」の実行を試みる一方で、イスラエルは二〇〇〇年五月以来悪化の一途をたどる国家安全保障の現状を力によって抜本的に「方向転換」させようとしたのである。

　だが現実には、「暗黙のルール」だけではなく、「公然のルール」も変えられた。イスラエルの「方向転換作戦」は、民間人や社会インフラへの攻撃は控え、攻撃は双方の戦闘員・軍事施設に限定するという一九九六年四月の「四月合意（Israel-Lebanon Cease-fire Understanding）」に抵触する可能性を含むものであった(6)。ＩＤＦは、軍事拠点、ナスルッラー書記長の自宅、メディア機関といったヒズブッラー関連施設への攻撃と並行して、レバノン各地の道路、住宅、橋梁、発電所、空港、港湾など社会インフラを空爆や艦砲射撃により

ヒズブッラー本部跡（ベイルート南部郊外）

出所）筆者撮影（2006年12月）。

地上戦の傷跡（ビント・ジュバイル市内）

出所）筆者撮影（2007 年 8 月）。

レバノン・イスラーム抵抗のロケット兵器

注）ムリーター・レバノンのレジスタンス観光史跡における野外展示物。

出所）筆者撮影（2010 年 10 月）。

徹底的に破壊した。また、二〇〇六年七月二〇日には、地上軍を南部国境地帯に侵攻させ、ビント・ジュバイル（ナバティーヤ県ビント・ジュバイル郡）やマルジャアユーン（ナバティーヤ県ジャッズィーン郡）といったヒズブッラーの拠点とされる都市や村を次々に攻撃していった。一方、ヒズブッラーは、レバノン南部地域からロケット兵器やミサイルで応戦、イスラエル領内の軍事施設のみならずハイファーなど北部の都市も射程に入れていった。

停戦決議案をめぐる国際政治の攻防

「恐怖の均衡」の崩壊は、国際社会に大きな衝撃を与えた。国連安保理は、直ちに停戦に向けた動きを見せたものの、停戦決議案の内容をめぐって各国の思惑が対立し、結果的に採択までに多大な時間を要することになった。その主たる原因は、二〇〇五年のシリア軍撤退以降のレバノン政治の構造変化、すなわち「シリアの信託統治(Syrian tutelage)」から国連を中心とした「西洋の庇護(western umbrella)」への移行にあった(ICG [2005 : 8–12])。

第9章で詳論するように、シリアによる実効支配の終焉後に発足した第一次フアード・スィニューラ内閣(二〇〇五年六月〜二〇〇八年五月)は、シリアよりも国連・欧米諸国との関係構築に外交の力点を置いた。国民の反シリア感情の高まりを考えれば、実効支配後の新政府が欧米寄りになるのは道理であった。だが、それはシリアとその同盟国であるイランの影響力がレバノンから完全に払拭されたことを意味するものではなく、実際には、ヒズブッラーの存在を介して両国の影響力が残存した。その結果、親欧米の政府とヒズブッラーを中心とした野党勢力との間には緊張と摩擦が生まれた。つまり、シリアによる実効支配の軛から解放されたレバノンは、再び米国、イスラエル、シリア、イランなどが自らの影響力の波及に奔走する権力闘争の草刈り場となったのである。

こうした状況下では、停戦決議案も国内外のアクター間の政争の具となった。[7] IDFの作戦開始から最初の一週間だけで死者が三〇〇名、避難民は五〇万人を超えた(*al-Nahār*, July 20, 2006)。スィニューラ首相をはじめとして、国連、フランス、ロシア、アラブ諸国がレバノン全土を攻撃対象に収めるイスラエルの軍事作戦とヒズブッラーの戦闘行為を非難し即時の停戦実施を訴えたにもかかわらず、米国は一貫して自衛権の行使としてイスラエルの戦闘継続を是認した。二〇〇六年七月二三日のコンドリーザ・ライス国務長官のレバノンとイスラエル両国訪問も、「永続的な暴力の停止に向けた状況をつくりだすための支援」が目的であるとし、「政治的条件の伴わない即時停戦は無意味」との立場を崩さなかった(BBC, July 25, 2006)。その背景には、この紛争をジョージ・W・ブッシュ政権が構想する「新しい中東」の実現のための布石とする思惑があった。すなわち、これを機にヒズブッラーを壊滅させることで、イスラエルの安全保障を確保し、敵対するシリアとイランから外交カードを奪い、さらには両国に体制転換の圧力をかけようとしたのである。[8]

他方、シリアとイランは、紛争勃発から五日後という早い段階で動きを見せた。イランのマヌーチェフル・モッタキー外務大臣が、シリアのバッシャール・アサド（以下B・アサド）大統領のもとを訪れ、イスラーム抵抗への支援の国際的な呼びかけとイスラエルの軍事行動に対する非難を表明した上で、「いかなる脅迫や敵対行為に対してもイランはシリアを支援する」との発言を通して、両国の連帯と対イスラエル強硬姿勢の継続を再確認した（*al-Nahār*, July 18, 2006, *al-Safīr*, July 18, 2006）。

ヒズブッラーへの全面支援という選択は、シリアとイランの両国にとって敗北が許されない大きな賭けであった。なぜならば、敗北はヒズブッラーという外交カードの喪失だけでなく、米国およびイスラエルと対峙する自国の安全保障上の危機をもたらすことが予想されたからである[9]。

シリアにとって戦闘の拡大・長期化は、高まりつつある米国からの外交圧力を緩和し、一度失ったレバノンでの権力を回復する絶好の機会となった。シリアは、ヒズブッラーへの発言力を通した事態収拾のための重要な鍵を握っており、米国と対話する意思があることをたびたび示した。レバノンからの避難民約二〇万人の受け入れや人道支援を積極的に行いつつも、さらなる破壊と混乱に乗じてレバノンにおけるパワーブローカーとしての地位を回復する機会を窺っていたのである。

一方、イランは、ヒズブッラー支援を通してイスラエルと対峙し続けることで、アラブ諸国に対する発言力および中東の地域大国としての地位の強化を試みた。また、ヒズブッラーを自国の「安全保障戦略の主柱の一つ」と位置づけており、混迷を極めるイラクへの影響力の確保とともに、核開発問題をめぐって敵対する米国との交渉における重要な外交カードと見なしていたと報じられた[10]（*al-Sharq al-Awsat*, May 11, 2006）。

遠ざかる停戦

こうして、イスラエルと米国、シリアとイランの両陣営がレバノン紛争を中東地域における政治的影響力拡大のための好機と見なしたことが、停戦をめぐる国際的なコンセンサス形成を阻害し、結果的に紛争の拡大・長期化をもたらした。

二〇〇六年七月二六日、ローマで開かれたレバノン紛争をめぐる初の国際会議（コフィ・アナン国連事務総長、欧米とアラブの一五カ国、三つの国際機関が参加）において、レバノンのスィニューラ首相は、安保理決議第四二五号の履行、イスラエル占領下のシャブアー農場の返還などを盛り込んだ「停戦七提案（7-Point Truce Plan）」を発表し、即時停戦を訴えた。[11] しかし、事態収拾の鍵を握るイスラエル、シリア、イランが参加せず、また即時停戦を呼びかける国連やアラブ諸国と、「この瞬間を中東地域におけるより広範な変化のための機会に転化させる」ための「持続的かつ包括的」な停戦を要求する米英との間の意見の相違は解消されなかった（*al-Nahār*, July 29, 2006, *al-Safīr*, July 29, 2006）。その結果、レバノン南部地域に派遣する国際部隊の編制などの重要議案が先送りにされ、停戦に向けた具体的な合意形成は失敗した。

即時停戦に消極的なのは、紛争の当事者であるイスラエルとヒズブッラーもまた同様であった。イスラエルにとって、大規模な軍事作戦を発動した以上、期待された戦果を得ないまま停戦することもはや困難であった。オルメルト首相は、二〇〇六年七月二八日に「ヒズブッラーを無力化する」まで戦うことを宣言、「ベイルートが空爆されればテルアヴィヴを攻撃する」とのヒズブッラーからの警告に対しては、レバノンの「インフラを破壊する」との強硬姿勢で応えた（*al-Nahār*, July 29, 2006, *al-Safīr*, July 29, 2006）。対して、ナスルッラー書記長は、米国主導の「新しい中東」構想について、「パレスチナ問題とレバノンにおけるレジスタンス、そしてシリアとイランの壊滅」を目論むものであると非難し、その尖兵であるイスラエルの攻撃に対して「不屈の精神をもって、断固として団結し耐え抜く必要がある」と声高に叫んだ（Manshūrāt al-Fajr ed.［2006：vol. 3, 139］）。双方ともに軍事的よりも政治的敗北の回避を見越すことで、戦闘終結のための妥協点を見出すことができなくなっていたのである。

二〇〇六年八月四日、即時停戦の是非をめぐって対立していた米仏が歩み寄りを見せ、両国による国連安保理決

IDF による「誤爆」の犠牲者（カーナー近郊）

出所）筆者撮影（2007 年 8 月）。

議案が提出された。その背景には、ＩＤＦによるヒヤーム村（ナバティーヤ県ジャッズィーン郡）の国連施設（国連停戦監視機構［United Nations Truce Supervision Organization, UNTSO］）に対する「誤爆」（七月二五日、カナダ、オーストリア、中国、フィンランド出身の職員四名が死亡）やカーナー（南部県スール郡）の民間人避難施設に対する「誤爆」（七月三〇日、民間人二八名が死亡）をきっかけに、国際社会において厭戦機運が急激に高まったことがあった[12]（HRW［2006：29–34］）。だが、この米仏案は、ＩＤＦの撤退時期が明示されていないことから当のレバノン側に拒否され、停戦に向けた国際社会の努力は再び振り出しに戻った。

結果として見れば、イスラエルは作戦遂行のための時間を得ることとなった。対して、ヒズブッラーの攻撃も衰えることを知らず、一日に発射するロケット兵器・ミサイルの数はむしろ増加の傾向を見せた。また地上戦でもゲリラ戦術による激しい抵抗を続け、二〇〇六年八月九日には一日で一六名のＩＤＦ兵士を殺害、戦闘開始から最大の人的被害を与えた（*al-Nahār*, August 10, 2006, *al-Safīr*, August 10, 2006）。戦闘の長期化は、多くの都市や村を文字通りの瓦礫の山へと変えていった。

国連安保理決議第一七〇一号

停戦決議案をめぐる関係各国の意見調整は、先述の米仏案をベースに二〇〇六年八月一一日にようやく合意に至った。ＩＤＦとヒズブッラーに即時の「敵対行為の全面停止」を求める国連安保理決議第一七〇一号（二〇〇六年八月一二日採択）が、全会一致で採択された。

決議の要旨は、①ヒズブッラーによる「全ての攻撃の停止」とイスラエルによる「攻撃的軍事作戦の停止」に基づく「戦闘の完全停止」、②戦闘停止後、増強した国連レバノン暫定軍（ＵＮＩＦＩＬ）とレバノン国軍を南部地域全域に展開、③これらの軍の展開と同時並行的にＩＤＦ全隊がレバノン領内から撤退、④「ブルーライン」の尊重、⑤イスラエルとレバノン両国による恒久停戦と長期的解決に向けての努力、具体的には、レバノン国軍およびＵＮＩＦＩＬによる南部での停戦監視、レバノン政府の許可なき武器輸入・保持および外国軍の展開の禁止、ターイフ合意およびシリアのレバノン内政干渉の禁止とレバノンの民兵組織の武装解除を要求した国連安保理決議第一五五九号と一六八〇号の履行、であった。

現地時間二〇〇六年八月一四日午前八時、国連安保理決議第一七〇一号による停戦が発効し、三四日間にわたったＩＤＦとヒズブッラーとの間の戦闘が一応の終息を迎えた。レバノン南部地域に三万人の兵士を投入したイスラエルは、停戦発効後の翌日一五日朝までに部隊の一部の撤退を開始し、その後、国軍とＵＮＩＦＩＬがレバノン南部地域に展開した。

アナン国連事務総長は、レバノン紛争時に約二〇〇〇人であったＵＮＩＦＩＬを増強するにあたり、九月二日までに先遣隊三五〇〇人を展開し、その後一一月四日までに二回に分けて計六五〇〇人を増派、当初段階では総計一万人規模とする方針を示した[13]（*al-Nahār*, August 19, 2006, *al-Safīr*, August 19, 2006）。先遣隊としてフランス、イタリア、スペインが要員を派遣し、九月一五日まで総兵力は五〇〇〇人以上、一二月には一万一五〇〇人規模に拡大された[14]。これと並行して、レバノン国軍が実に三〇年ぶりに南部地域に展開し、一万五〇〇〇人の兵士が段階的に治安維持と停戦監視の任務に就いた。こうして、一時はＩＤＦに制圧されたレバノン南部地域に平穏が戻るかと思われたが、同軍が空および海からの包囲を解除したのは九月七日、そして撤退の完了を宣言したのは停戦発効から二カ月半後の一〇月一日であった。また、イスラエル占領下ゴラン高原に面したガジャル村には依然駐留を続けた。

非ゼロサムゲーム

レバノン紛争の勝敗については、停戦発効後イスラエルとヒズブッラーの双方が「勝利」を宣言したことが伝えられた（Qanāt al-Jazīra, August 14, 2006）。しかし、国内外で圧勝を確実視されていたイスラエルは、「勝利」の内実が厳しく問われることになった。空爆を主軸とする軍事作戦のみによるヒズブッラーの殲滅が困難であることが、作戦開始当初から徐々に明らかになっていった。停戦発効直前の激戦においても、ヒズブッラーは、IDFの戦車・装甲車四〇両とヘリコプターを破壊し、連日二〇〇発を超えるロケット兵器・ミサイルを発射するなど、その軍事力の健在ぶりを見せつけた。結果として見れば、イスラエルは捕捉された兵士の奪還に失敗し、北部地域をヒズブッラーのロケット弾攻撃の脅威から解放することはできなかった。このように、開戦当初に掲げた目標が達成できなかったことから、イスラエルでは停戦直後から「戦犯探し」が始まり、戦後処理の問題がイスラエル政界を大きく揺るがした（*Ha'aretz*, August 15, 16, 17, 2006、三浦［2012：99-103］）。

他方、レジスタンスを自認するヒズブッラーにとっての「勝利」の条件は、もう少し単純であった。軍事的には圧倒的な劣勢に立たされ、多大な犠牲を払いながらも、中東最強を誇るIDFの猛攻をしのぎ、さらには反撃を続けたという事実だけで、「勝利」を宣言するに十分であった。また、捕虜交換こそ実現できなかったものの、捕捉した二名のIDF兵士はまだその手中にあった（捕捉時から彼らの生死は明らかにされていなかったが、二〇〇八年七月一六日の捕虜交換で遺体としてイスラエルに返還された）[15]。その結果、レバノン国民の多くが独断で戦争を引き起こしたヒズブッラーを批判していたものの、やがてその批判の矛先はレバノン全土の市民インフラを攻撃対象とするイスラエルへと向けられるようになった。容赦ないイスラエルの攻撃に敢然と立ち向かうレバノンの「国民的レジスタンス」として、ヒズブッラーの認知度と人気はレバノンの国内のみならず国外でも急速に高まっていった。

こうして、レバノン紛争を通してイスラエルに対する脅威認識が再び人口に膾炙したことで、レバノン国内では装備と士気において国軍に勝るヒズブッラーの武装解除に慎重な声が上がるようになった。武装解除は安保理決議第一五五九号でも求められているため（第6章4）、ヒズブッラーは早晩その危機に直面することになる。しかし少なくとも短期的に見た場合、イスラエルの「方向転換」作戦は、皮肉にもヒズブッラーに吹きつけていた逆風を順風へと変えた感があった。(16) ヒズブッラーの武装解除問題は、レバノン国民の間、そして国際社会における賛否の溝が深まることで、これまで以上に妥協が困難な問題となったのである。

神の勝利

二〇〇六年九月二二日、ナスルッラー書記長が開戦以降初めて公衆の前に姿を現した。ベイルート南部郊外で開催された「勝利祭典」には、一〇〇万人以上が参加したと伝えられた。(17) ナスルッラー書記長は、「確かな約束」作戦を「戦略的、歴史的、神聖なる勝利」と位置づけ、イスラエルの脅威の下でのレジスタンスの存在意義をあらためて強調した。そして、レジスタンスを支持してきた「バッシャール・アサド大統領を指導者とする〔シリアの〕指導部および人民」との関係を「誇り」と述べる一方で、全てのレバノン人による「強固で、強力で、公正で、誇り高く、高潔な国家」の建設を訴えた。

政治的分裂と深刻な危機が存在する限り……これらの危機への対処が不十分であることから、現在レバノンを統治している集団が権力の座に居座り続けてはならないのだ……その解決のためのごく自然な第一歩は、挙国一致内閣の発足である。ここで私が挙国一致内閣について話す時、それは誰かを失脚させたり、罷免したり、追放したりすることを意味しない。そうではなく、私がかつて〔二〇〇〇年〕五月二五日〔の「南部解放」の翌日〕に述べたように、レバノンを守備し、レバノンを防衛し、レバノンを築き上げ、レバノンを繁栄させ、レバノンを統一するために皆が歩み寄り支え合おうではないか。(*al-Intiqād*, September 22, 2006)

イスラエルの安全保障の観点から見た場合、少なくとも短期的には「方向転換作戦」は負の結果をもたらしたと言える。

第一に、先に述べたように、レバノン国内でイスラエルに対する脅威認識がいっそう拡大・浸透することで、レジスタンスとしてのヒズブッラーの存在意義が刷新された。戦後、ヒズブッラーがレバノンの安全保障にとって必要、あるいは「必要悪」であるとする声が強まったのである。

第二に、これに伴い、ヒズブッラーを合法政党とするレバノンの政治体制が存続することになった。むしろ、レバノン政府内におけるヒズブッラーの発言力が高まることで、その軍事部門の武装解除や解体がいっそう困難な政治課題となった。

第三に、ヒズブッラーは、レバノン国内だけではなくアラブ諸国およびイスラーム世界でも対イスラエル強硬派および「有言実行」の政治組織として支持を集めることになった。その結果、「新しい戦争」や「対テロ戦争」を梃子にしたイスラエルと米国のヒズブッラー包囲網が綻びを見せることになった（青山・末近［2009］）。

こうして、レバノンとイスラエルの紛争は、双方に多大な被害をもたらしたにもかかわらず抜本的な解決を見ることなく、再び「恐怖の均衡」による小康状態へと帰したのである。

2　「新しい戦争」としての二〇〇六年レバノン紛争——戦争はなぜ正当化されたのか

ブッシュ政権の「新しい戦争」

二〇〇六年レバノン紛争は、「恐怖の均衡」が脆く危ういものであることをあらためて示した。国境地帯での小競り合いを引き金に、戦火は瞬く間にレバノンとイスラエル両国の全土に広がった。そして、安全保障のジレンマによる互いの軍備増強の果てに訪れた均衡の崩壊は、それまで以上の規模の破壊と人的被害をもたらした（Harel and Issacharoff [2008], Spyer [2008]）。

なぜイスラエルは、ヒズブッラーに捕捉された兵士の奪還のために、外交や限定的な作戦行動ではなく、大規模な軍事侵攻という手段を選んだのか。それを理解するには、戦争による政権支持率の回復や経済的な特需を目論むイスラエル国内での政治的な綱引きの分析も重要であろう[18]（三浦［2012：73-108］）。しかしここでは、ＩＤＦによる二〇〇六年の「方向転換作戦」が、一九九三年と一九九六年の二つの作戦と異なり、ヒズブッラーや南部地域だけではなくレバノン全土を攻撃の対象とした点に着目し、それを正当化する役割を担ったと考えられる新たな国際規範を取り上げたい。つまり、ここでの問いは、なぜイスラエルは非国家アクターとの非対称戦争をレバノンという国家を相手にした全面戦争（国家間戦争）へと拡大することができたのか、ということになる。

イスラエルが捕捉兵士をめぐって交渉による返還要求ではなく軍事作戦による奪還を試みた背景には、同国政府がヒズブッラーをレバノンの合法政党ではなく、テロリスト／テロ組織と認識している事実があった（イスラエルではテロリスト／テロ組織との交渉は違法とされている）。このことが、自らの軍事行動を正当化し、また同時に選択肢を軍事行動のみに限定してしまうことになった。

しかし、それだけではレバノン全土を攻撃対象とすることを正当化するには不十分である。そこでイスラエルが依拠したと見られるのが、ブッシュ政権が掲げた「新しい戦争（new warfare）」であった。その「新しい戦争」とは、ブッシュ政権のドナルド・ラムズフェルド米国防長官によれば、従来の国家対国家ではなく、国家対非国家アクターの構図をとり、その非国家アクターの代表格がテロリスト／テロ組織である。テロリスト／テロ組織との戦いは、それらが匿名的なネットワークを特徴とすることから、軍事だけではなく外交、金融、情報などの領域に及ぶものとなる。この戦いを勝ち抜くためには一定の流動性を担保した多国間の連合が必要であり、テロリスト／テロ組織を支援する国家は「同罪」として先制攻撃の対象となるのである（Rumsfeld［2001］）。

こうした「新しい戦争」の延長線上で語られたのが、テロリストとその庇護者を区別しない「対テロ戦争」と、テロリストを生み出す土壌を根本から洗い直すという「民主化外交」の二つであった。イスラエルは、ヒズブッラーというテロリストに先制攻撃を与えると同時に、それを庇護するレバノン国家を「同罪」として罰した上で、政治体制を民主主義に基づき「健全化」しようとした。そうだとすれば、その戦略はまさにブッシュ政権の「新しい戦争」の論理に符合するものであった[19]（SIPRI［2007：68-69］）。つまり、ＩＤＦによるレバノン全土への攻撃は、レバノン政府がヒズブッラーの活動を容認してきた事実によって正当化されたのだと言える。

事実、ブッシュ政権は、開戦後直ちにイスラエルの軍事行動を「自衛権の行使」として是認する姿勢を見せた。前述のようにライス国務長官はイスラエルとレバノンの両国を訪問し、レバノン紛争は「新しい中東」を構築するための「産みの苦しみ」であると述べた。ヒズブッラーを壊滅させることでイスラエルの安全保障を確保し、同国が敵対するシリアとイランから外交カードを奪い、レバノンを橋頭堡に米国に有利なかたちで中東を再編する意図を示したのである。

こうして、イスラエルの「方向転換作戦」は、米国からの承認を得ることでレバノン国家自体を相手とする全面戦争へと発展していったのである。

メアリー・カルドーの「新しい戦争」

二〇〇六年レバノン紛争は、ブッシュ政権が掲げた「新しい戦争」とは異なる、もう一つの「新しい戦争」、すなわち国際政治学者メアリー・カルドーが理論化した「新しい戦争（new war）」として見ることもできる。カルドーの「新しい戦争」では――国益をめぐる国家間の「旧い戦争（old war）」に対して――、紛争のアクターは準軍事組織、ゲリラ、軍閥、犯罪集団、傭兵を主とし、紛争の資金はグローバル化のなかで越境的に調達される。そして何よりも、紛争の動機が、かつての国家間戦争においては国益や領土の拡大・防衛であったのに対して、「新しい戦争」においては宗教、民族、エスニシティなどの人びとの間の差異に基づいた権力獲得や領土独占といった、アイデンティティ・ポリティクスとなったとされる（カルドー［2003］, Kaldor［1999］）。

周知の通り、カルドーはこの「新しい戦争」への対処法として、コスモポリタンな統治メカニズム（例えば、普遍主義、人道主義、市民社会の追求）の確立を掲げており、安全保障上の脅威となるテロリスト／テロ組織やそれらを庇護する国家には先制攻撃も辞さないというブッシュ政権の対極にあると言える。しかし、紛争の動機をアイデンティティの問題、つまり主観的な自他認識に求める点においては、ブッシュ政権とカルドーは共通する。

一般的に、紛争のアクターがヒズブッラーやパレスチナのハマースのようなイスラーム主義組織や運動であった場合、原因をイスラームの価値観や世界観に還元してしまう傾向がマスメディアにもアカデミアにも見られる。そのため、「新しい戦争」のレトリックは、それがブッシュ政権とカルドーのいずれのものであったとしても、紛争の原因や史的展開を捨象してしまい、動機を信仰や世界観に求める没歴史的な、静態的な見方を導く危険性を孕んでいることに留意すべきであろう。

確かに、ヒズブッラーが掲げてきた革命的汎イスラーム主義にはイスラエルの破壊が標榜されており、組織はトランスナショナルなネットワークを駆使して武器や資金を獲得してきた。また、第7章で論じたように、ヒズブッラー指導部は、「抑圧者」に対する「被抑圧者」による抵抗の論理を梃子にアイデンティティ・ポリティクスを駆動し、支持者を動員してきた。

しかし、ヒズブッラーとイスラエルとの国家対非国家アクターの非対称戦争も、本質的には領土問題、占領・被占領の問題、そして、レバノン国家が本来担うべき安全保障の不全によって引き起こされてきたものである（第6章1）。したがって、たとえ紛争のアクターがイスラーム主義組織や運動であっても、その原因をアイデンティティや信仰の役割に還元せず、非イスラーム世界で起きている紛争と同様に、あくまでもその世俗的な側面に着目し分析を進めていくべきであろう。

ヒズブッラーは、信仰や世界観に基づくアイデンティティ・ポリティクスだけを動機にイスラエルと対峙しているわけではない。このことは、彼らが、とりわけ二〇〇六年の紛争以降、南部地域のイスラエルとの国境地帯におけるレバノン国軍とＵＮＩＦＩＬのプレゼンスを尊重してきたことにも現れている。

3　新しい「旧い戦争」？——暴力装置のハイブリッドからアマルガムへ

南部地域における安全保障の担い手は誰か

南部地域の住民は、シーア派が多数派を占めることから、大半がヒズブッラーを支持していると考えられてきた。だが、それは、単なるシーア派イスラームを共通項としたアイデンティティ・ポリティクスが原因ではない。安全保障に関する限り、彼ら彼女らは、ヒズブッラーではなく、レバノン政府とレバノン国軍にそれを委ねている。

二〇〇九年度版の『スモール・アームズ・サーヴェイ（*Small Arms Survey*）』による聞き取り調査（スール、マルジャアユーン、ビント・ジュバイルの計四〇〇世帯を対象に二〇〇八年三月一三日〜五月一六日実施）によれば、南部地域の住民の九一・五パーセントが安全保障を担うのは国軍であるべきだと答え、八九・七パーセントが警察と治安機関の能力向上が地域社会をより安全なものにすると答えている（表8-1）。これらの数字を踏まえ、同調査の報告書は、南部住民によるレバノン政府への支持は、「ヒズブッラーの軍事部門とＵＮＩＦＩＬの国際平和維持部隊を含む、非国家民兵への期待と引き替えである」と結論づけている（Hutson and Kolbe *et al.* [2009：316-335]）。

しかし、おそらくこれらの数字は、南部地域住民の間の「ヒズブッラー離れ」が進んでいることを示すものではない。彼ら彼女らは、レバノン国家に対してイスラエルに対する牽制や治安維持において一定の役割を期待しながらも、その一方で、安全保障の全てを委ねることは意図していないと考えられるからである。市民の武器所有に対する政府の厳しい規制については、実に彼らの三一・二パーセントが反対し、国連による国境監視が地域社会をよ

表8-1　レバノン南部地域における安全保障と武器管理に関する認識

(%)

質　問	回答	政党支持者	政党不支持者	合計
理想として，安全保障の責任を負うべきなのは誰か	国軍	89.9	92.4	91.5
	その他	6.3	4.3	5.0
市民の武器に対する政府による厳しい規制に賛成か，反対か	賛成	16.1	41.7	33.2
	反対	34.7	29.4	31.2
警察・治安部門の能力向上は，自分の地域社会をより安全にするか	はい	88.3	90.6	89.7
	いいえ	0.6	0.4	0.5
イスラエルとの国境監視をするために国連のプレゼンスを高めることは，自分の地域社会をより安全にするか	はい	8.3	32.7	23.6
	いいえ	63.5	38.4	47.7
イスラエルとレバノンの恒久的和平合意は，自分の地域社会をより安全にするか	はい	4.6	4.2	4.4
	いいえ	91.9	81.3	85.4

出所）Hutson and Athena Kolbe *et al.*［2009：328-329］のTable 10.1をもとに筆者作成。

り安全にするかという問いに対しては、わずか二三・六パーセントしか同意していない。つまり、安全保障は国家と国連の責務であるとしながらも、その能力に対しては不信感を抱いており、いわば自前でそれを遂行する必要があると認識しているのだと思われる。

南部地域の住民のみならず、多くのレバノン国民にとって、内戦で解体してしまったレバノン国軍が未だ再編・強化の途上にあることや、UNIFILが過去幾度となくIDFの侵攻の抑止に失敗してきたことは周知の事実である。その意味では、安全保障を担うのは国家（レバノン政府）か非国家アクター（ヒズブッラー）か、という二者択一は必ずしも正しくなく、少なくとも南部住民にとって両者は相互補完的な関係にあるのだと言えよう。

今日のレバノンにおいては、一般市民だけではなく、政治家のなかにもヒズブッラーがIDFを迎撃するための国防体制の一翼を担っていると公言する者が少なくない。その一方で、ヒズブッラーの存在こそがイスラエルの攻撃を誘発する安全保障上の脅威であるとする見方も根強い。つまり、ヒズブッラーを紛争の原因とするのか、結果とするのか、今日のレバノンにはヒズブッラーの存在の是非をめぐる全く逆の二つの立場が存在する。

しかし、両者に共通するのは、ヒズブッラーの存在の是非を問わず、イスラエルをレバノンの安全保障上の最大の脅威と見なしていることである。上述の調査のなかで注目すべきは、八五・四パーセントもの住民が、たとえイスラエルとレバノンとの間に恒久的な和平合意が結ばれたとしても、地域社会は安全にならないと答えている事実である。[20]「シーア派イスラームを信奉していること」や「イスラーム教徒であること」といったアイデンティティの問題とは関係なく、レバノンへの侵攻を繰り返してきた軍事大国イスラエルに対する不信感と脅威認識が続く限り、レバノンにおけるヒズブッラーへの支持は容易に失われることはないだろう。むしろ、度重なるＩＤＦによるレバノン侵攻が、結果的にイスラエル脅威論とレジスタンスとしてのヒズブッラーの存在意義を刷新していると考えられる。

ヒズブッラーとレバノン国軍

だが、二〇〇六年レバノン紛争がレバノンとイスラエルの国境地帯の安全保障に何ももたらさなかったかと言えば、そうではない。第一に、ＵＮＩＦＩＬの増強が決定され、総兵力は開戦前の二〇〇〇人から二〇〇六年末までには一万一五〇〇人規模に拡大された。第二に、停戦を導いた国連安保理決議第一七〇一号に従い、一九七八年のイスラエルによる「リーターニー川作戦」以来約三〇年ぶりにレバノン国軍が南部地域に展開した[21]（Barak［2009：187-196］）。その結果、南部地域におけるヒズブッラーの行動は監視下に置かれることになり、レバノン国家の主権がイスラエルとの国境地帯にまで及ぶという国家安全保障上の「健全化」が進んだと言える。

ただし、それはレバノン国軍や治安部門という「国家が独占する暴力装置」がヒズブッラーという「もう一つの暴力装置」に置き換わることを意味するものではなかった。実際には、ヒズブッラーと国軍が併存しながらレバノンの国防を司るという、また別の異常事態が生まれたことに留意しなくてはならない。

安保理決議第一七〇一号は、レバノン国内の民兵組織の武装解除を求めた第一五五九号（二〇〇四年）と第一六八〇号（二〇〇六年）の履行を要求している。そのため、こうした一つの国家における暴力装置の「ハイブリッド

（混成）状態」は、上述のようにレバノン国内の世論を二分――ヒズブッラーはレバノンの安全保障を担うものなのか、それとも脅かすものなのか――するだけではなく、国際社会においてもその是非が問われることになり、後に詳論するように、イラン、シリア、米国、イスラエルなどの国々の間の亀裂を深めていった。

イスラエルに対する抵抗を大義とするヒズブッラーにとって、武装解除は組織の存亡が掛かる重大な問題である。そのため、一九九〇年代から軍事部門イスラーム抵抗をレバノン国家の安全保障にとって不可欠な暴力装置とする法的整備および世論形成に努めており、一九九七年一一月には超党派からなる「イスラエルの占領に対するレバノン抵抗大隊」を結成し、合法化することに成功した。筆者は、こうした動きを一九九二年の国民議会選挙以降の合法政党化と併せて、「ヒズブッラーのレバノン化」と呼んだ（第4章3）。暴力装置の「ハイブリッド状態」をめぐる問題は、レバノンの国内政治のレベルにおいては一応の法的解決を見たのである。

だが、この「ハイブリッド状態」は、国際政治のレベルにおいては問題視された。米仏主導で上述の安保理決議第一五五九号と第一六八〇号が立て続けに採択され、ヒズブッラーの武装解除は国際社会全体の課題であるとの認識が広がっていった。

こうしたなか、ヒズブッラーは、軍事部門の正当性を確保するための新たな方策を打ち出した。その方策とは、イスラーム抵抗をレバノン国軍の一部として組み入れるというものであった。だが、それはイスラーム抵抗をレバノン政府に完全に委ねることを意味せず、国民議会での会派形成や入閣を通して政府内でのヒズブッラーの発言力を高めることと同時並行的に行われた。つまり、移管先であるレバノン政府自体を管理下に置くことで、イスラーム抵抗を含む全軍の行動を指揮しようとする試みなのである。これを、前述の「ヒズブッラーのレバノン化」に対して、アマル・サアド・グライブの言葉を借りれば「レバノンのヒズブッラー化（Hizbollah-ising of Lebanon）」と呼ぶことができよう（ICG［2005：22］）。これについては、第9章で詳述する。

新しい「旧い戦争」へ？

「レバノンのヒズブッラー化」は、結果だけ見れば、主権国家における暴力装置の一元化を進めることになり、レバノン国家の安全保障体制は国際規範に沿った一定の「健全化」が達成されることになるだろう。そして、このプロセスが、民主的な手続きによって進められるのだとすれば、国内政治だけではなく国際政治のレベルにおいても安易に問題視することはできない。先述の世論調査が示していたように、レバノン国民がイスラエルに対する不信感を抱き、ヒズブッラーを必要とするような状況が続けば、「レバノンのヒズブッラー化」は現実味を帯びてくる。

もしこれが現実になった場合、すなわちイスラーム抵抗が国軍の部隊に編入され、ヒズブッラーが政府の安全保障政策に決定的な役割を担うようになった場合、その結果として現れる紛争の構図は、国家対非国家アクターの非対称戦争やカルドーの「新しい戦争」ではなく、国家対国家の「旧い戦争」の様相を呈するものになるだろう。そうすると、少なくとも形式的には国際法に基づく外交的・司法的・平和的な紛争解決の可能性も見えてくるかもしれない。

しかし、その一方で、ヒズブッラーを「国際テロ組織」と見なしているイスラエルや米国にとっては、「レバノンのヒズブッラー化」はテロリストによるレバノン国家のハイジャックに他ならない。そのため、レバノン国家自体がテロリストあるいは「テロ支援国家」として外交圧力や軍事攻撃の対象となり、結果的に紛争の規模が拡大する危険性もある。

事実、米国は、ヒズブッラーの台頭を抑えるために、二〇〇六年の紛争以降、七億二〇〇〇万ドルをレバノン国軍および治安部門の強化のために援助することを決定していた（Cordesman [2008：248-251]）。しかし、二〇一〇年八月には国境付近でＩＤＦとレバノン国軍が交戦状態に陥ったことを受けて、米国上院の有力議員がヒズブッラーの国軍への浸透を懸念し、一億ドルの新たな支出の差し止めを要求した（バラク・オバマ大統領は支援に変更はないと表明した）（*The Daily Star*, August 10, 14, 26, 2010）。そこには、軍事支援をすれば武器がヒズブッラーに渡る可能性があるものの、一方で支援なくしてはヒズブッラーの監視役でありカウンターバランスとしての国軍の強化ができないという米国のジレンマがある。

もし仮に「レバノンのヒズブッラー化」が進めば、暴力装置は「ハイブリッド状態」ではなく「アマルガム（融合）状態」となる。そして、健全な国家と不健全な「テロ支援国家」の区別、テロリストと一般市民の区別、ヒズブッラーと非ヒズブッラーの国軍兵士の区別も無効化されることになる。

4　「恐怖の均衡」が生み出す安定と不安定——新たな代理戦争の構図

武器はなぜ流入するのか

「レバノンのヒズブッラー化」は、形式的には暴力装置の一元化を促進すると同時に、イスラーム主義組織の軍事部門が国家安全保障の担い手となる新たな現象をもたらすものである。この新しいかたちの「旧い戦争」は、武器の管理をめぐる問題をいっそう複雑なものにする。ヒズブッラーの武器は自国にとっての財産なのか、それとも脅威なのか、レバノン政府は慎重な判断を下さざるを得なくなるからである。

二〇〇六年レバノン紛争の停戦以降、南部地域にＵＮＩＦＩＬとレバノン国軍が再展開した後も、ヒズブッラーは軍備増強を続けた。安保理決議第一七七一号はレバノン政府の許可なき武器輸入・保持の禁止を求めているものの、政府はそれを完全に管理下に置くまでには至らなかった。

ヒズブッラーが軍備増強を進める背景には、武器を持つことでレジスタンスおよび対イスラエル強硬派としての存在意義を維持・強化するという狙いだけではなく、「恐怖の均衡」がレバノンに一定の平和と安定をもたらしてきたという自負がある。ナスルッラー書記長は、演説においてイスラエル領内を射程に収めるロケット兵器・ミサイルを多数保有していることを国内外に向けて度々アピールしており、停戦直後の二〇〇六年九月においても二万発を、二〇〇九年末の段階では三万発が使用可能であると述べている[22]。イスラエルは、これらの数字よりも多い推計をしているが（Friedman［2010］）、いずれにしても、ヒズブッラーの軍備増強は、レバノンとイスラエルの国境地帯に再び「恐怖の均衡」をもたらしている。

このような軍備増強を可能にしてきたのは、シリアとイランからの武器の供給である。ヒズブッラーの武器のなかで、イスラエルがとりわけ脅威と見なしているのは、レバノン領内からの越境攻撃を可能にするロケット兵器・ミサイルである。主力となるロケット兵器である「ファジュル3」と「ファジュル5」の射程距離は、それぞれ四五〜五〇キロメートルと約七五キロメートルであり、ハイファーやナザレ、さらにはハデラを攻撃射程に収める。また、「ズィルザール2」は、有効射程距離三〇〇キロメートルを超えるミサイルであり、事実上イスラエル全土を攻撃できる能力を持つ（表8-2）。

こうした武器のほとんどがシリアとイランから供給されたものであり、シリアからは陸路、イランからは海路またはシリア経由（海路および陸路）でレバノンに運び込まれていると見られている[23]（Cordesman［2008：246-247］）。イスラエル政府は、常にこうした兵器の密輸を警戒しており、海上で武器密輸の疑いのある船舶の臨検・拿捕を行ってきた。他方、レバノン政府は、ヒズブッラーへの武器流入に対する姿勢を時代や政治環境に応じて変化させてきた。すなわち、一九七〇年代から八〇年代にかけては、内戦によって武器の流入を阻止する能力を失っていた。内戦終結後の一九九〇年代から二〇〇五年までは、シリアの実効支配下にあったことから、ヒズブッラーへの武器の受け渡しを黙認していた。二〇〇六年以降は、イスラエルへの脅威認識の増大と内政の混乱のなかで、ヒズブッラーの再軍備を黙認している。一貫して言えるのは、レバノン政府が今日に至るまでヒズブッラーへの武器流入を食い止められなかったことであろう。

表8-2　2006年レバノン紛争で使用されたヒズブッラーの武器・兵器

供給元	名　称	種類・型	数量	備　　考
イラン	C-802	対艦ミサイル（AshM）	僅少	射程距離約120キロメートル。中国製YJ-82（鷹撃-82）？
	BGM-71 TOW	対戦車ミサイル（ATM）	－	開発国アメリカ。イラン製を含む
	QW-1	携行型地対空ミサイル（SAM）	僅少	開発国中国。赤外線誘導。イラン製ミーサーグ1（Misagh-1）
	SA-7	〃	〃	開発国ロシア。赤外線誘導
	SA-14	〃	〃	〃
	SA-16	〃	〃	〃
	BM-21	ロケット弾	約4,000	射程距離20～35キロメートルの多連装122ミリロケット弾。通称カチューシャ砲。イラン名アーラシュ（Arash）
	ファジュル3（Fajr-3）	〃	－	開発国中国。射程距離45～50キロメートル。WS-1の改良型？
	ファジュル5（Fajr-5）	〃	－	開発国中国。射程距離約75キロメートル。WS-1の改良型？
	ズィルザール2（Zelzal-2）	地対地ミサイル（SSM）	－	開発国ソ連。射程距離約300キロメートル
	ミルサード1（Mirsad-1）	無人航空機（UAV）	僅少	開発国イラン。モハージル4（Mohajer-4）またはアバービール（Ababil）。巡航ミサイルとして使用
イラン／シリア	メチス（Metis）／AT-13	対戦車ミサイル（ATM）	100以上	開発国ロシア
	コンクールス（Konkurus）／AT-5	〃	〃	開発国ロシア。イラン製トゥーサン1（Tosan-1/9M113）型を含む。2000年よりイランが独自開発・生産
シリア	AT-3	〃	〃	開発国旧ソ連。イラン製ラアド（Ra'ad）型
	ファゴット（Fagot）／AT-4	〃	〃	開発国旧ソ連
	コルネット（Kornet）／AT-14	〃	〃	開発国ロシア
	－	ロケット弾（220ミリ）	－	通称ラアド（Ra'ad）。ロシア製BM-22（ウラガン［Uragan］）のコピーまたは改良型？
	－	〃　（302ミリ）	－	通称ハイバル1（Khaybar-1）。中国製WS-1のコピーまたは改良型？　ファジュル3もしくはファジュル5と同型
不　明	MILAN	対戦車ミサイル（ATM）	僅少	開発国フランス／ドイツ

出所）al-Nāblusī［2007］, al-Safīr［2007］, SIPRI［2007：408-411］, Cordesman［2008：246-248］および各種報道資料をもとに筆者作成。

識者の間にも、シリアとイランからのヒズブッラーへの武器供与が「恐怖の均衡」の維持に寄与しているとの見方がある。インターナショナル・クライシス・グループの報告書は、レバノンとイスラエルの紛争を抑止するのは「相互の恐怖（mutual fear）」であるとの見解を示している。その「相互の恐怖」とは、安全保障のジレンマから生じるそれぞれの軍備増強の結果、「次の紛争がこれまでの二つ〔一九八二年と二〇〇六年〕よりもより暴力的かつ大規模なものになる」という懸念から生じるものであり、「イスラエルとヒズブッラー双方の高官は、広範囲の損害を負わせることができる能力が最も効果的な抑止の方法であるという確信を、非公式に共有している」とされる。つまり、ヒズブッラーのロケット兵器・ミサイルの増強が、徐々にイスラエルとの間に「相互確証破壊（mutually assured destruction, MAD）」の論理を生み出しつつある（ICG［2010b：12–16］）。

国際政治のなかのレバノン・イスラエル紛争

なぜシリアとイランはヒズブッラーへの軍事支援をし続けるのか。それは、これまでも繰り返し論じてきたように、ヒズブッラーが両国にとって国際政治における重要な外交カードとなっているからである。

シリアは、ヒズブッラーの軍事行動を事実上の管理下に置くことで、次の四つの目的を達成しようとしてきた。第一に、一九九〇年代末以降膠着状態にあるゴラン高原の返還をめぐるイスラエルとの交渉をできるだけ有利なかたちで再開すること、第二に、ヒズブッラーを対イスラエル最前線に配置し代理戦争を戦わせることで、軍事面で圧倒するイスラエルとの全面戦争という選択を避けること、第三に、ヒズブッラーに国境問題を惹起させることで、シリア、レバノン、パレスチナに分断された和平交渉のトラックを一体化させること、第四に、ヒズブッラー支援によって「アラブの大義」を実践することで、アラブ・ナショナリストおよび対イスラエル強硬派としての国内外での正統性および発言力を確保すること、である（末近［2005b：49–50］、青山・末近［2009：181］、Rabil［2003：212–215, 255］、El-Hokayem［2007：35–52］）。

他方、イランによる今日のヒズブッラー支援については、次の三つの狙いを指摘できよう。第一に、核兵器開発疑惑をめぐるイランに対するイスラエルないし米国による先制攻撃を抑止すること、第二に、パレスチナ問題を中心とする中東地域、とりわけアラブ諸国の国際関係における自国のプレゼンスを高めること、第三に、ヒズブッラー支援によって「革命の大義」を実践することで、イスラーム革命の前衛および対イスラエル強硬派としての国内外での正統性および発言力を確保すること、である（ICG［2010b：10］）。

これらのことを勘案すれば、シリアとイランの両国ともに、ヒズブッラーの軍事力がイスラエルにとっての脅威であり続けることが望ましいということになる。

ここで強調しておくべきは、ヒズブッラーとイスラエルとの対立構図が、それぞれを支援するシリア・イラン両国と米国との対立を写し取っているという点である。とりわけ、一九七九年のイスラーム革命の成就以来米国を「大悪魔」として敵視してきたイランは、近年、核兵器の開発疑惑をめぐって米国との激しい外交応酬を繰り広げている。米国としては、同盟国であるイスラエルの安全保障の確保だけではなく、中東地域、アラブ諸国の国際関係における「反米国家」イランの影響力拡大の阻止が喫緊の課題となっている（Roshandel［2011：1-9］）。

かつて、二〇〇〇年までの「安全保障地帯」を主戦場とした代理戦争では、南レバノン軍（ＳＬＡ）がイスラエルの、ヒズブッラーがレバノンの代理として戦火を交えてきた。しかし、今日では、シリアとイランの代理であるヒズブッラーが、米国の代理であるイスラエルと、レバノンの地で対峙するという国際政治の文脈における代理戦争――「三〇年戦争」（第10章４）――の構図が鮮明化しているのである。

代理戦争の危険なゲーム

「恐怖の均衡」による「冷たい平和」は、脆弱であり危険である。二〇〇六年の紛争の引き金となったのは、イスラエルの反撃の可能性を過小評価し、ＩＤＦ兵士の攻撃・捕捉を敢行したヒズブッラー側の戦略上の誤算であった。ナスルッラー書記長自身、二〇〇六年の紛争の停戦後初のテレビ・インタビューにおいて作戦に誤算があったことを認めている（*al-Safir*, August 28, 2006）。

だが、誤算をしたのは、イスラエルもまた同様であった。先に論じたように、陸海空軍を動員した全面攻撃を敢行したものの、捕虜の奪還もヒズブッラーの無力化も達成することはできなかった。それどころか、ヒズブッラーの予想以上の抵抗と反撃に遭い、イスラエル北部の都市や村落をロケット兵器・ミサイルの脅威に曝すことになった（HRW［2007a］［2007b］）。停戦後にイスラエル政府が設けた調査委員会は、「方向転換作戦」に自国の軍事力、とりわけ空軍力に対する過信があったことを指摘しており、軍事力への依存だけでは「恐怖の均衡」と「相互確証破壊」の構造を抜本的に変革することができない現実が浮き彫りにされた（Arens［2007：24-26］, Alagha［2008b：3-8］）。

言うまでもなく、軍備増強の果ての武力衝突は、双方共に甚大な被害をもたらす。だが、紛争のアクターの誤算によって引き起こされる「恐怖の均衡」の崩壊は、レバノンとイスラエルの安全保障にとどまる問題ではない。ヒズブッラーとイスラエルがシリア・イランと米国の代理戦争を戦っているとすれば、「恐怖の均衡」は国際政治における対立の均衡状態に他ならず、ゆえにその崩壊は国際政治の均衡の崩壊を意味する。実際に二〇〇六年のレバノン紛争において、停戦決議案をめぐる外交舞台でシリアとイランを中心とする陣営とイスラエルおよび米国との間の批判・非難の応酬が激化したことは、先に論じた通りである。さらには、シリアとイランの影響力の拡大を警戒するサウジアラビアやバハレーンといった湾岸アラブ諸国がヒズブッラーおよびレバノンに対するイスラエルの猛攻を黙認するといった事態も発生し、アラブおよび中東域内の国際関係に大きな亀裂を生んだ（Ahmad［2008：237-253］）。

ヒズブッラーとイスラエルとの間の紛争の帰趨を左右するのは、それぞれを支援するシリア・イランと米国であろう。しかし、このような代理戦争は、翻って、域内政治、国際政治を広範囲に不安定化させる危険なゲームに他ならない。この紛争の解決は、国際政治におけるデタント（緊張緩和）、両国間の信頼醸成、そして「もう一つの暴力装置」としてのヒズブッラーおよびレバノン国家のあり方をめぐる国内のコンセンサス形成という、国際・地域・国内の異なるレベルがそれぞれ抱える課題を同時に考えなくてはならない困難な課題である。

おわりに——「恐怖の均衡」が再び崩れるとき

二〇〇六年夏、なぜ「恐怖の均衡」は崩れたのか。二〇〇六年レバノン紛争は、一九八二年のレバノン戦争に次ぐ大規模な紛争となった。二〇〇〇年に始まったヒズブッラーによるシャブアー農場をめぐる「解放闘争」は、レジスタンスの存在意義の刷新のための名目的かつ限定的な軍事行動であったが、イスラエルからは小規模とはいえ恒常的なインフラ・人的損害をもたらす国家安全保障上の脅威として受け取られた。言うまでもなく、安全保障のジレンマに基づく「恐怖の均衡」は、紛争がエスカレートすることを抑止することはあっても、紛争そのものを解決するものではない。ゆえに、レバノン紛争は、こうした「恐怖の均衡」による見せかけの安定を犠牲にしてでも国家安全保障を確立すべきとするイスラエルの決断によって引き起こされた紛争であった。

イスラエルによる「方向転換作戦」は、テロリスト／テロ組織に対する攻撃とそれを庇護する国家に対する全面戦争の二つを特徴とした。イスラーム抵抗の本隊だけではなく、軍事拠点や兵站、関係施設の破壊を目的にレバノン全土を攻撃目標に含めた結果、国家対非国家アクターの非対称戦争は、事実上イスラエルとレバノンの両国間の戦争へと発展した。

このような大規模な戦争行為を正当化する役割を果たしたのが、ブッシュ政権による「対テロ戦争」の論理であった。イラクやアフガニスタンでの戦局が泥沼化するなか、国際政治のレベルにおいては「対テロ戦争」への厭戦機運が高まりつつあった。こうしたなかで起こった二〇〇六年レバノン紛争は、開戦当初より国際社会から厳しい目が向けられた。開戦の発端となったヒズブッラーの奇襲によるＩＤＦ兵士殺害・捕捉、すなわち「確かな約束」作戦が非難の的となったのは道理であったが、それ以上に重要なのは、その被害を被ったイスラエルの軍事行動を過剰防衛として批判する声が世界各地から上がったことだろう。その意味では、この全面戦争は、二〇〇一年のアフガニスタン戦争や二〇〇三年のイラク戦争を道義的に支えてきた「対テロ戦争」の権威を大きく傷つけた事件であり、その後の国際政治の趨勢に大きな影響を与えた事件でもあったと言えよう（その後、「対テロ戦争」の失墜を決定づけたのは、ブッシュ政権末期の二〇〇八年末に起こったイスラエルによるガザに対する大規模攻撃、通称「ガザ戦争」であった）。

レバノン紛争は、レバノンとイスラエルの関係に停滞と変化の両方をもたらした。停滞については、捕捉兵士の奪還とヒズブッラーの無力化というイスラエルの目標が達成されなかったことから、結果的に南部地域でのヒズブッラーによる解放闘争は継続し、「恐怖の均衡」による「冷たい平和」が再び生じることになった。他方、変化については、第一に、イスラエルの脅威に曝されたレバノンにおいて、レジスタンスとしてのヒズブッラーの存在を消極的に支持する機運が広がったことを指摘できる。第二に、これに伴い、ヒズブッラーはイスラーム抵抗を国軍に編入させ、議会や内閣を通してレバノン政府に発言力を行使しようとする「レバノンのヒズブッラー化」を積極的に推し進めるようになった。

軍備増強の果てに訪れた「恐怖の均衡」の崩壊は、レバノンとイスラエルの両国に大きな被害をもたらした。二〇〇六年以降も、イランとシリアによるヒズブッラーに対する軍事支援は続いていると見られている。国際政治の対立構造によって増幅された軍拡競争は、「恐怖の均衡」に相互確証破壊の論理を付与することで「冷たい平和」をもたらしている一方で、いずれかまたは両者の誤算からそれが崩壊したときには、文字通り相互を破壊し尽くすような未曾有の惨事となりかねない。そして、その「恐怖の均衡」の崩壊は、レバノンとイスラエルの両国だけではなく、シリアやイラン、米国を巻き込むかたちで中東政治と国際政治の安定を脅かす可能性を持つのである。

第9章 「杉の木革命」による民主化とその停滞

——レバノンのヒズブッラー化

はじめに——民主化はなぜ座礁したのか

二〇〇五年二月一四日一二時五五分、レバノンの首都ベイルート中心部でラフィーク・ハリーリー（以下R・ハリーリー）元首相が暗殺された。直径七メートルのクレーターを残した巨大な車載爆弾は、元首相その人を含む二三名の命を奪い、二〇〇名以上に重軽傷を負わせた。R・ハリーリーは、一九九二年一〇月〜九八年一二月と二〇〇〇年一〇月〜〇四年一〇月の長きにわたって首相職を務めた、内戦終結後のレバノン政治を象徴する大物政治家であった。この事件を機に、第二共和制のレバノン政治は大きく変動していく。

元首相を殺したのは誰か。直ちに疑いの目を向けられたのが、事件の数カ月前から元首相との関係を悪化させていたシリアであった。レバノン国内では、事件を機に国民の間で反シリア感情が爆発し、ベイルートでは事件の真相究明とシリアによるレバノン実効支配の終焉を求める一〇〇万人規模のデモが行われた。一方、国際社会は、「推定有罪」のシリアへのバッシングを強めていった。

このような国内外からの圧力に屈するかたちで、シリアは、四月末までにレバノン駐留シリア軍の無条件撤退を余儀なくされた。事件からわずか七〇日あまりで、一九九〇年から一五年間続いたシリアによるレバノン実効支配

──「権力の二元的構造」(第4章4)──は終わりを告げ、レバノンは「主権、独立、民主主義、自由」(シリア軍撤退を求めるデモのスローガン)の回復に向けて歩み出したのである。

この一連の政変を、レバノン国家のシンボルであるレバノン杉にちなんで、「杉の木革命(Thawra al-Arz, Cedar Revolution)」と呼ぶ(別名「独立インティファーダ(Intifāḍa al-Istiqlāl)」もしばしば用いられる)。かつて政治学者アーレンド・レイプハルトが多極共存型民主主義の好例として評価したレバノンの民主主義が(レイプハルト[1979])、三〇年間もの沈黙──内戦(一九七五~九〇年)とシリアによる実効支配(一九九〇~二〇〇五年)──を経て再起動したのである。

ところが、その後のレバノン政治は混乱を極めた。国民議会選挙が実施されたものの、新旧ザイームや新興政党指導者などの内政を主導するべきエリート間の対立によって組閣は難航し、他方、国民議会はボイコットによって空転を続けた。行政府の長である大統領の選出も頓挫し、空位が生じた。さらに、二〇〇六年夏にはイスラエルとの戦争が勃発、その後は市民や民兵が路上で武力衝突を繰り返すなど、レバノンは内戦再発の危機に瀕した。(1)

ラフィーク・ハリーリー
出所）http://www.almustaqbal.com/

なぜ「杉の木革命」による民主化は暗礁に乗り上げてしまったのであろうか。

確かに、「杉の木革命」とその後の民主化は、「レバノン市民の全員によって歓迎された」(Knio[2005:230])と評せられるなど、二〇〇五年当時は国内外で一定の期待と楽観をもって語られた(例えば、Sakr[2005], Safa[2006])。しかし、やがて政治的混乱の色が深まると、レバノンの民主主義は「まやかし(decoy)」に過ぎないといった批判的・悲観的な論調も出てくるようになった(Hajar[2009:262])。

これらの議論に共通したのは、民主化の阻害要因をレバノン独自の宗派主義に求める見方である。[2] 第3章で論究したように、一七（一九九〇年以降は一八）の公認宗派の間の権力分有システムである宗派制度においては、宗派が事実上の利権集団となってきたため、自らが帰属する宗派の利益を第一とする非妥協的な思考・行動の様式が時とともに社会に沈潜していった。第二共和制においては宗派横断的な動員力を有する政治家や政党が台頭したものの、それは彼らが自らの帰属する宗派への利権誘導を放棄したことを意味するものではなく、宗派や地域に根ざしたクライエンティリズムは残存した（第5章）。事実、宗派主義は、レバノン政治を左右する重要な要素であり、何よりも「宗派主義の問題」は、現代レバノン研究が長年取り組んできた基本的なテーマの一つであった（Weiss [2009：141]）。つまり、内戦後も存続することになってしまった宗派制度（硬直した政治制度）を解体し、宗派主義（エゴイスティックなアクターの行動）を払拭することが、レバノンにおいて「民主主義が「街で唯一のゲーム」」（リンス／ステパン [2005：24]，Linz and Stepan [1996：5]）となるための必要条件だというわけである（Hajjar [2009：262]，Salloukh [2009：145–147]，Makdisi, Kiwan and Marktanner [2011：116–118]）。

こうした宗派主義を民主化の阻害要因とする議論は、内戦を終結に導いた一九八九年の国民和解憲章（ターイフ合意）の思想と軌を一にする。ターイフ合意は、内戦の原因を宗派主義に求め、宗派制度の段階的修正によってそれを完全に廃絶することを国家の目標と定めた（第4章1）。

だが、このような政治目標をそのまま政治分析のツール（道具）とすることには留保がいる。レバノンが宗派主義さえ乗り越えれば安定的な民主主義を実現できるとする議論に客観的な根拠はないからである。[3] 事実、レバノンの多極共存型民主主義は、制度的な矛盾を孕みながらも、独立から内戦勃発までの三〇年間（一九四三〜七五年）は機能していた。レバノン政治の歴史は、宗派主義を飼い慣らしながら、政治を円滑かつ持続的に運営するための試行錯誤の歴史に他ならない。宗派主義は宗派制度によって社会に「埋め込まれた」ものであるため、前提とすべきは宗派主義の不在ではなく存在であり、それを出発点に議論を進めていくべきであろう[4]（末近 [2012b：82]）。

本章は、二〇〇五年の「杉の木革命」後の民主化の停滞の原因を探ることを目的とする。だが、宗派制度と宗派主義の不在を（規範的に）想定しながら民主化の度合いや成否を判断することはせず、国内政治のアクターが現行の宗派制度の下でいかなる行動をとり、レバノンにいかなる政治を生み出したのかを丁寧に見ていきたい。別の表現で言えば、本章は、制度の制約のなかでのアクター間の相互関係——とりわけ協調と反目の連続——に注目することで、二〇〇五年以降のレバノン政治の動態を描き出すことを目的としている。

具体的には、新旧ザイームやヒズブッラーのような新興政党の指導者などの「政治エリート（politically relevant elite, PRE）」を取り上げ、二〇〇五年と二〇〇九年に実施された国民議会選挙を事例に彼らの合従連衡のパターンの析出を試みる。そして、そのアクターの行動が政治制度にいかなる影響を及ぼしたのかについて論究する。

「政治エリート（ＰＲＥ）」とは、ヴォルカー・パーシスによる造語であり、「当該国家においてナショナル・レベルにおける意思決定に対して戦略的な決断をしたり参加したりでき、〔「国益」の定義を含む〕政治的な規範や価値観を定義することに貢献でき、戦略的諸問題についての政治的言説に直接的な影響を与えられるような政治的影響力と権力を行使する人びとから構成される階層」を指す（Perthes [2004 : 5]）。レバノンにおいては、旧来型のザイームに加え、新たにザイーム化した民兵組織の指導者（「ネオ・ザイーム」）や、ヒズブッラーやハリーリー連合のような近代組織政党の幹部たちがそれにあたる。彼らは、「縦割り」の宗派制度のなかで、他宗派の指導者や有力者と協調と反目を繰り返しながら、合議に基づく多極共存型民主主義の運営を担うアクターである[5]。

「杉の木革命」後の民主化のプロセスにおいても、キープレイヤーは他ならぬヒズブッラーであった。第5章で論じたように、ヒズブッラーは、一九九〇年代を通して近代組織政党としての強力な動員力を有するようになり、第二共和制の議会政治の「台風の目」となっていた。だが、それだけが理由ではない。この時期にヒズブッラーが突出したのは、「杉の木革命」による民主化に沸き立つレバノンのなかで、彼らが強烈な親シリア姿勢を掲げた「反革命」の旗手であったからである。

1　合議による合意形成——第一七期国民議会選挙（二〇〇五年）

シリア軍撤退後の二〇〇五年五月から六月にかけて投開票が行われた第一七期国民議会選挙では、政治エリートどうしによる自由で活発な合従連衡が見られた。このことは、レバノンがシリアによる実効支配の軛から解放されたことを象徴する出来事であったが、注目すべきは、その合従連衡が選挙戦だけではなく投票および結果判明後までも激しく続き、政局を混乱させたことである。

アドホックな選挙同盟

選挙戦の当初は、選挙法の改正と対シリア関係の二つの政策論争を軸に展開された。それぞれの政治エリートが自らに有利な選挙区を画定するべく選挙法についての協議を重ねるなか、選挙区の単位をそれぞれ「郡」とする陣営と、「県」とすべきとする陣営に二分されていった[6]。しかし、この民主化の進展に向けた選挙法改正の議論も、「杉の木革命」後のレバノン政治におけるより大きな問題となっていた対シリア関係の政策論争の渦に飲み込まれていった。選挙法をめぐる立場の違いは、まもなく反シリアと親シリアをそれぞれ掲げる二つの政治同盟——「ル・ブリストル会合派（Liqā' Le Bristol）」と「アイン・アッ＝ティーナ国民会合派（Liqā 'Ayn al-Tīna al-Waṭanī）」——の対立構図に回収されていき、その結果、レバノン国内の世論は対シリア関係を軸に大きく二分されることとなった。

注目すべきは、こうした連合の形成が、主観的な宗派主義的アイデンティティではなく、少なくとも表面上は客観的な政策論争を軸にして進められた、という事実である。そのため、選挙は政策をめぐる民意を反映するかたちで展開されるのが自然の成り行きであるかに思われた。つまり、民主化の名に相応しい、宗派よりも国家の利益を

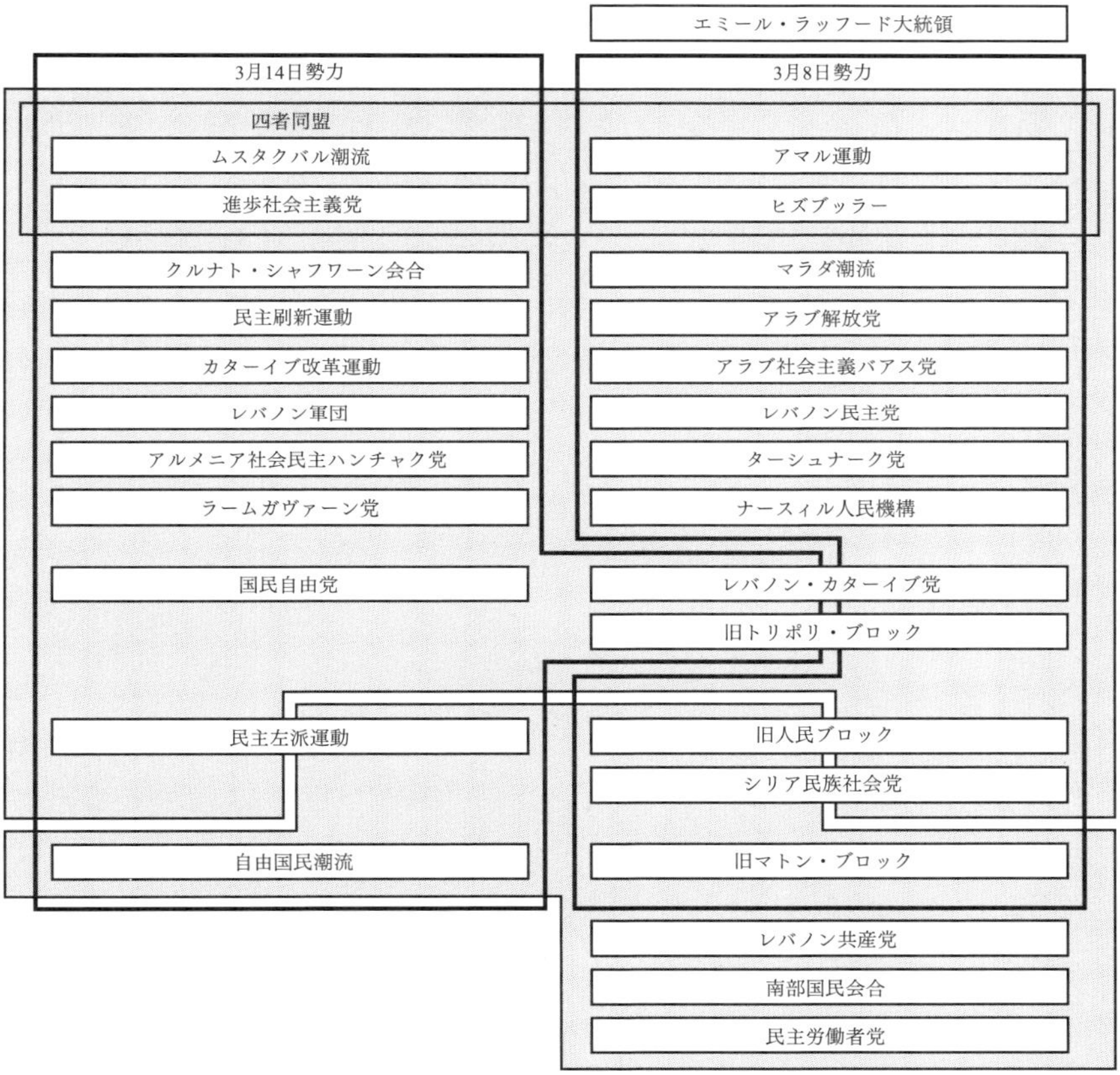

図 9-1　レバノンの主な政治勢力の対立構図（第17期国民議会選挙実施時）

出所）青山・末近［2009：148］。

優先する市民による自由でリベラルな選挙になると期待されたのである。

ところが実際に投票日が近づくと、選挙の趨勢を左右したのは政策論争などではなく、各政治エリートが政治理念や選挙公約を棚上げにし、自らが確実に議席を確保するための政治取引に奔走する事態であった。それを象徴したのが、本来政策を異にする反シリア派と親シリア派の政治エリートの同盟であった。反シリア派からは、その中核を担うムスタクバル潮流と進歩社会主義党が、そして親シリア派からは、アマル運動とヒズブッラーが「四者同盟（al-taḥāluf al-rubāʿī）」と呼ばれる陣営横断的な選挙同盟を結成した（図9-1）。

第5章1で論じたように、レバノンの選挙制度——大選挙区完全連記制に分類される——においては、有権者は自らが帰属する宗派以外の立候補者への投票を行うため、いかなる政治エリートも他の宗派に属する同盟者との協力なしには選挙を勝ち抜くことはできない。そのため、政治エリートは、政策論争を一旦棚上げし、ただ議席を確実に確保するためだけの一時的な選挙同盟——ここでは「アドホックな選挙同盟」と呼ぶことにしよう——を結成したのである。

その結果、選挙は、選挙法の改正や対シリア関係をめぐって対立していた二つの陣営の間ではなく、アドホックな選挙同盟の間で戦われることになった。具体的には、圧倒的な動員力を誇る四者同盟に対して、自由国民潮流を中心に選挙同盟「変化改革ブロック（Kutla al-Taghyīr wa al-Iṣlāḥ）」（ターシュナーク党、人民ブロック、ミシェル・ムッル前国民議会副議長）が結成されこれに挑んだものの、一〇七議席対二一議席という大差で敗北した。この選挙の勝者は四者同盟であったが、ヒズブッラー単独でもこれまでの最高となる一四議席を獲得した（青山［2006］, Saʿd ed.［2005］）。

ポストホックな会派形成

しかし、選挙後の当選議員による会派形成は、このアドホックな選挙同盟の間の対立軸ではなく、再び政策の相違によって推し進められた。ル・ブリストル会合派の政策を踏襲する政党連合「三月一四日勢力（Quwā al-14 Ādhār）」（反シリア派）とアイン・アッ＝ティーナ国民会合派による政党連合「三月八日勢力（Quwā al-8 Ādhār）」（親シリア派）が結成され、[7] 七二議席を擁する前者が与党、三五議席を擁する後者が野党という構図が生まれた。そして、与野党のいずれにも属さない「第三の会派」が、自由国民潮流を中心に結成され、二一議席を確保した（青山［2006］, Saʿd ed.［2005］）（図9-2）。

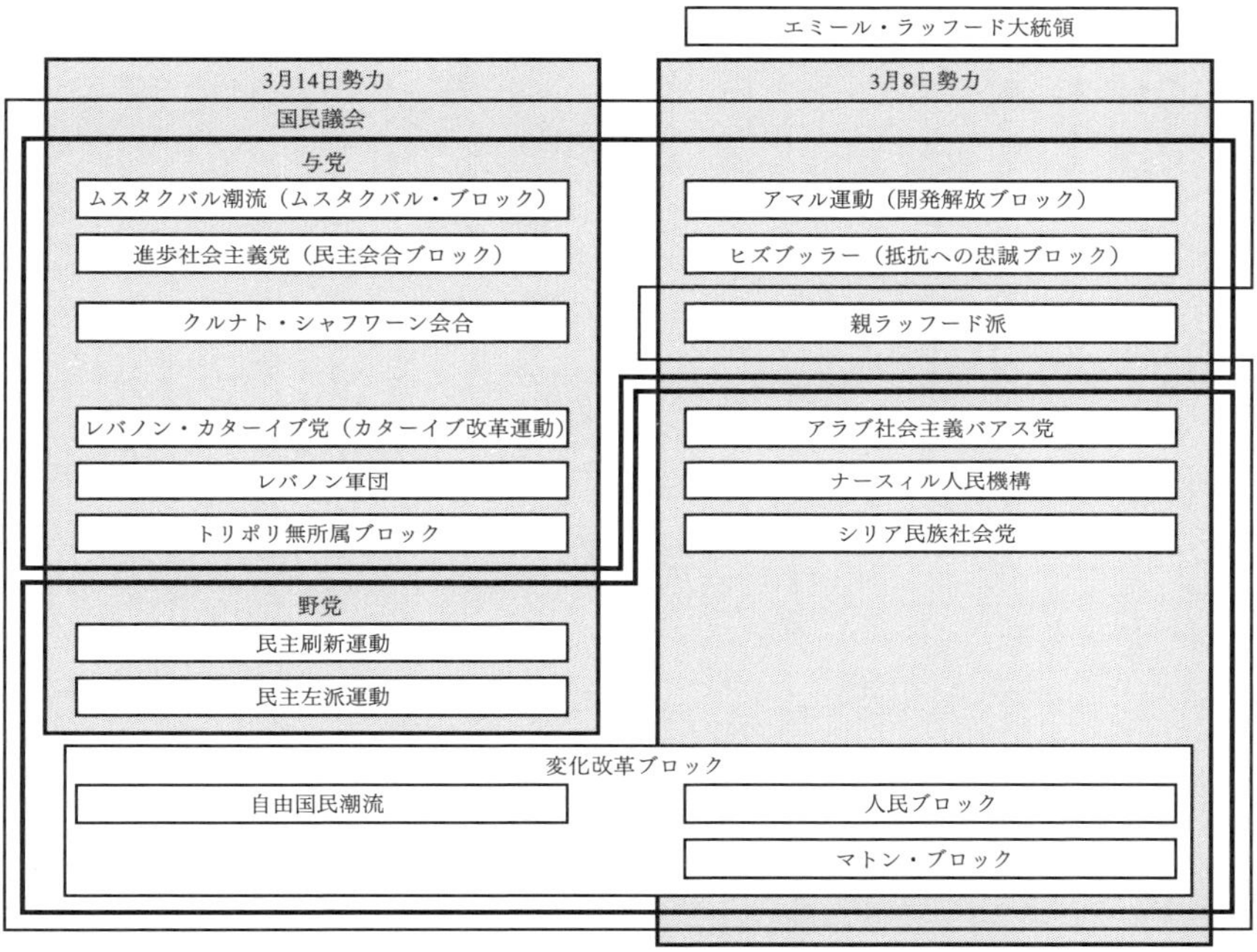

図 9-2　レバノンの主な政治勢力の対立構図（スィニューラ内閣発足時）

出所）青山・末近［2009：153］。

こうした選挙での勝敗を反映しないかたちでの事後的な会派形成を「ポストホックな会派形成」と呼ぶとするならば、それは民意を軽視したものであり、民主主義の原則に反したものであったと批判することも可能であろう。しかし、宗派の違いよりも政策論争に基づき与野党それぞれの勢力の形成が見られたのも事実である。この時点で、レバノン政治を左右したのは選挙戦に見られたような打算でもなく、また、宗派主義的アイデンティティでもなく、むしろ選挙法の改正やシリアとの関係といった政策によって進められていたことは注目に値する。

つまり、二〇〇五年選挙において、レバノンの政治エリートは宗派主義ではなく、①選挙を勝ち抜く戦術としてのアドホックな選挙同盟と②本来の政策の実現に向けたポストホックな会派形成という、選挙の前後で異なる二つの論理を用いたのである。

組閣人事の難航

宗派間の権力分有の原則を掲げるレバノンの多極共存型民主主義では、「宗派は組閣において公正に代表される」（第九五条）という憲法の規定に基づき、閣僚のポストについても「勝者総取り」ではなく、敗者（あるいは少数派）の声が反映するようなかたちで分配することが定められている。また、権力の集中を防ぐため、閣僚の三分の一が不在となった場合、その内閣を無効と見なす規程も憲法には盛り込まれている（第六九条第一項［一九九〇年九月二一日修正条項］）。要するに、レバノンにおいて組閣人事は、選挙での勝敗、与野党の区別、政策の相違にかかわらず、国内のあらゆる政治エリートの合議によって進められるのが原則となっている（Hudson［1997］, Rigby［2000：176］）。

そのため、選挙後のファアード・スィニューラ元財務大臣――R・ハリーリー元首相とその息子サアドゥッディーン（サアド）・ハリーリー（以下S・ハリーリー）のアドバイザーも務めていた――を首班とする組閣作業は、政治エリートが上記の二つの論理のいずれを採用するかを議論するところから始まった。

第一の論理に従えば、選挙戦を戦ったアドホックな選挙同盟の間の勝敗が閣僚ポストの配分の根拠となる。具体的には、勝者である四者同盟との議席争いに敗れた変化改革ブロックの入閣の是非が問われた。

第二の論理においては、ポストホックな会派形成の根拠となった政策の相違が重要となるため、選挙法の改正と対シリア関係の二つの政策論争を繰り広げてきた「三月一四日勢力」と「三月八日勢力」との間でのポストの配分が問題となり、とりわけ国民議会の議席数において野党である後者に「拒否権を発動できる三分の一」の閣僚ポストを配分するかどうかが議論された。

だが、結論は出なかった。憲法に規定されている宗派的配慮に縛られることで、いずれの論理も単独で組閣を押し切るための決定打を欠いたからである。その結果、組閣人事は混乱を極め、閣僚総数の見直し（二四人から三〇人への引き上げ案）といった内閣のあり方そのものを問うような事態にまで発展した。

結局、およそ一カ月間の協議の末、政治エリートは妥協の姿勢を見せた。そこで採用されたのは、第一の論理、すなわち選挙での勝敗であった。これは四者同盟が内閣を席巻することを意味し、二四閣僚からなる第一次スィニューラ内閣（二〇〇五年六月～〇八年五月）が発足した。こうして、内閣においては、アドホックな選挙同盟をそのまま踏襲した、四者同盟を中心とする連立与党と変化改革ブロック率いる野党連合による対立図式ができあがった（青山・末近［2009：149–154］）。

以上見てきたように、二〇〇五年の第一七期国民議会選挙においては、政治エリートの反シリア派と親シリア派への二極化が進むなか、これを基調としつつも選挙戦や組閣作業においては四者同盟が主導する陣営横断的な合議が行われていたことが確認できる。こうした政治は、政策論争が軽視されているという点で民意に反する側面もあるものの、レバノンにおいて合議を通した合意形成を目指す多極共存型民主主義が機能していた証と受け取ることができよう。二〇〇五年四月に実施された世論調査では、全回答者の七六パーセントが「ヒズブッラーを含む挙国一致内閣」への支持を表明していた。ヒズブッラーの中心的支持基盤であるシーア派の支持が七九パーセントと高かっただけではなく、スンナ派で七七パーセント、マロン派でも七〇パーセントと、「杉の木革命」直後のこの時期のレバノン政治には国内融和の空気に満ちていたことが窺える（Zogby［2012：142］）。

2　レバノンのヒズブッラー化——親シリア派による「反革命」

政治エリート間の融和の象徴と見られた四者同盟であったが、その政権運営はほどなくして頓挫した。その原因は、政策論争上の最大の争点である対シリア関係における合意形成が困難を極め、反シリア派である「三月一四日勢力」と親シリア派である「三月八日勢力」が対立の色を深めたことにあった。そもそも、二〇〇五年の「杉の木革命」がシリアによる実効支配の終焉を求める運動であったことから、その後の民主化プロセスは反シリアを基調に進むと考えるのが自然であり、また、国内外でそのように期待された。

だとすれば、レバノン政治に二極化をもたらし、二〇〇五年以降の民主化の帰趨を左右したのは、反シリア派よりも親シリア派の存在だということになる。その親シリア派の筆頭がヒズブッラーであった。

アクターの行動に翻弄される制度

そもそも、レバノン政治において対シリア関係が国を二分するようなアジェンダとなったのはなぜか。それは、端的に言えば、シリアとの関係が自らの利益に直結している政治エリートが存在していたからである。彼らは、「パクス・シリアーナ」の一九九〇年代から二〇〇〇年代前半にかけての時期において、同国政府との関係強化を通じてレバノンの国家権力へのアクセスを確保してきた者たちであり、それによって公職や予算の配分、選挙の際の立候補者選び、選挙区の画定、リストの作成などを有利に運ぶことができた。

多極共存型民主主義は、政治エリート間の権力の「取り分」を定めておくことで、権力闘争を抑制し、権力分有を公平かつ平和的に推し進めることを目指している。だが、その制度運営は、大連立による統治（「全会一致の多数決」）を通した政治エリート間の合意形成の成否に大きく左右される。いくら権力の「取り分」が決まっていても、彼らがそれに納得するか妥協の姿勢を示さなくては政府としての意思決定は困難となる。

宗派別の権力の「取り分」が定められている宗派制度においては、いかなる政治エリートも単独で多数派を形成できない。つまり、誰もがいわば少数派ということになる。そのため、権力を掌握するためには、政治エリートは他の国内勢力との同盟を通して多数派を形成していくか、もしくは国外勢力を庇護者として政治的・経済的（内戦期においては軍事的）支援を受けることで競合・敵対する勢力を圧倒するしかない。事実、レバノン政治の歴史は、外国による介入の歴史でもあった。シリアだけではなく、イスラエル、アメリカ、フランス、さらにはエジプトやサウジアラビアまでもが特定の政治エリートの庇護者となり、国内の権力闘争を助長してきた。

要するに、二〇〇五年の「杉の木革命」は、シリアによる実効支配を終焉に導いただけではなく、国内の政治エリートの間のパワーバランスを大きく変える事件であった。「杉の木革命」を主導した反シリア派が台頭し、反対にそれまでシリアからの支援を背景に権勢を誇ってきた政治エリートは発言力を低下させた。対シリア関係は、単なる外交政策上のアジェンダではなく、レバノンにおいて誰が権力を握るのかという問題に直結していたのである。レバノン政治の二極化をもたらしたのは、政治エリートによる宗派主義でもなければ、第3章で論じたような内戦期における国外アクターとのイデオロギー的な共鳴でもなく、「杉の木革命」の後に生じた権力の空白を埋めようとする国内闘争であったと言えよう。

親シリア派政党連合の結成

ヒズブッラーは、第二共和制の成立とともに「ヒズブッラーのレバノン化」――合法政党化によるレバノンの政治制度へのコミットメント――を推し進め、イスラエルの占領に対する「国民的レジスタンス」を梃子に宗派横断的な支持基盤の拡大に努めてきた（第5章3）。しかし、二〇〇五年の「杉の木革命」とレバノン国内での反シリア感情の高まりは、ヒズブッラーに大きなジレンマを突きつけた。すなわち、「杉の木革命」に迎合して反シリアに転じれば、結成以来の庇護者であるシリアを失うことになる。だが、反対に親シリアを押し通せば、他ならぬレバノン国民からの支持を損ねる危険性がある。

このジレンマを解消するためにヒズブッラーが選んだのは、親シリア派を糾合し政府を掌握すること、すなわち「レバノンのヒズブッラー化」であった（ICG［2005：22］）（第8章3）。「杉の木革命」を牽引した反シリア勢力と袂を分かち、「反革命」勢力としてレバノンを再び親シリア国家に変えることで、自らとその庇護者であるシリアに対する不利な情勢（特にレジスタンスの武装解除圧力の高まり）が生まれることを阻止しようとしたのである。

事実、「杉の木革命」以降、ヒズブッラーにとって、シリアをレバノン内政へ「復帰」させることは急務となった。シリアの影響力の後退に伴い、レバノンが「西洋の傘」の下に組み込まれつつあったためである。その象徴が二〇〇四年半ばからの一連の国連安保理決議であり、いずれも名指しこそなされていないもののシリアおよびヒズブッラーに対する非難や行動の制限、レジスタンスの武装解除要求が盛り込まれていた(8)。

ヒズブッラーは、R・ハリーリー元首相暗殺事件後の国内の反シリア感情の高まりを受けて、いち早く親シリア派を糾合し、「三月八日勢力」を結成した。二〇〇五年三月八日、アイン・アッ＝ティーナ国民会合派を主導してベイルート中心部の殉教者広場で集会を開き、親シリア派の支持者約八〇万人を動員した。そこでハサン・ナスルッラー書記長は、シリアとの関係について次のように述べ、シリア軍の駐留の必要性をあらためて強調した。

我らが今日ここに参集したのは……アサドのシリア、すなわちハーフィズ・アサドのシリアとバッシャール・アサドのシリア、そして誇り高く断固としたシリア国民に謝意を捧げるためである。我らはまた、不屈のシリア軍に感謝の意を伝えたい。シリア軍は、防衛と抵抗の年月の全てにおいて我らの側についてくれた。……我らは、シリアのバッシャール・アサド大統領が述べたことをそのまま伝えたい。レバノンにおけるあなた方〔シリア〕のプレゼンスは単に物質的あるいは軍事的なものではない。あなた方〔シリア〕は我らの心と魂、そして、過去、現在、未来にあるのだ。誰もレバノンから、そしてレバノン人の精神、心、未来から、シリアを追放することはできない。（al-Markaz al-Thaqāfī al-Lubnānī [2006 : vol. 11, 127]）

国内の二極化の加速

二〇〇五年選挙におけるヒズブッラーの目標は、議席の確保だけではなく、反シリア派を牽制する「反革命」の一大勢力を築くことであった。そのために打ち出された方策の一つが、「シーア派コミュニティへの回帰」であった。指導部は、選挙を「レジスタンスに対する国民投票」と位置づけ、これまで通り特定宗派に限定しない全国政党としての姿勢を前面に押し出す一方で、主にシーア派住民に対してヒズブッラーへの投票を「イスラーム法的義務」と宣伝した[9]（ICG［2005：19–20］, Alagha［2006：62–64］）。

このような選挙戦略は、宗派主義を厳しく非難し、レジスタンスの旗印の下に宗派横断的動員を推し進め、挙国一致を呼びかけてきたヒズブッラーのこれまでの政治姿勢に矛盾するように見える。しかし実際には、ヒズブッラーの三つの新たな戦略の兆しであった。

第一に、国内の政治対立を煽り、政治エリートの非妥協的な姿勢を助長することで、政府機能を「適度な麻痺」に陥らせることであった。ヒズブッラーは、親シリア派の結成を梃子にシリアの「復帰」を促すだけではなく、レジスタンスの武装解除要求など自らに不利となる様々な決定を先送りにしようとした。

二〇〇六年二月には「ヒズブッラー・自由国民潮流相互理解共同文書（Waraqa al-Tafāhum al-Mushtarak bayna Ḥizb Allāh and al-Tayyār al-Waṭanī al-Ḥurr）」（Ḥizb Allāh and al-Tayyār al-Waṭanī al-Ḥurr［2006］）の発表を通して、「第三の会派」であった自由国民潮流の率いる変化改革ブロックを「三月八日勢力」に取り込むことに成功し、国民議会の一二八議席の半数に迫る五六議席を占めるようになった（ICG［2008：7］）。その結果、国内の政治エリートはほぼ全てが反シリアと親シリアに二極化し、両陣営の対立の膠着状態が政治の停滞をもたらした（図9-3）。

ちなみに、自由国民潮流は、マロン派のミシェル・アウン元国軍司令官が率いる政党であった。そのため、反シリアで一致団結しようとしていたマロン派のコミュニティに大きな打撃となると同時に、他宗派との協調を通して全国政党への道を歩んでいたヒズブッラーにとっては、上述の「シーア派コミュニティへの回帰」を推し進めながらも、宗派主義には拘泥しないというリベラルな立場を国内外に示す好機となった。

第二に、「神の党（party of god）」から「政府の党（party of government）」への転身と表されたように（ICG［2005：

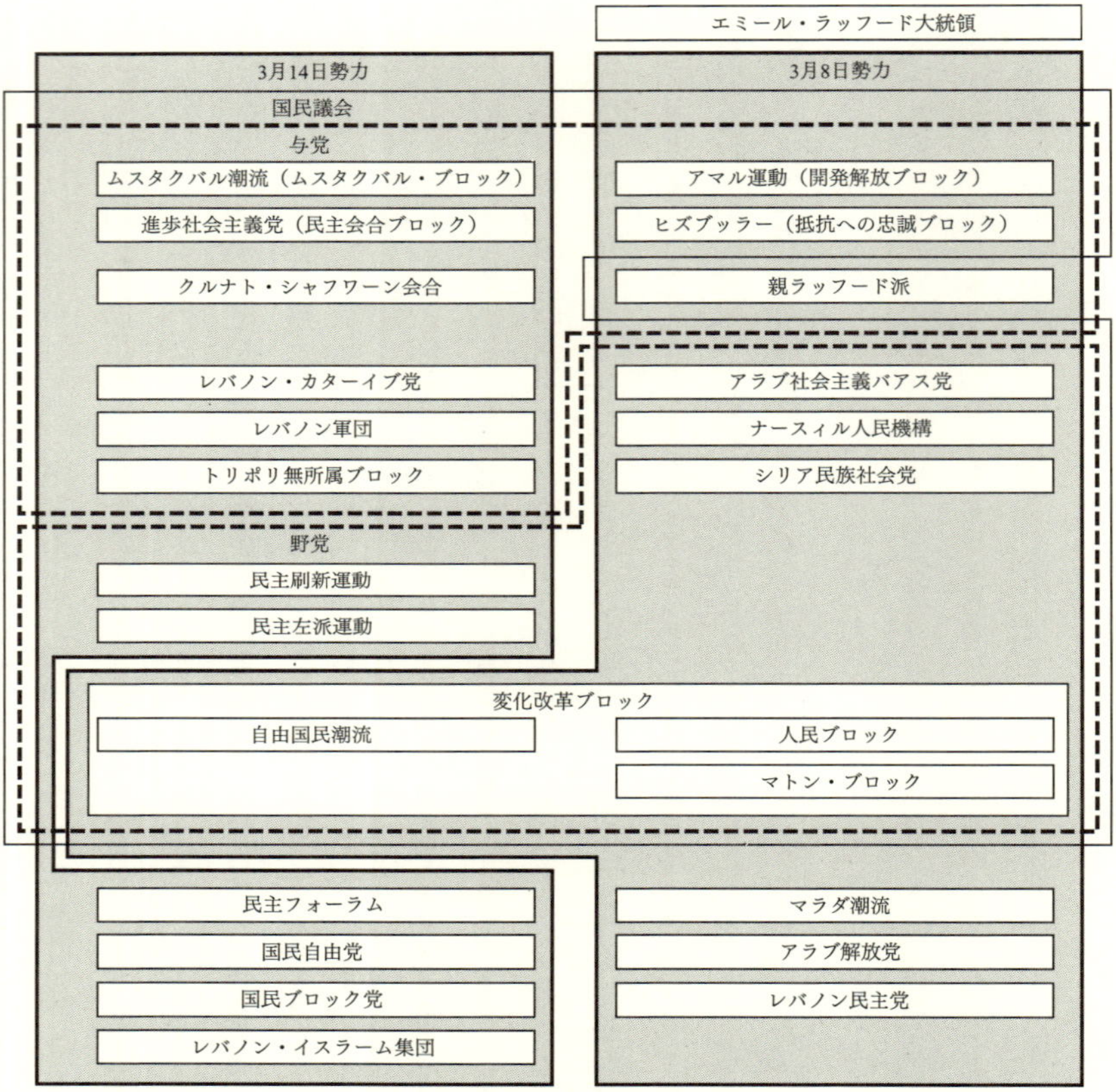

図 9-3　レバノンの主な政治勢力の対立構図（2006 年 2 月〜08 年 5 月）

出所）青山・末近［2009：158］。

20-21］）、ヒズブッラーが自ら国家の意思決定に参画することであった。具体的な狙いとしては、第一に、閣僚の輩出を通して政府内での発言力を増し、自身に不利な合意形成を阻止すること、第二に、強まる国際的圧力のなかでレバノン政府の「正式な一員」としてのイメージを国内外にアピールすること、が挙げられよう。ヒズブッラーは、一九九二年に初めて選挙に参加して以来、革命組織としての性格から政府と一定の距離を保ってきたが、二〇〇五年三月にこの方針を転換し、第一次ナジーブ・ミーカーティー内閣（二〇〇五年四～六月）発足に際して党に近い人物であるトゥラード・ハマーダを労働大臣として初入閣させた[10]。さらに、同年七月の第一次スィニューラ内閣発足時には、正規の党員であり一九九二年以来国民議会議員を務めてきたムハンマド・フナイシュも電力水資源大臣として入閣を果たした。

第三に、上記二つの戦略を通した、国内でのレジスタンスの地位強化である。二〇〇〇年代前半に見られたような対イスラエル闘争の戦線の拡大（第6章3）ではなく、政府の意思決定への積極的関与を通した法的整備と国内のコンセンサス形成により、レジスタンスの将来を確固たるものにする狙いであった（ICG［2007：15–16］）。そのためには、レジスタンスの維持とシリアとの関係強化という二つの政治目標について、国民議会や内閣での発言力を駆使して政府による公認を引き出すことが最良の選択肢であった（仮にそれに失敗しても、自らにとって不利となる合意形成を妨害することはできる）。

こうして、ヒズブッラーは、「杉の木革命」以来強力な親シリア派を形成することで、国内の政治エリートの二極化を促進し、レバノン政府への積極的な参加およびそれを通した政府内でのヘゲモニーを確立することで、自らと庇護者であるシリアに対する不利な意思決定がなされることを阻止しようとした。

ヒズブッラー率いる「三月八日勢力」による「反革命」の動きに対して、レバノンを去ったシリアがどれほど関与していたのかを測ることは難しい。しかし、それらがシリアの利益と親和的であることは指摘できよう。レバノン政治の混乱は、一九九〇年代のパクス・シリアーナの再評価につながり、また、シリアの「推定有罪」を前提で進められてきたR・ハリーリー元首相暗殺事件をめぐる捜査を停滞させることになった。結果として見れば、シリアは、「三月八日勢力」を通してレバノン政府の意思決定に事実上関与すると同時に、イスラエルに対する重要な外交カードであるレジスタンスの喪失を回避できたのである。

二〇〇六年レバノン紛争の影響

このような「レバノンのヒズブッラー化」による「反革命」の追い風となったのが、二〇〇六年夏のヒズブッラーとイスラエルとの戦争、レバノン紛争であった（第8章1、2）。三四日間にわたった紛争は、レバノン国内の反シリア派と親シリア派のパワーバランスを一変させた。

ヒズブッラーは、中東最強と言われるイスラエル軍の猛攻を耐え抜いたことで、「勝利」を高らかに宣言した。「三月八日勢力」を構成する組織、例えば、シリア民族社会党やレバノン共産党などは、ヒズブッラーとの連帯を強調することで、その「勝利」を自らの成果とし、国内での勢力の回復さらには拡大を図った。[11] 反対に、第一次スィニューラ内閣を主導する反シリア派の「三月一四日勢力」は、国民からの信頼を失墜させた。ヒズブッラーが単独で戦争を起こし、イスラエル軍に徹底抗戦する一方で、第一次スィニューラ内閣は南部国境付近の主権の未確立、国土防衛能力の無力さを露呈し、さらには即時停戦を達成できなかったことで外交手腕の貧弱さをも見せてしまったからである。[12]

レバノン紛争が追い風となったのは、終始一貫してヒズブッラー支持を表明してきたシリアもまた同様であった。レバノンの国内政治において、バッシャール・アサド（以下B・アサド）大統領は、停戦後まもなく「イスラエルに利するような計画の実行に失敗した連中（「三月一四日勢力」）は、イスラエルの軍事侵攻を促し、自らが困難から救い出され、レジスタンスが打倒されることを期待した」と述べ、「三月一四日勢力」とスィニューラ首相を激しく批判した（*al-Nahār*, August 16, 2006, *al-Safīr*, August 16, 2006）。国際政治の文脈においては、「シリアだけではなくアラブ全体の誇り」としてヒズブッラーの「勝利」を讃えた上で、「米国の推し進める「新しい中東」など幻想に過ぎない」（SANA, August 15, 2006）とジョージ・W・ブッシュ政権を牽制する一方で、名指しで非難することは避けつつも、米国とイスラエルの行動を事実上容認する姿勢を見せたサウジアラビア、ヨルダン、エジプトなどの親米アラブ諸国に対しても苦言を呈した（*al-Nahār*, August 15, 2006, *al-Safīr*, August 15, 2006）。

こうして、シリアは、ヒズブッラーの「勝利」に乗じて自らの「政治的な正しさ」をレバノン国民、シリア国民、さらにはアラブ大衆にアピールすると同時に、交渉によるヒズブッラーの武装解除の成否を握る国家として中東和平問題および国際社会での発言権を強めることを目指したのである。

以上のことをまとめよう。シリアが去ることで生まれた権力の空白は、二〇〇五年選挙前後には宗派制度に基づく権力分有によって埋められようとしたものの、やがて激しい権力闘争のアリーナへと変貌していった。「杉の木革命」は、それまでシリアを庇護者として権勢を振るった政治エリートにとっては不測の事態であり、他方、反シリア派の政治エリートにとっては権力奪取を狙う好機となった。シリアとの関係は、誰が権力を握るのかという問いと直結していたことから、国内の政治エリートにとってあまりにも妥協が難しいアジェンダであった。

とりわけ、結成以来シリアからの資金的・軍事的支援を受けてきたヒズブッラーにとっては、同国との関係悪化は死活問題であった。そのため、自らが中心となり親シリア派の政党連合「三月八日勢力」を結成し、「レバノンのヒズブッラー化」による「反革命」を開始した。その結果、レバノン国内は反シリアと親シリアに二極化し、合議による合意形成に基づく多極共存型民主主義の運営を麻痺させ、両陣営の没交渉は内閣と国民議会の両方を機能不全に陥れた。このことは、ヒズブッラーの側から見れば、「杉の木革命」を機に台頭した反シリア派の「三月一四日勢力」の牽制に一定の成果を収めたものと捉えることができる。そして、二〇〇六年夏のレバノン紛争の「勝利」を通して、反シリア派の与党に対してより強気な立場を採ることができるようになったのである。

3　新たな内戦の危機――エリートの対立から市民の対立へ

「三月一四日勢力」（反シリア派）と「三月八日勢力」（親シリア派）の対立は、二〇〇六年のレバノン紛争を追い風にした後者の「反革命」の動きが本格化したことによって激化した。そして激化した政治対立が市民レベルへと飛び火することで、レバノンは政治的停滞から内戦再発の危機へと追い込まれていった。

制度のなかでのアクター間の攻防

「三月八日勢力」による「反革命」は、まず、法的に定められた制度の内側ないしはそれを利用するかたちで実行された。

宗派間の合議を重んじるレバノンの多極共存型民主主義においては、国民議会における野党であっても内閣や大統領の人事に影響力を行使できる。逆の言い方をすれば、与党にとっては野党の協力なくして政府としての意思決定は困難となる。こうした状況のなか、二〇〇六年三月、国内一四の主要な政治エリートは、「国民対話会合（Mu'tamar al-Ḥiwār al-Waṭanī）」の設置に合意した。これは、内閣や国民議会が政治対立によって意思決定が困難となるなかで、主要な政治エリートによる合議によって国家の重要なアジェンダを議論し合意を形成していくために設置された超法規的制度であった。二〇〇六年のレバノン紛争で一時中断したものの、一一月にレバノン政府の事実上の最高意思決定機関として再開された（青山・末近［2009：159–163］, Ṣabbāgh［2009］）。

ヒズブッラー率いる「三月八日勢力」は、次の三つの戦略を設定することで段階的に「反革命」を推し進めていった。

第一の戦略は、この国民対話会合を通した内閣人事と大統領人事への働きかけであった。内閣人事においては、

「三月八日勢力」が「拒否権を発動できる三分の一」の閣僚ポストを要求したものの、[13]「三月一四日勢力」からすれば生殺与奪の権を握られることになるこの要求は到底飲めるものではなかった。他方、大統領人事においては、親シリア派に属するエミール・ラッフード大統領の進退と後継候補者の選定が議論された。「三月八日勢力」は次期大統領候補が採るべき政治姿勢としてシリアとの関係改善を条件としたが、「杉の木革命」を牽引した「三月一四日勢力」は当然これを拒否した。

第二の戦略は、街頭での抗議行動であった。国民対話会合が不調に終わったことを受け、ヒズブッラーのナスルッラー書記長は、二〇〇六年一〇月末、「三月一四日勢力」を米国とイスラエルの協力者であると非難し、国民の信頼に応えられる挙国一致内閣を成立させることが重要であると述べた。その上で、「もし協議の結論が挙国一致内閣〔の発足〕にならなかった場合、我々は街頭行動に打って出る。それは我々の憲法上の権利であり、街頭で我々の意見を表明するのは民主的な権利である」と、街頭行動の準備が整っていることを宣言した（Qanāt al-Manār, October 20, 31, 2006）。「三月一四日勢力」からすれば、こうしたヒズブッラーの恫喝ともとれる強気の態度は「政治的クーデタ」であり、到底受け入れられるものではなかった（*al-Nahār*, November 6, 2006, *al-Safīr*, November 6, 2006）。

第三の戦略は、閣僚の集団辞任であった。二〇〇六年一一月、「三月八日勢力」に属する閣僚五人と親ラッフード大統領の閣僚一人がいっせいに辞意を表明した。[14]先述のように、憲法の規定では閣僚の三分の一（この場合は二四名中八名）が不在となった場合、その内閣は無効と見なされる。[15]そのため、この集団辞任は、挙国一致内閣の発足を渋る内閣への異議申し立てというかたちで行われたものの、実際には内閣の法的正当性の剥奪を狙った行動であった。[16]

しかし、このような制度内ないしは制度を利用した「三月八日勢力」による反転攻勢は、「三月一四日勢力」の態度硬化を招いただけであり、この段階で「反革命」が実を結ぶことはなかった。

支持者の煽動による実力行使

レバノン政治が再び膠着状態に陥るなか、「三月八日勢力」が次に打ち出したのは、制度の外側での実力行使であった。同勢力は、既に支持者に対して街頭行動の準備を呼びかけていたが、それを実際に実施へと移したのである。その結果、「三月一四日勢力」と「三月八日勢力」との間の対立は、制度内での攻防から市民どうしの武力衝突へと発展した。

二〇〇六年一一月末、「三月八日勢力」は、「レバノン国民反政府（al-muʿāraḍa al-waṭanīya al-Lubnānīya）」と銘打った倒閣のための実力行使を開始した。二〇〇六年一一月一九日、ナスルッラー書記長がアル＝マナール・テレビに出演し、「我々はこの内閣には国家の意思決定を委ねることはできないと確信している。なぜならば、彼らは米国政府の指示に従っているのであり……我々はその証拠をつかんでいる」と述べ、レバノン紛争以降、最も厳しい口調で政府を批判した。その上で支持者に対して市民生活を脅かさないという「レッドライン」を示し、暴力の行使を戒めながらも、街頭行動の準備を着々と進めていった。そして、一一月三〇日、ついにナスルッラー書記長は支持者に対して実力行使を呼びかけ、ベイルート中心部の首相府前で一〇〇万人規模の大規模集会、ゼネスト（全国規模でのストライキ）、主要幹線道路の封鎖、数百張りのテント設営と座り込みなどが始まった[17]（Qanāt al-Manār, November 19, 30, 2006）。

「三月一四日勢力」と「三月八日勢力」との間の緊張は、「三月一四日勢力」に属するピエール・アミーン・ジュマイイル工業大臣（レバノン・カターイブ党）暗殺事件を機に頂点に達し、双方の支持者が路上で衝突を始めた。一二月には、ベイルート西部での商店焼き討ち事件をきっかけに衝突が発生し、一名が死亡、二〇名以上が負傷した。翌年一月には、レバノン国民反政府は全国規模でのゼネストを実施し、三名が死亡、一三〇名以上が負傷、さらに、ベイルート・アラブ大学構内で双方の支持者による口論が民兵を巻き込んだ銃撃戦へと発展し、四名が死亡、約一六〇名が負傷した（*al-Nahār*, January 26, 2007, *al-Safīr*, January 26, 2007）。

こうして、政治エリートの対立は、法的に定められた制度を超えて「三月一四日勢力」と「三月八日勢力」の双方の支持者や一般市民に飛び火していった。その結果、国内の治安は急激に悪化し、レバノンは国家機能の麻痺だけではなく、社会の崩壊の危機にまで直面することになった。これに追い打ちをかけるように、二〇〇七年五月から九月にかけては北部の都市トリポリ郊外のナフル・バーリド・パレスチナ難民キャンプで発生した「ファタハ・イスラーム」を名乗る武装組織と国軍との間で戦闘が起こり、内戦再発の不安がレバノン全土へと広がった[18]（青山・末近［2009：222–227］）。

「3 月 8 日勢力」による倒閣デモ

注）ベイルート中心部リヤード・スルフ広場。
出所）筆者撮影（2006 年 12 月）。

「3 月 8 日勢力」による首相府前の座り込み

注）政府を支援する米国への批判が記されたパネルが設置されている。
出所）筆者撮影（2006 年 12 月）。

内戦再発の危機

二〇〇七年一一月に入ると、親シリア派のラッフード大統領の任期終了に伴い、新たな大統領の選出方法および人選をめぐる新たな争点が浮上し、「三月一四日勢力」と「三月八日勢力」の対立の火に油を注いだ。対立の激化は次期大統領の選出作業を停滞させ、「憲政の真空」と呼ばれた大統領不在の異常事態を生んだ。その後、ファタハ・イスラームとの戦闘で国民からの支持を集め、政治的に中立の立場を採っていたミシェル・スライマーン国軍司令官を統一の後任候補とすることで「三月一四日勢力」と「三月八日勢力」は一致したものの、内閣の構成や選挙法の改正、そして何よりもシリアとの関係といった政策論争においては平行線を辿った。こうしたなか街頭で散発していた両陣営の支持者どうしの衝突は、武装した市民や民兵の登場によって一気に内戦再発の危機へと転じた。

口火を切ったのは、「三月八日勢力」であった。ヒズブッラーは、レジスタンスの名目でレバノン国内に独自の軍事通信網を敷設していた。二〇〇八年五月五日に第一次スィニューラ内閣がこの軍事通信網撤去のための調査を含むヒズブッラーの活動規制を閣議決定すると、ナスルッラー書記長は、軍事通信網の存在を認めた上で、それが「レジスタンスの武器の重要な一部」であり、「レジスタンスに手出しする者の手を切り落とす」と述べ、武力でもってこの決定に抵抗することを宣言した。ヒズブッラーが目指しているのはクーデタではないことを強調した上で、「我々は、自分たちの権利と武器を守り、戦争をしかけてくる者たちに立ち向かう権利がある。我々は国内で武器を使用したくはないが、その我々の武器を守るためにはそうしなくてはならないのだ」と述べることで暴力の行使を正当化した。そして、返す刀で「〔政府による〕決定は宣戦布告に等しいものであり、これは米国とイスラエルのための戦争の開始に他ならない」と、「三月一四日勢力」主導の第一次スィニューラ内閣の正当性を否認し、内閣の即時解散を要求した（*The Daily Star*, May 9, 2008, *al-Ḥayāt*, May 9, 2008）。

この呼びかけを受けて、「三月八日勢力」の市民・民兵は、ベイルート国際空港やムスタクバル潮流の拠点である西ベイルートを占拠し、進歩社会主義党の地盤であるアレイを砲撃した。首都ベイルートだけではなく、アレイ、シューフ、トリポリ、アッカール、サイダーなど国内の各地で小銃や手榴弾、ロケット弾などで武装したヒズブッラー、アマル運動、シリア民族社会党（以上「三月八日勢力」）とムスタクバル潮流、進歩社会主義党（以上「三月一四日勢力」）の支持者や民兵が交戦し、レバノンは再び内戦勃発の危機に瀕した。「均衡崩壊」（*al-Ḥayāt*, May 12, 2008）と呼ばれたこの戦闘では、装備で優る「三月八日勢力」が「三月一四日勢力」を終始圧倒したが、双方合せて八〇名以上の死者、二〇〇名以上の負傷者を出した。その結果、第一次スィニューラ内閣は前述のヒズブッラーの活動規制についての閣議決定の撤回を余儀なくされた（Young［2010：195–215］, Totten［2011：219–253］）。

この事件は、短期的に見れば、ヒズブッラー率いる「三月八日勢力」による勝利と評価することができよう。だが、見逃してはならないのは、ヒズブッラーの武器がレバノン国内においてレバノン国民に向けられた事実である。このことは、国内における「武装政党」としてのヒズブッラーへの不信感と警戒感を強める結果をもたらした。したがって、中長期的に見た場合、この事件は、自らをイスラエルの脅威に対する「国民的レジスタンス」として正当化し、また、それを人気と支持の源泉としてきたヒズブッラーにとって政治的な打撃となったのである。

停戦のための国際介入

レバノンを内戦再発の寸前にまで追い込んだ「三月一四日勢力」と「三月八日勢力」の両支持者の対立は、諸外国の内政への介入によって助長された側面があった。フランス、サウジアラビア、エジプト、アラブ連盟が前者を支援し、一方、シリアとイランは後者による勢力拡大を陰に陽に支持していた。本書を通してたびたび論じてきたように、レバノン政治は内政と外交が一続きとなった「メビウスの輪」の様相を呈している。

だが、レバノンを内戦再発の危機から救ったのもまた同様に、これらの諸外国であった。「均衡崩壊」の戦闘は、二〇〇八年五月二一日にカタルとアラブ連盟閣僚委員会が主導した「ドーハ合意（Ittifāq al-Dūḥa）」によって終息した。その成功の背景には、ヒズブッラーを支援してきたシリアとイランだけではなく、ヒズブッラーの勢力伸長を阻止するために「三月一四日勢力」を支援してきた諸国による互いの歩み寄りがあった。各国ともレバノンが再び内戦に陥ることを望んでいなかったのである。

ドーハ合意は、カタルのドーハでレバノン国内の一一のグループの代表者が参加した国民対話会合において調印され、それぞれと関係を持つ諸外国もこれに合意したことで、大統領の選出方法と人選、挙国一致内閣の発足、選挙法の改正、の三つの政策論争に終止符が打たれた（Ṣabbāgh［2009：21-27］）。その骨子として、①スライマーン国軍司令官の大統領選出を例外的な現下において憲法上、最も理想的な措置として実施、②「三月一四日勢力」一六名、「三月八日勢力」一一名、大統領派三名の閣僚から構成される挙国一致内閣の発足、③一九六〇年選挙法に則り、郡を単位とする選挙区の再編の三点が全会一致で採択された。そして、二〇〇八年八月一二日、このドーハ合意に基づき第二次スィニューラ内閣（二〇〇八年五月〜〇九年一一月）が正式に発足した。こうしてレバノンは、諸外国の思惑と関与に寄りかかりながら、多極共存型民主主義のかたちをどうにか維持することができたのである。

以上のことをまとめよう。二〇〇六年レバノン紛争での「勝利」を追い風に、「三月八日勢力」は国民議会における野党でありながら、内閣や大統領の人事を通して自らに有利な（あるいは不利にならないような）政府を築くこと――「レバノンのヒズブッラー化」による「反革命」――を推し進めた。そのための方法は、当初は、国民議会、内閣、大統領の三つが機能不全を起こすなかで設置された事実上の最高意思決定機関である国民対話会合を通した合意形成であったが、第一次スィニューラ内閣および「三月一四日勢力」の態度硬化を受けて、街頭での抗議行動、閣僚の集団辞任、レバノン国民反政府、最終的には物理的暴力の行使へとエスカレートさせていった。つまり、アクターの行動が制度の制約を超えたことで、市民を含む国内全体が権力闘争のアリーナとなっていったのである。こうして、レバノンは内戦再発の危機に瀕することになった。だが、皮肉にもそれがレバノン情勢の安定のための諸外国の介入を呼び込み、ドーハ合意の採択というかたちで両陣営の武力衝突を収束させる結果となった。約言すれば、「三月一四日勢力」と「三月八日勢力」の対立の激化の結果、この時期のレバノン政治は、政治エリートによる権力闘争と権力分有の両方の側面において制度の外へと滲出していったのである。

4 「二大政党体制」の盛衰——第一八期国民議会選挙（二〇〇九年）

政治対立の暴力化と国際介入によって制度の外へと滲出したレバノン政治。だがそれも二〇〇八年五月のドーハ合意により、再び制度内での攻防を軸に展開されるようになった。その試金石となったのが、二〇〇九年六月に投開票が行われた第一八期国民議会選挙であった。

二〇〇九年選挙は、「三月八日勢力」と「三月一四日勢力」による文字通りの決戦となった。二〇〇五年の前回選挙では選挙の前後を通して政治エリート間の活発な（時として政策や公約に矛盾するような）合従連衡が見られたが、それに対して二〇〇九年選挙では陣営横断的な交渉はほとんどなく、「二大政党体制」——あるいは擬似的な二大政党制——の萌芽が見られた。[19]

「二大政党体制」の萌芽

まず、選挙戦は、二〇〇五年選挙同様に選挙同盟の結成から始まった。[20] 前回選挙が政策論争を棚上げにしたアドホックな選挙同盟を特徴としていたのに対して、この二〇〇九年選挙では早い段階から候補者が「三月一四日勢力」と「三月八日勢力」に明確に二極化し、ほぼ全ての選挙区においてそれぞれの陣営の候補者から構成されるリ

第 18 期国民議会選挙の投票風景

注）ベイルート県第 1 区アシュラフィーヤ地区の投票所。
出所）筆者撮影（2009 年 6 月）。

ストどうしの一騎討ちとなった。

むろん、このことは、それぞれのリストが例外なくいずれかに色分けできることを意味せず、実際には選挙を勝ち抜くための戦略的な「合同リスト」の作成、すなわち当選者の調整のための談合（例えば、ベイルート県第二区における四議席［スンナ派一、シーア派一、アルメニア正教二］では、双方で二議席ずつ分け合うかたちでリストが作成された）も見られた。だが、それはあくまでも例外であった。

二〇〇九年選挙において、両陣営の間の争点は、対シリア関係、レジスタンスの武装解除、ターイフ合意およびドーハ合意の尊重などであり、形式的には政策論争の様相を呈しているものの候補者たちの政見は具体性を欠き、実際には親シリア／反シリアという既定路線から演繹されたものであった（Cammett［2009］）。だが、二〇〇五年選挙と比較すれば、政治エリートたちはより自らが掲げる政治的立場や政策に忠実であり、四者同盟のような陣営横断的な選挙協力や政策モラトリアム（政策論争の一時停止）は大幅に減少した。

長引く激しい対立にもかかわらず、両陣営が民主的な手続きを尊重し、政権交代を賭けた選挙の実施に合意したことについては、「活発で成熟したレバノンの民主主義が機能している」と評された（Hajjar［2009：262］）。選挙の結果は、R・ハリーリーの息子S・ハリーリー（ムスタクバル潮流代表）率いる「三月一四日勢力」が七一議席（無所属二議席を含む）を獲得し、一四議席差で「三月八日勢力」（五七議席）を破って政権与党の座を守った（Information International ed.［2009］）。

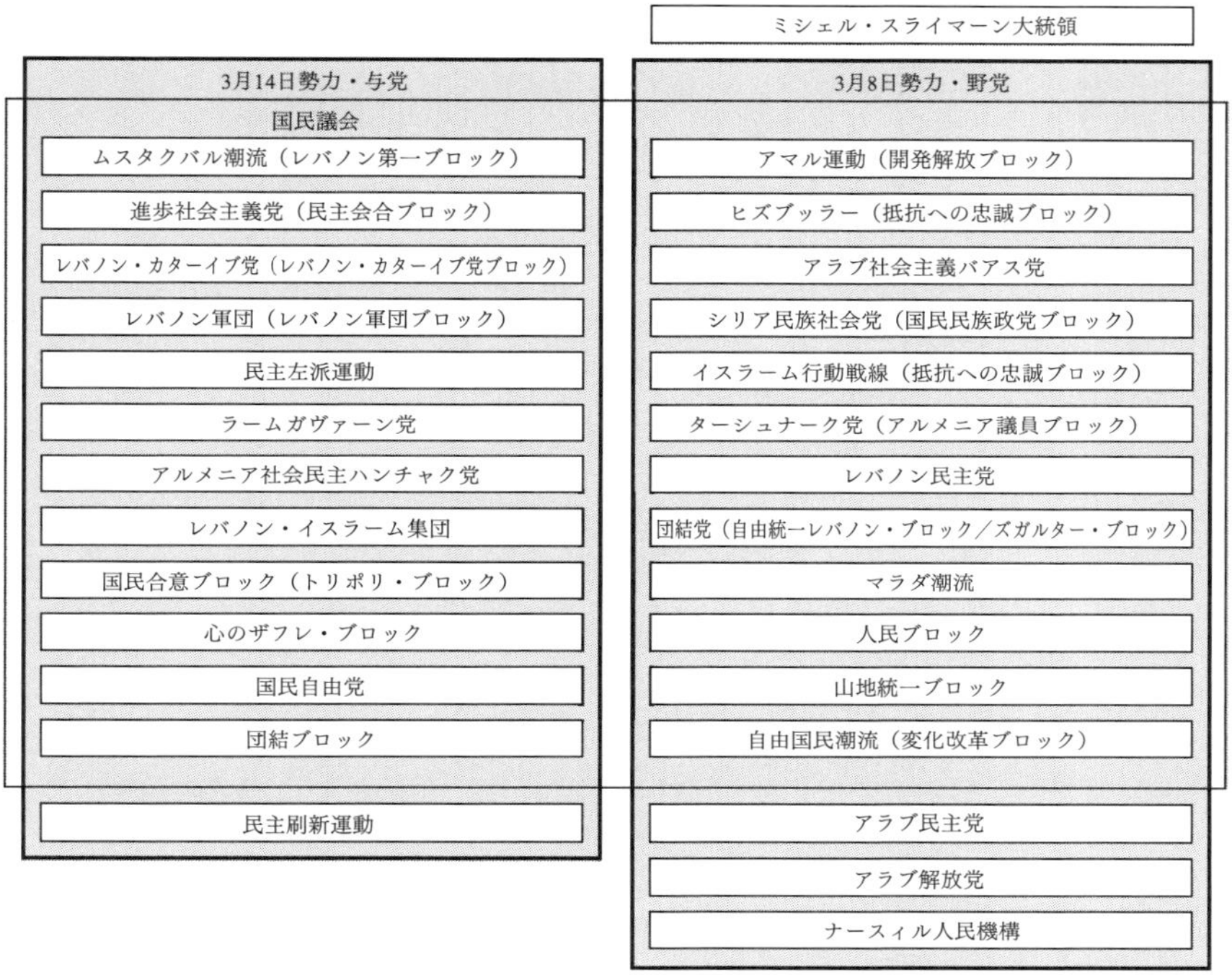

図 9-4　レバノンの主な政治勢力の対立構図（第 18 期国民議会選挙実施時）

出所）Information International ed.［2009］, Suechika［2012：113］をもとに筆者作成。

国会会派の形成も同様に、選挙を通して雌雄を決した「三月一四日勢力」と「三月八日勢力」の与野党の図式に忠実に行われたと言える。二〇〇五年選挙においても、会派形成はこの政策の別（反シリア／親シリア）に基づく二大政党連合に沿って進んだが、選挙前のアドホックな選挙同盟との相違から民意を軽視したものであると批判された。これに対して二〇〇九年選挙は、政治エリートによる選挙戦の布陣と選挙結果に基づく会派形成がほぼ一致することで、より公正で民主的なものとなったと言える。言い換えれば、選挙の前後で政治エリートの布陣が変わらず、政策の別と与野党の別が一致したことになる（図9-4）。

組閣人事の難航

しかし、組閣人事に関しては、前回選挙の後と同様に「三月一四日勢力」と

「三月八日勢力」との間の激しい攻防が繰り広げられた。選挙後に首班に指名されたムスタクバル潮流代表のS・ハリーリーは、宗派制度の「慣習」──「宗派は組閣において公正に代表される」（憲法第九五条）──に従い、三〇人の閣僚からなる挙国一致内閣の発足を目指した。[21] だが、ヒズブッラー率いる「三月八日勢力」が「拒否権が発動できる三分の一」のポストを主張したことで、組閣作業は難航した。公の場で選挙での敗北を認めたナスルッラー書記長であったが、組閣人事においては、「［「三月一四日勢力」は］国民議会選挙の結果を忘れ、野党の要求を満たす挙国一致内閣を発足させるために尽力せよ。さもなければ、内閣は発足しない」と述べるなど、組閣人事が国民議会選挙となる異なる論理、すなわち政治エリート間の合議による権力分有で行われるべきであると主張した（*al-Nahār*, December 2, 2006, *al-Safīr*, December 2, 2006）。

結局、S・ハリーリー内閣（二〇〇九年一一月～一一年六月）が発足できたのは、選挙終了から五カ月以上経った一一月一〇日のことであった。この新内閣は、宗派制度に基づく宗派間の権力分有の原則を尊重した挙国一致内閣として野党勢力、すなわち「三月八日勢力」の閣僚を含むことになり、選挙によって国民の信を得たはずの与党が内閣を独占することができなかったことになる。ヒズブッラー単独では、フナイシュ行政改革担当国家大臣とフサイン・ハーッジ・ハサン農業大臣の二名を入閣させた。

このことは、あくまでも合議による合意形成を重んじるレバノンの宗派制度の特徴を示している。だが、ここで重要なのは、「三月八日勢力」が、二〇〇五年からの一連の「反革命」の末に「拒否権を行使できる三分の一」の閣僚ポストを確保したことである。喉元に刃を突きつけるかたちで、政府に対する生殺与奪の権を得たのである。

野党による事実上の内閣支配

「三月八日勢力」に生殺与奪の権を握られたS・ハリーリー内閣は、「三月一四日勢力」を構成する政治エリートの間の団結が綻びに直面したことで、政策面での妥協を余儀なくされることとなった（ICG［2010a］）。

第一に、二〇〇九年八月一日、進歩社会主義党のジュンブラート党首が、「政治綱領に基づくのではなく、宗派、血縁、政治レベルにおいて野党を拒絶している」との批判を表明し、「三月一四日勢力」からの離脱を宣言した（*The Daily Star*, August 3, 2009）。その結果、「三月一四日勢力」は、国民議会での議席数を六八から五六に減らし、五七議席を擁する「三月八日勢力」とほぼ同数となった。

第二に、S・ハリーリー首相は、国民議会での承認を得た際にレバノンの主権回復と国土解放に向けて「国民、軍、レジスタンス」の三位一体が必要であると述べ（*al-Nahār*, December 11, 2009, *al-Safīr*, December 11, 2009）、同国の攻防体制にレジスタンスが不可欠であるという見解を公式に表明した。

第三に、二〇〇九年一二月には、S・ハリーリー首相が、父R・ハリーリーの暗殺事件以降初めてダマスカスを訪問し、B・アサド大統領と会談した。同首相は、「シリアとレバノンは敵対的な認識からは決して利益を得ることはできない……レバノンは過去の経験から学び、両国のための新たな地平を開く努力を重ね、前向きであるべきだ」と述べ、レバノンの国益のために、ヒズブッラー率いる「三月八日勢力」を支援してきたシリアとの関係改善に踏み出した（*al-Nahār*, December 21, 2009, *al-Safīr*, December 21, 2009）。

このように「三月一四日勢力」が「三月八日勢力」に対して妥協の姿勢を示した背景には、二〇〇九年初頭からそれぞれを支援してきたサウジアラビアとシリアがレバノン情勢安定化のために重ねてきた政府間協議の成果があった（ICG [2010c : 16–17]）。その意味では、ドーハ合意に続いて、レバノンの多極共存型民主主義が諸外国の介入なしでは意思決定が困難である事実が再び浮き彫りにされた。

二〇〇九年選挙後の「三月一四日勢力」の結束の綻びとシリアへの接近を、ヒズブッラー率いる「三月八日勢力」による「反革命」のさらなる勝利と評価することもできよう。しかしより重要なのは、二〇〇八年の「均衡崩壊」とその後のドーハ合意を経て、「三月一四日勢力」が国民議会選挙を通して与党としての地位を確保しても、「三月八日勢力」の協力を取り付けない限り執政を司ることができないだけではなく、レバノンという国家自体を崩壊させてしまう危険性があることを認識するに至った点である。これは、合議を通した合意形成が多極共存型民主主義を採用したレバノン政治において不可欠なことが、政治エリート間に共有され始めた証であった。

以上のことを整理しよう。二〇〇九年の第一八期国民議会選挙は、選挙戦の段階から投票後の会派形成まで、ほぼ一貫して「三月一四日勢力」と「三月八日勢力」という二つの政党連合の間で戦われた。ここには、政策の別を度外視した政治エリートの合従連衡が見られた前回選挙と比較して、国内の二極化の果てに生まれた「二大政党体制」――擬似的な二大政党制――の姿を確認することができる。そしてそれを生んだのは宗派主義よりも対シリア関係を軸とする政策論争であり、レバノン政治のいっそうのリベラル化を看取することもできる。

しかし内閣は、宗派制度によって政治エリートの間の協議によって構成・運営されることが定められていた。そのため、挙国一致というかたちをとり、選挙の結果を必ずしも反映したものにはならなかった。その結果、国民議会の「二大政党体制＝多数決モデル」と内閣の「挙国一致体制＝多極型モデル」との間に「ねじれ」が生じたことで政府の意思決定はより困難になり、多極共存型民主主義の制度運営――すなわち合議による合意形成――が事実上不可能となった。そして、そのことが、皮肉にも双方の間に政策面での妥協のモメントを生み出したのである。

おわりに――宗派制度における権力分有と権力闘争

冒頭の問いに戻ろう。「杉の木革命」による民主化はなぜ座礁したのか。最大の原因は、反シリア派の「三月一四日勢力」と親シリア派の「三月八日勢力」による国内を二分する激しい政治対立がレバノンの国民議会、内閣、大統領を機能不全に陥らせ、国家としての意思決定過程を阻害してきたことにあった。このことから、宗派主義を政治的混乱の原因と見なしてきた（そして、宗派主義の廃絶が安定と平和をもたらすと想定してきた）従来の議論とは異なる結論が導かれる。すなわち、宗派主義は、宗派別の権力分有が制度化されたレバノン政治において常に存在してきたものの、二〇〇五年以降の政治エリートの合従連衡は主にシリアとの関係を基調とした政策論争によって左右されてきた。そこでは、宗派の別を第一義的な要素としないプラグマティックな政治が展開された。

宗派主義よりも政策論争が重視され、またそれが自由に行われているという事実は、レバノンの民主化にとっての好条件であろう。だが、そのことは多極共存型民主主義による政治の安定化を約束するものではなかった。それは、政策論争自体がシリアという外国によるレバノンに対する影響力行使の是非、言い換えれば、レバノンという主権国家自体のあり方を揺るがす問題に関わっており、また、誰がレバノンにおいて権力を握るのかという問いと直結していたためであった（Kerr［2005］）。政治エリートにとっては、いずれも妥協困難なアジェンダであった。

レバノンの宗派制度は、少なくとも現状においては政治エリートから一定の妥協を引き出し、国家としての意思決定を円滑に実践することができていない。かつてレイプハルトが評価した内戦以前のレバノンの多極共存型民主主義は、あくまでも政治エリート間の妥協による合意形成、とりわけ内閣における「秘密裏」の審議が織り込まれたものであった（レイプハルト［1979：190］）。しかし、レイプハルトの論敵ドナルド・ホロウィッツによる批判を待つまでもなく、こうした前提は予定調和的・楽観的であり、明確なインセンティブがなければアクターは必ずしも妥協を示すとは限らない（Horowitz［2000：566-576］）。

このことを象徴したのが、二〇〇五年以降のヒズブッラー率いる「三月八日勢力」による「反革命」であった。彼らにとって「杉の木革命」はそれまで享受してきた権力の喪失の危機であった。そのため、レバノンを分裂させたのは、親シリア派であるヒズブッラーおよび「三月八日勢力」による権力奪取の試み——「レバノンのヒズブッラー化」——であった。

だが、親シリアという政策の是非についての価値判断を下すべきではない。現代の政治学において、「民主主義体制とは「自由」のみならず「反対」ないしは「対立」までをも必要条件とするもの」だからである（金丸［2011：172］）。ただし、その「反対」や「対立」がシリアによる事実上の支配を容認するようなレバノンの主権国家としてのあり方を揺るがすものであったところに、同国の悲劇があったとも言える。そして、このことは第3章で論じたような国家構想の衝突状態が続くレバノン国家のポストコロニアル性の延長線上にあるものと考えることもできよう。

いずれにしても、第二共和制成立以降のレバノン政治において、対シリア関係というアジェンダは、政治エリート間のパワーバランスを抜本的に変える性格を有していたことから、国論を二分する大論争を引き起こした。それは、政治エリートによる政治同盟の形成を通して「二大政党体制」を出現させ、事実上の多数派／少数派の枠組みを国民議会に導入した。他方、内閣は、宗派制度に基づく多極共存型民主主義の制度で運営されていた。その結果、国民議会と内閣との間で民主主義の多極型と多数決型の二つのモデルによる「ねじれ」が生まれ、合議による合意形成がいっそう困難となったのである。

ヒズブッラーは、親シリアという非妥協的な「反革命」の姿勢を貫くことでこうした多極共存型民主主義が抱える制度上の弱点を浮かび上がらせ、それを梃子に権力への階段を一歩一歩上がっていく。これについては、次の第10章で見てみたい。

第10章　「アラブの春」で変わる中東政治

――保守としての抵抗と革命

はじめに――流動化する中東政治

二〇一一年は、中東政治、広くは国際政治を大きく変えた年となった。チュニジア、エジプト、リビアにおいて、市民による抗議デモによって約四半世紀にわたった権威主義体制が崩壊した。やがて「アラブの春（al-Rabīʿ al-ʿArabī, Arab Spring）」と呼ばれるようになったこの一連の政変は、バハレーン、イエメン、シリアなどにも飛び火し、各国で市民と政権との間の激しい攻防が繰り広げられた。「春」と呼ばれたこと――一九六八年の「プラハの春」に由来する――に象徴されるように、それは独裁や権威主義体制から解放された市民が自由と平和を謳歌できるような時代の到来を予感させるものであった。

むろん、「春」という呼称は、中東近現代史家ジェイムズ・ゲルヴィンが指摘したように、抗議デモの発生が国によっては暦の上で文字通り「季節外れ」となるだけでなく、あらゆる事象を楽観的な民主化シナリオへと収斂させてしまうことで各国政治の歴史的発展の違いを糊塗してしまうものであることは否めない(1)（Gelvin［2012］）。しかし、それでもなお、ＳＮＳ（social networking service）の活用、非暴力的手段、脱イデオロギー、カリスマやリーダーの不在を特徴としたこの新しい草の根の運動の勃興は、中東政治が大きな変化の時を迎えつつあることを世界に実感させるに十分であった。

しかし、こうした「アラブの春」の楽観的なムードは、やがて二つの「想定外」の出来事によって崩れていく。

第一の出来事は、市民による抗議デモの長期化とそれに伴う治安の悪化である。チュニジアとエジプトが抗議デモの発生から数週間で政変を経験したのに対して、バハレーン、リビア、イエメン、シリアでは政権側の激しい抵抗が見られ、市民に対する武力を伴う激しい弾圧も行われた。とりわけ、リビア、イエメン、シリアでは市民の側の武装化が進み、内戦状態となった。

第二の出来事は、イスラーム政党の台頭および政権掌握である。チュニジアとエジプトでは、政変後に実施された議会選挙・大統領選挙においてイスラーム政党が勝利した。チュニジアではナフダ党が与党第一党となり（二〇一一年一一月）、エジプトでも同じくムスリム同胞団系の自由公正党が国民議会における単独与党の座を確保（二〇一二年一月）、大統領選挙でも同党のムハンマド・ムルシー候補が勝利した（二〇一二年六月）。むろん、イスラーム政党の台頭は民主的な選挙の結果であり――欧米諸国の政策決定者たちが嘆いたように――悲観的に捉える必要はない。しかし、ＳＮＳや脱イデオロギーを特徴とした市民による抗議デモの「新しさ」に対して、イスラーム政党やイスラーム主義の台頭は一九七九年のイラン・イスラーム革命を彷彿とさせる「古さ」を感じさせるものであり、周辺国や欧米諸国に警戒感を抱かせた。

いずれにしても、確かなことは、「アラブの春」が民主化の移行・定着に向けての予定調和的なシナリオではなく、少なくとも中短期的に見た場合、中東政治の流動化ないしは不安定化の契機となったことであろう。つまり、「アラブの春」を契機として、民主化や内戦といった各国の政治変動（国内政治）、それに伴う同盟やパワーバランスなどの中東諸国間関係の再編（域内政治）、そして、米欧中露などの大国による関与の盛衰（国際政治）の三つのレベルが相互に連動しながら、中東政治は変化を始めたのである。

ヒズブッラーにとっても、「アラブの春」は両義的なものとなった。中東政治の流動化は、米国とその同盟国主導の秩序形成を阻止するための好機となり得るものであった。とりわけ、米国とイスラエル両国との関係強化に努めてきたエジプトのフスニー・ムバーラク政権の崩壊とその後のイスラーム政党の台頭は、二〇〇一年からの「対テロ戦争」を梃子にした米国の中東への影響力拡大への打撃として歓迎された。しかし、他方で、「アラブの春」はヒズブッラーの将来に暗い影を落とすものとしても立ち現れた。シリアでも抗議デモが発生し、長年の庇護者であり同盟者であったバッシャール・アサド（以下B・アサド）政権が崩壊の危機に瀕したからである。

このように好機と危機の両方として訪れた「アラブの春」に対して、ヒズブッラーはいかに対応したのだろうか。本章では、二〇一一年の「アラブの春」を契機として大きく変化し始めた中東政治のなかで、ヒズブッラーがいかなる言動をとったのかについて論究することを目的とする。

この作業を進めていく上で、ヒズブッラーを「中東政治の結節点」と捉える本書の立場を今一度確認しておきたい。それは、レバノン政治、中東政治、国際政治の様々なアクターの思惑が交差する点であり、また次々に新たな政治的な局面が生起する点のことを指す。「アラブの春」による中東政治の流動化は「結節点」としてのヒズブッラーの位相を大きく変えるものであったが、このことは、翻って、ヒズブッラーを見ることで「春」以降の中東政治のダイナミクスの一側面を捉えることが可能であることを示唆する。つまり、本章は、「中東政治の結節点」としてのヒズブッラーの言動を分析し、それを通して、大きな変革の時を迎えつつある中東政治の一つの見取り図を示そうという試みである。

以下では、まず、ヒズブッラーがどのように二〇一一年の「アラブの春」に対応しようとしたか、レバノン政治と中東政治の文脈において明らかにする。次に、彼らの庇護者であるシリアにおける内政の混乱が彼らにどのような問題を突きつけたかを分析し、それを打開しようとする働きかけが中東政治にどのような影響を与えたのかを論じることとする。

1　レバノンにおける「静かなる革命」──レバノンのヒズブッラー化の到達点

レバノン特別法廷

二〇一一年の最初のわずか数カ月間で多くのアラブ諸国がそれぞれ規模の違いはあるにせよ市民による抗議デモや政変を経験したのに対して、レバノンでは目立った動きがほとんど見られなかった。「アラブの春」がレバノンに飛び火しなかった原因は、同国が多極共存型民主主義を採用した民主国家であったことに求められよう。より詳しく見れば、第一に、二〇〇五年の「杉の木革命」によって既に一定の民主化を達成していたこと、第二に、宗派によって分節化された多元社会が体制／反体制の固定化を妨げてきたこと、第三に、したがって、法的に定められた政治制度の外部で起こる政変は、体制対反体制の「最終決戦」となる革命よりもむしろ民兵割拠の内戦のかたちをとりやすいことが挙げられる。

だが、このことは、レバノンが「アラブの春」から無縁であったことを意味するものではない。むしろ、本書を通して見てきたように、外国の介入が繰り返されてきたレバノンは中東政治や国際政治の動静に極めて敏感な国であり、翻って、レバノン情勢は中東政治や国際政治に様々なかたちで作用してきた。レバノン政治は、国際問題が国内問題となり、国内問題が国際問題となる「メビウスの輪」の様相を呈した。

この「メビウスの輪」としてのレバノン政治を象徴したのが、二〇〇五年二月のラフィーク・ハリーリー（以下R・ハリーリー）元首相暗殺事件の真相究明のために国連主導で設置された「レバノン特別法廷（Special Tribunal for Lebanon, STL、以下特別法廷）」であった。第一八期国民議会選挙が実施された二〇〇九年夏以降、「三月一四日勢力」（反シリア派）と「三月八日勢力」（親シリア派）との間の緊張緩和が見られ、「杉の木革命」によって冷却したレバノンとシリアとの関係も幾分改善された（第9章4）。しかし、この特別法廷をめぐって、レバノンは再び激しい政治対立の泥沼へと陥っていく。

レバノン国内で起こったテロ事件を国際的に整備された司法機関で扱うことになったのは、事件の捜査がシリアの「推定有罪」を出発点としていたためであった。実際に捜査の手はシリアの政権中枢にも及び、重要参考人として複数の高官が召還された[2]（青山・末近［2009：99-112］）。事件が国内問題ではなく国際問題として扱われたことに対して、親シリア派のヒズブッラー率いる「三月八日勢力」は、シリアとの関係悪化を導くものと批判し、また、レバノンの主権や司法の自律性に対する侵害であると反発した。他方、暗殺されたR・ハリーリーの長男、サアドゥッディーン（サアド）・ハリーリー（以下S・ハリーリー）率いるムスタクバル潮流および「三月一四日勢力」は、事件の真相究明に積極的な姿勢を見せ、特別法廷の設置に賛同した。両陣営の間の意見の対立はレバノンの独力では解消させることができず、結局、安保理決議一七五七号（二〇〇七年五月三〇日採択）の下、レバノン人の裁判官を加えるなどの条件を盛り込み準国際法廷とすることで収束した。そして、二〇〇九年三月一日、ようやく同法廷はオランダのハーグに正式に設置された[3]（Knudsen［2012］）。

だが、「三月八日勢力」と「三月一四日勢力」との間のデタントは長くは続かなかった。特別法廷がシリアの「推定有罪」を翻し、ヒズブッラーのメンバーを容疑者とする新たな捜査方針を明らかにしたためであった[4]。新たに「ヒズブッラー犯行説」が浮上したことで、「三月一四日勢力」はヒズブッラー率いる「三月八日勢力」を激しく非難した（ICG［2010a］）。一方、ヒズブッラー指導部は終始一貫、元首相暗殺事件への関与を否定した。それだけではなく、ハサン・ナスルッラー書記長は、「ヒズブッラー犯行説」をヒズブッラーと庇護者であるシリアを陥れるための仇敵イスラエルによる陰謀であると論難し、支持者に対して捜査協力のボイコットを訴えるなど、かつての特別法廷の設置合意を翻意し、その正当性を否定するようになった[5]（*al-Nahār*, July 26, October 5, November, 14, 2010）。

こうして、特別法廷の正式設置とその後の捜査の進展が、「三月一四日勢力」と「三月八日勢力」との間の対立の炎に油を注いだ。レバノンでは両陣営の対立が再び深刻化していった。

政治利用される特別法廷

特別法廷は、国内対立だけでなく国際対立をも助長した。そもそも、特別法廷の設置を定めた安保理決議第一七五七号自体、国際アクターである米英仏の主導で提案されたものであった。R・ハリーリー暗殺事件の容疑者がシリアであれヒズブッラーであれ、米英仏にとってはレバノンにおいてそれらの力を牽制すると同時に、自らが支援する反シリア・親欧米の「三月一四日勢力」が主導する政府の維持が可能となる。ゆえに、米英仏はあくまでも特別法廷の設置に固執し、また、親欧米諸国として「三月一四日勢力」を支持してきたエジプトとサウジアラビアも同様の立場をとった。

他方、ヒズブッラーの庇護者であるイランとシリア両国の首脳は、「ヒズブッラー犯行説」に相次いで異議を唱え、特別法廷の設置を急ぐ米英仏の動きを牽制する構えを見せた。イランのマフムード・アフマディーネジャード大統領は、レバノンを公式訪問中の二〇一〇年一〇月一三日に「ヒズブッラー犯行説」を「捏造」だと批判、シリアのB・アサド大統領は、一〇月二六日付『アル＝ハヤート (*al-Ḥayāt*)』紙に掲載されたインタビューで、ヒズブッラーに対する訴追はレバノン社会を分裂させ、国家の破壊につながりかねないとの見解を示した[6] (*al-Ḥayāt*, October 26, 2010)。

このように国内アクターと国際アクターがそれぞれ組み合わさった二つの陣営の間には、もはや歩み寄りの余地はなかった。こうしたなか、特別法廷は、二〇一一年一月一九日、「ヒズブッラー犯行説」に従い、ヒズブッラーのメンバーを含む容疑者の訴追手続きに踏み切った[7]。S・ハリーリー首相は、「三月八日勢力」からの激しい反発を押し切るかたちでこの特別法廷の決定を尊重する意を示し、政敵を「犯罪者」として政治的に葬り去ることを試みた。

静かなる革命

だが、それがS・ハリーリー内閣の命取りになった。二〇一一年一月一二日、「三月八日勢力」は、S・ハリーリー首相の判断に抗議するために閣僚一〇名を辞任させ、これに同調する閣僚一名（ミシェル・スライマーン大統領派）も辞意を表明した。その結果、憲法第六九条第一項に基づき（第9章1）、閣僚の三分の一以上を失ったS・ハリーリー内閣は法的根拠を失った。そして、次期首相を指名するための国民議会での諮問において、「三月八日勢力」は、無所属・中道派の議員を取り込み議席の過半数を制することで、自らに近いナジーブ・ミーカーティー元首相の指名に成功した。その結果、ヒズブッラー率いる「三月八日勢力」は、二〇〇五年、二〇〇九年の二度の国民議会選挙で「三月一四日勢力」に敗北し野党の座に甘んじていたにもかかわらず、レバノン政府を主導する立場を獲得したのである。政権の座に就いた「三月八日勢力」は、直ちに政府として公式に「ヒズブッラー犯行説」を否定することで、特別法廷によるヒズブッラー・メンバーの裁判を停滞させた[8]。

こうして、ヒズブッラー率いる「三月八日勢力」は、特別法廷問題によって再燃した国内対立を制し、二〇〇五年以来の悲願であった内閣の掌握を成功させた。市民のパワーに沸き立った二〇一一年の中東において、実はこれが最初に起こった「革命」であった。それは、次の二つの意味において「革命的」な事件であった。

第一に、野党勢力が選挙を介さず政権を奪取したこの「革命」が、市民の抗議デモによるものではなく、法的に定められた制度を通じた「静かなる革命」であった点である。約五カ月間（一四一日間）の閣僚人事の調整を経て、二〇一一年六月一三日、「三月八日勢力」が閣僚ポストの過半数を擁する第二次ミーカーティー内閣（二〇一一年六月〜）が正式に発足した。対して、「三月一四日勢力」は、組閣作業そのものをボイコットしたことで政権を失った。

第二に、二〇〇五年以来のレバノン政治のあり方を規定してきた反シリアと親シリアのパワーバランスが逆転した点である。シリアによる実効支配を終焉に導いた二〇〇五年の「杉の木革命」を主導した「三月一四日勢力」が後退し、シリアとの関係強化を求めてきた「三月八日勢力」が政権を握ったことで、レバノンは反シリアから親シリアへと再び向かい始めた。新たに指名されたミーカーティー首相自身は、レバノンの携帯電話事業で巨万の富を築いてきたビジネスマンであり、政治的には与野党および反シリア／親シリアのどちらにも与しない中道派を自認していた。だが、実際のところはヒズブッラーとは良好な関係を保ち続け、また、B・アサド大統領やその親族をはじめとするシリアの政治家たちや財界とのつながりが指摘されてきた人物であった（Baumman [2012b], Dewailly [2012]）。

こうして、ヒズブッラーは、内閣を事実上手中に収めることで、ついに政権の座に就いた。その結果、「三月一四日勢力」を支持してきた米英仏および同盟国であるエジプトとサウジアラビアは、レバノンを失った。その代わりに、「杉の木革命」以降後退戦を強いられてきたシリアとイランが政権の座に就いたヒズブッラーを介して再びレバノン内政に影響力を拡大させることとなった。このことは、イスラエルにとっての安全保障上の脅威となると同時に、後に論じるような「アラブの春」後のシリア情勢をめぐる国際政治の攻防にも影響を及ぼすこととなった。

ヒズブッラー政権？

ヒズブッラーが主導するこの新内閣の発足をめぐっては、国内外から次々と懸念の声が上がった。国内では政権を失った「三月一四日勢力」が、「新内閣は複数の政党から構成されているが、実際にはヒズブッラーによって独占されている」と批判した。また、欧米諸国やイスラエルなどのマスメディアは、シリアとイラン両国の傀儡政権が誕生し、「西洋の勢力を脅かしかねない」といった強い警戒感を露わにした（*The New York Times*, June 14, 2011）。

しかし、この「静かなる革命」――「杉の木革命」に対する「反革命」――は、一九八五年の「公開書簡」に示されたようなイスラーム革命と同義ではない。ナスルッラー書記長は、第二次ミーカーティー内閣がレバノン国内の全ての政治勢力や宗派の利益を反映した「国民救済政府（ḥukūma al-inqādh al-waṭaniya）」であるとの立場を採り、「ミーカーティー首相は全会一致の候補者である。ヒズブッラーは新内閣を主導しないし、それがヒズブッラーの政府になることもない」と述べ、「三月一四日勢力」や欧米諸国による批判や警戒感に釘を刺した（*al-Ḥayāt*, June 14, 2011）。

確かに、「三月八日勢力」が四つの重要な閣僚ポスト（内務地方行政大臣、国防大臣、財務大臣、外務在外居住者大臣）のうち国防大臣と外務在外居住者大臣を確保したことから、ヒズブッラーは、組織の将来、とりわけレジスタンスの地位を大きく左右する国防と外交の権限を自らの影響下に置くことに成功した。しかし、閣僚の顔ぶれを細かく見てみると、第二次ミーカーティー内閣がヒズブッラーによって独占されているという批判が正鵠を射ていないことが分かる。

まず、全三〇ポストを見渡すと、過半数の一七ポストが「三月八日勢力」出身者・関係者で占められているものの、残りの一三ポストについてはミーカーティー首相やスライマーン大統領、独立系の進歩社会主義党の指名であった。また、「三月八日勢力」が確保した一七ポストの内訳を見ても、最大勢力はヒズブッラーではなくミシェル・アウン党首の自由国民潮流であり（七ポスト）、ヒズブッラーには農業大臣と行政改革担当国家大臣の二ポストが配分されたに過ぎない。このように、第二次ミーカーティー内閣は、確かにヒズブッラー率いる「三月八日勢力」のヘゲモニーを特徴としているものの、ヒズブッラーが閣僚ポストを独占しているわけではなく、その協力者や同盟者とともにできるだけ多くのポストを確保するという多元的な布陣を特徴とした（表10-1）。

実はここに、多元社会であるレバノン独自の政治環境を踏まえた、ヒズブッラーの巧みな権力掌握術が見て取れる。第9章で論じたように、二〇〇五年から今日までの六年間を振り返ってみると、ヒズブッラーは、「レバノンのヒズブッラー化」——政府内のポストを積極的に獲得し、議会、内閣、大統領、国軍に対する発言力を拡大していく戦略——を通して、確かに一歩一歩着実に権力の座への道を歩んできた。だが、この「レバノンのヒズブッ

表 10-1　第二次ナジーブ・ミーカーティー内閣（2011 年 6 月～13 年 3 月）

閣僚ポスト	氏　名	宗派	所属政党・組織（会派）	陣　営
首　相	ムハンマド・ナジーブ・ミーカーティー[a)]	スンナ派	団結ブロック	無所属
副首相	サミール・ムクビル	ギリシア正教	無所属（スライマーン大統領指名）	〃
外務在外居住者大臣	アドナーン・マンスール	シーア派	アマル運動	3 月 8 日勢力
国防大臣	ファーイズ・グスン[a)]	ギリシア正教	マラダ潮流（自由統一レバノン・ブロック）	〃
財務大臣	ムハンマド・サファディー	スンナ派	国民合意ブロック（ミーカーティー首相指名）	無所属
内務地方行政大臣	マルワーン・シルビル	マロン派	無所属（スライマーン大統領・自由国民潮流共同指名）	〃
環境大臣	ナーズィム・フーリー	〃	無所属（スライマーン大統領指名）	〃
観光大臣	ファーディー・アッブード	〃	自由国民潮流	3 月 8 日勢力
教育・高等教育大臣	ハッサーン・ディヤーブ	スンナ派	無所属（ミーカーティー首相指名）	無所属
経済通商大臣	ニコラー・ナッハース	ギリシア正教	〃	〃
公共事業大臣	ガーズィー・アリーディー[a)]	ドゥルーズ派	進歩社会主義党（国民闘争ブロック）	〃
工業大臣	ヴレージュ・サブンジアン	アルメニア正教	ターシュナーク党	3 月 8 日勢力
社会問題大臣	ワーイル・アブー・ファーウール[a)]	ドゥルーズ派	進歩社会主義党（国民闘争戦線ブロック）	無所属
情報大臣	ワリード・ダーウーク	スンナ派	無所属（ミーカーティー首相指名）	〃
青年スポーツ大臣	ファイサル・カラーミー	〃	無所属（アラブ解放党）	3 月 8 日勢力
通信郵政大臣	ニコラー・サフナーウィー	ギリシア・カトリック	自由国民潮流	〃
電力水資源大臣	ジュブラーン・バースィール	マロン派	〃	〃
難民大臣	アラーッディーン・タッルー	スンナ派	国民闘争ブロック	無所属
農業大臣	フサイン・ハーッジ・ハサン[a)]	シーア派	ヒズブッラー（抵抗への忠誠ブロック）	3 月 8 日勢力
文化大臣	ガービー・ライユーン	ギリシア正教	自由国民潮流	〃
保健大臣	アリー・ハサン・ハリール[a)]	シーア派	アマル運動（開発解放ブロック）	〃

（つづく）

閣僚ポスト	氏　名	宗派	所属政党・組織（会派）	陣　営
法務大臣	シュカイブ・クルトバーウィー	マロン派	自由国民潮流	3月8日勢力
労働大臣	シルビル・ナッハース	ギリシア・カトリック	〃	〃
行政改革担当国家大臣	ムハンマド・フナイシュ[a]	シーア派	ヒズブッラー（抵抗への忠誠ブロック）	〃
国民議会担当国家大臣	ニコラー・ファットゥーシュ	ギリシア・カトリック	心のザフレ・ブロック	無所属（旧3月14日勢力）
国家大臣	タラール・アルスラーン[a) b)] マルワーン・ハイルッディーン[c]	ドゥルーズ派	レバノン民主党（山地統一ブロック）	3月8日勢力
〃	アフマド・カラーミー[a]	スンナ派	団結ブロック	無所属
〃	サリーム・カラム[a]	マロン派	マラダ潮流（自由統一レバノン・ブロック）	3月8日勢力
〃	アリー・カーンスー	シーア派	シリア民族社会党	〃
〃	パノス・マンジアン	アルメニア正教	ターシュナーク党	〃

注 a）国民議会議員。

　b）2011年6月13日，ミーカーティー内閣発足直後に，同内閣人事に異議を唱え辞職。

　c）2011年7月18日，アルスラーン国民議会担当国家大臣辞職後に就任。

出所）「現代東アラブ地域情勢研究ネットワーク」（http://www.tufs.ac.jp/ts/personal/aljabal/biladalsham/lebanon/ministers/2011_06.htm，2012年10月30日閲覧）をもとに筆者作成。


ラー化」はヒズブッラーの幹部やメンバーによる権力の独占を意味するものではなかった。一八もの公認宗派が存在する多元社会であるレバノンにおいては、全ての宗派が「少数派」であるため、単独で政権を握ったり武力を用いて他の宗派を支配することは、統治のコストと国際承認のリスクの両面において現実的な選択肢ではないからである。したがって、ヒズブッラーは「三月八日勢力」を結成し宗派横断的に協力者・同盟者を募ることで、宗派間の公正な利益分配を前提とするレバノンの法的・制度的枠組みの範囲内で合法的に権力を掌握しようとしたのである。

この「静かなる革命」は、二〇〇五年の「杉の木革命」に対する「反革命」の成就であり、「レバノンのヒズブッラー化」の一つの到達点であった。その特徴は、次の二つにまとめることができる。第一に、暴力の行使といった非合法手段ではなく、あくまでも憲法で定められた政治過程を尊重していたこと、第二に、他宗派や他の政治勢力との同盟や協調を通した権力掌握を目指したことであった。このようなヒズブッラーのプラグマティックで柔軟な政治戦略は、終章で論じるポスト・イスラーム主義の命題に通ずるものであった（Moussawi［2010：220-223］）。

2　「アラブの春」で蠢動するヒズブッラー——勢力拡大の好機

継続する独自「外交」

「静かなる革命」と時をほぼ同じくして、二〇一一年一月一四日にはチュニジアで、二月一一日にはエジプトで大統領が辞任に追い込まれた。民主化を求める市民による街頭行動は瞬く間にアラブ各国に飛び火したが、興味深いのは、いくつかの国においてヒズブッラーのメンバーや協調者の関与が伝えられたことであった。これは、第3章で論じたような、彼らによる独自「外交」、すなわちテロリズムや交渉を通して国際アクターと直接的に対峙する戦略・戦術を想起させる。

「ヒズブッラーのレバノン化」（第4章）にしても、その後の「レバノンのヒズブッラー化」（第8・9章）にしても、もともとトランスナショナルな存在として結成・発展したヒズブッラーが、レバノンという国民国家の内側での政治活動へと重心を移していく過程であった。しかし、彼らは、トランスナショナルな性格を放棄したのではなく、むしろその国境を越えるような言動、例えば、イスラエルとの紛争やシリア・イランとの戦略的パートナーシップを通して、組織の生き残りとレバノン国内での権力闘争を有利に進めようとし、また、レバノンを拠点に自らに有利な地域的および国際的な政治環境の創出に努めてきた。つまり、ヒズブッラーは、「メビウスの輪」であるレバノン政治において、一九九〇年代以降は国内政治に軸足を移しつつも、常に中東域内政治、国際政治に自律的かつ主体的に関与しながら、組織の生き残りのための道を切り拓いてきた。そして、翻って、彼らのこうした言動が、「メビウスの輪」を再生産してきたと言える。

ヒズブッラー指導部による「アラブの春」への対応も、これと同様の姿勢に基づくものと捉えることができる。この点については以下に詳論するエジプト、バハレーン、リビアに関する言動で確認することとするが、さしあたりそれらを整理すると、彼らの「春」への見方は次の三つに集約できる。

第一に、「抑圧者」の政府に対する市民による「革命」への共感である。一九八五年の「公開書簡」に記されているように、ヒズブッラーは、「被抑圧者」が自らの解放のために革命を起こすことを奨励し、また、その目的のために「被抑圧者」は連帯すべきであると考えていた。「アラブの春」は、こうした革命精神の発露に他ならず、ヒズブッラーはそれを歓迎し、各国の「被抑圧者」への支持を表明した。

第二に、政変によってアラブ各国がイスラエルおよび米国との関係の見直しを図り、「抵抗」の本分を取り戻すことへの期待である。一九七九年のキャンプ・デーヴィッド合意の調印を嚆矢として、多くのアラブ諸国は、イスラエルおよびその同盟国である米国との和平ないしは共存の道を歩んできた。イスラエルとの「アラブ最後の戦線」を担い、中東における米国の影響力拡大に対する監視役を自認してきたヒズブッラーにとって、親米・親イスラエル政権の崩壊は、イラン、シリア、ヒズブッラー、ハマースなど対イスラエル強硬派による安全保障同盟、通称「抵抗と拒絶の枢軸（miḥwar al-muqāwama wa al-mumāna‘a、以下レジスタンス枢軸）」にとっての好機と受け止められた。

第三に、それまでの世俗主義政権がイスラーム主義勢力の主導する政権へと置き換わることへの期待である。イスラーム主義政権の誕生は、必ずしもヒズブッラーやその庇護者であるシリアとイランにとって有利となるものではないが、イスラームの名の下に対米・対イスラエル関係で共闘相手を確保できる可能性が高まるものと期待された。イラン政府は、「アラブの春」を一九七九年のイラン・イスラーム革命の再来と捉え、中東諸国に「イスラーム覚醒（bidārī-ye Eslāmī）」と反米姿勢が拡大しているとの独自の見方を示した（Rafati［2012：49–50］）。

エジプト

エジプト情勢に関しては、ヒズブッラー指導部は、市民による抗議デモへの支持を表明し、ムバーラク大統領の退陣を歓迎した。そこには二つの理由があった。

第一の理由は、ムバーラク政権の親米・親イスラエル姿勢であった。ヒズブッラーは、とりわけ、エジプトが対イスラエル戦線から離脱するきっかけとなった一九七八年のキャンプ・デーヴィッド合意を「レジスタンスへの最大の打撃」と捉えていた（Qanāt al-Manār, February 16, 2011）。近年では、二〇〇八年末から〇九年初頭にかけての「ガザ戦争」（イスラエル国防軍［以下ＩＤＦ］によるガザ地区への大規模攻撃）において、パレスチナのレジスタンスであるハマースを「見殺し」にしたとし、ムバーラク政権を激しく非難した。ヒズブッラーにとって、同政権の崩壊は「米国とイスラエルの目的を拒絶したことによる、恵まれない者、自由な者、自由を求める者、屈辱と不名誉を拒絶する者の革命」（ナスルッラー書記長）であった（Qanāt al-Manār, February 7, 2011）。

第二の理由は、エジプト政府が親欧米路線の外交方針からサウジアラビアとともに「三月一四日勢力」を支持してきたことであった。先述の特別法廷の問題で見たように、英米仏は、イランとシリアが「三月八日勢力」を介してレバノンの内政・外交に影響力を行使することを危惧していた。そのため、ヒズブッラーは「三月一四日勢力」への打撃となるエジプトの政変を歓迎したのである。事実、「アラブの春」が起こる以前から、ヒズブッラーとムバーラク政権との関係は悪化していた。エジプト当局は、自国内でヒズブッラーが破壊活動を行っているとし、実際に組織の「細胞」を摘発してきた。二〇一〇年春には、サーミー・シハーブ（本名ムハンマド・ユースフ・アフマド・マンスール）をリーダーとする、ヒズブッラーのメンバー二七名を逮捕したと発表した（二〇一一年二月二日、彼らは抗議デモの混乱のなか脱獄に成功し、国外へと脱出した）[9]。これに対して、ヒズブッラー指導部は、破壊活動への関与を否定しながらも、政治工作があったことは認めている。

要するに、ヒズブッラーは、イスラエルとの武装闘争とレバノン国内の権力闘争——言い換えれば、抵抗と革命の実践——において、戦いの場をエジプトの地まで拡張していたのである。

バハレーン

「アラブの春」におけるヒズブッラーの蠢動は、湾岸アラブ諸国の一つ、バハレーンでも伝えられた。エジプトの政変に触発された市民による集会は、二〇一一年二月一四日にバハレーン政府を相手とした、政治参加の拡大・改革を求める抗議デモへと発展した。抗議デモが徐々に拡大していくなか、ヒズブッラーのメンバーと目されたレバノン人たちがバハレーン当局によって次々と逮捕・国外追放された（*Gulf News*, March 25, 2011）。

ヒズブッラー指導部は、「バハレーンの同胞へのいかなる訓練も行っていない（傍点筆者）」と抗議デモへの関与を否定したものの、その一方で、アル＝マナール・テレビを通して、スンナ派のバハレーン王室に対して同国の人口の約七割を占めると言われているシーア派住民を弾圧しているとの批判を繰り返した。さらに、三月一六日にはベイルートで「バハレーンの同胞」による抗議デモへの支持を訴える集会を開催するなど、抗議デモを支持する立場を鮮明にした（他方、同国のシーア派住民もヒズブッラーからのエールに応えるかたちで、デモでヒズブッラーの旗やホメイニーの顔写真を掲げていたと伝えられた）[10]。

ヒズブッラーがバハレーンの抗議デモを支持した背景には、同国の人口の多数派を占めるシーア派住民との歴史的な関係があった。バハレーンはシーア派コミュニティを抱える数少ない中東諸国であり、同じシーア派どうしでイラン、レバノン、イラクと歴史的な人的ネットワーク——「シーア派インターナショナル」（第1章1）——を築いてきた。バハレーン国内にヒズブッラーを名乗る団体は存在が確認されていないが、第3章で論じたようなイラン・イスラーム革命に触発された「自発的な緩やかなネットワーク」である「ヒズブッラー・ライン」の存在は指摘されてきた[11]（Louër［2008：204-205］）。スンナ派のバハレーン王室にしてみれば、シーア派の「ヒズブッラー・ライン」とその背後にいるイランは体制転覆を企てる警戒すべき相手であった。二〇一一年三月には、抗議デモを煽動しているとして、ヒズブッラーを「国際テロ組織」と名指しで非難している[12]（*al-Ḥayāt*, March 30, 2011）。

このような「ヒズブッラー・ライン」に対する警戒は、一九七九年のイラン・イスラーム革命以来湾岸諸国全体で共有されてきたものであった。そのため、イランを仮想敵として集団安全保障体制を築いてきた湾岸協力会議（Majlis al-Taʻāun li-Duwal al-Khalīj, Gulf Cooperation Council, GCC）の加盟国は、二〇一一年三月一四日、バハレーンにサウジアラビアとアラブ首長国連邦の合同軍の派兵を決定し、圧倒的な軍事力を得たバハレーン王室は抗議デモの鎮圧に成功した。

バハレーン情勢をめぐるこの一連の出来事からは、同国がヒズブッラーを「結節点」とするイランやサウジアラビアなどの中東各国の思惑が衝突する場と化していたことが看取できる。

リビア

北アフリカのリビアにおいても、エジプトの政変直後の二〇一一年二月一五日からムアンマル・カッザーフィー（カダフィー）政権に対する民衆による抗議デモが始まった。一九日には鎮圧に乗り出した国軍との戦闘が始まり、体制派対反体制派の内戦状態に陥った。

リビアのケースでは、ヒズブッラーが抗議デモや内戦に関与したとする報道はなかったものの、ヒズブッラー指導部は、カッザーフィー大佐を「傲慢な独裁者」と激しく非難し、反体制派への支持を表明した。ヒズブッラーは、一九七八年にリビアで「謎の失踪」を遂げたムーサー・サドルとその同伴者二名がカッザーフィー政権に拘束ないしは殺害されたと考えており、「リビアにおける革命が、リビアをあらゆる鎖から自由にすることで、イマーム・［ムーサー・］サドル師とその同伴者たちを解放することになる」と見ていたためであった（Qanāt al-Manār, February 21, 2011）。

ムーサー・サドルは、第1章で論じたように、シーア派のための社会運動――奪われた者たちの運動――をレバノン史上初めて組織し、後のアマル運動の創始者となった人物である。ムーサー・サドルは、いわば組織の礎を築いた人物として、また、偉大な宗教者としてヒズブッラーによって重要視されてきた（結局、カッザーフィー政権が倒れた後もムーサー・サドルの消息は不明のままである）。

3　シリアにおける「アラブの春」――庇護者喪失の危機

政権か、市民か

以上見てきたように、二〇一一年初頭の時点において、ヒズブッラーの「アラブの春」に伴う政治環境の変化への対応は万全であり、むしろそれを政治的な好機と捉えていたものと考えられる。レバノンの国内政治においては、「静かなる革命」の成就によってレバノンに自らが主導する親シリア政府を立ち上げることに成功した。中東域内政治では、独自の「外交」を通じて各国の抗議デモへの支持・支援し、それを梃子に米英仏やイスラエルの影響力を後退させ、庇護者であるシリアとイランの立場を確固たるものにしようとした。

ところが、同年三月末にそのシリアでも抗議デモが始まったことで、ヒズブッラーは難しい選択を迫られた。同国の抗議デモは世俗主義の権威主義体制に対するイスラームの復権と自由の拡大を求める運動であり、自らが掲げてきた抵抗と革命の理念に従えばこれを支持することになる。だが、シリアはイスラエルの脅威に対峙し続ける「レジスタンス枢軸」を構成する唯一のアラブ国家であり、対イスラエル闘争における長年の共闘者でもあった。「アラブの春」は、一転してヒズブッラーにとっての危機となった。

シリアでの抗議デモは、三月半ば、他のアラブ諸国よりも二カ月以上遅れて始まった。B・アサド大統領自身、二〇一一年一月の段階で、米国からの経済的支援を受けてきたエジプトが混乱に陥り、経済制裁下にあるシリアが安定しているのは、政府が明確な「イデオロギー、信念、大義」――パレスチナ問題の解決と植民地主義への抵抗――を掲げ、またそれを実践してきたためだと述べており、政府と国民が一体となっているシリアに「アラブの春」が飛び火することはないとの自信をのぞかせていた（*The Wall Street Journal*, January 31, 2011）。

こうしたB・アサド大統領の姿勢に同調するかたちで、ヒズブッラー指導部もシリアでの抗議デモ勃発の可能性について言及しなかった。これは、仇敵であるイスラエルに断固たる姿勢を貫いてきた同政権がシリアやレバノンの市民から一定の支持を得ているという認識に基づくものであり、広くは、同政権とともに対イスラエル陣営を築いてきたヒズブッラーとイランの「レジスタンス枢軸」がシリアだけではなく中東・アラブ諸国の市民に支持されているという自負（ないしは過信）に支えられていたものと考えられる。事実、ヒズブッラーには、二〇〇六年夏のレバノン紛争時に国や地域、宗派を超えた多くのイスラーム教徒からの熱烈な支持を得た経験があった。

しかし、実際にシリアで抗議デモが起こったことにより、ヒズブッラー指導部は、その対応に追われることとなった。ナスルッラー書記長は、抗議デモ発生当初からしばらくの間は他国のケースと同様に市民への共感を時折見せながらも、B・アサド大統領がエジプトやチュニジアの大統領とは異なりイスラエルと対峙するアラブ随一の指導者であることを強調し、シリア国民と国際社会に対して同政権が準備していた政治改革への理解を求める発言を繰り返した。例えば、「南部解放」の一一周年記念日である二〇一一年五月二五日の演説で、「バッシャール・アサド大統領は、改革の実行に真摯であるが、彼はそれを段階的かつ適切な方法で行う必要がある。彼はそれらの改革を実行するための機会を与えられるべきである」と述べ、B・アサド政権を擁護した。そして、米国と欧州連合（EU）による大統領および政権幹部に対する海外資産の凍結（経済制裁）を批判し、「三月八日勢力」が主導するレバノン政府がそれらに加わることはないと断言した[13]（Qanāt al-Manār, May 25, 2011）。

つまり、ヒズブッラーは、シリア情勢において「政権か、市民か」の二者択一の「踏み絵」を回避することで、庇護者であるB・アサド政権の存続と「アラブの春」への支持姿勢とを両立させようとしたのだと言えよう。彼らにとっての最善のシナリオは、抗議デモが収束しシリアが再び安定を取り戻すことであった。

シリア情勢の軍事化と国際化

だが、シリア情勢はヒズブッラー指導部が期待していたようには推移せず、むしろ政権と市民との溝は開いていった。抗議デモは、収束するどころかシリア各地に拡大し、さらには当初の非暴力ではなく武力を伴うものとなっていった。治安部隊と武装集団との間の暴力の応酬が徐々にエスカレートしていき、シリアの複数の地域が内戦状態に陥った。事態の収拾が期待できなくなるなか、ヒズブッラーは別のシナリオを準備しなくてはならなくなった。

シリア情勢の軍事化を助長したのがB・アサド政権による苛烈な武力弾圧であったことに疑いはない。だが、加えて、二〇一一年後半以降の同国情勢の国際化の進展に注目すべきである。その国際化とは次の二つの側面からなる。

第一に、B・アサド政権の崩壊を望む国際アクターの台頭とそれらによる抗議デモおよび反体制派への支援であった。二〇一一年七月には米国が公式にB・アサド政権に退陣を迫り、すぐに英独仏ポルトガルなどの欧州各国や湾岸アラブ諸国が続いた。そして、これらの諸国は「アサド後」の権力の受け皿を準備するべく、国軍からの離反兵士を中心とした民兵組織「自由シリア軍」などの反体制諸派への政治的・軍事的支援を陰に陽に進めた。

第二に、シリア国外で活動していた反体制派諸組織の台頭である。長年にわたる弾圧のためにシリア国外に拠点を構えてきたこれらの諸組織は、B・アサド政権に退陣を迫る上記の諸国へと接近し、支援と協力を取り付けていった。その象徴が一〇月にトルコのイスタンブールで結成された反体制派諸組織連合「シリア国民評議会(al-Majlis al-Waṭanī al-Sūrī, Syrian National Council, SNC)」であった。同評議会には、代表格であるシリア・ムスリム同胞団を中心に多くの在外組織が糾合し、欧米諸国や湾岸アラブ諸国からの支援を取り付けるための外交に奔走した。

シリア情勢の軍事化と国際化は、国際アクターが団結して庇護者であるB・アサド政権の打倒を目指しているという意味において、ヒズブッラーにとっては到底歓迎できないものであった。しかし、その一方で、逆説的ではあるが、シリアにおける「アラブの春」が在外の反体制諸組織とそれを支援する諸国によって「ハイジャック」されたことで（青山［2012b：97–132］）、B・アサド政権への支持姿勢を明確に打ち出すことができる環境が整ったと考えることもできる。B・アサド大統領はシリアでの抗議デモを国外勢力の支援を受けた「武装犯罪テロ集団」によるものと呼び弾圧を正当化したが、軍事化と国際化の進展が現実をこの「陰謀論」へと近づけていったからである。

こうして、「アラブの春」の主役であったはずの市民が、国内では武装勢力に、国外では在外反体制諸組織と国際アクターにその座を奪われてしまったことで、結果的にヒズブッラーは、当初の「政権か、市民か」の「踏み絵」はもはや無効であり、B・アサド政権への支持は市民への敵対ではなく、むしろ彼ら彼女らを国際的な策謀から保護するための行動であると主張できるようになったのである。

実際、ヒズブッラーのB・アサド政権に対する支持姿勢は、二〇一二年に入るといっそう鮮明になり、反体制派への激しい批判と軍事部門レバノン・イスラーム抵抗（以下イスラーム抵抗）の戦闘員の派遣といったより具体的なかたちで明らかにされるようになった。三月、ヒズブッラーは、B・アサド政権と反体制派武装勢力との停戦および交渉の仲介役となることを提案し、双方が「いっせいに武器を置く」ことを呼びかけた。だが、これが反体制派に拒否されると、ナスルッラー書記長は、返す刀で、「我々は……シリアの反体制派と接触し、体制との対話のプロセスを促したが……彼らは対話を拒絶した」（Qanāt al-Manār, March 15, April 17, 2012）と批判した。

また、二〇一二年七月一八日には、「［二〇〇六年の］イスラエルとの七月戦争において最重要な武器はシリアからもたらされた……我々は、非常事態への対応を余儀なくされているシリア軍が、［イスラエルという］敵の野心に耐え、それを阻止する能力、決定、決意を有していることを確信している」と述べるなど（Qanāt al-Manār, July 18, 2012）、B・アサド政権への支持姿勢をさらに強く打ち出した。九月三〇日には、ヒズブッラーのシリア国内における作戦司令官を務めていたとされるムハンマド・フサイン・ハーッジ・ナースィフ・シャンマス（通称アブー・アッバース）が同国中部のヒムス県クサイルでの反体制派武装勢力との戦闘中に戦死したことが明かされた。この段階で、ヒズブッラー指導部は、シャンマスが「義務を遂行中に殺害された」との声明を発表し、軍事部門の戦闘員がシリア国内で活動していることを事実上認めた[14]（Qanāt al-Manār, October 2, 2012）。

ダブルスタンダード？

しかし、ヒズブッラーの露骨なB・アサド政権への支持姿勢は、アラブ諸国の世論においてダブルスタンダードとの誹りを受けることとなった。チュニジアやエジプト、バハレーンでは市民の側に立ち、シリアでは政権を支持するのか、という批判である。先述の通り、ヒズブッラーの「アラブの春」への対応は国ごとに異なる選択的アプローチを特徴としており、そのことが彼らの人気、とりわけ二〇〇六年のレバノン紛争以降に高まった「有言実行」の対イスラエル強硬派としての名声に傷を付けた。

レバノン国内では、例えば、進歩社会主義党のワリード・ジュンブラート党首が国家安全保障上の理由からレジスタンスの存続に一定の理解を示してきたものの、「レバノンのレジスタンスはシリアの政府に対する国民のレジスタンス（反体制派）に与せねばならない」と苦言を呈した（*al-Nahār*, April 2, 2012）。さらにはヒズブッラーの重要な支持基盤であるシーア派住民からも、シリアの市民をあたかも見殺しにするようなヒズブッラー指導部の態度に戸惑いの声が上がるようになった[15]。

アラブ諸国のマスメディアの論調としては、アル＝ジャズィーラ・テレビのウェブサイトに掲載された米国コロンビア大学教授ハミード・ダバーシーによる論考「アラブの春が露わにしたナスルッラーの偽善（Arab Spring exposes Nasrallah's hypocrisy)」がその代表的なものであり、やはりヒズブッラーがシリアにおいては政権側を支持することへの批判がなされた（aljazeera.net, June 22, 2011）。

なかでも、「アラブの春」への対応をめぐって、ヒズブッラーに最も失望したのはシリア国民であろう。シリアでは、二〇〇六年のレバノン紛争以降でのイスラエルに対する「勝利」以降、ヒズブッラー人気が急速に高まり、B・アサド政権も組織との関係強化を通して自らの正当性を補完してきた。ところが、ヒズブッラーがB・アサド政権への支持姿勢を打ち出したことから、その人気は急速に落ちていき、ダマスカス市内各所に掲げられていたヒズブッラーの旗やナスルッラー書記長の写真もその多くが（B・アサド大統領の写真ともに）市民によって自発的に撤去された。

このような批判や失望に対して、ヒズブッラー指導部は、次のような論理で「アラブの春」への対応に整合性と正当性があることを主張した。先に論じた「春」をめぐる彼らの言説を詳しく見てみると、彼らの政策が実際には組織の結成以来の抵抗と革命の理念というシングルスタンダードに支えられていることが分かる。すなわち、「抑圧者」に対する抵抗とその先にある革命を遂行していく上で、打倒しなくてはならないのはB・アサド政権ではなくイスラエルである、という論理である。イスラエルと対峙し続けてきた同政権は、「抑圧者」などではなく、むしろ市民やヒズブッラーと同じ「被抑圧者」の陣営に属する。そのため、同政権への支持は、チュニジアやエジプトの市民への共感と矛盾しないとされたのである。

ただし、こうした理由づけは、抵抗と革命の理念から演繹されたものというよりは、むしろ組織の生き残りを至上命題としてきたヒズブッラーの巧みな戦略・戦術操作の所産であり、おそらくシリア情勢の軍事化と国際化が進むなかでこれらの理念に抵触しないかたちで遡及的に練り上げられたものであったと思われる。B・アサド政権と反体制派のいずれを自らと同じ「被抑圧者」と位置づけるかは、理念の解釈によって決めることができた。だからこそ、ダブルスタンダードとしての批判や失望の余地を残したのである。[16]

だが、ここで留意すべきは、ヒズブッラーの「アラブの春」への対応を仮にダブルスタンダードと呼ぶならば、同様の姿勢は国際アクターの側にも見られたことである。特に米国の対中東政策は、「自由と民主主義の促進」と「国益の保護」――例えば、安全保障（親米国家の確保）や天然資源の確保――の間を揺れ動いてきたが、バラク・H・オバマ政権は「アラブの春」を評価しながらも、後者を重視する慎重な外交姿勢を採った（Kitchen［2012］，Pressman［2012］）。事実、米国は、チュニジアやエジプトの民主化を求める市民の声には応えても、天然資源の産出国であるバハレーンでの民衆による抗議デモは等閑視し、それどころか同国の政権を支援するためのGCCによる軍事介入をも容認した。また、抗議デモを支持した場合でも、リビアには軍事介入に踏み切る一方で、イエメンやシリアに対しては直接的な介入を控え、政権幹部への経済制裁などの限定的な行動にとどめた。

要するに、「アラブの春」に対するダブルスタンダードはヒズブッラーに限ったことではなく、多くのアクターもまた同様であった。したがって、ヒズブッラーの選択的アプローチは、彼らが特殊な存在であることを示すものではなく、むしろ様々な思惑の渦巻く中東政治のアクターの一つであり、また中東政治を構成する不可分の一部――「中東政治の結節点」――である証と捉えられるべきであろう。

4　保守としての「レジスタンス枢軸」――「三〇年戦争」の継続

「三〇年戦争」の構図

以上見てきたように、ヒズブッラーにとって、「アラブの春」は好機と危機の両方として訪れた。だが、この事実は、裏を返せば、ヒズブッラーが長年敵対してきた米国やイスラエルにとっても、「アラブの春」が好機と危機の両方であったことを意味した。状況に応じた選択的アプローチによるダブルスタンダードがヒズブッラーだけではなく米国とその同盟国の側に見られたのは、そのためであった。

好機と危機が互いに入れ子構造——自身の好機は相手の危機、相手の好機は自身の危機——となっているとすれば、両者の間ではゼロサムゲームが展開されていたと見ることもできる。ヒズブッラーとその庇護者イランとシリアなどからなる「レジスタンス枢軸」に対して、イスラエルとその同盟国である欧米諸国やエジプト、湾岸アラブ諸国（便宜上、以下「親米同盟」と呼ぶ）が対峙するこの構図は、本書が射程とするヒズブッラーの誕生した一九八〇年代初頭から今日までの約三〇年間にわたって、中東政治のパワーバランスを大きく規定してきたものであった。すなわち、本書で言うところの「三〇年戦争」の構図である。

むしろ、第1章で詳論したように、ヒズブッラーの誕生こそがこの構図の完成を象徴するものであった。ヒズブッラーは、一九七〇年代末から八〇年代初頭の中東政治の勢力図の変化が生み出したものであった。キャンプ・デーヴィッド合意（一九七八年）、イラン・イスラーム革命（一九七九年）、イラン・イラク戦争の開始（一九八〇年）、レバノン戦争（一九八二年）などの出来事によって、それまでのエジプトを中心としたアラブ諸国が、イスラエルに対峙する構図——すなわちアラブ・ナショナリズムによる反植民地主義とパレスチナ解放の時代——から、シリアとイランを中心とする「レジスタンス枢軸」が、イスラエルとその最大の支援国である米国のヘゲモニー拡大を阻止しようとする構図へと変わった。

むろん、この三〇年の間には、冷戦の終結、ソ連の崩壊、一九九〇年の湾岸戦争とそれに続く湾岸戦争、一九九三年のオスロ合意など、中東政治の勢力図を揺るがしたものもある。そして、これらの事件は、基本的には中東における米国のヘゲモニーの段階的拡大を意味した。だが、「親米同盟」に「レジスタンス枢軸」が対峙するという「三〇年戦争」の構図は、二〇〇三年以降のイラクがシーア派主導の政府となったことなど（山尾［2011］）、アクターの盛衰や入れ替えを経験しながらも、基本的には大きく変化することはなかった。

本書を通して論じてきた数々のその後の出来事、例えば、二〇〇一年に発動された「対テロ戦争」、二〇〇三年

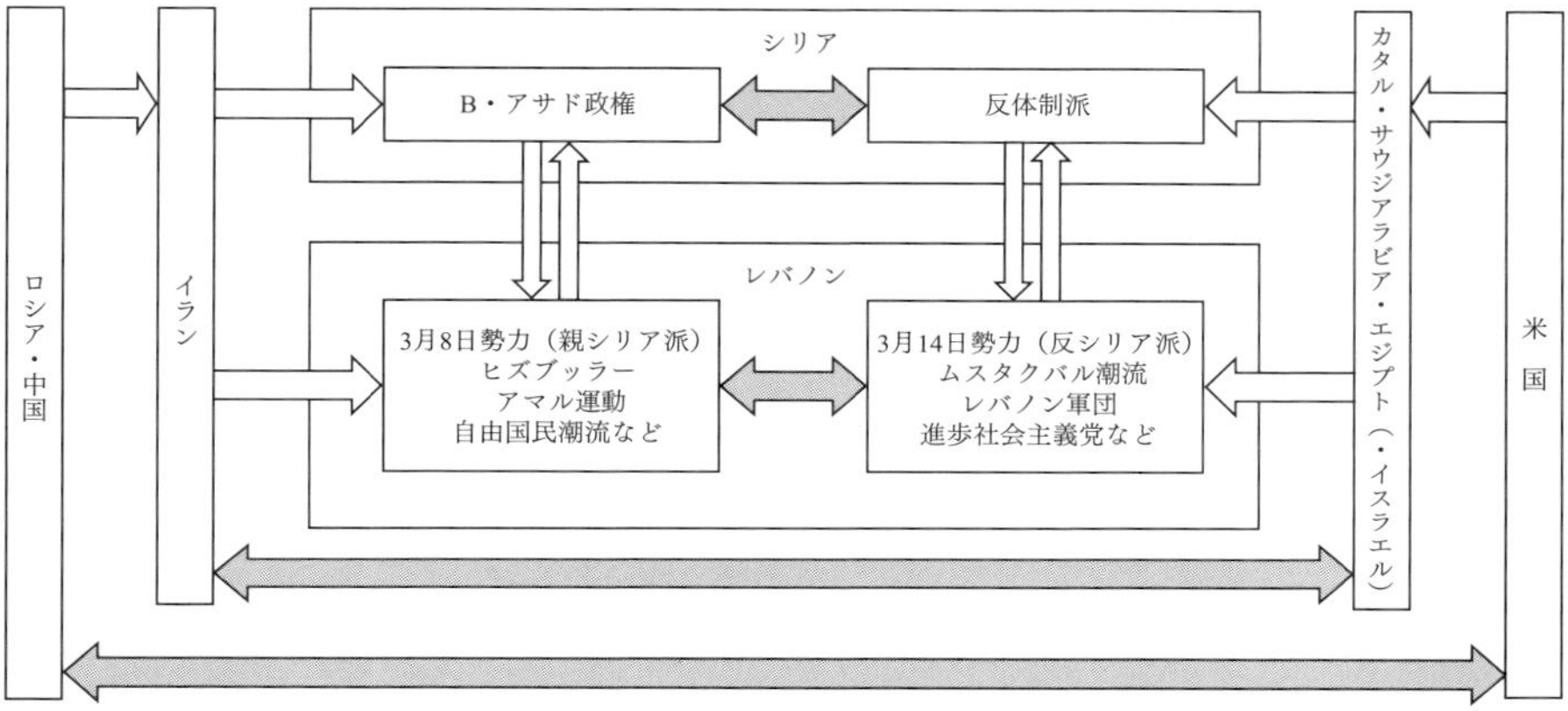

図10–1　「アラブの春」後のシリア情勢と「30年戦争」の構図

出所）筆者作成。

のイラク戦争、二〇〇六年のレバノン紛争、そして二〇〇九年の特別法廷も、基本的には同様の構図のなかで展開されてきた。いずれの出来事も基本的に「親米同盟」による中東・アラブ各国での親欧米政権の樹立の働きかけであり、「レジスタンス枢軸」は常にこれに対峙してきた。中東における欧米諸国の勢力拡大を阻止したいロシアと中国の非欧米の大国は、必然的に「レジスタンス枢軸」を陰に陽に支持・支援する立場を採った（図10－1）。

ゼロサムゲームの終わり？

この「三〇年戦争」の構図を大きく揺るがすことになったのが、二〇一一年の「アラブの春」であった。チュニジアとエジプトで政変が起こったその初期においてこそこの構図のなかで推移したものの、徐々に「親米同盟」だけではなく、「レジスタンス枢軸」も事態をコントロールできないことが明らかになっていった。その原因として、次の二つを指摘できる。

第一に、市民という新たなアクターの台頭である。アラブ各国での政変とそれに伴う国家間のパワーバランスの変化が、市民による抗議デモという「下から」の突発的な動因によって起こされるようになった。独裁・権威主義体制下において市民は政治を動かすアクターとして見なされることはほとんどなく、また、そのことが皮肉にも中東政治の安定を担保していたと言える。第二に、民主化による政治の不確実性の増加である。独裁・権威主義体制から民主制への移行により、各国の内政および外交においてどのような政策が採られるのか、選挙の結果に大きく左右されるようになった。第一と第二のいずれの原因についても、力の均衡による現状維持（status quo ante）という国際政治の原則が各国社会の内側から揺るがされたのだと考えることができる。要するに、「三〇年戦争」の構図は「下から」の力学によってその輪郭を失い始めたのである。

このことは、エジプトとシリアの両国の情勢をめぐる「親米同盟」と「レジスタンス枢軸」の両陣営の戸惑いを見ると、いっそう明らかになる。

エジプトのムバーラク政権の崩壊は、米国から見れば長年の同盟者喪失の危機——「親米同盟」の綻び——として受け止められた一方、ヒズブッラーにとっては親米・親イスラエル国家の転覆という好機であった。だが、政変後の選挙によってムスリム同胞団系の自由公正党政権が誕生したとき、それは「レジスタンス枢軸」にとっても危機となった。米国にとっては、民主化によるイスラーム主義勢力の伸張は——二〇〇三年のイラク戦争後の「失敗」がトラウマとなっており——到底歓迎できるものではなかったが、他方、ヒズブッラーにとっても、同政権が組織の庇護者であるシリアのB・アサド政権の退陣を求め始めたことで誤算が生じることとなったからである。

シリアでは、「親米同盟」がB・アサド政権の打倒を企図したが、これに対抗するかたちでヒズブッラーをはじめとする「レジスタンス枢軸」が同政権への支持・支援を打ち出し、さらには中東における米国のヘゲモニー形成を警戒するロシアと中国がそれに与した[17]。この構図は一見すると「三〇年戦争」のそれに合致する。だが、実際の事態収拾のシナリオをめぐっては、両陣営ともにシリア情勢をもはやコントロールできなくなっていた。すなわち、シリア情勢が軍事化、国際化、そして「サラフィー化」——アル＝カーイダなどの過激なサラフィー主義（al-Salafiya）を掲げる外国人戦闘員がB・アサド政権との戦いのために流入する現象——していくなかで[18]（髙岡［2013］）、反体制派を支持・支援する「親米同盟」は、「アサド後」の新政権樹立のシナリオとそのための方策を欠く事態に陥った。他方、「レジスタンス枢軸」も、長期化・複雑化によって混迷の色を深めたシリア情勢を収束させ、B・アサド政権の統治を完全に回復させる手立てを有していなかった。

このように、「三〇年戦争」の構図を基本としながらも、エジプトやシリアの例に見られたように、内政における市民の台頭や外国人戦闘員の流入によって、好機と危機の入れ子構造からなるゼロサムゲームは無効化しつつあるように見える。もはや、「敵の敵は味方」とは限らない。「新しい中東」は、米国とイスラエルを中心としたヘゲモニーに依拠するものでもなく、また、それを阻止しようとする「レジスタンス枢軸」の攻勢を特徴とするものでもなく、多極的な構図を基調とする第三、第四のイメージを必要とするのかもしれない。いずれにしても、確かなことは、「アラブの春」によって、三〇年間止まっていた時計が動き出したことであった。

「我、抵抗するゆえに我あり」

「アラブの春」を経た「新しい中東」がいかなるものになるにせよ、ヒズブッラーは、不透明な未来に生き残るために、事態への主体的な関与を余儀なくされた。

ヒズブッラーにとっての直接的な脅威、すなわち外交圧力や軍事行動を実施し得るアクターは、米国およびその同盟国、そしてイスラエルである。だが、米国やイスラエルの消滅が彼らの将来を保証するかと言えば、必ずしもそうではない。本書を通して見てきたように、ヒズブッラーの誕生と発展は、抵抗と革命の理念の称揚およびその継続的な実践に支えられたものであった。抵抗も革命も、侵略者、権威、体制などの敵の存在を前提とする。したがって、彼らの将来ないしは「新しい中東」における居場所を保証するのは、米国やイスラエルの打倒よりも、組織の存在意義である抵抗と革命の理念、とりわけ抵抗の称揚に支持者が意義を見出し、また、それを実践できる政治環境の整備であった（そもそも、軍事力や経済力で圧倒する米国やイスラエルに勝利することは不可能であり、指導部もそのことを熟知していると思われる）。それは、すなわち「三〇年戦争」の構図の維持である。

ヒズブッラーのイデオロギー分析を専門にするジョゼフ・アルアーガーは、ヒズブッラーの誕生から三〇年間の勢力拡大の要因として、彼らの「アイデンティティ構築（identity construction）」に注目し、その特徴を社会学者マニュエル・カステルが提唱した「抵抗アイデンティティ（resistance identity）」の概念を用いて説明している。カステルによると、抵抗アイデンティティは、「支配の論理によって価値が剥奪／スティグマ化された立場／状況にあり、それ故に社会の諸制度に浸透した者たちとは異なる、あるいはそれに対抗するような原則を土台にして抵抗と生存のための塹壕を築こうとする諸アクターによって生み出される」ものとされ、体制や権威によって確立された古い価値や意味を他者化する作用によって、社会運動の誕生と発展に大きく貢献すると言う（Castells［2010：8］）。ヒズブッラーは、自らを確立された体制や権威から排除された者、彼らの言い方では「抑圧者」に対する「被抑圧者」と規定した上で、それらに抵抗し続けることをアイデンティティとし、組織の動員力や団結力の源泉としてきたのである[19]（Alagha［2011］）。

このアルアーガーの説明は、例えば、二〇〇六年レバノン紛争でのヒズブッラーの粘りや生き残りが直ちに「勝利」と喧伝されたことや（第6章1）、ワアドの専任スタッフの言葉――「イスラエルの脅威の前に立ち続けるだけで抵抗になるのです」（第7章3）――を思い起こせば、正鵠を射たものだと言えよう。何よりも、ヒズブッラーのスローガンの一つである「我、抵抗するゆえに我あり（anā uqāwimu, idhan anā mawjūd）」は、抵抗が自己目的化していることを端的に示している。

抵抗理念の称揚と実践こそが自らの存在意義とする姿勢は、ヒズブッラーの庇護者であるイランにも通底する。イランは、核開発計画に象徴されるように、国際社会での孤立化を厭わず地域でのヘゲモニーを追求しているように見える。だが、イランを専門とする中東政治学者の松永泰行は、このような通俗的な理解やイメージに対して、戦略文化の観点から実証的に反論している。すなわち、一九七九年に「被抑圧者」による「抑圧者」に対する抵抗と位置づけられたイスラーム革命が成就したことで、「覇権とその行使への反対」、とりわけ「抗米姿勢」がイランの指導部の国際政治に対する認識を規定する独自の戦略文化となった。しかし、それから三〇年の間に、「抗米姿勢」は、外交と内政の両面において、「目標としての価値から功利的（道具的）な価値に」変容しており、その結果、イランは今や「覇権に抵抗するためだけの抗覇権国」、「抵抗のための抵抗に満足している「地域大国」」となったと見るべきだと言う（松永［2012：44, 53-54］）。

ヒズブッラーはレバノンを拠点とするイスラーム主義組織、対してイランは主権国家であるという違いはあるが、抵抗の継続が自らの存続や生き残りに不可欠となっている点で一致する。政治環境の変化と米国・イスラエルに対する明らかな軍事的劣勢のなかで、ヒズブッラーにしてもイランにしても、本来手段であったはずの抵抗が三〇年の間にそれ自体が目的となっていった。カステルの議論に引きつけて言うならば、両者とも生き残りのために「抵抗アイデンティティ」に依存する状態にあり、その結果、抵抗の成就もその後の世界も——地上におけるイスラーム的正義の実現といった抽象的なイメージ以外には——想定されていないのである。

そうだとすれば、次のような逆説的な論理が導き出される。抵抗にしても革命にしても、本来の意味においては、既に確立された体制や権威を打ち倒そうとする変化を指向するものである。だが、「抵抗アイデンティティ」に依存するヒズブッラーやイランの「レジスタンス枢軸」は、抵抗の継続を可能とさせる「三〇年戦争」の構図を必要としているため、むしろそれを維持しようとする保守の力学として中東政治に作用しているということになる。[20]

保守としての抵抗と革命

このことを踏まえると、二〇一一年後半のシリア情勢悪化以後のヒズブッラーの言動は、ナスルッラー書記長の演説に見られるような猛々しい反米・反イスラエルの言説にもかかわらず、「アラブの春」によって流動化した中東政治を「三〇年戦争」の構図へと回帰させようとする試みであったと解釈できる。このことは、とりわけB・アサド政権の危機によって不確実性と流動性が高まった大シリア地域システム——分極化した国家構想がパレスチナ／イスラエル、シリア、レバノンなどの国民国家の枠組みを超えて反発したり共鳴し合いながら織りなす地域（無）秩序——において、とりわけ顕著に見られた。

以下では、対イスラエル闘争、シリア情勢、レバノン政治の三つの文脈における、ヒズブッラーの保守指向を見てみたい。

①対イスラエル闘争

ヒズブッラー指導部は、「中東における米国の野心」や「イスラエルの脅威」を繰り返し喧伝することで、「レジスタンス枢軸」の必要性と正当性をアラブ・中東諸国の世論に訴えた[21]。例えば、二〇一一年八月二六日のナスルッラー書記長の演説では、「我々は皆、そしてアラブ諸国民は、改革や発展に基づく強いシリアを欲している。つまり、シリア、その国民、その領土、その国民統合に対して友情や熱意を表明するものすべては、シリア情勢収束に向けた努力を行わねばならず、事態を対話と平和的問題対処へと促さねばならない。それ以外のいかなる方向性も行動も、シリア、パレスチナ、そして地域全体にとって危険なものである」と述べられ、B・アサド政権を一方的に崩壊させた場合にはパレスチナ問題の解決も遠ざかるとの警告が発せられた[22]（Qanāt al-Manār, August 26, 2011）。

だが、ここで留意すべきは、こうした猛々しい言説も、突き詰めると「レジスタンス枢軸」の存在意義のアピールが目的であり、必ずしもイスラエルとの全面戦争を想定したものではないという点である。先制攻撃の誘惑についても、全面戦争についても少なくとも次の四つの理由からヒズブッラーにそれらの可能性は皆無であると思われる。第一に、ＩＤＦの圧倒的な火力に曝されたときには確実に壊滅的な被害を受ける。第二に、レジスタンスをレバノン国家の正規の防衛システムの一部と位置づけてきたことから、あくまでも主権と領土に対する専守防衛を基本としなくてはならない。第三に、レバノン国土を再び戦火の渦に巻き込んだとき、合法政党（さらには責任与党）としての立場が危うくなる。第四に、二〇一一年以降は連立政権の一翼を担う政党となったことから、「三月八日勢力」を構成する同盟者やその支持者たちとの利害調整なしに先制攻撃を行うことは困難であった。

総じて見れば、二〇〇〇年代以降の「レバノンのヒズブッラー化」の戦略は、表面的には「テロ組織による国家のハイジャック」とも受け取れるが、実際には彼らがもはや単独で戦争を開始できる条件を放棄したものと理解するべきであろう。

したがって、ヒズブッラーによる軍事行動は直ちにイスラエルへの攻撃を意図するようなものではなく、むしろ示威行為の範囲内にとどめられているように受け取れる。ナスルッラー書記長は、二〇一二年一〇月にイスラエル領内でＩＤＦによって撃墜された無人偵察機「アイユーブ（Ayyūb）」について、それがイラン製であることに言及し、「このような空軍力の所持は、レバノンおよび地域でのレジスタンスの歴史において初めてである」（*al-Nahār*, October 11, 2012）と述べることで、ヒズブッラーが引き続きイランからの軍事援助を享受しており、最新鋭の兵器を保有していることを誇示した。だが、こうした発言は、実際には彼らが先制攻撃をする意思がなく、「持っているが使わない」という「恐怖の均衡」に基づく現状維持のサインを出しているように解釈することもできる。[23]

「レジスタンス枢軸」にとって、「イスラエルの脅威」は自らの存在意義の源泉であったが、それゆえにそれを破壊するような行為にインセンティブを持っていない。むしろ、イスラエルの存在なくして抵抗の継続はない。このことが、皮肉にもイスラエルの存続に寄与してきたのである（青山［2012b：39–40］）。

②シリア情勢

「レジスタンス枢軸」の目的がイスラエルの破壊ではなく抵抗それ自体の継続にあるとすれば、ヒズブッラーにとっての最大の脅威は、同盟者の喪失（「枢軸」の綻び）よりも大義の喪失（抵抗の終焉）である。そのため、彼らは、Ｂ・アサド政権を可能な限り支持・支援しながらも、「アサド後」の（ないしはアサドとの）「新しい中東」に抵抗の場を確保することを射程に入れていたと思われる。

シリア情勢の軍事化・国際化・「サラフィー化」は、Ｂ・アサド政権の崩壊を企図していた「親米同盟」による政治的攻勢を失速させた。民主化や親欧米国家の誕生への期待が急速に萎んだだけではなく、ヒズブッラー以上の脅威と見なされていたアル＝カーイダ系の諸組織が「漁夫の利」を得かねない事態となった。その意味では、シリアでは「親米同盟」と「レジスタンス枢軸」のゼロサムゲームはもはや成立しなくなった。このことは、現状維持を基本方針とする「レジスタンス枢軸」が「親米同盟」に対して「ヒズブッラーの脅威」と「アル＝カーイダの脅威」との二者択一を迫ることができるようになったことを意味した(24)。

シリア情勢の混迷の長期化が自らの立場の強化につながるのだとすれば、ヒズブッラーは、長期化それ自体を目的とするような――膠着状態を継続させるような――戦略・戦術を打ち出せばよいことになる。それは、現状維持のレジスタンスを基本としてきた彼らにとって、「アサド政権の反体制派に対する完全勝利」に比べると困難なものではなかった。その戦略・戦術には、次の軍事と外交の二つの方法が採られた。

第一に、シリア国内への戦闘員の派遣であった。既に触れたように、ヒズブッラーの戦闘員がシリア国内でB・アサド政権の治安部隊や軍に加勢していることが繰り返し報じられた。二〇一三年になると、ヒズブッラーがシリア国内に「民兵ネットワーク（militia network）」を構築しているとの米国政府高官の言も伝えられ（*The Washington Post*, February 10, 2013）、また、二月にはシリア国民評議会がシリア北部で反体制派武装勢力とヒズブッラーの戦闘員との交戦があったと発表した（*al-Nahār*, February 17, 2013）。そして、五月から六月にかけてのレバノンとの国境付近の街クサイル（ヒムス県）における攻防戦を境に、ヒズブッラーのシリア情勢への関与は公式なものとなった。クサイルにおいてヒズブッラーの戦闘員がB・アサド政権の部隊を援護する様子や、戦闘で命を落とした戦闘員が殉教者として葬送される映像がアル＝マナール・テレビで連日放送された。ナスルッラー書記長は、ヒズブッラーのクサイルでの軍事行動をレバノンとレジスタンスの防衛目的として正当化した。「タクフィール主義（al-Takfīrīya）〔過激なサラフィー主義〕集団がレバノン国境地帯を制圧してしまったら、全てのレバノン人、とりわけスンナ派にとって脅威となるだろう」と述べると同時に、「レジスタンスの背骨」であるところのシリアを過激なサラフィー主義やイスラエルの攻撃から防衛することはヒズブッラーにとっての明白な義務であるとの見解を示した（Qanāt al-Manār, May 25, 2013)。

第二に、二〇一一年一月の「静かなる革命」を通して掌握したレバノン政府の外交を通して、B・アサド政権に対する国際的な包囲網を牽制することであった。二〇一一年八月三日、国連安保理で対シリア非難決議が審議されたが、レバノンは非常任理事国一五カ国のなかで唯一採決に反対した（ロシアと中国の拒否権発動により決議は採択されず、結局、議長声明の発表にとどまった）。また、アラブ連盟の諸会合においても、レバノン政府は一貫してB・アサド政権を擁護した。二〇一一年八月二七日に開かれた和平フォローアップ委員会では、B・アサド政権への事実上の非難が盛り込まれた声明に反対の意を表明、一一月一二日の外相会議では、シリアの加盟停止が盛り込まれた決議案に対して反対票を投じた四カ国（レバノン、スーダン、モーリタニア、イエメン）の一つとなった（ただし、賛成多数で可決された）（*al-Ḥayāt*, August 11, 28, 2011, November 13, 14, 2011)。

これらの方法は、いずれもB・アサド政権の劣勢を挽回させられるようなものではなく、むしろ欧米諸国主導の事態収束のシナリオに対する拒否権の行使として捉えられるべきであろう。確かに、ヒズブッラーにとって、B・アサド政権の崩壊は庇護者の喪失という意味で重大な問題であった。しかし、軍事化・国際化・「サラフィー化」の進展に伴いB・アサド政権による完全勝利が困難となっていくなか、同政権への支持・支援を通して抵抗の大義を実践し、「レジスタンス枢軸」の綻びを可能な限り阻止ないしは先送りにしつつも、同時に拒否権を外交カードとしながら敵対する「親米同盟」から有利な条件を引き出し、「アサド後」の（ないしはアサドとの）「新しい中東」における居場所を確保する、「二重底戦略」が採られたものと考えることができよう。

③レバノン政治

二〇一一年後半からのシリア情勢の悪化は、レバノン政治に次の三つの変化をもたらした。

第一に、B・アサド政権が「独裁体制」として国際社会で孤立の色を深めたことで、国内の政治勢力にとって、同政権との関係がこれまで以上に問題を孕んだアジェンダとなった。「静かなる革命」によって政権の座を追われた「三月一四日勢力」（反シリア派）は、「三月八日勢力」（親シリア派）主導の政府に対する反転攻勢の機会を得ることとなった。

第二に、B・アサド政権の存続が不透明となっていくなか、それまでシリアによる関与を特徴としてきたレバノン政治が、反対にシリアへの関与を見せ始めるという、いわば逆転現象が起こった。

第三に、それに伴い、従来のB・アサド政権とレバノンの親シリア派の共闘関係だけではなく、シリアの反体制派とレバノンの反シリア派との結びつきが強まった。ヒズブッラーが戦闘員をシリアに派遣したのは先述の通りであるが、他方、「三月一四日勢力」もシリア国民評議会への支持を表明しただけでなく、実際にシリア国内で活動する自由シリア軍への軍事支援を進め、B・アサド政権の打倒を目指した[25]。

総じて見れば、シリア情勢は、レバノンの政治対立の激化や治安の悪化をもたらすスピルオーバー（漏出）の危険を孕んだものであった。実際に「三月八日勢力」と「三月一四日勢力」のいずれにも属さない急進的な親シリアと反シリアのグループが台頭を見せ、レバノン各地で暴動、暗殺、誘拐などの政治的暴力を行使することで治安の悪化を引き起こした。

親シリアのグループとしては、一五〇〇人（および予備役一〇〇〇人）からなる独自の軍事部門を有しているとされる、シーア派のミクダード家連合が挙げられる（aljazeera.net, August 18, 2012）。ミクダード家連合は、二〇一二年八月一三日、一族の一人がシリア国内で自由シリア軍に拘束されたことを受け、その報復としてレバノン国内で直ちにシリア人ら三〇名あまりとトルコ人一名を誘拐するなど、実力行使をも厭わない強硬な姿勢を貫くことで治安の悪化を招いた（*al-Sharq al-Awsat*, August 16, 2012）。

他方、反シリアのグループについては、スンナ派のサラフィー主義者たちであり、北部のトリポリを拠点とする武装勢力や南部のサイダー（シドン）出身の説法師アフマド・アスィールとその支持者たちなどである。これらのグループは、レバノン国内でB・アサド政権への抗議デモや同政権支持者との戦闘、さらには自由シリア軍への武器の密輸などに従事していると報じられた[26]。

このように、街頭レベルでは実際にシリア情勢のスピルオーバーが見られたものの、しかしながら、「三月八日勢力」と「三月一四日勢力」の両陣営の対立によって特徴づけられてきたレバノン政治自体は、一定の安定を見せた。その背景には、少なくとも次の三つの要因があった。

第一に、「三月八日勢力」も「三月一四日勢力」も、暴力の蔓延によるレバノン国土の荒廃を望んでいないことであった。第5章で論じたように、一九九〇年の内戦終結以降、レバノンの政党・政治家は、いかなるイデオロギーを有していようとも、ナショナリストであることが権力——とりわけ選挙における宗派横断的な得票——を増大させる条件であると理解してきた。このことは、反対に政治的暴力や偏狭な宗派主義を振りかざせば、民主政治のゲームから脱落することを意味した。

第二に、街頭での政治的暴力の行使について、「三月八日勢力」も「三月一四日勢力」もインセンティブを有していないだけではなく、それ自体が政党・政治家として致命的な打撃となることを熟知していることであった。特に「三月一四日勢力」にとって、それは致命的となる。レバノン国軍以上の士気と装備を持つと言われるヒズブッラーの軍事部門イスラーム抵抗と対峙すれば、敗北は必至だからである[27]。

第三に、第二次ミーカーティー内閣が、「三月八日勢力」によって主導されていたことである。B・アサド政権が崩壊すれば、シリアだけではなくレバノンにおけるパワーバランスが大きく変わる。特に、「三月一四日勢力」にとっては権力奪還の好機となり得る。だが、B・アサド政権への支持を基本路線とし、権力を事実上手中に収めた「三月八日勢力」にとっては、レバノン政治を現状維持することが最重要課題であった。その意味では、「三月八日勢力」による二〇一一年一月の「静かなる革命」は、シリア情勢のレバノンへのスピルオーバーを抑制する結果をもたらしたと見ることができる。

このように、「三月八日勢力」も「三月一四日勢力」も、悪化したシリア情勢がレバノン政治に変化をもたらすものとして認識しながらも、暴力の応酬というかたちでレバノン国内に飛び火することは歓迎していなかった。それを象徴したのが、二〇一二年六月一一日にミシェル・スライマーン大統領の主導の下で合意された「バアブダー宣言（I'lān Ba'bdā）」であった（バアブダーは大統領府の所在地）。同宣言は、二〇〇六年初頭から国内の有力な政治勢力によって開催されてきた国民対話会合のセッションの一つで合意された文書であり、シリア情勢をレバノン政治の争点とすることの自粛が謳われた[28]（ICG［2012：24］）。

以上見てきたように、「アラブの春」のシリアへの飛び火によって大きく動揺した大シリア地域システムのなかで、ヒズブッラーは、イスラエル、シリア、レバノンのそれぞれの文脈において現状維持を基調とする保守指向のアクターとしての役割を担おうとしたことが分かる。その目的は、端的に言えば、「レジスタンス枢軸」の存続であり、自らとB・アサド政権の生き残りを射程に入れると同時に、政治対立や紛争の構造を維持することで抵抗の継続を可能とする政治環境を整備しようとしたのである。

おわりに――温存される紛争構造

本章では、二〇一一年の「アラブの春」へのヒズブッラーの対応を分析し、それを手がかりに変化の時を迎えた中東政治を読み解くための一つの見取り図の提示を試みた。それは、以下のようにまとめることができる。

まず、市民による抗議デモによってチュニジアとエジプトで政権が崩壊するという突発的な事件は、ヒズブッラーから見たとき、内政面では「被抑圧者」の革命の成就であり、外交面では米国とその同盟国、そしてイスラエルからなる「親米同盟」の綻びとして歓迎され、エジプトやバハレーンでは実際にヒズブッラー・メンバーの蠢動が報じられた。だが、シリアにそれが飛び火したとき、庇護者であったB・アサド政権の崩壊の危機と「独裁体制」に与したことによる国際社会での孤立化という二つの困難に直面した。「レジスタンス枢軸」にとって好機であったはずの「アラブの春」は、一転して危機となった。こうして、中東政治が流動化を始めるなかで、「親米同盟」と「レジスタンス枢軸」は、一進一退の攻防を繰り広げるかたちとなった。

だが、シリア情勢の長期化、すなわち軍事化・国際化・「サラフィー化」の進展は、両陣営からそれぞれの勝利のシナリオを奪った。「親米同盟」は、「アサド後」の親米政権樹立はおろか、内戦状態やアル＝カーイダ系諸組織の勢力拡大を止めることすらできなくなった。他方、「レジスタンス枢軸」は、B・アサド政権の延命こそ実現したもののその先の展望は乏しく、また、国際アクターによる支援と武装化によって力をつけた反体制派の完全制圧は困難となった。シリアにおいて、いずれの陣営も主導権を発揮できなくなったのである。

このシリアをめぐる問題は、「アラブの春」が一九七〇年代末から続いてきた「三〇年戦争」の構図を動揺させ始めたことを示すものであった。中東政治は、「親米同盟」と「レジスタンス枢軸」によるゼロサムゲームを基本としながらも、第三、第四のイメージを必要とする時代へと入った。ムバーラク政権の崩壊後に誕生したエジプトの新政権が外交的にいずれの陣営からも一定の距離を置いたことにも、その兆候を見ることができよう。もはや「敵の敵は味方」ではない時代となったのである。

こうして二〇一一年以降に流動性と不確実性が高まった中東政治において、ヒズブッラーは、「三〇年戦争」の構図を保守する立場を採り続けた。なぜならば、彼らの生き残りが庇護者シリアの喪失でも仇敵イスラエルの殲滅でもなく、むしろ自らの存在意義の源泉である抵抗の継続にかかっていたからである。ヒズブッラーは、「レジスタンス枢軸」の一翼を占めるB・アサド政権を軍事と外交——シリアへの戦闘員の派遣と「静かなる革命」を通して得たレバノン政府の外交——を通して可能な限り存続させることを目指しながらも、「米国の野心」や「イスラエルの脅威」を喧伝することで抵抗の意義をレバノンの国内外にアピールし、自らの居場所のなくなるようなかたちの地域秩序の出現を阻止しようとした。抵抗と革命を掲げてきた彼らが、今や保守の立場となったのである。

「三〇年戦争」の構図が未だ健在であることを示した一つの事件が、二〇一二年一一月のガザ地区を舞台としたＩＤＦとハマースとの軍事衝突であった。両者はそれまでも散発的に戦火を交えてきたが、この衝突の画期性は、ハマースが初めて中距離射程のロケット兵器を用いたこと、そしてそのロケット兵器がイラン製――ヒズブッラーが保有するものと同じ「ファジュル５」（射程距離約七五キロメートル）――であることが判明したことにあった。イランのイスラーム諮問評議会のアリー・ラーリージャーニー議長は、ハマースの「勝利」を讃えるとともに、彼らが用いたロケット兵器がイランの保有している兵器の「氷山の一角に過ぎない」と述べることで、同国がパレスチナのレジスタンスに軍事支援をしていることをほのめかした（Press TV, November 20, 2012）。この軍事衝突は、アラブ・中東諸国の世論に再び「イスラエルの脅威」を喚起させると同時に、ハマースの善戦を支えたイランを再評価させる契機ともなった。事実、ハマース幹部が、シリア情勢をめぐり立場を異にしていたヒズブッラーに対して同じ「レジスタンス枢軸」としての共感を示したことが報じられた（*The Daily Star*, November 28, 2012）。

「アラブの春」による中東政治の流動化は、ヒズブッラーにとっての一九九〇年代の「第一の逆風」、二〇〇〇年代の「第二の逆風」に続く「第三の逆風」と呼ぶべき危機となるのか。それを見極めるためにはもう少し時間が必要であろう。だが、確かなのは、ヒズブッラーが自己目的化した抵抗を掲げ続け、またその実践を必要とするような地域秩序の整備に努めていくことである。この保守としての彼らの営みは、「三〇年戦争」に象徴される対立と紛争の構造の温存を基調としており、結果的にイスラエルとの紛争、泥沼化したシリア情勢、レバノン国内の政治対立の解決を遠ざけることとなっているのである。

終　章　イスラーム主義と中東政治の新時代

本書では、ヒズブッラーの実像について、その誕生から今日までの約三〇年間の足跡を辿りながら明らかにし、それを手がかりにレバノン政治、中東政治、国際政治のダイナミクスを描き出してきた。

この作業において、「テロ組織」、レジスタンス、政党、医療・福祉・教育ＮＧＯなど多様な貌を持つ「統合型」のイスラーム主義組織としてヒズブッラーは、レバノンという国、中東という地域、そしてそれらを取り巻く国際政治の総合的な理解を促す、いわばプリズム（多面体）であった。

組織の歴史的な形成過程（第1章）、思想的な特徴（第2章）、国境を越える活動（第3章）、合法政党化の過程（第4章）、民主主義やナショナリズムとの関係（第5章）、イスラエルとの闘争（第6・8章）、社会サービスの実態（第7章）、民主化への影響（第9章）、そして、「アラブの春」後の中東政治における位相（第10章）。様々な角度から彼らに当てられた光は、分散・屈折・反射をしながら——通俗的な理解や議論の視角や想定を解体しながら——レバノン政治だけではなく中東政治や国際政治の構造と変化を照らし出した。

この終章では、本書の議論を通して明らかになったことを、序章で掲げた「イスラーム主義のフロントランナー」、「中東政治の結節点」、「地域研究の実践例」の三つの視角からまとめる。そして、イスラーム主義と中東政治が織りなす今日の現実を今一度確認し、今後の研究上の課題と展望を示したい。

1　イスラーム主義のフロントランナー

ヒズブッラーのレジリエンス

一九八〇年代初頭、ヒズブッラーは、中東政治の構造変容――キャンプ・デーヴィッド合意、イラン・イスラーム革命、イラン・イラク戦争、レバノン戦争――のなかで、イスラエルや米国などの「抑圧者」に対する抵抗とレバノンにおけるイスラーム国家樹立のための革命の二つを掲げて誕生した。内戦下のレバノンを拠点に、「殉教作戦」や欧米人の誘拐、テロリズムなどの政治的暴力だけではなく、イランとシリアからの支援や欧米諸国との直接的な対峙など独自の「外交」を通して急速に勢力を拡大していった。その革命性・暴力性・トランスナショナル性から、黎明期から初期にかけての彼らは、紛れもなく急進派のイスラーム主義組織であった（第I部）。

一九九〇年代の政治環境の変化は、ヒズブッラーにとって「第一の逆風」と呼ぶべき危機となった。内戦の終結、中東和平の進展、イランとシリアの外交路線の変更によって、それまでの急進派路線の追求が困難となった。これを受けて打ち出された新戦略が、「ヒズブッラーのレバノン化」であった。そこでは、①組織の合法政党化と②軍事部門の専守防衛化・国有化を通して、内戦終結によって主権を回復したレバノン国家へのコミットメント（組織のローカル化と制度化）が推し進められた。そして、イスラーム政党／近代組織政党としての動員力、イスラエルに対する抵抗の実践、そして多様な社会サービスを通した「抵抗社会」の建設は、ヒズブッラーを第二共和制レバノンにおける最大の政治勢力の一つに成長させていった。一九八〇年代のような革命性・暴力性・トランスナショナル性を後退させながらも、ヒズブッラーは、自らを新たな政治環境に適応させることで危機を乗り越えるだけではなく、それを梃子にさらなる勢力拡大に成功したのである（第II部）。

しかし、「南部解放」（二〇〇〇年）、「対テロ戦争」（二〇〇一年）、「杉の木革命」（二〇〇五年）を経て、二〇〇〇年代のヒズブッラーは再び大きな脅威、「第二の逆風」に直面した。解放闘争の実質的な完遂による存在意義の低下、欧米諸国からの政治的圧力の高まり、シリアによるレバノン実効支配の終焉によって、組織の生き残りは危機に曝された。このようなレバノン政治、中東政治、国際政治の変化に対して打ち出された戦略が、「レバノンのヒズブッラー化」であった。すなわち、国民議会選挙や閣僚の輩出を通して政府の意思決定過程に対する影響力を拡大し、レバノンを自らの抵抗と革命の理念を体現できるような国家へと変容させる試みであった。その国家とは、対内的にはシリアの影響力排除や欧米諸国への接近を推し進める政治勢力を沈黙させ、対外的にはイスラエルと対峙し、シリア・イランとの同盟関係を維持し、武装解除要求やレバノン特別法廷を通した欧米諸国からの政治的圧力を退けられるようなものであった。

つまり、「第一の逆風」に対する「ヒズブッラーのレバノン化」が、新たに生起した政治環境に自らを受動的に適応させるものであったとするならば、「第二の逆風」における「レバノンのヒズブッラー化」は、政治環境を自らに有利なかたちに能動的に改変していこうとする試み、そして、それはすなわち、「三〇年戦争」の構図を維持しようとする保守の力学であったと言える。それが二〇一一年の「静かなる革命」であり、また、「アラブの春」に揺らぐバッシャール・アサド政権への支持・支援の強化であった。ヒズブッラーは、二〇〇〇年代以降はレバノンという国家の枠組みや制度を通して、再びその革命性・暴力性・トランスナショナル性を再び発揮させ始めたのだと考えることができよう（第III部）。

以上のように、ヒズブッラーは、抵抗組織・革命組織として誕生して以来、反植民地主義と汎イスラーム主義の理念を曲げることなく、それでいてこれらの理念に抵触することなく戦略・戦術レベルの操作を駆使することでレジリエンス（柔靭性）を発揮し、また、組織の生き残りを可能とする政治環境を生み出してきた。それを支えてきた巧みな、時として独自の抵抗と革命の理念に抵触しかねないような大胆な舵取りからは、今日の世界におけるイスラーム主義の一つのあり方が見えてくる。それは、頑迷で偏狭な「イスラーム原理主義」のイメージとは異なる、時代や政治環境に応じて自らを変化させ、新たな戦略・戦術を次々に採用する柔軟でダイナミックな、そしてそれゆえに強靭なイスラーム主義の姿である。

ポスト・イスラーム主義論

このようなイスラーム主義の変容については、「ポスト・イスラーム主義（post-Islamism）」と呼ばれる議論がある。ポスト・イスラーム主義とは、文字通り「イスラーム主義の後に来るもの」という意味であり、政治的イデオロギーとしてのイスラームを掲げた新たな思想や運動の潮流を説明するための分析概念であるが、その定義や特徴については識者の間で大きな隔たりがある。

序章で紹介したオリヴィエ・ロワは、ポスト・イスラーム主義を「再イスラーム化の個人化（privatization of re-Islamisation）」と捉え、イスラーム国家の樹立を目指す思想や運動――ロワが定義するイスラーム主義――に対置させながら、「国家から社会を再構築する計画や、全てを包み込むイスラーム的イデオロギーを通して社会を再構築する計画とは全く関係のない、複合的な実践と戦略」を特徴とすると言う（Roy［2004：97-99］）。これは、明らかにロワ自身の「イスラーム主義の失敗」論（一九九二年）の延長線上に位置するものであり、イスラーム主義はイスラーム国家の樹立に「失敗」した後、国家権力よりも社会や個人における生の充実へ、公的領域よりも私的領域へと活動の重心を移していくものとの想定がなされている。

このロワの議論は、一九九〇年代から二〇〇〇年代にかけての中東におけるイスラーム主義の変化を概ね正確に捉えているように思われる。確かに、イスラーム国家の樹立を声高に叫ぶ組織や運動は、今日ではアル＝カーイダのような一部の急進派に限られるようになり、イスラーム主義の多くは、ヒズブッラーと同様に既存の国民国家や民主主義へのコミットメントを強めている。

だが、いくつかの疑問も残る。こうした変化はイスラーム主義者がイスラーム国家の樹立に挫折しなければ起こらないものなのか。また、イスラーム主義はポスト・イスラーム主義に置き換わるようなものなのか。イスラーム国家樹立の目標や政治的暴力は本当に放棄されたのか。つまり、「政治的イスラームの失敗」を議論の出発点とすることで、①「失敗」にイスラーム主義の変化の原因を収斂させ、②「失敗」の前後でイスラーム主義とポスト・イスラーム主義との間に断絶を生み、③前者から後者への単線的で不可逆的な移行過程を想定してしまうことで、結果的にイスラーム主義を捉えるための動態的な視点を損なっているように思われる。今日の中東諸国において「再イスラーム化の個人化」が進行しているとしても、それは、必ずしもイスラーム国家の樹立に向けた営為とトレードオフの関係にはないだろう。仮にこうした単線的・継起的な移行を前提とした場合には、イスラーム主義の語はポスト・イスラーム主義への転回に挫折、ないしはそれを拒否したアル＝カーイダのような一部の急進派と同義となってしまう。(1)

　ヒズブッラーが歩んできた三〇年間の足跡を辿ってみると、確かに、一九九〇年代以降、革命によるイスラーム国家樹立の目標をトーンダウンさせ、合法政党として他の政党や宗派との積極的な協調姿勢を見せると同時に、軍事部門もレバノン国家と国民に奉仕するナショナルなものへと変わった（「ヒズブッラーのレバノン化」）。二〇〇〇年代に入るとヒズブッラーは国家権力の掌握に乗り出したが、それも武力の行使ではなく、あくまでもレバノンの民主主義を尊重しながら合法的な政治制度を通して進められた（「レバノンのヒズブッラー化」）。

　しかし、こうしたヒズブッラーの変化には、ロワの言うような「失敗」もイスラーム主義からポスト・イスラーム主義への単線的・継起的な移行も確認できない。彼らは、理念を堅持しながらも柔軟な戦略・戦術操作を通して国家と社会の両方における影響力の拡大を目指し、また一定の成功を収めてきたのである。

　こうした現象が、ヒズブッラーに特有なものなのか、それともアラブ・中東諸国のイスラーム主義組織・運動に広く共通するものなのか、それに答えるにはより多くの個別の実証研究の成果が求められよう。しかし、イスラーム国家の樹立を目標に掲げるにせよ掲げないにせよ、個人だけではなく国家や社会のイスラーム化を推し進めようとする政治的イデオロギー――本書が定義するイスラーム主義、すなわち「宗教としてのイスラームへの信仰を思想的基盤とし、公的領域におけるイスラーム的価値の実現を求める政治的イデオロギー」――が力を失ったと断じるには時期尚早である。そのことは、例えば、長年の弾圧下でいわば脱政治化していたエジプトのムスリム同胞団が、「アラブの春」後に選挙を通して政権を掌握し、新憲法に「イスラーム法条項」を盛り込むことを推し進めた事実からも明らかであろう。

イスラーム主義の変化を、「失敗」を境とした断続ではなく継続のなかに位置づけて記述するために、アーセフ・バヤートは、ポスト・イスラーム主義にロワとは異なる定義を与えている。すなわち、バヤートのそれは、イスラーム主義に変化をもたらす「状況（condition）」とそれに伴う「計画（project）」であるとされる。「状況」とは、「イスラーム主義のアピール、エネルギー、正当性の源泉が枯渇した政治的・社会的状況」であり、他方、「計画」とは、これを経験したイスラーム主義者たちから生み出される「社会的、経済的、知的領域を横断するイスラーム主義の基本原則と倫理を概念化・戦略化しようとする自覚的な試み」を指す。ポスト・イスラーム主義の特徴は、「義務ではなく権利を、単一の命令的な声ではなく複数性を、お決まりの聖句ではなく歴史性を、過去ではなく未来を強調することを念頭に置いて、イスラーム主義の基礎をなす原理を転回させようとする試み」にあり、また、「一部の学者が言うような「もう一つの近代（alternative modernity）」を実現すべく、イスラームと個人の選択や自由、すなわち民主主義や近代性とを結びつけようとする」営為に宿るという（Bayat［2007：11］）。

これに従えば、イスラーム主義は、「状況」に応じたかたちで「計画」を練り上げながら、個人、社会、国家を横断するかたちでイスラーム化のための営為を継続しているものと見ることができる。バヤートは、「ポスト・イスラーム主義の出現は、潮流として、イスラーム主義の歴史的終焉と見なす必要はない。むしろ、イスラームの経験からの、質的に異なるディスコースとポリティクスの誕生と見るべきであろう」と述べ、現実には、「イスラーム化とポスト・イスラーム化の両者による同時並行的なプロセス」を観察できることもあると結論づけている

（Bayat [2009 : 13]）。

二〇〇九年「政治文書」

ヒズブッラーによるこのような（バヤートの言うところの）ポスト・イスラーム主義への転回（turn）を象徴するものとして、近年国内外の注目を集めたのが、二〇〇九年一一月末の「ヒズブッラー政治文書（al-Wathīqa al-Siyāsīya li-Ḥizb Allāh、以下「政治文書」）」の発表であった[2]（Ḥizb Allāh [2009]）。これは、ヒズブッラーにとって将来を大きく左右する大きな決断であった。この文書が、一九八五年二月の発表以来約二五年間一切の修正も改訂もなかった「公開書簡」の内容を見直したものであったためである[3]。

この「政治文書」を全体として見ると、一九八五年の「公開書簡」で掲げられていた革命的汎イスラーム主義の思想が抑制されていることに気づく。「イスラーム革命」や「イスラーム国家」といった表現はなく、レバノンにおいては「政治的宗派制度」の廃止と「実効性を備えた民主主義」の促進が訴えられている。また、イスラエルとの武装闘争についても、同国の破壊には言及せず、あくまでもレバノン固有の領土と主権の回復を目指した抵抗に専念することが強調されている。

だが、注目すべきは、この「政治文書」は「公開書簡」を否定するものではなかった点である。イスラーム国家の樹立もイスラエルの破壊も言及されていないが、同時に否定も放棄もされていない。「公開書簡」の記述と同様に、米国とイスラエルを「抑圧者」として厳しく断罪し、グローバル化や「対テロ戦争」の名を借りたその植民地主義的野心に三〇年にわたって対峙してきた自らをレバノン、アラブ、イスラーム世界における抵抗の前衛としてアピールする。むしろ、「政治文書」の内容は、「公開書簡」の記述に矛盾しないように慎重に紡ぎ出されたような印象を与え、識者たちも、この文書がイデオロギー面よりも政策面に重きが置かれたものであるという見解で一致している（Alagha [2011 : 168], Rabil [2011 : 125], Qazzī [2013 : 39–42]）。

要するに、「公開書簡」で示されたヒズブッラーのイスラーム主義は健在であり、「政治文書」はその実現のための今日的な新戦略・戦術を提示しているのである。「政治文書」の発表は、本書を通して浮き彫りになったヒズブッラーの方法論、すなわち抵抗と革命の理念を堅持し、戦略・戦術レベルの操作によって中東政治の荒波を乗り切る術を象徴するものであると言えよう。その意味では、ヒズブッラーは、ポスト・イスラーム主義への転回を見せながら、同時に極めてイスラーム主義的であるということになる。

確かに、イスラーム国家の樹立目標は、今日の世界においては色褪せたスローガンに見える。また、イスラーム主義者たちにとっても、一部の偏狭で頑迷な急進派を除けば、イラン・イスラーム革命の成功に後押しされた一九八〇年代のムードや勢いはもはや過去のものであろう。だが、それは、必ずしもイスラーム主義の「失敗」や終焉を意味するものではない。少なくともヒズブッラーについて言えば、イスラームに基づく国家や社会の建設を掲げ、また、ナショナリズムだけではなくイスラーム的な（あるいはトランスナショナルな）観点から「抑圧者」であるイスラエルや米国との闘争を続けながら、イスラーム主義およびポスト・イスラーム主義のフロントランナーとして時代や政治環境に順応してきたのである。

2　中東政治の結節点

変わるヒズブッラー、変わる中東政治

ヒズブッラーが政治環境の変化に順応することで生き残り、そしてさらなる勢力の拡大に成功してきたということは、翻って、彼らが政治環境に変化をもたらす存在であり続けてきたことを意味する。本書を通して見てきたように、ヒズブッラーは、「中東政治の結節点」、すなわちレバノン政治、中東政治、国際政治の様々なアクターの思

惑が交差する点であり、また次々に新たな政治的な局面が生起する点となってきた。

レバノン政治においては、「テロ組織」から合法政党へと転身し、内戦終結後の多極共存型民主主義における「台風の目」となる一方で、軍事部門によるレバノン南部地域を舞台とした独自の対イスラエル闘争を継続させてきた。中東政治では、対イスラエル闘争によって中東和平の行方を左右し、レバノン、イスラエル、シリアの三国間関係、広くは大シリア地域システムにおけるキープレイヤーを演じてきた。さらに、国際政治の文脈においては、一九七九年のイラン・イスラーム革命以来のイランと米国との激しい対立関係を反映するかたちで、ヒズブッラーとイスラエルがそれぞれの陣営に与して戦うという、「三〇年戦争」の構図の形成と維持に努めてきた。

これらの事実からは、ヒズブッラーが様々な国際アクターの政治的な駒となってきた様子を窺うこともできるが、本書ではむしろ逆からの視点の重要性を強調してきた。すなわち、「結節点」としてのヒズブッラーの言動がレバノン政治、中東政治、さらには国際政治をも動かす可能性があること、そして、その可能性は世界を巻き込む現実の戦争と平和と即時的につながっているという事実である。

ヒズブッラーは、一九八〇年代の「内戦国家」と化したレバノンを拠点に、イスラエルや米国に対する武装闘争、欧米人の誘拐、テロリズムなどのナショナル／トランスナショナルな政治的暴力を駆使して勢力を拡大した。一九九〇年に内戦が終結した以降も、「レバノンのヒズブッラー化」を通して対イスラエル闘争を継続させ、二〇〇〇年代には「ヒズブッラーのレバノン化」による国家権力の掌握や国際アクターと直接対峙・交渉する独自の「外交」を展開することで、レバノン政治、中東政治、国際政治の変化に作用してきた。

つまり、本書の議論からあらためて浮き彫りになったのは、ヒズブッラーというイスラーム主義組織がレバノン政治、中東政治、国際政治を構成する主体であり一部であるという現実である。激動の中東政治のなかでイスラーム主義も自らを絶えず変化させ、翻って、その変化が中東政治の今をかたちづくってきたのである。

イスラーム主義組織については、ともすれば、中東政治の安定や秩序を脅かす「他者」であり、それゆえに管理

（ないしは殲滅）すべき客体として論じられることが少なくない。こうした見方は、欧米諸国における古典的な「イスラーム脅威論」の系譜に連なるものと言えるが、実際に二〇一一年の「アラブの春」以降のイスラーム主義組織やイスラーム政党の台頭に対する過剰なまでの危機感は、それが今日でも健在であることを示している。[4]

確かに、ヒズブッラーは、自他共に認める武装組織であり、イスラーム的な政治の実現を目指すイスラーム主義組織である。だが、彼らは現実の政治に背を向け、独善的な信仰世界のなかから言動を紡ぎ出してきたのではなく、現実の世界の変化に応じて自らを変化させながら合理的な政策立案を行ってきたことは、本書で繰り返し論じてきた通りである。そして、何よりも、ヒズブッラーがホメイニー思想を組織の求心力の源としながらも、キャンプ・デーヴィッド合意、イラン・イスラーム革命の成功、イラン・イラク戦争、レバノン戦争などの一九七〇年代末から八〇年代初頭にかけての中東政治の構造変容によって誕生した事実自体、彼らがレバノン政治、中東政治、国際政治と不可分の存在であることを表している。

抵抗と革命を掲げ、独自の軍事部門を持つヒズブッラーは、レバノン、中東、国際社会の安定を損なう可能性を孕んでいる。だが、ナショナル／トランスナショナルな政治的暴力を行使しながらも、レバノンという国民国家における民主主義やナショナリズムを積極的に引き受け、さらにはそれらの深化を促すような側面も見せてきた。また、イスラエルとの軍事衝突や米国との激しい政治対立を引き起こしながらも、結成から今日まで「三〇年戦争」の構図に基づく中東政治や国際政治の秩序形成に寄与してきた。彼らがレバノン政治、中東政治、国際政治を構成する主体であるとすれば、それは他の国家や非国家アクターと同様に、不安定化だけではなく安定化にも作用するのは道理であろう。

こうしたヒズブッラーのあり方は、数多のイスラーム主義組織の事例の一つに過ぎない。また、トランスナショナルでありながらナショナル、イスラーム主義的でありながらポスト・イスラーム主義的でもあるヒズブッラーのダイナミクスは、伝統的に国内問題が国際問題となり、国際問題が国内問題となってきた「メビウスの輪」としてのレバノン政治を多分に反映したものであろう。そのため、イスラーム主義が中東政治にどのように関わっているのかについては、それぞれの組織を対象とした実証研究のいっそうの積み重ねが必要であると思われる。それでもなお、ヒズブッラーの事例は、イスラーム主義が現代の中東政治のダイナミズムを把握する上で重要な存在であり、イスラーム主義の内的論理や動態の解明が中東政治の理解に大きな意味を持つことを示している。

イスラーム主義研究と中東政治研究のアポリア

とはいえ、イスラーム主義やイスラームそれ自体によって中東政治が説明できるわけではないことを、確認しておきたい。

中東社会学者のサーミー・ズバイダは、一九八九年刊行の名著『イスラーム、人びと、国家――中東における政治思想と運動（*Islam, the People and the State : Political Ideas and Movements in the Middle East*）』（Zubaida［2009］）において、現代中東の文化・社会・政治現象を理解するためには、「イスラーム的現象を歴史的に継続してきたムスリムの人びととの文化的本質の発散として捉えた「本質主義者（essentialist）」の説明に対抗」しなくてはならないと論じた。そして、イスラーム主義についても、「近代のイデオロギーであり、歴史上の先例とは大きく異なるものであること、そして、イスラーム運動は現代の社会経済状況の観点からしか理解することはできない」と喝破した（Zubaida［2009 : ix］）。要するに、イスラームを没歴史的で不変的・静態的なものとして捉え、その上で「イスラームであるから」ないしは「イスラームにもかかわらず」といった説明で現代中東の文化・社会・政治現象を理解することはできないと、ズバイダは論じたのである。

このズバイダの問題提起は重要である。静態的なイスラーム認識が、アカデミアやマスメディアにおいて長年にわたってそのまま中東政治を理解するための説明変数ないしはマジックワードとして用いられ続けてきたからである。その根強さについて、彼は「「オリエンタリスト」の西洋の評論家とイスラーム主義者自身の両者によって抱かれたものであり、彼らは、評価を異にしたものの、イスラームと人びととの間の歴史的継続性と本質的な文化的近親性については同意見であった」と述べている（Zubaida［2009：ix］）。

だが、誤解してはならないのは、ズバイダが「イスラーム抜き」での中東政治研究を提案しているのではなく、むしろイスラームの重要性を認識・強調している点である。彼は、二〇一一年の『イスラームを超えて――中東の新たな理解（*Beyond Islam：A New Understanding of the Middle East*）』において、そのタイトルにも現れているように、イスラームの本質主義的理解を通した現代中東研究をあらためて批判し、中東という地域の「脱聖化（de-sacralize）」を提案した。だが同時に、「宗教は、無数の要素の一つであり、多様な社会的形式を採り得るものであり……こうした配置において宗教は、経済的・諸要素による確定へと開かれた社会の制度や実践に「具象化（materialized）」あるいは「内在化（embedded）」される」とも言う（Zubaida［2011：1］）。つまり、ズバイダによれば、現代中東研究において必要なのはイスラームの排除ではなく相対化であり、イスラームが中東の文化・社会・政治現象においてどのように発現し、どのような役割を果たしているのかについて、テクストだけではなくコンテクストのなかで動態的に論じることなのである。

この議論を踏まえると、問題は、イスラームやイスラーム主義によって中東政治が説明できるかどうかではなく、イスラームやイスラーム主義を有機的に組み込んだかたちでの中東政治理解はどのように実現されるのか、ということになる。そのためには、オリエンタリストやイスラーム主義者の本質主義的理解を退けることが重要であるが、かといって、前述のようにイスラーム主義を中東政治にとっての「他者」として位置づけることでは、イスラーム主義と中東政治の関係が織りなす豊かな現実を捉えることはできない。

実際のところ、イスラーム主義の実態と中東政治のダイナミズムを架橋するような研究は、それぞれの充実度に比べると決して多いとは言えない。[5] むしろ、イスラーム主義と中東政治に関するそれぞれの研究が充実しているがゆえに、両者の距離がなかなか縮まらなくなったようにも思われる。

イスラーム主義の研究は――近年では横田［2006］、Wiktorowicz［2004］、Beinin and Vairel eds.［2011］など社会運動論を用いた著作が出されているものの――、伝統的には主に思想研究ないしは歴史研究が担ってきた。他方、中東政治に関しては、比較政治学や国際政治学、あるいは情勢分析の手法による研究が主流であり、これらの研究において、イスラーム主義組織や運動は無数のアクターの一つと捉えられ、結果的にその固有性や内的論理は看過されがちである。

このイスラーム主義と中東政治の研究上の棲み分けないし断絶は、思想・歴史研究と現代政治研究、事例と理論、地域研究とディシプリンといった、今や定型化の様相を呈している方法論上のアポリア（論理的難点・行き詰まり）と重なるものであろう。

3　地域研究の実践例

ヒズブッラーを地域研究すること

以上の議論は、次のようにまとめられる。イスラーム主義組織としてのヒズブッラーは、ポスト・イスラーム主義的転回を見せることでレジリエンスを獲得し、結成から三〇年が経った今日において、レバノン政治だけではなく中東政治や国際政治におけるその存在感を強めている。イスラーム主義は、中東政治にとっての「他者」ではなく不可分な構成主体であり、自らを絶えず変化させながら状況の変化に深く関与してきた。にもかかわらず、イスラーム主義研究と現代中東政治研究との間にはアポリアが存在する――。

では、イスラーム主義と中東政治を動態的に把握し、なおかつ両者の間の研究上のアポリアを乗り越えるためにはどうすればよいのか。そのために本書が採用したのが、地域研究の手法であった。

その理由は、「統合型」かつトランスナショナルな指向性を持つイスラーム主義組織であるヒズブッラーの実態を解明するためには、アラビア語資料の解析や現地調査を通してデータを積み重ねると同時に、国民国家とディシプリンのそれぞれの垣根を越える必要があったためである。イスラーム主義の研究は、国民国家以上世界未満の「地域」を設定し、様々なディシプリンを横断しながら研究対象の全体像ないしは個別的局面を分析していく地域研究にとってのフロンティアである。そして、現代世界の風景の一部となったイスラーム主義（およびポスト・イスラーム主義）は多様であり、その実態の解明はまだまだ途上である。

このようにヒズブッラーを地域研究することを通して、本書では、レバノン政治、中東政治、国際政治といった異なる分析レベルを横断し、また、比較政治学、国際政治学、地域研究などのディシプリンを架橋することを目指してきた。それは、ヒズブッラーという事例が、イスラーム主義と中東政治の関係を浮き彫りにし（中東政治の動態的理解）、さらにはイスラーム主義研究と中東政治研究の橋渡しに寄与するものになり得ると筆者が考えたからであった。

むろん、本書は、ヒズブッラーという一事例についての研究成果に過ぎず、イスラーム主義と中東政治についての一般的・総合的理解とそのための理論的・体系的な枠組みの提示のいずれにも至るものではない。それは、むしろ地域研究の立場からこの課題に取り組んだ筆者自身の研究実践の軌跡であると言える。こうした研究実践、言い換えれば、「やってのけること」が先行するのは、道なき道を歩もうとする地域研究という学問領域の宿痾かもしれない。だが、だからこそ、地域研究の一つのあり方を示すと同時に、「科学知の新たな再編成を促す活性剤」（立本 [2001 : 7]）として、新たな知の理論化・体系化への地平を切り拓く可能性を秘めているのである。

イスラーム主義と中東政治の新時代

一九九〇年代前半、アラブ諸国におけるイスラーム主義の失敗が盛んに議論された。世俗主義を掲げる多くの権威主義体制の下で急進化・過激化したイスラーム主義組織・運動は、政府の厳しい弾圧を受け壊滅状態になると同時に、治安の悪化を懸念した民衆からの支持を失った。そして、活動拠点を国外や国内の地下に移さざるを得なくなった諸組織が、今日のアル＝カーイダのような特定の国家や地域に活動を限定しないトランスナショナルなネットワークを形成していった。

これに対して、ヒズブッラーは、同時期に革命的汎イスラーム主義のトーンを幾分弱め、トランスナショナルな性格を抑制するという逆のプロセスを辿ること、言い換えれば、レバノンという国民国家の領域、法制度、ナショナリズムを尊重し、レジスタンスや政党活動、社会サービスを通して自らがあくまでもレバノンの政治組織であることを追求することで、今日の成功を収めることとなった。その一方で、国内問題が国際問題となり、国際問題が国内問題となってきたレバノン政治を背景に、イスラエルとの紛争、シリアとの戦略的パートナーシップ、イランからの支援、アラブ各国における「アラブの春」への関与など、トランスナショナルな言動を駆使することで、自らに有利な政治環境を創出しようとしている。レバノンの特殊な政治環境を差し引いても、こうしたヒズブッラーの経験は、「ヒズブッラー・モデル」として様々なイスラーム主義組織によって様々な角度から参照される可能性を有しているように思われる[6]。

ヒズブッラーは、当面の間は絶対的な人気を誇るハサン・ナスルッラー書記長を中心に、一九八五年の「公開書簡」で示された組織の理念に抵触しないような巧みな戦略・戦術操作を継続していくと考えられる。だが、やがて再び大きな岐路に立たされる可能性は高い。そのときこそ、これまでいくつもの危機を乗り越えてきたダイナミックなイスラーム主義組織としての真価が試されることになる。現代世界におけるイスラーム主義の未来を占うメルクマールの一つとして、そして地域の今後を左右する「中東政治の結節点」として、ヒズブッラーの動向を注視していくべきであろう。

あとがき

一九九五年、大学三年生の夏、私はベカーア高原のバアルベックでヒズブッラーに拘束されるという経験をした。拘束の理由は「スパイ容疑」であった（もちろん濡れ衣である）。男たちに車に押し込められ、夕闇が迫るなか山間の細道をどこかに連れて行かれる恐怖は、今でも鮮明に覚えている。しばらくして私が車から降ろされたのは、ヒズブッラーが拠点の一つとしていたモスクの敷地であった。

当時、ヒズブッラーは非常に危険な組織と考えられていた。少なくとも日本ではそのように報じられていたように思う。実際、一九九三年にはイスラエル軍との大規模軍事衝突、その翌年にはアルゼンチンで連続爆弾テロを起こしていた。革命的汎イスラーム主義の実現のためにはハイジャックや「自爆テロ」をも厭わない、過激な「イスラーム原理主義者」としてのヒズブッラー。そんな彼らの姿を自分の目で見るために、私はレバノンを訪れていた。彼らに拘束されたことで、結果的にその目的は達成されたことになる。

しかし、そこで目に飛び込んできた光景は、私がそれまで見聞きしてきたもの、想像していたものと大きく違っていた。銃を携えた戦闘員とおぼしき屈強な男たち。彼らはヒズブッラーに違いない。だが、辺りを見回してみると、モスクの敷地は、礼拝に訪れる人びと、夕涼みを楽しむ家族連れ、駆け回る子供たち、コーヒーを片手に談笑する老人たちで溢れている。そして、彼ら彼女らは、あたかも慣れ親しんだ友人のように「戦闘員」たちと接している。それだけではない。私が言葉を交わしてみると、彼ら彼女らの誰もが口をそろえて「自分もヒズブッラーだ」と言う。

私は混乱した。ヒズブッラーとは一体何者なのか。世界を股にかける暴力的で過激な「イスラーム原理主義者」

の姿と、レバノンという土地に根ざした平和で穏やかな「普通の人びと」の姿。暴力と平和、過激と穏健、グローバルとローカル、思想と活動、エリートと支持者、どちらがヒズブッラーの「真実」なのか。片方が真であれば、もう片方は偽ということになる。いや、そうではないだろう。実際にはこれら全てが「真実」であるにもかかわらず、なぜかそれらは別個に扱われており、その結果、相互の「つながり」が欠けてしまっているのではないか。むしろ、その「つながり」にこそ、ヒズブッラーとは何か、ひいては「イスラーム原理主義者」とは何か、という問いに対する答えがあるのではないか。だとすれば、この「つながり」はどのように説明されるのか。

こうした疑問に答えるために、本書は執筆されたのだと言ってもよい。それは、私のバアルベックでの「原体験」に基づいた私的な疑問であると同時に、ことあるごとに「イスラーム原理主義者」の脅威が喧伝されていた冷戦後の世界と知のあり方に対する疑問でもあった。振り返ってみれば、こうした疑問、そして「つながり」へのこだわりが、私を地域研究という学問へと誘っていったのだと思う。

私が考える地域研究とは、それぞれの国民国家やディシプリンに根ざした知をつなぎながら地域についての新たな「真実」を浮かび上がらせ、翻って、それを手がかりに知の発展や再編への貢献を目指すものである。誤解を避けるために言えば、私は「地域研究か、ディシプリンか」という二者択一の議論——および国民国家の存在の是非を問うイデオロギー的な議論——には与しない。重要なのは、ある地域のある現象を理解するためにはどのような方法論やアプローチが有効なのかについて、それまでの積み重ねられてきた知に真摯に向かい合いながらも、柔軟かつ大胆に思考を巡らせていくことだと思っている。

本書では、序章と終章で述べたように、「ヒズブッラーを地域研究すること」を通して、階層化されたレバノン政治、中東政治、国際政治といった異なる分析レベルや研究領域を横断し、また、比較政治学、国際政治学、地域研究などのディシプリンを架橋するための一視座を提示してみたつもりである。それがどの程度成功しているかについては、読者諸賢のご高評・ご叱正を賜りたい。

とはいえ、本書の完成に至るまでの道筋は初めから決まっていたわけではない。私が迷い、悩み、葛藤と試行錯誤を繰り返しながら歩んできた道のりの果てに、本書はこうして一冊の本のかたちとなった。気づけば、一八年もの月日が経っていた。

言うまでもなく、この一八年間における数え切れないほどの多くの師友の教えと励ましがなければ、本書は完成を迎えることはなかった。私はいつも良き出会いに恵まれてきたと思う。そもそも私が中東諸国のなかでも特にシリア・レバノンに関心を持ったのは、学部時代に非常勤で教えに来られていた故・林武先生（大東文化大学）と宇野昌樹先生（広島市立大学）の授業を受けたことが大きい。英国のダーラム大学中東・イスラーム研究センター（CMEIS）に進学してからは、中東政治学を専攻し、アヌーシラヴァン・エフテシャミーとティム・ニブロック（エクセター大学）の両先生の指導の下、国際関係論と比較政治学のディシプリンをベースに中東政治研究の基礎を学んだ。修士論文はヒズブッラーの政党化の過程を論じたものであったが、本書のいくつかの章で用いた国内レベル、域内レベル、国際レベルの三層分析は、このとき培われたものである。

一九九八年に英国から帰国した後は、産声を上げたばかりの京都大学アジア・アフリカ地域研究研究科へと進学した。小杉泰先生の下で学ぶためであった。現代の中東政治のダイナミクスをイスラーム学、比較政治学、国際政治学などの複数のディシプリンを縦横無尽に横断しながら分析していくその研究手法は、本書のアプローチだけではなく、私の研究者としてのものの考え方の根幹を成している（そもそも日本で初めてヒズブッラーについての学術論文を書かれたのが小杉先生であった）。小杉先生から受けた薫陶は計り知れず、到底言葉に表すことができない。お叱りを受けることを承知で言えば、本書は、私の唯一無二の師であり、イスラーム主義、広くはイスラームを組み込んだかたちの中東政治研究のパイオニアである先生の仕事の延長線上にあるものだと思っている。

京都大学での五年間は、思想研究や人類学を専門にする先生方や仲間の院生に囲まれながら、地域研究の方法論と格闘した日々であった。地域との向き合い方／付き合い方、異文化や「他者」の表象をめぐる倫理、原典解析と現地調査の大切さなど、その痕跡は本書の随所に見ることができる。この時期、私は、傍らでヒズブッラーのことを書きつつも、研究テーマの時間と空間を大幅に広げ、一九世紀以降のスンナ派のイスラーム改革思想・運動の実証研究を通して、シリア（大シリア）という地域の内在的論理や固有性を理解するための分析枠組みを考え続けた。最終的に博士論文（『現代シリアの国家変容とイスラーム』ナカニシヤ出版、二〇〇五年）で提示した「地域としてのシリア」、「未完の物語としてのシリア分割」の考え方は、本書の議論を貫くいわば通奏低音となっている。

その後、日本学術振興会ＰＤとして受け入れて下さった臼杵陽先生（日本女子大学）にも大変お世話になった。ご専門の「パレスチナ／イスラエル紛争」についての深い学識だけではなく、紛争地域に飛び込んで研究することの難しさ、そして、競合する様々な言説の渦のなかで果敢に発信し続けることの意義と心構えを教えていただいた。

二〇〇六年に立命館大学国際関係学部に就職してからも良き出会いに恵まれた。国際政治学、政治学、経済学、社会学、人類学など様々な専門を持つ同僚からは、それぞれの分野における基本的な考え方や研究動向を教わった。また、学生たちも多くを教えてくれた。その瑞々しくも鋭い知性と感性には、常に驚かされてばかりいる。

様々な共同研究プロジェクトでも多くの方々にお世話になった。テーマ、ディシプリン、地域などを異にする様々な研究者との共同研究で得た知見が、本書の血となり肉となっていることは疑いない。まずは、私が代表を務めてきたいくつかのプロジェクトのメンバーの方々に御礼申し上げたい。また、私が関わったそれぞれのプロジェクトの代表者、黒木英充（東京外国語大学）、山岸智子（明治大学）、中村覚（神戸大学）、浜中新吾（山形大学）、中西久枝（同志社大学）、横田貴之（日本大学）の諸先生方にも深い感謝の意を表す。なかでも、何期にもわたってお世話になっている酒井啓子（千葉大学）と青山弘之（東京外国語大学）の両先生には御礼の言葉もない。酒井先生は、日本における中東政治研究の「ボス」であり、研究者としてはもちろんのこと、学会やプロジェクト・国際会議などの企画者・運営者として、多くのことを教えてもらっている。一方、青山先生は、シリア・レバノン研究の

「ボス」であり、そのシリア・レバノンへの深い愛情と確かな洞察からは常に影響を受けてきた。その他、全ての名前を記すことはできないが、池田明史、小副川琢、吉川卓郎、髙岡豊、立山良司、辻上奈美江、錦田愛子、松尾昌樹、松永泰行、松本弘、溝渕正季、森山央朗、掘拔功二、山尾大の諸氏をはじめとする私のかけがえのない学兄や「戦友」、それからレバノンとシリアで調査に協力してくれた人びとにも深く感謝している。

一九九五年の夏に私が抱いた疑問、ヒズブッラーの「真実」の「つながり」をめぐる疑問は、こうして文字通り多くの人たちとの「つながり」によって、本書の完成というかたちで一つの答え——現時点での到達点——に辿り着くことができた。一八年間という長い月日ゆえに全てのお名前を挙げることは到底できないが、あらためて心より御礼申し上げたい。

なお、本書の内容は、以下の論文などに発表したものを基礎としている。一冊の書籍にするにあたって、加筆修正・再構成を行い、原形をとどめないものもあるが、参考までに記して、初出掲載諸誌に謝意を表したい。

「現代レバノンの宗派制度体制とイスラーム政党——ヒズブッラーの闘争と国会選挙」日本比較政治学会編『現代の宗教と政党——比較のなかのイスラーム』早稲田大学出版部、二〇〇二年、一八一～二一二ページ。

「レバノン・ヒズブッラーのジレンマ——対米・イスラエル強硬路線とイスラーム的言動（特集　イラク戦争とイスラーム）」『季刊アラブ』第一〇五号（夏）、二〇〇三年、一〇～一三ページ。

「レバノン・ヒズブッラー——「南部解放」以降の新戦略」『現代の中東』第三八号（一月）、二〇〇五年、一九～三八ページ。

「レバノン包囲とヒズブッラー（連載講座　中東の政治変動を読む六）」『国際問題』第五五五号（一〇月）、二〇〇六年、五〇～五八ページ。

「「レバノン」をめぐる闘争——ナショナリズム、民主化、国際関係」『中東研究』第四九四号（一二月）、二〇〇六年、五六～六七ページ。

「アラブ諸国における宗教とナショナリズム――レバノンの宗派主義体制を事例として」『立命館国際研究』第二一巻、第一号（六月）、二〇〇八年、一九～三八ページ。

「抵抗と革命をむすぶもの（一）レバノン・ヒズブッラーの誕生（一九八二～八五年）」『立命館国際研究』第二二巻、第二号（一〇月）、二〇〇九年、一〇一～一三六ページ。

「抵抗と革命をむすぶもの（二）イスラーム思想史のなかのレバノン・ヒズブッラー」『立命館国際研究』第二三巻、第三号（三月）、二〇一〇年、九三～一三一ページ。

「「テロ組織」が政党になるとき――第二共和制の成立と「ヒズブッラーのレバノン化」」『立命館国際研究』第二四巻、第一号（六月）、二〇一一年、六七～一〇〇ページ。

「「恐怖の均衡」が生み出す安定と不安定――レバノン・イスラエル紛争と国際政治」吉川元・中村覚編『中東の予防外交』信山社、二〇一二年、二一五～二三九ページ。

「レバノンにおける多極共存型民主主義――二〇〇五年「杉の木革命」による民主化とその停滞」酒井啓子編『中東政治学』有斐閣、二〇一二年、八一～九四ページ。

書き下ろし、序章、第三章、第七章、第一〇章、終章

本書の刊行にあたっては、日本学術振興会平成二五年度科学研究費補助金（研究成果公開促進費・課題番号二五五一四二）の助成を受けた。本書の編集を担当して下さった名古屋大学出版会の橘宗吾氏には心より御礼申し上げる。橘氏の詳細で適切な指摘によって、本書の内容は格段に良くなった。また、校正担当の長畑節子氏にも大変お世話になった。同出版会の学術出版に対する熱意に深く感銘したことを申し添えたい。

最後に、本書のみならず、私の研究は、家族の理解と支えなくして考えることはできない。どんなときも笑顔で

応援してくれた家族、とりわけ妻の祐子、娘の彩子に心から感謝している。本当にありがとう。

二〇一三年八月三〇日　内戦終結から二三年、未だ騒擾の続くベイルートにて

末近浩太

小杉　泰著
現代イスラーム世界論
A5・928 頁
本体6,000円

小杉泰／林佳世子／東長靖編
イスラーム世界研究マニュアル
A5・600 頁
本体3,800円

藤波伸嘉著
オスマン帝国と立憲政
—青年トルコ革命における政治，宗教，共同体—
A5・460 頁
本体6,600円

小林寧子著
インドネシア 展開するイスラーム
A5・482 頁
本体6,600円

長岡慎介著
現代イスラーム金融論
A5・258 頁
本体4,800円

東長　靖著
イスラームとスーフィズム
—神秘主義・聖者信仰・道徳—
A5・314 頁
本体5,600円

O・A・ウェスタッド著　佐々木雄太監訳
グローバル冷戦史
—第三世界への介入と現代世界の形成—
A5・510 頁
本体6,600円

飯山雅史著
アメリカ福音派の変容と政治
—1960 年代からの政党再編成—
菊・456 頁
本体6,600円

《著者略歴》

末《すえ》近《ちか》浩《こう》太《た》

1973年　愛知県に生まれる
1999年　英国ダーラム大学中東・イスラーム研究センター修士課程修了（中東政治学修士）
2004年　京都大学アジア・アフリカ地域研究研究科博士課程修了（地域研究博士）
日本学術振興会特別研究員（PD）などを経て
現　在　立命館大学国際関係学部准教授
著訳書　『現代シリアの国家変容とイスラーム』（ナカニシヤ出版，2005年）
『現代シリア・レバノンの政治構造』（共著，岩波書店，2009年）
ダン・コンシャーボク／ダウド・アラミー『双方の視点から描くパレスチナ／イスラエル紛争史』（共訳，岩波書店，2011年）など

イスラーム主義と中東政治

2013年11月10日　初版第1刷発行

定価はカバーに
表示しています

著　者　末　近　浩　太

発行者　石　井　三　記

発行所　一般財団法人　名古屋大学出版会

〒464-0814　名古屋市千種区不老町1 名古屋大学構内
電話(052)781-5027 / FAX(052)781-0697

© Kota SUECHIKA, 2013　Printed in Japan

印刷・製本 ㈱クイックス　ISBN978-4-8158-0750-4
乱丁・落丁はお取替えいたします。

R〈日本複製権センター委託出版物〉
本書の全部または一部を無断で複写複製（コピー）することは，著作権法上の例外を除き，禁じられています。本書からの複写を希望される場合は，必ず事前に日本複製権センター（03-3401-2382）の許諾を受けてください。

人名索引

＊イタリック体の数字は注のページを示す。

ア　行

アーザール，ライムーン　Raymūn ‘Āzār　*85*
アーミテージ，リチャード　Richard Armitage　184
アウン，ミシェル　Mīshāl ‘Awn　119, 200, 230, 297, 325
アサド，ハーフィズ　Ḥāfiẓ al-Asad　43-4, 123, 137, 139, 198, 200, 296, *56*, *64*, *73-4*
アサド，バッシャール　Bashshār al-Asad　5, 137, 197, 199-200, 260, 265, 296, 300, 313, 319, 322, 324, 333-8, 342-3, 345-53, 357, *73*, *80*, *86-90*
アスィール，アフマド　Aḥmad al-Asīr　350
アッブード，ファーディー　Fādī ‘Abbūde　326
アナン，コフィ　Kofi Atta Annan　261, 263, *87*
アブー・ファーウール，ワーイル　Wā‘il Abū Fā‘ūl　326
アブー・マルズーク，ムーサー　Mūsā Abū Marzūq　*73*
アブドゥッラー，ハサーン　Hasān ‘Abd Allāh　41
アフマディーネジャード，マフムード　Maḥmūd Aḥmadī Nejād　322
アミーン・アッサイイド，イブラーヒーム　Ibrāhīm al-Amīn al-Sayyid　41, 133, 210, *53-4*, *59-60*, *70*
アラド，ロン　Ron Arad　*72*
アラファート（アラファト），ヤースィル　Yāṣir ‘Arafāt　23
アリー・イブン・アビー・ターリブ　‘Alī ibn Abī Ṭālib　58, *58*
アリーディー，ガーズィー　Ghāzī al-‘Arīḍī　326
アルカダーン，サラーフッディーン　Ṣalāḥ al-Dīn Arqadān　41
アルスラーン，タラール　Ṭalāl Arslān　326-7
アワーリー，ガーリブ　Ghālib ‘Awālī　*72*
アンダーソン，テリー　Terry A. Anderson　92, 125
アンマール，アリー・ファドル　‘Alī Faḍl ‘Ammār　133
イヤード，マスウード　Mas‘ūd Iyād　192
ウィアー，ベンジャミン　Benjamin Weir　92
ウェアリ，エリック　Eric Wehrli　92
ウバイド，アブドゥルカリーム　‘Abd al-Karīm ‘Ubayd　41, 98, *72-3*
オーク，ロジェ　Roger Auque　92
オバマ，バラク　Barack Hussein Obama　274, 339
オルメルト，エフード　Ehud Olmert　248, 256, 261, *79*

カ　行

カースィム，ナイーム　Na‘īm Qāsim　33, 37, 39, 41, 43, 61, 72, 186, 191, 210, 213, 219, *52*, *67-8*, *77*
カーンスー，アリー　‘Alī Qānṣū　326
カウフマン，ジャン＝ポール　Jean-Paul Kaufman　92
カスィール，アフマド　Aḥmad Qaṣīr　36-7
カッザーフィー（カダフィー），ムアンマル　Mu‘ammal al-Qadhdhāfī　332-3, *87*
カバラーン，アブドゥルアミール　‘Abd al-Amīr Qabalān　*56*
ガブリース，フサイン　Ḥusayn Ghabrīs　41
ガラーウィー，ムハンマド・マンスール　Muḥammad Mansūr al-Gharāwī　40
カラーミー，アフマド　Aḥmad Karāmī　326
カラーミー，ウマル　‘Umar Karāmī　117, 122, *74*
カラーミー，ファイサル　Fayṣal Karāmī　326
カラーミー，ラシード　Rashīd Karāmī　84
カラム，サリーム　Salīm Karam　326
カリーム，アリー　‘Alī Karīm　41
カンジュ，ズハイル　Zuhayr al-Kanj　32, 42
キーナン，ブライアン　Brian Keenan　92
キルバーン，ピーター　Peter Kilburn　92
クーラーニー，アリー　‘Alī al-Kūrānī　53

クーラーニー，フサイン　Ḥusayn al-Kūranī　*54*
グスン，ファーイズ　Fāyiz Ghuṣn　326
クトゥブ，サイイド　Sayyid Quṭb　*57*
クドリー，マルセル　Marcel Coudry　92
グラス，チャールズ　Charles Glass　92, *64*
クルトバーウィー，シュカイブ　Shukayb Qurṭbā-wī　326
クンタール，サミール　Samīr al-Qunṭār　*73, 81*
コルデス，ルドルフ　Rudolph Cordes　92
ゴルバチョフ，ミハイル　Mikhail S. Gorbachev　*67*

サ　行

サーダート（サダト），アンワル　Anwar al-Sādāt　*57*
サーヒリー，タラール　Ṭalāl al-Sāḥilī　*84*
サーリフ，アリー・フサイン　'Alī Ḥusayn Ṣāliḥ　*72*
サーリム，エリー　Īlī Sālim, Elie Salem　*63*
サーレヒー，アリー・アクバル　'Alī Akbar Ṣāle-ḥī　*89*
サイイド，ジャミール　Jamīl al-Sayyid　*85*
ザインッディーン，ハイダル・マフムード　Haydar Maḥmūd Zayn al-Dīn　*87*
サクル，ウカーブ　'Uqāb Ṣaqr　*90*
サザーランド，トーマス　Thomas Sutherland　92
サッラーフ，ヤアクーブ　Ya'qūb al-Ṣarrāf　*84*
サッルーフ，ファウズィー　Fawzī Ṣallūkh　*84*
サドル，サーディク　Sādiq al-Ṣadr　*60*
サドル，ムーサー　Mūsā al-Ṣadr　27, 30, 56, 68, 83, 133–4, 332–3, *56*
サドル，ムクタダー　Muqtadā al-Ṣadr　*91*
サドル，ムハンマド・バーキル　Muḥammad Bāqir al-Ṣadr　26, 29–30, 40–2, 60, 65, 67–8, 74, 133, *53, 59*
サナーン，アリー　'Alī Sanān　41
サバーハ，ジャービル・アフマド・ジャービル　Jābir Aḥmad Jābir al-Sabāḥ　93
サファディー，ムハンマド　Muḥammad al-Ṣafadī　326
サフィーッディーン，アリー　'Alī Safī al-Dīn　36
サフィーッディーン，ハーシム　Hāshim Safī al-Dīn　210
サフナーウィー，ニコラー　Niqūlā al-Ṣaḥnāwī　326
サブンジアン，ヴレージュ　Furayj Ṣābūnjiyān　326
サマーハ，ミシェル　Mīshāl Samāḥa　*90*
サルキース，イリヤース　Iliyās Sarkīs　*53*
シーラーズィー，ムハンマド　Muḥammad al-Shīrazī　*60*
ジェイコブセン，デイヴィッド　David Jacobsen　92, 108
ジェンコ，ローレンス　Lawrence Jenco　92, 108
ジシー，ハサン　Ḥasan Jishī　217, 234–5, *78*
シハーブ，サーミー　Sāmī Ṣhiḥāb，本名ムハンマド・ユースフ・アフマド・マンスール　Muḥammad Yūsuf Aḥmad Mansūr　330, *86*
シルビル，マルワーン　Marwān Shirbil　326
ジャアジャア，サミール　Samīr Ja'ja'　136, 147
シャアバーン，サイード　Sa'īd Sha'bān　42, *54*
シャッラーフ，ラマダーン・アブドゥッラー　Ramaḍān 'Abd Allāh Shallāḥ　*73*
シャムスッディーン，ムハンマド・マフディー　Muḥammad Mahdī Shams al-Dīn　133, *54*
シャリーアティー，アリー　'Alī Sharī'atī　*53, 58*
シャロン，アリエル　Ariel Sharon　189, 198, 248–9, *79*
シャンマス，ムハンマド・フサイン・ハーッジ・ナースィフ　Shammas, Muḥammad Ḥusayn al-Hajji Nāṣif，通称アブー・アッバース　Abū 'Abbās　337
ジュベ，クリスチャン　Christian Joubert　92
ジュマイイル，アミーン　Amīn al-Jumayyil　25, 103, 107, *63–4, 68*
ジュマイイル，バシール　Bashīr al-Jumayyil　50, 104, 107, *53, 56, 64*
ジュマイイル，ピエール　Biyār al-Jumayyil　*56*
ジュマイイル，ピエール・アミーン　Biyār Amīn al-Jumayyil　304
シュミット，アルフレッド　Alfred Schmidt　92
ジュンブラート，ワリード　Walīd Jumblāṭ　161, 313, 337, *53, 63, 74*
シング，ミサール・イシュワール　Mithal Eshwar Singh　92
スィスィピオ，ジョセフ　Joseph Ciccipio　92
スィッディーク，ムハンマド・ズハイル

Muḥammad Zuhayr al-Ṣiddīq　*86*
スィニューラ，フアード　Fu'ād al-Sinyūra　259, 261, 292–3, 299–300, 306–8, *81, 84*
スーラ，ミシェル　Michel Seurat　92
スティーン，アラン　Alan Steen　92
ステイサム，ロバート　Robert Dean Stethem　92–3
スバイティー，ユースフ　Yūsuf Subaytī　41
スファイル，ナスルッラーフ・ブトルース　Naṣr Allāh Buṭrūs Ṣufayr　200, *74*
スミレック，スティーヴン　Steven Smyrek　*73*
スライマーン，ミシェル　Mīshāl Sulaymān　306, 308, 311, 323, 325–6, 352, *81, 85*
スルフ，リヤード　Riyāḍ al-Ṣulḥ　*78*
ソンタグ，カミーユ　Camille Sontag　92

タ　行

ダーウーク，ワリード　Walīd al-Dā'ūq　326
ターナー，ジェスィ　Jesse Turner　92
ターハー，アリー・ハサン　'Alī Ḥasan Ṭāhā　133
ターレカーニー，マフムード　Maḥmūd Tāleqānī　*58*
タイヤール，ジャアファル　Ja'far al-Tayyār　36
タッルー，アラーッディーン　'Alā' al-Dīn Tarrū　326
タネンバウム，エルハナン　Elhannan Tannenbaum　194
タラート，フサイン　Ḥusayn Ṭal'at　93
ダルウィーシュ，フサイン　Ḥusayn Darwīsh　41
ディーラーニー，ムスタファー　Muṣṭafā al-Dirānī　*72–3*
ディヤーブ，ハッサーン　Ḥassān Diyāb　326
トゥファイリー，スブヒー　Ṣubḥī al-Ṭufaylī　40, 128, 163, 210, *52–5, 59, 64, 70*
ドッジ，デイヴィッド　David Dodge　92, 96
トレイシー，エドワード　Edward Tracy　92

ナ　行

ナースィル（ナセル），ジャマール・アブドゥン　Jamāl 'Abd al-Nāṣir　*57*
ナーブルスィー，アフィーフ　'Afīf al-Nāblusī　*54, 68*
ナスルッラー，ハーディー　Hādī Naṣr Allāh　246
ナスルッラー，ハサン　Ḥasan Naṣr Allāh　23–4, 40, 94–5, 128, 161, 163, 168, 175, 182, 184–7, 189, 193–5, 202, 210–1, 240–1, 245–6, 248–9, 255–7, 261, 265, 276, 280, 296, 303–4, 306, 312, 321, 324, 330, 334, 336–8, 345–8, 369, *52–3, 59, 63, 67–8, 70, 72–4, 78–83, 86*
ナッシュ，ジェフリー　Geoffrey Nash　92
ナッハース，シルビル　Shirbil Naḥḥās　326
ナッハース，ニコラー　Niqūlā Naḥḥās　326
ニウマーン，アブー　Abū Ni'mān　*90*
ネタニヤフ，ベンヤミン　Benjamin Netanyahu　198, *88*

ハ　行

ハーイリー，カーズィム　Kāẓim al-Ḥā'irī　40
バーザルカーン，メフディー　Mehdī Bāzarqān　*58*
ハーシェミー，メフディー　Mehdī Hāshemī　*65*
ハージム，アリー　'Alī Khājim　41
バースィール，ジュブラーン　Jubrān Bāsīl　326
ハーッジュ，アリー　'Alī al-Ḥājj　*85*
ハーメネイー，アリー・ホセイニー　'Alī Ḥoseinī Khāmeneī　67, 132, 143, 220, 226, *58–9, 68, 76, 79*
ハイルッディーン，マルワーン　Marwān Khayr al-Dīn　326
パウエル，コリン　Colin Powell　201
ハサン，ウィサーム　Wisām Ḥasan　*90*
ハサン，フサイン・ハーッジ・ハサン　Ḥusayn al-Ḥājj Ḥasan　312, 326
バックレイ，ウィリアム　William Francis Buckley　92
ハッダード，サアド　Sa'ad Haddād　177
バドルッディーン，ムスタファー　Muṣṭafā Badr al-Dīn，通称イリヤース・サアブ　Iliyās Ṣa'b　*76, 86*
バニー・サドル，アブー・ハサン　Abū al-Ḥasan Banī Ṣadr　*58*
ハマーダ，トゥラード　Ṭurād Ḥamāda　299, *83–4*
ハマーディー，アッバース　'Abbās Ḥamādī　93
ハマーディー，ムハンマド・アリー　Muḥammad 'Alī Ḥamādī　93, 97
ハマド・ビン・イーサー・アール・ハリーファ　Ḥamad bin 'Īsā Āl Khalīfa　*87*

ハムダーン，ムスタファー　Muṣṭafā Ḥamdān　*85*
ハムダル，アイマン　Ayman Hamdar　41
バラク，エフード　Ehud Barak　*89*
ハラリイ，アブドゥッラー　ʻAbd Allāh al-Hararyy　*68*
ハリーファ，ムハンマド　Muḥammad Khalīfa　*84*
ハリーリー，サアドゥッディーン（サアド）Saʻd al-Dīn al-Ḥarīrī　292, 310, 312–3, 321–3, *85–6*
ハリーリー，ラフィーク　Rafīq al-Ḥarīrī　149, 158, 165, 169, 224, 284–5, 287, 292, 296, 299, 313, 320–2, *70, 72, 83, 85, 90*
ハリール，アリー・ハサン　ʻAlī Ḥasan Khalīl　326
ハリール，フサイン　Ḥusayn Khalīl　210–1
ハルブ，ラーギブ　Rāghib Ḥarb　41, 95, *54, 59*
バヤーン，イブラーヒーム・スライマーン　Ibrāhīm Sulaymān Bayān　133
ハンムード，マーヒル　Māhir Hammūd　32, 42
ヒギンズ，ウィリアム　William R. Higgins　92
ヒシャーム，アブー　Abū Hishām　*54*
ビッリー，ナビーフ　Nabīh Birrī　30, 36, 84, 147–8, 158–60, 163, *53, 63, 74, 81*
ヒラーウィー，イリヤース　Iliyās al-Hirāwī　138, *66, 69*
ビン・ラーディン，ウサーマ　ʻUsāma bin Lādin　185, 187
ファイヤード，ラヒーフ　Raḥīf Fayyād　*78*
ファットゥーシュ，ニコラー　Niqūlā Fattūsh　326
ファドルッラー，ハサン　Ḥasan Faḍl Allāh　*54*
ファドルッラー，ムハンマド・フサイン　Muḥammad Ḥusayn Faḍl Allāh　41–2, 60, 65–9, 71–4, 133, 220–1, 224, *53–5, 58–60, 62–3, 68, 77, 83*
ファハス，ビラール　Bilāl Faḥaṣ　36
ファランジーヤ，サミール　Samīr Faranjīya　*74*
フーイー，アブー・カースィム　Abū Qāsim al-Khūʼī　*58*
フーリー，ナーズィム　Nāẓim al-Khūrī　326
フーリー，ビシャーラ　Bishāra al-Khurī　*78*
フサーム，フサーム・ターヒル　Husām Ṭāhir Husām　*86*
フサイン・イブン・アリー　Ḥusayn ibn ʻAlī　231, 245–6, 248, *58, 79*
フサイン，サッダーム　Ṣaddām Ḥusayn　29, 186–7
ブッシュ，ジョージ・W　George W. Bush　102, 183–5, 187, 196, 204, 248, 259, 267–9, 281–2, 300
フッス，サリーム　Salīm al-Ḥuṣṣ　158, *66, 70*
フドゥール，バシール　Bashīr Khudūr　93
フナイシュ，ムハンマド・アブドゥルムトリブ　Muḥammad ʻAbd al-Muṭlib Funaysh　133, 160, 299, 312, 326, *84*
フナイナ，ガーズィー　Gāzī Ḥunayna　41
フバイカ，エリー　Īlī Ḥubayqa　*63, 68*
ブランメルツ，セルジュ　Serge Brammertz　*85*
ブルジャーウィー，ムハンマド　Muḥammad al-Burjāwī　134
プロサー，ロン　Ron Prosor　*89*
ベイカー，ジェイムズ　James Baker　123
ベルメール，ダニエル　Daniel Bellemare　*85*
ペロル，ジル・スィドニー　Gilles Sidney Peyroles　92
ホメイニー，ルーホッラー・ムーサヴィー　Rūḥ Allāh Mūsavī Khomeynī　25–6, 28, 30–1, 33–4, 36, 42, 47, 49, 52–3, 55, 58–62, 66–8, 73–4, 125–8, 161, 217–8, 220, 231, 331, 364, *55, 57, 59–60, 68*
ポルヒル，ロバート　Robert B. Polhill　92

マ　行

マージド，ハダル　Khaḍar Mājid　41
マールーン　Mārūn　*56*
マウドゥーディー，アブー・アーラー　Abū al-Āʻlā al-Maudūdī　*57*
マッカーシー，ジョン　John McCarthy　92
マフディー，リダー　Riḍā Mahdī　41
マン，ジャック　Jack Mann　92
マンジアン，パノス　Bānūs Mānjiyān　326
マンスール，アドナーン　ʻAdnān Manṣūr　326
ミーカーティー，ナジーブ　Najīb Mīqātī　298, 323–7, 351
ミクダード，ムハンマド　Muḥammad al-Miqdād　41
ムアウワド，ルネ　Rīnīh Muʻawwaḍ　*66*
ムーサウィー，アッバース　ʻAbbās al-Mūsawī　34, 40, 95, 122, 128, 210, 220, *52, 54–5, 59, 62*
ムーサウィー，フサイン　Ḥusayn al-Mūsawī　30–1, 34, 40, 93, 97, 107, *52–5, 70*
ムグニーヤ，イマード　ʻImād Mughnīya　91,

93–5, 211, *62–3, 76*
ムクビル，サミール　Samīr Muqbil　326
ムッル，ミシェル　Mīshāl Murr　290
ムバーラク，フスニー　Ḥusnī Mubārak　319, 330, 342, 353
ムハイビル，アルビール　Albīr Mukhybir　*74*
ムハンマド（預言者）　Muḥammad　212, 246, 248, *58*
ムルスィー，ムハンマド　Muḥammad Mursī　318
メフレス，デートレフ　Detlev Mehles　*85*
モタッハリー，モルタザー　Mortaẓā Moṭahharī　*58*
モッタキー，マヌーチェフル　Manūchehr Mottakī　260
モフタシェミー，アリー・アクバル　‘Alī Akbar Mohtashemī　31, *53, 67*
モンタゼリー，ホセイン・アリー　Hossein ‘Alī Montazerī　*54*

ヤ　行

ヤーギー，ムハンマド・ハサン　Muḥammad Ḥasan Yāghī　134
ヤースィーン，アフマド　Aḥmad Yāsīn　191
ヤズバク，ムハンマド　Muḥammad Yazbak　210, *54, 59*

ラ　行

ラアド，ムハンマド　Muḥammad Ra‘d　134, 160, 210, *68*
ラーリージャーニー，アリー　‘Alī Lārījānī　354
ライス，コンドリーザ　Condoleezza Rice　248, 259, 268
ライユーン，ガービー　Ghābī Layyūn　326
ラッフード，エミール　Imīl Laḥḥūd　201–2, 289, 291, 298, 303, 306, *69, 74, 84*
ラフサンジャーニー，アリー・アクバル・ハーシェミー　‘Alī Akbar Hāshemī Rafsanjānī　126, 128, *54, 67*
ラムズフェルド，ドナルド　Donald Henry Rumsfeld　267
ランティースィー，アブドゥルアズィーズ　‘Abd al-‘Azīz al-Rantīsī　*73*
リード，フランク　Frank Reed　92
リダー，ムハンマド・ラシード　Muḥammad Rashīd Riḍā　*57–8*
レーガン，ロナルド　Ronald Reagan　103, *53*
レヴィック，ブライアン　Brian Levick　92
レヴィン，ジェレミー　Jeremy Levin　92
レジアー，フランク　Frank Regier　92

ワ　行

ワイト，テリー　Terry Waite　92
ワッザーン，シャフィーク　Shafīq al-Wazzān　*53*

事項索引

＊イタリック体の数字は注のページを示す。

ア 行

アイン・アッ＝ティーナ国民会合派　Liqā ‘Ayn al-Tīna al-Waṭanī　288, 290, 296, *83*
アスアド家　al-As‘ad　158
『アッ＝サビール』　*al-Sabīl*　221
アブー・ハサン号　Abū Ḥasan　*72*
アマル運動（レバノン抵抗大隊）　Amal, Afwāj al-Muqāwama fī Lubnān　27–31, 40, 44, 56, 73, 83–5, 89, 97, 125, 133, 135, 140, 147–8, 158, 161, 163, 166, 169, 226, 230–1, 239, 246, 273, 289, 291, 298, 307, 311, 326, 333, *52–3, 56, 63–4, 67, 71, 83*
アマル憲章　Wathīqa Amal　*56*
アラブ解放党　Ḥizb al-Taḥarrur al-‘Arabī　148, 289, 298, 311
アラブ社会主義バアス党　Ḥizb al-Ba‘th al-‘Arabī al-Ishtirākī　26, 89, 125, 148, 186, 199, 289, 291, 298, *52, 57, 62, 71, 83*
アラブ社会主義連合　al-Ittiḥād al-Ishtirākī al-‘Arabī　148, *52*
アラブ・中東の政治犯との団結のための協会　Comité de soutien avec les prisonniers politiques et arabes et du Moyen-Orient, CSPPA　91, 93, 97
アラブ民主党　al-Ḥizb al-‘Arabī al-Dīmuqrāṭī　311, 326
アラブ連盟　Jāmi‘a al-Duwal al-‘Arabīya, League of Arab States　188, 307, 349
『アル＝アドワー』　*al-Adwā’*　*53*
『アル＝アフド』　*al-‘Ahd*　38–9, 134, 221
アル＝イーマーン放送　Idhā‘a al-Īmān　221
『アル＝インティカード』　*al-Intiqād*　221
アル＝カーイダ　al-Qā’ida　70–1, 184–5, 187, 342, 348, 353, 358–9, 369
アル＝ジャズィーラ・テレビ　Qanāt al-Jazīra　337, *73, 88*
『アル＝ビラード』　*al-Bilād*　221
アル＝マナール出版　Dār al-Manār　220
アル＝マナール・テレビ　Qanāt al-Manār　17, 134, 193–4, 220, 244, 256, 304, 331, 348, *73*
『アル＝ムンタラク』　*al-Munṭalaq*　221
アルメニア議員ブロック　Kutla al-Nūwāb al-Arman　311
アルメニア社会民主ハンチャク党　al-Ḥizb al-Armanī al-Ijtimā‘ī al-Dīmuqrāṭī Hanṭshāk　148, 289, 311
アン＝ヌール放送　Idhā‘a al-Nūr　221, 244
イスラーム・アマル運動　Ḥaraka Amal al-Islāmī　25, 27, 29–32, 34, 47, 89, 91–2, *52, 54–5*
『イスラーム運動——その課題と問題』　*al-Ḥaraka al-Islāmīya : Humum wa Qadāyā*　*59*
イスラーム救国戦線　al-Jabha al-Islāmīya li-l-Inqādh, Front Islamique du Salut, FIS　*10*
イスラーム研究学院　Ma‘had al-Dirāsāt al-Islāmīya　40
イスラーム行動戦線　Jahba al-‘Amal al-Islāmī　311
イスラーム慈善計画協会　Jam‘īya al-Mashārī‘ al-Khayrīya al-Islāmīya，通称アフバーシュ al-Aḥbāsh　135, *68*
イスラーム・ジハード　al-Jihād al-Islāmī　36, 92–3, *55, 62*
イスラーム諮問評議会　Majles-e Shūrā-ye Eslāmī　34, 354, *54*
イスラーム宗教教育協会　Jam‘īya al-Ta‘līm al-Dīnī al-Islāmī　219
イスラーム諸国会議機構　Munaẓẓama al-Mu’tamar al-Islāmī, Organization of the Islamic Conference, OIC　188
イスラーム・ダアワ党　Ḥizb al-Da‘wa al-Islāmīya　26, 28–30, 40, 42, 60, 65, 91, 93, 96, 99, 186, *53, 59, 63*
イスラーム団　al-Jamā‘a al-Islāmīya　57, *57*
イスラーム抵抗支援協会　Hay’a Da‘m al-Muqāwama al-Islāmīya　134, 221
『イスラーム統一』　*al-Waḥda al-Islāmīya*　*54*
イスラーム統一運動　Ḥaraka al-Ittiḥād al-Islāmī　42, *57*

イスラーム統一出版　Dār al-Waḥda al-Islāmīya　221, *54*
『イスラーム統治体制――法学者の監督』　*Hokūmat-e Eslāmī : Velayāt-e Faqīh*　26, 58
『イスラームと力の論理』　*Islām wa Manṭiq al-Quwwa*　42, 68, 71, *55*
イスラーム福祉支援協会（イムダード協会）　Jam'īya al-Imdād al-Khayrīya al-Islāmīya　217, 231-3, *78*
イスラーム法学学院　al-Ma'had al-Sharā'ī al-Islāmī　41, *59*
イスラーム（の声）放送　Idhā'a（Ṣawt）al-Islām　221
イスラーム保健衛生協会　Hay'a al-Ṣiḥḥīya al-Islāmīya　216, 218, *79*
イスラーム養成教育協会　Mu'assasa al-Islāmīya li-l-Tarbīya wa al-Ta'līm　219
イスラエル国防軍　Israeli Defense Forces, IDF　21, 30-1, 36-7, 50, 69-71, 85, 96, 114, 168, 175, 223, 254, 330, *60-1*, *71-2*, *80-1*
イスラエルの占領に対するレバノン抵抗大隊　Sarāyā al-Lubnānīya li-Muqāwama al-Iḥtilāl al-Isrā'īlī　162, 169, 273, *83*
偉大なる預言者学院　Ma'had al-Rasūl al-A'ẓum　217
偉大なる預言者専門病院　Mustashfā al-Rasūl al-A'ẓum al-Takhaṣṣī　217
偉大なる預言者病院　Mustashfā al-Rasūl al-A'ẓum　217, 226
イマーム・アッバース・ムーサウィー学院　Madrasa al-Imām 'Abbās al-Mūsawī　219
イマーム・サーディク診療所　Mustauṣaf al-Imām al-Ṣādiq　218
イマーム・ホメイニー支援委員会　Lajna Imdād al-Imām al-Khumaynī　217, 231
イマーム・ホメイニー診療所　Mustauṣaf al-Imām al-Khumaynī　218
イマーム・ホメイニー病院　Mustashfā al-Imām al-Khumaynī　217
イマーム・ホメイニー文化センター　Markaz al-Imām al-Khumaynī al-Thaqāfī　134, 220
イマーム・マフディー・イスラーム学院連合　Jam'īya Madrasa al-Imām al-Mahdī li-l-'Ulūm al-Islāmīya　219
イマーム・マフディー・スカウト　Jam'īya Kashshafāt al-Imām al-Mahdī　219
イマーム・マフディー・ムンタザル学院　Ma'had al-Imām al-Mahdī al-Muntaẓar　220
イマーム・マフディー・ムンタザル・ハウザ　Ḥawza al-Imām al-Mahdī al-Muntaẓar　23, 40
イムダード書店　Dār al-Imdād　217
イラク・イスラーム最高革命評議会　Majlis al-A'lā li-l-Thawra al-Islāmīya fī al-'Irāq, Supreme Council for the Islamic Revolution in Iraq, SCIRI　186
ウィキリークス　Wikileaks　*87*
飢える者たちの革命　Thawra al-Jiyā'　40, 163, *70*
奪われた者たちの運動　Ḥaraka al-Maḥrūmīn　27, 56, 73, 83, 89, 133, 332, *53*, *56*

カ　行

開発解放ブロック　Kutla al-Tanmīya wa al-Taḥrīr　291, 298, 311, 326
解放運動局　Vāḥed-e Nehẓathā-ye Āzādībakhsh　34, 43, *54*
革命的正義組織　Munaẓẓama al-'Adāla al-Thawrīya　91-2
革命防衛隊　Sepāh-e Pasdarān-e Enqelāb-e Eslāmī　33-4, 38, 42-4, 47, 54, 126, *54*, *76*, *80*
カターイブ改革運動　al-Ḥaraka al-Iṣlāḥīya al-Katā'ib　135, 148, 289, 291, *68*
カリンA号　Karine-A　192
議会活動会議　Majlis al-'Amal al-Niyābī　41, 129, 133-4, 210, *76*
救国委員会　Hay'a al-Inqādh al-Waṭanī, National Salvation Committee　30, *53*
九名委員会　Lajna al-Tis'a　23-6, 29-36, 47, 65, *52*, *54*
九名文書　Wathīqa al-Tis'a　*52*
キリスト民主党　al-Ḥizb al-Dīmuqrāṭī al-Masīḥī　148
クウェート・アラブ経済開発ファンド　al-Sundūq al-Kuwaytī li-l-Tanmīya al-Iqtiṣādīya al-'Arabīya, Kuwait Fund for Arab Economic Development　235
グバイリー医院　'Iyāda al-Ghubayrī　219
クルナト・シャフワーン会合　Liqā' Qurna Shahwān　289, 291, 298
啓示教育アカデミー　Majma' Shahīd al-Tarbawī　219
研究資料相談センター　al-Markaz al-Istishārī li-l-Dirāsāt wa al-Tawthīq　220, *78*
建設ジハード協会　Mu'assasa Jihād al-Binā'　217, 231-3, 235, 237, 240
公開書簡（ヒズブッラーからレバノンと世界の被

抑圧者たちへ向けた公開書簡） al-Risāla al-Maftūḥa allatī wajjaha Ḥizb Allāh ilā al-Mustad‘afīn fī Lubnān wa al-‘Ālam 22, 37, 39, 41, 47, 49–52, 54–5, 57, 59–60, 62–3, 66, 68–9, 73, 90, 130, 133, 142, 146, 324, 329, 361–2, 369, *55–6, 59*
公正発展党 Adalet ve Kalkınma Partisi, AKP 9
国民合意ブロック Kutla al-Tawāfuq al-Waṭanī 311, 326
国民自由党 Ḥizb al-Waṭanīyīn al-Aḥrār 289, 298, 311
国民対話会合 Mu’tamar al-Ḥiwār al-Waṭanī 302–3, 308, 352
国民闘争戦線ブロック Kutla Jabha al-Niḍāl al-Waṭanī 326
国民ブロック党 Ḥizb al-Kutla al-Waṭanīya 298
国民民族政党ブロック Kutla al-Aḥzāb al-Waṭanīya wa al-Qawmīya 311
国連開発計画 United Nations Development Programme, UNDP 224
国連国際独立捜査委員会 The United Nations International Independent Investigation Commission, UNIIIC *85–6*
国連停戦監視機構 United Nations Truce Supervision Organization, UNTSO 262
国連レバノン暫定軍 United Nations Interim Force in Lebanon, UNIFIL 176, 263, *72, 80*
心のザフレ・ブロック Kutla Zaḥla bi-al-Qalb 311, 327
コントラ Contra 97, 107–8, 110

サ 行

サーイカ（人民解放戦線前衛機構） Munaẓẓama al-Talā’i‘u Ḥarb al-Sha‘abīya Quwwāt al-Ṣā‘iqa, Vanguard for the Popular Liberation War al-Saiqa *66*
サイイダ・ザハラー・シャリーア・イスラーム研究高等学院 Ma‘had al-Sayyida al-Zaharā’ al-Ālī li-l-Sharī‘a wa al-Dirāsāt al-Islāmīya 220
3月8日勢力 Quwā al-8 Ādhār 240, 289–90, 292, 294, 296–7, 299–315, 320–5, 327, 330, 346, 350–2, *79, 83–4, 86, 90*
3月14日勢力 Quwā al-14 Ādhār 248–9, 289–90, 292–3, 300–14, 320–4, 330, 350–2, *83–4, 86, 90*
山地統一ブロック Kutla Waḥda al-Jabal 311, 327
サントリーニ号 Santorini *72*
サンライト社 Sharika SunLight 221
シーア派イスラーム最高評議会 Majlis al-Islāmī al-Shi‘ī al-A‘lā *54*
至高なる預言者高等学院 Ma‘had al-Rasūl al-Akram al-Ālī 220
執行会議 al-Majlis al-Tanfīdhī 41, 134, 210, 216, *59*
司法会議 al-Majlis al-Shar‘ī 210, 212
諮問会議 Majlis al-Shūrā 24, 40, 128, 132, 134, 209–10, 212, 214, 216, 222, 227, 250, *55, 59, 62, 67–8, 76*
自由公正党 Ḥizb al-Ḥurrīya wa al-‘Adāla 318, 342
自由国民潮流 al-Tayyār al-Waṭanī al-Ḥurr 200, 289–91, 297–8, 311, 325–7
自由シリア軍 al-Jaysh al-Sūrī al-Ḥurr 335, 350–1
自由統一レバノン・ブロック Kutla Lubnān al-Ḥurr al-Muwaḥḥad 311, 326–7
殉教者学院 Madrasa al-Shahīd 217
殉教者協会 al-Mu‘assasa al-Shahīd 217
殉教者財団 Bonyād Shahīd va Amūr Īthār-Garān 226
殉教者サラーフ・ガンドゥール病院 Mustashfā al-Shahīd Ṣalāḥ Ghandūr 218
殉教者シャイフ・ラーギブ・ハルブ学院 Ma‘had al-Shahīd al-Shaykh Rāghib Ḥarb 219
殉教者シャイフ・ラーギブ・ハルブ病院 Mustashfā al-Shahīd al-Shaykh Rāghib Ḥarb 217
シヤーハ・フサイニーヤ Ḥusaynīya al-Shiyāḥ *55*
シャームの自由な民のイスラーム運動 Ḥaraka Aḥrār al-Shām al-Islāmīya *88*
シャームの民のためのヌスラ戦線 Jabha al-Nuṣra li-Ahl al-Shām *88*
ジュワイヤー・ケアセンター Markaz Juwayyā al-Ri‘ā’ī 218
シリア国民評議会 al-Majlis al-Waṭanī al-Sūrī 335, 348, 350
シリア民族社会党 al-Ḥizb al-Sūrī al-Ijtimā‘i 83, 89, 125, 148, 159–60, 289, 291, 298, 300, 307, 311, 327, *52, 60, 62, 83*
シリア・ムスリム同胞団 Jamā‘a al-Ikhwān al-Muslimīn fī Sūriya 45, 335
ジハード会議 al-Majlis al-Jihādī 210, 212, *62,*

76
ジハード団　Jamā'a al-Jihād　57, *57*
進歩社会主義党　al-Ḥizb al-Taqaddumī al-Ishtirākī　84, 88–9, 107, 148, 161, 169, 224, 289, 291, 298, 307, 311, 313, 325–6, 337, *52–3, 62–3, 70*
人民委員会　al-Ha'ya al-Sha'bīya　224
人民委員会同盟連合　Tajammu' Rawābiṭ al-Lijān al-Sha'bīya　52
人民ブロック　al-Kutla al-Sha'bīya　290–1, 298, 311
ズガルター・ブロック　Kutla Zughartā　311
スクリーン　Sukleen　*78*
政治会議　al-Majlis al-Siyāsī　41, 129, 133–4, 210
ソリデール　Solidere　169

タ　行

ターシュナーク党　Ḥizb Ṭāshnāk　148, 289–90, 311, 326–7
ダール・ハウラー　Dār al-Hawrā　219
ダール・ヒクマ病院　Mustashfā Dār al-Ḥikma　217
団結党　Ḥizb al-Taḍāmun　311
団結ブロック　Kutla al-Taḍāmun　311, 326–7
団体法　Qānūn al-Jam'īyāt　135–6, 224
地上における被抑圧者の組織　Munaẓẓama al-Mustaḍa'fīn fī al-Arḍ　91–2, *76*
中央委員会　al-Majlis al-Markazī　210
中央広報部門　al-Waḥda al-I'lāmīya al-Markazīya　220
『抵抗社会――殉教者の意志と勝利のメカニズム』 *Mujtama'al-Muqāwama : Irāda al-Shahāda wa Ṣinā'a al-Intiṣār*　*77*
抵抗と開発　al-Muqāwama wa al-Tanmīya　159
抵抗への忠誠ブロック　Kutla al-Wafā' li-l-Muqāwama　134, 162, 291, 298, 311, 326–7, *70*
ドゥハー社　Sharika al-Ḍuḥā　221
独立ナセル主義者運動　Ḥaraka al-Nāṣirīyīn al-Mustaqillīn, 通称ムラービトゥーン［al-Murābitūn］　84, 89, *62, 71*
トリポリ・ブロック　Kutla al-Ṭarābuls　290, 311
トリポリ無所属ブロック　Kutla al-Takattul al-Ṭarābulsī al-Mustaqill　291, 298

ナ　行

ナースィル人民機構　al-Tanẓīm al-Sha'bī al-Nāṣirī　148, 290–1, 298, 291, 311
南部医療センター　Markaz al-Janūbī al-Ṭibbī　219
南部国民会合　al-Liqā' al-Waṭanī al-Janūbī　289
南部病院　Mustashfā al-Janūb　218
西ベカーア病院　Mustashfā al-Biqā' al-Gharbī　218
ニュージャージー（米国海軍戦艦）　USS New Jersey　107
ヌール学院　Madrasa Nūr　133

ハ　行

ハーラ・フライク医院　'Iyāda Ḥāla al-Ḥurayk　219
『バキーヤトゥッラー』 *Baqīyat Allāh*　221
バトゥール病院　Mustashfā al-Batūl　218
ハマース　Ḥamās, Ḥaraka al-Muqāwama al-Islāmīya fī Filasṭīn　4, 191, 251, 269, 329–30, 354, *60, 66, 70, 73, 80, 87*
ハリーリー財団　Mu'assasa al-Ḥarīrī　169, 224
パレスチナ・イスラーム・ジハード運動　Ḥaraka al-Jihād al-Islāmī al-Filasṭīnī　*66, 73*
パレスチナ解放機構　Munaẓẓama al-Taḥrīr al-Filasṭīnīya, Palestine Liberation Organization, PLO　4, 22, 82, 84–5, 101, 123, 174, *52, 62*
パレスチナ解放戦線　Jabha al-Taḥrīr al-Filasṭīnīya　*66, 73, 80*
パレスチナ解放人民戦線　al-Jabha al-Sha'abīya li-Taḥrīr al-Filasṭīn, The Popular Front for the Liberation of Palestine, PFLP　*66, 73*
パレスチナ解放人民戦線総司令部派　al-Jabha al-Sha'abīya li-Taḥrīr al-Filasṭīn al-Qiyāda al-'Āmm, The Popular Front for the Liberation of Palestine-General Command, PFLP-GC　*66*
パレスチナ解放民主戦線　al-Jabha al-Dīmuqrātīya li-Taḥrīr al-Filasṭīn, The Democratic Front for the Liberation of Palestine, DFLP　*66*
パレスチナ共産革命党　al-Ḥizb al-Shuyū'ī al-Filasṭīnī al-Thawrī　*66*
パレスチナ闘争人民戦線　Jabha al-Niḍāl al-Sha'abī al-Filasṭīnī, Palestinian Popular Struggle Front, PPSF　*66*
ヒズブッラー政治文書　al-Wathīqa al-Siyāsīya li-Ḥizb Allāh　361
ヒズブッラー選挙綱領（1992）　al-Barnāmaj al-Intikhābī li-Ḥizb Allāh　129–31
ヒズブッラー選挙綱領（1996）　al-Barnāmaj al-Intikhābī li-Ḥizb Allāh　139–40

『ヒズブッラー——その方針・実践・未来』 *Ḥizb Allāh : al-Manhaj, al-Tajriba, al-Mustaqbal* 213, 52
被抑圧者の声 Ṣawt al-Mustaḍ'afīn 221
『ビラード』 *al-Bilād* 221, 54
ファタハ（パレスチナ国民解放運動） Ḥaraka al-Taḥrīr al-Waṭanī al-Filasṭīnīya *66, 76*
ファタハ・イスラーム Fataḥ al-Islām 305–6
ファルドゥース複合施設 Mujamma' al-Fardūs 218
フォース 17 al-Quwwa 17, Force 17 *62, 76*
負傷者協会 Mua'ssasa al-Jarḥā 218
負傷者の家学院 Ma'had Bayt al-Jarīḥ 218
米国中央情報局 Central Intelligence Agency, CIA *59*
ベイルート国民決定リスト Lā'iḥa Qarār Bayrūt al-Waṭanī 150
ベカーア・イスラーム福祉協会 al-Jam'īya al-Khayrīya al-Islāmīya fī al-Biqā' 134
ベカーア・ムスリム・ウラマー連合 Tajammu' al-'Ulamā al-Muslimīn fī al-Biqā' 40
変化改革ブロック Kutla al-Taghyīr wa al-Iṣlāh 290–3, 297, 311, *84*
変化改革リスト Lā'iḥa al-Taghyīr wa al-Iṣlāḥ 150
誉れのベイルート Bayrūt al-Karāma 165

マ 行

マトン・ブロック Kutla al-Matn 290–1, 298
マバッラート福祉協会 Jamī'a al-Mabarrāt al-Khayrīya 220, 225, 246, *77*
マフディー軍 Jaysh al-Mahdī *91*
マラダ潮流 Tayyār al-Marada 289, 298, 311, 326–7
ミクダード家連合 Rābiṭa Āl al-Miqdād 350
南レバノン軍 Jaysh Lubnān al-Janūbī, South Lebanon Army, SLA 23, 69, 114, 169, 177, 223, 279
民主会合ブロック Kutla al-Liqā' al-Dīmuqrāṭī 291, 298, 311
民主刷新運動 Ḥaraka al-Tajaddud al-Dīmuqrāṭī 289, 291, 298, 311
民主左派運動 Ḥaraka al-Yaṣār al-Dīmuqrāṭī 289, 291, 298, 311
民主フォーラム al-Minbar al-Dīmuqrāṭī 298
民主労働者党 al-Ḥizb al-'Ummālī al-Dīmuqrāṭī 289
ムスタクバル潮流 Tayyār al-Mustaqbal 149, 169, 249, 289, 291, 298, 306–7, 310–2, 321, *90*
ムスタクバル・ブロック Kutla al-Mustaqbal 291, 298
ムスタファー学院 Madrasa al-Muṣṭafā 219
ムスリム学生のためのレバノン連合 al-Ittiḥād al-Lubnānī li-l-Ṭalaba al-Muslimīn 41, 221, *52–3, 59*
ムスリム同胞団 Jamā'a al-Ikhwān al-Muslimīn 42, 251, 318, 342, 360, *87*
ムリーター・レバノンのレジスタンス観光史跡 Mulītā Ma'lam Siyāḥī 'an al-Muqāwama fī Lubnān 221
無利子無期限融資協会 Jam'īya al-Qarḍ al-Ḥasan 218
『もう1つの選択——ヒズブッラーの歴史と立場』 *al-Khiyār al-Ākhir : Ḥizb Allāh al-Sīra al-Dhātīya wa al-Mawqif* 33
モサド（イスラエル諜報特務庁） Mossad *63*

ヤ・ラ行

『預言者の諸世代』 *Aiyāl al-Muṣṭafā* 219
ラームガヴァーン党 Ḥizb al-Rāmghafān, 148, 289, 311
ル・ブリストル会合派 Liqā' Le Bristol 288, 290, *83*
レバノン・イスラーム集団 al-Jamā'a al-Islāmīya fī Lubnān 89, 298, 311, *52*
レバノン・イスラーム・ダアワ党 Ḥizb al-Da'wa al-Islāmī fī Lubnān 24–6, 28–9, 31–2, 40, *47, 52, 54, 62*
レバノン・イスラーム抵抗 al-Muqāwama al-Islāmīya fī Lubnān, Islamic Resistance in Lebanon 35, 40–2, 115, 162, 178, 182, 212, 255, 336, *86*
レバノン・カターイブ党 al-Katā'ib al-Lubnānīya 50, 84, 89, 104, 148, 249, 289, 291, 298, 304, 311, *56, 62, 68*
レバノン・カターイブ党ブロック Kutla al-Katā'ib al-Lubnānīya 311
レバノン共産主義行動組織 Munaẓẓama al-Amal al-Shuyū'ī fī Lubnān 89, *52*
レバノン共産党 al-Ḥizb al-Shuyū'ī al-Lubnānī 83, 88, 160, 289, 300, *52, 62, 71, 83*
レバノン軍団 al-Quwāt al-Lubnānīya 84, 89, 96, 98, 104, 107, 135–6, 138, 147–8, 224, 249, 289, 291, 298, 311, *53, 63*
レバノン軍団ブロック Kutla al-Quwāt al-Lubnānīya 311

レバノン芸術協会　al-Jam'īya al-Lubānīya li-l-Funūn　220

レバノン国際大学　Lebanese International University　236

レバノン国民運動　al-Ḥaraka al-Waṭaniya al-Lubnānīya, Lebanese National Movement, LNM　85, 89, 52

レバノン国民抵抗戦線　Jabha al-Muqāwama al-Waṭanīya al-Lubnānīya　*52*

レバノン・コミュニケーション・グループ　Majmū'a al-Lubānīya li-l-I'lāmī　221

レバノン戦線　al-Jabha al-Lubnānīya　136, 175

レバノン第1ブロック　Kutla Lubnān Awwalan　311

レバノン特別法廷　Special Tribunal for Lebanon, STL　320, 357

レバノン民主党　al-Ḥizb al-Dīmuqrāṭī al-Lubnānī　289, 298, 311, 327

レバノン評議会　Shūrā Lubnān　33-6, 38-9, 47, 66, 54

レバノン・ムスリム・ウラマー連合　Tajammu' al-'Ulamā al-Muslimīn fī Lubnān　25, 27-8, 31-2, 40, 42, 89, 221, 52, 54

連邦捜査局　Federal Bureau of Investigation, FBI　94, *62*

ワ　行

ワアド　Wa'd　217, 233-7, 242-3, 344, *78*

ワアド党　Ḥizb al-Wa'd　135, *68*

湾岸協力会議　Majlis al-Ta'āun li-Duwal al-Khalīj, Gulf Cooperation Council, GCC　332

文献一覧

日本語

青山弘之［2002］「「テロ」と「報復」のはざまで――アラブ・イスラエル紛争への波及」酒井啓子編『「テロ」と「戦争」のもたらしたもの――中東からアフガニスタン，東南アジアへ（アジ研トピックレポート No. 45）』アジア経済研究所，63–82 ページ。

――［2006］「第 17 期レバノン国民議会選挙（2005 年）――シリア軍撤退後のレバノンにおける政治力学」『国際情勢季報』第 76 号（2 月），271–292 ページ。

――［2010］「宗派主義制度が支配する政党間関係――不安定化するレバノン（2005 年 4 月～2008 年 5 月）」佐藤章編『新興民主主義国における政党の動態と変容（研究双書 No. 584）』JETRO アジア経済研究所，133–164 ページ。

――［2012a］「「蘇生国家」レバノンにおける紛争再生産のしくみ――「独立インティファーダ」の功罪」佐藤章編『紛争と国家形成――アフリカ・中東からの視角（研究双書 No. 598）』JETRO アジア経済研究所，25–59 ページ。

――［2012b］『混迷するシリア――歴史と政治構造から読み解く』岩波書店。

青山弘之編，青山弘之・末近浩太著［2007］『現代レヴァント諸国の政治構造とその相関関係――調査研究報告書』アジア経済研究所（3 月）。

青山弘之・末近浩太［2009］『現代シリア・レバノンの政治構造（アジア経済研究所叢書 5）』岩波書店。

青山弘之・溝渕正季・浜中新吾・髙岡豊・山尾大［2010a］「中東世論調査（レバノン 2010 年）質問票全訳」（平成 20 年度文部科学省「人文学及び社会科学における共同研究拠点の整備の推進事業」委託費による「イスラーム地域研究」にかかわる共同研究「中東における政治変動と政治的ステレオタイプの変化に関する研究」）（6 月）（http://www.tufs.ac.jp/ts/personal/aljabal/namatiya/research/lebanon2010/02.pdf，2010 年 9 月 1 日閲覧）。

青山弘之・溝渕正季・浜中新吾・髙岡豊・山尾大［2010b］「中東世論調査（レバノン 2010 年）単純集計報告書」（平成 20 年度文部科学省「人文学及び社会科学における共同研究拠点の整備の推進事業」委託費による「イスラーム地域研究」にかかわる共同研究「中東における政治変動と政治的ステレオタイプの変化に関する研究」）（6 月）（http://www.tufs.ac.jp/ts/personal/aljabal/namatiya/research/lebanon2010/03.pdf，2010 年 9 月 1 日閲覧）。

ウェーバー，マックス［1992］『国家社会学（改訂版）』（石尾芳久訳）法律文化社。

ウェスタッド，O・A［2010］『グローバル冷戦史――第三世界への介入と現代世界の形成』（佐々木雄太監訳，小川浩之・益田実・三須拓也・三宅康之・山本健訳）名古屋大学出版会。

臼杵陽［2009］『イスラエル』岩波書店。

エスポズィト，ジョン，ジョン・ボル［2000］『イスラームと民主主義』（宮原辰夫・大和隆介訳）成文堂。

太田好信［2009］『民族誌的近代への介入――文化を語る権利は誰にあるのか（増補版）（叢書文化研究 1）』人文書院。

大塚和夫［2004］『イスラーム主義とは何か』岩波書店。

大塚和夫・小杉泰・小松久夫・東長靖・羽田正・山内昌之編［2009］『岩波イスラーム辞典』岩波書店（CD–ROM 版）。

岡沢憲芙［1988］『政党（現代政治学叢書 13）』東京大学出版会。

加藤朗［2010］「非対称戦の戦略――新しい戦争の様相」石津朋之・永末聡・塚本勝也編『戦略原論――軍事と平和のグランド・ストラテジー』日本経済新聞出版社，211–240 ページ。

加藤節［2000］「はじめに」日本政治学会編『内戦をめぐる政治学的考察（年報政治学 2000 年度）』岩波書店，iii-vii ページ。

金丸裕志［2011］「多民族国家における国民統合と民主化」木村宏恒・近藤久洋・金丸裕志編『開発政治学入門――途上国開発戦略におけるガバナンス』勁草書房，166–188 ページ。

カルドー，メアリー［2003］『新戦争論――グローバル時代の組織的暴力』（山本武彦・渡部正樹訳）岩波書店。

ギデンス，アンソニー［1999］『国民国家と暴力』（松尾精文・小幡正敏訳）而立書房。

黒木英充［1990］「近現代レバノン社会におけるパトロン・クライエント関係」長沢栄治編『東アラブ社会変容の構図（研究双書 392）』アジア経済研究所，299–335 ページ。

ケペル，ジル［2006］『ジハード――イスラム主義の発展と衰退』（丸岡高弘訳）産業図書。

小杉泰［1987］「中東におけるミッラ的政治意識とレバノン国家の解体」『国際大学中東研究所紀要』第 3 号，315–358 ページ。

――［1991］「アラブ・シーア派におけるイスラーム革命の理念と運動――ヒズブッラー（レバノン）を中心として」『国際大学中東研究所紀要』第 5 号，53–84 ページ。

――［1994］『現代中東とイスラーム政治』昭和堂。

――［1998］『イスラーム世界（21 世紀の世界政治 5）』筑摩書房。

――［2001］「イスラーム政党をめぐる研究視座と方法論的課題――比較政治学と地域研究の交差する地点で」『アジア・アフリカ地域研究』第 1 号（3 月），231–250 ページ。

――［2006］『現代イスラーム世界論』名古屋大学出版会。

小林誠・遠藤誠治［2000］「グローバル・ポリティクス――世界の再構造化と新しい政治学」小林誠・遠藤誠治『グローバル・ポリティクス――世界の再構造化と新しい政治学』有信堂，3–24 ページ。

サドル，ムハンマド・バーキル［1992］『イスラームの革命と国家――現代アラブ・シーア派の政治思想（中東学叢書 6）』（小杉泰編訳）国際大学中東研究所。

サルトーリ，ジョヴァンニ［2000］『現代政党学――政党システム論の分析枠組み』（岡沢憲芙・川野秀之訳）早稲田大学出版部。

シール，パトリック［1993］『アサド――中東の謀略戦』（佐藤紀久夫訳）時事通信社。

末近浩太［2002］「現代レバノンの宗派制度体制とイスラーム政党――ヒズブッラーの闘争と国会選挙」日本比較政治学会編『現代の宗教と政党――比較のなかのイスラーム（日本比較政治学会年報　第 4 号）』早稲田大学出版部，181–212 ページ。

―― [2003]「レバノン，ヒズブッラーのジレンマ――対米・イスラエル強硬路線とイスラーム的言動（特集　イラク戦争とイスラーム）」『季刊アラブ』第 105 号（夏），10-13 ページ。

―― [2005a]「レバノン・ヒズブッラー――「南部解放」以降の新戦略」『現代の中東』第 38 号（1 月），19-38 ページ。

―― [2005b]「シリアの外交戦略と対米関係――対レバノン，対イスラエル政策とイスラーム運動の動向を中心に」『国際政治（特集　国際政治のなかの中東）』第 141 号（5 月），40-55 ページ。

―― [2005c]『現代シリアの国家変容とイスラーム』ナカニシヤ出版。

―― [2006a]「イスラーム革命――いかに国民の政治要求とイスラーム意識をくみ取るか」小杉泰・江川ひかり編『イスラーム――社会生活・思想・歴史』新曜社，256-259 ページ。

―― [2006b]「中東政治を左右する存在――「ヒズボッラー」とは何か」『外交フォーラム』第 219 号（10 月），14-16 ページ。

―― [2006c]「レバノン包囲とヒズブッラー（連載講座　中東の政治変動を読む 6）」『国際問題』第 555 号（10 月），50-58 ページ。

―― [2006d]「「レバノン」をめぐる闘争――ナショナリズム，民主化，国際関係」『中東研究』第 494 号（12 月），56-67 ページ。

―― [2007]「ヒズブッラーのレジスタンス思想――ハサン・ナスルッラー「勝利演説」」『イスラーム世界研究』第 1 巻，第 1 号，150-171 ページ。

―― [2008]「アラブ諸国における宗教とナショナリズム――レバノンの宗派主義体制を事例として」『立命館国際研究』第 21 巻，第 1 号（6 月），19-38 ページ。

―― [2009]「抵抗と革命をむすぶもの(1)――レバノン・ヒズブッラーの誕生（1982～85 年）」『立命館国際研究』第 22 巻，第 2 号（10 月），101-136 ページ。

―― [2010a]「抵抗と革命をむすぶもの(2)――イスラーム思想史のなかのレバノン・ヒズブッラー」『立命館国際研究』第 22 巻，第 3 号（3 月），93-131 ページ。

―― [2010b]「巨星墜つ，ファドルッラー師逝去」『季刊アラブ』第 134 号（秋），26-27 ページ。

―― [2011]「「テロ組織」が政党になるとき――第二共和制の成立と「ヒズブッラーのレバノン化」」『立命館国際研究』第 24 巻，第 1 号（6 月），67-100 ページ。

―― [2012a]「「恐怖の均衡」が生み出す安定と不安定――レバノン・イスラエル紛争と国際政治」吉川元・中村覚編『中東の予防外交』信山社，215-239 ページ。

―― [2012b]「レバノンにおける多極共存型民主主義―― 2005 年「杉の木革命」による民主化とその停滞」酒井啓子編『中東政治学』有斐閣，81-94 ページ。

末廣幹 [2000]「エイジェンシー」『現代思想（2 月臨時増刊）――現代思想のキーワード』第 28 巻第 3 号（2 月），52-55 ページ。

髙岡豊 [2008a]『ヒズブッラーの公開書簡とシャムスッディーン師の遺言――ヒズブッラーの世界観と将来（SIAS Working Paper Series 3）』上智大学アジア文化研究所イスラーム地域研究拠点。

―― [2008b]「シリア・レバノンの難民キャンプで活動する諸組織(1)」『現代の中東』第 44 号

(1 月), 64-78 ページ。
—— [2008c]「シリア・レバノンの難民キャンプで活動する諸組織(2)」『現代の中東』第 45 号 (7 月), 51-62 ページ。
—— [2013]「「潜入問題」再考——シリアを破壊する外国人戦闘員の起源（特集　シリアを取り巻く国際関係——錯綜する各国の思惑）」『中東研究』第 516 号（2 月), 83-91 ページ。
髙岡豊・溝渕正季 [2010]『レバノン・ヒズブッラーの政治戦略と「抵抗社会」(SIAS Working Paper Series)』上智大学アジア文化研究所。
立本成文 [2001]『地域研究の問題と方法——社会文化生態力学の試み（増補改訂）』京都大学学術出版会。
富田健次 [2009]「イスラーム革命」大塚和夫・小杉泰・小松久夫・東長靖・羽田正・山内昌之編『岩波イスラーム辞典』岩波書店（CD-ROM 版)。
バーグマン, ロネン [2012]『シークレット・ウォーズ——イラン vs. モサド・CIA の 30 年戦争』(佐藤優監訳, 河合洋一郎訳）並木書房。
バーテルソン, イェンス [2006]『国家論のクリティーク』(小田川大典・青木裕子・乙部延剛・金山準・五野井郁夫訳）岩波書店。
早尾貴紀 [2008]『ユダヤとイスラエルのあいだ——民族／国民のアポリア』青土社。
ハリデー, フレッド [1991]『カブールからマナグアまで——第三世界をめぐる米ソの角逐』(滝沢海南子訳）新評論。
廣瀬陽子 [2013]「シリア問題をめぐるロシアの戦略——地政学的思惑と限界（特集　シリアを取り巻く国際関係——錯綜する各国の思惑)」『中東研究』第 516 号（2 月), 58-68 ページ。
ファドルッラー, ムハンマド・フサイン [1991]『レバノン・シーア派のイスラーム革命思想』(小杉泰編訳）国際大学国際関係学研究科。
福富満久 [2011]『中東・北アフリカの体制崩壊と民主化—— MENA 市民革命のゆくえ』岩波書店。
フリードマン, トーマス・L [1993]『ベイルートからエルサレムへ—— NY タイムズ記者の中東報告』(鈴木敏・鈴木百合子訳）朝日新聞社。
ホメイニー, R・H [2003]『イスラーム統治論・大ジハード論』(富田健次編訳）平凡社。
松永泰行 [2012]「イランの戦略文化と覇権問題——原則的抗米姿勢と抑止力追求の背景」『国際政治（特集　安全保障・戦略文化の比較研究)』第 167 号（1 月), 42-56 ページ。
三浦瑠麗 [2012]『シビリアンの戦争——デモクラシーが攻撃的になるとき』岩波書店。
溝渕正季 [2010]「レバノン・ヒズブッラーの「抵抗社会」——抵抗運動と権力闘争のはざまで」*AGLOS: Journal of Area-Based Global Studies*, 第 1 号（3 月), 33-53 ページ。
リダー, ムハンマド・ラシード [1987]『現代イスラーム国家論——「アル＝マナール」派における政府と立法』(小杉泰編訳）国際大学国際関係学研究科。
リンス, ホアン [1995]『全体主義体制と権威主義体制』(高橋進監訳, 睦月規子・村上智章・黒川敬吾・木原滋哉訳）法律文化社。
リンス, J, A・ステパン [2005]『民主化の理論——民主主義への移行と定着の課題』(荒井祐介・五十嵐誠一・上田太郎訳）一藝社。

レイプハルト，アーレンド［1979］『多元社会のデモクラシー』（内山秀夫訳）三一書房。

安武塔馬［2011］『レバノン――混迷のモザイク国家』長崎出版。

山尾大［2006］「ダアワ党とシーア派宗教界の連携――現代イラクにおけるイスラーム革命運動の源流」『現代の中東』第 41 号（7 月），2-20 ページ。

――［2011］『現代イラクのイスラーム主義運動――革命運動から政権党への軌跡』有斐閣。

横田貴之［2006］『現代エジプトにおけるイスラームと大衆運動』ナカニシヤ出版。

吉野孝［2000］「政党組織」川人貞史・吉野孝・平野浩・加藤淳子『現代の政党と選挙』有斐閣，39-62 ページ。

英語・仏語・アラビア語

Abboud, Samer N. and Benjamin J. Muller［2012］*Rethinking Hizballah : Legitimacy, Authority, Violence*. Farnham : Ashgate.

Abdelnour, Ziad K.［2004］"Dossier : Samir Geagea : Leader of the Lebanese Forces（LF）Movement," *Middle East Intelligence Bulletin*, Vol. 6, No. 5（May）（http://www.meforum.org/meib/articles/0405_ld.htm, 2009 年 9 月 1 日閲覧）.

Abisaab, Rula Jurdi［2006］"The Cleric as Organic Intellectual : Revolutionary Shi'ism in the Lebanese *Hawzas*," H. E. Chehabi ed., *Distant Relations : Iran and Lebanon in the Last 500 Years*. London : Centre for Lebanese Studies and I. B. Tauris, pp. 231-258.

Abrahamian, Ervand［1993］*Khomeinism : Essays on the Islamic Republic*. Berkeley and Los Angeles : University of California Press.

Abū al-Naṣr, Faḍīl［2003］*Ḥizb Allāh : Ḥaqāiq wa Ab'ād*. Beirut : al-Sharika al-'Ālamīya li-l-Kitāb.

Abukhalil, Asad［1990］"Syria and the Shiites : al-Asad's Policy in Lebanon," *Third World Quarterly*, Vol. 12, No. 2（April）, pp. 1-20.

AbuKhalil, As'ad［1991］"Ideology and Practice of Hizbullah in Lebanon : Islamization of Leninist Organizational Principles," *Middle Eastern Studies*, Vol. 27, No. 3（July）, pp. 390-400.

――［2001］"Lebanon One Year after the Israeli Withdrawal," *MERIP Press Information Note*, No. 58, May 29（http://www.merip.org/mero/mero052901.html, 2001 年 8 月 31 日閲覧）.

――［2008］"The New Sectarian Wars of Lebanon," Nubar Hovsepian ed., *The War on Lebanon : A Reader*. Northampton, MA : Olive Branch Press, pp. 358-367.

Abul-Husn, Latif［1998］*The Lebanese Conflict : Looking Inwards*. Boulder, CO and London : Lynne Rienner.

El-Affendi, Abdelwahab［2004］"On the State, Democracy and Pluralism," Suha Taji-Farouki and Nafi Basheer M. eds., *Islamic Thought in the Twentieth Century*. London and New York : I. B. Tauris, pp. 172-194.

Agha, H. and A. S. Khalidi［1995］*Syria and Iran : Rivalry and Cooperation*. London : Pinter Publishers for the Royal Institute of International Affairs.

Ahmad, Ahmad Yousef［2008］"The Israeli War on Lebanon : The Arab Dimension," *Contemporary Arab Affairs*, Vol. 1, No. 2（April）, pp. 237-253.

Ajami, Fouad［1986］*The Vanished Imam : Musa al-Sadr and the Shia of Lebanon*. London and New

York : I. B. Tauris.

Alagha, Joseph [2006] *The Shifts in Hizbullah's Ideology : Religious Ideology, Political Ideology, and Political Program*. Amsterdam : Amsterdam University Press.

—— [2008a] "Hizbullah : An Islamic *Jihadi* Movement," *Arab Studies Quarterly*, Vol. 30, No. 1 (Winter), pp. 61–70.

—— [2008b] "The Israeli-Hizbullah 34-Day War : Causes and Consequences," *Arab Studies Quarterly*, Vol. 30, No. 2 (Spring), pp. 1–22.

—— [2011] *Hizbullah's Identity Construction*. Amsterdam : Amsterdam University Press.

—— ed. [2011] *Hizbullah's Documents : From the 1985 Open Letter to the 2009 Manifesto*. Amsterdam : Pallas Publications and Amsterdam University Press.

'Alī, Ḥaydar Ibrāhīm [1996] *al-Tayyārāt al-Islāmīya wa Qaḍīya al-Dīmuqrāṭīya*. Beirut : Markaz Dirāsāt al-Waḥda al-'Arabīya.

Anderson, Lisa [2011] "Demystifying the Arab Spring : Parsing the Differences Between Tunisia, Egypt, and Libya," *Foreign Affairs*, Vol. 90, No. 3 (May/June), pp. 2–7.

Arens, Moshe [2007] "Consequences of the 2006 War for Israel," *MERIA Journal*, Vol. 11, No. 1 (March), pp. 24–26.

Arreguín-Toft, Ivan [2005] *How the Weak Win Wars : A Theory of Asymmetric Conflict*. Cambridge and New York : Cambridge University Press.

Ashtī, Shawkat [2004] *al-Aḥzāb al-Lubnānīya : Qirā' fī al-Tajriba*. Beirut : al-Intishār al-'Arabī.

Aubin-Boltanski, Emma [2012] "Samir Geagea : le guerrier, le martyr et le *za'îm*," Franck Mermier and Sabrina Mervin eds., *Leaders et partisans au Liban*. Paris and Beirut : Éditions Karthala, IFPO and IISMM, pp. 57–80.

Avi-Ran, Reuven [1991] *The Syrian Involvement in Lebanon since 1975*. Boulder, CO : Westview Press.

Avon, Dominique and Anaïs-Trissa Khatchadourian [2010] *Le Hezbollah : De la doctrine è l'action : une histoire du «parit de Dieu»*. Paris : Édition du Seuil.

—— [2012] *Hezbollah : A History of the "Party of God"* (Jane Marie Todd tr.). Cambridge, MA : Harvard University Press.

Ayoob, Mohammad [1995] *The Third World Security Predicament : State Making, Regional Conflict, and the International System*. Boulder, CO : Lynne Rienner.

—— [1998] "Subaltern Realism : International Relations Theory Meets the Third World," Stephanie G. Neuman ed., *International Relations Theory and the Third World*. New York : St. Martin's Press, pp. 31–54.

Azani, Eitan [2009] *Hezbollah : The Story of the Party of God : From Revolution to Institutionalization*. New York : Palgrave Macmillan.

Aziz, Talib [2001] "Fadlallah and the Remaking of the marja'iya," Linda S. Walbridge ed., *The Most Learned of Shi'a : The Institutions of the Marja' Taqlid*. Oxford and London : Oxford University Press, pp. 205–215.

Badry, Roswitha [2001] "Marja'īya and Shūrā," Rainer Brunner and Werner Ende eds., *The Twelver*

Shia in Modern Times : Religious Culture and Political History. Leiden : Brill, pp. 188–206.

Barak, Oren [2009] *The Lebanese Army : A National Institution in a Divided Society*. New York : State University of New York Press.

Bar-Joseph, Uri [2007] "Israel's Military Intellignece Performance in the Second Lebanon War," *International Journal of Intelligence and CounterIntelligence*, Vol. 20, No. 4 (August), pp. 583–601.

—— [2010] "The Hubris of Initial Victory : The IDF and the Second Lebanon War," Clive Jones and Sergio Catignani eds., *Israel and Hizbollah : An Asymmetric Conflict in Historical and Comparative Perspective*. London and New York : Routledge, pp. 147–162.

Baumman, Hannes [2012a] "The Ascent of Rafiq Hariri and Sunni Philanthoropy," Franck Mermier and Sabrina Mervin eds., *Leaders et partisans au Liban*. Paris and Beirut : Éditions Karthala, IFPO and IISMM, pp. 81–106.

—— [2012b] "The 'New Contractor Bourgeoisie' in Lebanese Politics : Hariri, Mikati and Fares," Are Knudsen and Michael Kerr eds., *Lebanon : After the Cedar Revolution*. London : Hurst, pp. 125–144.

Bayat, Asef [2007] *Making Islam Democratic : Social Movements and the Post-Islamist Turn*. Stanford, CA : Stanford University Press.

—— [2009] *Life as Politics : How Ordinary People Change the Middle East*. Cairo : The American University of Cairo Press.

Baylouny, Ann Marie [2010] *Privatizing Welfare in the Middle East : Kin Mutual Aid Associations in Jordan and Lebanon*. Bloomington, IN : Indiana University Press.

Bayynat (http://english.bayynat.org.lb/) [2005] "The Islamic View towards Tactical Political Slogan," June 14.

Bazzī, Muḥammad Ḥusayn ed. [2004] *Hākadhā Takallam Naṣr Allāh*. 2 vols. Beirut : Dār al-Amīr.

Beinin, Joel and Frédéric Vairel eds. [2011] *Social Movements, Mobilization, and Contestation in the Middle East and North Africa*. Stanford, CA : Stanford University Press.

Belkeziz, Abdelilah [2009] *The State in Contemporary Islamic Thought : A Historical Survey of the Major Muslim Political Thinkers of the Modern Era*. London and New York : I. B. Tauris.

Bergman, Ronen [2009] *The Secret War with Iran : The 30-Year Covert Struggle for Control of a 'Rogue' State* (Ronnie Hope trs.). Oxford : Oneworld.

Bigo, Didier [1991] "Les attentats de 1986 en France : un cas de violence transnationale et ses implications," *Cultures and Conflicts*, No. 4 (Winter), pp. 123–173.

Bishara, Azmi [2008] "David, Goliath and Saul : Repercussions on Israel of the 2006 War," *Contemporary Arab Affairs*, Vol. 1, No. 2 (April), pp. 211–236.

Blanford, Nicholas [2004] "Hizballah and Syria's 'Lebanese Card'," *Middle East Report Online*, September 14 (http://www.merip.org/mero/mero091404.html, 2004 年 9 月 15 日閲覧).

—— [2011] *Warriors of God : Inside Hezbollah's Thirty-Year Struggle against Israel*. New York : Random House.

Bradley, John R. [2012] *After the Arab Spring : How Islamists Hijacked the Middle East Revolts*. New

York : Palgrave Macmillan.

Brown, L. Carl [1984] *International Politics and the Middle East : Old Rules, Dangerous Game*. London and New York : I. B. Tauris.

Byman, Daniel [2003] "Should Hezbollah Be Next? : The A Team," *Foreign Affairs*, Vol. 82, No. 6 (November/December), pp. 54-56.

—— [2005] *Deadly Connections : States That Sponsor Terrorism*. Cambridge and New York : Cambridge University Press.

Cammett, Melani [2009] "Democracy, Lebanese-Style," *Middle East Report Online*, August 18 (http://www.merip.org/mero/mero081809.html, 2009 年 9 月 15 日閲覧).

Cammet, Melani and Skriti Issar [2010] "Bricks and Mortal Clientelism : Sectarianism and the Logics of Welfare Allocation in Lebanon," *World Politics*, Vol. 62, No. 3 (July), pp. 381-421.

Castells, Manuel [2010] *The Power of Identity*. The Information Age : Economy, Society, and Culture Volume II. 2nd edition. Chichester : Wiley-Blackwell.

Catusse, Myriam and Joseph Alagha [2008] "Les services sociaux du Hezbollah. Effort de guerre, *ethos* religieux et ressources politiques," Sabrina Mervin ed., *Le Hezbollah : état des lieux*. Paris : Actes Sud, pp. 117-140.

Chalabi, Tamara [2006] *The Shi'is of Jabal 'Amil and the New Lebanon : Community and Nation State, 1918-1943*. New York : Palgrave Macmillan.

Chalcraft, John [2009] *The Invisible Cage : Syrian Migrant Workers in Lebanon*. Stanford, CA : Stanford University Press.

Chambanis, Thanassis [2010] *A Privilege to Die : Inside Hezbollah's Legions and Their Endless War against Israel*. New York : Free Press.

Chamie, Joseph [1980] "Religious Groups in Lebanon : A Descriptive Investigation," *International Journal of Middle East Studies*, Vol. 11, No. 2 (April), pp. 175-187.

Charara, Walid and Frédéric Domont [2006] *Le Hezbollah : un movement islamo-nationaliste*. Paris : Fayard.

Chartouni-Dubarry, May [1996] "Hizballah : From Militia to Political Party," Rosemary Hollis and Nadim Shehadi eds., *Lebanon on Hold : Implication for Middle East Peace*. London : The Royal Institute of International Affairs, pp. 59-62.

Chehabi, H. E. [2006] "Iran and Lebanon in the Revolutionary Decade," H. E. Chehabi ed., *Distant Relations : Iran and Lebanon in the Last 500 Years*. London : Centre for Lebanese Studies and I. B. Tauris, pp. 201-230.

Choucair-Vizoso, Julia [2008] "Lebanon : The Challenge of Reform in a Weak State," Marina Ottaway and Julia Choucair-Vizoso eds., *Beyond the Façade : Political Reform in the Arab World*. Washington D. C.: Carnegie Endowment for International Peace, pp. 115-136.

Cook, David [2007] *Martyrdom in Islam*. Cambridge and New York : Cambridge University Press.

Cordesman, Anthony H. [1999] *Military Balance in the Middle East VI : Arab-Israeli Balance-Overview*. Washington D. C.: Center for Strategic and International Studies.

—— [2008] *Israel and Syria : The Military Balance and Prospects of War*. Westport, CT and Lon-

don : Praeger Security International.

Corm, Georges [1994] "The War System : Militia Hegemony and Reestablishment of the State," Deirdre Collings ed., *Peace for Lebanon? : From War to Reconstruction*. Boulder, CO : Lynne Rienner, pp. 215-230.

Coughlin, Con [1992] *Hostage : The Complete Story of the Lebanon Captives*. London : Warner Books.

Craig, Alan [2006] "Lebanon 2006 and the Front of Legitimacy," *Israel Affairs*, Vol. 15, No. 4 (October), pp. 427-444.

Daher, Aurélie [2008] "Subhî al-Tufaylî et la 'révolte des affamés'," Sabrina Mervin ed., *Le Hezbollah : état des lieux*. Paris : Actes Sud, pp. 273-276.

Ḍāhir, 'Adnān Muhsin and Riyāḍ Ghannīm [2007] *al-Mu'jam al-Niyābī al-Lubnānī : Sīra wa Tarājim A'ḍā' al-Majālis al-Niyābīya wa A'ḍā' Majālis al-Idāra fī Mutaṣarriffīya Jabal Lubnān 1861-2009*. Beirut : Dār Bilāl.

Darwish, Nonie [2012] *The Devil We Don't Know : The Dark Side of Revolutions in the Middle East*. Hoboken, NJ : John Wiley and Sons.

Deeb, Lara [2006] *An Enchanted Modern : Gender and Public Piety in Shi'i Lebanon*. Princeton and Oxford : Princeton University Press.

Deeb, Marius [1986] *Militant Islamic Movements in Lebanon : Origins, Social Basis, and Ideology*. Washington D. C.: Center for Contemporary Arab Studies, Georgetown University.

—— [1988] "Shia Movements in Lebanon : Their Formation, Ideology, Social Basis, and Links with Iran and Syria," *Third World Quarterly*, Vol. 10, No. 2 (April), pp. 683-698.

Dewailly, Bruno [2012] "Transformations du leadership tripolitain : le cas de Nagib Mikati," Franck Mermier and Sabrina Mervin eds., *Leaders et partisans au Liban*. Paris and Beirut : Éditions Karthala, IFPO and IISMM, pp. 165-185.

Diamond, Larry [2002] "Thinking about Hybrid Regimes," *Journal of Democracy*, Vol. 13, No. 2 (April), pp. 21-35.

Ehteshami, Anoushiravan [1995] *After Khomeini : The Iranian Second Republic*. London and New York : Routledge.

Ehteshami, Anoushiravan and Raymond A. Hinnebusch [1997] *Syria and Iran : Middle East Powers in a Penetrated Regional System*. London and New York : Routledge.

Eisenberg, Laurie Zittrain [2010] "History Revisited or Revampred? : The Maronite Factor in Israel's 1982 Invasion of Lebanon," Efraim Karsh, Rory Miller and Michael Kerr eds., *Conflict, Diplomacy and Society in Israel-Lebanese Relations*. London and New York : Routledge, pp. 54-78.

Entelis, John P. [1974] *Pluralism and Party Transformation in Lebanon : al-Kata'ib 1936-1970*. Leiden : Brill.

Esposito, John L. [2003] "Islam and Civil Society," John L. Esposito and François Burgat eds., *Modernizing Islam : Religion in the Public Sphere in Europe and the Middle East*. New Brunswick, NJ : Rutgers University Press, pp. 69-100.

Esposito, John L. and John Voll [1996] *Islam and Democracy*. Oxford and New York : Oxford

University Press.

Fadlallah, Ayatollah Al Sayed Muhammed Hussein [1986] "Islam and Violence in Political Reality," *Middle East Insight*, Vol. 4, No. 4 (June/July), pp. 4–13.

Faḍl Allāh, Ḥasan [1994] *al-Khiyār al-Ākhir : Ḥizb Allāh al-Sīra al-Dhātīya wa al-Mawqif*. Beirut : Dār al-Hādī.

—— [1998] *Ḥarb al-Irādāt : al-Ṣirā' al-Muqāwama wa al-Iḥtilāl al-Isrā'īlī fī Lubnān*. Beirut : Dār al-Hādī.

Faḍl Allāh, Muḥammad Ḥusayn [1987] *Islām wa Manṭiq al-Quwwa*. 5th edition. Beirut : Dār al-Mu'ārif al-Maṭbūāt.

—— [2001] *al-Ḥaraka al-Islāmīya : Humum wa Qaḍāyā*. 4th edition. Beirut : Dār al-Malāk.

Falk, Richard [1993] "US Foreign Policy in the Middle East : The Tragedy of Persistence," Hooshang Amirahmadi ed., *The United States and the Middle East : A Search for New Perspectives*. New York : The State University of New York Press, pp. 65–86.

Fawaz, Mona [1998] "Islam, Resistance and Community Development : The Case of the Southern Suburb of Beirut City," MA dissertation, Massachusetts Institute of Technology, Department of Urban Studies and Plannning.

—— [2005] "Agency and Ideology in Community Services : Islamic NGOs in a Southern Suburb of Beirut," Sarah Ben Néfissa, Nabil Abd al-Fattah, Sari Hanafi and Carlos Milani eds., *NGOs and Governance in the Arab World*. Cairo and New York : The American University of Cairo Press, pp. 229–255.

Firmo-Fontan, Victoria [2004] "Power, NGOs and Lebanese Television : A Case Study of Al-Manar TV and the Hezbollah Women's Association," Naomi Sakr ed., *Women and Media in the Middle East*. London and New York : I. B. Tauris, pp. 162–179.

Firro, Kais M. [2006a] "The Shi'is in Lebanon : Between *'Asabiyya* and Arab Nationalism, 1908–21," *Middle Eastern Studies*, Vol. 42, No. 4 (July), pp. 535–550.

—— [2006b] "Ethnicizing the Shi'is in Mandatory Lebanon," *Middle Eastern Studies*, Vol. 42, No. 5 (September), pp. 741–760.

—— [2009] *Metamorphosis of the Nation (al-Umma) : The Rise of Arabism and Minorities in Syria and Lebanon, 1850–1940*. Brighton : Sussex Academic Press.

Fisk, Robert [2001] *Pity the Nation : Lebanon at War*. 3rd edition. Oxford and London : Oxford University Press.

Flanigan, Shawn Teresa [2006] "Charity as Resistance : Connections between Charity, Contentious Politics, and Terror," *Studies in Conflict and Terrorism*, Vol. 29, No. 7 (October/November), pp. 641–655.

—— [2008] "Nonprofit Service Provision by Insurgent Organizations : The Cases of Hizballah and the Tamil Tigers," *Studies in Conflict and Terrorism*, Vol. 31, No. 6 (June), pp. 499–519.

Flanigan, Shawn Teresa and Mounah Abdel-Samad [2009] "Hezbollah's Social Jihad : Nonprofits as Resistance Organizations," *Middle East Policy*, Vol. 16, No. 2 (Summer), pp. 122–137.

Freedman, Robert O. [2012] "Russia and the Arab Spring : A Preliminary Appraisal," Mark L. Haas

and David W. Lesch eds., *The Arab Spring : Change and Resistance in the Middle East*. Boulder, CO : Westview Press, pp. 195–218.

Friedman, Matti [2010] "Underneath Lebanon, Israel Sees Hidden Battlefield," AP, August 14.

Friedman, Thomas [1995] *From Beirut to Jerusalem*. New York : Anchor Books.

Gaddis, John L. [1992] *The United States and the End of the Cold War : Implications, Reconsiderations and Provocations*. Oxford and London : Oxford University Press.

Gambill, Gary C. [2008] "Hezbollah : Lebanon's Powerbroker," *The Journal of International Security Affairs*, No. 15 (Fall) (http://www.securityaffairs.org/issues/2008/15/rabil.php, 2009 年 4 月 30 日閲覧).

Gambill, Gary C. and Elie Abou Aoun [2000] "Special Report : How Syria Orchestrates Lebanon's Elections," *Middle East Intelligence Bulletin*, Vol. 2. No. 7 (August) (http://www.meforum.org/meib/articles/0008_ll.htm, 2009 年 9 月 1 日閲覧).

Gaub, Florence [2007] "Multi-Ethnic Armies in the Aftermath of Civil War : Lessons Learned from Lebanon," *Defense Strategies*, Vol. 7, No. 1 (March), pp. 5–20.

Gelvin, James L. [2012] "Conclusion : The Arab World at the Intersection of the National and Transnational," Mark L. Haas and David W. Lesch eds., *The Arab Spring : Change and Resistance in the Middle East*. Boulder, CO : Westview Press, pp. 238–255.

Giddens, Anthony [1985] *The Nation-State and Violence*. Berkeley and Los Angeles : University of California Press.

Goodarzi, Jubin M. [2009] *Syria and Iran : Diplomatic Alliance and Power Politics in the Middle East*. London and New York : I. B. Tauris.

Goodman, Mavin A. and Carolyn M. Ekedahl [1988] "Gorbachev's 'New Direction' in the Middle East," *Middle East Journal*, Vol. 42, No. 4 (Autumn), pp. 571–586.

Gordon, David C. [1983] *The Republic of Lebanon : Nation in Jeopardy*. Boulder, CO : Westview Press.

Hajjar, Sami G. [2009] "The Convoluted and Diminished Lebanese Democracy," *Democracy and Security*, Vol. 5, No. 3 (December), pp. 261–276.

Halawi, Majed [1992] *A Lebanon Defied : Musa al-Sadr and the Shi'a Community*. Boulder, CO : Westview Press.

Hallāq, 'Abd Allāh [1999] "23 Qarya Lubnānīya fi Filasṭīn Muḥtalla mundhu al-'Ishrīnāt," *al-Bilād*, No. 452 (August 28), pp. 16–17.

Halliday, Fred [1989] *From Kabul to Managua : Superpower Politics in the Bush-Gorbachev Era*. New York : Pantheon Books.

Hamizrachi, Beate [1988] *The Emergence of the South Lebanon Security Belt : Major Saad Haddad and the Ties with Israel, 1975–1982*. New York : Praeger.

Ḥammūd, 'Abd al-Ḥalim ed. [2011] *'Imād Mughnīya : Rajul al-Asrār*. Beirut : Dār al-Ma'āruf al-Ḥikmīya.

Hamzeh, A. Nizar [1993] "Lebanon's Hizballah : From Islamic Revolution to Parliamentary Accommodation," *Third World Quarterly*, Vol. 14, No. 2 (Spring), pp. 321–337.

—— [1997] "The Role of Hizbullah in Conflict Management within Lebanon's Shia Community," Paul Salem ed., *Conflict Resolution in the Arab World : Selected Essays*. Beirut : American University of Beirut, pp. 93–118.

—— [2001] "Clientalism, Lebanon : Roots and Trends," *Middle Eastern Studies*, Vol. 37, No. 3 (July), pp. 167–178.

—— [2004] *In the Path of Hizbullah*. Syracuse, NY : Syracuse University Press.

Hanf, Theodor [1993] *Coexistence in Wartime Lebanon : Decline of a State and Rise of a Nation*. London : Centre for Lebanese Studies and I. B. Tauris.

—— [2003] "The Sceptical Nation : Opinions and Attitudes Twelve Years after the End of the War," Theodor Hanf and Nawaf Salam eds., *Lebanon in Limbo : Postwar Society and State in an Uncertain Regional Environment*. Baden-Baden : Nomos Verlagsgesellschaft, pp. 197–228.

Harb, Mona [2010] *Le Hezbollah à Beyrouth (1985–2005) : De la Banlieue à la ville*. Beirut and Paris : IFPO and Éditions Karthala.

Harb, Mona and Mona Fawaz [2010] "Influencing the Politics of Reconstruction in Haret Hreik," Howayda Al-Harithy ed., *Lessons in Post-War Reconstruction : Case Studies from Lebanon in the Aftermath of the 2006 War*. London and New York : Routledge, pp. 21–45.

Harb, Mona and Reinoud Leenders [2005] "Know Thy Enemy : Hizballah, 'Terrorism' and the Politics of Perception," *Third World Quarterly*, Vol. 26, No. 1 (February), pp. 173–197.

Harb, Zahera [2011] *Channels of Resistance in Lebanon : Liberation Propaganda, Hezbollah and the Media*. London and New York : I. B. Tauris.

Harel, Amos and Avi Issacharoff [2008] *34 Days : Israel, Hezbollah and the War in Lebanon*. New York : Palgrave Macmillan.

Harik, Judith Palmer [1994] *The Public and Social Services of the Lebanese Militias*. Papers on Lebanon 14. Oxford : Centre for Lebanese Studies.

—— [1996] "Between Islam and the System : Sources and Implications of Popular Support for Lebanon's Hizballah," *Journal of Conflict Resolution*, Vol. 40, No. 1 (March), pp. 41–67.

—— [2004] *Hezbollah : The Changing Face of Terrorism*. London and New York : I. B. Tauris.

—— [2006] "Hizballah's Public and Social Services and Iran," H. E. Chehabi ed., *Distant Relations : Iran and Lebanon in the Last 500 Years*. London : Centre for Lebanese Studies and I. B. Tauris, pp. 259–286.

Harris, William W. [1997] *Faces of Lebanon : Sects, Wars, and Global Extensions*. Princeton : Markus Wiener.

—— [2006] *The New Face of Lebanon : History's Revenge*. Princeton : Markus Wiener.

—— [2009] "Reflections on Lebanon," Barry Rubin ed., *Lebanon : Liberation, Conflict, and Crisis*. New York : Palgrave Macmillan, pp. 9–23.

Hashemi, Nader [2009] *Islam Secularism, and Liberal Democracy*. Oxford and New York : Oxford University Press.

Haugbolle, Sune [2010] *War and Memory in Lebanon*. Cambridge and New York : Cambridge University Press.

Hay'a Da'm al-Muqāwama al-Islāmīya [n. d.] *al-Jihād bi-l-Māl*. Beirut : Hay'a Da'm al-Muqāwama al-Islāmīya.

—— [n. d.] *Anta Tad'amu, Anta Taqāwmu*. Beirut : Hay'a Da'm al-Muqāwama al-Islāmīya.

Helmick, Raymond G. [1988] "Internal Lebanese Politics : The Lebanese Front and Forces," Halim Barakat ed., *Toward a Viable Lebanon*. London : Croom Helm, pp. 306–323.

Hersh, Seymour M. [2006] "Watching Lebanon : Washington's Interests in Israel's War," *The New Yorker*, August 21, pp. 28–33.

Hinnebusch, Raymond [2002] "The Foreign Policy of Syria," Raymond Hinnebusch and Anoushiravan Ehteshami eds., *The Foreign Policies of Middle East States*. Boulder, CO : Lynne Rienner, pp. 141–165.

—— [2010] "Toward a Historical Sociology of State Formation in the Middle East," *Middle East Critique*, Vol. 19, No. 3 (October), pp. 201–216.

Ḥizb Allāh [1996] "The Electoral Program of Hizbullah for the Year 1996."

—— [1997a] "Hizbullah : Views and Conceptions," June 20.

—— [1997b] "The Closing Communique of the Lebanese Parties' Meeting That Was Initiated by Hizbullah at Bristol Hotel on August 18, 1997," August 18.

—— [1998] "Statement of Purpose : Hizballah Press Office," March 20.

—— [2004] "Hizbullah : Identity and Goals," August.

—— [2009] "al-Wathīqa al-Siyāsīya li-Ḥizb Allāh," November 30.

Ḥizb Allāh and al-Tayyār al-Waṭanī al-Ḥurr [2006] "Waraqa al-Tafāhum al-Mushtarak bayna Ḥizb Allāh and al-Tayyār al-Waṭanī al-Ḥurr," February 6.

El-Hokayem, Emile [2007] "Hizballah and Syria : Outgrowing the Proxy Relationship," *The Washington Quarterly*, Vol. 30, No. 2 (Spring), pp. 35–52.

Hooglund, Eric [1995] "Iranian Views of the Arab-Israeli Conflict," *Journal of Palestine Studies*, Vol. 25, No. 1 (Autumn), pp. 86–95.

Horowitz, Donald L. [2000] *Ethnic Groups in Conflict*. Berkeley and Los Angeles : University of California Press.

Hovsepian, Nubar [2008] "State-Society Relations and the Reproduction of the Lebanese Confessional System," Nubar Hovsepian ed., *The War on Lebanon : A Reader*. Northampton, MA : Olive Branch Press, pp. 28–49.

Hudson, Michael C. [1997] "Trying Again : Power-Sharing in Post-Civil War Lebanon," *International Negotiation*, Vol. 2, No. 1 (January), pp. 103–122.

—— [1999] "Lebanon after Ta'if : Another Reform Opportunity Lost?" *Arab Studies Quarterly*, Vol. 21, No. 1 (Winter), pp. 27–40.

Human Rights Watch (HRW) (http://www.hrw.org/) [1996] *Civilian Pawns : Laws of War Violations and the Use of Weapons on the Israel-Lebanon Border*. New York : Human Rights Watch.

—— [1997] "Operation Grapes of Wrath," *Human Rights Watch*, Vol. 9, No. 8 (E) (September).

—— [2006] "Fatal Strikes : Israel's Indiscriminate Attacks against Civilians in Lebanon," *Human Rights Watch*, Vol. 18, No. 3 (E) (August).

—— [2007a] "Civilians under Assault : Hezbollah's Rocket Attacks on Israel in the 2006 War," *Human Rights Watch*, Vol. 19, No. 3 (E) (August).

—— [2007b] "Why They Died : Civilian Casualties in Lebanon during the 2006 War," *Human Rights Watch*, Vol. 19, No. 5 (E) (September).

Huntington, Samuel P. [1993] "The Clash of Civilizations?" *Foreign Affairs*, Vol. 72, No, 3 (Summer), pp. 22–49.

al-Ḥusaynī, Sharīf [1986] "'Ḥizb Allāh' : Ḥaraka 'Askarīya am Siyāsīya am Dīnīya?," *al-Shirā'*, No. 299, March 17, pp. 14–21.

el-Husseini, Rola [2004] "Lebanon : Building Political Dynasties," Volker Perthes ed., *Arab Elites : Negotiating the Politics of Change*. Boulder, CO : Lynne Rienner, pp. 239–266.

—— [2008] "Resistance, Jihad, and Martyrdom in Contemporary Lebanese Shi'a Discourse," *The Middle East Journal*, Vol, 6, No. 3 (Summer), pp. 399–414.

—— [2012] *Pax Syriana : Elite Politics in Postwar Lebanon*. Syracuse, NY : Syracuse University Press.

Hutson, Royce and Athena Kolbe *et al.* [2009] "Testing Received Wisdom : Perceptions of Security in Southern Lebanon," Small Arms Survey ed., *Small Arms Survey 2009 : Shadows of War*. Cambridge and New York : Cambridge University Press, pp. 316–335.

Huwaydī, Fahmi [2001] "al-Islām wa al-Dīmuqrāṭīya," Markaz Dirāsāt al-Waḥda al-'Arabīya ed., *al-Ḥarakāt al-Islāmīya wa al-Dīmuqrāṭīya : Dirāsāt fī al-Fikr wa al-Mumārisa*. Beirut : Markaz Dirāsāt al-Waḥda al-'Arabīya, pp. 17–61.

Iannaccone, Laurence R. and Eli Berman [2006] "Religious Extremism : The Good, the Bad, and the Deadly," *Public Choice*, Vol. 128, No. 1–2 (July), pp. 109–129.

'Īd, 'Abd al-Razzāq and 'Abd al-Jabbār [1999] *al-Dīmuqrāṭīya bayna al-'Almānīya wa al-Islām*. Damascus : Dār al-Fikr.

Iliyās, Salīm ed. [2006a] *Mawsū'a al-Muqāwama al-Lubnānīya, Ḥizb Allāh bi-Qiyāda Samāḥa al-Sayyid Ḥasan Naṣr Allāh : Tārīkh al-Ṣirā' al-Lubnānī al-Isrā'īlī*. 12 vols. Beirut : al-Markaz al-Thaqāfī al-Lubnānī.

—— [2006b] *Mawsū'a Afwāj al-Muqāwama al-Lubnānīya*. 10 vols. Beirut : al-Markaz al-Thaqāfī al-Lubnānī.

'Imād, 'Abd al-Ghannī [2006] *al-Ḥarakāt al-Islāmīya fī Lubnān : Ishkālīya al-Dīn wa al-Siyāsa fī Mujtama' Mutanawwi'*. Beirut : Dar al-Talī'a.

Information International (http://www.information-international.com/, Dār Kutub wa al-Dawlīya li-l-Ma'lūmāt) [2006] "Opinion Poll : Lebanese Divided behind Their Leaders over Critical Matters, 1 and 2," Vol. 51/52 (September and October).

—— [2009] *Nuwwāb Lubnān wa Intikhābāt al-Niyābīya al-Lubnānīya 1960–2009*. Beirut : Information International and Dār al-Nahār.

—— ed. [2009] *al-Intikhābāt al-Niyābīya al-Lubnānīya 2009 : wafqan li-l-Aqlām wa al-Murashshḥīn wa al-Ṭawā'if*. 5 vols. (Muḥāfaẓa al-Shamāl, Bayrūt, Jabal Lubnān, Biqā', al-Janūb wa al-Nabaṭīya). Beirut : Infornation International and al-Safīr.

Intelligence and Terrorism Information Center, Center for Special Studies（CSS）(http://www.intelligence.org.il/)［2003］“Hezbollah : Profile of the Lebanese Shiite Terrorist Organization of Global Reach Sponsored by Iran and Supported by Syria（Part 1),” *Special Information Paper*（June）(http://www.terrorism-info.org.il/malam_multimedia/ENGLISH/IRAN/PDF/JUNE_03.PDF, 2006 年 2 月 14 日閲覧）.

International Crisis Group（ICG）(http://www.crisisgroup.org/)［2002］“Old Games, New Rules : Conflict on the Israel-Lebanon Border,” *ICG Middle East Report*, No. 7, Amman and Brussels : International Crisis Group, November 18.

——［2005］“Lebanon : Managing the Gathering Storm,” *ICG Middle East Report*, No. 48, Amman and Brussels : International Crisis Group, December 5.

——［2006］“Israel/Palestine/Lebanon : Climbing Out of The Abyss,” *ICG Middle East Report*, No. 57, Amman and Brussels : International Crisis Group, July 25.

——［2007］“Hizbollah and the Lebanese Crisis,” *ICG Middle East Report*, No. 69, Amman and Brussels : International Crisis Group, October 10.

——［2008］“The New Lebanese Equation : The Christians' Central Role,” *ICG Middle East Report*, No. 78, Amman and Brussels : International Crisis Group, July 15.

——［2010a］“Lebanon's Politics : The Sunni Community and Hariri's Future Current,” *ICG Middle East Report*, No. 96, Amman and Brussels : International Crisis Group, May 26.

——［2010b］“Drums of War : Israel and the Axis of Resistance,” *ICG Middle East Report*, No. 97, Amman and Brussels : International Crisis Group, August 2.

——［2010c］“Trial by Fire : The Politics of the Special Tribunal for Lebanon,” *ICG Middle East Report*, No. 100, Amman and Brussels : International Crisis Group, December 2.

——［2012］“A Precarious Balancing Act : Lebanon and the Syrian Conflict,” *ICG Middle East Report*, No. 132, Amman and Brussels : International Crisis Group, November 22.

Iskandar, Marwan［2006］*Rafiq Hariri and the Fate of Lebanon*. London : Saqi.

Israel Ministry of Foreign Affairs（http://www.israel.org/MFA/）［1996］“Israel-Lebanon Ceasefire Understanding,” April 26.

Jaafar, Rudy［2007］“Democratic Reform in Lebanon : An Electoral Approach,” Youssef M. Choueiri ed., *Breaking the Cycle : Civil Wars in Lebanon*. London : Stacey International, pp. 285–305.

Jaafar, Rudy and Maria J. Stephan［2009］“Lebanon's Independence Intifada : How an Unarmed Insurrection Expelled Syrian Forces,” Maria J. Stephen ed., *Civilian Jihad : Nonviolent Struggle, Democratization, and Governance in the Middle East*. New York : Palgrave Macmillan, pp. 169–182.

Jabar, Faleh［2003］*The Shi'ite Movement in Iraq*. London : Saqi.

Jaber, Hala［1997］*Hezbollah : Born with a Vengeance*. New York : Columbia University Press.

Jackson, Robert H.［1990］*Quasi-States : Sovereignty, International Relations and the Third World*. Cambridge and New York : Cambridge University Press.

Jawad, Rana［2009］*Social Welfare and Religion in the Middle East : A Lebanese Perspective*. Bristol : Policy Press.

Jichi, Mohamad [2009] "Waed for Rebuilding Dahieh : New Vision of Construction in Lebanon," Msc Dissertation, University of Manchester, Faculty of Engineering and Physical Sciences.

Jihād al-Binā' [1993] *Mashrū' al-Wafā' li-Mujtama' al-Muqāwama*. Beirut : Jihād al-Binā'.

—— [1994] *Yad al-'Aṭā' : Sanawāt min 6 al-Jihād wa al-Binā' 1988–1994*. Beirut : Jihād al-Binā'.

—— [1996] *The "Loyalty to the Resistance Society Project" 1996*. Beirut : Jihād al-Binā'.

—— [1997] *9 Sanawāt min al-'Amal wa al-'Aṭā'*. Beirut : Jihād al-Binā'.

Johnson, Michael [2007] "Managing Political Change in Lebanon : Challenges and Prospects," Youssef M. Choueiri ed., *Breaking the Cycle : Civil Wars in Lebanon*. London : Stacey International, pp. 137–165.

Jorisch, Avi [2004] *Beacon of Hatred : Inside Hizballah's al-Manar Television*. Washington D. C.: Washington Institute for New East Policy.

Kaldor, Mary [1999] *New and Old Wars : Organized Violence in a Global Era*. Cambridge : Polity Press.

Karam, Karam [2006] *La movement civil au Liban : Revendications, prostestations et mobilisations associatives dans l'après-guerre*. Paris : Édition Karthala.

Kaufman, Asher [2010] "From the Litani to Beirut-Israel's Invasions of Lebanon, 1978–1985 : Causes and Consequences," Clive Jones and Sergio Catignani eds., *Israel and Hizbollah : An Asymmetric Conflict in Historical and Comparative Perspective*. London and New York : Routledge, pp. 25–38.

Kepel, Gilles [2006] *Jihad : The Trail of Political Islam* (Anthony F. Roberts tr.). 4th edition. London and New York : I. B. Tauris.

Kerr, Michael [2005] *Imposing Power-Sharing : Conflict and Coexistence in Northern Ireland and Lebanon*. Dublin : Irish Academic Press.

Kfoury, Assaf [1997] "Hizb Allah and the Lebanese State," Joel Beinin and Joe Stork eds., *Political Islam : Essays from Middle East Report*. Berkeley and Los Angeles : University of California Press, pp. 136–143.

Khājim, 'Alī [n. d.] *Tajammu' al-'Ulamā al-Muslimīn fī Lubnān : Tajriba wa Namūzaj* (http://www.tajamo.org/, 2009 年 9 月 1 日閲覧).

Khalaf, Samir [1987] *Lebanon's Predicament*. New York : Columbia University Press.

Khalidi, Rashid [2009] *Sowing Crisis : The Cold War and American Dominance in the Middle East*. Boston, MA : Beacon Press.

Khalidi-Beyhum, Ramla [1999] *Poverty Reduction Policies in Jordan and Lebanon : An Overview*. Eradicating Poverty Series 10, Economic and Social Commission for Western Asia. New York : United Nations.

Khashan, Hilal [2007] "Hizbullah's Jihad Concept," *Journal of Religion and Society*, Vol. 9 (http://moses.creighton.edu/JRS/pdf/2007-19.pdf, 2007 年 4 月 15 日閲覧).

Khatib, Lina [2012] *Image Politics in the Middle East : The Role of the Visual in Political Struggle*. London and New York : I. B. Tauris.

al-Khaṭīb, Munīf [2002] *Mazāri' Shab'ā : Ḥaqā'iq wa Wathā'iq*. 2nd edition. Beirut : Sharika

al-Maṭbū'āt.

el-Khazen, Farid [1994] *Lebanon's First Postwar Parliamentary Election, 1992 : An Imposed Choice*. Beirut : American University of Beirut (http://almashriq.hiof.no/ddc/projects/pspa/elecitons92.html, 2006年10月1日閲覧).

—— [2000] *The Breakdown of the State in Lebanon 1967–1976*. Cambridge, MA : Harvard University Press.

—— [2003] "Political Parties in Postwar Lebanon : Parties in Search of Partisans," *Middle East Journal*, Vol. 57, No. 4 (Autumn), pp. 605–624.

al-Khāzin, Farīd [2002] *al-Aḥzāb al-Siyāsīya fī Lubnān : Ḥudūd al-Dīmuqrāṭīya fī al-Tajriba al-Ḥizbīya*. Beirut : al-Markaz al-Lubnānī li-l-Dirāsāt.

Khuri, Fuad I. [1975] *From Village to Suburb : Order and Change in Greater Beirut*. Chicago : University of Chicago Press.

Kitchen, Nicholas [2012] "The Contradictions of Hegemony : The United States and the Arab Spring," Nicholas Kitchen ed., *After the Arab Spring : Power Shift in the Middle East?* IDEAS Special Report 11. London : LSE-IDEAS, pp. 53–58.

Knio, Kari [2005] "Lebanon : Cedar Revolution or Neo-Sectarian Partition?" *Mediterranean Politics*, Vol. 10, No. 2 (July), pp. 225–231.

Knudsen, Are [2012] "Special Tribunal for Lebanon : Homage to Hariri?" Are Knudsen, and Michael Kerr eds., *Lebanon : After the Cedar Revolution*. London : Hurst, pp. 219–233.

Kovacs, Mimmi Söderberg [2008] "When Rebels Change Their Stripes : Armed Insurgents in Post-war Politics," Anna Jarstad and Timothy D. Sisk eds., *From War to Democracy : Dilemmas of Peacebuilding*. Cambridge and New York : Cambridge University Press, pp. 134–156.

Kramer, Martin [1990] "The Moral Logic of Hizballah," Walter Reich ed., *The Psychology of Terrorism : Behaviours, World-Views, States of Mind*. Washington D. C.: The Wilson Center, pp. 131–157.

—— [1991] "Sacrifice and 'Self-Martyrdom' in Shi'ite Lebanon," *Terrorism and Political Violence*, Vol. 3, No. 3 (Autumn), pp. 30–47.

Krueger, Alan B. and Jitka Malečková [2003] "Education, Poverty and Terrorism : Is There a Causal Connection?" *Journal of Economic Perspectives*, Vol. 17, No. 4 (Fall), pp. 119–144.

al-Kūrānī, 'Alī [1986] *Tarīqa Ḥizb Allāh fī al-'Amal al-Islāmī*. Beirut : Maktab al-I'lām al-Islāmī.

Kushner, Harvey W. [2003] *Encyclopedia of Terrorism*. London : Sage.

Lafraie, Najibullha [2009] *Revolutionary Ideology and Islamic Militancy : The Iranian Revolution and Interpretations of the Quran*. London and New York : I. B. Tauris.

Linz, Juan J. [2000] *Totalitarian and Authoritarian Regimes*. London : Lynne Rienner.

Linz, Juan J. and Alfred C. Stepan [1996] *Problems of Democratic Transition and Consolidation : Southern Europe, South America, and Post-Communist Europe*. Baltimore, MD : The Johns Hopkins University Press.

Louër, Laurence [2008] *Transnational Shia Politics : Religious and Political Network in the Gulf*. London : Hurst.

Maasri, Zeina [2009] *Off the Wall : Political Posters of the Lebanese Civil War*. London and New York : I. B. Tauris.

al-Madīnī, Tawfīq [1999] *Amal wa Ḥizb Allāh : Fī Ḥalba al-Mujābahāt al-Maḥallīya wa al-Iqlīmīya*. Beirut : al-Ahalī.

Makdisi, Samir, Fadia Kiwan and Marcus Marktanner [2011] "Lebanon : The Constrained Democracy and Its National Impact," Ibrahim Elbadawi and Samir Makdisi eds., *Democracy in the Arab World : Explaining the Deficit*. London and New York : Routledge, pp. 115–141.

Makdisi, Ussama [2008] "Understanding Sectarianism," Nubar Hovsepian ed., *The War on Lebanon : A Reader*. Northampton, MA : Olive Branch Press, pp. 20–27.

Maktabi, Rania [1999] "The Lebanese Census of 1932 Revisited : Who Are the Lebanese?" *British Journal of Middle Eastern Studies*, Vol. 26, No. 2 (May), pp. 219–241.

Mallat, Chibli [1988] *Shi'i Thought from the South of Lebanon*. Papers on Lebanon 7. Oxford : Centre for Lebanese Studies.

—— [1993] *The Renewal of Islamic Law : Muhammad Baqer as-Sadr, Najaf, and the Shi'i International*. Cambridge and London : Cambridge University Press.

Manshūrāt al-Fajr ed. [2006] *Mawsū'a Naṣr Allāh : al-Rajl alladhī Yakhtaṣiru Umma*. 3 vols. Beirut : Manshūrāt al-Fajr.

Markaz al-'Arabī li-l-Ma'lūmāt, al-Safīr [2006a] *Mawsū'a al-Aḥzāb al-Lubnānīya*. 10 vols. Beirut : Edito International.

—— [2006b] *Ḥizb Allāh : al-Muqāwama wa al-Taḥrīr*. 12 vols. Beirut : Edito International.

al-Markaz al-Istishārī li-l-Dirāsāt wa al-Tawthīq [1999] *al-Azma al-Iqtiṣadīyah al-Ijtimā'īya fī Lubnān : Naḥwa Istirātījīya Mutakāmila li-Siyāsāt Badīla : Buḥūth wa Munāqashāt al-Mu'tamar al-Iqtiṣādī alladhī Naẓẓamahu al-Markaz al-Istishārī li-l-Dirāsāt wa al-Tawthīq fī Bayrūt bi-Tārīkh 12–13 Shubāṭ 1999*. Beirut : al-Markaz al-Istishārī li-l-Dirāsāt wa al-Tawthīq.

al-Markaz al-Thaqāfī al-Lubnānī [2006] *Mawsū'a al-Muqāwama al-Lubnānīya, Ḥizb Allāh bi-Qiyāda Ṣamāḥa al-Sayyid Ḥasan Naṣr Allāh : Tārīkh al-Ṣirā' al-Lubnānī al-Isra'īlī*. 12 vols. Beirut : al-Markaz al-Thaqāfī al-Lubnānī.

Merom, Gil [2008] "The Second Lebanon War : Democratic Lessons Imperfectly Applied," *Democracy and Security*, Vol. 4, No. 1 (March), pp. 5–33.

Moussawi, Ibrahim [2010] "The Making of Lebanon's Hizbullah," Khaled Hroub ed., *Political Islam : Context versus Ideology*. London : Saqi, pp. 210–230.

Mu'assasa al-Shahīd [n. d.] *Sitta 'Ashara 'Āman min al-'Aṭā' fī Khatt al-Jihād wa al-Shahīd*. Beirut : Mu'assasa al-Shahīd.

Murden, Simon [2000] "Understanding Israel's Long Conflict in Lebanon : The Search for an Alternative Approach to Security during the Peace Process," *British Journal of Middle Eastern Studies*, Vol. 27, No. 1 (May), pp. 25–47.

Murphy, Ray [2007] *UN Peacekeeping in Lebanon, Somalia and Kosovo : Operational and Legal Issues in Practice*. Cambridge and New York : Cambridge University Press.

al-Mūsawī, Aḥmad [2000] "Man Antum?... 'Ḥizb Allāh'," *al-Shirā'*, No. 926, April 10, pp. 22–29.

Musṭafā, Amīn [2003] *al-Muqāwama fī Lubnān 1948–2000*. Beirut : Dār al-Hādī.

al-Nāblusī, 'Abbās [2007] *Ru'b al-Silāḥ : Asrār al-Qudra al-'Askarīya li-Ḥizb Allāh*. Beirut : Dār al-Īwan.

Najem, Tom Pierre [2005] "Lebanon and Europe : The Foreign Policy of a Penetrated State," Gerd Nonneman ed., *Analyzing Middle East Foreign Policies and the Relationship with Europe*. London and New York : Routledge, pp. 100–122.

—— [2012] *Lebanon : The Politics of a Penetrated Society*. London and New York : Routledge.

Nasrallah, Fida [1992] *Prospects for Lebanon : The Questions of South Lebanon*. Oxford : Centre for Lebanese Studies.

National Commission on Terrorist Attacks upon the United States [2004] *The 9/11 Commission Report : Final Report of the National Commission on Terrorist Attacks upon the United States*. New York and London : W. W. Norton and Company.

NBN [2003] "Aḥzāb Lubnān : Ḥizb Allāh : al-Juz' al-Awwal (1979–1989)" (directed by Farīd 'Asāf and broadcasted on July 21, 2002). Beirut : NBN (DVD).

Nir, Omri [2011] *Nabih Berri and Lebanese Politics*. New York : Palgrave Macmillan.

Nizameddin, Talal [2006] "The Political Economy of Lebanon under Rafiq Hariri," *The Middle East Journal*, Vol. 60, No. 1 (Winter), pp. 95–114

Noe, Nicholas ed. [2007] *Voice of Hezbollah : The Statements of Sayyed Hassan Nasrallah*. Verso : London and New York.

Norton, Augustus Richard [1987] *Amal and the Shi'a : Struggle for the Soul of Lebanon*. Austin, TX : Texas University Press.

—— [1998] "Hizballah : Radicalism to Pragmatism," *Middle East Policy*, Vol. 5, No. 4 (January), pp. 147–158.

—— [1999] *Hizballah of Lebanon : From Radical Idealism to Mundane Politics*. New York : Council on Foreign Relations.

—— [2007] *Hezbollah : A Short History*. Princeton and Oxford : Princeton University Press.

Norton, Augustus Richard and Jillan Schwedler [1994] "Swiss Soldiers, Ta'if Clocks, and Early Elections : Toward a Happy Ending?," Deirdre Collings ed., *Peace for Lebanon? : From War to Reconstruction*. Boulder, CO : Lynne Rienner, pp. 45–65.

Ofeish, Sami A. [1999] "Lebanon's Second Republic : Secular Talk, Sectarian Application," *Arab Studies Quarterly*, Vol. 21, No. 1 (Winter), pp. 97–116.

Pakradouni, Karim [2012] *Years of Resistance : The Mandate of Èmile Lahood, The Former President of Lebanon*. Reading : Garnet Publishing.

Pedahzur, Ami [2009] *The Israeli Secret Services and The Struggle against Terrorism*. New York : Columbia University Press.

Perthes, Volker [2004] "Politics and Elite Change in the Arab World," Volker Perthes ed., *Arab Elites : Negotiating the Politics of Change*, Boulder, CO : Lynne Rienner, pp. 1–32.

Picard, Elizabeth [1993] *The Lebanese Shi'a and Political Violence*. Discussion Paper 42. Geneve : United Nations Research Institute for Social Development (UNRISD).

—— [1997] "The Lebanese Shi'a and Political Violence in Lebanon," David E. Apter ed., *The Legitimization of Violence*. Basingstoke and London : United Nations Research Institute for Social Development (UNRISD) and Macmillan, pp. 189–233

—— [2000] "The Political Economy of Civil War in Lebanon," Steven Heydemann ed., *War, Institutions, and Social Change in the Middle East*. Berkeley and Los Angeles : University of California Press, pp. 292–324.

—— [2009] "The Virtual Sovereignty of the Lebanese State : From Deviant Case to Ideal-Type," Laura Guazzone and Daniela Pioppi eds., *The Arab State and Neo-Liberal Globalization : The Restructuring of State Power in the Middle East*. Reading : Ithaca Press, pp. 247–273.

Pierre, Hervé [2008] *Le Hezbollah : Un acteur incontournable de la scène internationale?* Paris : L'Harmattan.

Pipes, Daniel [1985] "Death to America in Lebanon," *Middle East Insight*, Vol. 4, No. 1 (March/April), pp. 3–9.

Piscatori, James [2000] *Islam, Islamists, and the Electoral Principle in the Middle East*. Leiden : ISIM.

Pressman, Jeremy [2012] "Same Old Story? Obama and the Arab Uprisings," Mark L. Haas and David W. Lesch eds., *The Arab Spring : Change and Resistance in the Middle East*. Boulder, CO : Westview Press, pp. 219–237.

Qāsim, Na'īm [2008] *Mujtama'al-Muqāwama : Irāda al-Shahāda wa Ṣinā'a al-Intiṣār*. Beirut : Dār al-Ma'āruf al-Ḥikmīya.

—— [2010] *Ḥizb Allāh : al-Manhaj, al-Tajriba, al-Mustaqbal*. 7th edition. Beirut : Dār al-Maḥajja al-Bayḍā'.

Qassem, Naim [2005] *Hizbullah : Tha Story from Within*. London : Saqi.

Qazzī, Fāiz [2009] *Min Ḥasan Naṣr Allāh ilā Mīshāl 'Awn Qirā' Siyāsīya li-Ḥizb Allāh*. Beirut : Riad El-Rayyes Books.

—— [2013] *Ḥizb Allāh : Aqni'a Lubnānīya li-Wilāya Īrānīya, Dirāsa Wathā'iqīya*. Beirut : Riad El-Rayyes Books.

Rabil, Robert G. [2001] "The Maronite and Syrian Withdrawal : From 'Isolationists' to 'Traitors'?" *Middle East Policy*, Vol. 8, No. 3 (September), pp. 23–43.

—— [2003] *Embattled Neighbors : Syria, Israel and Lebanon*. Boulder, CO : Lynne Rienner.

—— [2011] *Religion, National Identity, and Confessional Politics in Lebanon : The Challenge of Islamism*. New York : Palgrave Macmillan.

Rabinovich, Itamar [1985] *The War for Lebanon 1970–1985*. revised edition. Ithaca, NY and London : Cornell University Press.

—— [1998] *The Brink of Peace : The Israeli-Syrian Negotiations*. Princeton : Princeton University Press.

Rafati, Naysan [2012] "Iran and the Arab Spring," Nicholas Kitchen ed., *After the Arab Spring : Power Shift in the Middle East?* IDEAS Special Report 11. London : LSE–IDEAS, pp. 49–52.

Ramazani, R. K. [1990] "Iran's Export of the Revolution : Politics, Ends, and Means," John L. Esposito eds., *The Iranian Revolution : Its Global Impact*. Miami, FL : Florida International

University Press, pp. 40–62.

Ranstorp, Magnus [1994] "Hizbollah's Command Leadership : Its Structure, Decision-Making and Relationship with Iranian Clergy and Institutions," *Terrorism and Political Violence*, Vol. 6, No. 3 (Autumn), pp. 303–339.

—— [1997] *Hiz'Allah in Lebanon : The Politics of the Western Hostage Crisis*. New York : St. Martin's Press.

—— [1998] "The Strategy and Tactics of Hizballah's Current Lebanonization Process," *Mediterranean Politics*, Vol. 3, No. 1 (Spring), pp. 103–134.

Reinkowski, Maurus [1997] "National Identity in Lebanon since 1990," *Orient*, Vol. 38, No. 3 (September), pp. 493–515.

Rigby, Andrew [2000] "Lebanon : Patterns of Confessional Politics," *Parliamentary Affairs*, Vol. 53, No. 1 (January), pp. 169–180.

Roberts, Rebecca [2010] *Palestinians in Lebanon : Refugees Living with Long-term Displacement*. London and New York : I. B. Tauris.

Robins, Philip [1990] "Iraq : Revolutionary Threats and Regime Responses," John L. Esposito eds., *The Iranian Revolution : Its Global Impact*. Miami, FL : Florida International University Press, pp. 83–99.

Roshandel, Jalil [2011] *Iran, Israel, and the United States : Regime Security vs. Political Legitimacy*. Santa Babara, CA : Praeger Security International.

Rosiny, Stephan [1999] *Shi'a Publishing in Lebanon : With Special Reference to Islamic and Islamist Publications*. Berlin : Verl. Das Arab. Buch.

Rougier, Bernard [2007] *Everyday Jihad : The Rise of Militant Islam among Palestinians in Lebanon*. Cambridge, MA : Harvard University Press.

Roy, Olivier [1992] *L'Echec de l'Islam politique*. Paris : Le Seuil.

—— [1994] *The Failure of Political Islam* (Carol Volk trs.). Cambridge, MA : Harvard University Press.

—— [2004] *Globalized Islam : The Search for a New Ummah*. New York : Columbia University Press.

—— [2012] "Islam : The Democracy Dilemma," Robin Wright ed., *The Islamists Are Coming : Who They Really Are*. Washington D. C.: United States Institute of Peace, pp. 13–19.

Rumsfeld, Donald H. [2001] "A New Kind of War," *The New York Times*, September 27.

Russell, David and Nadim Shehadi [2005] "Power Sharing and National Reconciliation : The Case of Lebanon," Ian O'Flynn and David Russell eds., *Power Sharing : New Challenges for Divided Societies*. London : Pluto Press, pp. 138–152.

Saad-Ghorayeb, Amal [2002] *Hizbu'llah : Politics and Religion*. London : Pluto Press.

Ṣabbāgh, Mājin Yūsuf [2009] *Ittifāq al-Dūḥa : al-Ḥiwār al-Waṭanī al-Lubnānī, Qaṭar 16–21 Ayyār 2008*. Zarqa : Mukhtārāt.

Sa'd, 'Abdū ed. [2005] *al-Intikhābāt al-Niyābīya li-'Āmm 2005 : Qirā'āt wa Natā'ij*. Beirut : Markaz Bayrūt li-l-Abhāth wa al-Ma'lūmāt.

Safa, Oussama [2006] "Lebanon Springs Forward," *Journal of Democracy*, Vol. 17, No. 1 (January), pp. 22–37.

al-Safīr [2007] *Yawmīyāt al-Ḥarb al-Isrā'īlīya 'alā Lubnān 2006*. Beirut : al-Safīr.

Sakr, Etienne [2005] "The Politics and Liberation of Lebanon," *MERIA Journal*, Vol. 9, No. 4 (December), pp. 86–105.

Salem, Elie A. [1995] *Violence and Diplomacy in Lebanon*. London and New York : I. B. Tauris.

Salibi, Kamal [1988] *A House of Many Mansions : The History of Lebanon Reconsidered*. Berkeley and Los Angeles : University of California Press.

Salloukh, Bassel F. [2008] "The Art of the Impossible : The Foreign Policy of Lebanon," Bahgat Korany and Ali E. Hillal Dessouki eds., *The Foreign Policies of Arab States : The Challenge of Globalization*. new revised edition. Cairo and New York : The American University of Cairo Press, pp. 283–317.

—— [2009] "Democracy in Lebanon : The Primacy of the Sectarian System," Nathan J. Brown and Emad El-Din Shahin eds., *The Struggle over Democracy in the Middle East : Regional Politics and External Policies*. London and New York : Routledge, pp. 134–150.

Sankari, Jamal [2005] *Fadlallah : The Making of a Radical Shi'ites Leader*. London : Saqi.

Sarāyā al-Lubnānīya li-Muqāwama al-Iḥtilāl al-Isrā'īlī [1997] *Sarāyā al-Lubnānīya : Muqāwama Waṭan wa Irāda Sha'b*. Beirut, March 14.

Schbley, Ayla Hammond [1989] "Resurgent Religious Terrorism : A Study of Some of the Lebanese Shi'a Contemporary Terrorism," *Terrorism*, Vol. 12, No. 4, pp. 213–247.

Schedler, Andreas [2006] "The Logic of Electoral Authoritarianism," Andreas Schedler ed., *Electoral Authoritarianism : The Dynamics of Unfree Competition*. Boulder, CO : Lynne Rienner, pp. 1–23.

Seale, Patrick [1989] *Asad of Syria : The Struggle for the Middle East*. Berkeley and Los Angeles : University of California Press.

Shaaban, Bothaina [2012] *Damascus Diary : An Inside Account of Hafez al-Assad's Peace Diplomacy, 1990–2000*. London : Lynne Rienner.

Shaery-Eisenlohr, Roschanack [2008] *Shi'ites Lebanon : Transnational Religion and the Making of National Identities*. New York : Columbia University Press.

Shanahan, Rodger [2005] *The Shi'a of Lebanon : Clans, Parties and Clerics*. London and New York : I. B. Tauris.

Shapira, Shimon [1988] "The Origins of Hizbullah," *Jerusalem Quarterly*, No. 46 (Spring), pp. 116–125.

Sharaiha, Fadi and Babara Lethem Ibrahim [2008] "The Republic of Lebanon," Babara Lethem Ibrahim and Dina H. Sherif eds., *From Charity to Social Change : Trends in Arab Philanthropy*. Cairo : The American University in Cairo Press, pp. 111–131.

Sharāra, Waḍḍāḥ [2007] *Dawla Ḥizb Allāh : Lubnān Mujtama'an Islāmīyan*. 5th edition. Beirut : Dār al-Nahār.

Shidyāq, 'Imād [2006] *al-Muqāwama wa Sayyid-hā Ḥasan Naṣr Allāh*. Beirut : al-Maktaba al-Hadātha.

SIPRI［2007］*SIPRI Yearbook 2007 : Armaments, Disarmaments and International Security*. Oxford and London : Oxford University Press.

Smit, Fernand［2000］*The Battle for South Lebanon : The Radicalization of Lebanon's Shi'ites 1982-1985*. Amsterdam : Bulaaq.

Snow, David A. and Robert D. Benford［1992］"Master Frames and Cycles of Protest," Aldon D. Morris and Carol McClurg Mueller eds., *Frontiers in Social Movement Theory*. New Haven, CT and London : Yale University Press, pp. 133-155.

Sobelman, Daniel［2004］"Rules of the Game : Israel and Hizbullah after the Withdrawal from Lebanon," *Memorandum*, No. 69（Janurary）（http://www.tau.ac.il/jcss/memoranda/memo69.pdf, 2004 年 2 月 10 日閲覧）.

——［2010］"Hizbollah — From Terror to Resistance : Towards a National Defence Strategy," Clive Jones and Sergio Catignani eds., *Israel and Hizbollah : An Asymmetric Conflict in Historical and Comparative Perspective*. London and New York : Routledge, pp. 49-66.

Soueid, Mahmoud［1995］"Islamic Unity and Political Change : Interview with Shaykh Muhammad Hussayn Fadlallah," *Journal of Palestine Studies*, Vol. 25, No. 1（Autumn）, pp. 61-75.

Spyer, Jonathan［2008］"Lebanon 2006 : Unfinished War," *MERIA Journal*, Vol. 12, No. 1（March）, pp. 1-13.

——［2010］"The Hubris of Initial Victory : The IDF and the Second Lebanon War," Clive Jones and Sergio Catignani eds., *Israel and Hizbollah : An Asymmetric Conflict in Historical and Comparative Perspective*. London and New York : Routledge, pp. 147-162.

Suechika, Kota（末近浩太）［2000］"Rethinking Hizballah in Postwar Lebanon : Transformation of an Islamic Organisation," *Annals of Japan Association for Middle East Studies*（『日本中東学会年報』）, Vol. 15, pp. 259-314.

——［2011］"Arab Nationalism Twisted? : The Syrian Ba'th Regime's Strategies for Nation/State-Building," Yusuke Murakami, Hiroyuki Yamamoto and Hiromi Komori eds., *Enduring States : In the Face of Challenges from Within and Without*. Kyoto : Kyoto University Press, pp. 84-98.

——［2012］"Undemocratic Lebanon? : The Power-Sharing Arrangements after the 2005 Independence *intifada*," *Journal of Ritsumeikan Social Sciences and Humanities*, Vol. 4, pp. 103-132.

Surūr, 'Alī Ḥasan［2004］*al-'Allāma Faḍl Allāh wa Taḥaddī al-Mamnu'*. 2nd edition. Beirut : Dār al-Malāk.

Sutton, Philip W. and Stephen Vertigans［2005］*Resurgent Islam : A Sociological Approach*. Cambridge : Polity Press.

Tabet, Michel［2008］"Le discours d'Achoura de Hasan Nasrallah," Sabrina Mervin ed., *Le Hezbollah : état des lieux*. Paris : Actes Sud, pp. 221-227.

Tachau, Frank ed.［1994］*Political Parties of the Middle East and North Africa*. Westport, CT : Greenwood Press.

Thomas, Catherine Le［2012］*Les école chiites au Liban : Construction communautaire et mobilization politique*. Beirut and Paris : IFPO and Éditions Karthala.

Tibi, Bassam［2012］*Islamism and Islam*. New Haven, CT and London : Yale University Press.

Tilly, Charles [1975] "Western-State Making and Theories of Political Transformation," Chales Tilly eds., *The Formation of National States in Western Europe*. Princeton : Princeton University Press, pp. 601–638.

Totten, Michael J. [2011] *The Road to Fatima Gate : The Beirut Spring, the Rise of Hezbollah, and the Iranian War against Israel*. New York and London : Encounter Books.

Traboulsi, Fawwaz [2007] *A History of Modern Lebanon*. London : Pluto Press.

Trendle, Giles [1996] "Hizballah : Pragmatism and Popular Standing," Rosemary Hollis and Nadim Shehadi eds., *Lebanon on Hold : Implication for Middle East Peace*. London : The Royal Institute of International Affairs, pp. 63–67.

Usher, Graham [1997] "Hizballah, Syria, and the Lebanese Elections," *Journal of Palestine Studies*, Vol. 29, No. 2 (Winter), pp. 59–67.

Volk, Lucia [2010] *Memorials and Martyrs in Modern Lebanon*. Bloomington, TX : Indiana University Press.

"Wathīqa al-Wifāq al-Waṭanī al-Lubnānī : Allatī Aqarra-hā al-Liqā' al-Niyābī fī Madīna al-Ṭā'if bi-al-Mamlaka al-'Arabīya al-Sa'ūdīya bi-Tārīkh 22/10/1989m wa allatī 'addada-hā Majlis al-Nuwwāb fī Jalsa-hi al-Mun'aqida fī al-Qulay'āt bi-Tārīkh 5/11/1989m" [1989].

Weinberg, Leonard, Ami Pedahzur and Arie Perliger [2009] *Political Parties and Terrorist Groups*. 2nd edition. London and New York : Routledge.

Weiss, Max [2009] "The Historiography of Sectarianism in Lebanon," *History Compass*, Vol. 7, No. 1 (January), pp. 141–154.

Westad, Odd Arne [2007] *The Global Cold War : Third World Interventions and the Making of Our Times*. Cambridge and New York : Cambridge University Press.

Wiktorovicz, Quintan [2004] "Introduction : Islamic Activism and Social Movement Theory," Quintan Wiktorovicz ed., *Islamic Activism : A Social Movement Theory Approach*. Bloomington, IN : Indiana University Press, pp. 1–33.

Woodward, Bob [1987] *The Veil : The Secret Wars of CIA, 1981–1987*. London : Simon and Schuster.

Wright, Robin [1986] *Sacred Rage : The Wrath of Militant Islam*. London : André Deutsch.

Young, Michael [2010] *The Ghosts of Martyrs Square : An Eyewitness Account of Lebanon's Life Struggle*. New York : Simon and Schuster.

Zartman, William [1995] *Collapsed States : The Disintegration and Restoration of Legitimate Authority*. Boulder, CO : Lynne Rienner.

al-Zayn, Ḥassān [2011] *Samīr al-Quntār : Qiṣṣatī*. Beirut : Dār al-Sāqī.

Ziadeh, Hanna [2006] *Sectarianism and Intercommunal Nation-Building in Lebanon*. London : Hurst.

Zisser, Eyal [1997] "Hizballah in Lebanon : At the Crossroads," Bruce Maddy-Weitzman and Efraim Inbar eds., *Religious Radicalism in the Greater Middle East*. London : Franc Cass, pp. 90–110.

Zogby, James [2012] *Arab Voices : What They Are Saying to Us, and Why It Matters*. New York : Palgrave Macmillan.

Zubaida, Sami [2009] *Islam, the People and the State : Political Ideas and Movements in the Middle*

East. 3rd edition. London and New York : I. B. Tauris.
—— [2011] *Beyond Islam : A New Understanding of the Middle East*. London and New York : I. B. Tauris.

新聞，雑誌，その他の定期刊行物

al-'Ahd
The Daily Star
al-Diyār
The Guardian
Gulf News
Ha'aretz
al-Ḥayāt
al-Intiqād
The Jerusalem Post
The Lebanon Report
Los Angeles Times
MEI (*Middle East International*)
Le Monde
al-Mustaqbal
al-Nahār
The New York Times
al-Safīr
al-Sharq al-Awsaṭ
al-Shirā'
Der Spiegel
The Wall Street Journal
The Washington Post
al-Waṭan al-'Arabī

テレビ，ラジオ，通信社など

AFP (http://www.afp.com/)
BBC (http://www.bbc.co.uk/)
Inter Press Service (http://www.ips.org/)
NNA (National News Agency [Lebanon]) (http://www.nna-leb.gov.lb/)
Press TV (http://www.presstv.ir/)
Qanāt al-Jazīra (http://www.aljazeera.net/)
Qanāt al-Manār (http://www.almanar.com.lb/)
Radio Damascus (http://http://radio-damascus.net/)
Reuters (http://www.reuters.com/)

RT（http://rt.com/）
SANA（Syrian Arab News Agency）（http://www.sana.sy/）
Ṣawt Lubnān（http://www.vdl.com.lb/）
Ṣawt al-Mustaḍʻafīn

インターネット・ウェブサイト

アサド大統領（シリア）（http://www.presidentassad.net/）
イスラエル外務省（イスラエル）（http://www.mfa.gov.il/）
イスラエル国防軍（IDF）（イスラエル）（http://www.idf.il/）
イスラーム統一運動（レバノン）（http://www.altawhid.org/）
イマーム・ホメイニー（イラン）（http://www.imam-khomeini.ir/）
イラン革命防衛隊（イラン）（http://www.sepahnews.com/）
現代東アラブ地域情勢研究ネットワーク（青山弘之代表）（http://www.tufs.ac.jp/ts/personal/aljabal/biladalsham.htm/）
国連レバノン暫定軍（UNIFIL）（http://www.un.org/Depts/dpko/missions/unifil/）
「3 月 14 日勢力」（レバノン）（http://www.march14.org/）
ナイーム・カースィム副書記長（レバノン）（http://www.naimkassem.org/）
マバッラート福祉協会（レバノン）（http://www.mabarrat.org.lb/）
ムハンマド・フサイン・ファドルッラー（レバノン）（http://www.bayynat.org/）
レバノン・イスラーム抵抗（レバノン）（http://www.moqawama.org/）
レバノン国民議会選挙（レバノン）（http://www.elections.gov.lb/）
レバノン大統領府（レバノン）（www.presidency.gov.lb/）
「レバノン包囲」（レバノン）（http://www.lebanonundersiege.gov.lb/）
ELECTIONSLB. com（レバノン）（http://www.electionslb.com/）
LebVote（レバノン）（http://www.lebvote.com/）

関連年表

年号	レバノン政治	中東・国際政治
1918	・英仏露による「シリア分割」開始	・第一次世界大戦終結 ・ハーシム家のフサインと第三子ファイサルがダマスカス入城，アラブ王国成立
1920	・フランスの委任統治が始まる ・フランスの委任統治下で「大レバノン」（今日の領土）が誕生	・国際連盟設立 ・フランス軍がダマスカス攻略，アラブ王国崩壊 ・オスマン帝国がセーヴル条約に調印
1922		・スルターン制とカリフ制が分離，前者の廃止によりオスマン帝国終焉
1924		・トルコ共和国がカリフ制を正式に廃止
1926	・フランスの委任統治下でレバノン共和国憲法公布	
1932	・フランスの委任統治下で初のセンサス（人口調査）	・イラク王国独立
1936	・フランス・レバノン友好同盟条約調印	・パレスチナでアラブ大反乱
1943	・「国民協約」成立，宗派制度開始 ・レバノン共和国独立 ・ビシャーラ・フーリー初代大統領，リヤード・スルフ初代首相就任	
1944	・フランスの委任統治終了	
1945		・アラブ連盟設立 ・第二次世界大戦終結 ・国際連合設立
1946	・フランス軍が完全撤退，独立達成	・イラク北部にマハーバード共和国成立，崩壊 ・シリア，ヨルダン・ハーシム王国独立
1947		・シリアでアラブ社会主義バアス党設立 ・国連総会でパレスチナ分割決議案が採択
1948	・レバノン，第一次中東戦争に参戦	・イスラエル建国（ナクバ） ・第一次中東戦争
1952		・エジプト共和革命，アラブ・ナショナリズムの隆盛
1955		・バグダード条約機構成立（イラク，トルコ，イラン，パキスタンによる反共同盟）
1956		・エジプトでナースィル（ナセル）大統領就任，スエズ運河国有化宣言 ・第二次中東戦争

1957		・イラクでイスラーム・ダアワ党結成
1958	・第一次レバノン内戦，親欧米の政府とアラブ・ナショナリスト陣営との間の戦闘，米海兵隊が介入	・アラブ連合共和国成立（エジプトとシリアの合邦） ・イラク共和革命
1961		・アラブ連合共和国解消
1962		・イエメン内戦開始
1963		・イランで国王による「白色革命」開始 ・シリアでアラブ社会主義バアス党政権誕生
1964		・パレスチナ解放機構（PLO）結成
1967	・レバノン，第三次中東戦争に参戦	・第三次中東戦争
1968		・イラクでアラブ社会主義バアス党政権誕生
1969		・リビア共和革命
1970	・PLO がヨルダンからレバノンへと拠点を移す	・「黒い九月事件」，PLO がヨルダンから放逐される ・エジプトのナースィル大統領死去，アラブ・ナショナリズムが凋落を始める ・シリアでハーフィズ・アサド大統領就任
1973	・レバノン，第四次中東戦争に参戦	・第四次中東戦争
1974	・ムーサー・サドルらにより「奪われた者たちの運動」結成	
1975	・レバノン内戦開始	
1976	・ムハンマド・フサイン・ファドルッラーの『イスラームと力の論理』刊行 ・シリアによるレバノン内戦への本格介入開始	
1978	・イスラエル国防軍（IDF）によるレバノン侵攻（リーターニー川作戦） ・国連安保理決議第 425 号に基づき，国連レバノン暫定軍が南部地域に展開 ・イスラエルによる「安全保障地帯」の設置 ・アマル運動結成 ・リビアでムーサー・サドルが失踪	・キャンプ・デーヴィッド合意
1979		・イラン・イスラーム革命成功，ホメイニーが亡命先のフランスから帰国 ・エジプトとイスラエルの単独和平条約調印 ・イスラーム主義者によるマッカの大モスク占拠事件 ・ソ連のアフガニスタン侵攻開始
1980		・イラクでバアス党政権によってバーキル・サドル処刑 ・イラン・イラク戦争開始 ・テヘランの米国大使館占拠事件
1981		・エジプトのサーダート（サダト）大統領がイスラーム主義者により暗殺

1982	・レバノン戦争開始，IDF によるレバノン侵攻（ガリラヤの平和作戦） ・ヒズブッラーの原型「九名委員会」結成 ・バシール・ジュマイイル大統領暗殺，サブラー・シャーティーラー虐殺事件 ・PLO がベイルートからチュニスへ移駐 ・ヒズブッラー傘下組織による「誘拐戦術」と「殉教作戦」の開始	・シリアで「ハマー虐殺」，シリア・ムスリム同胞団を中心としたイスラーム主義者の蜂起に対する大弾圧
1983	・ヒズブッラーの原型レバノン評議会の初会合 ・米国大使館，米軍・仏軍駐屯地に対する「殉教作戦」	
1984	・米国海兵隊がレバノンから撤退 ・ヒズブッラー機関誌『アル＝アフド』創刊，ヒズブッラーの名称と党旗が公開 ・ヒズブッラーのシンパによるクウェート航空 221 便ハイジャック事件	
1985	・ヒズブッラーが「公開書簡」を発表 ・イスラエル国防軍が「安全保障地帯」まで無条件撤退 ・アマル運動と PLO との武力衝突 ・ヒズブッラーのシンパによる TWA847 便ハイジャック事件	
1986	・ヒズブッラーのシンパによるパリ連続爆弾テロ事件	・イラン・コントラ事件 ・クウェート首長暗殺未遂事件
1987	・ヒズブッラーとアマル運動が武力衝突 ・ラシード・カラーミー首相暗殺	・第一次インティファーダ開始
1988	・ヒズブッラーのシンパによるクウェート航空 422 便ハイジャック事件	・国連安保理決議第 598 号発効，イラン・イラク戦争停戦 ・PLO がパレスチナ国家独立宣言
1989	・ヒズブッラー第一回党大会開催，スブヒー・トゥファイリーが初代書記長に選出 ・国民和解憲章（ターイフ合意）調印 ・ミシェル・アウン元国軍司令官・暫定軍事政府首相が対シリア「解放戦争」を宣言 ・ルネ・ムアウワド大統領暗殺，イリヤース・ヒラーウィーが大統領に選出	・東欧革命 ・ソ連軍がアフガニスタンから撤退 ・イランでホメイニー死去，ハーメネイーが後継者に選出
1990	・シリア軍がレバノンに展開 ・「解放戦争」終結，アウン暫定軍事政府首相がフランスに亡命し，レバノン内戦終結	・南北イエメン統一 ・湾岸危機，イラクによるクウェート侵攻
1991	・ヒズブッラーがアル＝マナール・テレビを開局 ・レバノン・シリア同胞協力協調条約調印 ・ヒズブッラー第二回党大会開催，アッバース・ムーサウィーが第二代書記長に選出 ・レバノン・シリア防衛安全保障合意調印	・湾岸戦争，米ソ主導の多国籍軍がクウェートを解放 ・中東和平国際会議（マドリード会議）開始 ・ソヴィエト連邦崩壊 ・アルジェリア総選挙，イスラーム主義政党 FIS が圧勝

1992	・第二代書記長アッバース・ムーサウィーがイスラエルによって暗殺，ハサン・ナスルッラーが後継者に選出 ・第 14 期国民議会選挙実施，合法政党として出馬したヒズブッラーが 8 議席獲得	・アルジェリアで軍部がクーデタ，イスラーム主義政権が崩壊，内戦状態へ
1993	・ヒズブッラー第三回党大会開催 ・IDF によるレバノン侵攻（アカウンタビリティー作戦）	・米国，ニューヨーク世界貿易センター爆破事件 ・オスロ合意調印，中東和平プロセス開始
1994		・パレスチナ自治政府発足 ・ヨルダン・イスラエル和平条約調印
1995	・ヒズブッラー第四回党大会開催 ・シリアの主導でヒラーウィー大統領の 3 年の任期延長が決まる	・イスラエルのラビン首相暗殺
1996	・IDF によるレバノン侵攻（怒りの葡萄作戦） ・第 15 期国民議会選挙実施，ヒズブッラーは 9 議席獲得 ・ヒズブッラーとイスラエルとの間の第一回捕虜交換 ・トゥファイリー元書記長らがヒズブッラー指導部を離反	・パレスチナ暫定自治政府大統領選挙，ファタハのアラファート選出
1997	・イスラエルの占領に対するレバノン抵抗大隊結成	・イラン大統領選挙，ハータミー選出
1998	・ヒズブッラー第五回党大会開催 ・内戦後初の地方選挙実施，ヒズブッラー候補者が多数議席を獲得 ・エミール・ラッフード元国軍司令官が大統領に選出	・米国，アフガニスタンとスーダンを空爆 ・米国，イラクを空爆
1999	・イスラーム主義組織タクフィール・ワ・ヒジュラとレバノン国軍が交戦	・アルジェリアで国民和解法成立，内戦終結
2000	・「南部解放」，イスラエルが「安全保障地帯」を放棄し無条件撤退 ・第 16 期国民議会選挙，ヒズブッラーは 11 議席獲得	・シリアのハーフィズ・アサド大統領死去，次男バッシャールが後継者に選出 ・キャンプ・デーヴィッド II の決裂 ・第二次インティファーダ（アクサー・インティファーダ）開始
2001	・ヒズブッラー第六回党大会開催	・イラン大統領選挙，ハータミー再選 ・9.11 同時多発テロ事件 ・米国主導の「対テロ戦争」発動
2002		・IDF によるヨルダン川西岸地区への大侵攻（守りの盾作戦） ・トルコ議会選挙で公正発展党が勝利，エルドアン政権成立
2003		・イラク戦争，米英主導の有志連合によるイラク攻撃 ・米，露，EU，国連による中東和平ロードマップの提唱

2004	・ヒズブッラーとイスラエルとの間の第二回捕虜交換 ・国連安保理決議第 1559 号，ヒズブッラーとシリアへの圧力強まる ・ヒズブッラー第七回党大会開催 ・シリアの主導で親シリア派のラッフード大統領の 3 年の任期延長が決まる	・ハマースの精神的指導者，ヤースィーンが IDF により暗殺 ・アラファート・パレスチナ自治政府大統領死去
2005	・ラフィーク・ハリーリー元首相が暗殺される ・反シリア派政党連合「3 月 14 日勢力」と親シリア派「3 月 8 日勢力」結成 ・杉の木革命，シリアによる実効支配の終焉 ・第 17 期国民議会選挙実施，ヒズブッラーは 14 議席獲得 ・ヒズブッラー所属政治家が初入閣	・パレスチナ自治政府大統領選挙，ファタハのアッバース選出 ・イラン大統領選挙，アフマディーネジャード選出
2006	・ヒズブッラーと自由国民潮流が政治同盟を結成 ・政治停滞の打破のため国民対話会合が開始 ・レバノン紛争，ヒズブッラーによる確かな約束作戦，IDF によるレバノン侵攻（方向転換作戦） ・「3 月 8 日勢力」によるレバノン国民反政府開始	・パレスチナ自治評議会選挙でハマースが大勝，第一党に ・イラク国民議会選挙，シーア派政党連合イラク統一同盟が勝利，マーリキー政権成立 ・IDF がガザ地区から撤退
2007	・北部のナハル・バーリド難民キャンプに籠城したファタハ・イスラームと国軍が交戦 ・任期満了のラッフード大統領の後任選出が頓挫し，空位「憲政の真空」が生まれる	・ハマースがガザ地区を武力制圧，ファタハとの衝突 ・IDF によるシリアの核関連と見られた施設の空爆
2008	・「均衡崩壊」の戦い，武装した市民や民兵の衝突，レバノン国内治安の悪化 ・ドーハ合意調印 ・ミシェル・スライマーン元国軍司令官が大統領に選出 ・ヒズブッラーとイスラエルとの間の第三回捕虜交換	・ガザ戦争，IDF によるガザ地区に対する大規模攻撃（キャスト・レッド作戦）
2009	・レバノン特別法廷設置，「ヒズブッラー犯行説」浮上 ・第 18 期国民議会選挙実施，ヒズブッラーは 14 議席を獲得 ・ヒズブッラーが「政治文書」を発表	・イラン大統領選挙，アフマディーネジャード再選
2010	・内戦後 2 度目の地方選挙実施	・イラク国民議会選挙，マーリキー政権続投
2011	・レバノン特別法廷がヒズブッラーのメンバーら 4 人を起訴 ・「3 月 8 日勢力」の閣僚が集団辞任，サアド・ハリーリー内閣崩壊 ・「3 月 8 日勢力」主導の第二次ナジーブ・ミーカーティー内閣発足	・「アラブの春」，アラブ各国で反政府抗議デモが起こる ・パキスタンでビン・ラーディンが米軍特殊部隊によって殺害される ・チュニジアのベン・アリー政権，エジプトのムバーラク政権が崩壊 ・シリアで反政府抗議デモが全土に広がる ・南スーダンがスーダンから独立，国連加盟 ・リビアのカッザーフィー（カダフィー）政権が崩壊 ・パレスチナが独立国家を宣言

2012	・シリア内戦のレバノン国内への飛び火，親シリア派と反シリア派の市民や民兵による散発的な武力衝突 ・バアブダー宣言，国内主要政治勢力がシリア情勢のスピルオーバー防止に合意	・エジプト国民議会選挙，ムスリム同胞団系の自由公正党が大勝，第一党に ・イエメンのサーリフ大統領が正式退陣 ・エジプト大統領選挙，ムスリム同胞団出身のムルスィー選出 ・ガザ戦争，IDF によるガザ地区に対する大規模攻撃（守りの柱作戦） ・パレスチナが国連オブザーバー国家に承認
2013	・ミーカーティー首相が辞任，スライマーン大統領によるタンマーム・サラームが首相指名 ・第 19 期国民議会選挙の実施が 17カ月延期 ・ヒズブッラーが戦闘員をシリア国内へ正式派遣，バッシャール・アサド政権によるクサイル奪還作戦に参加	・トルコで反政府抗議デモが起こる ・イラン大統領選挙，ロウハーニー選出 ・エジプトで軍によるクーデタ，ムスリム同胞団との対立激化

主要人物・組織・団体一覧

1. 人　物

アウン，ミシェル（1933 年～）

レバノンの政治家，自由国民潮流党首（2005 年～）。ベイルート南部郊外出身，マロン派。レバノン内戦末期に国軍司令官として一部の部隊を率いて国内に展開していたシリア軍に対する「解放戦争」（1989 年 3 月～90 年 10 月）を挑んだものの敗北し，フランスに亡命した。2005 年のシリア軍撤退後に帰国し，自由国民潮流を率いて国民議会選挙に出馬・当選し，2006 年 2 月にはヒズブッラーと政治同盟を結成し，親シリア派の政治家に名を連ねた。

アサド，ハーフィズ（1930～2000 年）

シリア・アラブ共和国第 18 代大統領（1971～2000 年）。シリアのラタキア近郊のカルダーハ出身，アラウィー派。軍人・バアス党員として 1963 年と 66 年のクーデタに参加，1971 年に大統領就任。卓越した外交手腕と権威主義的統治によってシリアのバアス党政権の舵取りを担った。1975 年からレバノンへの介入を開始し，内戦終結後は同国を実効支配した。

アサド，バッシャール（1965 年～）

シリア・アラブ共和国第 19 代大統領（2000 年～）。シリアのダマスカス出身，アラウィー派。2000 年に死去した父ハーフィズの後を襲い，34 歳の若さで大統領に就任。レバノンの実効支配における同盟者および対イスラエル和平交渉における外交カードとしての戦略的価値から，ヒズブッラーとの関係強化に努めてきた。

アフマディーネジャード，マフムード（1956 年～）

イラン・イスラーム共和国第 6 代大統領（2005～13 年）。イランのテヘラン近郊出身。アルダビール州知事，テヘラン市長を経て，2005 年に大統領に就任，2009 年再選。政権内では強硬派として知られ，イスラエルと米国に対する激しい批判で知られる。2006 年のレバノン紛争の際には，ヒズブッラーへの支持を表明した。

アラファート，ヤースィル（1929～2004 年）

パレスチナ自治政府初代大統領（1996～2004 年），パレスチナ解放機構（PLO）議長（1969～2004 年）。1950 年代末にクウェートでファタハ（パレスチナ解放運動）を結成，1969 年に PLO の議長に選出され，対イスラエル武装闘争を指揮した。1980 年代末からはイスラエルとの共存路線を模索し，1993 年のオスロ合意にて同国との和平交渉に臨んだ。1994 年のパレスチナ自治政府の発足とともにパレスチナの地に帰還した。

カースィム，ナイーム（1953 年～）

ヒズブッラー第二代副書記長（1991 年～）。レバノン南部県ナバティーヤ郡出身，シーア派。1970 年代末期にアマル運動に参加，1982 年のレバノン戦争を機にヒズブッラーの結成にたずさわる。副書記長就任後は，ヒズブッラーの事実上のイデオローグとして多くの著作を発表している。

サドル，ムーサー（1928〜78年？）
奪われた者たちの運動およびアマル運動の創始者として活躍したシーア派法学者。イランのコム出身。1959年にレバノンに移住し，シーア派住民の権利拡大のための社会活動にたずさわる。1969年にレバノンのシーア派イスラーム最高評議会を結成し，初代議長に就任した。1978年のリビア訪問中に消息を絶って以来，「消えたイマーム」としてシーア派住民から英雄視されている。

サドル，ムハンマド・バーキル（1935〜80年）
シーア派最高位の法学者の1人であり，現代アラブ世界におけるシーア派イスラーム主義運動の祖。イラク，カーズィマイン出身。イラン・イスラーム革命の理論的根拠となった「法学者による統治」論を唱え，イラクのイスラーム・ダアワ党を結成した。サッダーム・フセイン政権による弾圧のなか，1980年に逮捕・処刑された。ファドルッラーの盟友。

ジャアジャア，サミール（1952年〜）
レバノンの政治家，レバノン軍団執行委員会議長（2005年〜）。ベイルート出身のマロン派。内戦中はレバノン・カターイブ党に参加し，1986年に民兵組織として結成されたレバノン軍団の司令官に就任。1994年にテロ容疑で逮捕され，11年間の服役後2005年に恩赦で釈放された。レバノンを代表する反シリア政治家の1人であり，サアド・ハリーリーらと政党連合「3月14日勢力」を構成し，ヒズブッラー率いる「3月8日勢力」と激しく対立する。

ジュンブラート，ワリード（1949年〜）
レバノンの政治家，進歩社会主義党党首。レバノン山地県シューフ郡出身，ドゥルーズ派。ドゥルーズ派の名望家に生まれ，1977年に暗殺された父カマールの後を襲う。長年親シリア派としての立場を採ってきたが，2004年のレバノン大統領選挙へのシリアの介入を批判し，反シリア派に転じた。2009年半ば以降はシリアとの関係をたびたび変化させている。

スライマーン，ミシェル（1948年〜）
レバノン共和国第16代大統領（2008年〜）。山地県ジュバイル郡出身，マロン派。1967年に陸軍入隊後，士官への道を歩んだ。国軍司令官（1998〜2008年）。2007年の「ファタハ・イスラーム」を名乗る武装組織との戦闘を制し，国民からの信頼を得た。2008年5月の「ドーハ合意」において，国内の主要な政治勢力によって大統領への選出が合意され，まもなく国民議会で正式に選出された。政治的には中道であり，国民対話と挙国一致を推し進める。

トゥファイリー，スブヒー（1948年〜）
ヒズブッラー初代書記長（1989〜91年）。ベカーア県バアルベック郡出身，シーア派。ヒズブッラーの結成メンバーの中心的人物の1人。1997年7月，「飢える者たちの革命」を掲げてヒズブッラー指導部に反旗を翻したが，党の軍事部門およびレバノンの治安部隊によって鎮圧された。

ナスルッラー，ハサン（1960年〜）
ヒズブッラー第三代書記長（1992年〜）。南部県スール郡出身，シーア派。1970年代末にアマル運動に参加，1982年のレバノン戦争を契機にヒズブッラーの結成にたずさわる。プラグマティックな政治手腕と卓越した演説能力で，ヒズブッラー支持者の間でカリスマ的な人

気を誇る。

ハーメネイー，サイイド・アリー（1939 年〜）

イラン・イスラーム共和国第二代最高指導者（1989 年〜）。イランのマシュハド出身。1981 年と 85 年にイランの大統領に選出。イランの政権内では保守派で知られる。アーヤトゥッラー（神の徴）の称号を持つシーア派最高位の法学者の 1 人。ホメイニーの死後，ヒズブッラーの追従すべき法学者・指導者（ワリー・ファキーフ）となる。

ハリーリー，サアド（サアドゥッディーン）（1970 年〜）

レバノン共和国第 66 代首相（2009〜11 年）。サウジアラビア生まれのレバノン人，スンナ派。2005 年 2 月の父ラフィーク・ハリーリーの暗殺後，その経済活動および政治活動を受け継いだ。ムスタクバル潮流および政党連合「3 月 14 日勢力」の代表を務める。暗殺事件をめぐるシリアの「推定有罪」から，シリアのアサド政権との関係を冷却させた。

ハリーリー，ラフィーク（1944〜2005 年）

レバノン共和国第 60 代（1992〜98 年），第 62 代（2000〜04 年）首相。南部県サイダー郡出身，スンナ派。1970 年代にサウジアラビアでのビジネスで成功を収め，世界屈指の資産家となった。レバノンの戦後復興に大きく貢献し，自身の政党であるムスタクバル潮流を設立した。2005 年 2 月 14 日，ベイルート中心部で何者かによって爆殺された。

ビッリー，ナビーフ（1938 年〜）

レバノンの政治家，アマル運動代表，国民議会議長（1992 年〜）。シエラレオネ生まれのレバノン人，シーア派。米国留学を経て，弁護士の資格を取得。レバノンに帰国後は奪われた者たちの運動およびアマル運動に従事，1978 年に行方不明となったムーサー・サドルの後継者として運動の代表となった（1980 年〜）。レバノンを代表する親シリア政治家の 1 人。内戦中はヒズブッラーと武力衝突を繰り返したが，内戦後は政治同盟を組む。

ファドルッラー，ムハンマド・フサイン（1935〜2010 年）

シーア派最高位の法学者の 1 人。ヒズブッラーの「精神的指導者」と言われたこともあり，アーヤトゥッラー（神の徴）の称号を持つ。イラクのナジャフ生まれのレバノン人，シーア派。イラク・イスラーム・ダアワ党の結成に参加し，1966 年のレバノンに帰国した後は，文筆活動や独自の宗教活動を展開した。ヒズブッラーとの組織的な関係は否定していたものの，指導部および支持者の側からは絶大な人気と尊敬を集めた。

フサイン，サッダーム（1937〜2006 年）

イラク共和国第五代大統領（1979〜2003 年）。イラク北部ティクリート近郊出身，スンナ派。1968 年のクーデタによるアラブ社会主義バアス党政権成立の際に副大統領に選出，1979 年に大統領に就任。イスラーム・ダアワ党への弾圧や革命イランに対する戦争（イラン・イラク戦争）を敢行するなど，イスラーム主義勢力に対する強硬派として知られた。

ブッシュ（Jr.），ジョージ・W（1946 年〜）

アメリカ合衆国第 43 代大統領（2001〜08 年）。コネチカット州ニューヘイヴン出身，共和党員。父ジョージ・H・W・ブッシュは第 41 代大統領。2001 年 9 月 11 日の同時多発テロ事件を機に「対テロ戦争」を発動，ヒズブッラーを含むイスラーム主義勢力に対する攻勢を強めた。

ホメイニー，ルーホッラー・ムーサヴィー（1902〜89 年）
イラン・イスラーム革命の指導者，初代最高指導者（1979〜89 年）。イランのホメイン出身。アーヤトゥッラー（神の徴）の称号を持つシーア派最高位の法学者の 1 人として，反王政運動をイスラーム法的に正当化することに貢献し，「法学者による統治」を実現させた。ヒズブッラー指導部から追従すべき法学者・指導者（ワリー・ファキーフ）と仰がれた。

ムーサウィー，アッバース（1952〜92 年）
ヒズブッラー第二代書記長（1991〜92 年）。ベカーア県バアルベック郡出身，シーア派。1980 年代初頭のヒズブッラーの結成にたずさわり，軍事部門レバノン・イスラーム抵抗の司令官を務める。1992 年に南部のザフラーニー郡でイスラエル国防軍による空爆によって暗殺された。

ラッフード，エミール（1938 年〜）
レバノン共和国第 15 代大統領（1998〜2007 年）。ベイルート県バアブダー郡出身，マロン派。1956 年に海軍入隊，1980 年に陸軍司令部の人事部長に任命される。内戦終結後はシリアの実効支配の下で同国に忠実な軍人として国軍司令官（1989〜98 年），さらには大統領の地位に就いた。2004 年にはシリアの主導で憲法が改正され，6 年間の任期が特例で 3 年間延長された。在任中はヒズブッラーの武装を擁護し続けた。

ラフサンジャーニー，アリー・アクバル・ハーシェミー（1934 年〜）
イラン・イスラーム共和国第四代大統領（1989〜97 年）。イランのラフサンジャーン近郊出身。1979 年のイラン・イスラーム革命時にイスラーム共和党を結成，国民議会議長（1980〜89 年）を経て，1989 年に大統領に就任。政権内では改革派として知られ，レバノン内戦後の第二共和制におけるヒズブッラーの合法政党化を後押しした。

レーガン，ロナルド・W（1911〜2004 年）
アメリカ合衆国第 40 代大統領（1981〜89 年）。イリノイ州タンピコ出身，共和党員。「強い米国」を掲げた積極的な外交政策を特徴とし，レバノン内戦においてはキリスト教マロン派民兵組織を支援するために海軍第六艦隊を派遣した。だが，ヒズブッラーなどによる米国人誘拐事件を発端としたイラン・コントラ事件によって国内外からの批判に曝された。

2. 組織・団体

アマル運動
レバノンのシーア派政治組織・政党。「レバノン抵抗大隊」のアラビア語の頭文字を並べたもので，「希望」の意味を持つ。代表はナビーフ・ビッリー（1978 年〜）。ムーサー・サドルらの奪われた者たちの運動の軍事部門として 1974 年に設立され，後に運動の正式名称となった。1978 年のサドルの失踪後は世俗主義的・ナショナリスト的傾向を強め，イスラーム主義を掲げるヒズブッラーへメンバーが流出した。内戦後は合法政党となり，ヒズブッラーとは同じシーア派として同盟関係にある。

アラブ社会主義バアス党
アラブ・ナショナリスト政党。「バアス」は「復興」「再生」の意。1940 年に秘密結社としてザキー・アルスーズィーが結成し，その後ミシェル・アフラクとサラーフッディーン・

ビータールが政党として発足させた。「(アラブの）統一，自由，社会主義」がスローガン。アラブ各国に支部がつくられ，1963年にシリアで，1968年にイラクでクーデタにより全権を掌握した。

イスラーム・アマル運動

レバノンのシーア派イスラーム主義民兵組織。1982年のレバノン戦争の際，アマル運動の分派として結成。イスラエルとの和平交渉に乗り出した同運動の指導部に異を唱えたフサイン・ムーサウィーらが中心メンバー。ヒズブッラーの原型となった「九名委員会」を構成した3つのグループの1つ。ヒズブッラーに糾合することで，組織は事実上解消した。

イスラーム・ダアワ党

イラクのイスラーム主義組織・政党。ムハンマド・バーキル・サドルを中心に1957年に結成された。イラク留学中のレバノン人学生たちが多数参加したことから，後のレバノン・イスラーム・ダアワ党の誕生につながった。1980年のサドルの処刑以後，活動拠点をテヘランに移していたが，2003年のサッダーム・フサイン政権の崩壊によってイラクの拠点を回復した。

イスラエルの占領に対するレバノン抵抗大隊

レバノンの第二共和制における超党派のレジスタンス組織。ヒズブッラーの軍事部門レバノン・イスラーム抵抗を中核として1997年に結成，国防体制の一翼を担うものとして合法化された。しかし，実際に人員を提供する政党や政治組織は，レバノン共産党やシリア民族社会党など数が限られている。

革命防衛隊

1979年のイラン・イスラーム革命の直後，国軍とは別に新規設立された軍事組織。国内外で敵対する勢力に対峙し革命を守ることが使命とされ，陸海空の三軍を擁し1980年代には総兵力は45万人にも達した。イラン国内では政財界や教育界にも大きな力を有する。ヒズブッラーには1980年代初頭の結成時から継続して軍事的・経済的・思想的支援をしていると言われている。

3月8日勢力

レバノンの親シリア派の政党連合の通称。ヒズブッラーを中心に，アマル運動，自由国民潮流，シリア民族社会党などからなる。名称は，ラフィーク・ハリーリー元首相暗殺事件後にベイルート中心部で大集会を開催した日（2005年3月8日）に由来する。2005年，2009年の国民議会選挙では「3月14日勢力」に敗北し野党の座に甘んじたが，2011年初頭に自らが主導する内閣の発足に成功した。

3月14日勢力

レバノンの反シリア派の政党連合の通称。2005年3月14日にベイルート中心部で開催された反シリア大集会に参加した諸派を指す。ムスタクバル潮流を中心に，レバノン軍団，進歩社会主義党などからなる。2005年，2009年の国民議会選挙では議席の過半数を獲得し，連合与党として執政を担った。政策的には親欧米を特徴とし，サウジアラビアやエジプトと強いつながりを持つ。

自由国民潮流

レバノンの政党，マロン派が主要な支持基盤。ミシェル・アウン党首（2005年〜)。1990年

代に結成。アウン元国軍司令官が亡命先のフランスから帰国が許された2005年9月に公認政党となる。長らく反シリアの立場を採っていたものの，2006年2月にヒズブッラーと政治同盟を結び，親シリア派である「3月8日勢力」の一角を占めるようになった。

進歩社会主義党

レバノンの政党，ドゥルーズ派が支持基盤。ワリード・ジュンブラート党首（1977年～）。1949年にワリードの父カマールによって結成，1977年のカマールの暗殺後はワリードが後継した。1970年代を通して親シリアの立場を貫いてきたが，2005年の「杉の木革命」以降は反シリア派に転じ，3月14日勢力の中核を占めるようになった。社会主義を掲げる近代政党を自負するが，実態はジュンブラート家を指導者とするドゥルーズ派名望家政党としての色彩が強い。

ハマース（ハマス）

パレスチナのイスラーム主義組織・運動。正式名称は「イスラーム抵抗運動」，「ハマース」はその略称で「熱情」の意。1987年の第一次インティファーダを契機にムスリム同胞団の軍事部門として創設されたが，対イスラエル武装闘争と並行して社会奉仕活動を展開してきた。2006年のパレスチナ自治政府立法評議会選挙で単独与党の座を得たが，イスラーム主義の台頭を嫌った国際社会の圧力によって政権運営が困難となった。

パレスチナ解放機構（PLO）

パレスチナ人の民族解放運動連合。1964年にアラブ連盟の主導で設立され，67年の第三次中東戦争以降は独自の対イスラエル武装闘争を繰り広げた。1970年に拠点をヨルダンからレバノンへと移し，82年のイスラエル国防軍によるレバノン侵攻を招いた。ファタハ出身のヤースィル・アラファートが長らく議長を務めた（1969～2004年）。

ヒズブッラー（ヒズボラ）

レバノンのシーア派イスラーム主義組織・政党。ハサン・ナスルッラー書記長（1992年～）。1982～85年のレバノン戦争時にイスラエルに対する抵抗およびイランを範とした革命を掲げて結成。イランとシリアの支援による強大な軍事力を背景に勢力を拡大し，内戦終結後はレバノンの合法政党となった。軍事部門レバノン・イスラーム抵抗を擁し，イスラエルとたびたび戦火を交えている。

南レバノン軍（SLA）

レバノンの民兵組織。レバノン国軍の将校であったサアド・ハッダード（キリスト教メルキト派）を指導者に，内戦開始後の1975年頃に結成された。パレスチナ人武装勢力のレバノンからの追放を掲げ，1982年のイスラエル国防軍によるレバノン侵攻を支持した。イスラエルの同盟者として南部地域の「安全保障地帯」を実効支配し，ヒズブッラーと激しい戦闘を繰り広げた。2000年の「南部解放」により瓦解した。

ムスタクバル潮流

レバノンの政党，スンナ派が支持基盤。サアド・ハリーリー代表（2005年～）。1990年代に結成，2005年8月に公認政党となる。サウジアラビア王室やフランスの政財界との強いつながりを有し，反シリア派政党連合「3月14日勢力」の中核を担う。今日のレバノンにおけるヒズブッラーとならぶ二大政党の1つ。

レバノン・イスラーム・ダアワ党

レバノンのシーア派イスラーム主義組織。1970年代初頭にイラクの同名組織のレバノン支部として設立された。サッダーム・フサイン政権による弾圧によってイラクから追放されたレバノン人留学生が主たるメンバー。ヒズブッラーの原型となった「九名委員会」を構成した3つのグループの1つ。ヒズブッラーに糾合することで，組織は事実上解消した。

レバノン・イスラーム抵抗

ヒズブッラーの軍事部門。戦闘部隊と兵站部隊からなり，レバノン領内の占領地の解放のためのレジスタンスを担う。1982年のレバノン戦争時に南部地域でゲリラ戦を展開し，85年にはイスラエル国防軍を無条件撤退させた。レバノン内戦終結後も武装解除を免除され，隣国シリアの主導でレバノンの国防体制の一翼を担うものとして位置づけられた。

レバノン・カターイブ党（ファランヘ党）

レバノンの政党，マロン派が支持基盤。アミーン・ジュマイイル最高党首（2005年～）。1936年アミーンの父ピエールによって結成された。レバノンをキリスト教徒が主導する国家とすることが掲げられ，内戦中に当時の党首であり兄であるバシールが暗殺されると，その報復として党所属の民兵がサブラー・シャーティーラー難民キャンプ虐殺事件に関与した。「3月14日勢力」の一翼を担う。

レバノン軍団

レバノンの政党，マロン派が支持基盤。サミール・ジャアジャア執行委員会議長（2005年～）。1976年にレバノン・カターイブ党の民兵組織の1つとして結成され，その後独立。内戦中はイスラーム教徒を中心とした左派勢力と激しい戦闘を繰り返し，イスラエルと軍事同盟を結んだ。1994年に非合法化されるが，2005年に公認政党として認可。「3月14日勢力」の一翼を担う。

レバノン国連暫定軍（UNIFIL）

レバノン南部地域に展開する，国連によって組織された部隊。安保理決議第425号（1978年）に基づき，イスラエル国軍のレバノン領内からの撤退を監視し，紛争の予防およびガバナンスの安定化を目的とする。しかし，1978年以降4度のイスラエルによるレバノン領内への侵攻が起こっている。2006年のレバノン紛争後には2,000人から1万人に増派された。

レバノン・ムスリム・ウラマー連合

レバノンのシーア派・スンナ派イスラーム主義諸組織連合。1982年のレバノン戦争の際，イラン革命政府からの支援を受けた対イスラエル・レジスタンスとして結成された。ヒズブッラーの原型となった「九名委員会」を構成した3つのグループの1つ。今日ではシーア派とスンナ派の協調を促進する文化団体として活動している。

注

序章　イスラーム主義が動かす中東政治

1）小杉［1998：114］は，イスラーム復興運動には，「統合型」と「個別領域型」の区分を提示し，前者を「特定の領域に特化することなく，あらゆる領域でイスラーム化を推進しようとする運動」とし，後者を「たとえば宗教活動や福祉活動といった特定領域に活動を限定するもの」とする。この区分によれば，多様な貌を持つヒズブッラーは前者に当てはまる。世界的に見ても，ヒズブッラーほど幅広い活動領域を持った運動は数少ない。

2）このように，イスラーム主義をイスラームの持つ本来の力を活性化させることでイスラーム世界を復興させようとする思想・運動と定義した場合，それはいわゆるイスラーム復興の概念と大きく重なるものであろう。大塚和夫は，イスラーム主義を「政治的イデオロギーや運動」，イスラーム復興を「社会的・文化的現象」として峻別している（大塚［2004：15］）。本書では，この大塚の議論に依拠し，イスラーム国家の樹立目標を条件としないものの，あくまでもイスラーム主義が政治的な思想・運動であることを強調するため，イスラーム復興とは異なる概念として用いることとする。

3）権威主義体制について，本書では今日広く受け入れられているホアン・リンスによる議論を用いることとする。それによると，権威主義とは次の3つを特徴とする。①限定された多元主義（国家にとっての脅威とならない限りにおいて，様々な社会集団による政治参加を認める），②洗練され系統立てられたイデオロギーの欠如（イデオロギーが掲げる理想よりも，現実を重視するメンタリティーの機能に依拠する），③広範で徹底的な政治的動員の欠如（イデオロギーによる国民総動員よりも，国民の間に政治的無関心を惹起し放置する）（リンス［1995：141-156］，Linz［2000：159-171］）。

4）これらの他に，Jorisch［2004］や Harb［2011］など，ヒズブッラーのメディア戦略に特化した研究も出されている。

第1章　抵抗と革命を結ぶもの

1）これに伴い，ヒズブッラー指導部は，1990年代半ばに党旗のカラーパターンも変更した。それまでの白地に赤，あるいは黒地に白といったものから，現在の黄色地に緑のパターンに統一された。またこの頃，ヒズブッラーは，党旗とレバノン国旗を同時に掲げることが多くなった。これは，現行のレバノン国家の存在を容認し，革命による体制転換を一時凍結したことを示唆する。筆者によるヒズブッラー広報事務所（Maktab Ḥizb Allāh li-l-I‘lāmīya，ベイルート南部郊外）での聞き取り調査による（2000年8月20日）。

2）筆者は，これまで主に1990年代以降のヒズブッラーを論じてきた（Suechika［2000］，末近［2002］［2003］［2006b］［2006c］［2007］［2009］［2010a］［2011］［2012a］）。そこには，レバノン内戦の終結を契機として合法政党化し，また「国民的レジスタンス」となった後のヒズブッラーの姿を見ることができる。また，1990年代半ば頃からは，アカデミアの関心

も彼らのこの「脱革命化」の過程に集まり，その説明を試みる研究が数多く出されることになった（Hamzeh［1993］，Jaber［1997］，Zisser［1997］，Norton［1998］）。合法政党化に伴う情報開示も追い風となり，1990 年代半ば以降，ヒズブッラーは研究（可能な）対象あるいは研究テーマとして確立された。しかし，「脱革命化」の過程に注目が集まることで，それ以前の「前史」が研究テーマからこぼれ落ちていったことは否めない。1980 年代を通してある種の地下組織であったヒズブッラーの情報を得ることは容易ではないことから，「前史」に関しては同時期に書かれたインテリジェンス的な手法に基づくいくつかの研究（例えば，Deeb［1986］，Shapira［1988］）が繰り返し参照されているのが実情である。だが，近年，ヒズブッラー自身が，わずかではあるが「前史」を語り始めている。また，1980 年代のヒズブッラーに関する周辺的な研究，例えば，1982 年のイスラエルによるレバノン侵攻やイランとシリアの関係などの研究も進んでいる。ジャーナリズムの手法を通してヒズブッラーの誕生を追った著作としては，Blanford［2011］が充実した情報を提供している。

3）ナスルッラーの経歴と人物像については，末近［2007］を参照。

4）アッバース・ムーサウィーによれば，この 3 つのグループ以外に，PLO とレバノン国内の共産主義諸勢力のメンバーも参加したとされる（al-Mūsawī［2000：25-26］）。実際，IDF の侵攻に対するレジスタンスに従事したのは九名委員会だけではなかった。なかでも，レバノン国内の左派勢力（ワリード・ジュンブラート率いる進歩社会主義党やレバノン共産主義行動組織など）を中心に，アマル運動，イスラーム主義組織，パレスチナ人諸組織などによるレバノン国民抵抗戦線が組織され，IDF や SLA との激しい戦闘を繰り返した（Iliyās ed.［2006a：vol. 2, 64-119］）。レバノン国民抵抗戦線は，レバノン内戦初期に結成された左派勢力を中心とした改革派による軍事同盟，レバノン国民運動（al-Ḥaraka al-Waṭaniya al-Lubnānīya, Lebanese National Movement，LNM）を母体とし，PLO と共闘関係にあった。これに参加した組織は次の通り。シリア民族社会党，レバノン共産党，レバノン共産主義行動組織，レバノン・イスラーム集団，アラブ社会主義バアス党，人民委員会同盟連合，アラブ社会主義連合，アマル運動。

5）九名委員会のメンバーが誰であったかは公表されておらず，現段階では全員を特定することはできない。同委員会を構成した 3 つのグループについても，実際にはメンバーシップが重複しており，同委員会のメンバーがいずれを出身としていたか解釈の余地が残る。しかし，後のヒズブッラーの指導者・幹部となる次の 3 名が，それぞれのグループを代表していたという。①レバノン・イスラーム・ダアワ党およびムスリム学生のためのレバノン連合がスブヒー・トゥファイリー，②イスラーム・アマル運動がフサイン・ムーサウィー，③レバノン・ムスリム・ウラマー連合がアッバース・ムーサウィーである（Shapira［1988：124］，NBN［2003］）。

6）ヒズブッラーのカースィム副書記長は，その著書『ヒズブッラー――その方針・実践・未来（*Ḥizb Allāh：al-Manhaj, al-Tajriba, al-Mustaqbal*）』において，九名委員会が「九名文書（Wathīqa al-Tis'a）」と呼ばれた政治綱領を採択したと述べている。カースィム副書記長の著書については，初版版が英訳されている（Qassem［2005］）。本書では最新版の 2010 年発行第 7 版原著を用いる。

7）レバノン南部のジャバル・アーミル地域は，16 世紀のサファヴィー朝の時代から文化

的・宗教的なイランとの関係を有してきた。

8）レバノンからの留学生のなかには，ヒズブッラーの結成に思想的な貢献をしたムハンマド・フサイン・ファドルッラーがいた。フサイン・ファドルッラーは，イスラーム・ダアワ党の創設者の1人であり最大の思想家であったバーキル・サドルと共に，ナジャフでウラマー協会の機関誌『アル＝アドワー（*al-Adwāʾ*，光焰）』の編集にたずさわり，イスラームへの覚醒の呼びかけを行った（Mallat［1993：16–17］，Sankari［2005：73–122］）。

9）奪われた者たちの運動の起源と史的展開については，フワード・アジャミーやオーガスタス・R・ノートンらによる優れた研究が出されている（Ajami［1986］，Norton［1987］，Halawi［1992］，Iliyās ed.［2006b：vol. 1, 2］）。

10）アマル運動は，レバノン社会および政治の改革を目指していたが，その名が示すようにイスラエルの占領に対する抵抗が最大の課題であった（Iliyās ed.［2006b：vol. 2, 93–95］）。

11）イラン革命政府による「革命の輸出」戦略については，Ramazani［1990］を参照。

12）レバノン・イスラーム・ダアワ党は，「十分に機能できる政党というよりも，活動家による運動」であり（Shanahan［2005：167］），むしろ，「ムスリム学生のためのレバノン連合（1966年設立）」と呼ばれたモスクや学校などのシンパのサークルを緩やかに結ぶものとして存在していた（Sharāra［2007：87, 91］）。

13）しかし，アマル運動がイランでのイスラーム革命に無関心であったかというと，そうではない。むしろ現実は逆であり，革命の準備に大きな貢献をしたことが知られている（Chehabi［2006：209］，Sharāra［2007：100, 109, 269］，Shaery-Eisenlohr［2008：105］）。詳しくは，末近［2009：110–111］を参照。

14）特にイスラーム国家の樹立を是とするイスラーム・ダアワ党出身のメンバーたちは，イラン革命の成功を追い風にアマル運動指導部のナショナリスティックな方針に反発していった。その筆頭が，後の初代書記長トゥファイリーと第三代書記長ナスルッラーであり，指導部の世俗主義的な姿勢を厳しく批判した（al-Ḥusaynī［1986：18］，Ranstorp［1997：30］，Markaz al-ʻArabī li-l-Maʻlūmāt, al-Safīr［2006a：vol. 3, 38–9］）。ナスルッラーは，当時アマル運動のベカーア高原地区の政務担当官であった（Shidyāq［2006：7–16］）。

15）救国委員会はロナルド・レーガン大統領の米国の仲介のもと，外交交渉を通してイスラエルとの停戦を確立することを目的としたものであった。救国委員会に参加した政治勢力は次の通り。イリヤース・サルキース大統領（マロン派），シャフィーク・ワッザーン首相（スンナ派），進歩社会主義党党首ワリード・ジュンブラート（ドゥルーズ派），レバノン軍団代表バシール・ジュマイイル（マロン派），アマル運動代表ビッリー（シーア派）。

16）7月には同運動のテヘラン代表であり広報官であったイブラーヒーム・アミーン・アッサイイドが職を辞し，また，副書記長であったフサイン・ムーサウィーはビッリー代表を批判したことから指導部を追放された。フサイン・ムーサウィーは，アリー・シャリーアティーのイスラーム革命思想に影響を受け，レバノンにイスラーム国家を樹立することを目指していたと言われている（*al-Safīr*, June 10, 1982）。

17）ただし，アマル運動の指導部がイスラーム的価値の実現の放棄や世俗主義の採用を公式に表明したことはない（Shanahan［2005：109］）。

18）実際，分派直後の8月にはダマスカスにおいて駐シリア・イラン大使アリー・アクバル・

モフタシェミーとイスラーム・アマル運動のメンバーが会合を開き，政治的な立場と今後の方針についての共通認識の確認をしており，軍事面および資金面での支援が取り決められた（Chehabi［2006：217］，Markaz al-‘Arabī li-l-Ma‘lūmāt, al-Safīr［2006a：vol. 3, 175–176］）。

19）テヘランにおいて，解放運動局主導で「被抑圧者のための世界会議」が開催され（Faḍl Allāh［1994：12–13］，Sankari［2005：193］），レバノンからの使節団としてフサイン・ファドルッラー，トゥファイリー，ムハンマド・ヤズバク，アフィーフ・ナーブルスィー，フサイン・クーラーニー（レバノン・イスラーム・ダアワ党代表），アミーン・サイイドら，後にヒズブッラーの幹部となった者たちが参加した（Hamzeh［2004：24］）。同使節団には，レバノンのシーア派イスラーム最高評議会の副議長ムハンマド・マフディー・シャムスッディーンと後に対イスラエル・レジスタンスの司令官となるラーギブ・ハルブらも名を連ねていたという（Jaber［1997：47］）。

20）レバノン・ムスリム・ウラマー連合は，九名委員会のメンバーを選出したものの，今日までヒズブッラーとは独立して運営されている。最初の指導部は，20名の比較的若い中堅のウラマーから構成された（Sankari［2005：294–296］，Khājim［n. d.］）。1984年初頭には機関誌『イスラーム統一（*al-Waḥda al-Islāmīya*）』（月刊）の発行を開始した。1990年には，独自の出版社「イスラーム統一出版」をベイルート南部郊外の本部の側に開設し，政治誌『ビラード（*al-Bilād*）』（週刊）を発行している（Rosiny［1999：111］）。

21）著者のハサン・ファドルッラーは，1967年生まれ，現在レバノンの国民議会議員（2005年初出馬・初当選，2009年再選）であり，ヒズブッラーの幹部の1人である。

22）『アル＝ワタン・アル＝アラビー（*al-Waṭan al-‘Arabī*）』誌は，レバノン評議会の5名のメンバーをアミーン・アッサイイド，フサイン・ファドルッラー，トゥファイリー，フサイン・ムーサウィー，サイード・シャアバーンと伝えた（*al-Waṭan al-‘Arabī*, December 11, 1987）。

23）イラン革命政府による九名委員会への積極的関与は，イラン側の資料でも確認できる。H・E・チェハビーは，1982年当時，イランのイスラーム諮問評議会（国会に当たる）議長であったアリー・アクバル・ハーシェミー・ラフサンジャーニー（第四代大統領）らの回顧録などに基づき，イラン革命政府が九名委員会と関係を有していたことを明らかにしている（Chehabi［2006］）。

24）革命防衛隊のレバノンへの派遣については，1980年初頭までにベイルートに滞在していたイラン・イスラーム革命の指導者の1人，ホセイン・アリー・モンタゼリーの息子が公言しており，1981年6月にイランのイスラーム諮問評議会で採択されていた（Ranstorp［1997：33］）。

25）アッバース・ムーサウィーは，ナジャフ留学を終えてレバノンに帰国した後，バアルベックにこのハウザを設立した。同ハウザでは，後のヒズブッラー書記長ナスルッラーが学んだ（Shidyāq［2006：7–16］）。

26）イスラーム・アマル運動は，結成前後からイラン革命政府との緊密な関係を築いていた。フサイン・ムーサウィーの右腕と言われたアブー・ヒシャームが，6月10日の段階でシリアにてイラン革命政府の高官たちと面会している。また，イラン国営放送（IRNA）は，7月22日に初めてイスラーム・アマル運動の名を用いた（Smit［2000：169, 193］）。

27）フサイン・ムーサウィーは「レバノン・イスラーム共和国」の建設を呼びかけ，トゥファイリーはベカーア高原地域に限定した「レバノン・イスラーム共和国」の樹立を宣言している（Smit［2000：171］）。

28）米国大使館爆破の実行声明において，イスラーム・ジハードは次のように述べ，米国のレバノンからの撤退を要求した。「我々は神の兵士である……我々はイラン人でもシリア人でもパレスチナ人でもない。クルアーンの教えに従うムスリムである。……我々はその〔米国大使館爆破〕の後に，より激しい攻撃を続けていくと言った。そして，今彼らは何を相手にしているか理解している。暴力が我々の唯一の道である」（Wright［1986：73］）。

29）特に，その時点で米国の対中東政策とレバノンへの介入に対する厳しい批判を繰り返していたイスラーム・アマル運動が，最初に犯行を疑われることになった。同運動の指導者フサイン・ムーサウィーは，これを肯定も否定もしていない。

30）ゼイナ・マアスリーによるレバノン内戦期の政治ポスターに関する研究においても，1984年の5月にはヒズブッラーの党旗が流通していたことが確認できる。その党旗は，同月末の「世界エルサレムの日（Yawm al-Quds al-ʻĀlamī）」を告知するポスターに用いられている（Maasri［2009：83-84］）。

31）1984年半ば頃までには，複数の組織が同時多発的にヒズブッラーの名称を用い始めていたようである。イスラーム革命直後のイランでは，ホメイニーを熱烈に支持する若者たちによって同名の組織（ただし，ペルシア語読みではヘズボッラー［Hezbollāh］）が結成されていた（al-Ḥusaynī［1986：16］）。イラン・イスラーム革命の直後の段階で，バアルベックで教師をしていたアッバース・ムーサウィーが自身の学生らと共に「レバノンのヒズブッラー」という名のグループを結成していたと言われている（al-Madīnī［1999：172］）。また，フサイン・ムーサウィーは，1983年10月27日に行われた英国人ジャーナリストのロバート・フィスクによるインタビューにおいて，自らの組織にイスラーム・アマル運動とヒズブッラーの2つの名称を用いている（Fisk［2001：521］）。ヒズブッラーの名称については，フサイン・ファドルッラーの思想に基づくものであったとの見方もある。ジャマール・サンカーリーは，その根拠としてフサイン・ファドルッラーの1976年の著書『イスラームと力の論理（*Islām wa Manṭiq al-Quwwa*）』において，クルアーンに記されているヒズブ・アッラー（神の党）とヒズブッシャイターン（ḥizb al-shayṭān，悪魔の党）の対比を用いて，イスラームの防衛のための組織の結成が奨励されていることを挙げている（Sankari［2005：198］）。

32）この日，ヒズブッラーは，レバノン南部地域でレジスタンスを指揮していたラーギブ・ハルブの殉教1周年を記念する集会をシヤーハ・フサイニーヤ（ベイルート南部郊外）で開催し，「公開書簡」は，その際，広報官のアミーン・アッサイイドによって発表された（*al-Safīr*, February 17, 1985）。

33）ただし，指導体制が確立するには，それから1年余の時間を要したようである。1986年5月28日，最高意思決定機関としての諮問会議が参集され，そのメンバーは5名に固定された。そして，同会議の下には7つの専門会議が置かれ，この5名とそれぞれの長7名の計12名が指導部を形成した（al-Ḥusaynī［1986：19］，Ranstorp［1994：307-308］）。シャリーフ・フサイニーによれば，ヒズブッラーは，レバノンを3つの地区（ベイルートおよび南部郊外地区，ベカーア地区，南部地区）に分け，それぞれに諮問会議を設置していた。それら

を統括する最高意思決定機関は，「最高評議会（al-Majlis al-A‘alā）」と呼ばれた（al-Ḥusaynī［1986：19］）。

34）シリアとアマル運動およびその前身である奪われた者たちの運動との関係は，1970年代初頭まで遡る。大統領の宗教をイスラームとする条項を盛り込んだ1973年のシリアの憲法改正に際して，Ḥ・アサド大統領は，自身の出身宗派であるアラウィー派の信徒が正統なイスラーム教徒でありシーア派であるとの内容の公式発表を行った。この見解は，レバノンのジャーファリー派のムフティーであるアブドゥルアミール・カバラーンに認められた。加えて，ムーサー・サドルからも，アラウィー派が正統なイスラーム教徒との内容のファトワー（faṭwā，法学裁定）を得た（シール［1993：162–163］，Seale［1989：172–173］）。

第2章　抵抗と革命の思想

1）「公開書簡」については，高岡豊による邦訳がある（高岡［2008a］）。本書では，これを適宜参照しながら，筆者が訳出した。なお，本書が使用したアラビア語の原文は，Faḍl Allāh［1994］の巻末に収録されているものである。

2）マロン派は，レバノンを中心に信徒を持つ東方典礼カトリック教会の一派であり，4世紀から5世紀にアンティオキア（今日のトルコ南部の都市）で活動した聖人マールーンにその名を由来する。当初はモノフィジート（単意説）を採用していたが，12世紀以降はローマ・カトリックに帰属した。1943年に独立した今日のレバノン国家においては，人口の3割程度を占め，また，大統領職を歴任するなど政治的な影響力は大きい。

3）「公開書簡」は「政治面でのプログラム（political program）」ではなく，「イデオロギー面での綱領（ideological platform）」であり，両者を区別するべきとするジョゼフ・アルアーガーの指摘は正鵠を射ているだろう（Alagha［2008a：61–62］）。オーガスタス・R・ノートンは，「公開書簡」を「イデオロギー上の枠組み（ideological framework）」と呼んでいる（Norton［1999：12］）。

4）レバノン・カターイブ党は，キリスト教マロン派の信徒を主な構成員とする政党であり，同派のピエール・ジュマイイルによって1936年に結成された。レバノン・ナショナリズムの立場から，キリスト教徒とイスラーム教徒の平等と共存を説く一方で，中東におけるマイノリティとしてのキリスト教徒の信仰と政治的自由を保護するために，マロン派がレバノンの最高権力者である大統領を務める必要があるとの主張をした。1982年9月に暗殺されたバシール・ジュマイイル大統領は，ピエールの息子にあたる。レバノン・カターイブ党の歴史については，Entelis［1974］を参照。

5）アマル運動は，「アマル憲章（Wathīqa Amal）」に明記された「国民運動（ḥaraka waṭanīya）」という立場から，普遍的な意味のシーア派ではなく，あくまでもレバノンで制度化された利権集団としての「シーア派」の権利拡大を目的としていた。そのため，ヒズブッラーがレバノン国家の枠組みまでも変革の対象とするのに対して，アマル運動は宗派制度に立脚する現行の体制の範囲内での改革を訴えるものであった。ヒズブッラーは，「はじめからアマル〔運動〕と対立・競合するものとして登場した」のである（小杉［2006：419］）。

6）この場合の共同体は，人間どうしの直接的な交流に支えられた「面的」なものではなく，世界中のムスリムが単一の共同体を形成しているという認識である。

7）ルーホッラー・ムーサヴィー・ホメイニーによるイスラーム革命思想がスンナ派とシーア派の相違を問題としない汎イスラーム主義に基づいていたことは，レバノンのスンナ派のなかからもそれに共鳴する組織が現れたことからも明らかである。レバノン北部のトリポリを拠点としたイスラーム統一運動が代表的である（‘Imād［2006：201–231］）。

8）ホメイニーは，シーア派のイマーム（imām）（注14を参照）たちの殉教を「被抑圧者」の抵抗の象徴とし，イスラームに基づく革命こそが彼らの解放を達成するとしながらも，「抑圧者」と「被抑圧者」との間のいわば階級闘争の論理を用いている（Abrahamian［1993：26–32］）。フランスの中東政治学者ジル・ケペルは，その思想を「社会主義的シーア派思想（socialist Shiism）」と評し，革命を成就させるには社会主義者たちや貧困層の支持が必要であったと指摘している（ケペル［2006：147–164］，Kepel［2006：106–118］）。

9）ここでは，ロバート・D・スノウとデイヴィッド・A・ベンフォードによる有名な定義に従い，フレームを「個人の現在ないしは過去の環境における対象，状況，事件，経験，あるいは連続した行為を，選択的に強調し，エンコードすることによって「そのまわりにある世界」を単純化し，要約する，説明的な図式」とする（Snow and Benford［1992：137］）。こうした新たな意味や価値の創出を通したフレーミングは，イスラーム主義を掲げる多くの社会運動によって用いられており，なかでも西洋近代をイスラームの敵とするレトリックが広く見られる（Wiktorowicz［2004：15–19］）。

10）ヒズブッラーは，1998年に発表した自らの目的を記した文書においても，非イスラーム教徒に対してイスラームへの改宗を強要しないことを明示している。「我々は，力や暴力などではなく，平和的な政治活動によるイスラームの適用を目指している。それは，社会における多数派に対して是非の選択の機会を与えるものである。もし，イスラームが多数派の選択するものとなれば，我々はそれを適用し，もし，そうでなければ，我々は正しい信仰へと至るまで引き続き共存と議論を進めていく」（Ḥizb Allāh［1998］）。このことは，2004年発表の「ヒズブッラー——アイデンティティと目標（Hizbullah：Identity and Goals）」と題した文書においても，ほぼ同じ表現で繰り返されている（Ḥizb Allāh［2004］）。

11）ジハード団とイスラーム団は，反体制派としての武装闘争の正当化のためにジハードの概念を再解釈し，1981年のエジプト大統領アンワル・サーダート（サダト）の暗殺事件を起こした。また，マイノリティであるコプト教徒や異教徒の観光客に対する襲撃事件を繰り返した。

12）このような思想を展開した思想家としては，シリアのムハンマド・ラシード・リダー，パキスタンのアブー・アーラー・マウドゥーディーや，ジハード団やイスラーム団といった急進派の結成に大きな影響を与えたエジプト人サイイド・クトゥブなどが挙げられる。これらの革命思想が戦後の中東に次々と誕生した世俗的な革命政権，例えば，ジャマール・アブドゥン・ナースィル（ナセル）のエジプトやアラブ社会主義バアス党のイラクとシリアによる弾圧によって発展したことは，皮肉な現象であるとも言える（末近［2006a］）。

13）伝統的なシーア派の教義では，自身や家族の生命，財産，名誉，そしてウンマに対する重大な危険に直面したときは，自らの信仰を隠すことが許されており，ときには義務ともされた。これをタキーヤ（taqīya）と呼ぶ。しかし，20世紀の半ば頃から，一部のシーア派の法学者たちは，ウンマが危機に瀕しているときはこのタキーヤを停止し，自ら立ち上がり危機

の根源自体を払拭しなくてはならないとの議論が生まれていった。イランでは，マフムード・ターレカーニー，モルタザー・モタッハリー，メフディー・バーザルカーン，アブー・ハサン・バニー・サドルら，1979 年の革命を指導した者たちが，政治意識の覚醒と行動の必要性を訴える思想を紡いでいった。彼らは，クルアーンとフサインの殉教を参照しながら正義，平等，自由，解放の重要性を説き，そのためのジハードと闘争の必要性を訴えた。特に，アリー・シャリーアティーは，マルクス，サルトル，ファノンに強い影響を受け，イラン社会の混乱を当時の第三世界の状況に接続することで，イスラームにおける革命の義務を説いた。シャリーアティーは，革命の前年の 1978 年に客死するが，革命思想の理論化に大きな貢献をしたと言われている（Lafraie [2009]）。

14）イマームとは，イスラームにおける宗教指導者のことである。シーア派においては，アッラーの言葉を正確に理解する能力を有し，ウンマを指導する者として，預言者ムハンマドの死後その代理人を務めるべき人物を指す。預言者の娘婿であった第四代正統カリフ（在位 656〜661 年）アリーが最初のイマームとされ，その血統に従ってイマーム位は継承されていった。874 年に第 11 代イマームが他界した後イマーム位は空白となり，終末の日に第 12 代が現れると考えるグループが，今日シーア派のなかの多数派を占める十二イマーム派である。

15）イスラーム法に関する独立した解釈権を持つ法学者がイスラーム国家を運営すべきであるとする議論は，近現代においてシーア派だけではなくスンナ派にも見られる。その代表がリダーであろう。イスラーム世界の復興のためにはイスラーム法の現代的解釈が必要であると説いたリダーは，国家元首は資格ある法学者が務めなくてはならないと論じた（リダー [1987]，末近 [2005c : 138-141]）。

16）この「監督権」とは，ウンマの指導者がその全ての構成員に対して持つ保護責任・監督の権限を意味し，伝統的なシーア派神学においても取り上げられてきた。十二イマーム派では，それが預言者ムハンマドから第四代正統カリフであるアリーの子孫へと代々継承され，第 12 代のイマームまで至ったと考える。第 12 代イマームのガイバ（ghayba，幽隠）後は，長い論争の末，法学者がイマームの代行者となる権利があるとして広く承認されるようになった。

17）現実問題として，ヒズブッラーはイランの財政的・軍事的支援により，革命の理念を押し通すことができる実質的な力を有していた。既に 1970 年代末の段階でシーア派がレバノンにおける人口面での最大宗派となっていたことから，ヒズブッラーが「力ではなく平和的かつ民主的な方法」によってイスラーム国家を樹立できると楽観視していたとの評価もある（Hamzeh [2004 : 29]）。ヒズブッラーは，イスラーム国家が樹立されてもイスラーム教徒と同じ「啓典の民」であるキリスト教徒は庇護民（dhinmī）として，その信仰と自治が保障されるとの立場を採り，両者の共存は可能であると公言していた（Alagha [2006 : 121]）。

18）ファドルッラーをヒズブッラーの「精神的指導者」と位置づける研究者に関しては，アルアーガーが批判の意を込めて一覧を作成している。Alagha [2006 : 325] を参照。

19）ファドルッラーは，若き日に師事したイラクのアブー・カースィム・フーイーのレバノンにおける代理人を務めていた。1992 年のフーイーの死後，マルジャア・タクリードを名乗ることが許された。しかし，このことがハーメネイーをワリー・ファキーフと仰ぐヒズブッ

ラー指導部との間に軋轢を生んだ。

20）「公開書簡」の発表直後の1985年3月には，ファドルッラーを狙った自動車爆弾による暗殺未遂事件が起こった。この事件は，彼をベイルートの米国大使館に対する殉教作戦の首謀者と見なした米国中央情報局（Central Intelligence Agency，CIA）とその協力者によるものであったとも伝えられた（Woodward［1987：396–397］）。真相はともかくとして，この事件が両者の関係をあたかも既成事実にしてしまった感がある。自動車爆弾の爆発は強力で，92名の死者（そのほとんどが女性），約250名の負傷者を出した（al-Ḥusaynī［1986：20］）。

21）ファドルッラーは，レバノン帰国後に自身の宗教教育機関イスラーム法学学院をベイルート郊外のナブア地区に設立し，独自の活動を展開していた。これを中心にレバノン全土のモスクや学校などのグループを緩やかに結ぶネットワークであるムスリム学生のためのレバノン連合が組織され，イスラーム・ダアワ党のメンバーやそのシンパが集うことになった（Sharāra［2007：87, 91］）。

22）ファドルッラーと彼らとの間には世代の開きがあった。1935年生まれのファドルッラーに対して，彼らのほとんどが1950年代生まれである。例えば，ナジャフ留学組としてスブヒー・トゥファイリー（初代書記長）が1948年生まれ，ラーギブ・ハルブ（イスラーム抵抗司令官，1984年暗殺）とアッバース・ムーサウィー（第二代書記長，1992年暗殺）が1952年生まれ，アミーン・アッサイイド（初代広報官）が1953年の生まれである。ちなみに，現書記長のハサン・ナスルッラーは1960年生まれで，当時最も若い幹部の1人であった。彼もファドルッラーに師事している（Markaz al-ʻArabī li-l-Maʻlūmāt, al-Safīr［2006b：vol. 3］）。トゥファイリーとアッバース・ムーサウィーは，ファドルッラーの盟友バーキル・サドルに師事し，ハルブはまさにファドルッラーの設立したイスラーム法学学院の卒業生であった。

23）すなわち，第一に，「法学権威」は，特定の個人が担うべきではなく法学者が集団で協議を重ねることで制度化されるべきであり，第二に，その「制度化された法学権威」がイスラーム運動を牽引し，あるべき政治・国家を指導していくべきだとする主張である。ファドルッラーは著書『イスラーム運動――その課題と問題（*al-Ḥaraka al-Islāmīya：Humum wa Qadāyā*）』において，イラン・イスラーム革命を転機とした各地でのイスラーム主義の台頭を歓迎しながらも，特定の個人が主導することに対しては誤解や解釈上の対立が生じる懸念から異議を唱えている（Faḍl Allāh［2001：347–363］）。

24）ヒズブッラーの最高意思決定機関「諮問会議」メンバーのムハンマド・ヤズバク「執行会議（al-Majlis al-Tanfīdhī）」議長も，1995年からハーメネイーの代理人に任命されている。書記長以外で代理人となったのはヤズバクが初めてであったが，その背景には1980年代初頭の段階でホメイニー思想を啓蒙する教育施設をバアルベックに開設・運営していた経歴があると見られている。

25）ファドルッラーは，マロン派民兵組織に包囲されたベイルート郊外ナブア地区で，激しい砲撃に曝されながら同書を執筆したとされる（小杉［2006：426］）。

26）ファドルッラーは，「革命的義務」を果たすための力を，「精神の力」，「社会的な力」，「数の力」の3つに大別している。ヒズブッラーの具体的な行動指針に引きつければ，「社会的な力」が特に重要であろう。それは，同胞意識に基づく行動，制約と契約における責任感，

信仰による統合と思想の自由，「善行を推奨し悪行を忌避する」原則，包括的責任，社会的相互扶助などによって獲得される。ウンマに革命をもたらすための力を与えるのは，イスラームの信仰に基づく社会的な結合なのである（ファドルッラー［1991：30-85］，Faḍl Allāh［1987：95-192］）。

27）イスラーム的に正当化された暴力行使の条件については，1985年に実施されたファドルッラーのインタビューも参照（Fadlallah［1986］）。

28）ファドルッラーは，力の行使においては，個人では限界があるため，集団化・組織化が必要であると説き，組織としてのイスラーム主義組織としてのヒズブッラーの結成自体を正当化するような議論も残している（ファドルッラー［1991：126］，Faḍl Allāh［1987：247］）。

29）「弱者の武器」として編み出されたトラック爆弾による殉教作戦は，1982年の11月の最初の作戦を成功例として，レバノンの各地で次々に行われるようになり，1985年のIDFの無条件撤退をもたらした大きな要因となった。前出のノートンによる調査によれば，1980年代前半に行われたトラック爆弾のうち，ヒズブッラー系による殉教作戦は3分の1にも満たなかったとしている（Norton［2007：81］）。力の行使は，政治的暴力の嵐が渦巻く破綻国家であったレバノンにおいて常態化していた。

30）ファドルッラーの殉教作戦に関する見解は，その後も一貫したものであり，パレスチナのハマースなどによる殉教作戦がイスラーム法的に合法であるとした。ファドルッラーは，自身の法学見解集において，殉教作戦について次のように述べている。「イスラエルの占領に対する抵抗の作戦は，たとえそれが殉教作戦のかたちをとろうとも，合法的な作戦である。イスラエルが不法かつ，パレスチナ人とその土地に対する侵略者の国家であるからである。殉教作戦は，攻撃され，抑圧され，支配された状況において必要となった場合，数ある合法的な抵抗作戦の1つとなる」（Faḍl Allāh［2001：513-514］）。なお，文脈をやや異にするが，ホメイニーもジハードのなかでの戦死に限って，それが自殺的行為だとしても殉教と見なすとの議論を展開している。こうした議論が広がりを見せたのは，イラン・イラク戦争の期間（1980～88年）であった（el-Husseini［2008：401, 410］）。アミーン・アッサイイドは，ベイルートの米海兵隊およびスールのIDFに対する殉教作戦に関して，ヒズブッラー指導部ではなくホメイニーが許可したものであったと述べている（*al-'Ahd*, January 23, 1987 cited in Kramer［1991：41-42］）。

31）例えば，シリア民族社会党がIDFに対して爆薬を搭載したトラックによる自爆攻撃を敢行した（Fisk［2001：610-611］）。

第3章　国境を越える内戦とテロリズム

1）政治学者イェンス・バーテルソンも，「学問としての国際関係論が国家を分析する必要性を感じてこなかった理由は，たんにその存在が国際関係論にとっての自明の出発点であったからにすぎない」と述べている（バーテルソン［2006：241］）。

2）ちなみに，「国民形成（nation building）」は近代国家の成立には不可欠な要素とされているが，国家変容の先に現出する国家は「国民国家（nation state）」だけとは限らない（例えば，理論上はイスラーム国家もあり得る）。そのため，本章では，「国民形成」も広義の「国家建設」を構成する一要素とする。

3）国際政治学における国家を問い直し，とりわけ非西洋の国家のあり方に注目した先駆的な試みとしては，ロバート・ジャクソンの「疑似国家（quasi-state）」論が挙げられる（Jackson［1990］）。

4）アイユーブは，第三世界の諸国は，次の5つの点において西洋とは異なる国家生成を経験してきたと論じている。①国家生成にかかる期間，②期限の設定，③植民地主義によるひずみ，④不安定要因としての（西洋的）近代化，⑤民衆の政治参加要求（Ayoob［1995：21-45］）。

5）この議論は，国家建設の観点において（西洋に比べて）「未熟」とされ，その実態・内実が等閑視されてきた第三世界の国家の「声なき声」を反映させた国際政治の分析手法として，「サバルタン・リアリズム（subaltern realism）」と後に命名された（Ayoob［1998］）。

6）この制度は，アラビア語では通常，「宗派体制（al-niẓām al-tā'ifī）」，「宗派支配（al-ḥukm al-tā'ifī）」と呼ばれる。しかし，それは政治学における政治体制の範疇に含まれるべきものではなく，政治制度の一種と捉えるべきであろう。

7）脆弱な宗派間バランスの上に成立しているレバノン国家は，1932年以来センサスを行っていない。今日ではイスラーム教諸宗派の総人口がキリスト教諸宗派のそれを上回っていることは周知の事実となっている。フランスの委任統治下で行われた1932年のセンサスも，親仏的な姿勢を見せてきたマロン派キリスト教徒を多数派とするために恣意的に作られた数字である可能性が高い（Maktabi［1999］）。

8）近現代レバノン社会におけるパトロン・クライエント関係については，黒木［1990］を参照。

9）政党の影響力が弱いからといって，レバノン政治におけるイデオロギーの役割を過小評価することはできない。実際は，ザイームは自分の帰属宗派以外の宗派の支持を得るためにも，そして政党への支持者の流出を阻止するためにも，何らかのイデオロギー的要素を必要とする構造が存在する（小杉［1987：336-347］）。

10）例えば，1971年の調査によると，シーア派一家族当たりの平均年収は，4,532レバノン・ポンドで，キリスト教徒カトリックと非カトリックのそれぞれ7,173レバノン・ポンド，7,112レバノン・ポンドの7割弱にとどまっている。また，シーア派の非就学率は，31パーセントと，平均の21パーセントを大きく上回っている。1971年当時の為替レートは，1ドルが3レバノン・ポンド（Chamie［1980：182］）。

11）1983年10月16日，IDFは，占領下に置いていたナバティーヤにおいて約5万人が参加していたシーア派の宗教行事アーシューラー（'Āshūrā'）を妨害し，2名の死者と15名の負傷者を出した。宗教行事を妨害されただけではなく，死傷者までもが出たことで，この事件を機にレバノンのシーア派コミュニティに反イスラエル感情が拡大浸透したと言われている（Norton［2007：66］，Blanford［2011：56-60］）。

12）レバノン内戦の長期化，さらにはレバノン国家の解体の危機を受けて，レバノン人の歴史学者カマール・サリービーは，1988年に『多くの館からなる一つの家――レバノンの歴史再考（*A House of Many Mansions：The History of Lebanon Reconsidered*）』を著した（Salibi［1988］）。そのタイトルに象徴されるように，同書は，レバノン社会の多元性・多様性の再認識を改めて強く打ち出したものであった。サリービーの問題意識は，特定の宗派による歴

史観や国家観の独占がもたらす暴力性にあり，それらの押しつけが内戦を引き起こし，また長期化させたことを国内外に広く知らしめることにあった。逆に言えば，内戦の長期化は，もはや宗派中心の歴史観や国家構想には未来を築く力がないことを明らかにしたのだと言える。サリービーによるいわばポストモダニズム的な歴史研究のアプローチは，後のレバノンの歴史研究に大きな影響を与えた。特定の宗派の世界観に根ざしたような本質主義的な歴史認識は（表面上は）後退し，いわゆる構築主義（構成主義）による歴史研究が盛んになった。

13）小杉［1987］は，戦闘の局面の推移や宗派に基づく世界観の違いによって，「レバノン」をどのような国家にするのかという国家観が分極化していく様子を描き出し，そのパターンを明解に提示している。

14）内戦勃発直後の1975年半ばの時点で，レバノン国軍の総兵力1万9,000人（うち実際の治安維持や戦闘に従事していた兵士は半数程度）に対して，民兵の総数は3万人以上と推計され，加えて国内には2万人以上のパレスチナ人戦闘員が存在していた。民兵組織別に見ると，多い順にレバノン・カターイブ党8,000人，レバノン共産党5,000人，シリア民族社会党4,000人，進歩社会主義党5,000人，アラブ社会主義バアス党（シリア派）2,000人，アラブ社会主義バアス党（イラク派）1,500人，共産党行動組織100人，独立ナースィル主義者運動200人などとなっている。なお，一定の規模の民兵を抱えていたアマル運動はこの統計に含まれていない（el-Khazen［2000： 299–304］）。国軍は，師団や部隊を単位に分裂していき，兵士たちは武装したまま民兵組織に合流していった（Barak［2009： 93–109］）。

15）例えば，米国の保守系中東研究者ダニエル・パイプスは，政治的暴力はイスラームの西洋に対する文明的な対決姿勢であるとの見方を示した（Pipes［1985］）。

16）オーガスタス・R・ノートンは，いくつかの事件の実行犯がレバノン人ではなくイラン人であったとする複数の見方を紹介しながらも，ヒズブッラーによる関与は「疑いない」と結論している（Norton［2007： 77］）。

17）2001年10月，米国FBIは，「対テロ戦争」の一環でムグニーヤに500万ドルの懸賞金をかけた。

18）イスラエル大使館とAMIAのいずれに対する攻撃も，爆薬を満載したトラックによる自爆テロであった。いずれの事件についても容疑者の逮捕には至っていないが，前者に関しては，「イスラーム・ジハード」を称する組織が実行声明を出している。その声明によれば，事件は1992年2月16日のIDFによるアッバース・ムーサウィー（第二代書記長）暗殺に対する報復であったとされる（*Los Angeles Times*, March 19, 1992）。

19）ムグニーヤのプロフィールについては，主に米国とイスラエルのインテリジェンスおよびジャーナリズムの著作が詳しい。それらによると，ムグニーヤは，1962年12月7日，レバノン南部地域のダイル・ティッバで生まれた。幼少期はベイルート南部地域の貧困地帯で過ごし，高校中退後の10代半ばでパレスチナ解放機構（PLO）の主流派ファタハ（正式名パレスチナ国民解放運動）の精鋭部隊「フォース17」の一員としてイスラエルとの闘争に従事した。その後，レバノン・イスラーム・ダアワ党に加わり，そのままヒズブッラーへと合流した。最初の任務はムハンマド・フサイン・ファドルッラーの警護であった。一時期は「ジハード会議（al-Majlis al-Jihādī）」の議長を務め，「諮問会議」メンバーの1人であったと

されるが，組織の運営よりも軍事や諜報の現場での活動を重視したことから，その名が明るみに出ることはなかったという。1980年にファドルッラーのマッカ（メッカ）巡礼に同行したことから，「ハーッジ（ḥājji）」の敬称を付けられていた（バーグマン［2012：99–103］*The Guardian*, February 13, 2008, Ranstorp［1997：68–70］，Bergman［2009：68–70］）。

20）ナスルッラー書記長は，2008年2月14日のムグニーヤの葬儀集会における追悼演説で，「タイミング，場所，方法」から暗殺がイスラエルによるものであったと非難したが（Qanāt al-Manār, February 14, 2008），イスラエル政府は否定している。イスラエルのジャーナリストであるロネン・バーグマンは，取材によって得られた情報を統合すると，ムグニーヤの暗殺はモサド（イスラエル諜報特務庁）の作戦であったと結論づけている（バーグマン［2012：501–503］，Bergman［2009：379–380］）。

21）西側の捜査当局は，ムグニーヤがイランの革命防衛隊と強いつながりがあると指摘してきた。真相は定かではないが，少なくとも確実に言えるのは，イラン政府もムグニーヤを英雄視しているということである。2008年12月の筆者のイランにおける現地調査でも，テヘラン中心部でムグニーヤの巨大なポスターや写真が掲示されており，また，殉教記念切手の発行が決定されていた。

22）この時期以降1980年代を通して，クウェート国内に収監されていたイスラーム・ダアワ党員の解放要求は，ヒズブッラーにとっての主要なアジェンダの1つとなった。しかし，クウェート政府は断固としてこれに応じず，最終的に彼らが自由の身となったのは，1990年8月のイラクによるクウェート侵攻（湾岸危機）の混乱の最中であった。

23）1982年のレバノン戦争から89年の内戦終結までのレバノン政府による外交については，当時の外務大臣エリー・サーリムの回想録Salem［1995］が詳しい。

24）シリア空軍は，わずか3日間の戦闘（1982年6月9日～11日）でSAM（Surface-to-Air Missile，地対空ミサイル）19基を破壊され，100機あまりの航空機を失った。また，陸軍の第一機甲師団も戦車400両，兵員輸送車70両，自走砲100両を失った。これらの兵器のほとんどがソ連製であったため，通常兵器における米ソの力の均衡に動揺がもたらされた（Avi-Ran［1991：138］）。

25）憲法文書の要諦は，レバノン独立以来の「トロイカ体制」（マロン派，スンナ派，シーア派の権力分有）の明文化，キリスト教徒とイスラーム教徒の国会議席を同数に再配分，首相職の権限強化，国内のパレスチナ武装組織の活動を制限した「カイロ協定（Ittifāq al-Qāhira, Cairo Agreement）」（1969年）や「メルカルト協定（Melcart Agreement）」（1973年）の遵守など。憲法文書のアラビア語全文は，Ziadeh［2006：287–289］を参照。

26）三者合意は，1985年12月28日，ダマスカスに招集されたレバノン軍団のエリー・フバイカ司令官，進歩社会主義党のワリード・ジュンブラート党首，アマル運動のナビーフ・ビッリー代表の三者によって調印された。アミーン・ジュマイイル大統領はシリアの招聘に応じず，また，当時スンナ派に強力な民兵組織が存在しなかったことから，同派が排除されるかたちとなった。上院の設置，政治改革のための憲法修正，宗派制度の廃止，シリアとの関係強化などを期限付きで実行に移すことが定められた。三者合意のアラビア語全文は，Ziadeh［2006：290–301］を参照。

27）ただし，ヒズブッラーによるレバノンの「イラン化」，すなわちイラン型のイスラーム国

家の樹立はシリアにとって容認できるものではなかった。ヒズブッラーによる西側諸国を標的としたレジスタンスやテロ活動は，レバノンでのシリアのヘゲモニー確立に貢献した一方で，「テロ支援国家」の誹りを受けることで国際政治におけるシリアの立場を危うくした。こうしたなか，1986年後半以降，シリアは，ヒズブッラーによる政治的暴力に反対する立場を打ち出し，同じシーア派のライバル組織アマル運動への支援を強化することでヒズブッラーの牽制に努めたが，その結果，ヒズブッラーとアマル運動との武力衝突を招いた。第七フェイズにおけるヒズブッラーによるアマル運動実効支配地域での米国人拉致殺害事件は，アマル運動とそれを支援するシリアに対する抗議としての性格があった。さらに，1987年2月には，西ベイルートのヒズブッラー駐屯地でシリア軍との衝突が発生し，ヒズブッラー23名が死亡する事件が起きている（Ranstorp［1997：100–102］，Harris［2006：217–221］，Norton［2007：73］，Azani［2009：177–182］）。1980年代後半のシリアとヒズブッラーとの不和は，それまで良好であったシリアとイランの関係を悪化させた。事態の収拾のためにヒズブッラーは独自に「外交」を展開した。1987年6月のチャールズ・グラス拉致事件の後，ヒズブッラー指導部のスブヒー・トゥファイリー（初代書記長）が自らダマスカスでハーフィズ・アサド大統領と面会し，イスラエルに対する共闘関係を再確認することで，両国の関係改善に努めた。ただし，両国の関係が本格的に改善に向かったのは，1988年4月以降であった（Azani［2009：181］）。

28）5月17日合意は，国連安保理決議第242号を前提に米国をスポンサーとして起案され，1983年5月17日に内閣の承認のもと，アミーン・ジュマイイル大統領によって調印された。IDFの国境線までの撤退，イスラエルとレバノンとの間の戦争終結および関係正常化，レバノン南部における安全保障地帯の設置などが盛り込まれた。ヒズブッラーは，アミーン・ジュマイイル大統領による5月17日合意への調印を「レバノンをイスラエルの保護領，米国の植民地にするもの」であったと非難した（Faḍl Allāh［1994：192–193］）。5月17日合意の全文は，Salem［1995：280–289］を参照。

29）こうしたいわば植民地経験の負の遺産が，将来のパレスチナ国家の定義をめぐる議論と表裏一体の関係をつくり，パレスチナ問題の解決をより困難にしている。

30）バシール・ジュマイイル大統領の暗殺事件後，弟のアミーン・ジュマイイルが事実上の後継者として新たに大統領に選出された。だが，兄バシールほどのリーダーシップを発揮できずに，イスラエルの要求に十分に応えることができなかった。

31）レバノン戦争の失敗は，イスラエルに2つの後遺症を残すことになった。第一に，ヒズブッラーを生み出したことである。PLOの駆逐には成功したものの，レバノン人によるより強力なレジスタンスの出現に直面した。第二に，レバノン領内にシリアに加えてイランという新たな反イスラエル国家のプレゼンスを許したことである。このことは，革命防衛隊の展開という物理的な側面と，レバノンにイラン型のイスラーム国家を樹立しようとする機運の高まりという思想的な側面があった（Azani［2009：182–185］）。こうしたイスラエルの失敗は，内戦下のレバノンにおける国家構想の衝突についての見通しの甘さにあったと言えよう。米国のジャーナリスト，トーマス・フリードマンは，イスラエルは武力によって特定の国家構想，すなわちマロン派のヘゲモニーによる「キリスト教レバノン」の実現を目指したが，それは人口の半数以上を占めるイスラーム教徒の存在を過小評価した荒唐無稽なもので

あったと述べている（フリードマン［1993：235-238］，Friedman［1995：175-178］）。

32）レバノンにおける米国のプレゼンスの低下は，1983年に190人だったレバノン駐在の政府関係者の数が翌年には6人にまで激減したことが象徴している（Wright［1986：110］）。

33）米国の政治学者リチャード・フォークは，冷戦期の米国の対中東政策に関して，従来の3つの柱に「イスラーム原理主義の拡大の阻止」を加えるべきであったと述べている。そして，政策決定者が長年にわたってイスラーム主義勢力を過小評価してきただけではなく，「強烈なアンチ・マルクス主義者」として利用してきたことを批判した（Falk［1993：71］）。

34）これをリークしたのは，イランの法学者メフディー・ハーシェミーであり，1986年11月3日付のレバノンの週刊誌『シラー（*al-Shirā'*）』に初めて掲載された。

35）フランスはイラクへの軍事援助のみならず，核開発の技術移転の中心的役割を担っていたことから，イランおよびヒズブッラーによるテロリズムの標的にされた。

36）冷戦期の中東地域について，中東政治史を専門にするラシード・ハーリディーは，ヨーロッパとアジアにまたがる地政学上の位置と莫大な天然資源の存在が他の地域との決定的な違いを生んでいたと論じた（Khalidi［2009：107-114］）。冷戦史家ジョン・L・ギャディスは，中東地域では米ソの2つの超大国のプレゼンスに基づいた「グローバルな安定構造の下での地域的危機の調節」のシステムが動作していたとされる（Gaddis［1992：204］）。中東政治学者L・カール・ブラウンは，中東地域は，「今日の世界のなかで最も国際関係が浸透したサブシステム」と捉え，「外部の政治システムとの継続的な対峙のなかで存在するものである」と論じた（Brown［1984：5］）。いずれの議論も，大伽藍としての冷戦構造と中東地域の関係を主客に固定化した見方であると言えよう。

37）国際政治学者フレッド・ハリデーは，1980年代を「第二次冷戦（The Second Cold War）」と名付け，革命によって台頭してきた第三世界に対して，米ソ両超大国が介入方法の修正を余儀なくされ，徐々に主導権を失っていった時期であったと論じた。イスラーム主義やイスラーム革命は，この第三世界の台頭における1つの現象として位置づけられた（ハリデー［1991］，Halliday［1989］）。

第4章　「テロ組織」が政党になるとき

1）周知の通り，「テロ組織（terrorist organization）」の用語は，ほとんどの場合が他称・蔑称であり，政治的な価値判断を強く帯びることで問題を孕む。レオナード・ウェインバーグらは，「テロリズム」が価値中立ではあり得ない用語であることを踏まえた上で，「恐怖の喚起，混乱の拡散，無差別報復の助長だけではなく，賞賛の奨励や模倣の誘発によって1人あるいは様々な観衆の行動に影響を与えたり修正したりすることを意図した暴力の一種」と定義し，あくまでも「イデオロギーではなく活動である」ことを強調する。そして，「テロリスト集団（terrorist group）」を「政治的表明のための主要な手段としてテロリストの暴力に依拠するあらゆる人間集団」と定義している（Weinberg, Pedahzur and Perliger［2009：3］）。本章では，このようなテロリズムの用語の持つ政治性に配慮しつつも，1980年代を通してヒズブッラーが欧米人の拉致監禁やハイジャックを通して自らの政治的目標の達成を試みてきたことから，このウェインバーグらの定義を用いて議論を進めることとする。

2）例えば，外的条件としては，①政府による組織メンバーへの恩赦と党員資格の認定や，②

民主的な政治制度の確立が挙げられるが，これらが「テロ組織」に対して，①地下活動よりも効率的かつ確実な目標達成の方法を提供し，②政党や政党システムの特徴を「模倣」するインセンティブを与えるとされる（Weinberg, Pedahzur and Perliger［2009：75–78］）。

3）ターイフ合意は，サウジアラビアの都市ターイフで署名され，1989年11月5日に同国のクライアートで招集された国民議会で正式に承認され発効した。

4）レバノン政府は，この時点で約3万6,000人に上ると見られていた民兵のうち2万人程度をレバノン国軍にリクルートする案を打ち出した。だが，民兵の影響力増大を懸念した国軍がこれに反発したことから，受け入れの上限数は総兵力4万人の10パーセントであるわずか4,000人に設定されることになった。結果的に，国軍への民兵のリクルートは2,981人にとどまり，その一方で3,664人の新兵を入隊させることで元民兵の影響力を相殺した（Barak［2009：173–174］）。1992年5月5日には，政府は，民兵に対して国軍だけではなく行政機関へのリクルートを呼びかけ，それぞれ4,000人と2,000人を受け入れた（Gaub［2007：10］）。こうして段階的ではあるが，民兵の社会復帰が促進され，また，彼らに対するカウンターバランスとしての国軍の増強も着々と進んでいった。民兵が武装解除と社会復帰に応じたのは，彼らが属していた民兵組織が合法政党として第二共和制の政党政治に参入するのに伴い，動員解除を着実に進めていったことが大きい（Picard［2009］）。

5）PLOを主導するファタハ（正式名パレスチナ国民解放運動）のほか，パレスチナ・イスラーム・ジハード運動，サーイカ（正式名人民解放闘争前衛機構），ハマース（正式名イスラーム抵抗運動），パレスチナ解放戦線，パレスチナ共産革命党，パレスチナ解放人民戦線（PFLP），パレスチナ解放人民戦線総司令部派（PFLP-GC），パレスチナ闘争人民戦線（PPSF），パレスチナ解放民主戦線（DFLP）などが活動していた。レバノン国内で活動するパレスチナ人諸組織については，青山編［2007：137–139］，髙岡［2008b］［2008c］を参照。

6）ターイフ合意は，「資格と技能」を公務員採用の基準とし，国会議員などの第一級の行政職に関しては，いずれの宗派にも特別の地位を与えないことを定めている。

7）大統領は，行政権を事実上独断的に行使できるだけでなく（憲法［1926年5月23日施行］第17条），国際条約の交渉・批准権（同第52条［1943年11月9日修正条項］），首相・内閣の指名・任命権（同第53条［1943年11月9日修正条項］），国民議会の解散権（同第55条［1929年5月8日修正条項］）などを握り，首相と国民議会議長を実質的に従属させていた。

8）なお，修正された憲法第95条第1項は「宗派は組閣において等しく代表される」と謳い，キリスト教徒とイスラーム教徒の閣僚ポストを均等することを定めているが，この文言はターイフ合意には記されていなかった。

9）レバノン人政治学者ファリード・ハーズィンによれば，「第二共和制」には確立された定義も成立時期についての見解の一致もないとされる（el-Khazen［1994：4］）。本書では，第二共和制はターイフ合意において示されている国民和解の4つの条件，①ターイフ合意の承認・発効（1989年11月5日），②大統領の選出（1989年11月5日のルネ・ムアウワド大統領就任［11月22日暗殺］，および11月24日のイリヤース・ヒラーウィー大統領就任），③国民和解内閣発足（1989年11月25日の第三次サリーム・フッス内閣発足），④憲法改正（1990年9月21日法律第18号施行）の履行をもって成立したとの立場を採る。

10）社会経済協力合意，農業協力合意，保健合意，個人および物資の移動に関する合意（以上1993年締結），アースィー川合意，労働合意，文化合意，観光合意，共通市場の確立に関する合意（以上1994年締結）。

11）レバノンに流入したシリア人労働者の正確な数は，統計データがないため把握できない。その数は，1992年から急増し，1994年初めには50万人を，1995年初めには100万人を突破したと報じられた（*al-Nahār*, July 24, 1995）。また，Rabil［2001：29］によると，60万人から90万人のシリア人労働者がレバノンに流入した。

12）ヒズブッラーが直面した第三の問題として，内戦末期におけるシーア派コミュニティの分裂とそれに伴う他宗派に対する相対的な勢力低下を指摘することもできよう。1988年から89年にかけて，ヒズブッラーはアマル運動との武力を伴う激しい縄張り争いを繰り返した（Hanf［1993：315-318］，Picard［1993：34-37］）。

13）マドリード会議には，イスラエル，シリア，レバノン，ヨルダン，パレスチナ，エジプト，そして欧州共同体（EC，後の欧州連合［EU］），米国とソ連が参加した。

14）実際，1987年4月の段階で，ソ連書記長ミハイル・ゴルバチョフは，アラブ・イスラエル紛争の軍事的解決の放棄を打ち出していた（*MEI*, May 15, 1987，Goodman and Ekedahl［1988：575-576］）。ソ連は，1989年11月，シリアに対してイスラエルとの関係を「戦略的均衡（strategic parity）」から「防衛的充足（defensive sufficiency）」に依拠するように要求した。すなわち，それまでの米国の対イスラエル軍事支援に対抗するかたちでシリアに軍事支援を続けてきた政策を見直し，既に供与された戦力（武器や技術）の維持を重視するようになった（Rabinovich［1998：36］）。

15）その一因として，IDFの占領地からの無条件撤退を要求した国連安保理決議第242号および338号について，シリア・レバノンとイスラエルとの見解の不一致があった。シリアの対イスラエル交渉と，レバノンおよび米国の関係については，Rabil［2003：85-118］を参照。

16）イラン外交の穏健化がヒズブッラーに与えた間接的な影響として，イランがシリアによるヒズブッラーの管理・制御を是認したことが指摘できる。その背景には，レバノン情勢に関して冷え切っていた両国の関係が，ラフサンジャーニー大統領による外交の穏健化によって幾分改善されたことがあった。

17）ヒズブッラーの党大会は，3年ごと（1989年の第一回から1995年の第四回までは2年ごと）に開催される。

18）1989年の第一回党大会の後，ヒズブッラー指導部は改革派と保守派の2つではなく，3つに分裂したとする議論もある。第三の派閥の考え方は，改革派よりも保守派に近く，ナイーム・カースィムがその代表であったとされる（Ehteshami and Hinnebusch［1997：142-143］，Ranstorp［1997：73-74］）。

19）ナスルッラーは，もともと保守派に属していた幹部であり，ヒズブッラーの結成を支援したイランのアリー・アクバル・モフタシェミー駐シリア・イラン大使との強いつながりを持つ人物であった。しかし，党内およびイラン政府指導部内の趨勢に鑑み，改革派に転じたとされる（Hamzeh［1993：323］）。

20）諮問会議は，ヒズブッラーの最高意思決定機関である。そのメンバーは，党大会において選出され，書記長，副書記長，そして党内の5つの専門機関の代表者の計7名から構成され

る。詳しくは，第7章1を参照。

21）政党化の方針をめぐって，ヒズブッラー指導部は諮問会議の7名（書記長，副書記長含む）に5名の幹部を加えた計12名による委員会を立ち上げ，党内議論の摺り合わせを行った。論点は，①政党化の正当性，②イスラーム的観点，③利益と不利益，④政策における優先的事項であった。党内議論の内容の詳細については，Alagha［2006：151-155］を参照。

22）ナスルッラー書記長は，1992年6月末，1カ月後に迫った第14期国民議会選挙にヒズブッラーが政党として候補者を出馬させることを発表した。その要点は，①レジスタンスの強化のための新たな政治領域の開拓，②被抑圧者の保護，③政治的宗派主義の廃絶，④これらを実現するための議席確保であった（Ṣawt Lubnān, June 30, 1992）。

23）ヒズブッラーの思想とイデオロギーの分析を専門にするジョゼフ・アルアーガーは，これを「現実主義の宗教的正当化」と表現しており，ナイーム・カースィム，ムハンマド・ラアド，アフィーフ・ナーブルスィーといったヒズブッラーのイデオローグたちが概ね同じ結論に達したと分析している（Alagha［2006：161-165, 185］）。

24）選挙綱領は，ヒズブッラーの政党化を「イスラーム法的義務」であると断じている。これは，レバノンのシーア派住民にとっては強い説得力を持つものであるが，ヒズブッラー指導部それ自体がこのような判断を下すことはできない。その資格を有していたのは，ワリー・ファキーフだけであった。ホメイニーの後を継いだイランの最高指導者ハーメネイーが，ファトワーを通して政党化の決断にイスラーム法的な承認を与えた（Qāsim［2010：343］，Alagha［2006：155］）。また，レバノンのシーア派コミュニティに強い影響力を持っていたムハンマド・フサイン・ファドルッラーも，ホメイニーと同様に，ヒズブッラーの政党化を支持した（Soueid［1995：67］，Hamzeh［1993：324］）。

25）こうしたヒズブッラーの政党としての言動を，オーガスタス・R・ノートンとジュリアン・シュウェドラーは，「イスラーム主義者がレバノンの復活した市民社会の重要な一部となった」と評している（Norton and Schwedler［1994：55］）。

26）イスラーム慈善計画協会は，スンナ派のアブドゥッラー・ヒーラーリーによって1975年に結成された。カターイブ改革運動は，アミーン・ジュマイイル元大統領（1982年9月〜88年9月）を中心とするレバノン・カターイブ党の分派であった（2005年11月，レバノン・カターイブ党と再統一を果たし，レバノン・カターイブ党となった）。ワアド党は，レバノン軍団の元幹部であったマロン派のエリー・フバイカが1980年代に結成した民兵組織を母体とし，政党の名称はターイフ合意後に正式に決められた。

27）シリアによるレバノン実効支配に特徴づけられる第二共和制を，一定の多元主義と複数政党による競合に基づく選挙が行われつつも，現実にはシリアが実権を握っていることから，権威主義体制の一種（あるいは不完全な民主主義の一種）と位置づける識者は少なくない。例えば，ラリー・ダイアモンドは，第二共和制のレバノンを，「競合的権威主義（competitive authoritarianism）」（あるいは「選挙権威主義（electoral authoritarianism）」）に分類し，「民主主義と権威主義の要素が組み合わさった」「ハイブリッド体制（hybrid regime）」の一種と捉えている（Diamond［2002］）。その特徴は，複数政党選挙の実施や議会での与野党競合といった公式上・形式上の「民主主義的要素」と恣意的な選挙区の再編や候補者の制限といった非公式上・運営上の「権威主義的要素」が併存する点にある。アンドレアス・シェド

ラーは，ダイアモンドの「ハイブリッド体制」は権威主義ではなくむしろ民主主義の一種として議論されていると指摘する。「競合的民主主義」あるいは「選挙権威主義」に基づく「ハイブリッド体制」が現実には「民主的である，あるいは民主化している」と必ずしも前提できないことを批判し，その上で自身が唱道する「選挙権威主義」論があくまでも権威主義研究であることを強調している（Schedler［2006］）。いずれにしても，①レバノンの国内政治の趨勢（民主主義）を決定づける非公式な権力（権威主義）がシリアという国外に存在すること，②民主主義と権威主義がそれぞれ「要素」ではなく，より制度化された形式でハイブリディティを構成していること，そして，③逆説的ながら，シリアがレバノンの政党間ないしは宗派間の権力分有のための調整役を果たしていることを勘案すれば，第二共和制を権威主義体制の一種や「ハイブリッド体制」に分類して分析を進めることには留保が必要であろう。むしろ，これらの特徴こそが第二共和制の政治構造を決定づけるものであり，したがって，それらを的確に把握するための分析概念を設定する必要がある。それが「権力の二元的構造」である（青山・末近［2009：23-26］）。

28）シリアは，1989年11月にムアウワド大統領が暗殺された後，レバノンの国民議会が新たにヒラーウィー大統領を選出する際も影響力を行使したとされる（Hudson［1999：31］）。大統領人事に対する同様の干渉は，1998年10月のエミール・ラッフード国軍司令官の大統領就任や2004年9月の任期延長（〜2007年11月）においても行われた。詳しくは，青山・末近［2009：42-60］を参照。

29）1992年の選挙において，ターイフ合意に基づき総議席数は108から128に引き上げられ，キリスト教徒とイスラーム教徒の割合は5：5（すなわち64議席ずつ）の等比とされたが，議席数の増加を地域別で見てみると，その3分の2以上がシリア軍の展開している地域の選挙区であった（Hanf［1993：625-630］）。増加率は，ベカーア県は50パーセント以上，北部県は40パーセント，南部県・ナバティーヤ県は25パーセントに対して，ベイルート県とレバノン山地県は20パーセントにも満たなかった。当選議員1人当たりの得票数においては，全国平均が1万8,500票であるのに対して，ベカーア県では1万6,000票となった（Hanf［1993：625-630］）。

30）ヒズブッラーによる候補者選定や候補者リストの作成といった選挙戦略とその結果については，Suechika［2000：287-288］を参照。

31）筆者によるヒズブッラー広報事務所（ベイルート南部郊外）での聞き取り調査による（2002年8月1日）。

第5章　多極共存型民主主義におけるイスラーム政党

1）イスラームと民主主義が文化的に相容れないとする議論は，ハンチントンの他にも，中東政治史の泰斗バーナード・ルイスや国際政治学者フランシス・フクヤマなど，欧米の有力な論客によっても繰り返しなされてきた。こうした議論とそれに対する批判については，福富［2011：19-22］を参照。

2）中東出身の知識人・思想家の間における民主主義とイスラームの関係をめぐる立場は，次の3つに大別できよう。①民主主義を近代西洋の産物でありイスラームにとっての不純物として退ける立場，②イスラームにおける「協議（シューラー，shūrā）」の概念が民主主義に

あたるため，両者には矛盾はないとする立場（この場合，民主化の是非をめぐる下位区分として，②-(1)西洋的な民主化は不要とする立場と，②-(2)西洋的な民主化を推進するべきとする立場があり得る），③選挙に代表される近代西洋の民主主義の基本制度だけを利用すべきとする立場（この場合，立法行為の是非をめぐる下位区分として，③-(1)議員が立法（実定法の制定）の責任を負うとする立場と，③-(2)議員による立法を制限し，法曹法としてのイスラーム法を重視する立場がある）である（エスポズィト／ボル［2000］，'Alī［1996］，Esposito and Voll［1996］，'Īd and 'Abd al-Jabbār［1999］，Huwaydī［2001］，Esposito［2003］，El-Affendi［2004］，Belkeziz［2009］，Hashemi［2009］）。

3）このようなヒズブッラーの政党としての政治実践は，パレスチナ自治政府におけるハマースのそれと相似形をなしている。ハマースもイスラエルの破壊を目標としているため，現在のパレスチナ自治区で展開される議会政治は制度的にも領域的にも受け入れることができない。しかし，自らの政治要求を実現するための実質的な力を得るためには，自治区内外のパレスチナ人や国際社会からの承認を必要とする。そのため，パレスチナ自治政府の地方議会選挙（2004年12月）と評議会選挙（2006年1月）に合法政党として出馬することを選択し，いずれにおいても議席の過半数を獲得する大勝利を収めた。ヒズブッラーの経験は，宗派制度を採用するレバノンに独特の政治体制を背景にしながらも，ハマースを含むいわゆる急進的なイスラーム主義組織がいかに現代の民主政治に参加し得るのかという一般的な問いに対して，思想と実践の両面において新たな知見を提供し得るものであろう。

4）筆者によるヒズブッラー広報事務所（ベイルート南部郊外）での聞き取り調査による（2000年8月20日）。

5）フッス陣営の選挙費用は27万3,930ドル，一方のハリーリー陣営は200万ドルを自身に，17の同盟者にそれぞれ10万ドルずつを費やしたと報じられた（*MEI*, September 15, 2000）。

6）ヒズブッラー幹部のなかには，アマル運動のリストへの参加に反対する候補もいた。ヒズブッラー指導部では，リスト参加に反対したイブラヒーム・アミーン・アッサイイドとフサイン・ムーサウィーの2名のベカーア県第1区からの出馬を取りやめた。アミーン・アッサイイドは「抵抗への忠誠ブロック」の代表であり，ムーサウィーはヒズブッラーの中核を占めた組織イスラーム・アマル運動の指導者であった。

7）1992年選挙，1996年選挙ともに，ヒズブッラーは進歩社会主義党との合同リストで選挙戦を戦った。

8）ヒズブッラー候補の南部県・ナバティーヤ県以外の選挙区の結果は以下の通り。ベイルート県2区（定数6）ではシーア派候補が1名出馬，得票数1位で当選，ベカーア県1区（定数10）ではシーア派候補3名とスンナ派候補1名が出馬，得票数は1位，2位，4位，6位となっている。レバノン山地県3区（定数11）ではシーア派候補1名が11位で当選している。

9）トゥファイリー元書記長のグループは，1994年1月にも，指導部内の主流派とバアルベックで衝突している。1997年7月の「飢える者たちの革命」宣言直後，トゥファイリー元書記長とナスルッラー書記長は関係改善のための対話を行ったが失敗に終わった（*al-Safīr*, August 22, 1997，Daher［2008］）。

10）ヒズブッラーの支持基盤の強化・拡大は，イスラーム的イデオロギーから導き出された政

策実践に依拠したものであったが，反対に，宗派制度廃止の要求や対イスラエル武装闘争といった政策の推進や成功が人びとのイスラームに対する再評価の契機となったことも指摘されている。特に，2000年5月の「南部解放」後には，レバノン国内のみならず国外でも，それを成し遂げた原動力としてのイスラーム的イデオロギーの有効性に注目が集まった。社会学者ジュディス・P・ハーリクは，1993年の聞き取り調査の結果から，ヒズブッラーへの支持の源泉が福祉・教育活動にあることを強調しているが，同時にイスラーム的価値観に従った高い道徳性が支持基盤拡大における重要な役割を果たしていることを指摘している（Harik［1996：51］）。しかし重要なのは，ヒズブッラーの政党化とその成功が，「宗教性」が希薄であったレバノンの宗派政治に，利権集団としての「宗派」ではない，普遍的な意味での宗派・宗教をもたらしたことであろう。

11）筆者によるヒズブッラー広報事務所（ベイルート南部郊外）での聞き取り調査による（2000年8月20日）。

12）例えば，1977年から82年のサウジアラビア王室からの建設事業の受注総額は，100億ドルを超えていたと見られている（Iskandar［2006：46］）。

第6章　対イスラエル闘争と中東和平問題

1）リーターニー川作戦は，レバノンの南部地域を流れるリーターニー川以南からパレスチナ人武装組織を排除することを目的とした（Kaufman［2010：26–30］）。

2）「非対称戦争」ないしは「非対称戦」の用語は，1990年代以降に登場し，特に2001年の9.11事件以降人口に膾炙することになったが，その意味や内容には統一した合意があるわけではない。非対称性の基準を紛争アクターの軍事力の差異に置く場合もあるが，本章では紛争アクターの種別に注目し，国家対非国家アクターという法的な相違に置くことにする（加藤［2010：211–225］）。

3）レバノン国軍は，部隊ごとに特定地域や宗派に偏る傾向があったため，内戦勃発後に分裂し，各部隊は宗派や地域を単位に民兵組織化した。

4）ヒズブッラーに代表されるイスラーム主義系諸組織以外に，アマル運動，アラブ社会主義バアス党，独立ナースィル主義者運動，レバノン共産党などイデオロギーを異にする組織もIDFに対する闘争に参加した。

5）1993年7月の「アカウンタビリティー作戦」と1996年4月の「怒りの葡萄作戦」については，Sobelman［2010：55–59］を参照。

6）内戦終結後のレバノン国軍の再編については，Gaub［2007］を参照。

7）1980年代にはIDFとヒズブッラーの戦死者が1：10程度であったのが，1990年代前半には1：5に，後半には1：2にまで縮まった（Norton［1998：153］，Byman［2005：105］）。

8）この間，ヒズブッラーとイスラエルとの紛争においては，「ゲームのルール」と呼ばれた暗黙の了解が存在したとされる。すなわち，①イスラエルはレバノン市民を標的としない，②ヒズブッラーは軍事行動を安全保障地帯内に制限し，イスラエル領内を攻撃しない，というものであった（ICG［2002］，Sobelman［2004］）。

9）イスラエルのレバノンに対する安全保障の認識の変化については，Murden［2000］を参照。

10）筆者によるヒズブッラー広報事務所（ベイルート南部郊外）での聞き取り調査（2002年8月1日）。

11）占領者こそがテロリストであるとする見解は，1997年にヒズブッラー指導部が発表した「ヒズブッラー――所見と構想（Hizbullah : View and Conceptions）」と題した文書においても確認されていた。「我々は世界の人びとに対して，テロリズムに他ならない侵略と，その侵略を阻止しその侵略によってもたらされるテロリズムに立ち向かう誠実な抵抗とを区別することを求める」（Ḥizb Allāh［1997a : 2］）。

12）イスラエル国内で収監されていたこの19名のなかには，ヒズブッラー指導部の一員であるアブドゥルカリーム・ウバイドとイスラーム抵抗元司令官のムスタファー・ディーラーニーが含まれた。この2名は，1986年10月にサイダー上空で消息を絶ったイスラエル空軍パイロット，ロン・アラドの行方を知る者として，それぞれレバノン南部（1989年7月28日）とベカーア高原（1994年5月21日）においてIDFにより拉致された。

13）IDF撤退後の南部国境線では，UNIFILが人員を削減し，代わりに警察と国軍が約500人ずつ展開したが，治安維持に役割を限定しており基本的には国境警備の任務に就くことはなかった。

14）そのためレバノン国内では，「南部解放」を境にヒズブッラーによる武装闘争継続の是非をめぐる政治的対立が先鋭化した（AbuKhalil［2001］）。特に，経済復興を最重要視していたラフィーク・ハリーリー（以下R・ハリーリー）首相にとって，海外からの投資を国内にも呼び込むためにも戦闘の継続は好ましいものではなかった。R・ハリーリー首相は，たびたびヒズブッラーに軍事活動の自制を求めた（Harik［2004 : 151-154］）。

15）2004年3月には，ガザ地区のハーン・ユーニス難民キャンプにおいて，パレスチナ人テロリストに訓練および資金援助を提供しているとされるヒズブッラーの「細胞」が摘発された（イスラエル外務省の発表による［http://mfa.gov.il/MFA/ForeignPolicy/Terrorism/Palestinian/Pages/ISA%20arrests%20Gaza%20Hezbollah%20cell%2010-Mar-2004.aspx，2013年8月14日閲覧］）。

16）カリンA号事件に加えて，サントリーニ号事件（2001年5月7日，レバノンを出航した船舶の拿捕），アブー・ハサン号事件（2003年5月21日，エジプト船籍の漁船の拿捕）の計3つの事件について，イスラエル当局はヒズブッラー・メンバーの関与を指摘した。（イスラエル外務省の発表による［http://www.mfa.gov.il/mfa/mfaarchive/2000_2009/2003/5/，2010年3月10日閲覧］）。

17）特にイスラエル北部の国境線に近い地域においては，レバノンからの麻薬や現金と引き替えにヒズブッラーに情報を提供する者が少なくなかったという（Blanford［2004］）。

18）2004年7月にヒズブッラー幹部のガーリブ・アワーリーが，ベイルート南部郊外のヒズブッラー実効支配地区で自動車に仕掛けられた爆弾で暗殺された。アワーリーがヒズブッラーのパレスチナ担当官の1人であったとするイスラエル側の主張を受けて，ナスルッラー書記長は，「占領下パレスチナにおける同胞たちを数年にわたって支援することに命を捧げてきた部局」のメンバーであり，「我々はこの事実を隠す気はない。むしろ，これを広く知らしめ，誇りとする」と述べた。この演説において，ナスルッラー書記長は，2003年8月にベイルート南部郊外で暗殺されたアリー・フサイン・サーリフについても，インティファーダ支援の指導的立場にあったことを認めた（Qanāt al-Manār, July 19, 2004）。

19）公称視聴者数はアラブを中心に1,000万人とされており，特にパレスチナにおいてカタルの衛星テレビ局「アル＝ジャズィーラ・テレビ（Qanāt al-Jazīra）」とならぶ二大情報源としての一定の信頼を得たという。筆者によるヒズブッラー広報事務所（ベイルート南部郊外）での聞き取り調査による（2002年8月1日）。

20）ハマースの指導者アブドゥルアズィーズ・ランティースィー（2004年4月17日IDFにより殺害）やムーサー・アブー・マルズーク，パレスチナ・イスラーム・ジハード運動指導者のラマダーン・アブドゥッラー・シャッラーフなどのインタビューを定期的に放送し，また，電話やファックスを通した声明発表の場を提供することで，彼らの広報・情報戦を支援した。米国政府は，アル＝マナール・テレビの放送内容を「反ユダヤ的（antisemitic）」と非難したこともある（*The Daily Star*, October 30, 2003）。

21）解放されたメンバーのなかには，レバノン国内でイスラエル軍によって拉致されたヒズブッラー幹部のウバイドとディーラーニーも含まれていた。ヒズブッラーにとって両名は，イスラエルによる人権・主権侵害の象徴とされ，長年その解放が悲願とされていた。1979年にイスラエル人3名の殺害容疑で逮捕・収監されていたドゥルーズ派レバノン人，サミール・クンタール（パレスチナ解放戦線メンバー）の解放は見送られた。クンタールは，2008年7月16日の捕虜交換でレバノンへの帰還を果たした（al-Zayn［2011］）。なお，59名の殉教者の名簿については，*al-Intiqād*, January 31, 2004を参照。

22）イスラエル国内でのテロへの関与の容疑で収監されていたドイツ国籍のムスリム，スティーヴン・スミレックも解放された。スミレックは1994年にイスラームに改宗，ヒズブッラーと接触した後の1997年に逮捕されていた。解放者の全名簿については，Bazzī ed.［2004 : vol. 2, 90–100］を参照。

23）ナスルッラー書記長の演説は，アル＝マナール・テレビによって各地に伝えられ，パレスチナ自治区からはパレスチナ人のヒズブッラーへの支持が急上昇したという報道もなされた（AFP, January 29, 2004，Inter Press Service, January 30, 2004）。

24）ナスルッラー書記長は，ハーフィズ・アサド（以下Ḥ・アサド）大統領とは一度も面会したことがないと述べたが（Radio Damascus, June 10, 2001），バッシャール・アサドとは大統領就任以来頻繁に会談を行っている。

25）また，シャブアー農場での解放闘争の継続は，シリア軍のレバノン駐留に安全保障上の名目を与えるものであった。

26）これは，シリア軍を標的としたものとしては過去20年間で初めての空爆であり，7月1日には2度目の攻撃が敢行された。また，ハイファでのパレスチナ・イスラーム・ジハード運動による殉教作戦の報復として，2003年10月5日，イスラエル空軍はダマスカス郊外北西部のアイン・サーヒブ難民キャンプを空爆した。この第四次中東戦争以来約30年ぶりのシリア領内への攻撃は，パレスチナ・イスラーム・ジハード運動とパレスチナ解放人民戦線（PFLP）が訓練に使用していた同キャンプを狙ったものと見られた。この攻撃の契機となった殉教作戦にヒズブッラーが直接関与していた証拠は出されていないが，イスラエルの軍事行動は9.11事件後の米軍によるアフガニスタンへの空爆に倣ったものと考えられる。

27）2004年9月下旬，レバノンからの外国勢力の撤退を求める国連安保理決議第1559号の採択を受けて，シリア軍は，1991年以来，6度目となるレバノンからの撤退を行った。

28）ナスルッラー書記長は，2000 年 5 月の「南部解放」をヒズブッラーの勝利とすると同時に，「Ḥ・アサド大統領の政策の結実」であるとの見解を示し（Bazzī ed.［2004：vol. 1, 73］），シリアによるレバノンへの介入の正当性を強調した。また，スファイル総大司教のシリア軍駐留批判に対しても，「今日我々は今まで以上にシリア軍の存在を必要としている。シリア軍の存在は地域的戦略とかレバノン国内での必要性を超えた民族的義務であり，もし出て行こうとするならば，我々がそれを引き止めることになるだろう」と反論した（*The Daily Star*, April 4, 2001）。

29）例えば，ワリード・ジュンブラード（ドゥルーズ派）や，サミール・ファランジーヤ（マロン派），アルビール・ムハイビル（ギリシア正教），ウマル・カラーミー（スンナ派）などが挙げられる。さらに，長年にわたって親シリア勢力の代表格であったナビーフ・ビッリー（シーア派）までもがシリアとの関係の見直しに言及した。

30）ラッフード大統領の一貫した親シリア姿勢およびヒズブッラーの武装解除への反対姿勢については，Pakradouni［2012］を参照。

31）2004 年 9 月 30 日には，レバノン政府の代表団が，ヒズブッラーをレバノンの「国民的レジスタンス」として認める要求を盛り込んだ覚書を国連本部に提出した（*al-Safīr*, October 1, 2004）。ヒズブッラーはシリアの対レバノン政策を支える代わりに，同国による庇護を享受していた。しかしこのことは，ヒズブッラーの政治的影響力の限界点がシリアの管理下にある，言い換えると，ヒズブッラーの活動がシリアの「レッドライン」の枠内を超えられないことを示唆している。

第 7 章　抵抗社会の建設と社会サービス

1）本章では，社会サービスを医療，福祉，教育，インフラ整備などの社会的な奉仕一般を指すものと定義する。こうした活動は「公共サービス（public service）」と呼ばれることもある。しかし，ここではそれを提供するアクターの違いに基づき両者を区別するために，国家の行政によるものを公共サービス，他方，民間ないしは非政府の組織や団体によるものを社会サービスと呼ぶこととする。

2）同様の議論は，Jaber［1997］や Ranstorp［1997］によっても唱えられてきた。ヒズブッラーに限らず，「宗教的過激派」が社会サービスを通して戦闘員やテロリストをリクルートする傾向があるとする議論としては，Iannaccone and Berman［2006］による経済学的分析などが挙げられる。

3）例えば，シャウン・テレサ・フラナガンとモウナ・アブドゥルサマードによる共同研究は，ヒズブッラー指導部の真意を断定することはできないとしながらも，「ヒズブッラーの効果的な社会サービスは貧しいシーア派の忠誠心をつかんできた。部分的には，これらのサービスの提供を通して，ヒズブッラーは〔選挙の〕票やレバノン政府における権力の取り分，さらにはおそらく自らの大義のための戦闘員を増やしてきた」と結論づけている（Flanigan and Abdel-Samad［2009：135］）。

4）軍事と政治の二者択一的な議論の陥穽については，モナー・ハルブとレイノード・リーンダースも類似の指摘をしている。ただし，彼らの主眼は，2001 年の 9.11 事件とその後の「テロとの戦い」の言説が世界を席巻するなかで，「テロリストのラベリング」がヒズブッ

ラーの実態把握を著しく阻害していることを批判することにあった。彼らの議論において注目すべきは，「テロリストのラベリング」の対極にあるもう1つのアプローチ，すなわち1990年代半ばにおいて注目された「ヒズブッラーのレバノン化」も，ヒズブッラーの合法政党としての側面を過度に強調する「結果先にありき」の議論であるとして批判している点である（ただし，「ヒズブッラーのレバノン化」の議論は，「テロリストのラベリング」に対するある種のアンチテーゼであったことも事実である）。ハルブとリーンダースは，「テロリストのラベリング」と「レバノンのヒズブッラー化」の2つの見方において，社会サービスの意義はそれぞれテロ活動や武装闘争の正当化ないしは合法政党の集票のための装置として別個に語られてきたと批判する。その上で，レジスタンス，政党活動，社会サービスの3つを不可分な「統合され一体化した政策のネットワーク（integrated and holistic policy network)」として捉え，相互の関係や作用を包括的に検討する，「ホリスティック・アプローチ（holistic approach)」を提唱した（Harb and Leenders［2005：192］)。筆者はこの試論および問題提起に共感するが，この「ホリスティック・アプローチ」が未だ問題提起の域を出ておらず，具体的な方法論や研究成果については刊行されていない。溝渕［2010］は，ハルブとリーンダースの論文に直接言及していないものの，ヒズブッラーの軍事力を軍事・政治・社会の面から包括的に捉えようとする試みである。

5）エージェンシーとは，ポスト構造主義およびその後のポストコロニアリズムの文脈において議論されてきた概念であり，構造やシステムによって措定されながらも，それらと交渉し，変革していく可能性を内包する行為主体のアイデンティティと実践として捉えられる（末廣［2000］)。本章では，太田好信に倣い，エージェンシーに「主体的関与」の訳語を当てたい。太田によると，エージェンシーとは，単に自由に思考し行動する主体ではない。それは，構造やシステム，イデオロギーによって措定された「筋書き」を忠実に辿る行為者であるのみならず，それらの「台本」のなかに自らを位置づけ演じることで，自らの声なき声を聞いてもらえるような言説を作動させるものである。

6）ヒズブッラーによる社会サービスに注目した人類学的研究として，Fawaz［2005］，Deeb［2006］，Jawad［2009］がある。3つの研究ともに，ベイルート南部郊外に暮らす女性たちを取り上げ，イスラームを媒介にした自己実現と連帯性・共同性の涵養の様を活写している。しかし，低開発に置かれた地域における女性のエンパワーメントを主題としており，ヒズブッラー指導部と住民の関わり合いを分析した本章とは関心の位相が異なっている。

7）アーセフ・バヤートは，中東における都市社会のあり方と政治との関係について，欧米の研究者は従来の社会科学のモデルでは十分に解明することができないとする「例外主義（exceptionalism)」を論じる傾向を見せてきたという。これとは対照的に，中東地域の「ローカルな」研究者たちは，「彼らの社会の社会的現実に対して従来のモデルと概念を無批判に適用しがちであり，それらのモデルが異なる歴史的な系譜を有していることを十分に知ることもない。そのため，世界のこの部分における複雑な構造と変化と抵抗の動態をほとんど説明できていない」と批判する。このような従来の研究に対する批判を出発点に，バヤートは「都市サバルタン」に注目することが重要であると説く。「都市の被剝奪者が，静かで謙虚な日々の闘争を通して，いかにして自身のための新たな生と共同体，そして中東の都市という基礎の上に異なる都市現実を捉え直しているのか，これまでほとんど注意が払われな

かった。多くの研究者が，これらの都市サバルタンが都市運営の意味と運命を決めることに事実上参加していることを無視している。彼らは，その多くが除外されてきたフォーマルな制度的チャンネルを通してではなく，まさにその排除された領域においてそれを行っているのである」（Bayat［2009：4-5］）。

8）ジハード会議議長職は，1990年代後半から書記長の兼任が続いている。それは，暗殺の標的や軍事攻撃の対象になることを回避するために名前の公表を控えているためと見られるが，欧米のマスメディアやシンクタンクなどは，イマード・ムグニーヤとその後継者としてムスタファー・バドルッディーンの名前を挙げている（ムグニーヤについては第3章3を参照）。バドルッディーンは，1961年，ベイルート南部郊外（グバイリー地区）に生まれた。ムグニーヤの義弟にあたる。1980年代はイリヤース・サアブのコードネームで活動し，82年のレバノン戦争前にはファタハの軍事部門の精鋭部隊「フォース17」に所属していた。その後はイランの革命防衛隊の支援を受けた「地上における被抑圧者の組織」のメンバーとなり，83年12月12日のクウェートの米仏両大使館爆破事件の容疑でイラク・イスラーム・ダアワ党員（テヘラン支部）22名およびレバノン人2名とともにクウェート当局によって逮捕され，翌年3月27日死刑宣告が下された。1990年の湾岸危機の最中に脱獄し，クウェートのイラン大使館を通してイランに亡命した。その後，イランの革命防衛隊の支援によってレバノンに帰国した。2009年11月の第八回党大会の公式発表ではその名に言及はなかったものの，対外工作・諜報を担当する諮問会議のメンバーに選出されたとも伝えられた。

9）サイイド，シャイフ，ハーッジの3つの敬称にはニュアンスの違いもあり，対外イメージの観点から党内人事においてはその違いに基づく一定のパターンを見ることもできる。サイイドとシャイフが法学者のようなイスラームの積極的な担い手を示唆する一方で，ハーッジは篤信的であることの証であるものの，あくまでも一般信徒であることを示唆する。服装に関しても，サイイドはサイイドの証である黒ターバン，シャイフは法学者の衣装をまとう一方で，ハーッジは西洋式の背広を選ぶことが多い。そのため，ハーッジはヒズブッラーにおける宗教色が薄いポストを担う傾向がある。例えば，他宗派・他政党との「連携ポリティクス」が必要な議会活動会議議長には，ハーッジの敬称所持者が配置される。

10）理論的には，ヒズブッラーにとってのワリー・ファキーフであるイランのアリー・ホセイニー・ハーメネイーが，地上における最高意思決定権を有する。しかし，第2章2で論じたように，ヒズブッラー指導部はワリー・ファキーフの見解に従い，それに抵触しないかたちにおいて，個別の条件下に相応しい行動を決めることが可能となっている。

11）アスアド・アブーハリールは，「政治組織・動員の近代的な形式についてのイスラームの教えがない」ことから，ヒズブッラーの組織構造が共産党などの左派組織をモデルにしているとの指摘をした。ヒズブッラー（およびイラン革命政府）が掲げてきた「被抑圧者たち」による抵抗はレーニン主義における階級闘争に類似しているとされ，そうしたイデオロギーが社会サービスの原動力になっているとされる（AbuKhalil［1991：397-398］）。

12）ただし，「ヒズブッラー系列」の組織・団体には，ヒズブッラーの名称を冠したものはない。

13）2006年のレバノン紛争の後には，レバノン国内外で高まったヒズブッラー人気に便乗す

るような企業や団体が現れた。現象として見れば「ヒズブッラー系」の組織・団体の増加ということになるが，筆者の聞き取り調査に基づけば，そこにはヒズブッラーの理念や活動に賛同したというよりは，「便乗商法」の経済的合理性が強く働いていたように見える。カースィム副書記長は，「ヒズブッラーのあらゆる事柄に参加する全ての者たち」をヒズブッラーの支持者と見なすとしているが，イデオロギーではなく，経済的合理性に基づく生活戦術を駆使する人びととのズレは興味深い。

14）3,070 の施設・機関の半数以上の 1,660 が NGO によって運営されている。レバノン政府は，学校に関しては 2,792 のうち 1,399 の運営を行っているが（2005 年），他方，医療機関については病院の総数 160 の約 5 パーセント，診療所の総数 453 の約 10 パーセントしか運営していない（Cammett and Issar［2010：390–391］）。

15）レバノン国内の NGO のなかで，特に宗教に依拠した信仰・倫理・道徳による社会サービスを打ち出しているものを，ラナー・ジャワードは，「宗教的福祉組織（religious welfare organization, RWO）」と呼んでいる（Jawad［2009：109–120］）。モナー・ファワーズは，イスラーム諸派が運営する NGO について，「テロリスト」や「過激派」といったネガティブなイメージによって語られることを問題視している（Fawaz［2005］）。事実，2006 年のレバノン紛争では，ファドルッラーのマバッラート福祉協会の施設が IDF による空爆の標的とされ，いくつかの施設が破壊された。

16）民兵組織による特定地域・住民の実効支配には，負の側面も指摘できる。住民に対する経済的搾取や武器や麻薬などの非合法経済活動を特徴とする「民兵経済（militia economy）」が見られたのも事実である（Picard［2000］）。

17）マバッラート福祉協会は，孤児院 6，病院・診療所 4，学校 14（小・中・高等学校），職業訓練校 6，イスラーム・センター 8，メディア部門 2（ラジオ局と広報センター），宗教学校 4（うち 1 校はダマスカス郊外のサイイダ・ザイナブ）などを運営している（2009 年現在）。マバッラート福祉協会ウェブサイト（http://www.mabarrat.org.lb/，2009 年 8 月 10 日閲覧）。

18）ヒズブッラー系列 NGO は，その資金の流れや活動の規模から，イラン政府の傀儡や「国家内国家」としばしば批判されることがある。しかし，ヒズブッラー系列 NGO の多くが，レバノンの社会問題省に対して公共サービスの充実化を強く訴え，それを実現するために政府との連携を進めてきた。むしろ，政府との関係強化を積極的に行ってきたアマル運動と進歩社会主義党の方が，NGO に関しては政府から自律した組織として活動しているとされる（Flanigan and Abdel-Samad［2009：130］，Jawad［2009：123］）。

19）2008 年，カースィム副書記長による講演録『抵抗社会——殉教者の意志と勝利のメカニズム（*Mujtamaʻal-Muqāwama：Irāda al-Shahāda wa Ṣināʻa al-Intiṣār*）』が刊行され，ヒズブッラーの「抵抗社会」の論理が初めて体系的に示された（Qāsim［2008］）。だが，同書は，副題が示唆するように，主にイスラエルに対する軍事的抵抗のノウハウの提示に重きが置かれており，本章が論じているような指導部と支持者が一丸となって相互協力体制を築こうとする言説および実践とはやや目的を異にする。同書の抄訳については，髙岡・溝渕［2010］を参照。

20）例えば，建設ジハード協会は，レバノンの山々に広がる豊かな自然を保護するために，植

樹プロジェクトを長年にわたって行っている。同協会の職員だけではなく，一般市民によっても植樹は進められており，その数は2010年末には100万本を超えた。ナスルッラー書記長は，この植樹プロジェクトは，人類にとっての脅威である環境破壊への抵抗であると同時に，レジスタンスの戦闘員たちがゲリラ戦において身を潜めるための場所をつくるための努力であるとしている（Qanāt al-Manār, October 8, 2010）。

21）このようなヒズブッラーによる社会サービスの実践のあり方を，ラーラー・ディーブは「公共的篤信（public piety）」と呼んでいる。「公共的篤信の価値観は，イスラームを「正しく」理解し実践すること，時間，財産，生命を他者の援助に捧げること，イスラエルの占領に抵抗することを含む」（Deeb［2006：8］）。

22）ダーヒヤが急速に拡大していた1975年の段階で，人類学者フアード・I・フーリーは，この地域を「貧困地帯（misery belt）」と呼んだ（Khuri［1975：37］）。

23）1948年には，シーア派が，レバノン南部地域とベカーア高原の地方人口の70～85パーセントを占めており，首都ベイルートにおいては人口のわずか3.5パーセントを構成するに過ぎなかった。しかし，農村から都市への移住が進んだ結果，1973年には地方人口においては40パーセントにまで減少し，代わりにベイルートの人口の29パーセントを占めるにまで至った（Picard［1997］）。

24）前出のディーブによる2000年の調査によれば，イスラーム福祉支援協会の専従スタッフは90名，ボランティアは350名とされる（Deeb［2006：90］）。ジャワードは，同協会による社会サービスの受益者の90パーセントがシーア派と見積もっている（Jawad［2009：173］）。

25）例えば，給水施設や水道の整備などを通して，ダーヒヤの消費量全体の45パーセントの水を供給していた（Flanigan and Abdel-Samad［2009：125］）。1988年から96年の間の8年間で，57の井戸，1万5,000メートル長の水道管，4つの貯水池，400の給水タンクを整備した（Jihād al-Binā'［1993］［1994］［1996］［1997］）。また，給水車によって，1回4,000リットルの水を1日5回供給していた（2001年）（Harik［2004：84-85］）。電力に関しては，5つの発電所と給電施設を整備し，独自に設置したのべ4,100メートルの高圧電線を通して送電が行われていた。1988年から92年にかけては，毎日300トンの生活ゴミの収集と道路脇の側溝の清掃を担っていた（Harik［2004：83-85］）。ゴミ収集と清掃業務は，1992年からは国内最大手の民間清掃会社「スクリーン」が担っている。スクリーンは，レバノン政府による民間への行政委託の形式をとっており，ベイルートと周辺の一部の村での清掃業務を請け負っている。

26）ジシーの敬称は「ムハンディス（muhandis，エンジニア）」であり，イスラーム的な価値観に依るものではないが，ヒズブッラーの幹部たちと近い関係にあるとされる（Harb and Fawaz［2010：25］）。復興計画のグランドデザインの策定を指揮したのは，レバノン大学教授であり，またヒズブッラーのシンクタンク「研究資料相談センター」の所長であるラヒーフ・ファイヤードとされる。ファイヤードは，レバノン大学の同僚や部下をワアドのプロジェクトに招いている。

27）こうした状況のなか，2008年2月，ワアドは米国務省によって「国際テロ組織」に指定された。ジシー総監督によると，多くの義援金が「テロマネー」として取り締まりの対象となったことで，少なからずプロジェクトに影響が出ているとのことである。

28）バヤートも，クルーガーとマレツコヴァと同様に，貧困とイスラーム主義へのイデオロギー的傾向には必然的な相関関係はないとする。「現実には，しかしながら，奪われた者たちは，イスラーム主義者が彼らを政治的プレイヤーや道徳的標的とする戦略的な利益を見せるほど，急進主義やイスラーム主義への自然な傾向をもはや見せていない。……貧者はイデオロギー的であることができない。彼らの関心は，彼らの直近の関心に直接応える戦略，組織，協会にある。イデオロギー的であることは，時間，リスクテイキング，金銭といった一定の能力を必要とするが，被剝奪者たちは往々にしてそれらが欠けていることが多い」（Bayat［2009：184］）。

29）「慈悲あまねく慈悲深きアッラーの御名によって」という句。クルアーンにおいて各章（懺悔章を除く）の冒頭に示される句であり，全部で 114 回登場する。

30）ナスルッラー書記長の演説のテクストについては，Manshūrāt al-Fajr ed.［2006］や Noe ed.［2007］などのアンソロジーが刊行されている。

31）ダーヒヤのアーシューラー行進においては，自身の身体を打ちつけることでの流血が禁じられていた。これは，1994 年のハーメネイーによるファトワーに従い，ヒズブッラーが 1990 年代半ばから流血を忌避してきたからである。他方，南部地域のナバティーヤでは今日でも流血を伴う激しいフサイン追悼が行われているが，この違いは，ダーヒヤがヒズブッラーの実効支配下にあることを示唆していると言えよう。2006 年のアーシューラーの際，ダーヒヤではヒズブッラー系列 NGO の 1 つである「イスラーム保健衛生協会」が献血所を設け，参加者に献血を求めていた。フサイン追悼のための「血を流す」という行為を実利の面から解釈し直した制度である。

32）ナスルッラー書記長のアーシューラー演説の特徴については，Tabet［2008］を参照。

33）この日，ダーヒヤ内の主要道路の電信柱にはスピーカーが設置され（約 30〜40 メートルごと），主要なモスクにおけるウラマーによる説法やフサインを追悼する詩，そして行事の進捗を伝える連絡放送などが流された。ナスルッラー書記長の演説もこの「放送網」で中継され，ダーヒヤ全体を単一の音空間に変えることで，住民に連帯性や共同性を意識させる役割を果たしていた。

34）エフード・オルメルトは，2006 年 1 月 4 日に脳卒中で倒れたシャロン首相の権限を代行していた。その後，シャロンの回復が見込めないなか，同年 4 月 14 日に正式に首相に就任した。

35）2006 年 2 月には，ベイルート中心部の首相府周辺でヒズブッラー率いる野党連合「3 月 8 日勢力（Quwā al-8 Ādhār）」による倒閣を求める座り込み（テントや小屋を設置し，24 時間体制で場所を占拠することを通した抗議行動）が行われていた。筆者がヒズブッラーの党旗を掲げたテントや小屋の「住民」たちと言葉を交わしたところ，そのほとんどが南部地域やベカーア高原の住民であり，座り込みのためにベイルートに来たと述べた。また，彼らの多くが失業中の身であるという。彼らは，だからこそ座り込みが可能であり，ダーヒヤをはじめとするベイルートの都市住民は仕事のない休日や夜間だけ参加するのだと語った。

第 8 章　「新しい戦争」としての 2006 年レバノン紛争

1）レバノン政府の公式発表による（http://www.lebanonundersiege.gov.lb/，2006 年 9 月閲覧）。

2）イスラエル外務省ウェブサイト（http://www.mfa.gov.il/MFA/Terrorism-+Obstacle+to+Peace/Terrorism+from+Lebanon-+Hizbullah/Israel-Hizbullah+conflict-+Victims+of+rocket+attacks+and+IDF+casualties+July-Aug+2006.htm，2008年10月4日閲覧）。

3）このヒズブッラーによる兵士捕捉作戦のタイミングについては，2006年6月25日にガザ地区で起きたパレスチナ武装組織の連合軍によるIDF兵士捕捉事件の模倣や，その事件の報復攻撃を受けるガザ地区での抵抗運動の側面支援という見方もなされた。また作戦実行の時期がサンクトペテルブルクで開かれたG8サミット（2006年7月15〜17日）の直前であったため，イランがサミットの中心議題になると見られていた自国の核開発疑惑から国際社会の目を逸らさせるためにヒズブッラーに作戦行動を促したとの指摘もなされた（*al-Nahār*, July 13, 2006，BBC, July 18, 2006）。

4）ナスルッラー書記長は開戦直後の記者会見で，「我々はこの作戦を実行するために5カ月前に行動を開始した」と述べた（*al-Nahār*, July 13, 2006，*al-Safīr*, July 13, 2006）。

5）イスラエル国防軍ウェブサイト（http://www1.idf.il/DOVER/site/mainpage.asp?sl＝EN&id＝7&docid＝54279.EN，2006年8月20日閲覧）。

6）4月合意は，米国の仲介によってイスラエルとヒズブッラーとの間で非公式に交わされたものであったが，その後の紛争のあり方を方向付けたという意味において，少なくとも2つの意義を見出すことができる。第一に，非公式とはいえ，結果的にイスラエルがヒズブッラーを対話や交渉の対象とした点である。第二に，同合意の締結と実施を保障するアクターとして米国だけではなくシリアが正式に加わったことである。むしろ，紛争のエスカレートを望まない米国に対して，シリアは実質的にヒズブッラーの言動を管理できる国家としてこの紛争における主導権を握ったと言えよう（Shaaban［2012：137-155］）。4月合意の要諦は，①レバノンの武装組織はイスラエル領内に対してカチューシャ砲などで攻撃をしない，②イスラエルおよびその同盟者はいかなる武器によってもレバノンの市民に対する攻撃をしない，③両者はいかなる場合においても市民を攻撃せず，市民の居住地域からの攻撃をしない，④両者は，これらの合意に抵触しない限りにおいて，自衛権の行使を容認する（Muṣṭafā［2003：595-604］，Israel Ministry of Foreign Affairs［1996］）。

7）イスラエルの安全保障戦略におけるレバノンの位置づけも変わっていた。2000年のレバノンからのIDFの撤退は，国境線に「恐怖の均衡」をもたらしただけで，安全保障を確立することができなかった。それに加え，イスラエルは2005年8月にガザ地区から軍を撤退させたが，パレスチナ人による「テロリズム」を沈静化させられないどころか，パレスチナ自治政府評議会選挙でハマースの大勝を目の当たりにすることとなった。つまり，穏健な政策がイスラエルの安全保障確立のための有効な手だてではないことが明らかになったのである。その結果，イスラエルにとってレバノンは再び軍事介入の対象となったのだと考えられる。

8）米国は，ヒズブッラーを支援するシリアとイランを「テロ支援国家」に指定し，交渉相手として認めていなかった。しかしこのことは，ヒズブッラーに影響力を行使するための選択肢を，イスラエルによる「代理戦争」のみに自ら限定してしまっているとの批判もなされた（*The Washington Post*, July 28, 2006）。

9）2006年7月13日付『アル＝ハヤート（*al-Ḥayāt*）』紙は，B・アサド大統領が，ヒズブッ

ラーの劣勢打開や自国の安全保障のため，3度紛争に参戦しようとしていたと伝えている（*al-Ḥayāt*, July 13, 2006）。

10）イランの革命防衛隊がヒズブッラーの戦闘員を訓練し，また直接的に対イスラエル軍事行動に関与しているとの報道もされた（*al-Sharq al-Awsaṭ*, July 29, 2006）。

11）ローマでの国際会議に参加したのは，レバノン，エジプト，サウジアラビア，ヨルダン，フランス，ロシア，英国，米国，イタリア，スペイン，ドイツ，トルコ，ギリシア，キプロス，カナダの15カ国と，国際連合，世界銀行，欧州連合（EU）の3つの国際機関であった。停戦七提案の要諦は次の通り。①国際赤十字社を通した捕虜交換，②IDFの「ブルーライン」までの撤退および避難民の帰還，③シャブアー農場の一時的な国連への移管，④国内唯一の武力としての国軍の展開と主権の回復，⑤UNIFILの増派，⑥1949年休戦協定に基づいた国連の活動，⑦国際社会による人道的・社会的・経済的支援（*al-Nahār*, July 27, 2006, *al-Safīr*, July 27, 2006）。

12）カーナーの国連施設への「誤爆」は，1996年4月のIDFによる「怒りの葡萄作戦」の際にも起こり，4月18日，同施設に避難していた市民106名が死亡，約120名が負傷した（HRW［1996］［1997］）。レバノン政府は，事件の現場となった国連施設跡をイスラエルの蛮行の爪痕および殉教者の追悼施設として整備・運営している。

13）UNIFILの要員派遣国は以下の通り。ベルギー，中国，クロアチア，キプロス，デンマーク，フィンランド，フランス，マケドニア，ドイツ，ガーナ，ギリシア，グアテマラ，ハンガリー，インド，インドネシア，アイルランド，イタリア，ルクセンブルク，マレーシア，ネパール，オランダ，ポーランド，ポルトガル，カタル，韓国，スロヴァキア，スロヴェニア，スペイン，タンザニア，トルコ。

14）UNIFILウェブサイト（http://www.un.org/Depts/dpko/missions/unifil/，2007年12月閲覧）。

15）この捕虜交換では，2名のIDF兵士の遺体に対して，イスラエルに収監されていた5名のレバノン人戦闘員および199名の遺体がレバノンに返還された。この5名のレバノン人のなかには，パレスチナ解放戦線のメンバーであり，1979年に4名のイスラエル人を殺害した容疑で収監されていたサミール・クンタールも含まれていた（*Ha'aretz*, July 14, 16, 2008, al-Zayn［2011］）。解放されたクンタールは，レバノンの国民的英雄として，ミシェル・スライマーン大統領，スィニューラ首相，ナビーフ・ビッリー国民議会議長らによって迎えられた。また，ナスルッラー書記長はクンタールの帰還を祝賀するスピーチを行った（Qanāt al-Manār, July 16, 2008）。

16）むろん，これが結果論であることも否めない。ナスルッラー書記長は，2006年8月27日のテレビ・インタビューで，同組織がイスラエルの反応を事前に知っていたならば，IDF兵士2名を捕捉しなかったであろうと述べた。ただし，イスラエルとの戦闘はいずれにせよ数カ月以内に起きていたとの認識も表明している（Noe ed.［2007：378–410］）。

17）「勝利祭典」でのナスルッラー書記長の演説の全訳および解説は，末近［2007］を参照。

18）このような試みとして，Craig［2006］，Bar-Joseph［2007］［2010］，Bishara［2008］，Merom［2008］，Spyer［2008］などが挙げられる。

19）なお，米国とイスラエルが，ヒズブッラーの壊滅とイランに対する示威のために，レバノンへの軍事介入を事前に準備していたとの報道もされた（Hersh［2006］）。

20）レバノン国民が抱くイスラエルに対する不信感については，青山弘之らが2010年に実施した全国を対象とした世論調査の結果にも現れている。そこでは，回答者（計914名）の82.7パーセントがイスラエルは，中東地域の安定に寄与していないことを「強く思う」と答えている。また，同調査の結果は，ヒズブッラーが国内最大の支持基盤を持つ政党であることを示している（回答者の23.4パーセントがヒズブッラーを「最も支持する政党」に挙げている）（青山・溝渕ら［2010a］［2010b］）。

21）UNIFIL ウェブサイト（http://www.un.org/Depts/dpko/missions/unifil/，2007年12月閲覧）。

22）なお，ナスルッラー書記長は，2006年5月23日の段階で，「1万2,000発のロケットで占領下パレスチナ北部全域を攻撃できる」と述べている（*al-Ḥayāt*, May 24, 2006）。

23）イランは，兵器の供与以外にも，戦闘員の賃金やリクルート資金といった財政面や戦闘員の訓練のための人材面での軍事援助を行っていると見られている（Byman［2005：87-89］）。

第9章　「杉の木革命」による民主化とその停滞

1）2005年の「杉の木革命」に端を発するレバノンの民主主義の混乱については，ジャーナリスティックな手法で詳細に論じた安武［2011］を参照。

2）レバノンの民主化の阻害要因を宗派主義に求める論者は，宗派主義の定義に沿って次の3つに大別できる。第一は，宗派を単位とした偏狭な心性と相互不信に着目した「アイデンティティ」論者（AbuKhalil［2008］，Makdisi［2008：20-21］，Harris［2009：21］），第二は，伝統的名望家（ザイーム）や民兵組織の指導者といった政治エリートによる国民全体ではなく，宗派ないしは地域の利益を重んじる独善的な言動に着目した「実践」論者（el-Husseini［2004］，Cammett［2009］，Jaafar and Stephen［2009］），第三は，「アイデンティティ」や「実践」を再生産している宗派制度に着目した「制度」論者である（Jaafar［2007］，Johnson［2007］，Choucair-Vizoso［2008］，Hovsepian［2008：35］，Hajjar［2009］）。

3）そもそも，こうした議論には2つの規範的前提が見え隠れする。第一に，リベラルで世俗的な政治制度が最善最良の選択肢であり，その実現を将来に向けての唯一のシナリオとしている点である。第二に，（シリアによる）権威主義から（レバノン独自の）民主主義への「移行」と，その後の民主主義の「定着」を想定した，従来型の民主化論が所与のものとされていることである。この2つが前提とされることで，2005年以降のレバノン政治は，宗派主義が蔓延する「権威主義以上民主主義未満」の「不健全な状態」にあるとの評価が下されてきた。中東政治学者レイモンド・ヒンネブッシュは，民主化論の欠点として，「権威主義的／民主主義的の二分法」に基づく「目的論（teleology）」を指摘する。それは政治体制の豊かな多様性と共通性の両方を隠蔽してしまい，その結果，民主化が難航する中東諸国を「本来よりもよりいっそう例外的に見せてしまっている」との批判は正鵠を射ている（Hinnebusch［2010：441］）。

4）レバノン人ジャーナリスト，マイケル・ヤングは，宗派主義の存在を前提としてレバノン政治を語ることが「政治的正しさ」の観点から批判を浴びるものであること自覚しつつ，「私は，我々が手にすることを欲しているが決して得られないもの〔宗派主義の不在〕よりも，我々が手にしているもの〔宗派主義の存在〕を扱うことを好んできた」と述べている（Young［2010：254］）。

5）パーシスの定義に従い，ローラ・フセイニーは，レバノン政治の文脈で「政治エリート（PRE）」を次の3つに分類している。①元軍閥，宗教的反抗者，シリアへの服従者，起業家，軍人などの「再定義されたエリート（redefined elites）」，②名望家や聖職者などの「状況的エリート（conjunctural elites）」，③市民社会活動家，テクノクラート，資産相続者，ナショナリストの反抗者などの「新興エリート（emerging elites）」（el-Husseini [2004 : 245-258]）。議会政治における政治家や政党の間の関係に着目する本章においては，①②が重要な意味を持つと言える。しかし，本書を通して区別してきたネオ・ザイーム化した「内戦エリート」とヒズブッラーやハリーリー連合のような近代組織政党の幹部たちの両方が同じ①に分類されてしまうため（伝統的なザイームは②に概ね対応する），このフセイニーの分類は用いない。

6）総人口に占める割合が比較的小さい宗派（キリスト教諸派やドゥルーズ派）の政治家は，郡を単位とする小規模選挙区か，2つないしは3つの郡を単位とする中規模選挙区を好む傾向が強い。他方，総人口に占める割合が比較的大きい宗派（スンナ派とシーア派）は，小規模他宗派の票を相殺できるような，県を単位とする大規模選挙区が有利であると考える。

7）アイン・アッ＝ティーナ国民会合派とル・ブリストル会合派は，R・ハリーリー元首相暗殺事件後の2005年3月，それぞれベイルート中心部で数十万人規模のデモを実施した。その日付にちなみ，「3月8日勢力」，「3月14日勢力」と呼ばれるようになった。

8）第1559号（2004年9月2日採択）に始まり，レバノンの主権，領土的一体性，統合，政治的独立の回復の必要性を再確認した第1595号（2005年4月7日採択），レバノン国軍のレバノン南部地域への展開をUNIFIL撤退の条件とした第1614号（2005年7月29日採択），さらには国家による国内の「テロリスト」の取り締まりを要求した第1566号（2004年10月8日採択）のいずれも，名指しこそなされていないもののシリアおよびヒズブッラーに対する非難や行動の制限が盛り込まれていた。

9）ヒズブッラーへの投票が「イスラーム法的義務」であるという言説の根拠は，ナスルッラー書記長自身による法解釈にあるとされた。しかしこのヒズブッラーの主張に対して，シーア派宗教界から批判の声が上がった。特にムハンマド・フサイン・ファドルッラーは，それを「政治家のイメージを押し上げるための，政治的市場における商品へと変えることで，イスラーム的概念を利用することになっている」と批判した（Bayynat [2005]）。

10）ハマーダ労働大臣は，公式にはヒズブッラーのメンバーではないものの，党組織との交流が盛んな人物であった。

11）例えば，自由国民潮流は，紛争開始直後からヒズブッラーによるレジスタンスへの全面支持を表明した。また「3月8日勢力」を構成する政治エリートのなかには，「イスラエルの占領に対するレバノン抵抗大隊」の枠組みのなかで戦闘や兵站に参加したと公言する者もいた。例えば，シリア民族社会党は2006年9月6日付『アッ＝ディヤール（*al-Diyār*）』紙で，イスラエルの最新鋭戦車を破壊したとのメンバーの証言を通じて，戦闘への参加を認めた（*al-Diyār*, September 6, 2006）。アラブ社会主義バアス党，アマル運動，そして「3月8日勢力」ではないものの南部県・ナバティーヤ県に支持基盤を持つレバノン共産党も参加した（*al-Safīr*, September 28, 2006）。

12）例えば，レバノンのシンクタンク，インフォメーション・インターナショナルが2006年

8月22日から27日にかけて実施した世論調査では，ヒズブッラーやアマル運動の政治家が7割以上の「よい」の評価を得たのに対して，「3月14日勢力」の主要政治家たちについては「悪い」との厳しい見方が5割にものぼった（Information International［2006］）。レバノン全土の市民インフラに対する徹底的な攻撃を加えることで，ヒズブッラーに全ての責任を負わせるというイスラエルの思惑に追随するかたちで，「3月14日勢力」の政治家たちはヒズブッラーの独断行動を批判した。

13）「3月8日勢力」が反転攻勢のために大きく掲げるようになったスローガンが，挙国一致内閣の発足であった。挙国一致内閣とは，国民議会選挙で勝利した政党・政治勢力が自らの政策と利益のみに基づき組閣人事を行うのではなく，国内の各政治主体の声が反映できるように平等に閣僚ポストを配分したものとされた。「3月8日勢力」にとって，それは具体的には2006年2月に同勢力に合流した「変化改革ブロック」からも閣僚を輩出し，同勢力全体で「拒否権を行使できる3分の1」の閣僚ポスト，すなわち24閣僚中9閣僚のポストを確保することを意味した。

14）ファウズィー・サッルーフ外務在外居住者大臣，ムハンマド・フナイシュ電力水資源大臣，タラール・サーヒリー農業大臣，ムハンマド・ハリーファ保健大臣，トゥラード・ハマーダ労働大臣が2006年11月11日に，そして，ラッフード大統領派のヤアクーブ・サッラーフ環境大臣が11月13日に辞意を表明した。

15）この辞任劇によって空席となった閣僚ポストは7であったため，この憲法規定に基づき内閣を辞職に追い込むには不十分であったが，「宗派は組閣において公正に代表される」（第95条）という観点から，存続の正当性に疑問を投げかけることはできた。なお，レバノン共和国憲法第69条第1項は以下の通り。「次の場合には，内閣は辞任したものと見なされる。①首相が辞任した場合，②組閣法令で定められた大臣数の3分の1以上の大臣が辞任した場合，③首相の死亡時，④大統領の任期開始時，⑤国民議会の任期開始時，⑥国民議会もしくは内閣による不信任案提出によって，不信任案が可決された場合」。

16）この閣僚辞任劇には，2007年11月24日をもって任期が切れるラッフード大統領の後任選びを有利に運ぶための意図もあった。レバノン共和国憲法第49条では，「共和国大統領は国民議会における無記名投票により，第1回投票で3分の2以上の多数によって選出される。その後の投票では，絶対多数によって選出される」と定められている。「3月14日勢力」の議員総数は128議員中71名（2006年10月末時点）で，総議席数の3分の2には届いていない。しかし規定の得票数に達せず，新大統領が選出されなかった場合は，憲法第62条（1990年9月21日修正条項）の規定で，内閣が大統領の権限を代行することになる。したがって，「3月8日勢力」は，ラッフード大統領の任期が終了するまでにスィニューラ内閣を解散させ総選挙に持ち込むか，もしくは閣僚ポストの3分の1を確保しない限り，大統領権限を「3月14日勢力」に奪われることになる。そのような事態を回避するために，内閣そのものを崩壊させたのである。なお，レバノン共和国憲法の第62条は以下の通り。「いかなる事由においても，大統領職が空席となる場合，大統領の有する権限は委任によって内閣により一時的に行使される」。

17）スィニューラ首相は，首相府に閣僚たちを「籠城」させ，「3月8日勢力」支持者の暴徒化および「3月14日勢力」支持者との衝突を予防するために国軍兵士2万人，内務治安軍

総局隊員数千人をレバノン各地に展開させた（*The Daily Star*, December 1, 2, 2006, *al-Mustaqbal*, November 30, 2006, *al-Nahār*, December 2, 2006, *al-Safīr*, December 2, 2006）。

18）レバノンにおけるパレスチナ難民および難民キャンプについては，Rougier［2007］, Roberts［2010］を参照。

19）選挙自体も平和裏に行われ，投票率もこれまで以上に高いもの（54.08 パーセント，2005 年選挙は 45.43 パーセント）となった（レバノン政府の公式発表による［http://www.elections.gov.lb/，2009 年 8 月 10 日閲覧］）。

20）両勢力の対立構図の膠着による国政麻痺を打開するために，政界再編を試みる動きもあった。スライマーン大統領の指導の下に「第三の勢力」（中道ブロック）を形成する動きも生じたが，同大統領自身が独自リストの作成を断念したことで，立ち消えになった。

21）S・ハリーリーは，国民議会議員 86 人（定数の 3 分の 2 よりわずかに 1 人多い議員数）の支持を受けて辛うじて首相に指名された。

第 10 章　「アラブの春」で変わる中東政治

1）2011 年の前半には，草の根の民主化運動としての「アラブの春」をめぐる楽観的・予定調和的なイメージが欧米諸国のマスメディアで独り歩きする事態が生じたが，これに対して中東政治学者のリサ・アンダーソンは，『フォーリン・アフェアーズ（*Foreign Affairs*）』誌に「アラブの春を脱神話化する―チュニジア，エジプト，リビアの相違を解析する（Demystifying the Arab Spring : Parsing the Differences Between Tunisia, Egypt and Lybia）」と題した論考を寄せ，各国の抗議デモを牽引した若い活動家たちが思想，戦略，理念を共有しながらも，実際にはそれぞれ違った文脈において異なる相手に対峙していることを指摘した（Anderson［2011］）。「アラブの春」の共通性を踏まえながらも，実際の政治分析は各国の実態に即して慎重に進めなくてはならないだろう。

2）R・ハリーリー暗殺事件の捜査のため，2005 年 4 月に安保理決議第 1595 号に基づき国連国際独立捜査委員会（United Nations International Independent Investigation Commission, UNIIIC）が設置され，委員長にドイツ人の検察官デートレフ・メフレスが任命された。シリアの「推定有罪」から始まった捜査では，2005 年 9 月，同国の治安部門とレバノンの政府高官が事件に関与したとされ，政権と密接な関係にあった 4 名の元治安機関・軍高官（共和国防衛隊指揮官ムスタファー・ハムダーン，元公安総局長官ジャミール・サイイド少将，元国内治安部隊長官アリー・ハーッジュ少将，元国軍情報局長官ライムーン・アーザール准将）が逮捕された。しかし，有力な証拠が得られないままメフレス委員長は辞任し，後任にはベルギー人のセルジュ・ブランメルツが任命された。

3）国際法廷の予算は 2009 年の初年度だけで 4,000 万ポンドであり，その 51 パーセントを国連が，49 パーセントをレバノン政府が負担することとされた。開廷から 3 年間のうちに最初の判決を下すと定められ，最高刑は終身刑である。主任検事はカナダ人のダニエル・ベルメールであり，他の 11 人の判事はレバノン人が務めた（その人選は保安上機密とされた）。

4）特別法廷の設置からわずか 2 カ月後の 2011 年 5 月，ドイツの『シュピーゲル（*Der Spiegel*）』誌が，特別法廷が起訴するのがシリアではなくヒズブッラーであるとのリーク情報を掲載した（*Der Spiegel*, May 23, 2009）。

5）ヒズブッラー指導部による特別法廷に対する批判においてたびたび言及されたのが，「偽証人問題」であった。「偽証人問題」とは，2005年4月の設置以来UNIIICが行ってきた捜査において採用された関係者による証言が後に偽りであったことが判明した問題である。「偽証人」には，シリアの治安部門の将校とされたフサーム・ターヒル・フサームやムハンマド・ズハイル・スィッディークなどが含まれた。ヒズブッラーは彼らを証人として採用した特別法廷の能力を問題視するとともに，彼らに偽証をさせた「黒幕」の捜査の必要性を訴えることで，審理を中断させようとした（安武［2011：111–114, 161–166］）。

6）「3月14日勢力」（特にハリーリー家）と強いビジネスコネクションを有するサウジアラビア王室と，「3月8日勢力」を実質的に支援するシリアのB・アサド政権との間でレバノン情勢の安定化のための調停努力が試みられたものの，ほどなくしてこれも決裂した。サウジアラビアとシリアによる調停努力は，両国の国名の頭文字をとって「SSイニシャティブ（SS initiative）」と呼ばれた。その内容は，運営資金の分担金支払いの停止やレバノン人判事の撤退，起訴内容の否認などを通して，レバノンが政府として正式に特別法廷を拒絶することを模索するものであった。「3月8日勢力」およびシリアに有利となるこの条件は，「イスラエルの分け前」と引き替えにされた。「イスラエルの分け前」とは，シリアからヒズブッラーへの武器供与停止，武器密輸の遠因となっているシリア・レバノン国境の未画定状況の解消，レバノン国内のパレスチナ難民キャンプ外でのパレスチナ人の非武装化，そしてシリアによるイスラエルとの和平交渉再開の意思表明などからなっていたとされる。「3月14日勢力」を支持する米国とサウジアラビアが，レバノンがシリアの影響下に置かれ続けてきたことに対して，「分け前」を与えることでカウンターバランスとしてのイスラエルの立場を強化しようとしたものと思われる。双方の交渉は，一時順調にも見えたが合意にまでは至らず，「3月14日勢力」と「3月8日勢力」は最終的に2011年1月初旬までに決裂した。

7）2010年11月19日，特別法廷は，訴追から60日を経ても被告を拘束できない場合，欠席裁判を開始するとの新たな規定を設けたことを発表した。これは，被告不在でも審理を進めるとする特別法廷の強い意志を示すものであった。

8）特別法廷は，2011年6月28日に起訴内容を公表し，1980年代から軍事部門レバノン・イスラーム抵抗（以下イスラーム抵抗）の対外工作・諜報部門のメンバーと目されてきたムスタファー・バドルッディーンら4名のレバノン人容疑者の名前を明らかにした。

9）ナスルッラー書記長は，レバノンへの帰国を果たしたシハーブらを公式に歓迎した（Qanāt al-Manār, February 16, 2011）。

10）S・ハリーリー元首相率いる「3月14日勢力」は，抗議デモに揺れるバハレーン王室を擁護し，返す刀でヒズブッラーをイラン政府の傀儡として非難した。S・ハリーリー元首相は，ヒズブッラーがレバノンを「アラブ諸国の国内衝突を助長するための拠点」にし，イラン型の「革命の輸出」をしようとしていると批判した（www.march14.org，2011年4月9日閲覧）。

11）バハレーンにおいてヒズブッラーとは「組織（organization）」よりも「概念（concept）」であるとの見方が優勢であるとされる（Louër［2008：205］）。

12）例えば，2008年8月13日付の外電（在マナーマ米国大使館から米国国務省宛）において，バハレーンのハマド・ビン・イーサー・アール・ハリーファ首長が米国政府の高官に対

してヒズブッラーが同国の反体制派を支援していると警告していたことが，ウィキリークスによって明らかにされた（*The Guardian*, February 15, 2011）。電子版ウェブサイトに，ウィキリークスが公開した電文の全文が掲載された（http://www.guardian.co.uk/world/us-embassy-cables-documents/165861，2011 年 2 月 25 日閲覧）。

13）ヒズブッラー指導部は，シリアでの市民による抗議デモについて，開始当初は事態を静観していたものの，やがて B・アサド政権擁護の姿勢を強く打ち出すようになった。例えば，アル＝マナール・テレビを通して，デモの参加者の人数を意図的に実際よりも低く見積もったり，抗議デモ自体が外国の陰謀であると断じるなどのネガティブ・キャンペーンを行った。また，軍事部門イスラーム抵抗の一部をシリアとの国境線ないしは国内に展開し，同国の治安部隊とともに抗議デモの鎮圧を行っているとも報じられた（*The Daily Star*, June 6, August 8, 2011）。

14）また，2012 年 11 月 2 日付『アン＝ナハール（*al-Nahār*）』紙は，ヒズブッラーの戦闘員ハイダル・マフムード・ザインッディーンがシリアの反体制武装勢力との戦闘で戦死し，ナバティーヤ（ナバティーヤ県ナバティーヤ郡）に埋葬されたと報じた（*al-Nahār*, November 2, 2012）。

15）筆者によるベイルート市内および南部郊外での聞き取り調査による（2012 年 1 月 31 日〜2 月 2 日，8 月 4〜6 日）。

16）合理的選択論に鑑みれば，ヒズブッラーにとって B・アサド政権の不支持の選択肢はあり得なかった。なぜならば，不支持の場合，同政権崩壊の可能性が高まるだけではなくイランとの関係が悪化し，結果的にシリアとイランの両国による庇護を失うことになりかねないからである。反対に支持の場合は，B・アサド政権崩壊の可能性が下がるだけではなく，仮に崩壊したとしてもイランとの同盟関係だけは維持することができた。B・アサド政権との一蓮托生が合理的であるという点については，「アラブの春」後のハマースと比較するとより明確になる。ハマースは，長年支援を受けてきたイランとシリアの両国との関係を冷却化させたが，それを可能にしたのは両国に代わる新たな庇護者となる国家が出現したからである。ハマースの「親団体」であるムスリム同胞団および系列の諸団体がチュニジアやエジプトで政権の座に就いたこと，そして，カタルをはじめとする一部の湾岸アラブ諸国からのムスリム同胞団への援助を強化したことで，結果的にそれらの諸国からなる陣営へと移ることが可能となったのである。これに対して，ヒズブッラーは，イランとシリアから乗り換えることのできる陣営を有していなかった。

17）欧米諸国の中東における勢力拡大をめぐるロシアと中国の懸念は，リビアでの「アラブの春」における失策——欧米諸国の軍事介入を是認したことで親ロシアであったカッザーフィー政権を喪失したこと——の経験から，いっそう深いものとなっていた（廣瀬［2013：59-61］，Freedman［2012］）。ロシアと中国は，2011 年から 12 年にかけて米英仏を中心に起草された B・アサド政権に対する安保理非難決議に対して，3 度にわたって拒否権を発動した。安保理常任・非常任理事国を務める欧米諸国によって，2011 年 10 月 4 日，2012 年 2 月 4 日，同年 7 月 19 日に対シリア制裁決議採択に向けた決議案が出された。最初の決議案は民間人に対する暴力の停止を，2 度目は大統領権限の副大統領への移譲などを骨子とする事態収拾のための行程表（2012 年 1 月作成）の受理を，3 度目はコフィ・アナン・シリア危機

担当国連・アラブ連盟合同特使の停戦イニシャティブの遵守を，それぞれの B・アサド政権に対して求めるものであり，これらが履行されない場合は国連憲章第 7 章に基づく制裁の発動に向けての行動が起こされることが明記されていた（青山［2012b：115–118］）。

18）サラフィー主義とは，イスラーム世界が抱える諸問題を解決する上で，その原則や精神を初期イスラーム（サラフ［salaf］）に求める思想潮流である。サラフィー主義者のなかでも暴力の行使を是とする過激な者たちはあくまでも少数派であるが，「アラブの春」以降のシリアではその数が増えていると見られる。主要組織としては，「シャームの民のヌスラ戦線」（2012 年 12 月米国国務省「国際テロ組織」に指定）や「シャームの自由な人びとによるイスラーム運動」が挙げられる。シリア国内での蠢動がたびたび報じられているサラフィー主義者たちの出身国は多様である。2011 年 11 月にシリア政府が国連に提出した報告書によれば，国内で死亡した反体制派の兵士の出身国は 21 カ国（カタル，サウジアラビア，チュニジア，エジプト，スーダン，リビア，アフガニスタン，ヨルダン，トルコ，イエメン，イラク，アゼルバイジャン，チェチェン共和国，クウェート，パレスチナ，レバノン，アルジェリア，チャド，パキスタンなど）にも及ぶとされる（RT, November 22, 2012）。国境を越えて拡散と凝集を繰り返すサラフィー主義者たちの問題は，B・アサド政権が保有する化学兵器の処遇に引きつけて考えた場合，いっそう深刻なものとなった。B・アサド政権の化学兵器のヒズブッラーへの流出・譲渡は，イスラエルの安全保障にとって重大な脅威であった。しかし，同時に，同政権の崩壊によるこれらの兵器の無秩序な拡散は，過激なサラフィー主義者がイデオロギー的に敵視している欧米諸国や湾岸アラブ諸国にとっても大規模テロの脅威となるものであった。

19）アルアーガーは，2000 年代以降のヒズブッラーが徐々にレバノンの体制や権威の一部となっていくなかで，組織の生き残りのためには，カステルの言う「抵抗アイデンティティ」から「プロジェクト・アイデンティティ（project identity）」への移行が必要となってきたと論じている（Alagha［2011：24–25, 185–186］）。プロジェクト・アイデンティティは「社会的アクターが，入手可能な文化素材を土台にして社会のなかでの自らの立場を再定義するような新たなアイデンティティを築き，それを通して社会構造全体の変容を求めるとき」に生み出されるとされる（Castells［2010：8］）。

20）ただし，ヒズブッラーは欧州やアジアでのテロリズムに関与しているとも見られている。例えば，2012 年 7 月 19 日のブルガリアでのイスラエル人観光客を狙った爆弾テロ事件（8 名死亡）について，イスラエルのベンヤミン・ネタニヤフ首相はイランとヒズブッラーを名指しで非難し，ブルガリアの捜査当局もレバノン系の実行犯 2 名（それぞれカナダとオーストラリアの旅券を所持）がヒズブッラーのメンバーであると発表した。また，2012 年 1 月には，タイ・バンコクでヒズブッラーのメンバーと目されるレバノン人 1 名がテロ未遂容疑で逮捕された。また，2 月 13 日に起こったインド・ニューデリーとグルジア・トビリシでのイスラエルの外交官を狙ったテロ事件に関しても，ネタニヤフ首相はイランとヒズブッラーの犯行であると断定した（*The New York Times*, July 21, 2012, *Ha'aretz*, February 6, 13, 2013）。

21）むろん，ヒズブッラーの反米・反イスラエル言説には訴求力の面で限界があった。アラブ諸国も中東諸国も一枚岩ではなく，イスラエルに対する不信感と同時に，湾岸アラブ諸国を

中心にイランやヒズブッラーに対する脅威認識も共有されていた。また，チュニジアやエジプトでイスラーム主義勢力が政権を奪取したことや，カタルをはじめとする湾岸アラブ諸国がハマースへの援助を強めていることから，イスラエルに対する「潜在的なレジスタンス」の規模は「アラブの春」以前と比較すると拡大傾向にあると見ることもでき，その結果，皮肉なことに「レジスタンス枢軸」の存在意義は浸食されたと言える。

22）ヒズブッラーのB・アサド政権への支持は，アラブ諸国だけではなく国際社会からも批判を浴びたが，同政権への支持は少なくとも1990年代の半ばから彼らが公言してきたことであった。それが問題視されるようになったのは，「アラブの春」のなかで「B・アサド政権は崩壊すべき独裁体制である」という認識が拡大・浸透したことが原因であった。だが，「アラブの春」とパレスチナ問題とは本来的には別個のものである。つまり，アラブ諸国の市民の間でB・アサド政権への批判が高まったとしても，それは彼ら彼女らが同政権と敵対するイスラエルへの評価を好転させたことを必ずしも意味しない。例えば，アル＝ジャズィーラ・テレビは，「アラブの春」を熱烈に支持し，返す刀でB・アサド政権を厳しく批判する論陣を張ったが，その一方で，パレスチナ問題については一貫してイスラエルに厳しい立場を採っている。そうだとすれば，ヒズブッラー，さらには「レジスタンス枢軸」の中東政治における起死回生の一手は，アラブ諸国の世論に深く根を下ろしたイスラエルおよびそれを支援する米国に対する不信感に訴えることにあったと考えることができる。

23）とはいえ，イスラエルにとって，ヒズブッラーは安全保障上の最大の脅威の1つである。2012年12月20日，イスラエルのロン・プロサー国連大使は，国連安保理に対してヒズブッラーの軍備増強が第1559号，第1771号をはじめとする一連の安保理決議に違反するものとし，この問題に対処する義務と責任があるとする書簡を提出した（*Ha'aretz*, December 21, 2012）。イスラエルが最も恐れているのは，先制攻撃の誘惑を増大させ，また自国に致命的な被害をもたらす大量破壊兵器の拡散であった。具体的には，B・アサド政権が保有しているとされる化学兵器がヒズブッラーの手に渡ることであった。実際に，2013年1月30日，IDFはシリア領内の科学研究施設とレバノンとの国境地帯を通過中の車列への空爆を敢行した（ただしイスラエル政府は作戦への関与を直接的には認めていない）。空爆に先立つ2日前の報道では，イスラエル政府がシリアの化学兵器がヒズブッラーの手に渡ることを危惧しており，世界経済フォーラムの「ダボス会議」への出席予定であったエフード・バラク国防大臣がこの問題の協議のためにテルアヴィヴに戻ったと伝えられた（*al-Ḥayāt*, January 28, 2012）。

24）欧米諸国から見た場合，おそらく「ヒズブッラーの脅威」よりも「サラフィー主義者の脅威」の方が深刻であった。連立与党の一翼を担い，「レバノン国民のレジスタンス」としてイスラエルという特定の国家に対する専守防衛に徹するヒズブッラーは，その活動を基本的にはレバノン国内に限定しており，また，組織の生き残りを危うくするような冒険主義的な姿勢に転ずるインセンティブがない。対して，シリア国内で活動するサラフィー主義者たちは，出身国も多様で，トランスナショナルな活動を特徴とすると同時に標的も一様ではない。シリア情勢自体を欧米諸国との取引材料にするような姿勢は，ヒズブッラーだけではなくイランにも見られた。アリー・アクバル・サーレヒー外務大臣は，2012年8月9日付『ワシントン・ポスト（*The Washington Post*）』紙に寄せた論説において，イランが「アサド

後」のシリアにおけるサラフィー主義者の台頭を憂慮しており，ゆえにB・アサド政権の処遇については政治的混乱を最小限にとどめるために周辺諸国と協力して対応する用意があると述べた（*The Washington Post*, August 9, 2012）。

25）シリアへ「アラブの春」が飛び火した2011年3月以降，「3月14日勢力」が欧米や湾岸アラブ諸国から供与された武器をレバノン経由でシリア国内へと搬送している疑惑がたびたび報じられた。それが証拠とともに実際に明るみに出たのは，2012年12月1日付『アル＝アフバール（*al-Akhbār*）』紙によるウカーブ・サクル国民議会議員（ムスタクバル潮流所属）の肉声テープ公開であった。この録音は，同議員がシリアの反体制派のアブー・ニウマーンと名乗る人物に対してレバノンとトルコを経由して武器供与を約束するものであった（サクル議員は肉声の主が自分であることを公式に認めた）。録音されていた会話のなかで，ニウマーンは，RPG300基，ロシア製の銃弾25万発，銃300丁をアレッポ県のアアザーズ市，タッル・リフアト市に配送するよう求め，反体制活動家に引き渡すことでサクル議員と合意した（*al-Ḥayāt*, December 11, 2012）。

26）トリポリでは，2012年末までに少なくとも3度（2011年6月，2012年5月および12月）にわたってシリアのB・アサド政権支持者と反体制派支持者の双方との間に衝突が起き，多数の死者が出た。

27）「3月14日勢力」と「3月8日勢力」の両陣営は，実際には非合法なかたちで政治的暴力を行使していたものと考えられる。2005年のR・ハリーリー暗殺事件以降，「3月14日勢力」に属した有力な国会議員や閣僚が立て続けに暗殺された。2012年10月19日には，ベイルート中心部でウィサーム・ハサン内務治安軍情報課課長が暗殺された。ハサン内務治安軍情報課課長は，ムスタクバル潮流に近い人物で，暗殺されたR・ハリーリー元首相の身辺警護の責任者であった。2005年に内務治安軍内に新たに設置された情報課の課長に就任し，国内の公安と諜報のトップとなった。任期中，R・ハリーリー元首相暗殺事件の真相究明やイスラエルの国内諜報網の摘発などを実施し，2012年のミシェル・サマーハ元情報相・元国民議会議員らによる要人暗殺計画を阻止した実績を持つ。ハサン内務治安軍情報課課長は，「ヒズブッラーのヘゲモニーに対するスンナ派による抵抗の象徴」と見られ，事実，「3月14日勢力」の政治家や有力者に治安情報を優先的に提供していたとも言われている。そのため，ハサン内務治安軍情報課課長の暗殺は，「3月14日勢力」にとって大きな政治的な打撃となった（ICG［2012：21-24］）。2005年の「杉の木革命」以降，レバノン国内では多くの暗殺事件が起こったが，そのほぼ全てにおいて標的は「3月14日勢力」であり，ヒズブッラー率いる「3月8日勢力」に利する結果となっている（青山［2012a］）。いずれの事件も，容疑者が特定されることなく今日に至っている。

28）バアブダー宣言では，すべての政治勢力によるレバノン政治の安定化への寄与，非暴力，遵法精神，国軍の尊重，社会経済開発の推進，マスメディアを用いた煽動の自制，国民対話会合，祖国における宗派共存，ターイフ合意の尊重，レバノン・シリア国境の警備強化（緩衝地帯や基地としての悪用の禁止），安保理決議第1701号（2006年）の尊重などが盛り込まれた。同宣言の原文は，レバノン大統領府ウェブサイト（www.presidency.gov.lb/Arabic/News/Pages/Details.aspx?nid＝14483，2012年7月1日参照）を参照。なお，2013年6月初旬に実施が予定されていた第19期国民議会選挙も，シリアの混乱に伴う国内治安の悪化を理

由に17カ月の延期（第18期国民議会議員の任期延長）が決定された（http://www.elections.gov.lb/getdoc/adfdf100-a10f-4817-bbdf-74d6b0d7b3ab/law246_official-gazette.aspx，2013年6月20日閲覧）。

終章　イスラーム主義と中東政治の新時代

1）ロワと同じくフランスのイスラーム主義研究者ジル・ケペルも，1990年代以降のイスラーム主義の「衰退」を指摘し，イスラーム国家の樹立目標の挫折とそれに伴うトランスナショナル化や武装闘争路線への傾倒を論じた（ケペル［2006］，Kepel［2006］）。イスラーム主義とポスト・イスラーム主義の両者を「失敗」や挫折を境に継起的に捉えるこうした議論には，結局のところイスラーム主義の定義そのものの問題に行き着く。すなわち，「イスラーム国家の樹立」を条件としたことで，その実現をめぐる成功と失敗のメルクマールが生じたのである。本書では，序章に述べたように，イスラーム主義の多様性と動態性を把握するために，その定義から「イスラーム国家の樹立」を除いた。だが，それは，イスラーム主義が国家に関心がないことを意味するものではない。「イスラーム国家の樹立」は，「公的領域におけるイスラーム的価値の実現を求める政治的なイデオロギー」における目標や手段の1つであり，地域や時代だけではなく，あるイスラーム主義者のなかでも位置づけが変わるものであると捉えられる。

2）全71ページからなる「政治文書」は，「覇権と新たなる覚醒」，「レバノン」，「パレスチナと解決交渉」の3つの章に序文と結語を加えた5つの章から構成されている。詳細な分析については，Alagha［2011：168-175］，Rabil［2011：119-128］を参照。全文の英訳がAlagha ed.［2011］に収録されている。

3）内戦終結後の1994年と「南部解放」後の2002年に，新たに生じた政治環境に相応しいかたちで「公開書簡」を改訂する案がヒズブッラー指導部内で議論されたと伝えられたが，いずれも実現には至らなかった（Abū al-Naṣr［2003：215-216］，Alagha［2006：45］）。

4）「アラブの春」後の「イスラーム脅威論」の再燃を象徴する著作として，Bradley［2012］，Darwish［2012］，Tibi［2012］が挙げられる。いずれも，イスラーム主義組織やイスラーム政党が民主化をスポイルすると論じ，その原因をイスラームの教義に求めている。だが，本書で論じたように，思想やイデオロギーよりも現実の政治実践に着目することで，イスラーム主義組織やイスラーム政党がむしろ大衆政治の深化や民主化に寄与する場合もあることが分かる。

5）日本においては，数少ない研究として小杉［1994］が挙げられる。同書は，現代中東を近代西洋との邂逅とイスラーム的システムの変容という視座から論じたものであり，とりわけイスラーム主義（イスラーム復興主義）と中東政治の動態的関係を明らかにした画期的な著作である。同書の議論は，イスラーム世界を「メタ地域」として地域研究の手法で解析するイスラーム世界論へと発展し，後に小杉［1998］［2006］として刊行された。

6）2004年夏のナジャフでのシーア派武装勢力と米軍との武力衝突において，シーア派民兵組織マフディー軍を指揮していたムクタダー・サドルは，シーア派住民から敬意を込めて「イラクのナスルッラー」と呼ばれることもあった。